精 装 本

В. А. СУХОМЛИНСКИЙ
ИЗБРАННЫЕ ПРОИЗВЕДЕНИЯ В ПЯТИ ТОМАХ

苏霍姆林斯基
选集

（五卷本）

第 1 卷

教育科学出版社
·北京·

《苏霍姆林斯基选集》
（五卷本）

2003年12月

荣获中华人民共和国新闻出版总署颁发的
"第六届国家图书奖"提名奖

2003年

荣获"第三届全国教育图书奖"一等奖

苏联著名教育家瓦·亚·苏霍姆林斯基(1918—1970)

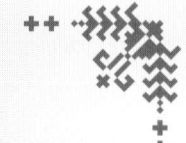

第 1 卷

全面发展的人的培养问题

学生的精神世界

培养集体的方法

第 2 卷

年轻一代共产主义信念的形成

怎样培养真正的人

给教师的 100 条建议

第 3 卷

我把心给了孩子们

公民的诞生

给儿子的信

第 4 卷

帕夫雷什中学

和青年校长的谈话

第 5 卷

论文集

收录苏霍姆林斯基撰写的优秀教育论文 68 篇

编委会

策　划　祖　晶

主　编　蔡　汀　王义高　祖　晶

编　委（按姓氏笔画为序）

丁文礼　干　正　王义高　王家驹
王家柚　叶玉华　申　强　白振汉
毕淑芝　曲　程　刘伦振　刘启娴
纪　强　杜殿坤　杨季舫　肖　甦
吴福生　何书林　张天恩　张佩珍
张渭城　张德广　陈先齐　陈茵梅
金　芳　周　蕖　单丽洁　赵　玮
赵秋长　祖　晶　姚亦飞　倪家泰
唐其慈　继　麟　黄之瑞　黄云英
章昌云　董　友　蒋雪琦　蔡　汀

ИЗБРАННЫЕ ПРОИЗВЕДЕНИЯ
В ПЯТИ ТОМАХ

前 言

  提起乌克兰，许多人马上会联想到《钢铁是怎样炼成的》这部作品中保尔·柯察金的生活原型——乌克兰民族英雄奥斯特洛夫斯基。其实，在乌克兰民族英雄的史册上，还有一位与奥斯特洛夫斯基同样值得世人称颂的人物，他就是享誉世界的著名教育家——瓦西里·亚历山德罗维奇·苏霍姆林斯基。

  瓦·亚·苏霍姆林斯基是苏联杰出的教育理论家和教育实践家，俄罗斯联邦教育科学院和苏联教育科学院通讯院士。他挚爱教育事业，把心都献给了孩子，在平凡而伟大的教育岗位上，真真切切地奉献出自己；他勇于求索，在艰辛的路途上，历经磨难，不畏劳苦，呕心沥血，孜孜不倦地写下蜚声国际的教育诗篇；他品德高尚，心地纯美，放着高官不做，只求默默无闻、脚踏实地地在一所农村中学工作。这些事迹和品质使苏霍姆林斯基短暂的一生熠熠生辉，留下了永久的痕迹。人们把他当作一个真正的"大写"的人，永远留在心中加以敬仰和爱戴，成就其当代著名教育家的地位。

  苏霍姆林斯基于1918年9月28日出生在乌克兰瓦西里耶夫卡村的一个贫苦农民家庭。苏联成立后，苏霍姆林斯基的家境变了样，他的父亲在分配的土地上辛勤耕作，并以精湛的手艺进行木工制作，使得全家过上了和睦甜美的幸福生活。父母给苏霍姆林斯基创造了一个温馨的家庭环境，使他在这样的环境里健康成长。

1926年，苏霍姆林斯基和其他农村孩子一样，上了小学。1933年，他从七年制学校毕业。在那个年代，由于苏联普通学校急剧增加，迫切需要大量的师资，他就毅然选择去克列明楚格师范学院的师资培训班学习，并于1934年毕业。正是在这里，他立下誓言，要将毕生精力奉献给祖国的教育事业。1935年，年仅17岁的苏霍姆林斯基便踏上了漫长而光荣的从教之路。1936年，苏霍姆林斯基在波尔塔瓦师范学院继续深造，1938年毕业。1939年，苏霍姆林斯基加入了苏联共产党。在伟大的卫国战争期间，苏霍姆林斯基曾任作战部队连政治指导员，上了前线，经历几次生死攸关的战斗，但他从不炫耀这段经历。1942年，他在与纳粹德军的浴血奋战中负了重伤，此后有两块弹片一直残留在他的胸部。

伤愈出院后，领导问他："您打算干什么呢？"

"我去学校，我本来就是一名教师……"苏霍姆林斯基毫不犹豫地答道。于是苏霍姆林斯基重新回到教育岗位。从1948年起，直到他逝世为止，他一直是帕夫雷什中学的教师和常任校长。

作为校长，苏霍姆林斯基不仅是一位精力充沛和要求严格的学校管理者，也不仅是年轻教师的楷模，更是学生的良师益友。他把每一个学生都视为自己的孩子，与他们朝夕相处，一天也不愿与学生、教学相脱离。苏霍姆林斯基是个有理想、有追求、有目标的人，他对教育毫无保留地倾注了自己的毕生精力，对共产主义教育事业赤胆忠心，《我把心给了孩子们》这一书名就足以反映他崇高的思想境界。赤诚的心、火热的血、坚强的毅力、辛勤的汗水使他成为社会主义劳动英雄，他把自己无私地奉献给了教育事业。

1970年9月2日晚8时30分，苏霍姆林斯基病情恶化，心脏停止了跳动。葬礼上，前来吊唁的人络绎不绝。苏霍姆林斯基在人们心中竖起一座不朽的丰碑，他永远活在人们的心里。

关于生命，乌克兰民族英雄奥斯特洛夫斯基有段名言："人最宝贵的是生命。生命每个人只有一次。人的一生应当这样度过：当回忆往事时，他不会因为虚度年华而悔恨，也不会因为碌碌无为而羞愧；在临死的时候，他能够说：'我的整个生命和全部精力，都已经献给了世界上最壮丽的事业——为人类的解放而斗争。'"苏霍姆林斯基也说过："人的生命是极为宝贵的，但有比我的生命和你的生命更宝贵的东西，那就是祖国永恒的生命。"苏霍姆林斯基的英雄品格，完全可以和他十分敬慕的乌克兰民族英雄奥斯特洛夫斯基相媲美。

苏霍姆林斯基的一生是伟大的、光荣的。他不仅对共产主义教育事业赤胆忠心，而且是一位勤于笔耕、写有大量教育专著和论文的教育理论家。他一生共著有41部著作、600多篇论文、约1200篇文艺作品。他的著作仅在苏联就出版发行了300多万册。其中的一些著作已被译成30多种文字在国内外出版。他的教育思想同样引起我国教育工作者的高度重视，他的人格魅力更受到人们的高度称赞。苏霍姆林斯基已成为在我国教育领域享有极高威望的外国知名教育家之一。

在我国教育发展的新时代，为落实立德树人根本任务，培养担当民族复兴大任的时代新人，培养德智体美劳全面发展的社会主义建设者和接班人，我们深挖苏霍姆林斯基教育思想宝库的价值，重新策划出版《苏霍姆林斯基选集（五卷本）》精装本。

《苏霍姆林斯基选集（五卷本）》基本包括了苏霍姆林斯基一生撰写的主要著作和论文。广大教育工作者都可以从这部选集中找到可资借鉴的宝贵的精神财富。把他的著作称为"教育百科全书"并非夸张，因为他的教育思想涉及面极广，形成了一套教育理论体系。我们将这一套高水准的教育理论专著奉献给我国广大教育工作者，就是希望人们从中受到鼓舞激励，受到启发教育，在实施素质教育、教育改革开放持续深化的今天，能涌现出千千万万对我国教育事业忠诚热爱的教育家，为培养出更多高水准的人才做出贡献。

收入五卷本的著作、论文如下。

第1卷

1.《全面发展的人的培养问题》①

本书是作者在1969年10月至1970年4月完成的，是一篇关于个人已发表的主要学术著作的综合报告。他准备以此为申请教育科学博士学位的论文参加答辩。遗憾的是，这篇论文写完不久，作者便与世长辞了，未能进行答辩，但苏联教育界公认这是一篇优秀的博士论文。

苏霍姆林斯基在其教育实践活动中，重点研究的就是如何培养全面发展的人的问题。他认为"学校的使命就是要培养和谐统一（即全面和谐发展）的人"。

书中提到列宁给社会主义社会提出的任务，是"教育、训练和培养出全面发展的和受到全面训练的人，即会做一切工作的人"。②

接着苏霍姆林斯基说："培养全面发展的人的理想，并不能靠一套专门臆想出来的措施来实现。要实现人的全面发展的理想，就必须深入地改善整个教育过程。"

培养全面发展的人，是一个非常细致的过程，也是一个非常微妙的问题。书中还提到全面发展的8个方面的问题，作者一一做了详细的阐述。

培养全面发展的人，是苏霍姆林斯基的重要教育信念，也是他教育思想的核心所在。

2.《学生的精神世界》

本书是苏霍姆林斯基多年教育实践经验和研究的总结。

为了培养学生拥有思想丰富的、理想崇高的精神世界，作者跟踪观察和研究了29个班级，共700余名学生从入学到毕业整个10

---

① 本书曾由湖南教育出版社于1984年出版，书名为《关于全面发展教育的问题》。——编者
② 中共中央马克思恩格斯列宁斯大林著作编译局.列宁选集：第四卷[M].3版.北京：人民出版社，1995：159.

年学习期间的生活。根据大量的实际材料，分析了这些学生在童年、少年和青年时期在德、智、体、美、劳诸方面的成长过程，揭示了他们的知觉、思维、情感、兴趣、需要、意志的心理发展和言语的不同特点，以及各种不同因素对形成学生精神面貌所起的不同作用。本书寓理论于实践之中，既有大量生动活泼的事例，又有深思熟虑的理论概括，并深入浅出地介绍了一些教育学、心理学方面的理论和知识。

3.《培养集体的方法》

通过集体进行教育，是苏霍姆林斯基长期研究的重要课题之一。1956年，他的第一部著作《学生的集体主义教育》一问世就博得了读者的好评。《培养集体的方法》一书是他在世的最后两年中写成的，1971年出版，深受当时苏联教育界的重视。该书集中地反映了作者的集体主义教育思想。全书共分4个部分：学校集体及其培养的原则，集体的思想和公民精神基础，集体对个人教育影响的形成，教师的人格、教师集体和学生集体等。书中通过大量生动的事例，从理论上阐述了集体教育工作中经常遇到的一些问题，其中许多经验具有普遍意义，值得我国广大教育工作者，特别是中小学校长、教师去研究和借鉴。当然，由于国情的不同，书中的某些观点和所介绍的某些做法未必符合我国实际，希望读者在阅读时予以分析鉴别。

◇ 第2卷 ◇

1.《年轻一代共产主义信念的形成》

学校必须进行道德教育，苏霍姆林斯基始终坚持这个观点，他强调："学校应当造就有崇高思想的人，对这种人来说，为共产主义而奋斗乃是生活的最高意义所在。"如何坚定对共产主义的信念理想，为共产主义事业奋斗终生，是一个值得深思的问题。苏霍姆林斯基的《年轻一代共产主义信念的形成》一书，正是我们研究、探讨这一问题不可或缺的必备书。

2.《怎样培养真正的人》

这是苏霍姆林斯基的一部不朽的遗作。苏霍姆林斯基认为,每一个人都应有自己的主题,而他,苏霍姆林斯基的主题,就是培养真正的人,这也是他生活的主旨。为了撰写这部著作,他不顾自己患有严重的心脏病,抛开与工作无关的一切,抛开生活琐事的干扰,在生命的最后两年,潜心写作这部新著。作者去世后,基辅的苏维埃学校出版社曾根据他的手稿出版了一个缩编本。此次出版的是一部较完整的著作,用教育家的女儿苏霍姆林斯卡娅的话说,这本书"是教师向正在成长的一代进行道德教育的一部教材"。读了这本书,可以从中领略到许多有益的道德教诲、人生哲理;它能使人品格高尚、变得更美,具有培养下一代的才能。当然,更多的还要靠读者自己去品评,去实践。

3.《给教师的100条建议》

为了解决中小学教育教学工作的实际问题,切实提高教育、教学质量,苏霍姆林斯基专门为中小学教师写了《给教师的100条建议》一书。作者以"建议"这种新颖的写作方式,与读者真诚地谈心,使人读来毫无刻板、说教之感。全书皆为经验之谈,涉及教师经常遇到的棘手问题,令人倍感亲切、深受启发;各条建议有理有据,教育学、心理学、教学论等重要原理渗透全书,有继承、有发展、有创新,构成了一套完整的教育思想体系,是值得认真阅读的一本好书。

◇ 第3卷 ◇

1.《我把心给了孩子们》[①]

这是苏霍姆林斯基所有杰作中的一部精品,曾获乌克兰苏维埃

[①] 本书曾译为《把整个心灵献给孩子》(天津人民出版社,1981年版);也有人译为《我把心献给儿童》《把心灵献给孩子》,译名虽不同,但都是同一部著作。——编者

社会主义共和国国家奖和乌克兰教育协会一等奖,被再版多次并译成十几种语言文字。这本书在我国已广为流传,成为广大中小学教师的必读书之一。这部著作是苏霍姆林斯基对自己多年学校工作的总结,其中有沉思,也有焦虑、担忧和不安。他说:"在一所农村学校身不离校地工作22年,这对我来讲是无与伦比的幸福。我把自己的一生都给了孩子们,所以考虑很久之后给这本书题名为《我把心给了孩子们》。"他还说:"什么是我生活中最重要的呢?我可以不假思索地回答:爱孩子。"这部书论述的是"教师的心"。初看之下,本书似乎没有什么奇特之处,那么这本书的魅力何在呢?掩卷细想,一颗热爱教育工作、热爱儿童的火热的心所迸发出来的无穷创造力和生命力,正是它的魅力所在。相信这本书定会引起我国广大教育工作者极大的兴趣。

2.《公民的诞生》[①]

这是《我把心给了孩子们》的姊妹篇,谈论的是对少年(10—15岁)的教育问题。作者认为少年处在一个社会公民的诞生期,必须从各方面对他们加强教育,才能把他们培养成社会主义国家的合格公民。本书贯穿着公民教育精神,全面论述了如何对少年进行智育、体育、道德教育、情感教育、美育和劳动教育等,值得我国教育工作者,特别是中小学教师们阅读参考。

3.《给儿子的信》

这是一部具有独特风格的教育评论作品,是作者关于青年教育思想的有机组成部分。作者以通信的方式,从父亲的角度,深刻而又生动地展现了父母应如何正确地对子女进行教育;指出了青年应当怎样热爱学习、选择职业,青年在自我教育中怎样培养理想、志向、高尚的道德情操,应有什么样的道德观、恋爱观、审美观和友谊观等。

---

① 本书曾由教育科学出版社于1984年出版,书名为《让少年一代健康成长》。——编者

第4卷

1.《帕夫雷什中学》

此书是苏霍姆林斯基根据个人经验写成的,在某种程度上是作者在帕夫雷什中学任教22年,其中包括多年担任校长的工作经验总结。该书不仅在苏联国内多次再版,还在国外被译成多种语言文字出版。

《帕夫雷什中学》一书通俗易懂。它既非空洞无物的泛论,也不是事实材料的堆积,而是以论统实,寓论于实。它结构严整,条理分明。其中,前言部分言简意赅地阐述了作者的基本教育信念。第一章介绍了该校从校长到教师整个集体朝气蓬勃的概貌。第二章则把该校富于教育性的物质环境生动形象地展示在读者面前。第三至第七章,分别就体育与健康、德育、智育、劳动教育、美育五个方面详尽地阐述了作者的见解。读了《帕夫雷什中学》之后,人们便会领略到它的确如人们赞誉的那样,不愧为一部"活的教育学"。

2.《和青年校长的谈话》

此书被公认为教育家苏霍姆林斯基的代表作之一。他在本书中不仅总结了自己当中学校长的工作经验,而且广泛地探讨了多方面的教育理论问题。苏霍姆林斯基所说的"对学校的领导首先是教育思想的领导,其次才是教育行政的领导",已经成为广泛流传的至理名言,它道出了领导一所学校最基本的规律,也体现了这本书的主导思想。书中作者把理论和实践紧密联系起来,以谈话的形式,提出了许多深刻的见解。

这本书虽然题为《和青年校长的谈话》,但是它所涉及的教育理论和教育实践问题,对广大中小学教师、教育工作者、教育科学研究者和师范院校的师生,都有较大的参考价值。

第5卷

第5卷是"论文集",收录了苏霍姆林斯基的68篇教育论文,虽说不是其论文的全部(大约在600篇以上),但无疑是其论文之精华,对研究苏霍姆林斯基的教育理论、教育思想极有参考价值,是苏霍姆林斯基教育体系不可或缺的一部分。

第5卷中的论文涉及范围很广,有德育、公民教育、理想教育等方面的论文,也有劳动教育、情感教育、语言教育、自我教育等方面的论文;有论述学校教育的论文,也有论述家庭教育、社会教育,以及各种教育有机结合的论文。

作者凭借在中小学工作多年的经验、研究,对上述问题提出了个性鲜明的独到见解,许多见解颇有启发性、教育性,对今天我国中小学教师如何实施素质教育有极大的现实指导意义,对我国中小学如何加强德育建设更有意义。

苏霍姆林斯基的论文的特点是理论与实践紧密结合。在提出个人见解、观点时,往往都伴随有丰富、生动的教育实例或相关的调查、研究。相信这部论文集的出版,会令我国的教育工作者、研究者、其他读者有耳目一新之感。

以上是编者对五卷本所做的简评,旨在抛砖引玉,还望读者去详读原作,细细品味。

* * *

苏霍姆林斯基不愧为一位真正的马克思列宁主义教育家,他既继承了老一辈教育家沙茨基、布隆斯基、马卡连柯等人的教育学说,又独特地创造出具有自己风格的教育理论。他的理论和著作为国际教育界所瞩目,对国际教育界产生了巨大的影响。许多国家纷纷成立苏霍姆林斯基研究会,大量介绍他的作品,深入探讨他的理论和教育遗产,这无疑为教育理论的发展做出了重要的贡献。我国教育界更是十分重视对苏霍姆林斯基的教育理论的研究,出版了大量的著作,这次出版《苏霍姆林斯基选集(五卷本)》精装本,旨在为我国教育工作者提供一套全面了解苏联著名教育家苏霍姆林斯基的大型权威性的经典图书，利于学习、研究、借鉴。

苏霍姆林斯基的教育理论与教育遗产是十分丰富和全面的，但也不是完美无缺的，涉及德育的某些观点带有某些历史局限性，他本人不可能超越自身所处的历史环境和社会条件，这是我们在介绍这部选集时需要加以说明的。

本选集是以苏维埃学校出版社出版的《苏霍姆林斯基选集（五卷本）》为原本翻译出版的。各部专著并没有按年代先后进行编排，而是按专题加以归并集中编排，而论文部分则以发表年月为序。在翻译和校译的过程中参考了较好的原文本。

收入本选集里的译本，多数曾在教育科学出版社和其他出版社出版，2001年出版时对照俄文原版重新进行了认真校译和文字润色，以求译文更加准确、完美。未译的作品，则请专家、翻译家予以补译。各卷末附有注释，均按原版一并译出来。

为了让经典恒久流传，我们在2001年版的基础上，对内容进行了精加工，同时在装帧设计上进行了优化。希望这套设计精美、内容厚重的教育经典之作能满足广大教育工作者长久珍藏的愿望，期待有关苏霍姆林斯基教育思想的研究和实践能有力促进我国新时代教育的高质量发展。限于译者、编者的水平，该书译文难免存在不当之处，望读者批评指正。

蔡汀

2022年10月25日

ИЗБРАННЫЕ ПРОИЗВЕДЕНИЯ
В ПЯТИ ТОМАХ

目录

苏联杰出的教育家
阿·泽韦林　著　　王义高　译

全面发展的人的培养问题
王家驹　张渭城　杜殿坤　白振汉　译

序　言 ··· 47
第一章　个人全面发展思想的历史沿革 ···················· 53
第二章　关于全面发展的教育思想的一些问题 ··········· 62
第三章　智育与人的全面发展 ····························· 77
第四章　共产主义信念和坚定的、不可动摇的
　　　　世界观的形成 ······································ 90
第五章　共产主义道德的培养 ···························· 103
第六章　培养对社会主义祖国的热爱和忠诚 ············ 114
第七章　勇敢精神、对敌人的不可调和性
　　　　和必胜意志的培养 ································ 131

第八章　全面发展的人的集体主义特征的培养 ………… 137
第九章　劳动教育和人的全面发展 ………………………… 147
第十章　美育和情感修养 …………………………………… 157
第十一章　爱情的道德修养和对结婚、做父母的准备 …… 164
第十二章　关心年轻一代的健康与体育 …………………… 172
第十三章　教师的人格、教师集体与学生的全面发展 …… 176

结束语 …………………………………………………………… 181

学生的精神世界

吴福生　叶玉华　等译

序　言 …………………………………………………………… 187

第一章　共产主义思想是新人丰富的精神世界的基础 …… 191

第二章　培养学生精神世界的途径和方法 ………………… 195
　　一、道德教育诸方法的特点及其统一性 ………………… 195
　　二、鼓励学生积极表达思想和道德情感 ………………… 200

第三章　外部环境是学生精神生活的决定性因素 ………… 207

第四章　从幼年时期到少年时期 …………………………… 213
　　一、知觉在学龄初期儿童精神发展中的作用 …………… 213
　　二、学龄初期儿童的思想、兴趣和志向 ………………… 218
　　三、学龄初期儿童思维与感觉相互联系的一些特点 …… 222
　　四、道德情感在学龄初期儿童精神发展中的作用 ……… 225

五、学龄初期儿童的美感 ················ *233*
　　六、学龄初期儿童活动的特点 ············· *239*
　　七、学龄初期儿童活动中的创造因素 ·········· *243*

第五章　少年时期 ····················· *246*
　　一、集体活动对少年道德发展的意义 ·········· *246*
　　二、少年意志的特点 ·················· *261*
　　三、少年的认知兴趣和唯物主义世界观的形成 ······ *264*
　　四、少年的思维与言语活动 ··············· *268*
　　五、智力积极性和少年自我意识、自我评价的形成 ···· *277*
　　六、发展个人爱好在少年精神生活中的意义 ······· *279*
　　七、少年的情感 ···················· *282*
　　八、集体对少年精神世界形成的影响 ·········· *289*
　　九、少年的友谊 ···················· *298*

第六章　青年早期 ····················· *302*
　　一、青年的一般特点 ·················· *302*
　　二、青年时代的思维和言语特点 ············· *306*
　　三、青年人的道德信念和理想 ·············· *310*
　　四、献身精神是精神生活的顶峰 ············· *321*
　　五、青年的道德感 ··················· *324*
　　六、美感在青年道德发展中的作用 ············ *328*
　　七、青年对思想丰富、精神充实的生活的向往 ······ *332*
　　八、劳动是青年精神生活的一部分 ············ *334*

培养集体的方法

陈先齐　陈茵梅　干　正　蒋雪琦　译

第一章　学校集体及其培养的原则 ······ 341

　一、培养学校集体的原则 ······ 343

　二、人关心人、人对人负责，是学校集体
　　　在组织上和道德上统一的基础 ······ 348

　三、学校集体中不同年龄的学生之间的多种关系 ······ 351

第二章　集体的思想和公民精神基础 ······ 356

　一、集体与个人精神生活中的思想和公民精神基础 ······ 356

　二、个人同社会的接触是集体及其成员的
　　　思想和公民精神信念形成的基础 ······ 359

　三、关于公民精神的谈话 ······ 362

第三章　集体对个人教育影响的形成 ······ 380

　一、社会化过程 ······ 380

　二、集体中的交往 ······ 386

　三、热情洋溢的集体生活 ······ 395

　四、集体和个人的精神生活 ······ 405

　五、集体的劳动生活是集体对个人施加
　　　教育影响的一个重要前提 ······ 421

　六、集体中的创作活动在儿童集体生活中的作用 ······ 431

　七、儿童集体中的欢乐和善感、力量和良心 ······ 445

　八、行为美的理想观念的培养，自我评价的习惯和自我要求的标
　　　准的形成 ······ 463

  九、集体中的男人和女人 …………………………………… *476*
  十、集体精神生活中的幽默感 ………………………………… *494*

第四章　教师的人格、教师集体和学生集体 ……………… *505*
  一、教师的人格在集体和学生个人精神生活中的作用 ……… *505*
  二、教师集体和学生集体 ……………………………………… *519*
  三、教师对学生个人和集体拥有的合理权力 ………………… *526*

注　释 ……………………………………………………………… *549*
后　记 ……………………………………………………………… *559*
再版后记 …………………………………………………………… *561*

苏联杰出的教育家

阿·泽韦林　著
王义高　译

苏霍姆林斯基是儿童心灵的深入研究者，是青年人的敏锐指导者，是体现了无限忠于党和人民的教师的最优特征的教育家。

瓦西里·亚历山德罗维奇·苏霍姆林斯基的名字在苏联和社会主义兄弟国家博得了应有的尊敬和荣誉。这位教育家在培养和形成共产主义新人的高尚公民品质中满腔热情地捍卫了并创造性地发展了社会主义的人道主义思想,这个思想已渗入千百万人的意识中,已渗入教育工作者、老师、家长、所有参与教育年轻一代这一伟大而崇高事业的人们的意识中。苏霍姆林斯基的著作也吸引着资本主义世界的进步教育家们的注意,他们以马克思主义为旗帜去介绍和宣传苏联教育制度的历史成就。

苏霍姆林斯基著有41部专著和小册子,600多篇论文,约1200篇文艺作品——供孩子们阅读的故事和童话。他的著作仅在我国出版的总数就达300万册之多。刊登他论述教育、教学等迫切问题文章的刊物,印数达上千万份。苏霍姆林斯基的一些最重要的专著早已成为千千万万的教育工作者的案头书,成了第一线教师们解决众多复杂的教育教学工作问题时的得力助手。

这是不言而喻的,因为苏霍姆林斯基总是以真正科学的、马克思列宁主义教育学的捍卫者的身份出现的。他是克鲁普斯卡娅、卢那察尔斯基、加里宁、沙茨基、布隆斯基、马卡连柯以及其他许多卓越的苏维埃教育家和教育活动家的忠实学生。同时他又是具有自己独立见解和创造风格的教育家。在苏霍姆林斯基的那些内容丰富、文笔优美、感情充实的著作中,提出并解决着社会主义社会年轻公民的教育与教学上极其重要的各种问题,并对令公众关注和不安的问题做出了说理深刻的、经受了多年实践经验检验的回答。这些问题如:到底应当怎样教育儿童、少年和男女青年,以使他们成为按列宁方式培养出来的人,成为自觉而积极的社会主义国家的公民，成为炽烈的苏维埃祖国的爱国者，成为信念坚定的国际主义者和集体主义者，成为全面发展的共产主义生活的建设者。

苏霍姆林斯基是儿童心灵的深入研究者，是青年人的敏锐指导者，是体现了无限忠于党和人民的教师的最优特征的教育家。早在1969年《真理报》就写道："他的教育劳动得到了科学上的承认，获得了政府的高度奖赏。特别重要的是，苏霍姆林斯基工作在一个由热心人组成的友爱集体里。与他一道工作的是一批深受集体精神鼓舞的教师，这种鼓舞促进了每位教师最佳地展示个人品质。苏霍姆林斯基紧密联系所有年龄的学生，对这些学生来说他是一位真心与儿童和青少年分忧的年长的朋友。'要尊重学生！'——这就是帕夫雷什学校的校长和整个教师集体所确立的首要信条。"①1974年9月1日，《真理报》辟出版面刊载了苏霍姆林斯基的一篇未曾发表过的文章，即《认识的无限喜悦》，编辑部评论道："时间在流逝，可这位乡村学校校长的教育遗产却不仅吸引着教师们的注意力，而且许多其他读者也崇敬地投稿《真理报》，书写自己对苏霍姆林斯基教育经验的体会。"接着还评论道："不难发现，这位教育家的思维、思想、经验是多么现代而又多么具有现实意义。"

我们党和苏维埃的各种机关报刊都称苏霍姆林斯基是杰出的共产党人教育家，是教育评论大师，是在自己的教育活动中把理论与实践有机结合起来的、高度天才的教育者，是其著作永远进入先进教育科学思想宝库的学者。

可以很有把握地说，苏霍姆林斯基是苏维埃教育学上的一种非凡的、卓越的现象。因此，了解他的生活道路，深入研究和实际运用他的教育遗产，乃是每位老师、每位教育者、每位国民教育工作者在道德上和职业上的义务。

* * *

瓦西里·亚历山德罗维奇·苏霍姆林斯基于1918年9月28日出生在基洛夫格勒州奥努弗里耶夫斯克区瓦西里耶夫卡村（按当时

---

① 《学校校长》，载《真理报》，1969年2月24日。

的行政区划为赫尔松省亚历山德里斯克县瓦西里耶夫斯克乡瓦西里耶夫卡村）的一个贫苦家庭。其父亚历山大·叶梅利亚诺维奇在十月革命前曾受雇于地主庄园当木匠，还在一些农户家里干些计件报酬的零活。在苏联时期，亚历山大·叶梅利亚诺维奇成了村里的先进人物之一，作为村里的社会活动家和积极分子，曾经是消费合作社和集体农庄的领导，主持过集体农庄的实验基地，领导过一所七年制学校的劳动教学处（木材加工方面）的工作，还曾担任一些报纸的农村通讯员。其母奥克萨纳·尤多夫娜系家庭主妇，干过零星的裁缝活，在集体农庄里劳动。她跟亚历山大·叶梅利亚诺维奇一起教育自己的孩子们。除瓦西里之外，他们还有3个孩子——伊凡、谢尔盖、梅拉尼娅。后来这些孩子全都成为乡村教师。

苏霍姆林斯基最初在瓦西里耶夫斯克的一所七年制学校学习（1926~1933年），他是该校最有才华的学生之一。1934年夏天，他进了克列明楚格师范学院预备班，并于同年成为该院语言文学系的一名大学生。但因病于1935年被迫中断了大学学业。

1935年，17岁的小青年苏霍姆林斯基开始从事教育工作，并于同年加入共青团。1935~1938年，他先后在奥努弗里耶夫斯克区的瓦西里耶夫斯克和济布科夫斯两所七年制学校教乌克兰语文。

苏霍姆林斯基从1936年起在波尔塔瓦师范学院（函授部）继续自己因病中断的大学学业，先是获得了初级中学乌克兰语文教师资格，然后又获得了高级中学该门课程的教师资格（1938年）。他曾倍感亲切地回忆起在波尔塔瓦的两年学习生活："我真走运，能在波尔塔瓦师范学院学习两年。我之所以说走运，是因为我们这批20来岁的青年小伙子和姑娘们一直被充盈该校的倡导创造性思想、好学精神和求知渴望的氛围所笼罩。我自豪地把波尔塔瓦师范学院尊称为自己的母校……"①

这里要顺便插一句的是，1974年7月12日在苏联社会各界代表庆祝波尔塔瓦市建市800周年的隆重集会上，苏共中央政治局委员、乌克兰共产党中央第一书记谢尔比茨基在列举那些创造业绩曾

---

① 《波尔塔瓦人的朝霞》，1974年9月22日。

跟波尔塔瓦紧密相连的杰出文化活动家的名字时，指出，"马卡连柯和苏霍姆林斯基都曾求学于波尔塔瓦师范学院"①。

从1938年到伟大的卫国战争爆发，瓦西里·亚历山德罗维奇在奥努弗里耶夫斯克中学任乌克兰语文教师，稍后又任教导主任。

1941年7月，苏霍姆林斯基应征参加红军部队。起初曾到莫斯科军政培训班学习，获得了初级政治指导员所需的军事知识。自1941年9月起，他担任作战部队某连的政治指导员（在西部战线和加里宁战线上）。1942年2月9日，他在尔热夫市郊克列彼尼诺村的战斗中受了重伤，被送往后方医院医治了4个多月。

从1942年6月到1944年3月，苏霍姆林斯基在亚美尼亚苏维埃社会主义共和国乌德摩尔梯亚的乌瓦镇中学担任校长兼俄罗斯语文教师。在这里他特别注重教师集体与学生集体的团结、学生的爱国主义与国际主义的教育，并组织他们为帮助前线战士的家属而劳动。在乌瓦，他被接纳为共产党员（1943年）。乌瓦中学的老师们回忆说："苏霍姆林斯基做工作很有思想、很认真，对事业的责任心极强。他对自己、对教师们都严格要求。他高度评价和尊重所有集体成员的劳动。""苏霍姆林斯基把仁慈与严厉而合理的严格要求相结合，博得大家对他的无比敬重。"②苏霍姆林斯基后来在教师集体中的全部工作也都具有这样的突出特点。

1944年秋天，苏霍姆林斯基携同妻子安·伊·苏霍姆林斯卡娅回到了乌克兰，回到了刚从法西斯占领者手中解放出来的基洛夫格勒州奥努弗里耶夫斯克区。他在那里工作了4年，任区国民教育局局长，同时还在中学里兼课。作为教育局局长，苏霍姆林斯基花了很大精力来恢复本区的教育教学机构，安排孤儿们的生活物资供应，选拔、训练和培养师资。

在此期间，苏霍姆林斯基开始在报刊上——在奥努弗里耶夫斯克地区的报纸《突击劳动》和州报纸《基洛夫格勒真理报》上——发表教育方面的文章。他的第一篇文章即《在新学年之前》发表在

---

① 谢尔比茨基祝贺波尔塔瓦市建市800周年的讲话［N］.乌克兰真理报，1974-07-14.
② 战争年代的乌瓦中学［J］.国民教育，1975（5）：35-36.

《突击劳动》1945年8月25日上。

1948年，根据苏霍姆林斯基自己的请求，他被任命为帕夫雷什中学校长。他领导这所学校直至其生命结束为止，在帕夫雷什度过的22年是这位教育家在科研与实践、文学与评论活动方面最富于成果的时期。

苏霍姆林斯基付出了极大的精力，从而使一所普通的、平常的农村学校达到了苏联最优秀的普通教育机构的水平，使它成了先进教育思想的真正实验室，并最充分地总结了所获得的经验。他之所以达到了其理想的目标，凭借的是他那特殊的勤奋、恒常的创造激情、毫不调和的严格要求，不论对自己还是对学校工作人员的整个集体均如此。最重要的是在工作中始终如一地坚持贯彻列宁思想。苏霍姆林斯基于20世纪60年代末总结帕夫雷什中学的经验时写道："我校全体教师在他们工作的全部岁月中都在竭力以列宁的思想——教育学遗产当作我们的创造和经验的基础，指导我们的教育、教学工作。"①

自1949年开始，苏霍姆林斯基已不仅在当地报刊上，而且在各共和国及全苏定期刊物上发表文章了。50年代前期，他还开始在各社会主义兄弟国家里发表作品。

1955年，苏霍姆林斯基这位乡村教师在国立Т.Г.谢甫琴科基辅大学顺利地通过了题为《学校校长——教育教学工作的领导者》的副博士论文，一年后他的首部专著《学生集体主义的培育》问世。在我国一些重点教育科学杂志上刊登的书评中都指出，这本书是战后"首部根据多年工作经验写成的关于培育儿童集体的重要专著"，它"值得各校校长们、国民教育机关工作者们认真研究，值得在各教育集体里广泛讨论"②，这个研究成果能"在学生集体主义教育工作的组织和方法上给学校教师和领导人员提供极大的帮助"③。

稍后，20世纪50年代末，苏霍姆林斯基有关这方面的力作一本

---

① 瓦·亚·苏霍姆林斯基.帕夫雷什中学[M].莫斯科：教育出版社，1969：4.
② 《国民教育》，1957年第3期，第112、113页。
③ 《苏维埃教育学》，1957年第8期，第149页。

接一本地出版了,如《中学教育集体》和《学生的苏维埃爱国主义教育》。当时最有价值的一本书即《共产主义劳动态度的培养》也问世了(1959年)。《共产党人》杂志上的一篇署名评论文章指出,在这部专著中"苏霍姆林斯基从理论上总结了业已积累的经验,因而有助于解决苏联学校所面临的重大而复杂的课题"[1]。而著名的乌拉圭社会活动家、乌拉圭共产党中央委员会委员阿尔西拉·阿里斯缅季这样评价苏霍姆林斯基的著作:"书中对其研究工作所做的内容丰富的总结,为探讨教育教学工作中的许多普遍性问题做出了成熟的、有科学依据的贡献。"她还强调,"作者极有说服力地证明了他那依照马克思主义哲学而制定并实行的教育体系具有积极性质"[2]。苏霍姆林斯基的这本书也获得了许多学者、教育家、教师和实际工作者的高度评价。

20世纪60年代,苏霍姆林斯基的教育著作创作进入一个更高的阶段。正是在那个年代,他那作为教育家兼研究者、教育家兼评论者的卓越而别具一格的才华表现得极为充分;正是在那个年代,他撰写了许多供儿童阅读的优秀书籍、文章和文艺作品。

这位教育家自1960年开始发表的主要著作,有《我们是怎样培养英勇的一代的》《学生的精神世界》《年轻一代共产主义信念的形成》《劳动与道德教育》《年轻一代的道德理想》《苏维埃学校中个性的培育》等。1969年出版的两本书《帕夫雷什中学》和《我把心给了孩子们》尤其引人注目。后一本书已再版6次,读者为这本书撰写了数十篇热情洋溢的评论,该书曾荣获乌克兰苏维埃社会主义共和国教育协会一等奖(1973年),及乌克兰苏维埃社会主义共和国国家奖(1974年)。乌克兰科学院院长帕通指出:"这本著作,正如他的其他著作一样,是教育学领域、社会科学领域的一种出类拔萃的现象。作者按新的方式提出并解决着现代教育最重要的一些问题,有科学深度地、透彻地揭示着教师施加教育影响的种种独出心裁的途径和手段,且阐述得清晰、鲜明而有说服力。书中展示了形成每个受教育者的共产主义信念、热爱祖国之心、国际主义

---

[1] 冈察洛夫.学校与劳动[J].共产党人,1959(16):115.
[2] 阿里斯缅季.教育学与马克思主义[M].莫斯科:进步出版社,1965:181.

之情、高尚的心灵、为共产主义而奋斗的崇高远大目标等方面的丰富经验。"①

苏霍姆林斯基生前的最后出版物是《致学生们的一席话》(载《真理报》,1970年9月1日)。这是一篇写得相当出色的文章,文中向青年们揭示了苏维埃学校的社会历史作用。

苏霍姆林斯基去世后出版的一些著作单行本也值得给予高度的评价,如:《公民的诞生》《培养集体的方法》《和青年校长的谈话》。其中,《真理报》载文谈到《公民的诞生》时说:"该书内容丰富。当你读到作者如何竭力使青少年形成辩证唯物主义世界观、奋斗者的坚定信念、诚实的人的心灵、创造者的双手等这些激动人心的谈话时,你会感到,这位教育家、社会主义劳动英雄苏霍姆林斯基为培养伟大的苏维埃祖国的真正公民,直到他生命的最后一天做了多么艰巨的工作。"②

在为教师工作付出许多精力并创作众多奠基性的教育书籍的同时,苏霍姆林斯基还作为一名积极的社会活动家发挥着作用。他是帕夫雷什镇苏维埃和奥努弗里耶夫斯克区劳动者代表苏维埃的代表,被推选为乌克兰共产党奥努弗里耶夫斯克区和基洛夫格勒州委员会的委员,经常在帕夫雷什镇的居民中开展宣传鼓动和文化教育工作,积极参加教学科研方面的各种学术大会、讨论会、座谈会、讲习班(区级、州级、共和国级、全苏级甚至国际级全覆盖),曾到古巴共和国、保加利亚人民共和国、德意志民主共和国就马克思列宁主义教育学问题发表演说③,曾是全俄教师代表大会的参加者(1960年),乌克兰苏维埃社会主义共和国教师代表大会的代表(1959年、1968年),以及全苏教师代表大会的代表(1968年)。

苏联党和政府对这位教育家的功绩给予了应有的嘉奖。他曾

---

① 帕通. 深入的探索,高度的效果[N]. 乌克兰真理报,1974-12-25.
② 《真理报》,1971年8月12日。
③ 应当指出,苏霍姆林斯基很重视掌握外语。他对干部登记表上(1970年)的"您掌握哪些外国语言和苏联各族人民语言"这个问题的回答是:"我熟练地掌握了俄语和乌克兰语;能用德语、波兰语、斯洛伐克语阅读并讲解;能借助字典阅读和翻译捷克语、保加利亚语、法语。"(乌克兰苏维埃社会主义共和国教育科学研究所档案文献,瓦·亚·苏霍姆林斯基卷,No.1)。

荣获两枚列宁勋章，多枚苏联奖章，一枚马卡连柯奖章。自1957年起，苏霍姆林斯基成为俄罗斯联邦社会主义共和国教育科学院通讯院士；自1958年起，成为乌克兰苏维埃社会主义共和国功勋教师。1968年，他被授予社会主义劳动英雄的崇高称号，同年被推选为苏联教育科学院通讯院士。

这位教育家在生命的最后五年里写出几部新的力作并准备出版，如：《给教师的100条建议》《给儿子的信》《父母教育学》《全面发展的人的培养问题》《怎样培养真正的人》。

也不能不谈及苏霍姆林斯基本人及他所领导的帕夫雷什中学教师集体的另一项重要的活动成果，就是基本解决了如何把学生培养成真正有教养、自觉且积极的苏联公民的问题。该校的毕业生中（从50年代初到1970年该校毕业生逾千人）有不少人是荣获了苏联勋章和奖章的工业、农业、文化领域的工作者。帕夫雷什学校培养的许多学生在大学毕业后成为高水平的工程师、农艺师、经济师、医师、教育家，以及科研机构、国家机关、经济机关和党的机关的工作人员。帕夫雷什中学过去培养了、现在也继承瓦·亚·苏霍姆林斯基的传统成功地在培养这样的人：他们深怀崇高的公民荣誉感和社会责任感，为了实现我们党和人民的理想而忘我劳动。

1970年9月2日，苏霍姆林斯基的心脏停止了跳动。然而，肌体的死亡并不能终止他那些创造性成果的生命，没有中断它为学校、教师、教育科学所提供的服务。这位教育家总爱重复说的一句话是："人生下来，并不是为了像无人问津的尘埃那样无影无踪地消失。人生下来是为了在自己身后留下痕迹——永久的痕迹。"① 这种充满激情的话语正是苏霍姆林斯基本人的写照。他创作的全部作品将作为宝贵的精神财富永远载入人类精神文明史。

* * *

苏霍姆林斯基的教育遗产具有多层次和多方面的价值。应当指

---

① 瓦·亚·苏霍姆林斯基.怎样培养真正的人[M].基辅：苏维埃学校出版社，1975：73.

出的是，这位教育家的创造性思想经历了一定的进化过程，从中不断地得以充实、深化和磨砺。然而教育史这门科学对苏霍姆林斯基的教育科研活动、教师活动、评论活动等的不同方面研究得还不够深入，还需要做专门的研究。因此我们眼下只给自己提出一项比较有限的任务：只是扼要地阐明我们认为最重要的某些问题，即苏霍姆林斯基创造性遗产中具有普遍科学性的各种方法。

自然，为了完成这项任务，首先必须完整、系统地分析，全面客观地研究这位教育家的著作。而优先需要探讨的是他创作的源泉所在。

苏霍姆林斯基教育信念的基石，他的思想和观点的源泉，是马克思列宁主义关于对年轻一代进行共产主义教育、教养的理论。他解决当代学校和教育学的理论与实践问题的思想和方法，依据的是马克思、恩格斯、列宁的天才思想，以及苏联党和政府关于国民教育和青年人的培养问题的历史性决定和决议。在苏霍姆林斯基的任何一本书或论文中，对科学共产主义奠基人的指针性思想引用随处可见，即不仅在直接阐明人的培养和教育问题的著作中，而且在他的哲学、经济、政治性著作中也对那些指针性思想概括地加以引用。他还始终遵循苏联党和政府就政治、意识形态、经济、文化等各种问题通过的指导性文件的精神。苏霍姆林斯基著作的全部内容可以证明：正是苏联共产党于新的历史条件下发展了的马克思列宁主义理论，曾指导和鼓舞了这位教育家的思考，成为他取之不尽的知识源泉和恒久的思想指南。苏霍姆林斯基征引科学共产主义经典作家的思想，征引党的文件精神，从不出于形式主义的目的。从这些征引中，能清楚地判定这位教育家的出发点和立场，能明确地认定他对马克思列宁主义是行动指南这一理论有深刻的理解。

苏霍姆林斯基创作的一个重要源泉，就是具有经典性的教育遗产。这位教育家遵循列宁关于无产阶级对待以前各个历史阶段的文化财富采取批判地继承的态度这一学说，广泛运用那些过去产生至今仍未丧失其意义的先进教育思想。这既关系到智育与体育问题，也关系到道德教育、劳动教育、审美教育等问题。苏霍姆林斯基深信不疑地声明，不全面了解许多世纪中创造的财富，不思考和运用理论遗产，就不可能有今天教育劳动的高度文明。这就是为什么他经常求教于夸美纽斯、卢梭、裴斯泰洛齐、第斯多惠、斯科沃罗达、乌申斯基、皮罗戈夫、列夫·托尔斯泰以及革命民主主义者们,特别是别林斯基、车尔尼雪夫斯基、杜勃罗留波夫、谢甫琴科、弗兰科等人的创作,求教于亚努什·科尔恰克的作品,当然也求教于杰出的苏联教育理论家、心理学家、生理学家,以及文学家、艺术家们的著作。

但是,苏霍姆林斯基不是简单地重复旧的、已知的东西。他在《帕夫雷什中学》中写道:"伟大教育家夸美纽斯、裴斯泰洛齐、卢梭、乌申斯基、第斯多惠等都主张引导学校、教师和学生去考察周围世界,教导他们去研究和解释人所能见到的事物。将这些教育家的思想应用到完成我们的教育任务上,便具有了另一层含义。"①苏霍姆林斯基把过去的教育真理中已知的东西加以现实化,因而这也就意味着把它们提升到新的质量高度,使其服从于苏维埃学校的任务、共产主义教育的目的。总之,这位教育家一面理解和重审旧东西,一面就为确立和发展新东西而奋斗。

苏霍姆林斯基创作的一个丰富的源泉,就是人民的教育智慧,就是劳动群众的优秀教育传统。苏霍姆林斯基在《共产党人》杂志上发表文章,写道:"我们把知识、科学之光带给人民。而人民是活生生的、永恒的教育智慧的源泉。我们如果缺乏这种跟人民的经常性精神交往,那么就不可能成功地对年轻一代进行教学和教育。"②俄罗斯、乌克兰和我国其他民族先进的民间教育学,不断鼓舞着苏霍姆林斯基的思想和劳动,引导他宣传民间教育学思想,如培养儿童和青少年无限热爱祖国,深爱母亲、父亲、亲属,尊敬长者,真心同情劳动者并准备用行动去帮助他们摆脱不幸,认真对待劳动,养成勤奋、机敏的品质和劳动技巧,珍爱大自然及自然财富,把爱国主义情感融入日常活动和行为之中。

苏霍姆林斯基对民间教育学中的一些传统给予很高的评价,这些传统是:家长对孩子的爱之道——对孩子既仁慈又以合理的要求进行约束,在教学和教育中丰富地使用母语,使书本知识服从于劳

---

① 瓦·亚·苏霍姆林斯基.帕夫雷什中学[M].莫斯科:教育出版社,1969:5.
② 瓦·亚·苏霍姆林斯基.人民的教师[J].共产党人,1966(2):80.

动生活的现实需要，逐步地锻炼孩子的肌体，总体上遵行民间采用的那些自然而然的体育途径和手段。

这位教育家在自己的著作里，以及在实际的教育教学工作过程中，经常利用诸如谚语、俗语、民间格言、益智习题之类群众文学创作的瑰宝，成功地、清晰地再现劳动人民创造的故事、民歌、寓言、传说。苏霍姆林斯基似乎预先用自己充满民间教育学精神的活动，说出了1973年《真理报》一篇社论中的主张："在教导尊敬长者时，应当经常请教那本口传教科书，它一旦出版就可称作'家长教育学'。这种准则性汇编很简单，但里面反映了许多世纪来一代一代人的经验。在这座民间智慧的宝库里，不仅那些研究有关青年的共产主义教育问题的学者和教育家，还有学校教师和家长们，都可找到不少有益的东西。"①

对苏霍姆林斯基来说，教育知识之充满强劲活力的源泉就是先进的教育和教学工作经验，包括：他本人的从教实践，他领导的帕夫雷什中学教师集体的活动，以及其他许多学校的教师、班主任、校长们的经验。苏霍姆林斯基坚信，教育理论只有在成千上万的教师的工作和创新性劳动中得以运用、丰富和完善时，才能获得发展。因此他坚决做到使每个教师、每个教育者不单纯是教育知识的"消费者"，而是一名研究者，一名合理化建议的提出者。苏霍姆林斯基曾说，真正的教师离开创造就无法生活；教师的劳动按它的本性或者内部逻辑来说，隔绝科研活动是不可思议的，教师的劳动总应充满理论之光，总应充当概括新思想、新理论的源泉。从《和青年校长的谈话》一书中，我们能读到："如果你想使教育工作给教师带来欢乐，使每天的上课不致变成单调乏味的苦差，那就请你把每个教师引上进行研究的幸福之路吧。"②正是对待事业的这种态度，使得作为教师和校长的苏霍姆林斯基有条件去完成充满许多生动例子、事实、例证的优秀教育著作，完成科学地分析和总结苏联学校教育和教学经验的著作。

---

① 尊敬长者［N］.真理报，1973-09-30.
② 瓦·亚·苏霍姆林斯基.和青年校长的谈话［M］.莫斯科：教育出版社，1973：70.

* * *

在这位杰出教育家的理论与实践活动中,什么是最主要的东西呢?

最根本、最重要的一点就是,苏霍姆林斯基是马列主义教育思想的杰出宣传者。紧密联系学校工作实际来揭示苏维埃教育学理论的思想基础,以说明马克思、恩格斯、列宁所制定,苏联共产党所发展了的那些科学的、彻底民主而人道的教育和教养原则,捍卫并推广这些原则,乃是这位教育家的全部活动的主干道。

苏霍姆林斯基深信,"苏维埃教育学的主要基础乃是列宁的思想和教育学遗产,正如卢那察尔斯基所肯定的,列宁是苏维埃教育学坚强有力的奠基人"[①],"对每个教师、宣传员、党的工作者来说,他的思想、知识、灵感的丰富源头正在于列宁的那座取之不尽的智慧宝库"[②],苏维埃学校的使命就是教导年轻一代按照列宁的方式去生活、斗争和劳动。

这位教育家把培养学生的共产主义信念和科学的世界观,并使之以阶级观点对待社会生活中的事件和现象,对资产阶级意识形态采取战斗的、不调和的态度,置于学校工作体系的首要地位。他早在自己的文学和教育活动初期,就在《改进学校的意识形态工作》一文中(1946年),把注意力集中于这一点上:苏联共产党关于意识形态战线工作的决定是苏维埃教师的行动纲领。他还坚决呼吁提高教育和教学的思想政治水平,保证学生所掌握的知识跟当前现实紧密联系起来。

这些观点作为一条红线贯穿于这位教育家往后的全部理论与实践活动。他写道,我们必须努力做到,"早在学校里就应当造就有崇高思想的人,对这种人来说,为共产主义而奋斗乃生活的最高意

[①] 瓦·亚·苏霍姆林斯基.帕夫雷什中学[M].莫斯科:教育出版社,1969:3-4.
[②] 瓦·亚·苏霍姆林斯基.评马尔古利斯的《论伊里奇的教育艺术》一书[J].乌克兰共产党人,1967:96.

义所在"①。苏霍姆林斯基在许多书籍和文章中,依据列宁关于学校和教育与政治、与社会生活、与阶级斗争不可分割的论点,宣传了以下一些原理(并用学校、家庭、共青团和少先队组织的教育工作经验中的具体例子和事实广泛地进行说明):

△共产主义信念,是一个人的精神世界丰富、充实和完整的基础。

△教育者的头等任务,就是使年轻人形成与全世界劳动者进行阶级合作以达到全体劳动者的国际团结的情感。

△教师、家长都应像惧怕火那样,惧怕自己的施教对象思想空虚、政治冷漠、态度冷淡。要永远记住:男女青少年的崇高公民职责就是他们忠于社会主义祖国。

△列宁式地教书育人,就意味着在年轻一代的意识里确立起革命斗争的真理——热爱劳动人民,珍惜并追求和平与自由、对社会主义的敌人绝不调和。

△对教育教学工作的内容或是方法,都应首先透过我们的思想标准这面棱镜来进行考察,要使对儿童和青少年施教的整个体系都服从于形成共产主义世界观、共产主义道德这项任务。

这位教育家注重培养学生无限热爱共产党和忠于党的理想的情感,他说:"孩子们经常听到'共产党员'这个词。我极力使这个词与它的概念在孩子们的意识中,与那些为把我国人民从剥削者手中解放出来、为建设社会主义、为战胜法西斯主义、为对社会进行共产主义改造而奋斗的战士的最光辉、最高尚的形象融为一体。"②

与这些及其他类似的原理相联系,苏霍姆林斯基还探讨了这样一个问题,即怎样并通过什么途径来使学生形成共产主义的世界观和道德。这位教育家对此问题的回答是精确而明白的:思想上、道德上的信念和情感主要形成于劳动中、斗争中、为了社会幸福而开

---

① 瓦·亚·苏霍姆林斯基. 年轻一代共产主义信念的形成[M]. 莫斯科:俄罗斯联邦教育科学院出版社,1961:8.
② 瓦·亚·苏霍姆林斯基. 我把心给了孩子们[M]. 基辅:苏维埃学校出版社,1969:198.

展的活动中。这里，他援引了马克思关于有怎样的个人活动就有怎样的个人本身这一著名论断，也援引了列宁的这些指示：教育不仅通过书本而且通过青年人日常直接参加工人和农民的斗争来进行。列宁教导说："脱离了工作，脱离了斗争，书本上的共产主义知识一文不值。"① 按照列宁的说法，青年应通过"掌握人类获得的全部知识财富来学习共产主义，应在实践中、在生活中通过认识生活和改造生活来学习共产主义"②。这些思想恒久地贯穿在这位教育家的著作中。

苏霍姆林斯基强调，共产主义思想不能单靠谈话和教导来培养，不管这些谈话和教导多么好。需干实事，要使受教育者不单纯知道什么是"好"，什么是"坏"，而且要为了善良、真理、正义的胜利，为了共产主义的胜利而行动。应当干真正的事情，因为众所周知空洞无物的劳动只会使孩子的头脑变得空洞无物。苏霍姆林斯基断言，我们的受教育者应当感到自己不仅仅是学生，而且是社会主义国家的年轻公民，他们有义务把自己的劳动能力献给社会。非此就没有也不可能有个人道德的形成，非此则受教育者习得的知识就仍是僵死的知识。

总之，使知识转变为、发展为信念这个问题，正如苏霍姆林斯基指出的，是世界观形成过程中最复杂的问题之一。共产主义信念不能与知识一道机械地进行传授，不能像教科书的章节那样被布置成家庭作业，不能被记住和回忆起来。信念是在集体和个人思想丰富和活动积极的生活基础上养成的。"信念就其本质说，不可能是一种不劳而获的精神财富。只有通过积极的活动，信念才能起作用，才能得到巩固，才能变得更加坚定。"③ 这位教育家写道，思想政治信念的生存形式，就是共产主义生活方式的确立，就是与敌对意识形态的斗争，因此也是为了人们、为了集体、为了社会而劳动，在这种劳动中，少年和男女青年们感到自己是公民，是战士，这种

---

① 瓦·亚·苏霍姆林斯基.劳动与斗争［M］//苏霍姆林斯基选集（乌克兰文版五卷本）：第5卷.基辅：苏维埃学校出版社，1977：536.

② 瓦·亚·苏霍姆林斯基.年轻一代的道德理想［M］.莫斯科：俄罗斯联邦教育科学院出版社，1963：124.

③ 瓦·亚·苏霍姆林斯基.公民的诞生［M］.莫斯科：青年近卫军出版社，1971：206.

劳动是他们意识形成的重要源泉。必须教导青年人把幸福理解成为人民的利益而奋斗。具体地说，就是为了苏维埃祖国，为了她的名誉、强大和荣耀而做出自我牺牲。苏霍姆林斯基强调，应当培养这样一类人，对这些人来说，克服生活中的毛病和缺点，不单纯是口头揭露丑恶现象，而是要与之做实际的斗争，做英勇的、激烈的、不调和的斗争。这位教育家断言，童年时期不曾在为社会而进行的积极劳动中表现过自己的人，便不可能成为真正的战士和集体主义者，因为参加这种劳动的内部动机就是自己在那种受崇高思想鼓舞的劳动中所产生的强烈的愉悦感。

必须使学校和家庭在受教育者面前展开一切能培养强烈爱国情感的源泉，从爱父母亲、爱故土家乡（这是爱国主义的最初萌芽），到赞叹苏联国家的强大、钦佩社会主义革新劳动的伟力。

归根结底，共产主义精神文明规范应当变为人们的习惯，只有在此条件下，这些规范才能成为个人的真正所得。苏霍姆林斯基总结道："思想道德信念的形成是一个积极过程。在这个过程中，受教育者并不是教育的消极对象，而是为在自己灵魂中确立某种东西的积极斗士。"① 学校的任务就是：用斗争的道德经验充实受教育者，创设一种环境来尽量促进学生公民积极性、智力积极性、创造积极性的发展。

这一切，苏霍姆林斯基解释说，也关系到教育学生正确理解宗教的反科学、反人民、非道德的实质的成效。除现代科学成就的知识（这是通过自觉的、积极的教学活动获得的）之外，除集体丰富的精神生活和巧妙、灵活、适度的解释之外，学校在安排科学无神论教育工作时正确的做法是，要求学生必须完成创造性的劳动任务，开展实验、试验活动。因为这些任务能直观地、有说服力地展现出人的智慧的力量，产生对人的劳动成就的赞美，引出这样一种意识：地球上"奇迹"的唯一创造者是人，是人的智慧和双手。

应当指出，苏霍姆林斯基赋予"劳动""活动""斗争"以广泛的含义。他既在自己的著作中，也在其实践中，展示了学校在生

---

① 瓦·亚·苏霍姆林斯基.帕夫雷什中学［M］.莫斯科：教育出版社，1969：183.

产劳动和所有社会公益劳动领域的极大可能性，确立了一个不同年龄学生参加这类具体劳动的展开性的体系。但这位教育家并未从斗争这一概念中排除作为每个学生之根本义务的学习。没有成功的学习，没有牢固的知识和发达的思维，没有真正的教养水平，在现代条件下就没有、也不可能有高效的劳动。他在《帕夫雷什中学》一书中，借参与学生辩论的一名老共产党员之口这样提出问题："你们不是在寻找哪里有进行斗争的天地吗？可是要知道，你们的学习就是斗争。这是为了使我们的国家变得更先进，为了让我们有比任何地方都多的有智慧、有学识的人才而进行的斗争。"①

教学可被视为另一含义上的斗争。作为由教师引导的一种过程，学生的独立认识活动，他们的学习劳动，要求他们智力上高度紧张化，要求他们积极克服困难。而这同时不仅是巩固知识的前提，而且是思维成熟、世界观和信念坚定的前提。因此苏霍姆林斯基也把教学描述为学生积极思考的社会生活。"培养不可动摇的思想信念，这在学校精神生活中是思考与劳动、知识与积极活动相汇合的领域"②。这样深刻而正确地提出关于教学、劳动、斗争的统一性和不可分割性的问题，乃是这位教育家整个观点体系的突出特点。

苏霍姆林斯基全面论证了语言具有重大教育作用这一论点，这也是他无可怀疑的贡献之一。他不无根据地认为，低估语言在教育中的作用，不得法地、无效果地利用语言，都是与他同时代的那些论述教育方法的著作的致命弱点，也是大部分教育工作者的实际工作中存在的一个最薄弱的方面。

众所周知，列宁把语言看作是人类交际的重要工具，并认为，语言也是一种行动（当然，如果语言不是空洞的、言之无物的话）。按克鲁普斯卡娅的论断，"言传法"不能从学校里丢掉，这是一种合乎自然的交际方法，一种传递思想的方法。马卡连柯同样十分公正地指出，过分害怕言教，不相信语言上的表达，出现取消

---

① 瓦·亚·苏霍姆林斯基.帕夫雷什中学［M］.莫斯科：教育出版社，1969：198.
② 瓦·亚·苏霍姆林斯基.全面发展的人的培养问题［M］//苏霍姆林斯基选集（俄文版五卷本）：第1卷.基辅：苏维埃学校出版社，1979：97.

言教的偏向，这都极其危险，因为人的思想只有通过语言才能表达出来，人的思想只有结合语言的发展才能获得自身的发展。

遵循这些原理，苏霍姆林斯基具体地揭示了生动的口头语言和书面语言的教育可能性，界定了种种条件，在此条件下两种语言都能较佳地发挥自己的功能。语言是对受教育者的意识施加教育影响的有力手段，尽管理所当然地不是教育中的一切都能仅仅归结为语言。例如，不能只用语言来培养热爱劳动的品质，但若没有严肃、理智的语言则也不可能教育出这种品质。教育的艺术必须包括说话的技能，必须诉诸人的理智与心灵。这尤其涉及教育者的语言对孩子们的影响。

但显而易见，语言的作用是多种多样的，它可使人活跃，也可使人消沉，可引起人快乐和精神振作，或使人悲伤和惊愕；语言可激起不安和慌乱，使人不相信自己的力量，也可鼓舞人去从事创造性的劳动，去完成勇敢行为。一切都取决于是怎样的语言，有理智的和机敏的、明白的和易懂的、原则性的和启发性的、真诚的和善意的、坚决的、充满信心的、有说服力的语言，也有与之相反的语言，如空洞的、平淡的、不确定的、虚伪的，并非为了深入学生内心、而是为了贬损学生和"申斥""刺激"他们的语言，等等。

这位教育家尤其主张说话要真实。列宁和我们的党都教导：应当永远向人民说真话，而且只说真话。这一要求的绝对执行，依苏霍姆林斯基看，乃是成功地教育青年的主要条件之一。他断言，不可在儿童和少年周围，更不用说在青年周围，造成已"思想无毒"的气氛，闭眼不见缺点、不见过去的残余，实则我们还未彻底摆脱这些残余。最好的教育，就是用真实情况来进行教育。学生们对教师的不论真话还是假话都很敏感，应使全部教育过程都体现出共产党人的真实精神。必须首先使不论教师还是学生都看到、理解、无比激动地感受到苏联人民争得的历史成果，及我们社会发展的宏伟前景。但同时也应公开地、坚决地、勇敢地谴责任何不正派、丑恶的现象，尽管属个别现象，如这样一些事实：不诚实地对待劳动和公共财产，过寄生生活，好吃懒做，敷衍了事，阿谀奉承，坑蒙拐骗，行事虚伪，下流卑鄙，冷酷无情，持"这不关我的事"之类的小市民表现，等等。"学校是这样一个场所，在这里学生和教师的生活及相互关系中的每一个行动都充满着深刻的道德含义。在这里，孩子们时时刻刻都处在真理的灿烂阳光的照耀下，都在追求真理，……在为维护真理进行斗争"①。教育者应当经常记住：真正有思想的生活正在于为世界上崇高的真理，即共产主义原则和理想的真理的取胜而奋斗。

按苏霍姆林斯基的说法，每个教师，不管他教什么科目，都必须有效地利用多种不同的思想表达方式，并以自己所教科目的教材来形成学生对语言、对语言的细微差别的敏感性。这位教育家通过有关描述绝妙地表明了究竟如何做到这点，其中描述了他如何在学校里进行审美谈话，如何跟学生们一起沿苏联国土做想象中的和实际上的旅行（及沿世界其他各国领土做想象中的旅行），如何进行关于共产主义公民品质、关于苏联爱国主义、关于各族人民友谊、关于伟大的列宁的生活与活动等题目的谈话。

引人注目的还有这位教育家的以下十分正确的断定：教育中不允许"话语过量"，必须记住分寸感；认为哪怕最好的言教能够瞬间改变、"改造"受教育者，这种看法也是不正确的。言教要获得效力只有在这样的时候：这时言教因长者的亲身榜样、因家长和教师的适当行为而得以强化，这时紧接着言教之后有行动，这时教育者不仅号召，而且也教以如何做，指明应当如何实际地付诸行动，对学生的独立思考和劳动予以引导并使之积极起来。换言之，仍然必须使言与行有机地结合起来。

在苏霍姆林斯基看来，与教育者的生动语言相比，书面语言同样具有重要意义，因为书面语言是取之不尽的精神财富的源泉。这位教育家说，只有当学校形成了崇拜书籍的良好氛围，并培养着学生对阅读文艺、政治、科普读物的渴求、对书籍的强烈迷恋及对书籍的无限虔敬的时候，学校才成其为学校。课外阅读通常并不直接与课堂教学相联系，但它对学生的全面发展起着重大作用。培养学生高度的阅读文明，引发他们因与书籍打交道而产生无可比拟的快乐、愉悦感，这也就意味着是在预防一个人在智力上、道德上、情

---

① 瓦·亚·苏霍姆林斯基.全面发展的人的培养问题[M]//苏霍姆林斯基选集（俄文版五卷本）：第1卷.基辅：苏维埃学校出版社，1979：117.

操上的不足，是在有效地保证成长中的人的自学与自育。

在苏霍姆林斯基的观点中，具有原则性重要意义的，就是坚决地、始终不渝地谴责教育教学过程的任何一种形式主义的因素。不容许不按其内部的内容、不根据其实在的结果去看待教育工作，而把这种教育工作只看作服务于总结汇报的"措施"总数，只举办"供人观摩的"、专门排练的集会、活动、讨论会，它们带有某种做假、演戏的性质，其实际做法只是让孩子们机械地熟背和宣布他们所不理解的、因而是他们内心并未接受的那些冠冕堂皇的"漂亮"词句。"学校里严禁说空话，无聊乱侃。要珍惜你的话语……，不要借孩子之口说出孩子还不能理解其意的话。决不允许将崇高的、神圣的话语变成辅币。"①不能忘记列宁的如下指示：不应当用无聊的闲话和大吹大擂的词句取代伟大的和崇高的东西，不能与"口头上的热情"相调和，不容许在实际上毫无行动或只幻想着行动的情况下宣告宏伟的义务。如果说，知识教学中的形式主义及知识的盲目和教条式背记，会使孩子们的智力迟钝起来，那么可以说，品德教育中的那个以空洞形式取代事情的实质的做法就必然摧残孩子们的心灵，养成不诚实、两面派、假仁假义等习性。

苏霍姆林斯基把掌握知识和世界观、道德品质、公民品质的形成过程跟情感教育紧密联系起来。这位教育家早在1952年，就在《学习兴趣是学生学习活动的重要动力》一文中，把列宁的"没有'人的情感'，就从来没有，也不可能有人对真理的求索"这一著名论点，作为自己分析问题和做出结论的基础。稍后，他还在学校教育计划的实施中验证了列宁的这个论点。

苏霍姆林斯基证实，儿童能最佳地领会、理解和记住他所感受的一切。没有对知识的情感态度，没有兴趣、惊异感、满足感、愉快感、迷恋感、把握感及其他积极的感受，就不可能有成功的教学。

学校和家庭应当使儿童及青少年身上形成情感文明，离不开培养共产主义的公民品质，离不开让学生们理解和感受到新人在为社会主义祖国服务中的美。为使共产主义的道德规范成为个人行为的

---

① 瓦·亚·苏霍姆林斯基.怎样培养真正的人［M］.基辅：苏维埃学校出版社，1975：164.

现实动机，它们就应同时成为个人的道德信念。纯洁的、高尚的感受，是道德的精神能源；相反，铁石心肠般的情感会摧残人身上的人性因素，会导致冷酷无情、利己主义、个人主义、反社会行为。培养公民和集体主义者的必要条件，就是具备情感充实的集体生活。"集体中的丰富思想、各种志向和各种关系、相互之间提出的评价和要求，所有这一切像一条纤细的幼根，滋养着集体敏锐的情感。这种情感越深，集体作为影响个人的工具所起的作用就越大，个别学生带来的漠不关心、冷酷、无情的危险也就越小。"①

但是，苏霍姆林斯基关于情感在教育教学中具有特殊重大意义的思想，并不意味着要把思维的首要地位让给情感。这位教育家不是要求情感的优先地位，而是提出要把思维与情感融为一体，即"理智与心灵的和谐一致"。在这种和谐关系中，依他的断定，心灵之功能是发出最温情、最敏感的旋律。

对待学习和劳动的情感态度，是培养共产主义信念的一个最重要的前提。只有当学生所掌握的知识和他们所完成的工作受崇高的情感支配、温暖时，思想上、政治上、世界观上的信念才得以形成和巩固。否则，就不可能，因为一个人思想上的信念既反映一定阶级的世界观，同时也作为个人切身感受的结果出现。苏霍姆林斯基强调，思想不是人一遇机会就可以宣布的某种背熟了的真理，思想意味着内心对真理、真相、美的疼爱。

列宁曾指出共产主义思想不应该是某种背熟了的东西，而应该是通过自己的思考的东西，学校应当培养学生自己确立共产主义观念的能力。苏霍姆林斯基依据这一原则，坚决地宣传这些思想：必须使学生把看待生活、自然、社会及自身的观点确立为切身的、独立产生的观点。同时在每个学生头脑里形成的，不是某种"自我的"、主观的世界观，而是科学的世界观，是对我们的思想正确的坚定信念，是为这些思想而奋斗的准备，并把这种奋斗视为一种自"我"表现、自己内心的表现、自己的荣誉和尊严的表现。这位教育家写道，只有在此基础上，共产主义思想才会成为一个人行为的

---

① 瓦·亚·苏霍姆林斯基.培养集体的方法［M］// 苏霍姆林斯基选集（俄文版五卷本）：第1卷.基辅：苏维埃学校出版社，1979：491.

动力。用马克思的话说，才会化为自己的良心，"是不撕裂自己的心就无法挣脱的枷锁"①。

只有在无产阶级的、共产主义的思想变为个人获得物时，这些思想才能活跃并真正表现在个人的行为中。所以要使教育者在自己面前看到的不是抽象的，而是活生生的、具体的，拥有思想、经验、情感的受教育者。只有在此条件下，才能培养出真正的公民，培养出既用理智又用心灵去形成观点的人，他用这种观点去看待现实的客观世界，去看待自己在社会生活的共产主义改造中的作用。

＊　　　　＊　　　　＊

从以上所述中可以得出如下结论：苏霍姆林斯基实质上是围绕共产主义公民精神这个联结着一切新人的品质的培养问题，来联结自己在教育学上立论、证明、要求、建议等整个体系的。这个涉及面众多的品质，首先包括深刻的思想信念、共产主义道德、社会积极性、对阶级敌人和资产阶级意识形态的不调和态度、苏维埃爱国主义、无产阶级国际主义、集体主义、对待劳动和公共财物的共产主义态度、贯穿一切的义务感、对人民和对劳动人民的国家的责任心。

共产主义公民精神还与人道主义有机地融为一体，这里指的是马克思主义所解释的人道主义概念。

对以社会主义的人道主义精神教育儿童和青少年这个问题，苏霍姆林斯基给予了极大的关注。社会主义在苏联完全、彻底的胜利，向共产主义建设阶段的过渡，苏联民主的进一步发展，党的活动的最高原则——"一切为了人，为了人的幸福"——在苏共党纲中的宣布，共产主义建设者的道德规范——主要观点为"人们之间的人道关系和相互尊重：人与人是朋友、同志和兄弟"——在党纲中的确定，这一切自然增强了苏联学校和教师们对如何以科学的马列主义人道主义去教育孩子们这个问题的关注。可以有把握地说，

---

① 中共中央马克思恩格斯列宁斯大林著作编译局.马克思恩格斯全集：第一卷［M］.2版.北京：人民出版社，1995：295–296.

苏霍姆林斯基的主要贡献之一，就是广泛研究并推广了共产主义公民精神教育。

苏霍姆林斯基主张的教育人道主义思想，其锋芒直指反动的资产阶级的思想家们，他们过去谴责、现在仍然在谴责苏联教育学，据他们说，这种教育学"淡化"个性，贬低个人的价值，抹杀人的差异，把人"消融"在集体中。在坚决驳斥这些和类似的谴责的同时，苏霍姆林斯基以手中的事实有说服力地证明，在我们社会中，与资本主义世界相反，人不是某种机械的"轮子"，而是新时代的真正公民，只有苏联和其他社会主义兄弟国家的教育理论和教育实践，才能确保个性枝繁叶茂，确保个人各个方面的创造力和才能自由发展。

社会主义的人道主义按其本性具有集体主义性质，它把个人与社会、与集体紧密联系到了一起。因此，真正人道主义的教育只有在集体中并通过集体才是可能的。苏霍姆林斯基始终不渝地遵循克鲁普斯卡娅和马卡连柯的方针，据此方针只有在集体中个人方能最充分而全面地获得发展。他说，"一个人的个性只有在集体中方能存在、起作用、得以发展并展示自我"①。不存在处于集体之外、社会之外的个性。只有在儿童、少年、青年人的学习活动与全民劳动的结合中，共产主义的公民精神才得以形成，道德行为规范才得以掌握，集体主义才得以养成，每个受教育者的能力和天赋才得以发展。

因此，苏霍姆林斯基关于劳动教育的思想和观点值得仔细关注；作为这些思想和观点的基础，是克鲁普斯卡娅和马卡连柯关于在劳动中、通过劳动、为了劳动而教育年轻一代这一指导性思想。这些指导性思想贯穿了这位帕夫雷什中学的教育家全部的科研与理论、评论与实践活动。

在解决儿童和青少年的劳动教育问题上，苏霍姆林斯基的出发点和决定性立场，是列宁关于道德教育、关于教学与社会公益劳动及生产劳动相结合的方针。依列宁看，应该使培养、教育和训练现

---

① 瓦·亚·苏霍姆林斯基. 苏维埃学校中个性的培养[M]. 基辅：苏维埃学校出版社，1965：5.

代青年的全部事业，成为培养青年共产主义道德的事业。而新社会的崇高道德和高尚品格的核心，新生活创建者之高尚品格的最高价值和最鲜明的表现，就是共产主义劳动态度。苏霍姆林斯基写道，人身上可能存在的一切最好的东西，如精神力量、道德美、智力财富、审美完善、人之伟大，主要是在为了集体、为了社会的劳动中展示出来的。因此，没有也不可能有处在受教育者自身自觉而积极的劳动活动之外的真正的教育。"'劳动教育'这个词组是不可分割的，因为教育只是在它具有劳动的含义时，才成为教育；如果一个人在童年时代，其精神生活中缺少劳动，那么就不可能有德育、美育、体育和智育。没有劳动，集体是不可思议的。因为只有在劳动中，即在为人们付出体力和智力、在为人们创造幸福时，才可能产生义务、责任和严格要求等关系"①。没有劳动就不可能实现我们伟大的教育目的——人的全面而和谐的发展。这就是为什么在苏霍姆林斯基的著作中特别关注这样一些问题：如社会主义劳动的教育作用，培养学生深深地热爱和尊重劳动及劳动人民的途径，劳动教育的原则，劳动的思想、智力、审美动机，劳动与集体多方面精神生活的统一，对为社会福利而劳动的这种有机需要及其习惯的培养，苏联人民劳动传统的教育，学生的劳动创造，劳动教育与共产主义教育其他方面如德育、智育、美育、体育的紧密联系，学生直接参加（在考虑他们的年龄特点、兴趣、意向、天资的情况下）为了人民的物质价值的生产，农业中生产劳动的种类，对劳动教育之物质基础的要求，等等。

苏霍姆林斯基用自己在帕夫雷什中学的经验，具体地、直观地展示了怎样和应当怎样实现这一切。在帕夫雷什中学，他的学生一面在校学习，一面在集体农庄的田野和饲养场里、果园和菜园里从事劳动（许多场合中都是跟成年人一起劳动），他们创造着物质价值，力所能及地关心集体农庄生产的发展与壮大，积极确立着社会主义劳动和社会主义共同生活的原则。

苏霍姆林斯基对通过为人们行善来培养人道主义品质这个问题

---

① 瓦·亚·苏霍姆林斯基. 培养集体的方法［M］// 苏霍姆林斯基选集（俄文版五卷本）：第1卷. 基辅：苏维埃学校出版社，1979：643.

写得很多。他证明：共产主义的公民精神，我们的全部道德原则，首先是集体主义，都要求人与人之间持人道、同情、关怀态度，这种态度应当表现在具体的、实际的行动之中。人的最大愉悦就是为了人们而活着，而最美最幸福的人是把自己的一生用来为劳动人民的幸福而奋斗的那种人，而不是为了表扬或奖赏而关心他人。为人行善的意向应当成为日常的行为规范，应当变为习惯。

  苏霍姆林斯基在提出这一问题的同时，绝不把善良这个范畴无条件化，不曾忽视该范畴的社会、阶级本质。他明确地、毫不含糊地强调这些论点：必须善待值得善待的人们；在当前这个时代，善良也包括同思想上的敌人、同劳动人民的敌人做无情的斗争；"没有什么一般的善良和有同情心的人，只有当善良和同情这些品质带有鲜明的思想性，对于坏事、邪恶和非正义行为的任何表现毫不妥协的时候，它们才能成为道德财富"①。早在1960年，这位教育家就写道，不存在任何抽象的善，也像不存在抽象的人性那样，"必须像消灭害虫和病菌那样，无情地消灭"②企图侵犯我们祖国的自由与独立的人。

  诚然，苏霍姆林斯基在自己的某些著作中并不总是为"人性""善""同情"这些词补加"我们的""无产阶级的""共产主义的"等说明。第一，他认为这是不言而喻的；第二，他在这些著作中多半是联系到培养孩子们起码的、入门的道德文明时谈到人道问题的，也就是联系到利用人民群众于数千年内所形成的，并被纳入共产主义道德之中的那些最一般的行为规范来进行教育时谈到人道问题的。

  这位教育家解释说：我们的人道主义绝不意味着跟异己的、敌对的意识形态，跟超政治性和无思想性，跟任何违背共产主义道德原则的言行相调和。他声明，不存在处于我们今天发生着的意识形态上、政治上十分尖锐的斗争之外的那种人性。只要世界上还有人

---

  ① 瓦·亚·苏霍姆林斯基. 全面发展的人的培养问题［M］// 苏霍姆林斯基选集（俄文版五卷本）：第1卷. 基辅：苏维埃学校出版社，1979：129–130.
  ② 瓦·亚·苏霍姆林斯基. 我们是怎样培养英勇的一代的［M］. 基辅：苏维埃学校出版社，1960：91.

剥削人的现象，就无法培养对所有人的爱，因为没有什么抽象的、超阶级的人类。"培养对帝国主义、反共主义的恨，对那种视世界为未来的战场、视人民为炮灰的敌人的恨，就是我们的教育学、我们的学校实践的最崇高、最人道的目的。"①他还在另一处写道："我们最重要的教育任务是要在我们公民的心灵中树立一种对于祖国的敌人毫不妥协的精神，准备好去和蓄意侵犯祖国的自由和独立的人进行殊死搏斗。但是谁要是没有受到过关于仁慈、诚恳和同情的教育，他也就没有憎恨敌人的高尚情操。因为勇敢精神是人类高度仁慈的表现，而对敌人的仇恨，则是真正的人道主义精神。"②正如我们看到的，人性在苏霍姆林斯基的解释中，是一个受社会制约的、有思想锋芒的、服从于劳动人民之斗争的历史目标的概念。

这位教育家坚决强调，没有对受教育者的爱和尊重，就没有也不可能有社会主义人道主义精神的教育。众所周知，不论十月革命前还是苏维埃时期都有许多教育家、作者、评论家曾谴责过，并且是完全合乎情理地谴责过那种仅仅局限于本能的亦即实质上是动物般的对孩子的爱（连母鸡也会爱孩子）。可惜某些教书育人者对此理解得不完全正确：据他们说，爱孩子，是一件简单并不复杂的事情，无须做出特殊的努力。苏霍姆林斯基则持另一种见解。他认为，如果没有诚挚的、非做作的，同时是明智的、深思熟虑的对孩子的爱和尊重（不论在家里，还是在学校里均如此），那么就不可能得法地教育孩子。

这位教育家为论证这个观点，征引了自己多年的观察实例，从而断言：正是有理智的爱和尊重，才使孩子对教师和集体的教育影响富于敏感性；如果一个孩子生长在一种人际疏远的、无同情心的、残忍的氛围中，那他就不可能变为真正的公民。而由此可得出结论，教师永远都应当做到在自己面前看到的不单纯是学生而是人。如果教育者对我们称为学生的幼小劳动者的名誉和人格不抱以同情和关怀的态度，那么使学生形成崇高的公民义务感、形成听话和遵守起码的纪律的习惯，都是不可思议的。这位教育家指出，不

---

① 瓦·亚·苏霍姆林斯基.天职的教育［J］.乌克兰共产党人，1969（9）：82.
② 瓦·亚·苏霍姆林斯基.公民的诞生［M］.莫斯科：青年近卫军出版社，1971：187.

能同意以下看法：应当小心谨慎地爱孩子，人性、热忱对于他律和自律来说隐含着某种危险性，降低着人对人及社会对人的严格要求。当然需要的不是对孩子报以盲目、伤感的怜悯心。爱首先要有合理的严格制度和严格要求是合理的，而非教育上盲目的、不正确的严格性。爱，尊重，爱抚，慈善，不是过分迁就和过分夸奖，不是允许一切和宽恕一切。教育者绝对应当是慈善者，但不应是"泛善"者，因为这是两码事。

总之，对孩子真诚的爱，真正的教育文明，是不可消除的概念。苏霍姆林斯基绝非偶然地写道："我生活中什么是最重要的呢？我可以不假思索地回答说：爱孩子。"①

为了爱孩子，就必须了解孩子，……但这不是像乍一看来那么简单，因为世界上没有比人的个性更复杂、更丰富的事物了。所以，在真正的教育者的众多品质中，占首要地位的一种品质就是深知孩子们的精神生活及其发展特点。并且应当牢记：没有抽象的孩子。每个受教育者除普遍、典型的品质之外，还固有特殊的、不重复他人的个人特征。从这个意义上说，每个孩子都是一个独一无二的世界，教育者只有借助于特殊的施教"钥匙"才能深入到这个世界中去。否则要克服教育教学中的形式主义就是不可能的。"了解孩子是教育学的理论和实践的最主要的接合点，是对学校集体进行教育领导的各条线索的集结点。"②然而，这位教育家指出，对许多教师来说孩子们的心理及其精神世界仍是百思不解的东西……

苏霍姆林斯基不仅仅号召认识孩子的个性。他在《学生的精神世界》这本专著中使用了大量实际材料来考察和分析苏维埃人在童年、少年、青年早期的智力、道德、审美品质的形成过程。他还用大量实例（这类实例也充满在这位教育家的几乎所有其他著作中）具体地、鲜明地揭示了不同年龄和不同生活背景的男女孩子的心理状态，描述了他们的感知、思维、情感、兴趣、需要、意向、意志过程、言语活动等的发展特点。无疑，苏霍姆林斯基的创造活动最

---

① 瓦·亚·苏霍姆林斯基. 我把心给了孩子们［M］. 基辅：苏维埃学校出版社，1969：198.
② 瓦·亚·苏霍姆林斯基. 和青年校长的谈话［M］. 莫斯科：教育出版社，1973：44.

重要的方面之一，就是细致入微地深入洞察那些正在认识着世界并在其中确立着自我的青少年人的内心奥秘。

与此紧密相连的，是这位教育家论孩子们的教育者应明智地行使权力，应善于珍视孩子们的信任，应善于怜惜无力自卫的孩子们等思想。对这位教育家来说，这些思想是善良和公正等品格的载体，缺少它们，教师则可能只是一位监视者，而绝不是一位教育者。引起人们极大兴趣的还有苏霍姆林斯基的这些观点：不应把孩子们理想化，必须从上学的最初日子起就向他们提出准确的、清晰的、硬性的要求，首先是行为文明方面的要求。不能把儿童在各种场合的淘气和顽皮都视为恶意地破坏秩序，不能把儿童注意力不集中视为懒惰，不能把儿童健忘视为不诚实。淘气、注意力不集中、健忘这些情形在过去、现在、将来都会存在。但不能由此得出结论，应当"骤然改变"孩子，而不是谨慎地、温和地，同时又严格要求地矫正和引导他的行为。苏霍姆林斯基针对老师们写道：您在孩子面前展现出来的不管是您个性中人的意志和理性、心灵和智慧的哪一个侧面，不管是赞同、嘉许、钦佩、发怒、愤懑、指责（是的，每一位教师也拥有表露这些感情的权利，因为他不是无形体的天使），其中的任何一个方面都应当在尊重人格、提高人品这一最主要背景上展现出来。①

作为坚定不移的人道主义者，苏霍姆林斯基还为解决学校教学工作中的评价问题做出了自己的贡献。教学过程永远都是一种人际交往。因此，学生对待学习的态度首先取决于教师对待学生的态度，取决于教师的热忱和关切、榜样和信念。教师的仁慈（恰恰是仁慈，而非自由放任或过于苛求）既是沟通孩子的心灵，又是沟通儿童的理智的渠道。例如，教师任何时候都不应忘记评价学生的道德和心理方面。只评价学习的最终结果即知识，而忽视学生的勤奋、努力程度是不公正的。不能把评价变为威胁人的东西，变为千钧一发的利剑，也如不能把它变为"蜜糖饼干"一样。依这位教育家的看法，评价应当鼓舞孩子，应当成为教学的积极推动力（这对于幼年学生尤其如此），任何时候都不可变为贬低个性的手段。

---

① 瓦·亚·苏霍姆林斯基. 人是最巨大的财富［M］//人的世界. 莫斯科：青年近卫军出版社，1971：125.

苏霍姆林斯基写道，小孩子们的突出特点，就是其对世界的感知总是明快、明朗、乐观的。儿童的乐观主义，就意味着经常感到生活的快乐并表达这种快乐。绝非偶然的是，这位教育家在自己的著作中毫不吝惜地处处使用"快乐"一词，如集体生活的快乐，认知的快乐，劳动的快乐，创造的快乐，与图书打交道的快乐，发现的快乐，为人们行善的快乐……。这也完全符合苏霍姆林斯基等杰出老师们的方针。按克鲁普斯卡娅的话说，最好的教育就是充满快乐的教育。没有快乐，没有马卡连柯称作集体生活之乐观情绪的那种因素，就不可能有成长中的人的正常发展。忘记这点，非人道地对待受教育者，即扼杀他们固有的快乐感，这正是一些孩子发展缓慢的原因之一。教育者的任务就是努力做到，使这些孩子摆脱自己"价值不足"的感觉。而为此，就必须始终依靠每个孩子身上积极的东西，发现、爱护、强化他身上好的东西（不论看起来这种东西如何微不足道），创设条件以使能力最弱的学生也感受到成功的快乐，并借此使这些学生的发展在不同的教学阶段都达到更高的水平。

苏霍姆林斯基的人道主义信念，是与他坚信教育的强大力量分不开的。这位教育家曾声明自己毫不动摇地相信这样一点：没有哪个孩子在教育者创设着应有条件的情况下，不能成为有文化教养、有道德修养且热爱劳动的人。他说，相信孩子，这是教育乐观主义的奠基石。

事情的本质还不单纯在于每个人的可教育性。须知压根就缺乏某种天分、完全没有禀赋、根本没有天资的那种人是不存在的。"共产主义教育出发于这样一个十分重要的人道原则：没有那样的人，他身上未被赋予天资和可能性，以便于他在生活中、首先在创造性劳动中表现出自己与众不同的、独特的美质和天才来。"[①]这位教育家证明说，如果学校里的教育者努力发掘每个受教育者身上的"金矿脉"，并帮助他发现自我，那么生活中就不会有不幸的人。这里，苏霍姆林斯基坚决遵循马卡连柯的如下思想：必须在集体里建立那样一种教育体系，它能给每个人提供机会去发展自己的

[①] 瓦·亚·苏霍姆林斯基. 我们是怎样培养英勇的一代的[M]. 基辅：苏维埃学校出版社，1960：81.

天分，保持自己的个性，沿着自己的爱好这条路子前进。

依苏霍姆林斯基看，应当使每一个人，尤其是每一个学生，都早在童年期，特别是在少年和青年期，就有自己喜爱的科目、自己喜爱的劳动，表现出自己的个人天分，并不断地发展这种天分。应当使每一个学生都提高到自己的那个年龄阶段的顶峰，取得卓越而重大的（当然是对该年龄来说的）成就，务必在某件事情上位居第一，在这件事情上成为别人的榜样。毫无个性的学生，尽管学习成绩合格却毫无表情、"灰溜溜的"、平淡无奇的那种学生；什么都不能使他激动、都不能吸引他的那种学生；一概冷淡地背记数学公式和抒情诗、一概冷淡地对待栽树和干车工活的那种学生。以上列举的种种学生不能不引起教育者的不安。"远非每个人都能成为学者、作家、演员，远非每个人都能发明火药，但每个人应当成为自己行业上的能手——此乃个人全面发展的重要条件。"①

与此相关联、值得一提的是，苏霍姆林斯基是怎样把学生的职业定向问题置于总体计划中加以解决的（众所周知，他领导的学校在职业定向的众多实际问题上积累了大量经验）。这位教育家绝不同意这样一种武断："成为怎样的人"与"成为干哪一行的人"是意义相同的事情。不对，他说，在我们这个时代，职业方向与整个社会方向和生活方向是不可分割的，并且在我们这里具有决定意义的是一个人应当成为怎样的人的问题。

由苏霍姆林斯基看待学校教育的整个观点体系可以得出如下结论：我们中等学校的任务，就是培养这样一种人，他在有益于社会的任何活动领域中，包括在工人或农民的所谓"简单"劳动中，都能把自己提升到公民精神的最高水平。因为人对社会进步的作用不是取决于他的职业本身，而是取决于他的活动的思想、道德意义。1974年《真理报》写道："对于每个青年人来说，职业志向的寻找始于解决如下主要问题：首先是成为怎样的人，然后才是成为干哪一行的人。"②而苏霍姆林斯基关注的也正是这一思想！

---

① 瓦·亚·苏霍姆林斯基. 劳动——人全面发展的基础[J]. 哲学问题，1963（4）：63.

② 论志向[N]. 真理报，1974-06-30.

＊　　　＊　　　＊

对苏霍姆林斯基整套著作的考察无可争辩地证明：他是马卡连柯思想上的志同道合者和继承者。他们两人都论证了自己对马列主义伟大学说的教育信念，两人都遵循了由列宁和苏联共产党所概述出的关于共产主义教育的奠基性原则。

苏霍姆林斯基高度评价克鲁普斯卡娅和马卡连柯，视其为苏维埃时代最杰出的教育家。他写道，马卡连柯遗产具有特殊的理论与实践意义，它为苏联教师们的创造提供了取之不尽的源泉。他还直接声明说，自己是马卡连柯的学生，特别尊重马卡连柯，视马卡连柯为自己的伟大导师。"杰出的苏联教育家克鲁普斯卡娅和马卡连柯是我们精神上的导师，他们在理论上和实践中证明：个人利益与集体利益的和谐结合，为每个人开辟着全面发展和个人幸福的无限前景。"①十分突出的还有苏霍姆林斯基的如下断定："我们是马卡连柯的伟大事业和全部思想财富的继承者和传承者。资产阶级的思想家们企图并竭力在马卡连柯与当代人之间找到某种矛盾，把当代与过去或过去与当代对立起来，这注定会失败。……我们，教师们，在创造性地发展马卡连柯的教育思想的同时，也特别关心、爱护他的集体主义教育思想及在劳动中进行教育的思想。"②

但事情不仅仅在于，甚至还不在于苏霍姆林斯基的这些及其他类似的表述，而在于他在自己的著作中实质上运用了马卡连柯的思想和经验。同时他又认为，在新的具体历史条件下必须进一步创造性地发展（恰恰是发展、丰富，而不是空洞地否定）马卡连柯的教育理论。这符合马卡连柯本人的信念，马卡连柯曾号召教师们不要停留在已经取得的成果上，而要向前推进，要创造，要发明，要敢于大胆负责任地探索更好的教育方法。

1970年，苏霍姆林斯基曾说：忽视学校与社会主义家庭的新型

---

① 瓦·亚·苏霍姆林斯基.苏维埃学校中个性的培养[M].基辅：苏维埃学校出版社，1965：9.
② 《苏维埃学校》（乌克兰文），1972年第10期，第11页。

相互关系，就无法成功地把马卡连柯的思想付诸生活实际。不必证明这一点的正确性，因为新的历史条件创设了坚实基础，以便把学校和家庭中的教育视为"学校与家庭"或"家庭与学校"的统一体系。苏霍姆林斯基在自己的著作中阐明学校教育学和家长教育学等方面的问题正是以此为出发点。无可怀疑，马卡连柯如果处在我们这个时代也会持此立场的。

也许苏霍姆林斯基与马卡连柯之间仍然存在不依他们个人生活和工作的那种不同历史环境为转移的某些分歧？回答可能只有一个：不存在这类分歧，因他们都以共同的教育目的为出发点，都论证了其教育活动的统一的任务、原则和方法。

早在1919年，列宁曾写道，无产阶级革命的理想之一就是保证社会全体成员的全面发展，并指出，只有新的社会主义学校才能成为培养人的个性的工具。苏联学校的教育理想稍后又被确定在苏共党纲之中，里面谈到了要培养新人，这种人把精神充实、道德纯洁、体格完美有机地结合于一身。由此，苏维埃教育学还揭示了共产主义教育的理想和根本目的的具体内容。

马卡连柯曾说，我们的理想应当是培养完整的共产主义个性。"我把教育的目的理解为设计人的个性，设计人的性格，并且我把个性的所有内容，……坚决把人的个性的全部图景，纳入性格这一概念之中。"①

苏霍姆林斯基根据以上援引的论点断言，我们的教育理想就是造就全面和谐发展的人、社会进步的积极参与者。马卡连柯关于设计人的个性的著名论点成了我们今天教育实践工作的重要准则。可见，两位教育家在这个教育根本问题上的立场显然是一致的、共同的。

"我们认为，儿童的个性只有在集体中才能最充分、最全面地获得发展。集体不是吞没儿童的个性，而是影响教育的质量，影响教育的内容。"②克鲁普斯卡娅概述的这个原理，成了苏维埃教育

---

① 马卡连柯.马卡连柯文集：第5卷［M］.莫斯科：俄罗斯联邦教育科学院出版社，1958：118.
② 克鲁普斯卡娅.克鲁普斯卡娅教育文集：第5卷［M］.莫斯科：俄罗斯联邦教育科学院出版社，1959：205.

学的主导性原理。由此出发，不论马卡连柯，还是苏霍姆林斯基，都把集体视为共产主义教育的强大武器。与马卡连柯相同，苏霍姆林斯基也认为，集体永远且必定是思想上的（也如马卡连柯所说意识形态上的）联合体，它具有一定的组织结构，具有明确的相互依从、共同合作、彼此帮助、严格要求、组织纪律的体系，具有每个人对大家负责和大家对每个人负责的义务。"一个人对于另一个人的责任心在集体生活中所起的作用，正像用砖瓦建造房屋时水泥浆所起的作用一样：没有水泥浆，就造不了房子，而没有一个人对另一个人的责任心，也就不存在集体了。"①

在学校里，不仅应当有相同年龄的学生集体，而且也应当有不同年龄的学生集体。不同年龄的学生集体首先是全校学生集体。"在不同年龄学生集体里，也像在同一年龄学生集体里那样，也同样能够有丰富的共同兴趣。"② 从其第一部专著《学生的集体主义教育》开始，到其最后一部专著《培养集体的方法》结束，苏霍姆林斯基都论证了不同年龄学生集体的强大生命力和合乎目的性（包括劳动少先队和劳动生产队、学科小组、技术小组、农业小组、地方志小组，以及其他兴趣小组、业余文艺集体、按居住区组成的学生班组，等等）。

集体中的教育并不排除对学生做个别工作，不排除个别对待的方法。正如马卡连柯说过的，通过集体教育个人并不意味着把个人塞进统一的模子里，"按同一个型号来给所有的人理发"；必须创造条件以使每个集体成员保持自己的个性，发展自己良好的品质。

依据马卡连柯的"平行作用"原则，我们在影响集体的同时也就影响着个人，而在给个人施加教育作用的同时也就在给集体施加这种作用。因此，如果所谓的"一对一教育学"是为了培养集体主义者的话，也不能否定。众所周知，马卡连柯本人就是最好不过的"一对一教育学"能手——个人亲自影响一些受教育者的能手。"如果了解他的全部教育活动，那就十分清楚，这种活动是教育者

---

① 瓦·亚·苏霍姆林斯基.公民的诞生［M］.莫斯科：青年近卫军出版社，1971：217.
② 瓦·亚·苏霍姆林斯基.劳动与道德教育［M］.基辅：苏维埃学校出版社，1962：58.

个人强大影响力的极好证明。"①依苏霍姆林斯基看,教育者对受教育者心灵的直接影响,也如集体的影响那样,同样是必要的、重要的教育因素。在这方面他坚持马卡连柯的观点。马卡连柯深信,"也必须把教师的技艺置于与集体同等重要的地位上"②。集体的鼓舞,集体的情绪,集体的感受,是一种伟大的力量,但只有当它与教育者这一施教过程的中心人物有机地结合起来时才能发挥作用。把集体的影响与教育者的影响对立起来,亦即实质上把两种影响中的一种加以绝对化,是不正确的。马卡连柯说,集体的教育作用,也如个人的教育作用一样,有时可能好,而有时可能不好,这都取决于具体的教育情境。

依苏霍姆林斯基看,整体而言,集体的教育力量,也如教书育人者个人的作用那样,在现今条件下,不仅不能降低,相反应当提高。至于不论集体还是个人,其对教育者的影响机制都应更细致、更复杂、更协调一些,则是另一个问题。

因此这位教育家强调,把集体的实质简单地归结为组织上的依从关系,是不正确的。在现实生活中,集体是众多个人在思想上、道德上、智力上、组织上、劳动上的统一体,是所有这些因素不可分割的统一体。"集体并不是指没有个性的一群人,它是作为具有个性的许多人集中在一起而存在的。因此,一个教育工作者希望通过组织上的从属关系、领导与被领导的关系来体现教育力量,那么,他的希望是不能实现的"③。不能看不见集体后面的单个的人。集体是一个整体,但它处在其每个成员、每个具有自己特殊而与众不同的精神世界的人之外则是不可思议的。克鲁普斯卡娅于1932年写道:"人应当既靠理智也靠心灵来获得发展。且基于每个人的这种个性发展之上,在我们的环境里,将最终形成某一新型的、强有力的社会主义集体,在此集体里,'我'和'我们'将融合成不可分割的整体。而这种集体要获得发展,只有基于深层

---

① 瓦·亚·苏霍姆林斯基.休怕成为慈爱的人[M]//苏霍姆林斯基选集(乌克兰文版五卷本):第5卷.基辅:苏维埃学校出版社,1977:355.
② 马卡连柯.马卡连柯文集.第5卷[M].莫斯科:俄罗斯联邦教育科学院出版社,1958:233.
③ 瓦·亚·苏霍姆林斯基.公民的诞生[M].莫斯科:青年近卫军出版社,1971:215.

思想上的团结，且同样深层情感上的亲近和相互理解之上才是可能的。"① 正是这些论点成了苏霍姆林斯基的儿童集体观的基础。依靠集体中多方面的相互影响，不仅个人而且集体本身都得到充实和发展。因此，集体主义教育的逻辑应当按照从集体到个人、从个人到集体这样的原则来组织。

列宁曾指出，我们社会里的纪律，是自觉的、同志式的纪律，是尊重各种人的纪律，是具有斗争独立性和主动性的纪律。这些指示，也是苏维埃教育学的指南。

像整个教育工作过程一样，马卡连柯把纪律教育跟以下原则联系起来：尽量多地要求一个人，同时也尽量多地尊重一个人。根据这个原则，苏霍姆林斯基认为，教育中应当既有尊重，又有要求。对人毫无要求，不在他的意识中形成"需要""应当""必须"等概念，就无法教育一个人。不对个人提出高度要求，就不可能养成对集体、对社会、对人民的责任心和义务感。"假如没有教育者合理地显示自己的意志、没有集体与社会的要求，则教育将变成一种自发力量，教育者的话也就成了抽象善行的琼浆玉液。"②但这并不意味着，教育中的一切或几乎一切都能简单化地归结为外部的压力、强迫和禁止。

像马卡连柯一样，苏霍姆林斯基也坚信：仅仅体现为禁止的那种纪律教育，是一种最劣等的道德教育。要求、禁止、惩罚、服从无疑也是集体中需要的。但教育不能没有其他同样重要的一些因素，其中最主要的，就是充满着爱、尊重、信任的那种施加于受教育者的意识和情感的教育影响。

这位教育家也以同样的观点解决着关于集体谴责个别学生的不良行为、不正常行为这个问题。诚然，他处理这个问题的观点不是一下子形成的。如果说在20世纪60年代前他把集体讨论学生的不良行为和不道德行为这种做法，看作是永远必不可少的教育手段，那么稍后他就绝对地声明说，不可把受教育者的所有错误和缺点都

---

① 克鲁普斯卡娅.克鲁普斯卡娅教育文集：第11卷［M］.莫斯科：俄罗斯联邦教育科学院出版社，1959：451.
② 瓦·亚·苏霍姆林斯基.公民的诞生［M］.莫斯科：青年近卫军出版社，1971：90.

变为儿童集体讨论的对象；儿童集体具有自己的特点，它区别于成年人集体的地方是，它无能力决定某个人的命运。总之，不应当把儿童集体变为纪律惩罚的工具，把学生变为某种被告人。这些做法都会贬损受教育者的人格，致使他遭受极大的痛苦，照例会引起不良后果。而且"马卡连柯也从未说过，应当把个人的所有错误和缺点都展示在集体面前。假如在实际工作中这样做，那么集体就会成为一种不明智的教育力量，且会成为压制精神的棍棒"①。因此，苏霍姆林斯基在《给教师的100条建议》一书中详细回答了"在学校集体中什么可以讨论和什么不可以讨论"这个问题，列举了学生各种过错和不道德行为（主要因其生活和发展上的复杂条件而引起的过错和行为），但得出了一个似乎不合常情的结论，即"没有任何事情"应由集体讨论。不过就在这里他准确地解释说：如果是过错，那就根本"没有任何事情"值得讨论，因为"共产主义教育是要使不正常的、该受指责的行为不发生，或者尽可能少发生"，"集体处理的各种冲突越少，它的教育效力就越大"②。正如我们看到的，这位教育家并不认为应当完全和绝对取消儿童集体中对不良行为、破坏举动、冲突事件的审理和谴责，而是认为必须竭力达到理想中应有的那种限度。

苏霍姆林斯基也这样对待惩罚问题。他的观点也同样经历了某种逐步转变的过程。起初他原则上承认惩罚是合适的，曾确信在一定的场合中惩罚可以成为有效的施教方法（尽管也对惩罚的采用提出了不少预防性警告），而稍后，特别在其晚年的教育活动中，便坚决捍卫以下论点了：正常的、绝对正常的教育，是与惩罚学生不相容的。他指出了这样一类惩罚：粗暴无礼地责备、大骂、嘲笑、呵斥学生；把学生赶出教室（亦即克鲁普斯卡娅称作"逐出"门外的那种做法）；按教师命令学生被罚站在课桌旁（这是罚站墙角这种旧办法的委婉变种）；课后把有过失的学生留在学校完成某种作

---

① 瓦·亚·苏霍姆林斯基.休怕成为慈爱的人［M］//苏霍姆林斯基选集（乌克兰文版五卷本）：第5卷.基辅：苏维埃学校出版社，1977：355.

② 瓦·亚·苏霍姆林斯基.给教师的100条建议［M］//苏霍姆林斯基选集（乌克兰文版五卷本）：第2卷.基辅：苏维埃学校出版社，1977：626.

业（这是禁吃午饭这种旧做法的变相措施）；剥夺学生参加某种集体劳动或娱乐活动的权利；在学生日志上专条记上抱怨的评语，而这种评语实际上常引起家长体罚学生；事事对学生进行排斥；动手打人，轻打、扭扯学生，等等。

苏霍姆林斯基坚决拒绝惩罚是客观必要的教育手段这样的论点。他证实：惩罚并不是一种不可避免的东西，如果惩罚含有哪怕一点点对人格的贬损，它就不会具有正面的教育力量。对惩罚的惧怕，会从心理上压抑学生，会使教育者远离受教育者。在多数场合中，用惩罚所教育出来的是不诚实、凶狠、冷酷、残忍、"道德上的厚脸皮"。

这位教育家不止一次地征引过马克思的话："历史和统计科学非常清楚地证明，从该隐①以来，利用刑罚来感化或恫吓世界就从来没有成功过。"②"刑罚、强制是和人类的行为方式相矛盾的，……在合乎人性的关系中，刑罚将真正只是犯了过失的人自己给自己宣布的判决。"③换言之，在未来的人们那里，取代惩罚之主体的将是自己，是自我监督、自己评价自己的行为。自然，马克思写到惩罚问题时，指的是该概念最一般的社会历史含义，但无疑，他的结论也理由充分地关涉作为实际社会关系领域之一的教育。

列宁对惩罚孩子（首先是肉体上的惩罚）的做法是持否定态度的。他在1920年同日本记者布施胜治的谈话中说的这番话，足以证实这一点。"当布施胜治说到日本比西方更爱护孩子时，列宁说'这非常重要，要知道，在所谓最文明的欧洲各国中，甚至在瑞士也还没有完全消除譬如在学校打孩子的习俗'。"④"他十分满意

---

① "该隐"系旧约中的杀弟者。这里喻指恶魔、凶残时代。——译者
② 中共中央马克思恩格斯列宁斯大林著作编译局. 马克思恩格斯全集：第十一卷［M］.2版. 北京：人民出版社，1995：618.
③ 中共中央马克思恩格斯列宁斯大林著作编译局. 马克思恩格斯全集：第二卷［M］.北京：人民出版社，1957：229.
④ 中共中央马克思恩格斯列宁斯大林著作编译局. 列宁全集：第三十九卷［M］.北京：人民出版社，1986：125.

地指出，'工农政府的一个原则，也是废除对儿童的体罚'。"①

没有惩罚（尤其是没有那些比肉体上的惩罚更严重的"精神上的"惩罚）的教育原则，是苏霍姆林斯基所捍卫的。当然他深知马卡连柯曾在1928年就说过如下的话："总之我认为，在真正道德的社会状况下，任何一种纪律的执行都不可能没有惩罚。"②但这里讲的是"在真正……"状况下，亦即在20年代！1937年马卡连柯说："假如我亲自主持一所学校，那我就不会采取任何惩罚措施，除严厉斥责和开除学籍这两种情况外。我不能想象在群众性学校里搞任何其他惩罚。"③而在论及家庭教育时写道："在良好的家庭里绝不存在惩罚，而这是最正确的家庭教育方法。"④

在这里，正如我们看到的，两位教育家的思想实质上是完全一致的，如果特别注意到以下事实的话：苏霍姆林斯基不论何处、不论何时都不曾要求禁止并立即取消惩罚。他清楚地懂得，我们在所有的教学教育机构里还未做好准备抛弃那样一些对学生施加教育影响的手段，例如批评、责备、谴责、降低对行为的评价、予以申斥、把学生转至另一个班级或另一所学校等。但不仅能够而且也有必要把不论学校还是家庭的教育过程提高到这样一种更加完善的水平，在此水平下"惩罚的必要性便会消失"⑤。依苏霍姆林斯基看，应当竭力达到这种水平，应当为此而奋斗。社会主义社会精神上、道德上的发展，为共产主义建设时期落实这一高度人道的社会和教育任务创造了现实的前提条件。

可见，苏霍姆林斯基所强调的观点，是受苏联社会新的高级发展阶段制约的，其根基不仅不与马卡连柯的思想相矛盾，而且正好

---

① 中共中央马克思恩格斯列宁斯大林著作编译局.列宁全集：第三十九卷[M].北京：人民出版社，1986：122.

② 马卡连柯.马卡连柯文集：第7卷[M].莫斯科：俄罗斯联邦教育科学院出版社，1958：412.

③ 马卡连柯.马卡连柯文集：第5卷[M].莫斯科：俄罗斯联邦教育科学院出版社，1958：385.

④ 马卡连柯.马卡连柯文集：第4卷[M].莫斯科：俄罗斯联邦教育科学院出版社，1958：371.

⑤ 瓦·亚·苏霍姆林斯基.没有惩罚的教育[N].真理报，1968-03-25.

相反，是马卡连柯思想的继续发展与丰富。因此，那些论述马卡连柯的理论与实践活动的作者们的做法完全正确，即他们没有忽视马卡连柯的天才追随者——苏霍姆林斯基的创造[①]。

毫无疑问，苏霍姆林斯基侧重强调的观点具有重大的意义，但这些观点的实质毕竟不是"取代"而是创造性地发展马卡连柯遗产的某些方面和某些成分。

*　　　　*　　　　*

苏霍姆林斯基广泛地研究了各种具体问题，包括学生的智育、德育、美育、体育问题，劳动教育和综合技术教育问题，教学理论、孩子家庭教育、自育与自学等问题，教师的职业技艺问题，普及教育的实施、学校的管理领导问题。这位教育家阐明这些及许多其他问题的著作，都具有突出特点，首先就是对问题持党的原则性立场，对现今时代的要求极其敏感，总是考虑社会与科学进步的前景，善于根据今天与明天的条件及其教育任务来把过去最重要的成果予以现实化、予以创造性地运用。

苏霍姆林斯基解决任何一个教育理论与实践问题都立足于这样一点，即必须使集体及每个受教育者的精神生活不断丰富和高尚起来，置于其注意中心的是培养具有社会积极性的个性，培养作为集体主义者的公民，这种人有能力为确立新的共产主义关系而奋斗。

苏霍姆林斯基在自己的著作中表现出一种能力，即深深理解教育过程的辩证法，该过程中的因果联系，教育的所有方面、所有因素、所有组成部分——教育的任务、内容、组织形式、手段、方法、方式——的相互依赖性和相互渗透性。他证实，如果在完整的施教体系中哪怕忽视诸多环节中的一个环节，则这个体系的有机统一性就会遭到破坏。只有在和谐地加以组织的那种教育过程的基础上，才有可能成功地培养出全面发展的人。

他对那些最复杂、最微妙的教育现象善于说出自己独到的见

[①] 参见帕夫洛娃的专著《马卡连柯的教育学体系》（第三次修订版，1972年），其中强调指出，苏霍姆林斯基以他的"最有价值的发现"丰富了马卡连柯的思想。

解，善于把注意力集中于那些现象的特殊、独特轮廓和色调上，善于用取自教育教学工作实践中的那些鲜明而富于教益的事实来概括出自己的结论，因而能说服读者，能使自己的思想渗入教师、家长、年轻一代的教育者的意识中。

苏霍姆林斯基坚持这种见解：教育学，不仅是科学，而且也是艺术，亦即高度的技艺，它建立在理论知识的基础之上，建立在自觉运用教育的客观规律之上，却又同时要求表现出教师、教育者的个性，及其灵感、首创精神、机智性、发明能力。与此同时，他认为，教育学包含有本来意义上的艺术因素，因为它不仅利用科学范畴（尽管这当然是主要的），而且利用艺术形象来操控教育教学过程。须知教育学类似于艺术，包括语言艺术，是为形成人的内心世界服务的。因此，苏霍姆林斯基的许多著作（《通向儿童心灵的道路》《关于人的思考》《艰难的命运》《给儿子的信》）都具有艺术评论的性质，能指导读者不仅理性地、严谨地领会思想，而且能从情感和审美的角度领会思想。这位教育家并非偶然地肯定，马卡连柯创作中的"浪漫精神"对他有特别的吸引力。他本人就给学生的课外和校外工作、学校少先队和共青团组织的工作、孩子们在大自然怀抱里的教育工作（"蓝天下的学校"）赋予浪漫主义色彩，他在实际教育工作中采用各种庄重而浪漫的名称，如"母亲果园""健康果园""英雄柞树林""童话室""光荣室""美角""神奇岛""妈妈杨树""姐妹苹果树""第一个面包节""玫瑰花节""书节"，等等。

总之，苏霍姆林斯基实质上是一位诗人和文学家。他总是尽力揭示教育的诗意，揭示教师创造性活动的诗情画意。这位教育家的著作的学术风格与其文学作品的艺术风格有机地融为一体。在他的著作中有许多形象、插图、实例，不是简单地、机械地复制，而是典型化地反映现实。从这个意义上说，它们比起纯逻辑的说法呈现出更为精确的真理。因此，可以有充分的理由说，苏霍姆林斯基不仅是学者，而且是教育学上的艺术家。

当然，也不应忽视这一点，即在苏霍姆林斯基的个别著作中有时能够遇到某些欠准确的概述、某些有争议的思想，以及过多的重复等现象。但对他的评价绝不能死盯这些偏差，而应该关注其中主要的和决定性的东西,即苏霍姆林斯基的创造成果具有多方面的思想价值和科学价值,这种创造性成果对于共产主义教育理论与实践具有重大的意义。

今天,这位杰出教育家的遗产的许多方面已为我国数百万青少年教育者服务了。但不论今天还是未来都不可教条地、不假思索地运用他的经验和建议。比如说,在这样那样的学校里按帕夫雷什中学的范例建立的教师心理学学习班正有效地开展工作,组织家长们学习并传播真正区别对待的教育学知识;让每个学生怀着对亲人深切的爱而精心地培植"妈妈苹果树""爸爸苹果树",学校对学龄前孩子成功地进行教育工作(办"快乐学校"),创建如"童话室""英雄柞树林""光荣室",明快地、引人入胜地举办内容丰富的"第一个面包节""鲜花节""书节",等等;这一切无疑都很好。但不能把一切都简单地归结为开展这些或类似于此的事务,因为乌申斯基早就说过,主要的不是实际经验本身,而是从经验、从事实中引出的思想。

苏霍姆林斯基的著作,正像马卡连柯的著作那样,并不是适用于一切生活场合的万灵药方的汇总。这位杰出教育家的著作给人们的启发,是最重要的是要勤于并善于思索,要考虑具体教育现象的特点和特征,注意每所学校的工作特殊性和优良传统,进而经过深思熟虑而使具体的教育教学任务得到落实。

苏霍姆林斯基毫不含糊地指责机械地搬用别人经验的做法,认为必须自一开始就领会新的先进经验的实质,分析自己的实践与值得借鉴和移植的经验的相互联系,创设实在的条件以便运用别的学校和别的教师的经验。他说:"我觉得经验犹如盛开的玫瑰。我们要把一丛玫瑰从别的花园移植到自己的园地里来。为此,我们需要做些什么呢?首先要考察并改善自己这块地的土质,然后去移栽。应当怎样移栽呢?要连土一起移,不要伤根。而遗憾的是,有时人们却不是这样做。校长一听说某座花园里的玫瑰长得很美,就对教师说,你们去看看,把玫瑰带回来,栽到咱们的园地里。于是教师就去观赏盛开的玫瑰。马马虎虎掘出一株来,把活着的根都砍掉,有时甚至把花枝也折断了,而这上面还开着香气扑鼻的花朵呢。这样移过来的玫瑰,没有多久就蔫掉了,枯萎了。校长和教师都很奇怪：怎么会发生这样的事呢？我们也像先进经验的创造者那样，该做的都做了，而经验却没能生根开花。……那就是说，这种经验没有什么可取之处，人们对它的赞扬没有什么道理。以后，我们还是按老章程办事吧！"[①]一言以蔽之，必须不是形式主义地而是创造性地、理智地去领会和运用好的教育经验。

苏霍姆林斯基为了提高教师们的教育素养做了许多事情。他在自己的著作中所宣传的那些自成体系的思想不仅旨在解决今天学校面临的问题，同时也是为了发展明天的教育学，而后面这一点特别重要。

具有历史意义的苏共第二十五次代表大会向苏联学校及其教育科学发展提出了宏大的任务。代表大会确定了完善整个普通教育体系首先是中等学校体系的总前景，制定了把年轻一代的共产主义教育、教养、教学的全部事业提到新的高水平的广泛而具体的纲领。

才华卓著的共产党员教育家苏霍姆林斯基的创造性遗产正在帮助着我们，且仍将帮助我们完成党的这些指示，他的遗产自始至终都服从于培养新人的任务，即培养全面发展的、自觉而积极的共产主义建设者。

---

① 瓦·亚·苏霍姆林斯基. 和青年校长的谈话［M］. 莫斯科：教育出版社，1973：13.

全面发展的人的培养问题

王家驹　张渭城
杜殿坤　白振汉　译

培养全面发展的人的技巧和艺术就在于：教师确实善于在每一个学生甚至是最平庸的、智力发展最困难的学生面前，为他打开精神发展的领域，使他能在这个领域里达到顶点，显示自己，宣告大写的"我"的存在，从人的自尊感的源泉中汲取力量，感到自己并不低人一等，而是一个精神丰富的人。

序　言

　　作者曾经在一所普通中学当了22年的教师和校长，在这期间研究了与共产主义教育的中心思想——个人全面发展的思想——有关的一系列问题。这项理论问题的研究，是同作者和学校全体教师的实际工作紧密联系在一起的。

　　作者在同一所学校里跟同一个教师集体一起连续工作多年，这对于进行长期的实验，并且至少对于观察两代人如何成长、发展以及参加生产和社会生活的过程提供了有利的条件。目前即将从中学毕业的这批学生，正是我们在长期实际工作的头几年里那些当学生的人的子女。我们是为了解决学校的实际任务而进行这种研究的，这是我们的研究工作的一大特点，它势必会在科学研究工作的性质和范围内反映出来。我们必须保证做到：

　　把理论上的分析、研究和概括，跟对集体和个人施加教育影响的最有效途径的探索结合起来；

　　既要从历史发展的角度来分析个人全面教育的思想，又要以生活中不断提出的新原理来充实这种思想；

　　要经常考虑到教学与教育过程的所有组成部分、所有因素以及所有方面和角度的相互制约、相互依赖和相互联系。

　　我们认为，在从事实际教育工作的同时进行科学研究工作，常常会使实践，特别是使科学研究具有一种非常重要的特点。一般说来，这种特点对于为时很长的教育实验来说显然是有代表性的：在同一时间内研究着好几个问题，然而在一定的工作阶段，研究者集中注意的又是一系列复杂问题当中的某一个问题，例如劳动教育问题，世界观和共产主义信念的形成问题，智育问题等。作者是一个实际工作者，在研究某个具体问题的同时，不可能忽视教学和教育的其他问题、方面、因素、组成部分和角度。这样做，不仅没有给科学研究工作带来困难，恰恰相反，为深入分析各种教育现象的本质、相互联系、相互依存和相互制约创造了极为有利的条件。研究者逐渐懂得了：在实际工作中，对任何一个方面都不允许稍有松懈，做简单化和粗糙的处理，否则所做的研究工作就会变得毫无意义。在选择教学和教育工作这一复杂过程的某个方面作为研究的对象时，必须使这个过程的所有其他方面都达到一定的高度，使实践的水平能符合最高的标准和要求。

这种相互依存性要求我们必须考虑，在学校中，在学校、教师和学生集体完成实际的教学和教育任务的过程中来进行科学研究。有一条十分重要，我们认为是客观的规律。这就是：不允许把研究者、教师，特别是受教育者的全部力量和全部注意力都转移到跟当前研究的对象最贴近的那个实践领域中去。例如，在研究公民教育、爱国主义信念、理想和情感的形成问题的时候，就不允许为进行爱国主义教育而去创造某些专门的、不同寻常的条件。也就是说，不要为了研究而在实践中去做些不自然的事情。遵循这个要求，就可以防止为研究而设置一些人为的"无菌"的条件和环境的危险。这是现实生活中一个严格的、不可违背并且非常有益的、可始终使人们保持清醒的要求，如果不加以考虑的话，要在进行实际工作的同时又从事科学研究，就简直是不可能的。正因为遵循了这一要求，我们在进行实际工作兼从事科学研究的过程中，才不断地揭示了有关个人全面发展这一重大思想的一个个问题的新的方面、细节和特点。

例如，在研究审美发展问题的时候，我们就一步也不能脱离这样一个非常重要的任务，即形成个人对周围的自然环境和社会环境的积极态度，而这种态度属于德育的范围。审美兴趣和审美需要问题，是跟个人的道德核心问题处于相互紧密的联系中展现在研究者面前的。这就同时揭开审美教育问题和道德教育问题的一个新方面，即愿望、意向和需要的道德审美的修养问题。在研究劳动教育问题的时候，我们不能不考虑到，社会主义社会要求培养的人，是热爱某项具体劳动的人，是为某项心爱的工作献出全部力量的人，并且由于这种爱好和钻研而获得真正的幸福和完满的精神生活的人。这里根本谈不上什么用单一的劳动局限了人的生产活动范围，从而导致个人全面发展的某种片面性或不完全性，或在某种程度上跟个人全面发展相矛盾的问题。我们清醒地估计和考虑到：生活本身提出了什么要求，这些要求是促使科学技术进一步发展的条件，是在造福社会的劳动中，在不断钻研日益复杂化的劳动中最大限度地展现人的个性的前提。正是由于估计并考虑到这一切，我们才避免了形式主义地理解与个人全面发展的本质有关的最重要的道理。

把实际工作跟科学研究工作结合进行的多年经验，使我们坚信：正确地理解、阐述和说明某个问题的理论的实质，是研究者（同时也是实际工作者）不断地从理性上深入研究事情的本质、理解具体的教学和教育问题的保证。研究工作和实际工作相结合产生的一条规律是：日常工作好像被理论的光芒照亮了，它由于有了理论思维而更加丰富了。正因为这样，实践才成为取之不竭的思想源泉，能从许多新的微小的发现中抽出实质性的东西，从而产生关于教育规律性的理论概括。正是由于实践不断地受到理论思想的光芒的照耀，并且成为思想产生的源泉，作者才写出了一些书，在这些书里以统一的、相互联系的、相互依存的观点概括了个人全面发展教育的德育、智育、美育、劳动教育、体育等问题的规律。然而，在日常工作中把实践和科学研究结合起来，绝不是指实践和理论这两者机械地混合在一起。尽管实践和科学研究是相互渗透、相互促进的，但研究工作毕竟是一种独具特色的、在一定意义上说是独立的活动，不能把它融化在实践里。研究工作的一个最重要的成分、职能和方面就是：不仅要对各种教育现象不断地进行理论上的深入探索，而且要对各种问题从历史发展的角度进行思想上的分析。如果对过去已经做过和已经达到的东西不做深刻的分析，对前人的理论遗产不进行经常的思索，那么，一般地说，科学研究工作便是不可思议的。而在研究个人全面发展教育的问题上忽视历史的观点，则会导致研究工作的一知半解，使这一工作进展缓慢。

跟实践紧密结合的科学研究工作，给我们揭示了一条非常微妙的规律，这条规律不仅对学者而且对每个教师都很重要。这条规律的实质可归结为：要在任何一项实际工作中获得成功，就不仅要有同今天的要求相适应的关于这项工作的知识，而且要具备一定的历史思维。不仅研究人员,而且每个实际工作者,都必须从多年发展的观点来看待各种教育现象,必须理解其真谛和渊源,以及这些教育现象到了今天又是怎样合乎规律地继续着这一社会的、道德的和创造的多年过程的。

在研究培养全面发展的人的问题上,作者一向依据的是马克思列宁主义关于教育的学说、马克思列宁主义关于文化遗产中那些经过实践检验的理论原理,依据苏联共产党的纲领以及党和政府关于我们当前共产主义建设问题的文献。作者进行的科学研究工作经常是跟实践结合起来的,这就特别执着地要求对各种阐述个人全面发展问题的理论著作进行一种独特的研究和分析。作者既是研究者,又是对儿童进行教学和教育工作的教师和学校领导人,而学校是国民教育的一环和人民精神生活的策源地,可以说,学校这个小小的单位,决定着人民的命运和前途。在这种情况下进行的研究和分析具有这样的特点:理论不仅是照耀真理的光芒,而且是不断地改进实际工作的手段。深入钻研科学共产主义奠基人马克思、恩格斯和列宁的著作,对一个同时进行儿童教学和教育工作的研究者来说,可以经常以前者为决定性的标准,来检查自己所做的工作是否完满,是否正确。在研究培养全面发展的人的问题上,深刻地理解马克思列宁主义奠基人的著作,就会把注意力集中于主要的、起决定作用的问题上,这就是在培养新人的任务中,在社会上和学校里所做的一切工作中,都要把意识形态的、思想政治的和道德的因素置于首要地位。

作者把培养全面发展的人的问题作为长期研究的对象。马克思、恩格斯和列宁的著作是帮助作者理解党和社会活动家以及教育学家的成千上万页著述的一把钥匙。作者经常研究克鲁普斯卡娅、卢那察尔斯基、加里宁、捷尔任斯基、基洛夫的著作。在这些党和国家卓越的活动家的著作里,不仅总结了社会主义建设过程中培养新人的经验,而且深刻分析了人走向全面和谐发展的历史道路。在这些著作中,无论对于理论或者对于实践,都含有极为宝贵的东西,这就是在各阶级进行的政治和思想斗争的总的背景上,在社会政治和道德生活的背景上来阐明教育问题。在列宁的著作里始终贯穿着一条主导的思想,就是学校、教养和教育跟政治、社会生活和阶级斗争是不可分离的。列宁的著作以及党和国家杰出活动家的著作，对研究人的全面发展问题的研究者来说，是一个具有决定作用的理论基础。只有在这个基础上，才能把我们时代的学校和政治、教育和人民的社会政治生活、意识形态和精神生活统一起来。

苏联的许多教育学家和心理学家的著作，都阐述了关于培养全面发展的人的许多教育学和心理学观点，其中包括布隆斯基、马卡连柯、平克维奇、沙茨基的著作，还有阿尔辛尼耶夫、包若维奇、包德列夫、维果茨基、冈察洛夫、达尼洛夫、叶西波夫、赞科夫、凯洛夫、卡拉什尼柯夫、科罗列夫、科斯丘克、列昂节夫、罗尔德基帕尼泽、麦丁斯基、梅钦斯卡娅、莫诺兹昂、奥哥罗德尼科夫、斯瓦德科夫斯基、斯米尔诺夫、乌兹纳捷、恰里达罗夫、艾里康宁等人的著作。

我们不准备分析这些论述人的全面发展问题的文献。对这个极为重要的社会教育学问题进行研究的每个作者，都在教育科学上做出了自己的贡献，尽管这种贡献小如一砖一瓦，但如果没有它们，要想建立我们的教育理论大厦，使教育理论为实践指明道路，那是不可能的。我们这些文献中关于人的全面发展的论述的共同点是：每一位作者在涉及这个或那个具体问题的时候，都分析了问题的极为重要之点——发展是教育的结果，同时，教育和发展是统一的。因此这两个对人的成长极为重要的因素是相互依存的。

我们的许多教育学家和心理学家著作的一个宝贵的特点，是分析了正在成长的人对周围自然环境和社会环境的现实态度。这些丰富多彩的现实态度是全面发展过程的内部动因之一。在全面发展过程中，人获得各种新的特征，人本身成为积极的教育力量，人才会成为可教育的人。培养一个人的可教育性，使他能够接受环境、集体、教育者的人格以及社会所创造的文化财富的正面影响，是各种教育现象的一个非常复杂的综合体，在实际工作中研究这些现象，就可以为丰富教育理论创造有利的条件。

在研究人的全面发展问题的文献中，有一种观点是很鲜明的，可以称它为历史比较的观点，即对社会的、政治的、意识形态的现象跟教育现象的本质进行历史比较研究。这些著作密切联系阶级斗争和社会的精神生活来分析人的全面发展思想的产生、变化和丰富的过程,这就首先引起了学校实际工作者的很大兴趣,因为这些著作正在设计着学校、国民教育体系和教师教育工作的过程的未来。理解过去首先是为了更清晰地设想未来;而理解未来又在很大程度上取决于现在教育过程的文明。

全面发展的过程跟学校教学,跟学校领导作用和老师在创造我们称之为教育环境的那一复合体是分不开的。许多苏联教育学家和心理学家的著作,在揭示教育过程某一创造性方面的同时,为解决全面发展问题做出了重大贡献。如何根据社会的需求和人的日益增长的精神需要来确定学校教学的内容,怎样进行教学才能使教学过程最大限度地促进禀赋的发挥和能力的发展,这些是科学的创造性探索的方向。由于这些探索,教育过程才得以完善起来,教师的技巧才日益提高。但是,教学如何保证教育过程的实际效果的问题,如何体现教育对发展的主导作用的问题,都还没有得到充分的研究。

为了更深入地进行分析,有些著作从人的全面发展过程中划分了教养的两个基本方面——自然科学知识和人文科学知识的内容,这对教育学理论也好,对教学与教育的实践也好,都具有重大的意义。在理论和实践探索的这个领域里,还有许多不够明确的东西。对此,人们要进行各种研究,来帮助搞清楚:什么是人的教养的和谐性,以及在学校教学过程中,追求的应该是一种怎样的和谐性。

第一章

个人全面发展思想的历史沿革

可以毫不夸张地说，如果对以往的物质和精神生活，对文化、科学、学校、教育制度和教育理论的发展情况茫然无知，那么，我们定会感到自己孤立无援，像在黑暗中摸索走路一样。只有在人类已经走过的道路上，没有什么东西使我们感到模糊不清和不可理解的情况下，理论的光芒才能照亮未来。

这一点适用于教育理论和实践的任何一条真理。在解决个人全面发展的问题上，正确理解历史发展起着特殊的作用。对过去已经取得的成就没有深刻的理解，就不可能创造性地对待马克思列宁主义关于全面发展的理论，更不可能运用在新的社会政治和意识形态的条件下所产生的新的规律，来进一步创造性地丰富这个理论。

对研究工作者和实际工作者来说，深刻理解个人全面发展思想的产生、形成和发展这一过程的复杂性，是极为重要的。全面发展的思想，在远古时期，是作为一种关于幸福、关于人的完满的精神生活的抽象观念产生的，虽然那时对幸福的追求本身，也是劳动者一种推动现实的力量和要求。

在阶级出现之前的原始社会里，物质生活和精神生活是在个人和集体的活动中有机地融合在一起的。在阶级社会里，精神生活与取得生活资料的活动分离了，人们不再是平等的了，因为出现了劳动分工。劳动创造了人，但是在阶级社会里，劳动也使人受到奴役，劳动分工剥夺了人的自由。人在争取生存的长期斗争中和在认识自然界的自发力量的过程中所获得和积累的知识，使人凌驾于动物界之上的知识，到了把人划分为敌对阶级的社会里，就从使人变得高尚的手段变为奴役和压迫人的工具。

剥削阶级是无法剥夺受奴役者的精神生活，使之变成只会说话的牲畜的。这不仅在客观上是不可能的，而且是他们所不敢想象的。剥削者始终不得不按照他们所需要的方向对受奴役者的精神世界施加影响。科学共产主义创始人马克思和恩格斯深刻地说明了，在阶级社会里，知识、科学、教育、文化财富存在矛盾的本质。同时还指出，对压迫者来说，能否巧妙地对劳动者的头脑施加思想意识的影响，是一个关系他们生死存亡的问题。

在古代社会里，剥削阶级的奴隶主们为自己子女的教育提出"身心既美且善"（各种美德的总和）的思想。古希腊把"身心既美且善"看作是那些不靠自己双手劳动而生活的人的智育、德育、美育和体育（体操教育）的一种和谐的发展。这种发展是把体力劳动排除在外的。在奴隶制社会里，体力劳动被有钱有势的人认为是不体面的事。但是，剥削阶级把精神生活与劳动分开，因此实质上就限制了他们的后代的精神生活。

当然，古希腊、罗马时代创造的无比绚丽的精神文化珍品证明，那时提出的和谐发展的观念，对人类全部历史是有重大进步意义的。不过，不应忘记，受剥削的奴隶们当时是完全被剥夺了接近知识、文化和艺术的权利的。古代社会创造各种精神财富，不仅是为了使奴隶主贵族阶级生活得更加美满快乐，而且也为了巩固奴隶主的统治地位，而把奴隶们降低到做工的牲畜的地位，他们的命运只是从事体力劳动和盲目服从。

在古代社会，这种精神的、智力的生活跟体力劳动相分离，使劳动（它是生活、精神财富和美的创造者）受到鄙视。恩格斯写道，早在古希腊时期就已奠定了近代几乎最重要的思想的基础[1]，其中就包括关于个人全面和谐发展的思想。但是，鄙视体力劳动不可能造就人的真正和谐，因为排斥体力劳动的和谐是有局限性的。历史令人信服地证明，在强制劳动的基础上建立起来的文明、文化和精神生活，被各种不可避免的矛盾肢解，因而停止了发展。

我们看到，早在远古时代，精神生活和创造性劳动的这种分离，就已经是全面和谐发展思想的障碍。但是，不管上面所说的那种时代和生活离我们如何久远，它们还是给了我们许多教益。古希腊那些无与伦比的艺术杰作，都是充满灵感的劳动的创造物。尽管剥削阶级竭力灌输鄙视体力劳动的思想，却未能把活生生的、具体的人身上那种不可遏止的渴求创造的热情完全扑灭。尽管把精神生活与劳动相分离，尽管有着残酷的、毫无人性的剥削，劳动还是成了美的最重要的源泉。古代社会的衰败和覆灭，不是证明劳动被扼杀了，而是证明劳动获得了胜利。

古代社会里诞生的和谐发展的思想，尽管它与劳动和精神生活的统一相去甚远，但还是为理智和科学在以后许多世纪里进行的探索奠定了一个基础。人类过去达到的一切成就，其中包括身体美和精神美相统一的古老思想，都对我们极有教益。我们今天是从崭新的思想立场出发来讨论这种身心美的统一的。在我们社会里，个性的自由劳动占着主导的地位，人可以按照自己的素质、能力和禀赋完全和谐地选择自己的生活道路。大家公认每一个人都可以进行自由的、创造性的、有意义的、自己所喜爱的劳动，而同时把劳动看作是一种光荣的责任和荣耀的事情。这就是核心思想。围绕这一核心，当代的、列宁主义的、共产主义的关于全面教育的思想正在发展和巩固起来。历史教导我们要创造这种自由的劳动，把它当作社会主义和共产主义社会的一项最伟大的精神财富。实现自由劳动，形成人必须劳动的坚定信念，培养劳动的习惯，鄙视懒惰和玩忽职守，这些是实现个人全面发展的基本的、起决定作用的条件。

在中世纪早期，人的和谐发展的思想被埋没了。僧侣垄断了文化知识和教育，他们力求证明自由思想是一种罪过；教会残酷地迫害所有进步的事物，首先是压制理性和探求真理的思想，并且宣告禁欲主义是教育的目的，这一切导致了在中世纪早期，不仅农奴和手工业者，而且包括封建主的精神生活都是极其狭隘的。封建的分散性给人们的精神兴趣打上了烙印；造成这种狭隘性的原因，不仅有教会所套上的精神枷锁，还有庄园生活、经济生活的封闭状态以及封建主们力求与世隔绝的意向。教会不仅把探求真理，而且把人的欢乐和幸福都认为是罪恶。我们已经很难想象中世纪早期那种刻板单调、郁郁寡欢，似乎时间的流逝也极为缓慢的生活情景。历史在这里教导我们：思想的局限性、狭隘性和封闭性会使人们的精神生活变得空虚，并且窒息、摧残和扼杀创造性的禀赋和才能。人类过去的历史告诫我们：命中注定受苦的思想，相信冥冥之中有人主宰自己命运的思想，这是人类进步和完满幸福生活的可怕的敌人。

接着黑暗的中世纪而到来的是文艺复兴时代。人类的思想和意志所创造的一切光辉灿烂的、进步的东西，以及在人类后来的几个历史发展时期内达到繁荣的东西，都是在文艺复兴这生机蓬勃的几百年间发源出来的。在文艺复兴时代，原来很闭塞的小社团的物质和精神力量投入到了暴风骤雨般的运动中，各民族建立和形成的长期过程开始了，人们开始重新发现先前曾经发现过而又被遗忘了的世界，并且开始发现一个完全陌生的世界。一个新的阶级即资产阶级产生了，它为人类历史进步做出了许多贡献，另一方面又在以后给人们带来了数不尽的灾难和痛苦。资产阶级对封建的经济制度的不妥协性带来了对中世纪的意识形态的不妥协性，它起而反对封建主义的那种束缚性的意识形态和文化。正如恩格斯所说的，当时的英雄们还没有成为劳动分工的奴隶[2]，人的个性全面发展的思想复活了，也可以说重新诞生了。资产阶级当时是上升的阶级，它指责人的发展的片面性、局限性和闭塞性，同时要求人的全面发展，这是进步的。人文主义是对世界和人所持的新观点的产物，它提出了自己关于人的理想：人应当成为乐天的、身心坚强的、爱探索的和顽强的人，他不仅能够对各种陈旧过时的观点的真理性持怀疑态度，还能确立新的观点。人文主义者维韦斯、莫尔、拉伯雷、蒙田、罗德尔、达姆斯基和维多里诺等，都反对经院式的教育，提倡新教育，主张发展人的智力和体力，形成高尚的道德品质。人文主义者认为，曾被教会谴责和被宗教裁判所迫害的古代富有生气的文化，是一种鲜明的教育力量。人文主义者要求：人应当研究他周围的世界，学会思考。他们的这种教育思想曾经起过进步作用。不过人文主义者要求教育服从人的利益，这还是一种抽象的主张，因为他们并没有理解分工所产生的人奴役人的影响。建立在分工基础上的社会里，不可能为实现脑力活动和体力活动相结合的这一要求提供客观条件。

早期的空想社会主义者莫尔和康帕内拉，在其著作《乌托邦》和《太阳城》里描绘了一个幻想的和谐社会的图景，在那里，劳动同教学是相结合的，所有的社会成员既在田野和工厂里工作，又从事科学和艺术活动。尽管这种神话式和谐美好的幻想是脱离现实的，在当时是不可能实现的，但是它鼓舞了后代的许多理论家和学校实际工作者去践行这样的教育思想。

整个人文主义思想，以及作为人文主义思想最明显表现的空想社会主义思想，对法国资产阶级革命思想家，特别是对卢梭、狄德罗、爱尔维修产生了重大的影响。这些先进的思想家虽然跟他们的先驱者一样，宣告他们的理想是要把人从封建桎梏下解放出来，但是他们并不能把人的自由和全面发展的思想跟消灭人剥削人的现象，跟消除社会的分工（它必然会使劳动者片面发展）联系起来。

资产阶级掌握了政权以后，社会与个人、体力劳动与脑力劳动之间的矛盾变得日益尖锐了。恩格斯说，随着劳动的分工，人本身也分成了几个部分。19世纪许多哲学家和思想家都在思考这样的问题：能不能铲除脑力劳动和体力劳动之间的鸿沟，能不能克服劳动分工对人的全面发展的有害影响，以及人的全面发展究竟是否可能实现？空想社会主义者欧文、傅立叶，认识到资本主义社会里的劳动分工对人的全面发展产生的有害后果，他们提出了消灭城乡之间和体力劳动和脑力劳动之间的对立的要求。他们幻想有这样一种社会，在那里科学会把人从繁重的、难以忍受的劳动中解放出来，使劳动成为愉快的、吸引人的和创造性的事情。

俄国的先进人物——十二月党人和革命民主主义者也提出过自由个性的全面和谐发展的思想。他们关于人的全面发展的观念，与西方空想社会主义者的幻想相比，具有许多特点。对俄国的革命民主主义者，特别是对车尔尼雪夫斯基来说，全面和谐发展的思想是跟先进的世界观和为人民造福而进行积极的斗争分不开的。俄国革命民主主义者确信，精神的发展，体力劳动和脑力劳动的结合，离开了积极的活动是不可想象的。革命民主主义者的教育观点里渗透着尊重儿童个性的精神。把理想和生活结合起来的尝试，最明显地反映在伟大的革命思想家车尔尼雪夫斯基的著作里。他认为人间天堂的实现，就在于人人参加劳动，就在于把个人幸福和人类的共同幸福和谐地结合起来。

但是，在马克思主义出现以前的社会主义，并不能揭示人的真正解放和全面发展的现实的、客观的可能性。只有科学共产主义的创始人马克思和恩格斯才揭示并说明了人的全面发展的客观必要性，认为这是进步的最重要的条件。为了使人的所有方面都得到和谐的发展，为了使劳动成为自由的、吸引人的、创造性的事情，为了使科学和文化能造福于社会全体成员，就必须消灭资本主义的生产关系——生产资料的私人占有和人剥削人的现象，必须用社会主义来取代资本主义。要在社会所有成员中无例外地、公正地分配劳动，在劳动者中间公正地分配劳动果实——这才是那种把劳动当作生活需要的新的、真正人的劳动态度的客观基础，也就是人的全面发展的客观基础。

伟大的革命家和思想家、苏维埃国家的缔造者列宁，在他的著作里对人的全面发展的社会方面和教育方面从理论上做了深刻的论述。在他的许多著作里贯穿着这样一条思想主线：只有在所有的人为了大家也为了自身的全面发展而进行劳动和创造的条件下，为社会所有成员的全面发展的经济基础和社会基础才能建立起来。列宁给社会主义社会提出的任务，是教育、训练和培养出"全面发展的和受到全面训练的人，即会做一切工作的人"①。这不是一项狭义的教育学任务，而是一项广泛的社会教育学任务。列宁提出要培养全面发展的、受到全面训练的人，是把它作为一个长期的历史前景。他告诫我们，不要脱离历史地、抽象地、机械地对待解决全面发展的问题，同样也不要以那样的态度去看待社会主义和共产主义建设过程中将会发生的政治的、社会的和道德的进展所产生的其他结果。"如果目前就企图提前实现将来共产主义充分发展、完全巩固和形成、完全展开和成熟的时候才能实现的东西，这无异于叫四岁的小孩去学高等数学。"②

在今天，我们要实现列宁的全面发展的思想，首先就要求深入理解这一思想的多方面的实质，深刻认识它的社会、政治、哲学和教育学诸方面，为每个人的个体发展，为人的身心力量的多方面发展，为展示他的创造性的素质、能力、禀赋和天才创造极其有利的条件和可能性。人的全面发展，就是造就个体的人的丰富性，把高

---

① 中共中央马克思恩格斯列宁斯大林著作编译局.列宁选集：第四卷［M］.3版.北京：人民出版社，1995：159.
② 同①：195.

尚的思想信念、道德品质、审美价值、物质需要和精神需要的文明有机地结合起来。在讨论全面发展的问题时，不能不做一点极为重要的补充说明，即真正的全面发展——一个人贡献给社会的东西跟他从社会取得和消费的东西之间的和谐。如果不去发展一个人对于劳动的需要（这是最重要的需要），那么人的各种需要能够充分得到满足就是不可思议的。培养全面发展的人，也不意味着每个人只是受别人教育。一个人对于理想的积极追求，是在社会上和教育学上实现个人全面发展思想的一个必不可少的条件。

"全面发展"这一概念并不意味着一个人不停地从一种职业转到另一种职业，并不是指今年他做钳工，而明年又去当医生，……全面发展的思想是跟样样都做而又不求甚解是毫不相容的。让人选择一项终身的专业是普通教育学校极为重要的任务之一。所谓人的和谐发展，正如卢那察尔斯基所说的那样，在于使每个人在精通自己所从事的专业的同时，还有兴趣和能力进入任何其他的认识领域。每一个人都应当懂得科学和艺术的基础知识，但他一定要成为本行的专家，并在条件许可时甚至不止掌握一种专业。"但是无论如何都不要使一个人只有专业而丢掉普通教育，正像只有普通教育而丢掉专业一样，否则就会产生一种最讨厌的现象——似懂非懂。不应当培养出那种饱食终日、无所用心、好出风头而又似懂非懂的人。一定要使一个人在某一个领域里有他自己的创造，让他在这个领域里进行钻研，创造性地运用自己的智力和全部心血，创造出对人类确有重要意义的成果。如果一个人做不到这一点，而只是一知半解，那么他就不配称为有教养的人。"[①]

我们时代的生活要求一个人不仅能够在中等学校或高等学校里深刻掌握所选定的专业，而且在他进行创造性劳动的所有年代里都能够精益求精，并且，在有必要和有条件时，也能掌握一些邻近的专业。在今天，浅尝辄止，一知半解，知识肤浅，没有完善的职业修养的现象同样是危险的，正像某些专家没有较高的普通教育水平一样。

---

① 卢那察尔斯基.论国民教育［M］.莫斯科：俄罗斯联邦教育科学院出版社，1958：63.

列宁关于个人全面发展的思想，是在十月革命胜利之后立刻提出来的一项实际任务。从那时起，我们国家已经发生了巨大的变化，我们正在实现人类历史上前所未有的事业——普及中等教育。受教育这一人类的巨大福利，已在我国成为每个人的义务。但是不能忘记，这项福利——接受教育、文化和知识的权利，是靠艰苦的劳动得来的。这里会产生一定的困难，这在下面我们把全面发展作为一种教育过程来分析的时候，还要加以详细探讨。

共产党把个人的全面和谐发展当作现阶段在我国建设共产主义最重要的任务之一。苏共党纲中写道："在向共产主义过渡的时期，培养精神生活丰富、道德纯洁和体格健全三者和谐地结合在一起的新人的可能性正在增长。"[①]

全面发展的人是由我国的整个生产活动和社会政治生活来培育的，是由我国社会主义社会成员在劳动中、创造活动中、精神财富的交流中和日常生活中的相互关系所依据的道德规范来培育的。但是，把全面发展当成一种教育过程，决定其效果的最重要环节还是学校。科学的发展、国民道德的进步以及新的共产主义社会关系的建立，都取决于学校，取决于教育过程的文明以及教育与教学方法的完善程度。毋庸讳言，我们生活中的某些缺陷，其根源也在于普通教育，特别是中、高年级阶段的教育过程不够完善。

培养全面发展的人的理想，并不能靠一套专门臆想出来的措施来实现。要实现人的全面发展的理想，就必须深入地改善整个教育过程：在一个学校里，一个班级里，在对具体的儿童的工作中，从他们跨进一年级或预备班的门槛开始，直到他们中学毕业，直到他们踏上独立的劳动生活道路，都要坚持那样做。培养全面发展的人，就是要对受教育者对待周围的自然环境和社会环境的各种各样的态度实行教育指导，而这一点又取决于各种各样的条件，取决于儿童在认识世界时所看到和所思考的许多事物。

对全面发展来说，理解各种生活过程的相互制约性和相互依存性具有特别重要的意义。一般说来，教育是一种有目的的活动，它的成败在很大程度上取决于这一活动是在哪些条件下和在怎样的环

---

① 苏联共产党纲领[M]．莫斯科：国家政治书籍出版社，1969：120-121.

境中进行。我们坚信，学校教育的最大困难之一就是条件、环境与为了进行正确教育而做出的努力不相适应。这里说的首先是指学校本身在教育工作过程中所创造的那些条件和环境。常常会遇到这样的情形：某种教育方法或方式没有产生预期的效果，是因为在一年、二年、三年以前遗漏了在集体中应当做的这件事或那件事，使学生们在内心深处没有准备成为受教育的人。这种教育的结果，就是教师白费许多精力，劳动的效果极差。如果这种情况日复一日地重复下去，教师感到他要做的工作未必能在他的学生心灵里留下什么痕迹，那么学校教育工作成功的基础本身已经瓦解了。

培养全面发展的人，要求能够对许多复杂的、乍看起来似乎并不明显的相互依存关系有清晰的认识。成为明智的教育者首先意味着能够理解在我们日常所见的、所做的、所期待的一切事物中的各种因果关系。

第二章

关于全面发展的教育思想的一些问题

列宁在《哲学笔记》里对费尔巴哈《宗教本质讲演录》一书做出评述:"人是需要理想的,但需要符合于自然界的人的理想,而不是超自然的理想。"接着引用了费尔巴哈的话:"我们的理想不应当是被阉割的、失去肉体的、抽象的东西,而应当是完整的、实在的、全面的、完善的、有教养的人。"① 在教育工作中去实现这个理想,善于从活生生的人的具体表现中看出这种理想,可不是一件简单的事。决定教育工作的技巧完善的条件之一,就是教师要善于以活生生的人为目标,并从他的身上发现、爱护主要的、有决定性的东西。在培养全面发展和谐的人的过程中值得关注的是:教育者在关心人的各个方面和特征完善的同时,任何时候都不要忽视人的各个方面和特征的和谐,而且明白这种完善、和谐都是由某种主导的、首要的东西决定的。在一个全面发展的、活生生的人身上,体现出力量、能力、热情和需要的完满与和谐。教育者在这种和谐里发现诸如道德、思想、公民、智力、创造、劳动、审美、情绪、身体等方面的完善。在这个和谐里起决定作用的、主导的成分是道德。学校是知识、教养、智力文明和劳动的策源地;教师年复一年地领着自己的学生沿着知识的小道向人类智慧的顶峰攀登;智力财富和脑力劳动,是我们手中借以造就人的最重要的工具。

但是,人的心灵的本来面目就是这样的:并不是所有从孩提时期进入学校的受教育者,在走出校门跨进社会时,都同样地精神丰

---

① 中共中央马克思恩格斯列宁斯大林著作编译局.列宁全集:第五十五卷[M].2版.北京:人民出版社,1990:50.

富，都接受过用于汲取智力财富并使之取之不竭的方法和技能的训练，达到同样熟练的水平。对一些学生来说，中等教育只是通往智力丰富、认识臻于完善的第一步，而另一些学生却对中学的教学大纲也只能十分勉强地掌握；但是这并不是说这样的人就是不幸的，没有前途。

对智力才能的不平等，早在童年和少年时期，学生自己就渐渐明白了，他们把这种不平等理解为注定的、并非所有人都能达到同样智力发展程度的原因，这种情况正是今天实现全面发展思想中遇到的一系列困难和一系列极其重要的、微妙而复杂的问题的根源。教育者的任务就是，不要让某些受教育者感到这种不平等是一种不幸。遗憾的是，在某些学校，某些儿童知道自己在智力发展上是有限的，这一点成了他们不想学习的原因。一个人在童年时期就感到自己似乎是一个不够格的人，这种状况不应当出现！每一个人，早在童年时期，特别是少年时期和青年早期，就应当获得自己的精神生活完满的幸福，享受劳动和创造的欢乐。

这是培养全面发展的人的过程中一个非常细致也可以说非常微妙的问题。要实质地解决这个问题，恰恰在于不要把学校和学生的精神生活仅仅局限在掌握教学大纲并取得相应的成绩上。培养全面发展的人的技巧和艺术就在于：教师确实善于在每一个学生甚至是最平庸的、智力发展最困难的学生面前，为他打开精神发展的领域，使他能在这个领域里达到顶点，显示自己，宣告大写的"我"的存在，从人的自尊感的源泉中汲取力量，感到自己并不低人一等，而是一个精神丰富的人。

这个领域就是道德发展。在这里，通往顶点的道路对任何人都不会封锁，有真正的毫无限制的平等，每一个人都可以成为伟大、独一无二的人。只有在这样的条件下，即共产主义道德贯穿于人的各个方面，在每一个人面前打开了通往公民、思想、创造、劳动、审美和智力等财富的道路时，全面发展的理想才可能得到充分的实现。

学校应当成为一个道德丰富（在每一个人的行为中、在人们的相互关系中都有共产主义道德炽烈地燃烧）的策源地。解决这个问题的关键，就在于使我们每一个学生在某个活动领域中获得幸福和欢乐，这个活动领域的顶峰是道德的美和道德的完善。我们学校的毕业生中有几个女孩子，曾经在掌握知识上感到极其困难。从少年早期，我们就让这几个四、五年级的女生当小朋友（学前儿童、一年级学生）的教养员。她们从这项充满着高度道德意义的高尚活动中获得了体验到自己的人格尊严的幸福。否则，早在童年和少年时期，她们就会感到自己是不幸的人。后来，这项劳动成了她们寄托生活意义和实现生活目标的事业。

理想的全面发展的人应当是和谐的，没有和谐的教育工作就不可能达到人的和谐发展。学习、上课、完成作业、经常得到分数，这一切绝不能成为衡量、评价一个人唯一的、全部的尺度。学生年龄尚小，对这种日常的评价特别敏锐并极其脆弱。应当使学生通过亲身体验，深信人们是用许多尺度来衡量他，是从各个方面来看待他的。一个不懂事的孩子到我们这里来上学，我们不应当用对"学生"这个词的狭义理解来看待他。如果在教师看来，他只是一种头脑里被填塞了知识的生物，他就不会成为全面发展的人。如果一个人不能宣告自己的存在，不能在人类心灵的某一个领域成为主宰者，不能在活动中和成就中（这一点尤为重要）确立自己的地位，没有感到自己作为一个创造者的自尊感，不能自豪地抬起头来走路，那么，所谓实现了全面发展就是不可思议的。和谐的教育就在于，使我们教育的人在多方面活动中表现出的道德丰富性在学校精神生活的一切领域中得到表现。总而言之，只有在这样的条件下，即在发展着的人对待周围自然环境和社会环境的多种多样的现实态度体系中贯穿着重视道德丰富性这一条主导的红线时，学校的精神生活才能成为现实的教育力量。学校所做的一切，都应当具有深刻的教育意义。这条规律的适用范围如此广泛，以至于可以写成一本论述它的专著——供教师读的理论参考书。

有那么一部分（即使是不大的一部分）青少年不愿意积极而刻苦地学习，在掌握知识上怠惰消极，以致教师不得不对他们采取强制而非鼓励的办法。这些正是我们称为"非和谐"（缺乏和谐）的教育所产生的不良后果。

在实现全面发展思想及解决由此而来的一切复杂而困难的问题的过程中遇到的第二个问题，就是如何使学生认识并体会到，进入这样一座宫殿——它的名字就是知识和教养,以及获取人类文化的宝藏,是我们的制度、我们的社会给予我们的一项最大的福利。青年一代应当把这项福利作为我们革命最宝贵的成果加以珍惜。然而有一种看来反常、简直令人费解的事实是:一部分青少年把这种伟大的福利当成一种苦差事,把学习看成沉重的负担,而教师在许多情况下不得不无休止地跟这些懒汉和二流子做斗争。那些劳动人民世世代代向往的东西,那些人类多少优秀儿女为之献出自己的生命而获得的东西,在一部分青少年有时还包括一些儿童的眼里,好像都没有任何意义。这究竟是怎么一回事?这种现象再也不应当继续下去了!把学习当成一种苦事和沉重的负担是极不正常的现象。这是缺乏和谐的教育的直接后果。学校只有把责任感变成学校精神生活的核心,把我们所谈到的人对环境的多种多样的态度集中于责任感上,才有可能消除这种出现在部分青少年身上的不良现象。我们的时代在这个极其重要的道德问题(它同时也就是人全面发展的问题)上开拓了新的境界——社会利益和个人利益相结合,个人幸福和社会幸福取得和谐。使个人服从社会义务,应当以个人的愿望为前提,这就是责任感的含义。道德依赖心理是一种严重的恶习,它有时侵入我国青少年的早期的心灵世界。造成这一后果的原因,在于年长者对待年轻人采取了不正确(也可以毫不夸张地说,采取了缺乏理智)的态度,以致在年轻人头脑里形成了一种歪曲的观念,不懂得年长者应当如何对待他们年轻人,以及他们年轻人应当怎样对待年长者和社会。人的和谐发展只有在这样的条件下才有可能,即从幼小的年纪开始,就应当使一个人从亲身体验中产生一种信念:生活中存在着许多困难,遭遇困难才能给人打开通往幸福之路。在人的全面发展的复杂体系中,一切都是相互联系、相互制约的,以至于要理解结果的由来,就非得深入地钻研我们称为各种原因的"交接点"不可。教育者的任务是:使自己的学生遭遇困难;正是在遭遇困难中萌发出能力——一种具有深刻道德意义的能力,即珍惜年长一代给予他们的物质财富和精神财富的能力。遭遇困难是个人幸福和欢乐的源泉,这种源泉只有在一个人从社会得到什么和他对社会贡献什么这二者之间达到高度的和谐的地方才得以涌现。

现在我们谈谈人的全面发展的第三个问题——需要的教育。任务不仅在于应当培养多方面的物质需要和精神需要。需要不是什么很难的事。复杂得多的事是达到物质需要和精神需要的和谐发展，特别是使一个人在生活中有一种积极的活动，其目的在于形成和满足高级的需要——精神需要。在我们时代，物质福利源源不断地涌进童年、少年和青年早期的世界，以致出现了这样一种危险：儿童和青少年可能丧失关于这些福利是由劳动创造的观念，甚至完全不知道它们是从哪儿得来的。现在的一个非常复杂的社会教育学问题，就是在儿童、少年和青年身上培养一种对待物质福利的严肃态度。我们看到，在培养这种态度方面，许多教育者——父母亲和教师们表现出高度的智慧和丰富的道德。这里特别重要的是，要使学校生活具有明显的道德意义。我们要在年轻公民的意识里发展这样的思想和认识：这样的东西我有权利希望得到它，那样的东西我没有权利希望得到它，而企望别样的东西对我来说是不体面的、不能允许的、可耻的。人只有学会合乎情理地提出愿望，才能懂得什么是困难的、什么是允许的、什么是不允许的。我们培养有高度道德意义的、高尚的愿望，劝止不能允许和不可容忍的愿望，就能预防大的祸害——不加遏制地满足欲望的那种腐蚀性的、使人堕落的影响。

培养愿望的文明，在很大程度上取决于在人的生活中，满足物质需要与形成、发展、满足精神需要之间能否建立起明智的和谐。这是人的全面发展的第四个问题，是相当复杂而且艰巨的问题。如果没有集体丰富多彩的精神生活，学校是不可能成为高尚的道德和文明的策源地的；如果没有丰富多彩的精神生活，学生也不可能成为像卢那察尔斯基所说的个性鲜明的那种人[3]。

遗憾的是，我们有时候不得不碰上这样一种乖谬的事实：学生在学习、在掌握知识，然而在实质上却没有精神生活。现在，当我们正在普及中等教育的时候，学校集体和个人的精神生活问题具有特别重大的意义。如果一个学生的学习兴趣仅局限于准备功课，如果除了必修课的知识以外，没有任何其他的东西，如果智力生活只局限在学习的圈子里而缺乏创造性劳动，那么，学校对一个人来说就会变成毫无吸引力的、阴郁沉闷的地方，而学习就会变成沉重的、枯燥的、单调乏味的事情。只有在学校里充满生机勃勃的多方面的精神生活的情况下，掌握知识才能变成一种吸引人的、使人愿意去做的事情。这种事情就是到学生毕业参加劳动以后也还能继续下去。

学校的精神生活是一个涵盖很广的概念，既包括激发、发展和满足与必修学习没有直接联系的各种智力倾向，又包括被称为知识运动、知识活用的东西（把知识运用于实践，开展积极的活动，以便在集体中进行知识交流），还包括创作活动和独立的智力发展、个人才能、志向和生活目标的形成。

在人的全面发展这一教育过程中，集体因素和个人因素在精神生活中的结合与和谐具有重要的意义。学校的精神生活应当是多方面的，能使每一个人都找到发挥并确信自己力量和创造才能的场所。学校的精神生活的意义就在于，要在每一个学生身上都唤起他的人格独特性。我们认为，如果每一个学生不能在少年期特别是在青年早期，就在一种最能充分地表现并发挥他的天赋的活动中获得优异的成绩（当然，这里指的优异成绩是跟学生的年龄相适应的），那么这样的教育就是不够完善的。在一种创造性劳动（个人精神生活的实质本身）的领域里形成一个人独一无二的个性，是人生观的基础和核心。没有这一点，和谐的教育的实现、乐观主义和对自己力量的坚定信心的形成都无从谈起。只有在一个年轻人由于他在某一方面取得了卓越成就，显示了自己，从而体验到自豪感的地方，我们才能在个人的精神生活中看到可以称为"思想的力量"的东西。作为一种劳动形式的学习的实质是，人愿意动脑筋，有一种想通过思考来完成困难重重的智力任务的愿望和志向。如果人的精神生活中充满着对自己的力量的信心和尊严感，那么这个人就享有了作为人所能享有的脑力劳动的欢乐。

只有当学习是在丰富多彩的精神生活的背景下进行的时候、只有当集体与个人的和谐成为这种精神生活的核心的时候，学习才能成为人愿意去从事的活动。个别儿童、少年和青年不愿意学习，这是一个令人担忧的证据，说明学校里只有学习，而没有集体和个人的丰富多彩而充实的精神生活。懒惰散漫、希望尽快地摆脱学习负担是危险的孪生子，它们的"母亲"就是童年、少年和青年早期里狭隘的局促的精神生活。

普及中等教育，千百万工人、农民有机会接受高等教育，都是人类历史上前所未有的现象。产生这种现象的根本原因就是社会主义制度具有公正性和人道性。我们社会提出的目标是使全体劳动者都能享受文化财富。知识之所以必需，不仅是为了劳动，而且是为了享有一种与劳动并无直接联系的、丰富多彩的、幸福的精神生活。普通教育学校的这一教育指南，就提出了全面发展思想的第五个问题：应当使接受中等教育的人做好准备，"安置"他去从事工人和农民的普通的、"粗重的"平凡的劳动。应当不是单纯地教育他做好准备——对这种劳动实际的和思想的准备，而且要培养他把自己的一生贡献给劳动的愿望和志向。这个问题是最复杂的问题之一，它和前面的那些问题是密切联系的。在学校工作中，一切都是相互联系、相互制约的，以至于可以夸张地说：学生是否愿意把自己的一生贡献在田地里或畜牧场上，机床旁或建筑工地上的普通的、"粗重的"劳动上，取决于在学生时代人的欢乐的源泉是什么，劳动在他的精神生活中占据何种地位，以及除劳动外他的精神生活还有些什么。

培养具有中等教育甚至高等教育水平的"普通"劳动者，是一项很复杂的任务，要通过许多途径才能完成这项任务。首先，应当通过教养和知识的传授使学生认识到："普通"劳动并不是一件简单的事。在学生时代，知识、教养和学校丰富的精神生活都应当帮助学生理解所有"普通"劳动（特别是农业劳动）都具有无限复杂性和丰富创造性。要使从学校获得的知识成为学生认识劳动的手段，使劳动在这个认识过程中不以一种原始的工作形式呈现在人的眼前。一个受过教育的人不应当单纯地成为"起码的生活资料"的获取者。人对于创造性劳动的永不休止的追求，是使人的教养和知识越来越充实的一种源泉。一个人在学校里获得的知识越广泛，随着他的教养达到一定的高度而形成的眼界越开阔，那么他对自己终生要从事的需要智力的、充满创造性的劳动的要求就越高。培养全面发展的人的"秘诀"之一，是从儿童在学校生活的最初几步开始，就要培养他正确地认识周围世界，认识劳动，把劳动看成是需要智力、非常复杂的事情，从而基于这种认识逐步树立起年轻劳动者的人的尊严感。

这个"秘诀"的意义就是，使从童年就开始的劳动生活成为一个人精神生活最重要的元素。在这里，教育者会接触到一连串的麻烦和困难。如果不理解它们，就会在教育上造成把复杂的问题看得很粗浅并采用落后的工作方法的后果。

这个问题的复杂性的表现之一就是：学生在学校里获得的知识跟劳动、跟学生的劳动生活、跟他的精神生活之间的联系是极其独特的。不能把这个复杂的问题设想成这样：劳动要么只是用来巩固课堂上所教的具体知识，要么只是作为更好地组织教学和丰富教学的辅助手段。劳动和知识内在的、对于确定人生目标有重大意义的联系就是：思想的文明能够培养人与自然界相互作用的文明；劳动能给人以欢乐，充实人的精神生活，因为劳动是一种创造，在劳动中人能展示自己的能力和天赋，从而能够使人的尊严感得以确立。如果教育者能够做到使劳动在学生时代就成为他们的精神生活的一部分，那么就会发生一种极其重要的现象：劳动的创造性将激发起新的智力倾向；人就想要多知道一些，以便更深刻地探索劳动的奥秘；他就会去读书和思考，力求丰富自己在劳动中的创造性探索。教养与劳动的结合，能合乎规律地导致一个人的学习超越教学大纲的要求，求知欲、好奇心的源源不断的源泉因之而涌现。这样一来，一个人会终身都在学习，一辈子抱有认知的渴望，不满足于已获得的知识，总是感到自己知道的还太少。

这个问题的复杂性的表现之二就是，从学生时代开始的劳动生活，应当被理解和体验为一种独立于学习、上课、完成家庭作业等之外的精神生活的元素。如果劳动相对于学习不具有一定的独立性，就不可能存在学校与生活、教学与教育、知识与劳动的真正联系，这体现为广义概念上的教育的辩证法。为什么有必要不仅谈到这种独立性，而且在教育工作中去实现它呢？

首先是因为在普通中等学校所学的东西，只有很小部分跟生产部门的劳动有直接的联系。在绝大多数情况下，学生在学校掌握的知识，并不是他们在劳动中能直接用到的；它们之所以需要，是为了使一个人在接触了文化财富后，感到自己是一个真正的人，产生一种自己聪明地主宰着劳动的尊严感，为自己在生活中不用为求得一块面包而操劳感到幸福。如果深入思考一下学校目前面临的错综复杂的教育任务，我们会自然而然地得出一个很重要的结论：现在，要特别强调让所有的学生在一切学科上都必须深刻而牢固地掌握所学的知识。主要是因为普通中等学校的绝大多数毕业生都要参加工作。如果认为只有那些准备进入大学深造的学生才需要高水平的知识，其余的学生学得肤浅一些并没有什么危险，那么这将是一个很大的误解。

牢固地掌握知识，深刻而透彻地理解知识，对明天的物质生产者、对未来的父母亲都是必不可少的，并不亚于未来的学者、设计师或诗人；充裕的、多方面的知识对于物质生产部门劳动者的重要性，并不次于脑力劳动者或艺术工作者。这些知识在生产部门劳动者的生活中是主要的精神财富，基于这种精神财富会产生和确立起新的智力倾向。

重要的不仅是要使这些思想成为全体教师的信念，而且需要进行耐心细致的教育工作，使我们的学生在思想上确立这样的信念：就是到了共产主义时代，还是会有不轻松的、紧张的劳动，如生产粮食和建造住宅、制造衣服和机器等。没有这种劳动，就不会有每个家庭和每个人的幸福。同时，如果没有文化财富——知识、文学、艺术、音乐以及各种形式表现出来的美，那么生活就会变得暗淡、狭隘，人的真正的幸福也会随之失去。教师的任务就是，要在每一个未来的物质生产劳动者身上，培养起一种对知识、文化和美不可熄灭的向往。

牢固地掌握知识，深刻而透彻地理解知识，培养人在整个一生中都在追求"我要比今天知道得更多"的不变的愿望，是全面发展思想涉及的第六个问题。在培养全面发展的人的工作中，一般来说，没有任何一样是次要的东西。这里的一切都是重要的，如果有任何一点被忽视或者做得不正确，就会使全面发展这一完整统一的体系和谐的基础遭到破坏。

我们社会今天所处的历史阶段，可以说是提高人的人格的阶段。在我们社会里，一切努力都用来使每一个人理解和体验到自己对人民的义务和责任感，使每一个人都感到个人的尊严，珍视它，并且努力在多方面的活动中展示自己，以便赢得人们的赞许和表扬。如果教师不能敏锐地对学生这些年轻劳动者的荣誉和自尊感抱一种爱护的态度，那么学生具有义务感并且服从教师的教育都无从谈起。而这两样东西和对儿童的爱一样，是不能从学校教育中分离出去的。形象地说，如果荣誉和自尊感没有它的产儿——学习愿望，那么教师为了培养学生的纪律性、服从性和责任感而做出的最高明"创造"，也会显得无能为力，往往还会造成教师和学生之间的冲突。学习愿望这个产儿是娇嫩的、任性的、调皮的，需要时时刻刻照料它。每一分钟你都要去接触它，否则它就会无人照料，而且任何时候你都不得粗暴地、粗枝大叶地对待它。只有当你学会保育这个产儿时，服从性、纪律性、责任感、义务感才会在你手里变成精巧而得力的工具。

教师工作有这样一个特点，就是他要经常地评价自己学生的学习。在衡量知识质量（也就是劳动质量）时，教师的评价带有明显的道德含义。评价里包含着鼓励，应当使儿童在这种鼓励的影响下确立一种要学好而不是学坏的意向。评价是教师手里的一种教育工具，它应当激发儿童的学习愿望，促成这种愿望，而不是对学生不愿学习的一种惩罚。

学习，并不是机械地把知识从教师的头脑里灌输到学生的头脑里。教师的任务就是，要敏锐而巧妙地、坚持不懈而标准严格地培植儿童的智力和道德力量，帮助儿童把学习看成是一种要求付出很大努力的劳动，这种劳动只有在依靠自己的力量克服了困难进而取得成果的时候才是一种愉快的劳动。这里有三个阶梯：付出自己的努力，靠劳动取得成果，享受到脑力劳动的欢乐。儿童沿着这三个阶梯走上去，就能牢固地掌握并透彻地理解知识。一个真正内行的教师，如果他看到儿童还不会学习，还不理解对自身的要求是什么，他就绝不会对儿童做出评价。

只有在每一个儿童都珍视教师给他做的评价的情况下，学校里才会充满一种热爱劳动的氛围。评价的次数不能过多，否则会降低它的教育价值。同时，教师在对学生做评价的时候，不能只评价所谓纯粹的能力，而应更多地评价能力和劳动结合的情况，并且把劳动放在首位。这样的评价在道德方面才是正确的。

在教育工作中称为智育的东西，恰恰在于劳动和能力的和谐统一。智育的实质就在于使一个人通过获得知识而变得聪明起来，使学习对他来说并不因为获得越来越多的知识而变得越来越难。所掌握的知识的分量，并不是智育水平的标志。教师的任务就在于，要使掌握一定范围的知识所必需的脑力劳动成为发展智力和能力的手段。要使牢固地掌握知识这个问题得到顺利解决，就要求每一个教师同时成为智慧的培育者。多年的经验证明：教师的教育素养包括他采用哪些专门的方式，使得掌握知识的过程能发展学生的智力和能力。这些方式应当成为教师工作的基本要求。

智力、能力的发展和整个智育，在很大程度上取决于集体和个人的精神生活是否丰富。学校应当让智力生活之火永不熄灭；教师和学生的智力倾向越多样化，知识的最重要源泉——书籍在每个学生的心目中越珍贵，那么智力受局限、对知识抱冷淡态度的危险就会越小。

要解决牢固地掌握知识这个问题，还必须考虑这样一个事实，就是每年入学的儿童中有少数学习能力较低的学生。对这些儿童的教学和教育，必须采取特殊的措施，要对他们采取细致的、温和的、个别对待的态度。不要让这些儿童觉得自己"不够格"，防止他们对学习产生无所谓的态度，不要伤害他们的荣誉感和自尊心。对这些儿童的教学和教育，应当在一般的普通教育学校进行，用不着为他们开办特种学校。这些孩子并不是畸形儿，他们是人类无限多样的花圃里最脆弱、最娇嫩的花朵。我们认为学校和教师负有人道主义使命：挽救这些孩子，引导他们以完全够格的、幸福的人的身份进入交往、精神生活和美的世界。我们的具体工作，首先是查明每一个儿童不幸的原因（父母患酒精中毒症、家庭关系不健康等）。然后，更为重要的是，要使能力差的学生在学校精神生活充实的氛围中，任何时候也不会感到自己"不够格"。应当为这种儿童找到他力所能及的脑力劳动，选择出他能够接受的克服困难的途径，用有趣的、引人入胜的教学和教育工作吸引他，使他在智力上不停地得到发展。

要完成上述任务，要完满地解决牢固地掌握知识的问题，没有家庭的配合是不行的。

家庭要有高度的教育学素养，这是现实生活对实现人的全面发展思想所提出的第七个问题。教育的完善，它的社会作用的加强，并不意味着家庭作用的削弱，而是意味着家庭作用的加强。只有在这样的条件下人的和谐全面发展才能得以实现，就是两个教育者——学校和家庭，不仅行动一致，向儿童提出同样的要求，而且志同道合，抱持相同的信念，始终从同样的原则出发，无论在教育的目标上、过程上还是手段上都不发生分歧。

这个问题也是最复杂、最困难的问题之一。教育现象的相互联系在今天是变得更加复杂了：生活向学校提出的任务是如此复杂，以至于整个社会首先是家庭如果不具有高度的教育学素养，那么不管教师付出多大的努力，都收不到完满的效果。学校里的一切问题都会在家庭里折射出来；在学校复杂的教育过程中产生的一切困难都可以在家庭里追溯到它的根源。人的全面发展取决于父母亲在儿童面前是怎样的人，取决于儿童如何从父母的榜样中去认识人与人的关系和社会环境。

家庭和学校的一项重大任务，就是从道德上促使学生对于做父亲和做母亲做好准备。没有这种准备，人实现全面发展就是不可设想的。多年的经验使我们深信，要善于把儿童、少年、男女青年看作是未来的父亲和母亲，要善于从这样的立场来看待教育现象——再过20年，我们的小学生就会领着自己的儿子来上学，就会跟我们一起来思考怎样更好地教育他。教育学生怎样做父母的第一所"学校"，就是在童年、少年和青年早期对他们进行完满的道德教育。道德教育的任务之一，就是努力做到使我们的每一个学生早在童年和少年早期就懂得对他人的生活、健康、精神安宁和福利负有劳动的责任和道德的义务，认识到逃避劳动、不负责任、不尽义务是一种可鄙的品质。

从道德上准备做父母的第一课，是在童年和少年早期就使我们的每一个学生能把人看得最为宝贵，而且能对那种给他人带来不幸、侮辱他人、使他人蒙受耻辱的思想采取不调和、不容忍的态度。真正的人道主义精神是以行动、情感和思想具有高度的自律为前提的。我们的座右铭就是：人并不是自己情感冲动的奴隶，而是它们的主人。

在实施从道德上准备怎样做父母这一教育工作时，我们进行一系列关于做父母的崇高使命的谈话。这是一些关于爱情和友谊、婚姻、生育和教育子女的谈话。当然，全体教师和家长都应当关心，使每一个学生在学校和家庭里都能亲眼看到自觉地从事劳动和主动承担责任的榜样。

从把自己的孩子送进我们学校的那一天起,家长们就成了我们举办的家长学校的听众。制定不断提高家长们的教育学知识水平的教学大纲,实质上就是我们跟家长一起进行共同的工作——细致而艰难的工作,它的最终目标是培养全面和谐发展的人。最困难的事就是怎样使家长们跟我们一起看见和理解自己孩子的精神世界,学会分析事情的原因和结果,把教育看作一种有明确目标的工作。在这项共同工作中,主导的思想就是要想到将来,看到将来。如果家长学校的活动不能变成我们和家长开展集体思考的园地,那就是白白地浪费时间。我们要跟家长一起思考:应当怎样认识教育目标?我们已经把自己的子女提高到了怎样的阶段?我们做了哪些教育工作和取得了哪些实际成果?应当怎样预防错误?如果不加预防就会造成哪些后果,以及要成为好的教育者必须具备哪些知识?

一个人的成熟并不是突然降临的。如果家长在某一天突然证实了自己的孩子已经变成成年人却不得不采取一些紧急措施,那么意味着社会已接收了一批20岁左右的小孩子,这些小孩子只是在生理上成熟了,可以生儿育女,但道德观念并未成熟。通过道德教育,使儿童在道德上具有较高的成熟度,是全面发展思想所关注的第八个问题。学校是学生童年时代的一个幸福的世界,但是照耀这个世界的思想应当以儿童明天将要变为成年人为逻辑起点。成年人的思想、操守和观念,都应当逐渐地渗入无忧无虑的童年世界。提高儿童的道德成熟度是个复杂的过程,它涉及正在发展的人对自然和社会环境的态度的一切领域,从家庭的相互关系开始直到履行公民义务。儿童在道德上较为成熟、"成年化"的发展取决于儿童对待劳动的态度,更准确地说,取决于劳动在精神生活中的地位。道德成熟度取决于一个人为什么而生活,对哪些事情的操心和思虑充满着他的生活,以及在他的心目中生活的意义表现在哪里。最重要的教学任务之一,就在于在少年早期就使对劳动的迷恋成为人的精神生活中最重要的事情。在提高道德成熟度方面,很重要的一点,就是要使鼓励学生劳动具有社会意义。

公民的诞生是以这样的信念为起点的:"我要以自己的劳动履行对于人们的义务。"从13、14岁起,为人们创造物质财富的劳动就应当在人的精神生活中占有重要的地位。我们不要把自己的工作仅仅局限于老是提醒青少年：你们首先是学生，你们的主要任务就是好好学习。如果一个共青团员感到自己只是一个学生、一个受教育者，那么他就可能变成一个无忧无虑的消费者，而这就是向寄生生活靠近了一步。儿童道德上较为成熟、"成年化"发展的关键就在于：在13、14岁时，就要使一个人不仅把自己看成是学生，而且是社会的一员，自己要履行对他人的义务；如果没有自己的努力劳动（要使他通过亲身经验体会到这一点），他人就不可能幸福地生活。

较高的道德成熟度的形成，取决于儿童是如何掌握知识的，取决于全体学生的智力活动是向哪个方向发展的。道德成熟度与思考成熟度不可分割。只有当学生独立地获取知识时，学习才是一种脑力劳动，才能产生成熟的思考。成熟的思考意味着把知识变为信念，忠于信念，并随时准备为捍卫自己的信念而斗争。培养坚定不移的思想信念，在学校精神生活中属于思考与劳动、知识与积极活动相会合的领域。要培养全面发展的人，必须对信念予以极大的重视。思想和政治信念，不是靠布置回家看教科书、靠记住它们并且回答出来，也不是靠打分数来培养的。它们表现在思想和行动的相互关系中。它们的表现形式是：确立共产主义的生活方式，反对敌对的意识形态，对违反我们道德原则的行为不能容忍。

所谓全面发展的人，就是指他是公民——社会主义祖国的爱国主义者，是祖国大地的英勇保卫者，是为实现共产主义理想而奋斗的思想坚定的战士，是诚实的、干练的、热爱自己工作的劳动者，是集体主义者，是享受着生动完满的人生乐趣的有教养的人，是忠实的父亲和丈夫，是有爱心的母亲和妻子。我们重申，没有可能也没有必要规定出，在这个和谐中什么是主要的什么是次要的。我们只能说，全面发展的某些方面（角度、特点）对于人的整个精神世界的影响可能比其他的方面大一些。

综上所述，现实生活使我们能以充分的根据做出结论：一个具体的人受教育的水平和修养如何，他是怎样接受精神财富的，不仅是以他掌握了多少知识来决定，而且是由一系列其他条件决定的：首先是他对社会环境抱持怎样的道德态度，是否善于（形象地说）

用诚实的人们——忠诚的爱国主义者的眼光来看待自己,是否具有使自己的愿望和要求服从于社会利益的道德能力,是否能把知道什么是善与恶跟热烈地追求真正的善(为祖国的福利而劳动、对祖国的敌人毫不妥协)的行动协调起来。思想信念是照亮人的全面发展的一切方面的光源,同时,它又是人的个性的一个个别的、特殊的方面。我们接收的学生将成为什么样的公民、什么样的劳动者、什么样的社会福利的创造者、什么样的父亲和自己子女的教育者,取决于我们在这个方面对儿童所进行的教育和所提供的磨炼。

第三章

智育与人的全面发展

智育包括获得知识和形成科学世界观，发展认知能力和创造能力，培养脑力劳动文明，产生贯穿一生的对丰富自己的智慧和把知识运用于实践的需要。

智育是在掌握知识的过程中进行的，但是不能简单地把智育归结为积累知识。在教养程度和智力训练程度之间，在学校里所获得的知识分量和智力发展程度之间，是不能画等号的，虽然后者也有赖于知识分量。智育是一个很复杂的过程，它包括世界观信念的形式，智慧的思想倾向和创造倾向的形成，与人的劳动、社会活动有着紧密的联系，而人的社会活动又把学校内的教学和教育工作跟社会生活和谐地结合在一起。

马克思说过："有识之士往往通过无形的纽带同人民的机体联系在一起。"[4]正在成长中的青少年的头脑吸收着人民的意识形态和心理，吸收着人民的信念、传统和世代积累的经验，吸收着人民的智慧、道德和审美等方面的文明。学校只有依靠人民的精神生活和人民的历史来开展教学和教育，才能培养出聪明（就这个概念真正的多方面的含义而言）的人。在教学过程中实施智育的成就取决于下列因素：学校整个精神生活的丰富性，教师的思想面貌——智力、道德、情感等的修养水平以及学识的渊博程度；教师对每个学生现有的智力水平与潜在可能性之间和谐发展的关注程度；他们阐明教材内容的技巧、教学方法的丰富性，学生在学习劳动中的积极作用等。在教学过程中实现着智育的主要目的——发展智力。在共产主义建设时期，学校的培养目标是：不要任何一个在智力方面没有受过训练的人进入社会。对社会来说，愚蠢的人是危险的，不管他们受到过哪一级的教育。愚蠢的人本身不可能成为幸福的人，而且会给别人带来危害。一个人离开校门的时候可能没有学到某些知识，但他必须是一个聪明的人。应当再三重申：智力训练程度并不等于所获得的知识分量。问题的全部实质就在于：在人的复杂多样的活动中，知识是怎样得到运用并产生活力的。

平克维奇写道："我们应当努力培养灵活的、生动的思维，即能反映自然界本身运动的思维。"①在教学过程中对人进行智育，只有当教师把自觉而牢固地掌握知识看作发展认知力、创造力和思维（灵活、生动、好钻研、探求、永远不以已知为满足的思维）手段时，它才得以实现。在这种教师那里，知识就是工具，学生借助这一工具而在认识周围世界和创造性劳动中迈出自己的新步伐。因此，智育的最重要的途径就是：从事生产劳动，进行研究，做实验，独立研究生活现象和文献资料，创作文学作品等。

智育对于人之必不可少，不仅是出于劳动的需要，而且是出于精神生活充实的需要。无论是未来的数学家，还是未来的拖拉机手，都应当学会创造性地思考，都应当成为聪明的人。智慧应当给人以享受文化财富和审美财富的幸福。真正的智育指引人去认识生活的全部复杂性和丰富性。如果智力只是被训练去从事狭窄的职业劳动，那么生活就会变得贫乏、沉闷、远离共产主义理想。

智育的核心，是以知识为基础建立信念和世界观。我们认为很重要的一点，就是在实践中要遵循这样一条重要的道理，即科学的世界观不仅是有关正确认识世界的观点体系，而且表现为情感、意志和活动中人的主观状态。智育意味着，人对世界的观点不仅表现为能够解释世界，而且表现为他具有一种用自己的创造性劳动来证明、确立和捍卫某种东西的意向。因此，在我们的智育体系中，设有专门的劳动作业。设置这些作业的主要目的在于使学生确立自己的活生生的思想（例如，改良一块地的土壤，以保证高产）。只有当学生对周围世界的现象持有个人的观点并且使之占据了他的精神生活的一切领域——思维、情感、意志和活动的时候，知识才会变成一种行动的因素。

---

① 平克维奇.教育学概论［M］.莫斯科：教育工作者出版社，1930：58.

让思想在创造性劳动中实现是极其重要的教育技巧，借助于这样的教育技巧，教育才能造就聪明的人。我们认为，使脑力劳动带有研究性质具有重大的意义：要让学生们通过观察、思考、研究、对比，竭力在改造自然界的道路上迈出步伐哪怕是很小的一步。每个学生在校求学期间，都要完成一项具有创造性和世界观倾向的劳动作业（例如，用自己的劳动来提高小麦中的蛋白质含量）。智慧在取得的劳动成果中表现出来，劳动使人变得更加聪明。这种劳动能教会学生抱着积极的态度去看世界，帮助他们树立一条极其重要的信念：人不仅在认识周围世界，而且还能用自己的智慧和创造力去支配和利用自然力，达到改善生活的目的。在认识的同时进行证明，并在证明的同时进行认识，正是在这种思维和劳动的统一之中体现出智育和教养的统一。

当学生对知识具有自己的独立观点时，他才会形成主动探求的创造性思维。个人积极对待所获得的知识，正是被称为个性智慧正在形成的表现。这种积极性首先表现为：儿童成为掌握知识过程中活跃的、全心全意的参与者，认识和学习给予他们一种欢乐感和兴奋、振作的情绪。智力情感好比是肥壤沃土，把知识的种子播下去，就会使智慧萌芽生长。我们力求使以下的一切都能打动儿童的情感：无论是关于周围世界中生物和非生物之间永恒的相互作用的初步观念也好，还是关于人类、人民和个人的概括性知识也好，或是关于学生在为他们幸福的童年、少年和青年而创造一切条件的祖国和人民的面前负有责任的思想也好。特别重要的是，在培养探求的创造性思维的过程中，还要使儿童、少年和青年看到和感到人与人之间的激烈斗争，使他们在这些斗争中保持爱憎分明的立场。

只有把人类最宝贵的知识财富变成学生所拥有的财富，才可能实现和谐的智育。普通教育学校的教学大纲规定学生要学习关于自然界和社会、人体和思维、劳动和艺术的科学基础知识。而学校的一项相当艰巨的任务则在于：每个教师都要履行教育者的使命，要把自己所教的学科作为智力素养的源泉展示在学生的意识面前，使这门学科的教学成为个人全面发展的一个方面。应该看到，科学基础知识具有双重的任务：第一，每门学科和所有各门学科合成一个整体，对于每个学生来说都是他和谐发展的必不可少的条件；第二，某一门学科对于某一个学生之所以必不可少，是因为它是发展他的个人爱好和能力、形成他从事某种事业的志向和职业方向的源泉。当然，我们应该看到这两种任务是紧密地相互联系着的。不过，在普通教育学校里，第一种任务是主导的，每一个学生都应当在一定程度上既懂得数学、物理、化学、生物，又懂得历史和文学。这里所说的一定程度，是指对全面发展来说必不可少的程度。每门学科的知识都包含着形成学生活生生的、创造性的智慧的教育潜力。因此，决不能同意下面这种意见，即如果说一个学生既然没有数学才能，就可以容许他对这门学科方面的知识学得肤浅。

数学在普通教育学校里，像文学一样，对于全体学生都是必不可少的。数学在智育中有着极其重要的作用，数学已经渗透到研究自然界和社会生活的一切科学中。数学思维不仅是对数量、空间和函数关系的理解，而且是一种对待现实的态度，是研究事实和现象的方法，是推理的方式。孩子们在学习数学的过程中所形成的思维素养，对他们在整个学习过程中的脑力劳动，对他们学习生物、物理、化学、天文、地理等都会产生深刻的影响。

我们认为，物理、化学、生物、地理、天文学的教育作用在于使这些学科的知识对每个人的精神生活留下终生的印记。在学校里学习上述每一门学科，都应该成为一种智力的火花，永远燃烧下去。通过积极学习这些学科而获得的思想，好像是照亮生活、事物、现象的光源，在一个人从学校毕业后的许多年里都会影响着他对待所见、所读的东西的态度，以致影响着他对他的子女在学校里学些什么以及怎样学习的看法。

人文学科——历史、社会学、语言、文学等，在智育中占有特殊的地位。学好历史课的主要标志，不是死记硬背历史事件及其发生的日期，而是自觉地、扎实地研究一系列历史事实，深刻地理解历史过程及其规律，理解阶级斗争、各国人民的命运以及当代的尖锐问题，并且认识到自己对祖国和劳动人民所承担的义务。必须使学生形成关于社会历史的科学唯物主义的观点，而要做到这一点，就应当使学生具有广阔的智力背景：他们应该思考和领会很多东西，只有这样才能使主要的东西留在他们的意识里，确立起对过去、现在和未来以及全人类所关切的那些问题的正确态度。这就要求使学生熟悉比"知识"这个普通概念中所包含的东西更为广泛的事实资料。如果把历史跟其他学科加以比较，那么"第二套大纲"，即通过课外阅读为学生的智力发展和道德发展打下一个一般基础的历史阅读大纲，其阅读范围要比其他任何一门学科都要广泛得多。我们早就向低年级的孩子们介绍范围很广的历史事件，为他们举行有趣的历史书籍朗诵会，对儿童的思想和情感施加影响。我们为中、高年级的学生举行一系列的晚会、谈话会、演讲会，题目有：《伟大的人文主义者——争取人类幸福的战士》《科学共产主义的先行者》《从远古到现在的人民起义》《最早的共产主义者》《为自由而献身的人们》《今日世界》《世界各国人民的物质文明和精神文明》《列宁的不朽思想》，等等。

  掌握本族语有助于开拓学生的丰富而广阔的智力兴趣和审美趣味。我们尽力使各门学科的教师都教会儿童正确地思考和表达自己的思想，正确地运用内部语言。努力使自己的思想清晰、准确，这有助于准确无误地反映现实。教会学生正确地说话是教育工作的一个重要领域，在这个领域中的工作成功与否，在很大程度上决定着个人和集体的精神生活面貌。我们平常所说的把外界现实模式化，并加以改造，翻译成人的内心世界的语言，是教育工作的一个极其细腻的领域，它的成功与否，要靠言语修养的水平来保证。由于这种改造的结果，便造就出个性的内在的"我"，这种内在的"我"是一个由个体意识中形成中的许多观点、信念、习惯、道德评价等构成的复杂的世界。这个领域在教育过程中极其重要，但是还研究得很不够，而那种可以称为人的"可教育性"的东西，取决于这个领域的工作。我们认为，教育的任务就在于使一个人身上正在形成的内在的"我"能领悟教育者的意图，体会他的信念。所有这一切都在很大程度上取决于语言修养（就这个概念的广义而言），即正确地、准确地看待人与人之间的关系并且正确理解它本身在这个关系体系中的作用的修养。

  文学在智育中的地位，是由这门学科对人的内心世界产生的特殊影响来决定的。按高尔基的说法，文学使思想成为有血有肉的东西[5]。在文学知识这个概念本身里，主观因素就起着决定性的作用：通过艺术形式体现出来的那些政治、社会、道德、公民等的思想和审美原则,是以何种深度在个人的精神世界里、在个人的信念和行为中反映出来的。文学知识与道德教育紧密地联系着。我们严格地为儿童、少年和青年挑选供他们阅读的作品,认为这样做十分重要。在我们学校里形成了一个学生的最低量必读书书目。学校首先应当通过阅读——个人深入思考的、精神集中的、扣人心弦的阅读,这种阅读是一个创造的过程——使学生把自己的强烈感情倾注到书里:或者对美的、高尚的和有道德的事赞叹不已,或者对丑恶的东西感到厌恶、愤慨、鄙视和不能容忍。我们认为很重要的一点,是使阅读成为一个人在书的世界里度过一种有思想性的生活。

我们认为真正的和谐教育就在于,知识应保证使人的一般智力发展达到最优的水平,而在掌握知识过程中达到的这种一般发展,又能促进掌握新知识的能力不断增长。即使在智力发展、智慧创造力的发展相对地不依赖于知识分量的条件下进行教学,也要保证教学在发展智慧、培养聪明的人上的特殊方向性和目标明确性,否则,完善的教学就是不可思议的。教育工作的这种特殊方向性,早在学前期就应当开始实现。在儿童入学前的两年里,教师就带领学前儿童进行这种活动(到野外去参观,做游戏,进行集体劳动等)。在许多地方,周围环境可以激发学前儿童的思考;我们努力创造条件,使儿童跟自然环境和人们的关系更加丰富起来。对学前儿童进行这些活动的重要任务,是要研究每个儿童是怎样思维的,教会他们思考,激发他们的求知欲和智力兴趣。我们所持的出发点是:思维是大脑的一种离散性的工作——大脑在瞬息间离开一个思想,转移到另一个思想上去,然后再回到原来的思想上去,如此往返不已。这种转移是瞬间进行的,转移的速度越快,人把那些反映世界的痕迹保持在意识里的能力、对所认识的对象的理解能力、特别重要的是对自己的思想进行思考的能力就越强,反之亦然。我们提出的目的是要对每个学前儿童思维的个人特点有所了解,所以我们早在他们上学之前就能"看清"他们的大脑是如何工作的。我们看到,孩子们大脑工作的离散性的表现是不同的:在一些孩子身上这种离散速度很快,在另一些孩子身上则较慢,由此就产生了聪明与不聪明、理解快与理解慢、记忆牢固与不牢固、掌握知识的能力强与弱等的区别。智育就是要经常研究学生的思维活动,谨慎地触及儿童的大脑，以改善其离散性。

为了改善大脑的离散性，我们给学生上一种专门的思维课（从学龄前开始到八年级末）。在这种课上，孩子们探索、理解和认识自然界以及人们的劳动。孩子们成了研究者，他们经常把思考跟双手的精细操作紧密联系起来。这种联系（手使大脑得到发展），对于那些感到学习非常困难的儿童来说，真正起了拯救的作用。要是教学中没有这种特别明确的方向性，即明确地要求发展智慧和培养聪明的人，那么这种儿童将不可避免地遭受不幸的命运。改善大脑离散性的主要条件是：在学前期的5～7岁，然后在小学的7～10岁这个时期里，要向孩子展示尽可能多的他们所不懂的东西。这是关于智育的一种很微妙的论点：儿童碰到的不懂的东西越多，关于不懂的东西的思考越使他们感到惊奇，则他们大脑的离散性就改善得越明显，儿童也就变得越聪明。儿童的脑子里会产生许多个"为什么"。如果教师设法使这些问题得到回答，那就会使儿童大脑的离散性有明显的进展。让儿童在观察的同时思考，又在思考的同时观察——这是使儿童表现其天才的极为重要的条件。如果教学过程具有"培养聪明的人"这个特别明确的方向性，那么每个学生就会以各自的方式成为天才的人。这里我们强调了成为天才的人这个词语；才能不是从天上掉下来的，而是由我们教育者发掘出来的。这就要求我们运用自己的教育技巧，明智地去塑造人的心灵，正像雕刻家使用刻刀去雕刻一块大理石那样。如果没有雕刻家的智慧和创造，大理石仍不过是一块不成器的石头而已。这里必须指出智育中特别重要的一点：不容许以粗暴的态度对待儿童的记忆。在某些学校里，教师刚刚开始进行教学，便不加限制地拼命使用孩子的记忆力，把大堆大堆的知识往他们的记忆里塞。这已经不是什么儿童能否胜任的问题，而简直是对儿童的迫害。记忆是一种脆弱而娇嫩的东西，必须小心翼翼地对待它！儿童需要掌握的知识分量越大，增强记忆力的专门工作就越重要。增强记忆在实质上就是改善大脑的离散性。

因此，发展记忆成为教育学上带有普遍性的问题。在学生必须牢牢记住、永远保持在记忆里的东西跟他们只要理解而不必熟记的东西之间，教师要画出一条清楚的界线。同时，学生在需要时能不能从意识的"储备室"里提取出那些必要的定理、概念和事实，则取决于理解的深度。每个教师应该特别关心的是：一定要使那些必须牢固记住的东西能永记不忘，而无须记住的东西则不要让学生去死记硬背。思维的创造性、智慧的灵活性和能动性，在很大程度上都取决于对这一原则的奉行。

培养为顺利学习所必需的那些技能，在智育中具有重要的意义。在这些技能跟儿童所学知识的实际分量之间，必须保持和谐。如果技能落后于知识，那就很糟糕：会早在小学里，对于儿童来说，学习就变成一种毫无乐趣、苦不堪言的事情，从而会失去智力活动的欢乐和认识的欢乐——这个取得成功的极重要的动力。我们认为建立技能和知识的和谐是学校教育最重要的实际和理论问题之一。学生只有在学会观察、思考、表达思想、阅读、书写、边读边想和边想边读的时候，他们才能顺利地学习。掌握这一套基本技能，需要在教育过程中完成一系列工作。很重要的一点是：在这方面的工作永远不能中断；要使全体教师认识到，这项工作的成果是使学生顺利学习的必不可少的前提。阅读的技能在这里占有特殊的地位。二十多年来，我们的教师集体一直在研究快速而又有理解的阅读教学法。我们取得的最终结果是：儿童在学习的第三、四学年，能够一眼看下去把好几个词作为一个整体来感知（看一行字，目光只停留两三次），这样一来，他就不仅能理解所读的内容，而且能使思想兼顾到别的方面，即同时能从知识的储备中抽出别的思想来。此外，这样的阅读也是发展和增强记忆的重要动力。

从智育的最初几步起，我们就关心知识的能动性和积极性，即知识的运用。知识和技能的和谐，记忆力的增强，创造能力的发展——所有这些，都取决于知识的状态：是把它们像死的货物一样堆放在脑子里呢，还是使它们活起来，处在经常的运动中，也就是说创造性地运用它们。在第一种情况下，儿童将感到学习变得越来越难，他对知识的态度越来越冷淡，他不是变得聪明，而是越学越蠢了。在第二种情况下，儿童越来越聪颖和机敏，求知欲和钻研精神不断增强，一句话，就是越来越聪明。我们多年来研究的一个问题就是知识的创造性运用的问题。经过多年的观察，我们得出一条结论：运用知识的关键就在于，要让学生对他所见、所观察、所研究和所做的一切表现出自己的思想。在这种要求下，人的智力就会紧张地活动，他就会自觉地把已有的知识"开动"起来——思考这些知识，从运用的角度分析它们，用它们去解释不懂的东西，或者更深入地去思考已懂的东西的本质。所以，我们认为创造性的书面作业——写童话和写作文等，就在智育里占有重要的地位。孩子们编写童话故事，这些童话故事的依据，就是他们用敏锐的智慧从大千世界中觉察到的那些微妙而多方面的依存关系。如果没有童话，儿童的完满的智力发展就是不可思议的。智力发展的"童话期"不单单是思想的童年期，它还是儿童用独特的、无法以任何别的东西相比拟的眼光来看待自然界和人们的关系的时期。我们学校经过20年的时间，形成了让学生写关于自然界和劳动的作文的一整套做法。当儿童在作文里写他们所见、所观察、所感到惊奇和赞叹的事物时，词语的诗意和感情色彩会具有很大的教育意义。儿童为自然界的美和在他面前所展示的现象的神秘性感到激动和惊讶，他就去寻找准确而鲜明的词句去表达它们，而对周围世界漠不关心的儿童是永远找不到这样的词句的。

　　要在智育领域里进行完善的工作，还有一个必不可少的条件：学生一方面掌握教学大纲所规定的知识，另一方面参与集体和个人的多方面的智力生活，而在这两者之间一定要保持正确的比例关系。我们要发现和确立学生的各种能力、天才、禀赋和个人爱好，一个极其重要的条件就要为掌握知识创造一个丰富而广阔的智力背景。如果学生的学习生活只局限于上课、读教科书和完成必须做的作业，那就根本谈不上说智育是一种有特殊方向性的教养活动。学生的智力兴趣的范围应当广阔得多，只有这样，知识才能成为人的需要，作为一个思想者、劳动者和向往未来的人才能充分展示出来。这在实践中就意味着，教师要经常鼓励学生越出教学大纲的范围。在他们面前展示出知识的浩瀚海洋，激励他们去理解和感受思想的美和伟大，攀登认识的高峰。我们认为，很重要的一点是使我们的每个学生成为醉心于智力活动的人。每个学生要在牢固掌握各门学科知识的同时，要找到一门自己喜爱的学科并在这门学科上大大越出教学大纲的范围——这是不仅使个人得到全面发展，而且使集体的生活充满多方面的兴趣而变得丰富多彩的规律性之一。对于每个教师来说,在课堂上,他的学生(儿童、少年、青年)都热烈喜爱他所教的学科;而在课外,他是学科小组的指导者,使小组里充满一种目标明确、内容丰富的精神生活和创造性劳动的气氛。

对这样的教师,学生们会经常去向他借书,他的个人藏书就是使学生通过读书而进入知识海洋的第一个出发港。只有在每个教师都成为智力生活的中心人物的情况下,学校里才会出现一批批有能力、有才干、有天才的学生,他们在某一个活动领域里能远远地超过同龄人的水平。个人的能力、爱好和志趣,好像明亮的火光,照亮了集体的精神生活,使它变得更充实、更有趣味。这样一来,所有的学生的能力不断得到发展,就使集体里没有那种"灰溜溜的"无人注意的学生。集体精神生活对全体学生的这种影响还有一个突出的特点,即儿童、少年、青年的智力兴趣总是跟劳动紧密地联系着:每个学生都在劳动中(在教学实验园地,在果园,在少年机械师工作队或者在教学工厂里)发现他个人的才能和天赋。学生对劳动的迷恋带有明显表现出来的智力活动色彩,通常所说的平凡劳动成了学生愿意去做的有趣的事。多年的经验使我们坚信:把认识兴趣引导到劳动上去,在劳动中渗透思考的成分,使学生由于感受到生产劳动中有充实的智力活动而热爱劳动——所有这些正是智育与劳动教育的结合点,教育者应当依靠自己的思想信念、智慧和意志去实现这种结合。

形成科学无神论的信念,是旨在全面发展社会主义和共产主义社会的人的智慧而进行的教学和教育工作的不可分割的一个部分和极其重要的任务。

进行无神论教育和树立战斗的无神论信念,不仅是集体与个人的世界观和智力生活的极其重要的组成部分,而且体现出我们所教育的人跟环境及集体成员之间的某种关系。在对正在形成的个人进行教育工作中,向宗教势力进行积极的、进攻性的斗争,要求特别机智,要有策略和耐心。我们与之进行斗争的宗教世界观,是同家庭的精神生活紧紧地纠缠在一起的,它渗透在成人与儿童之间的道德和审美的、精神和心理的关系之中,数千年来存在于人们意识里的东西,是不可能一下子就"清除"掉的。在科学无神论教育中,比起在教育过程的任何其他领域中,都更加不能容忍形式主义和空唱高调的做法。

无神论信念是建立在自然科学和人文科学知识的牢固基础上的。苏共党纲要求依据现代科学的成就来进行无神论教育①。必须把科学知识跟迷信和偏见清楚地、鲜明地、令人信服地进行对照。同时，在对儿童进行的教育中，必须注意到下面这个事实：有些人的谬误观点，他们对各种现象的错误解释，特别是对人的生活与极其复杂的环境之间的依存性的起源的错误解释，这些东西很容易迷惑儿童的尚未成熟的意识。因此，早在小学里，就应当在使儿童接触自然界和与人交往的过程中，向他们科学地解释周围世界的各种现象。要使儿童从亲身观察中，从积极的活动中产生信念和观点，使这些信念和观点触动儿童的内心情感，使他们形成自己对真理和思想的态度。在形成儿童、少年的科学无神论信念的过程中，特别重要的是，要使他们理解带有世界观性质的那些思想的实质，如：世界的物质性，各种现象的互相联系和互相制约，各种因果关系的真实起源和存在，等等。逐步揭示知识的历史发展过程，这在无神论教育中具有重大的意义。学生由于知道和理解了人类走过的道路而产生一种自豪感，这种情感越强烈，他们对于贯穿人类全部历史的科学和宗教的不可调和性的思想便体会得越深刻，他们对歪曲真理和背离真理的言行便越加鲜明地表现出不能容忍的态度。那些为了争取理性的胜利而进行了不调和斗争的人们的形象，就会成为学生们在维护真理的斗争中表现出勇敢坚毅精神的榜样。

对科学真理的正确理解，还不能完全保证使一个具体的人树立起科学无神论的信念。无神论表现为对宗教的完全否定，恩格斯把无神论也称为宗教的反面[6]。真正科学的无神论，不仅是要承认和捍卫对世界的唯物主义解释的真理性，而且要使人树立起一种乐观主义的、充满生活乐趣的世界观，使他认识到生活的目的和意义。结合这一点来说，掌握知识的过程是在什么样的道德气氛中进行的，就具有特别的重要性。在认识有关人本身（生与死，情感和体验等）的科学真理的过程中，集体和个人生活的道德背景也具有特别重大的意义。我们可以使学生相信：人的机体跟整个周围世界

---

① 苏联共产党纲领［M］.莫斯科：国家政治书籍出版社，1969：122.

一样，也是由那些化学元素组成的，所以根本不存在什么"不死的灵魂"。但是如果认为这样就足以使他们具有抵抗宗教信仰的免疫力，那就未免太天真了。那样，学生对这一切思考得越深，他们就会越感到困惑不解：难道人就是在无机界和有机界里到处遇到的那些东西中的相同的元素吗？难道我们生下来就是为了死后变成一撮骨灰吗？我们应在正形成的人的意识里确立起一种人的崇高使命的信念，即一个真正的人是不朽的人民的一分子，他的生活不是什么昙花一现的东西，而是要使自己的精神能真正地永垂不朽。不这样做，我们便不能完成无神论教育的任务。

科学无神论教育不仅有世界观的方向性，而且有道德的方向性。不要忘记：信教的人总是力图把真正人道的东西——善良、公正、诚实说成是唯上帝所独有的，以便从精神上解除人的武装，注定人是无可作为的。宗教许诺人在彼岸世界里可以得到报偿，从而使人对现实生活中活生生的问题抱漠不关心的态度。所有这些都迫使我们想到道德教育与无神论教育的统一是多么重要。

第一，无神论教育的道德方向性和道德教育的无神论方向性，有助于充实人的精神生活，使人得到幸福。乐观主义的、充满欢乐的人生观跟无神论是不可分离的。在儿童的意识里，有了欢乐、创造、友谊、爱的体验，就会抵制宗教观点和宗教情感的侵入，这是因为高尚的、人世的、现实的思想能鼓舞人，召唤人去积极地活动，而相形之下，逆来顺受地听从命运摆布的思想则显得是对人的尊严的贬低。宗教式的弃绝私利和盲目的舍己精神是跟共产主义道德格格不入的。如果我们要求人现在忍受困苦而答应在冥冥的未来给他以幸福，那就是伪善。科学世界观之所以能在同宗教的斗争中取得胜利，是因为它认为个人幸福乃是人类的现实的普遍幸福的一部分。道德教育和无神论教育相结合的力量就在于：少年期和青年期是一个人的能力和天赋达到鼎盛的年代，是他怀着欢乐而兴奋的心情去发现享受文化财富这种最高享受的源泉的年代，是他享受友谊的幸福的年代，这些岁月将永远留在他的记忆里而终生难忘。我们所要关心的是，不要让任何一个人在青年时代感到孤独，不要让他对自己的生活和劳动感到没有前途而心情压抑。

第二，能使人相信自己的创造力、智慧、意志和坚毅精神。一个人感到自己是坚强有力的，这才能给他的自由思想插上翅膀。在少年期和青年早期，每一个人都能用自己的劳动向自然力提出挑战，对于自己的劳动成果感到自豪，那样，道德教育和无神论教育就能成为和谐的统一体。对于那些好像处在各种思想影响的十字路口而犹豫不决、畏缩不前的儿童和少年说来，这种劳动教育起着特别重要的作用。

第三，能达到个人和集体在精神上的一致。一个人如果意识到自己的思想和信念是集体所赞同的，这就会给他增添精神上的坚定性，使他满怀信心，不屈不挠。集体的思想生活愈丰富，集体对那些在思想和意志上受到不良意识形态影响的学生的吸引力便愈大。有关世界观和道德的问题在集体的精神生活中反映得越鲜明，那么集体成员在思想上的一致便越巩固，因而集体对每个个人的精神世界的影响便越大。

在课堂上，在学习历史发展规律的过程中，要向学生阐明人类为争取理性的胜利而进行的斗争。不过单单上课是不够的。还必须专门安排一系列的教育性谈话，讲解宗教和无神论的历史，讲解科学跟愚昧、迷信和宗教黑暗势力的斗争。这些谈话以确凿的事实为依据，有条理地分析宗教的认识论根源和社会根源，阐明宗教信仰和宗教仪式产生的原因。在这些谈话中，事实起着很大的作用。这些事实使学生认识到，教会是怎样在祈祷声中，在各个历史时期里，以及今天在资本主义世界里仍然在犯这样的可怕的罪行，从而在头脑中形成鲜明的印象。这些事实和由此得出的结论，能够使学生形成这样的信念：宗教就其本性来说是反人道主义的，宗教道德是虚伪的，是假仁假义。

第四章

共产主义信念和坚定的、不可动摇的世界观的形成

儿童对真理有所感知、思考、理解和认知，还不能算是形成了信念。只有当儿童把真理看得像母亲那样亲爱的时候，这真理才能成为他的信念。当一个人随时准备为真理的胜利而战斗的时候，才能判断他有信念并且信念坚定。不管教师是否提出了培养信念的目标，是否看得见年幼的心灵里发生的变化，以及儿童是否用正确的信念去抵制谬误的东西，通过思想教育培养学生的信念，并使之坚定，是每时每天都在进行着的。世界是通过形象进入人的意识的。孩子的年龄越小，他的生活经验（对善与恶、真理与谬误的理解）越少，生活中的鲜明形象——这些形象中体现着人们的善与恶、意向和利益——对他的意识的影响就越大。

三年级女生娜塔莎的父亲在集体农庄的养羊场工作。娜塔莎常去那里帮助父亲干活。有一次，她父亲偷偷地向四周张望一下后，当着女儿的面宰了一只小羊，随后叫女儿把皮和肉带回家去。父亲让女儿看到的这件事，在女孩的意识里留下了这样的思想：任何罪行，只要你不讲出去，都可以瞒住别人的耳目。这个坏思想在她的意识里又跟她从父亲的生活中汲取的另一个坏思想交织在一起，那就是：个人利益高于一切。这些腐蚀心灵的思想在娜塔莎的整个精神世界上打下了烙印：她变得对同学们漠不关心了，她的心灵好像跟正义的、高尚的、崇高的思想隔绝了。在同一个班里有一个叫齐娜的女孩子，齐娜的父亲也在那个养羊场工作，不过是在另一座房子里。齐娜也常去帮她父亲干活。在养羊场的一个暖和的小房间

里，经常有一两只，有时有3只虚弱有病的羊羔。父亲和齐娜像照料患病的孩子一样照料这些小羊。齐娜用干草粉煮成热"牛奶"来喂小羊。当一只只小羊恢复健康从"病房"里出来进入大栏时，父女俩都感到非常高兴。暑假里，齐娜跟父母一起把准备给小羊作饲料的青草晒干。有一次，不知是哪个不负责任的人把干草垛弄倒了，使干草浸了雨水。父亲为这件事竟大发雷霆！父亲的愤怒使女儿学会了观察和理解很多事情。她也开始觉察到，在他们的集体农庄里，有些事没有做得像应该做到的那样好。她自己也学会了愤怒，学会了不妥协地对待坏事。像必须做的那样去做，照应该做的那样去做，这一点成了她的内心愿望。这个女孩关心农庄的一切：谷仓里的小麦是不是都扬净了，大田里的雪是不是覆盖得均匀，等等。

　　有一次，教师在给孩子们讲故事：在遥远的一个非洲国家里，法西斯分子掌握着政权，穷苦的人民遭受奴役。法西斯分子把从事革命活动的一个年轻妇女关进了监狱，法院判决她无期徒刑。那个年轻妇女在监狱里生了一个儿子。这个小男孩也成了囚犯，他不知道什么是自由。教师看到：齐娜的眼光里充满了愤怒，她憎恨阶级敌人，把小手捏成了拳头。在这种时刻，女孩子心里只有一个想法：怎样去帮助那个远方的小朋友呢？教师知道，要去帮助受奴役的国家里的那个阶级弟兄是没有法子的，这不像帮助从窝里掉下来的小鸟那样容易做到。但这并不意味着他所教育的孩子们感到自己软弱无力。教师在幼小的心灵里点燃了星星之火，这就是对敌人的不妥协、愤怒和鄙视。这火花不是过一两天就熄灭了，而是将终生地燃烧下去。教师的教育理想是使年幼的公民的心灵由于憎恨人奴役人的制度而战栗。这种憎恨和不妥协的情感，不仅是将来的斗争和一旦有现实的必要而在战场上跟敌人做殊死战斗时要用的武器，而且是人对世界的一种看法。一个人对祖国的敌人、暴君和奴役者恨得越深，他就越觉得祖国可亲。当学生们想到那个小男孩被铁栅栏隔开看不到天空而感到愤怒的时候，他们就以亲切和热爱的目光来凝视祖国的天空。对祖国的敌人、对扼杀自由与进步的刽子手们的憎恨和毫不妥协的精神，会渐渐变为孩子们的信念，变为他们心灵中最本质的东西。可是前面提到的那个娜塔莎又是怎样的人呢？

她的目光是冷漠的,真理和正义不能激动她的心。教师还没有把故事讲完,娜塔莎就想走了——有经验的教师能从孩子的眼睛里看出这种想法。那些使别的孩子的心灵为之战栗的热烈的语言,在娜塔莎的脑海里却没有留下任何痕迹。

革命的、共产主义的真理对这两个孩子的心灵所起的作用完全不同。娜塔莎对于老师终于讲完感到满意,走出了教室。刚出校门,她就把一切忘记得干干净净了。齐娜的心里则满怀痛苦。晚上,她流着眼泪给父亲讲了远方的朋友——那个被囚禁的男孩的事情。她问道:"爸爸,怎样才能帮助这个不幸的男孩呢?"父亲愤怒的目光对她是很大的支持,可这个女孩总想找到一种有效的帮助方法。早晨,她就来找老师,又提出那个使她焦虑而痛苦的问题:"那个男孩被关在监牢里,不知道什么是自由,难道我们能看着不管吗?"

进行思想教育,形成坚定的共产主义信念——这些信念是如此牢固,能达到与个人的生命不可分离的程度,以至于随时准备为了维护真理而不惜牺牲一切,甚至牺牲自己的生命,正是学校工作中最重要的一个领域。我们时刻不应忘记:信念是随时随地都在形成着的。儿童在上学和回家的路途中所受到的思想影响,有时可能比在学校里待几个小时所受的影响还要鲜明强烈得多。这种影响之所以有力,是因为生活中的形象、情景和现象中包含着思想(идея——"思想"这个词来源于希腊语的词根 эйдос——"形象",这并不是偶然的)。有人认为,儿童是带着纯洁得如同一张白纸的心灵来上学的,我们可以在这张纸上想写什么就写什么。这样来看教育是严重错误的。实际情况常常是:这张纸上已经写了许多东西,而且很牢固,以至于不经过斗争就无法培养信念。况且就其本质而论,思想教育本来就含有明显的斗争的成分,要求积极地克服那些不良的思想和信念。不过,教师所要反对的是在幼小心灵里形成的那些错误思想,而绝不是学生本人。

真理的世界每天都在学生面前展示:有些真理是从生活现象中抽取出来的,有些真理是通过教师讲授和学生阅读的知识来揭示的。教师应该提出这样的目标:要在学生自己的意识里确立起对唯一的、不可动摇的真理的信仰。然而,当教师引导儿童、少年和青年在认识的道路上前进时,只有使这种对于真理的信仰能号召学生去做些什么事,取得某种结果时,教师才能成为真正的教育者。知识的教育性是一个很复杂的概念,它既包含着受教育者对教育者阐明的真理的态度,也包含着受教育者对教育者的态度。我们当教师的就要在学生意识中确立共产主义理想这个世界上唯一的真理,但只有在整个学校集体为实现这一真理的胜利而一致努力的气氛中,这一真理才能成为学生心目中的真理。我们的劳动,形象地说,就是播种者的劳动。我们播下种子,这些种子应当长出饱满的谷穗——信念和行为来。这也正是我们的劳动和生活的意义之所在。为了不让种子死掉,我们就必须使土壤肥沃,而这土壤就是真理的胜利①。

学校是这样的一个场所,在这里学生和教师的生活及相互关系中的每一个行动都充满着深刻的道德含义。在这里,孩子们时时刻刻都处于真理的灿烂阳光的照耀下,都在追求真理,并且是"出于对善良和真理的敬仰,而不是出于恐惧,也不是出于对赞扬和奖励的自私企图"7(杜勃罗留波夫语),而在为维护真理进行斗争。我们用自己的言语播种真理的种子,希望它发芽成长,长成信念的幼苗,——而这些幼苗是非常娇嫩,需要细心照料的。它们需要光和热,需要营养丰富的汁液,它们经受不住阴暗和寒冷。如果你的学生总是看到坏事在眼前发生,如果他们所处的环境教他们对此无动于衷,那么我们所播下的种子就会变成坏死的东西。有一所学校,那里的教师们教会了少先队员们说漂亮话,提出各种保证,而要履行这些保证是要付出巨大的坚持不懈的劳动的。他们的保证书隆重地通过了,写得很漂亮,并且张贴出来,……可是就在这所学校的大门口,有几株苹果树已经枯死了,那是学生们在一个义务劳动星期日栽下去的,过后他们把这些树忘得干干净净了:谁也没有感到良心的责备。可是,给苹果树浇水,正是履行他们的崇高保证啊!如果口头上说的是一套,而实际上做的是另一套,那么这就会毒害儿童的心灵,使它变得麻木不仁。如果在学生的意识里侵入了这样

---

① 苏霍姆林斯基认为应当让学生亲自看到并参与播种,使"正义的事情取得胜利"。——译者

的思想，即只要设法把事情的真相掩盖起来，别人就不会知道，那么在这样的学校生活里，维护真理的气氛就会消失，教师的话就会失去教育力量，学生虽然记住一些知识，而这些知识却不会变为个人的信念。这种知识的存在，只不过是一种孤立的东西，它们既不触及灵魂，也引不起内心的忧虑和情感的激动。

我们绝不允许儿童借任何理由而获得不公正行为和欺骗行为的经验。也不允许造成一种环境，迫使儿童去说假话。遗憾的是，学校的实际生活中有时还有这样的情况，例如，儿童做了什么淘气的、莽撞的事，教师就非得从中找出重大的错误不可，从而把儿童的细小过失夸大了，……应该让孩子坦率地说清这些事，而不必掩盖事情的真相。如果儿童由于疏忽、冒失而做错了事，我们不要用惩罚来威吓他们。不要让儿童因害怕惩罚而把他所固有的那种诚恳坦率的特性埋藏到内心深处去。在小学阶段，善于思考的教师不去计较儿童的偶然过失，而只追究错误。只要认识了所犯的错误，这就表示他有改正的愿望。即使他有意表现这种愿望，好像在显示自己的勇敢，那也不必担心。如果儿童由于自己做错一点事而吓得发抖，那就不可能培养出他对邪恶、虚伪和欺骗行为的不肯妥协、不能容忍的精神。信念坚定的人是无所畏惧的。那些无所畏惧、诚恳坦率的人，无论对待知识或者对待真理的态度，都跟胆小怕事的人截然不同。无所畏惧的人一旦认识了真理，就会立即决定自己的立场：热情支持真理和善良，憎恨邪恶、欺骗、非正义的事，憎恨对人的尊严的践踏和人奴役人的现象。在一个无所畏惧的、诚恳坦率的学生身上，当教师在课堂上讲到历史人物或文艺作品主人公的形象时，就能引起他的共鸣，点燃他要向这些人物学习的愿望的火花。无畏的人是有愤怒和仇恨感情的人。他一旦知道了关于暴君、奴役者、卑鄙无耻之徒的事，就会感到有采取行动的需要，来表明自己是为真理的胜利而斗争的战士。我们所说的"信念的生命"，正是从感受到这种需要开始的。

只有襟怀坦白的人才能是有坚定信念的人。真理的胜利是培养坚定的共产主义信念的极为重要的条件，它跟胆小怕事、谨小慎微是毫不相容的。恐惧心会扼杀勇敢精神，会摧残对邪恶、虚伪和欺骗行为的不调和态度。教师要明确地认识到自己的培养目标——培养为共产主义而奋斗的积极而坚定的战士，他要经常关心如何使自己的学生在无畏中表现诚实，在诚实中表现无畏。

如果一个人害怕把自己的和他人的真相说出来，那么他就绝不会由于我们周围发生不合理的事而感到愤慨。胆小怕事之徒一般来说是丧失了是非观念的人，谁丧失了辨别是非的能力，谁就不可能忠实地履行义务，从而就不能成为一个有斗争精神的人。胆小怕事之徒对于善和恶都是无所谓的。无论教师讲到在伟大卫国战争的艰难日子里我国军队从西部边境退却数百公里也好，还是教师讲到攻克柏林时法西斯匪徒吓得发抖也好，他的心都在均匀地跳动，毫无激动之情。信念及其坚定性是通过斗争树立起来的。关于人民的生活，关于人类的过去、现在和未来，以及关于人和艺术作品的美的每一条真理，都包含着火花，应该用它们去点燃幼小心灵里的爱和恨、忠诚和蔑视等情感。要培养愤慨、蔑视和仇恨这样一些激情，必须先在思想上确立勇敢和无畏精神。胆小怕事之徒绝不会勇敢去行动，甚至连勇敢的想法也不会有。

要使学生在学校里获得的知识变为信念，就必须使信念在学校里实际体现出来，即在师生的相互关系中、在他们的一切行动和志向、欢乐和苦恼中实际体现出来。我们认为，人的道德发展就是信念复杂的生命过程，即信念的产生、发展、巩固和在行动中的体现。为了培养信念坚定的共产主义战士，必须高度尊重儿童追求善良、真理以及宏伟事业的志向，这种志向就是信念的生命之所在。对儿童心灵中迸发出来的高尚激情采取轻视的态度，会使信念在萌芽时期遭到扼杀。有一所学校组织儿童去采集橡实。担任少先队辅导员的女教师为了吸引儿童，描绘了这项有趣劳动的美好前景：我们先采集橡实，将来造一个橡树林，我们要照料那些小橡树。孩子们采集了橡实，把橡实装进一个大口袋，搬进了仓库，完事以后，就把它忘记了。直到后来要开展另一项活动——采集草药而需要口袋的时候，孩子们才看到了自己原先采集的橡实：在仓库里一个积满尘埃的角落里，橡实几乎都被虫子蛀空了……。成年人的漠不关心扼杀了儿童心灵里对美好事物和重要社会事务的追求。

在学校里，成年人不尊重儿童心灵中对于美好而崇高的目标的追求，是一种绝对不能容许的事。这意味着，教师对学生所说的关于真理的话,应该变成学生的积极行动。只有让真理和善良的形象在劳动中体现出来,思想才能更深刻地占据儿童的意识。当儿童通过亲身经验看到,由于自己的努力和劳动而使今日的世界变得比昨天更加美好的时候,真理的种子才能成长为坚定的信念。只有把思想和事实,把志向和行动,把对劳动的道德美的追求和劳动本身紧密结合起来,才能使儿童从内心深处相信教师关于道德的教诲是真实的,此外没有别的教育力量能够做到这一点。

要使信念具有生命力,就要在学校里和每个学生的心灵里树立劳动观点,使学生认识劳动的深刻道德意义——认识到在周围(不论远处或身旁)所发生的一切都是跟我们大家,因而也跟我个人是有关系的;我们大家,因而我个人对这一切都是有责任的。这种劳动不是撒满玫瑰花的轻便的小径,劳动之所以能教育人,正是因为它是不轻松的,是要花费心血的。要让儿童的生活里充满使他们激动和操心的事,让他们去克服困难,只有这样才能使他们去获得信念。信念就其本质来说是一种并不轻易可得的东西。教育者的任务在于使学生一旦获得信念之后,就要非常珍视它们。从事艰苦的、花费心血的劳动,这是通向坚定信念的唯一可能的道路。

如果我们积极创造必要的条件,使知识、真理和教师的话成为学生的信念,那么知识本身就必须具有强大的教育力量。知识在教师手里成为形成学生信念的精致的工具和有力的手段。有时候,某些学生所处的家庭环境使知识和真理的种子的生命力遭到扼杀(如前面曾谈到的娜塔莎的家庭)。但是这绝不意味着,关于自然界和社会的知识对这些儿童的思想是无能为力的。不,知识仍然起着积极的改造人的作用。关键就在于:真正的知识不仅能解释和说明世界,而且要能号召学生行动起来,给他们指引道路。

一个真正的教育者,善于用知识来唤醒信念的生命,使他要播种真理种子的那块土地恢复生命力。他善于使一个人在对知识采取一定的态度的同时,就已经开始以实际行动对待世界,使他在对待知识的态度中积极地表现出他的世界观立场来。如果信念的生命力不是从思想和对待真理的态度上体现出来,那么学校在跟敌对的意识形态做斗争时就会变得软弱无力。知识的积极的改造人的作用就在于,知识(与学生正在参与的生活过程一起)能创造条件,来唤醒人对于思想、语言和真理的敏感。

我们向正在成长的富有探索精神的人所揭示的每一条真理,在课堂上对他讲的和他自己在书里所读到的每一句话,都应该引起他内心的多种多样的微妙反应。在列宁的许多著作里都贯穿着这样的思想,即要青年学习共产主义,就意味着让他们树立起自己的信念,使他们对生活、对社会现象以及对自己在为共产主义胜利的斗争中应起的作用持有自己的观点。在当前共产主义意识形态与资产阶级意识形态进行不调和斗争的这个复杂的时代里,列宁关于树立共产主义信念的思想,规定了教育人的总路线。

几百年来人们一直在争论着这样一个问题:知识与道德之间有没有联系?知识是否影响一个人的道德面貌和他的行为?列宁的著作给了明确的回答:知识与道德之间无疑是有联系的。把这种联系充分体现出来,在今天具有特殊的意义。今天坐在课桌旁学习的千千万万男女青年,如果在他们迅速成长的时期没有按照生活所要求的那样去掌握知识,那么他们将来就无法在机床旁和田野里劳动,就不能充分发挥自己的力量和才能去创造物质财富和精神财富。但是学校的教学不应当是单纯地积累将来需要的知识。青年人在身体、智力、道德和审美诸方面正处于发展的时期,学校的教学应该使现代青年在思想方面、世界观方面、社会政治方面以及智力方面从事积极的活动,使他们的创造力和公民品质充分地表现出来;青年不仅要了解、认识和掌握关于自然界、人、劳动、社会斗争和人类文化财富的知识,而且要形成对世界和对自己的明确态度。

现代学校教育的一个极其重要的实际任务,就在于使学生在课堂上的每一分钟里都受到教育,使他形成一种对待知识和科学的积极态度,这种态度促使他在社会生活中成为对社会实行共产主义改造的积极战士,成为为实现我们的理想而斗争的忠贞的爱国者和公民。我们认为,有思想性的生活和教学的统一,就是学校里经常谈论的这样一项非常细致的工作:在教学过程中进行教育。如果我们能够做到使每个学生在每一堂课上从每个教师那里受到真正的教育,那么所有的学生都会成为劳动者——首先是在他们天天从事的那个领域里(即掌握知识的领域里)成为劳动者。

现在来谈谈个人对自己思想的态度的问题。掌握知识是一个人拥有富有思想性、充满情感的多方面的生活的前提。在学习知识的过程中，一个人会产生希望、追求、喜爱、同情和愤怒、蔑视、憎恨等情感。教师在讲述关于社会、关于人和关于阶级斗争的知识时，应该始终努力使学生跟自己的思想取得一致，与自己共同行动。教师要完成教育者的使命，首先要通过教学来确立学生的思想立场，形成他们的观点、信念、志向、追求，使他们学会进行评价和自我评价。

要使真理能教育人，它就应该鼓舞人，使人振奋。只有在思想能激发人去追求理想的条件下，才能实现真正的教育。知识是人类经过艰苦的、有时是流血的斗争才获得的。人类为达到幸福的顶峰——共产主义而进行斗争的历史篇章，犹如烧红的铁块那样灼热，它的每一行字都燃烧着人的激情的不可扑灭的火焰。有经验的教育者力求在受教育者的意识里展示出那些为了争取真理的胜利和后代的幸福而献身的人们的激动人心的形象。要培养信念坚定的共产主义战士，就必须使我们的青年公民满怀热情地感受英雄人物（如伊凡·苏萨宁，谢尔盖·拉佐，费利克斯·捷尔任斯基，尼古拉·加斯捷洛，德米特里·卡尔贝舍夫和亚历山大·马特洛索夫）的火热的心是怎样跳动的；要用像烧红的铁块那样炽热的历史篇章去点燃年轻人的心灵，唤起他们对英雄业绩的向往，使他们从中学会生活。树立信念——这首先是指认识人的美德；英勇精神，对祖国无限忠诚，坚守信念，准备为了人民的幸福而乐意去充分地掌握一切思想财富。对于那些因生活环境（如家庭环境）不良而在其心灵里播下了敌对的观点和道德原则的种子的孩子，认识人的美德则尤为重要。只有把极其多样化的正面影响结合起来，其中首要的是以人的美德去鼓舞他们，才有可能使这一类儿童走上树立共产主义信念的生活道路。

列宁的形象是强大的教育力量。他的光辉的生活，革命的热情，极其深刻的思想信念，创造性的思想，坚定的斗争目标，以及共产主义的原则性——所有这些都是我们的学生进行自我教育的指路明灯和标尺。为了刻画列宁的形象，我们每个教育者必须具有高度的思想水平、精神境界和教育学素养。这种素养的实质，首先在于教育者本人要具有共产主义理想，对共产主义有深刻的信仰，并且通过自己的工作、行为和劳动为共产主义而斗争，用自己的高尚志向去鼓舞学生。教师以自己的思想和信念把那些知识和真理的思想实质和教育力量揭示得越鲜明，教师本人的教育作用就越大。有经验的教师在讲述列宁的业绩时，力求使高度的思想性、忠于共产主义理想、为祖国的强盛而从事创造性劳动的美德能深深地打动儿童、少年和青年的心。教育者的任务是使列宁的形象吸引、占据和鼓舞青少年的心灵，激发他们去努力掌握文化财富的志向。如果没有高尚精神的鼓舞和对理想的热烈追求，就不可能有对科学和知识、对书籍和学校、对教师和劳动的热爱。只有在掌握知识的过程中，在师生之间具有志同道合的感情的地方，才能产生坚定的信念。这种感情越强烈、越鲜明，一个人就能越深刻地确立自己有个性的立场、自己对前途的看法和自己的幸福观。

教师在讲述列宁的生平和事迹的时候，要以细腻而高尚的情感去触动青少年的心灵，使他们看到列宁既是一个活生生的人，富有情感的人，又是一个为人类幸福而斗争的战士，是缔造文明的伟大旗手。要培养真正受过教育的人，用列宁的话来说，就是要培养"可以保证决不相信空话、决不说昧心话的分子，不怕承认任何困难，不怕为达到自己郑重提出的目的而进行任何斗争"[①]。这就是说，要教导他们成为思想家和劳动者。如果学生只是积累知识，而不付出智力的和意志的努力，看不到教师既在传授真理又在表现出自己的热烈信仰，从而不能跟教师保持思想一致，那么这个学生是不可能真正受到教育的。我们有时会遇到这样的学生：他的眼光里总透着一股冷漠，教师给他讲授的真理，本来不仅要求他进行深入的思考，而且要求他以一个公民的身份明确表示自己的立场，但是丝毫不能触动他的思想和感情。这样的情况是怎么产生的呢？这里经常有两方面的原因交织在一起：一方面，教师只顾讲述知识和真理，而没有直接诉诸学生的理智和情感；另一方面，坐在课堂里听讲的学生只是学习知识，而没有提高到领会思想的水平，他认为自己的义务只是识记、背熟和保持记忆，一旦教师需要他回答问题，

---

① 中共中央马克思恩格斯列宁斯大林著作编译局.列宁选集：第四卷［M］.3版.北京：人民出版社，1995：786.

他就把知识从自己的头脑里"倒出来"。这样的学习，就使知识中固有的教育作用削弱了，知识的"火药"就燃烧不起来。

只有教师成为真正的教育者，他讲的话才不会是毫无热情地"叙述教材"，而是向儿童的理智和情感进行呼吁。不论上课时教的是什么内容，但是只要谈到社会、人民、国家、阶级斗争、人、意识形态、进步与反动的斗争以及思想与情感的艺术表现，教师的话就应当打动学生的思想和良心，具有号召力，使学生对现实问题有清醒的认识。只有当教师善于打动学生的思想感情，使思想在年轻公民的意识里获得生命力——树立起信念、形成个人的立场和观点的时候，学生才能成为受教育者。所谓使思想有生命力，就是学生在接受教师（自己的志同道合者、年长的同志、在为实现共产主义理想而进行的斗争中富有才智的人）的教导和号召的时候，他们能觉得自己是在求知的艰难小路上行军的参加者；他们跟教师一起沿着这条小路走向真理；他们跟教师一起，在想到通向真理、社会正义和幸福的顶峰——共产主义的道路上会洒满鲜血时，感到惊奇，受到鼓舞；他们的心与教师的心一起由于同情真理、由于真诚希望正义得到胜利而激动不已。例如，善于教育学生的教师在讲述很久以前发生的事件时，能使听讲的学生好像身临其境，似乎自己就是被锁在古罗马三层舰上的奴隶，就是斯巴达克军队里骄傲的自由战士，就是为了科学的胜利而英勇就义的布鲁诺。所谓思想的生命、知识的生命就是爱和恨，就是志同道合和不可调和。一个人在认识为人类的光明前途而进行斗争的同时，他也应当看到自身在变得高尚起来，这样才是真正的信念教育。

卓越的共产党人谢尔盖·拉佐写道："信念必须经过艰难困苦而树立。"[8]只有通过艰苦劳动和竭尽全力地思考而获得的信念，才能成为一个人自己的财富。教育者应该特别注意受教育者的精神状态。我们说的精神状态这个概念，包含着思想导向和意志努力的统一。精神状态表明一个人在此时此刻是一个什么样的人：他是一个思想上坚定不移、意志顽强不屈的人，还是一个思想上摇摆不定、意志薄弱、见风使舵的人。学校里不应有意志薄弱的、思想上不能自主的人。教育者的一项特别重要的任务是：既要使学生在思想上确立自己的立场和观点，又要使学生通过行动来表现出自己的积极精神状态，这两个方面要平行进行，紧密配合。人应该按照良心的吩咐来行事，而良心的最重要的推动者应该是共产主义理想。这个推动者是强大有力的，但是必须以人的现实的勇敢精神来为它照亮道路。正如尤利乌斯·伏契克所说的："真理是会取得胜利的，但必须有人坚决有力地帮助它取得胜利。"⁹对一个正在成长的人，如何培养他使其具有不屈不挠的勇敢斗争精神、思想坚定和对邪恶的不调和态度，并对此加以关心和爱护，是世界观教育、思想教育和道德教育中的最重要、最复杂的任务之一。一个英勇无畏的人往往对自己有严格的思想要求和自我约束。我们的工作目标是使人确立英勇无畏的精神状态，而要在实际上把握这件极为复杂的工作就必须从小进行教育，使他一步也不肯背离真理，能主宰自己的行动，在服从的时候绝不勉强压制自己的意志。一般来说，高明的、有思想性的教育工作，就在于让学生采取行动时首先不是出于服从的动机，而是出于他们自己的积极意志。必须进行专门的教育工作（还要有这种工作的方法），使学生始终直言不讳地说出真话，而对虚情假意、阿谀奉承、口是心非的种种表现深恶痛绝。明智而有远见的教育者经常关心的是，使学生的心灵里有一种自豪的、独立的、不可侵犯的意志，有一种思想和行动的自由，使他们对虚伪和欺骗采取不能容忍的态度。凡是深思熟虑的教育者，都像怕火那样害怕学生闷声不响的、机械的服从和不假思考的驯服。非常重要的是，要使一个人在童年、少年和青年时代绝不对自己做不到的事许下诺言，不做空洞的保证，不自夸似乎并不存在的成就，不听对于虚假的德行的颂扬。在一次少先队中队会上，队员们正在"整"一个十岁的男孩。他玩弹弓入了迷，能用一粒豌豆大小的小石子在苹果上打出一个差不多大小的洞来。女辅导员和少先队积极分子要求这个男孩做出保证：以后不再玩弹弓。当时有一位经验丰富的教师也出席了这个会。他看到，如果这个少先队员做了保证，那只是对他的意志实行强迫的结果，他不会履行自己的诺言，反而有可能学会说假话。于是这位教师机智地对队员们的思想和热情加以引导，结果大家同意先给那位同学以考虑的时间，让他去想一想是否能做出大家要他做的保证。

学校中的相互关系是否有助于确立英勇无畏的精神状态，这要取决于教育者。有远见的、对学生的精神世界体察入微的教师,善于把儿童、少年、青年的积极性引上正确的轨道,使他们的精神力量从英勇的行为中表现出来。遗憾的是,怎样在日常劳动的条件下培养英勇无畏的精神这个问题,在教育的理论和实践中几乎完全没有开展研究。我们坚信,对儿童、少年和青年进行专门的教诲是必要的。然而,如果学校里没有一种对邪恶、漠不关心、说空话等现象不能容忍和不予调和的气氛,那么这样的教诲便毫无用处。我们认为,对于确立一个人的世界观来说特别重要的一个方面是:教育者所说的每一句话都要经过反复掂量和深思熟虑。凡是内容空洞、枯燥乏味、生搬硬套以及大动肝火、神经过敏的话,都是有碍于创造条件使树立信念的过程正常进行。

第五章

共产主义道德的培养

在道德教育中，最主要的是形成个人的思想核心，使个人具有一个公民应有的观点、信念、情感、行为并做到言行一致。高度的共产主义思想性的实质，在共产主义建设者的道德原则中得到了反映。但是必须使个人充满共产主义思想。用马克思的话说，共产主义思想是"是不撕裂自己的心就无法挣脱的枷锁"[①]。

形成个人的道德素养的一个重要因素，是掌握全人类的道德准则，即道德的起码知识。我们力求把全人类道德的起码知识跟公民的积极性和主动性结合起来，这就是说，不仅要让学生知道什么是好，什么是坏，而且要让学生为了祖国的强大、为了共产党的事业而出色地行动，要让他们鄙视坏人坏事，为善良的胜利而斗争。在我校的教育工作实践中，已经形成了一套进行初步的公民教育的做法，即通过鼓励学生参加具有明显的社会导向的活动来形成他们坚定的道德信念的一套做法。我们把道德素养的起码知识体现在对学生的下列要求、规则和行为准则里：

（一）你生活在人们中间

你的每一个行为、每一个愿望都会影响到周围的人。在你"想做什么"和"可以做什么"之间，有一条严格的界线。你要检查自己的行为，问一问自己：你是否对好人、正直的人做了不好的事？给他们添了麻烦没有？你所做的一切，都应当让好人高兴，恶人难受。

---

① 中共中央马克思恩格斯列宁斯大林著作编译局.马克思恩格斯全集：第一卷［M］.2版.北京：人民出版社，1995：295-296.

（二）你享用着别人创造的财富

人们给了你幸福的童年，你要以做好事来报答他们。

（三）一切财富和生活的欢乐都是劳动创造的

没有劳动，就没有诚实的生活。人民教导说：不劳动者不得食。要永远记住这条金科玉律，要对游手好闲、懒惰、玩忽职守、夸夸其谈等现象表示愤怒、不能容忍和毫不妥协。懒汉和游手好闲者是社会的敌人，也是你个人思想上的敌人。学习是你首要的劳动。你上学读书，就跟上班工作一样。热爱劳动是你的光荣和豪迈的职责。你热爱劳动，就会给你的家庭、家族增添荣誉，为你自己获得好名声。真正的人只有通过劳动才能造就出来。

（四）要关心人，待人好

要帮助弱者和没有保护的人。当同志遭遇不幸的时候要帮助他。要孝敬父母。他们给了你生命，养育着你，希望你成为正直的公民，有一颗善良的心，对坏人坏事毫不妥协。你对父母的爱能使他们为你具有公民的美德、诚实和自尊而感到骄傲。对诚实、善良的人，对需要帮助和保护的人表现你的善良和慷慨，这并不是软心肠，而是有力的表现。没有怜悯心会使人冷漠无情，冷漠无情会使人自私自利，而自私自利是残酷行为的根源。

（五）不要对坏人坏事无动于衷

要跟邪恶、欺骗和不公正的行为做斗争。对那些企图不劳而获、损公肥私的人要毫不妥协地进行斗争。背弃信仰、背叛事业、舍弃崇高的理想乃是最大的坏事。

与这些最起码的道德要求相结合，我们向学生揭示这样一些崇高的道德品质的实质，如热爱祖国，在为社会主义祖国的自由、光荣、独立和强盛而进行的斗争中表现出英雄主义，坚韧不拔和英勇气概。绝不允许把全人类的道德真理变成某种狭隘的日常生活的准则和规则。只有在共产主义伟大思想的照耀和指引下，道德修养才具有高度的思想性。没有什么一般地热爱劳动的人，而只有当一个人为崇高的社会目的服务的时候，热爱劳动才具有道德价值。没有什么一般地善良和有同情心的人，只有当善良和同情这些品质带有鲜明的思想性，对于坏事、邪恶和非正义行为的任何表现毫不妥协的时候，它们才能成为道德财富。

进行道德教育的技巧和艺术就在于，要把道德财富揭示给年轻的心灵，要运用鲜明的形象，激起真情实感，唤起对理想的追求。在我校多年的教育工作中，已形成了一个对学生进行伦理性谈话的体系，拟出了伦理性谈话的题目，编写了供教师使用的伦理学参考书，还编辑了在学校和家庭里读给各个年龄期学生用的文选。在这一整套伦理性谈话中，我们向学生阐明道德教育方面的准则、规则、要求和问题。例如：怎样对待童年、少年和青年时代的幸福和欢乐的源泉；你在家长、长辈以及社会主义祖国面前负有怎样的义务和责任；"人是最宝贵的"这一真理的本质是什么；怎样保持愿望和义务、愿望和纪律以及愿望和真正的需要之间的和谐；怎样看待人的一生和生活的幸福；怎样尊重和孝敬老人；怎样追念已故的人；怎样学会保持清醒的理智和遵循义务的要求，而不是单纯受愿望的支配；怎样自我培养一个人应有的愿望；怎样理解下列概念的道德含义：他人第一，忘我精神，与人为善，幸福和不幸；关心别人的内心世界；与别人同甘共苦，同情和怜悯；怎样理解下列概念的道德意义：生日、家庭、儿子、女儿、孙子、父亲、母亲、祖父、祖母、外祖父、外祖母；怎样通过积极的活动体现出"应当""必须""不许"这些义务方面的概念的道德本质；怎样理解听话和善于命令自己；怎样理解"困难"的概念；怎样养成克服困难的精神准备；怎样认识男女青年之间的精神—心理的和道德—伦理的相互关系；怎样认识爱情的道德纯洁性、高尚性和责任感；什么是正当行为、失误和过错；怎样认识良心、良心的谴责这些概念的道德含义；怎样认识个人主义是非道德的；怎样理解我的和我们的、个人的和社会的；怎样认识物质为人服务和人变成物质的奴隶的危险性；怎样学会憎恨坏人坏事并与之做毫不妥协的斗争；怎样认识麻木不仁、背弃信念和叛变行为是最大的罪恶；怎样认识公共利益的道德本质；什么是劳动和热爱劳动；怎样才是勤奋学习；怎样认识懒惰、游手好闲和玩忽职守的不道德的本质；怎样认识坐享其成是对社会的危害；人应当怎样防止懒于思考、精神空虚、兴趣贫乏、头脑简单的危险；一个人的道德成熟性和精神生活的丰富性表现在哪里；如何理解作为社会主义祖国儿女的自豪感的重大道德意义；怎样理解共产党人、列宁主义者（我们的道德、行为、活动的楷模）这个崇高的和责任重大的称号；怎样为加强苏联各族人民的友谊和社会主义国家的兄弟合作以及全世界劳动人民的国际团结而进行劳动；怎样认识帮助资本主义国家里被压迫和被奴役的人以及援助为摆脱殖民主义奴役而斗争的劳动人民是全体苏联人道义上应尽的义务；怎样认识保卫祖国是每个苏联公民的神圣义务；怎样才是遵守苏联国家的法律；怎样培养自己的英勇不屈的精神、顽强的意志和勇敢无畏的气概。

通过生动有力的话语和鲜明的形象向学生揭示的道德观念，应当激起他们深刻的道德审美情感，我们认为这一点是十分重要的。情感乃是我们所说的"信念的生命"的精神能源，而"信念的生命"又是在充满道德意义的、生动的行为中表现出来的。为了使伦理性谈话能把我们社会的道德财富引进学生的意识和心灵，我们选择这样一些事实、事件、情境、相互关系、冲突以及斗争的情况，既使学生为英勇精神的伟大和道德的美而感到惊奇和赞赏，又激起他们对于卑鄙丑恶的事物的不能容忍和毫不妥协的情感。

我们编辑了一套专门的《伦理学文选》[10]，收有两千多篇有教育意义的故事和童话。这些作品揭示了多方面的伦理学内容。有一些故事和童话通过艺术形式来说明全人类道德的最基本的概念，另一些则阐明有关共产主义道德的复杂问题。《伦理学文选》分为5册，按学前儿童、一至二年级、三至四年级、五至七年级、八至十年级分装。故事和童话的内容考虑到儿童的年龄特点、现有的认知水平和兴趣等。我们还有另一本教育性文选：关于自古至今人类所创造的道德财富的文选。这本《人类道德财富文选》[11]里的一些文章记述了那些忠于自己的祖国、忠于劳动人民的理想和忠于自己信念的人们的功绩。有些篇章反映我国各族人民为争取解放和祖国的自由独立而进行的英勇斗争，特别激动人心。这些道德的、公民的和思想的财富，是最好的、无可取代的教育手段。年轻的公民一旦认识了什么是公民的英勇精神，什么是自己对祖国应尽的义务，以及怎样发挥精神力量和百折不挠的勇气去克服困难，他们就会用人的尊严感的最高尺度来衡量自己。他们会从社会要求的角度来看待自己，深思熟虑地、严格地分析自己的举动和行为。但是这种教育手段的效果，取决于能否把学生的思想感情与积极的活动联系起来，取决于一个人在怎样的公民生活中表现出自己是一个爱国者和共产主义战士。

通过鲜明生动的形象向年轻的心灵展示出来的道德财富，能打动学生的思想和情感，唤起他们对于道德理想的追求。在这种追求中包含着一条从道德概念到道德信念的个人成长的道路。道德信念是个人身上的一种积极力量，是通过思想与行动、认识与行为的一致而可以达到的道德发展的顶峰。要做到信念和行为的统一，就必须使集体的全部生活和活动、学生多方面的关系、他们的兴趣和追求都具有思想的、公民觉悟的意义，激起学生对于所见、所闻和所做的事情形成有深刻个性的态度。在童年和少年早期就应当打下道德信念的牢固基础，因为在这个时期，只要用鲜明、直观的形式向儿童揭示他们的所见、所闻和所做的事情的道德意义，他们是能够理解善与恶、光荣与耻辱、正义与非正义这些概念的。当善良、诚实、公正的事能使儿童感到欢乐，而邪恶无耻、非正义的事使他们感到苦恼和焦虑，甚至感到这是个人的痛苦的时候，信念才会有生命力，不同思想的斗争对个人才会起到教育作用。

情感是道德信念、原则性和精神力量的血肉。正因为如此，从道德概念到道德信念的道路，应该从充满着深刻情感的行为开始。如果我曾经为多次地做了好事而体验到欢乐，那么当他人做坏事时，虽然这对我个人并不带来危害，我却把这种坏事当作个人的痛苦来感受。这是我们在道德教育中遵循的一条规则，以便达到行为与认识的统一。

我们努力教育学生，使他从小时候起，当看到生活中发生不应有的事情时，就从内心感到痛苦。这种情感能唤起学生维护生活美和与不公正的现象做斗争的强烈愿望。这种愿望首先在人对物的态度中和由物及人的态度中表现出来，因为物体现了人的劳动，体现了人的技巧、热爱劳动和道德尊严（例如，要教育学生爱护树木、花草和工具）。但是，这仅仅是确立公正思想的开端。这个过程的较高阶段，是促使学生采取行动，直接表现出对周围人们和社会利益的态度。当一个人感到为他人服务和为社会服务是伟大的和美的时候，才能说公正思想真正占据了他的心灵。儿童好比站在各种思想影响的十字路口，他的生活中会出现许多情况，要使他能感觉到、看到和认识到坏人坏事，在内心反对这些现象。我们的任务是要使学生与坏事做斗争。要进行这种斗争，往往会发生冲突，但是这种冲突是理应发生的，因为信念只能在不同思想的斗争中产生。很重要的一点是：我们让学生去跟坏事做斗争，一定要使他成为胜利者，这就是说，要使他确信：在我们的社会里，善良与正义（如保护社会主义财产，绝不容忍贪污盗窃、游手好闲、玩忽职守等现象）一定会取得胜利。

我们逐步引导儿童树立这样的信念：为社会做好事，做社会所需要、对社会有益的事，这是一种道德上的光荣，而只考虑自己、只考虑个人利益是可耻的。我们早在儿童9、10岁的时候，就让他为人们做好事，从中感到欢乐；而到了快要进入少年期的时候，就使学生能看到自己劳动的果实：在荒地上建成果园，把原来贫瘠的土地改良成肥沃的良田。我们的学生年龄越大，做的好事越多，他们就会越深刻地体验到一种欢乐：由于他们的生活和劳动，世界变得更美好了。

人的道德修养的作用在于：信念在他的生活中变成一种独立的精神力量，激励他去做出新的道德行为。这种独立精神如何形成，取决于集体生活里和每个学生的个人生活里包含哪些内容。一个人在一天、一个小时里表现出来的精神力量，比起他在几年当中无所表现来说，对他的生活所起的作用要大得多。学校的任务是使学生的信念尽可能早地变成他的独立的精神力量。因此，我们认为，个人全面发展的一个极其重要的问题，是如何把青少年的力量和志向引导到去追求具有重大社会意义的目标。就是说：要使人为了崇高的思想而去尽可能地多做些事；他在生活中所从事的劳动和事业，应该成为他达到崇高目标的手段。这正是信念的生命力的主要动因，也正是我们所说的自律的内在基础。

人们每天用犁耕地，犁铧上的铁锈就被磨掉，变得像镜子般光亮洁净。同样，人在劳动中克服困难，勇敢地面对挫折，谦虚地看待成绩，始终不渝地追求尚未达到的目标，他的心灵就会锻炼得光彩夺目。困难、障碍和挫折都是信念的试金石。道德锻炼离不开困难的考验，而在创造性劳动中，在为了人们的福利而征服自然力的过程中，自然会有许多困难。我们认为，劳动与道德的统一，意味着人以自己的劳动来证明某种道理，以便确立思想，而这一思想又成为他的心灵不可分割的一部分。在这样的劳动中，人在道德发展上就上升到一个更高的阶段。正是在这种不断的上升运动中，包含着道德成熟性形成的规律。

道德信念的深度、牢固性及其在活动中的积极性，在很大程度上取决于我们的学生在道德教育过程中是如何形成自己的思想倾向和社会导向的。实质上，这种倾向的形成，也就是知识转化为信念的过程。对道德财富本质的认识和理解，乃是形成思想信念的基础。我们前面提到的那部《人类道德财富文选》就是这种知识的源泉之一。这部文选的内容实质上是形成社会导向和阶级倾向的纲领。文选里最生动、最有感染力的篇章是描述列宁的生平和斗争，描述伟大卫国战争中的一些英雄人物——共产党员、共青团员和少先队员的生活和斗争的。文选中还有些材料介绍伟大的空想社会主义者、启蒙运动时期的人文主义者、革命民主主义者以及为争取社会进步的战士——杰出的学者、作家、诗人、画家、作曲家。我们首先通过那些在革命和内战年代为争取无产阶级的胜利，以及在伟大卫国战争中为祖国的独立和自由而献身的英雄们的榜样，来提高学生对社会和阶级斗争的认识。学生们集体地和个别地阅读、思考文选中的故事，然后阅读描述杰出人物的其他书籍，举行少先队集会和共青团晚会，创造相应的审美的环境，所有这些构成了一个对学生进行思想、社会和阶级教育的过程。这个过程的实质就在于用精神上英勇无畏和忠于进步的、共产主义信念的精神来鼓舞青少年，使他们为之赞叹。学生们通过深入的思考、热烈的争论和不同见解的交锋，来反复理解各种知识，以便领悟这些思想。六至八年级的少先队中队和九至十年级的共青团组织常常举行集会和辩论会。

多年的经验使我们深信，如果坚持不懈地向学生讲清优秀道德品质的意义，并且使他们从所热爱的劳动中体现出道德思想，那么在我们所教育的每一个学生身上就会形成对一些重大问题的正确立场和观点。这些重大问题包括：生活的目的和意义，社会进步和道德进步的实质，先进的东西和反动的东西之间的不可调和性；社会与个人，信念和行为的阶级本质，义务与责任感，幸福，暂时价值和永久价值。一个人能否在人类崇高的道德品质的鼓舞下形成自己的社会导向，取决于共产主义的信念是否在学校里和家庭里表现出旺盛的生命力。

为了使青年坚定不移地深信共产主义思想，使共产主义信念成为他们无比宝贵的东西，那就必须诚恳而直率地向他们说真话，并且教育他们只说真话，而更为重要的是教育他们只遵照真理来行事。粉饰现实会使人以教条主义的态度来判断事物，束缚人们的思想，产生怀疑主义，使人不相信共产主义的崇高目标和原则，从而使人们在为共产主义而斗争时解除思想武装。

我们努力使整个学校生活中充满诚实正直的精神以及对于欺骗、虚伪等坏事毫不调和的精神。我们从学生小时候时就给他们灌输这样的思想：在唯一的真理——共产主义思想的真理面前人人平等。这个唯一的真理是用来检验一切生活现象的明镜。在学生的意识中，共产主义道德的崇高原则跟人们日常的所作所为联系得越密切，那么他对自己内心的审视就越敏锐，对自己的要求就越严格。对于生活中的尖锐问题，决不能采取冲淡和掩饰的办法。如果儿童在跟成人一起劳动时，看到了浪费现象，发觉了偷窃行为，那么，我们就应在集体里组织积极的活动来培养学生对这类现象毫不妥协的精神。这种活动的实质就是开展思想斗争，进行不同思想的较量。这样，诚实、真正以及对虚伪毫不妥协的精神就会渗透到学生的劳动和相互关系中去。在肥沃的土地上，在顺利的条件下获得好收成，这称不上是什么了不起的功劳，而把一块不毛之地变成肥沃的土壤则要伟大得多。根据这个道理，那些获得较低产量的儿童倒是要常常受到表扬。如实地衡量劳动是德育中一个极其重要的因素。我们在小学各年级里严格遵守这样一条规则：当儿童的作业（听写、作文、练习）还未达到及格标准的时候，教师暂不给他打任何分数。分数是靠艰苦努力得来的，我们要使儿童深信这一点。

生活实际是否与共产主义的思想和原则相符合，青年对于这一点十分敏感。言行不一对教育极其有害。哪里存在说一套做一套的现象，哪里就会培养出伪君子、卑鄙小人和背弃信念的人。如果要营造一种诚实正直的气氛，那就要求对学生关心的每个问题都做出解答，不使问题"悬而不决"。但是仅仅给问题以正确的解答，仅仅认识真理，还是不够。不应当把学校变成"辩论俱乐部"，教育也不应该停留在无休止的争论中。有思想性的学校生活应当为共产主义真理的胜利而进行实际有效的斗争。

在道德教育中，形成义务感、同情心、关心人这些极其细腻的道德情感，也起着很大的作用。要实现人对人是朋友、同志和兄弟这条原则，就必须教育每个学生从小就对别人的精神世界抱着关心和爱护的态度，使他以自己道德上的纯洁、美和高尚作为个人幸福的源泉。我们注意使集体中经常充满一种对别人的不幸、悲伤和痛苦深为同情的气氛。唤起学生的积极的同情心需要采用许多方法对年轻的心灵施加教育影响。

道德修养的一个重要方面，是要让学生懂得并体会到世界上还存在着卑鄙的、龌龊的、不应有的东西。对这些东西感到恶心和愤慨，乃是一种道德上的勇敢精神，而与这些东西同流合污则意味着卑鄙无耻和背弃信念。为了把我们的学生培养成道德上健康、坚定的人，我们把许多精力用于确立他们做人的道德规范上。在我们看来，下面这些东西是卑鄙的、可恶的、一个人所不应有的，如：逃避自己的义务，在人前和人后表现不一致，游手好闲，吊儿郎当，好吃懒做，把履行应尽的义务当作功绩来炫耀，贪婪自私，瞧不起父母的平凡劳动，侮辱老人，假仁假义，言不由衷，在强者面前阿谀奉承，轻率许诺而又食言，诽谤和密告正直而犯了错误的同志，幸灾乐祸，临危畏缩，推卸自己的过错，嫁祸于人，对别人的不幸、痛苦和困境漠不关心，借口能力有限来为自己对人漠不关心辩护，依仗力气大而干坏事，该讲话的时候沉默，该沉默的时候讲话，临危退避以保个人的安宁，为图自己轻松而让同志遭受艰难困苦，窃取同志的劳动果实，把别人的劳动占为己有，侮辱女孩、姑娘、妇女，夸夸其谈，爱提大人物的名字，辱骂已去世的人，讥笑残废者，虐待动物。

儿童和少年爱把周围发生的一切截然划分成好的和坏的，善良的和邪恶的。只要生活不使他们受到对一切无动于衷的坏影响，那么儿童和少年就会对他们当中的不公正现象、欺骗行为、卑鄙勾当和伪善态度进行态度鲜明、毫不妥协的谴责。可是教育者应当不仅尊重儿童这种对邪恶不能容忍的态度，而且要保护它不受任何伤害，保持它的纯真无邪。任何时候都不要压制儿童疾恶如仇的强烈义愤的表现。这种义愤是**勇敢精神的火焰**；如果在童年和少年时期不让这种火焰熊熊燃烧起来，那么他们将来就会变成意志薄弱、冷漠无情的人。

疾恶如仇的情感，对卑鄙、龌龊、不应有的东西愤慨的情感，是需要加以培养的。重要的是，不仅要使年幼的人懂得什么是可恶的和卑鄙的事，而且要使他们因为看到世界上还有这样的事而感到难过和痛苦。然而这种痛苦不应该是消极的，只有对邪恶的蔑视、愤怒和厌恶以积极的形式表现出来，才有为善良而斗争的精神能源。对可恶的、卑鄙的东西感到愤怒，这种情感会逐渐地转移到自己身上来。这种转移是很微妙的，有了这种转移，才能使儿童向往美好的、理想的事物。一个人不仅在他不慎做了不好的、不应有的、卑劣的事情时，他会感到对自己愤怒和厌恶，而且甚至在想象自己有可能做出这样的事情时，也会痛恨自己。这样，卑劣低下的事就会成为他内心不能容忍的、不可能也不容许去做的事。痛恨自己的卑劣是羞耻心这种高尚情感的源泉，是良心的忠实守卫者。羞耻心是抵制卑鄙无耻行为的强有力的抗毒剂，是义务感和责任感等道德情感的支柱。一个人由于有了厌恶感而产生羞耻心，而由于有了羞耻心，他就能坚决抵制任何"哥们儿"和"市井小儿"的引诱和唆使，就不会去做不道德的、违法乱纪的事。

一些有才干、善于思考的教师们常常这样来影响年幼学生的意识：使他们养成替别人害羞的感情。我们的《伦理学文选》里有一些故事，里面讲述那些卑鄙的、恶劣的、可耻的行为，使儿童读到它们时，就由于痛心和厌恶而感到心灵战栗。就本质来说，要培养学生的义愤感、羞耻心和教育他们凭良心做事，应该从表现大无畏的精神做起。你把卑鄙可耻的事讲给儿童听时，要使他们替干坏事的人感到羞耻，甚至一想到别人竟会认为他们也可能参与这种行为而感到羞耻。必须发展儿童的羞耻心和对无耻行为的不能容忍的精神，这样才能防止个人的消极性和不稳定性，防止他们变成"随波逐流"的人，因为正是这种人往往成为违法乱纪的犯罪分子。

培养儿童对卑劣行为的强烈鄙视和不能容忍的情感，养成他们要做一个好人的志向，这正是通向儿童心灵的一条最微妙的途径。

要形成一种对卑劣行为强烈鄙视和不能容忍的气氛，必须从对懒惰、游手好闲、吊儿郎当、虚度时光等不良现象进行不调和的斗争开始。这也是培养义务感和责任感的出发点。我们要向儿童的意识里灌输这样的思想和信念：人必须尽责任，如果他没有责任感，他的生活就会变成无目标的瞎忙，他的劳动和休息都毫无意义，他也没有那种自己受着集体和社会保护的自信心。所谓培养高尚的品德，这实质上就是把义务感思想转化为个人的信念。当年长者和年幼者之间、集体成员之间的关系中，具有一种向往高度道德的文明时，这种转化才能成为现实。应当使整个学校的生活沿着这样一条轨道前进，即让儿童从小就体会和懂得：什么样的愿望是可以有的，什么样的愿望是不可以有的和不容许的，要在这两者之间划一条极严格的界线。教育的技巧，与其说是要教育学生约束自己的愿望（当然，这也是重要的），不如说是要让学生把克服困难列入愿望的范围。这是德育中最复杂的问题之一。实质上，个人的道德成长过程，就是由此开始，也是以此完成的。怎样把克服困难变成学生的愿望，这是一条把道德教育跟劳动教育和美育连接起来的纽带。

第六章

培养对社会主义祖国的热爱和忠诚

爱国主义的意识、情感和信念的培养，是与个人在智力、道德、劳动、思想——世界观、审美和情感诸方面的成长不可分割地联系着的。爱国主义教育是精神生活的一个领域，渗透于正在成长的人所认识、所学习和所做的一切事物中，渗透于他所追求、所爱和所憎的一切事物中。爱国主义精神是意识、意志和情感的一种积极明确的方向，是思想与行动的一致，跟一个人的教养程度，诸如伦理、审美、情感等方面的修养以及世界观的坚定性、创造性劳动有着复杂的联系。

由此，就产生了一个用什么标准来衡量爱国主义教育程度的重要问题。我们不应该忘记，当祖国处于危急存亡之秋，在它经受严酷考验的年代，爱国主义的情感和信念会特别强烈而鲜明地从一个人的精神力量和意志中表现出来。所以，教师必须按照这样的标准来衡量自己学生对爱国主义教育的接受水平：这个人要是在战场上会表现如何？要是他被关在敌人的刑室里，面临着一种抉择：是叛变以保住生命呢，还是保持爱国者的气节而被折磨死去，他会怎样表现自己呢？

儿童、少年、青年所讲的他们怎样热爱祖国并准备为祖国而牺牲的那些言辞本身，并不总是可以作为衡量爱国主义教育的接受水平的真正标准。教育的高明之处在于，不使我们的学生毫无热情地、不假思索地说出这些话来。我们认为，坚决不要组织这样的竞赛，看谁把自己热爱祖国的感情说得（或写得）最漂亮。教学生说热爱祖国的话，而不去教学生热爱祖国，是不可理喻的。总的说来，必须特别严肃、特别慎重地对待"祖国""忘我精神""英雄主义""功勋"这些词语和概念，以及这些词语和概念中所包含的那些活动的意义。

此外，我们感到下面一点也有疑问：一个人平平常常地履行了自己应尽的义务，是否也可以称为有功勋、体现忘我精神或英雄主义呢？如果混淆了这些概念，就会产生许多曲解。你作为祖国的儿子，在这里生活得很好，呼吸着清新的空气，能吃饱穿暖，晚上安宁地睡觉，是因为有人在劳动，使你明天早晨有东西吃；是因为有人在边界上放哨，使你能安然地睡觉。那么，为了这一切，你所做的事也是理所当然的。然而，有些年轻人认为，自己坐在课桌旁学习，就已对得起社会，在父母面前更是了不起的事。

绝不可机械地、轻率地将坐在你面前学习的学生，与那些后来成为把生命献给祖国的英雄或者杰出革命家的儿童和少年相比。有的少年常听见老师对他说："瞧你，上课时还画小鬼呢，难道奥列格·柯舍沃伊和柳芭·谢芙卓娃①曾经这样做过吗？"三年级里有个顽皮的男孩，名叫巴甫利克。有一次，他为了要快些回家，竟从窗口里跳了出去。这是春天里发生的事。女教师非常生气，决定"教训"这个顽童。她把巴甫利克叫到他祖父（参加过伟大的卫国战争的英雄）的画像前面，画像上是一个佩戴几枚勋章的英姿飒爽的炮手，这是为了教育这个男孩而特地挂在他课桌旁边的墙上的。女教师对巴甫利克说："你去问问你奶奶玛丽娅，她跟你爷爷巴维尔过去在一个班里学习过，……你去问问她，你爷爷那时的品行是怎样的，……他跳不跳窗口？"

次日上课时，巴甫利克举手。得到女教师许可后，他把奶奶告诉他的话说了出来（这番话使女教师大为惊讶）："有一天，爷爷放学后被留在学校里，全校只有他一个人被留下来，……因为他带着麻雀去上课。……他甚至被锁在一个房间里。后来他从烟囱里爬出来跑回家了……"全班学生赞赏地望着巴甫利克的爷爷的画像，而女教师则由于自己的"教育措施"无效而感到极其懊丧。

要把学生培养成为怎样的一个人？可以在爱国主义教育中最明显地表现出来。在培养年轻爱国者时，我们应该设想，在祖国遭受

---

① 这两位都是苏联英雄，《青年近卫军》中的主要人物。——译者

严峻考验时他会怎样行动。如果在进行爱国主义教育时不预见到这一点，那么这种教育就会软弱无力。有远见的教育者在培养学生爱国的情感和信念的时候，总是着眼于未来（不管这个未来是明天还是许多年以后），看看他的学生是否准备去建立马特洛索夫和卓娅那样的功勋。我们的学生在祖国对他进行最严峻考验的时刻将有怎样的表现。我们对这个问题操心得越多，考虑得越深，那么我们的学生就会越加接近我们的道德理想。在教育学生决心为祖国而准备牺牲自己的生命，愿意做祖国忠实儿女的时候，我们认为这种决心就是一种道德上的豪迈精神，没有这种精神，学生在今天就不会用爱国主义的眼光看待世界，就不会为了本市、本村的公共利益和全民利益的命运而操心，就不会对社会主义祖国的敌人无比憎恨，就不会为共产主义建设事业的每一项新成就怀有自豪感。所有这些心灵活动和激情，所有这些志向和劳动，都不需要用漂亮的词句来表达，都不是为了获得表扬和赞赏，而是纯粹地出自履行义务的情感，为了满足高尚的道德需要。这就是爱国主义教育的实质。

教育者的一个任务，在于向每个学生开发可以培养他们热爱祖国的强烈感情的一切源泉。这些源泉是：家乡的自然环境，父母亲，本村、本市以及父母工作所在的集体农庄或企业，祖国光荣的过去，它英雄的历史，而主要的则是经过流血牺牲而建立起来并得到巩固的社会主义制度，以及我国各民族的兄弟友谊。这一切，应该在年轻人的心灵里合成一个伟大而又神圣的形象——社会主义祖国苏联的形象。每个学生的心灵都应该从这些源泉中汲取爱国主义精神：从对家乡景物（如母亲的摇篮、肥沃的田地）的眷恋之情，到对在列宁主义和社会主义革命的旗帜下团结一致的人民的历史命运的理解（人民把这种团结当作最宝贵的成果而加以维护）。这样，从学生的心灵里，正如从一滴水里那样，可以看到人民的形象和社会主义祖国的形象。从孩子开始懂事的时候起，教育者就必须把这一切源泉经常展现在他们的面前。

儿童的世界，是童年期间环绕他们的自然界，是父母对他们的关怀，是童话和歌谣。对这个世界的追忆，他们一生都不会淡忘，他们的一切志向、思想和激情始终都会带有童年留下的情感色彩。爱国主义教育的第一步在于使人的心灵中有一个生活内容丰富、难忘的童年，使家乡的自然景物在儿童的脑海中留下深刻的印象，这种印象使他一辈子受到鼓舞。每个人都应该有一个毕生难忘的、回忆起来倍感亲切的家乡景物，没有这种景物，便没有这个人道德——情感的和审美的根源，便不会有一股使热爱祖国之火在他心灵里长燃不熄的清风。也就是说，没有这种景物便培养不出热爱祖国的人。

　　善于思考而有远见的教育者会这样来着手塑造一个人的爱国精神的核心部分，即他在帮助儿童认识周围世界的时候，努力使儿童把下面一些景物深印在脑海里毕生不忘：蔚蓝的天空，闪烁的繁星，绯红的晚霞，起风前火红的落日，一望无际的草原，二月里雪堆后面的蓝色阴影，冬季青天中的鹤群，清晨阳光下无数晶莹的露珠，阴沉的秋天里灰蒙蒙的细雨，春日森林里万物的苏醒，丁香树上的紫色蓓蕾，柔嫩的青草等。特别重要的是使这些景物成为对祖国的初步认识的奇妙幻影而毕生留在他脑海里。祖国留给人的初步印象，应该是美丽的而令人振奋的。教育者要帮助学生听到家乡自然界中的音乐：树叶的絮语，纺织娘的歌唱，春日小溪里的流水潺潺，百灵鸟在炎热的夏空中银铃般鸣啭，窗前雪花落地的沙沙声，波浪温柔的拍击和夜晚庄严的寂静。

　　过去毕业于我校的一些学生，现在已经是做了爸爸妈妈的三四十岁的人了，他们在回忆童年留下的最亲切可爱的情景时，还会非常激动地详细叙述那些似乎极为平常的家乡自然景物以及那时发生的事情，因为这些是他们对祖国的最初印象，一辈子都感到十分珍贵和亲切的。一个有3个孩子的爸爸是集体农庄庄员，一辈子都忘不了童年时那晴朗的冬日，那笼罩田野的茫茫的烟霭，花园里为霜雪所覆盖的树枝。他说："当听到'祖国'这个字眼时，我就情不自禁地回想起一个冬日的情景。我觉得这种景象如同我的儿女的前程一样美好。"两个孩子的爸爸、现年38岁的苏联军官回忆道："初秋晴朗而寂静的清晨，野蔷薇结满美丽的浆果，林边有一株孤单单的遍身红叶的槭树，……一只黄蜂在小小的树洞的上方焦急地嗡嗡叫，一只蝴蝶停在覆满小小露珠的野菊花上。假如我有必要为祖国而去作战，我最先回忆起来的关于祖国大地的景象便是我遥远的童年时代的这幅图景……"

使每个儿童的精神生活里都有这样的几天或者几个小时（但更通常的只有短暂的几分钟甚至一瞬间），这是一个细致的教育任务。在那种时刻，时间似乎停滞不前，周围世界的景致和形象深印、铭刻在意识里，仿佛在一个人生命的田野上留下了一堆永不熄灭的篝火。一个成年人在回忆自己的童年时，往往仿佛看到了路旁那株匀称优美的白桦，那片盛开着蒲公英的黄色小花的青青草地，樱花柔嫩的花瓣；闭着眼睛仿佛听到了从远处草原上传来的歌声，唱的是黑麦怎样成熟，风儿怎样在辽阔的田野上吹拂。这样，爱国主义的世界观就开始在他心里形成。在敏感的童年时代，儿童眼前看到的只是美好的世界和欢乐的生活。教师应该领着学生到田野去，到池塘岸边去，到花园去，让他们去惊叹，让他们去把自然景物跟诗结合起来，深印在形象记忆里。

千百年来，人民的语言一直是诗长流不断的源泉。诗的意境存在于词语里，而语言没有诗的意境正如江河里没有水一样是不可思议的。我们的祖先在秋冬的夜晚听着《稻草牛》《凶恶的妖婆》《柳树与小车》和《三弟兄》等故事时，他们就作起诗来，用语言向我们传达他们的愿望和对家乡的热爱。从母语的声音里，如在回忆"阴暗的森林""空旷的田野""踏得实实的道路"这些词语时，我们不仅懂得了它们所包含的意义，还感受到了它们的感情色彩，仿佛进入了我们祖先生活过的那个世界，接触到了他们那时珍爱的东西。教育者的一个任务是向孩子们揭示语言中的诗意，形象地说，使语言成为可以看到美好事物的眼睛。

这里，我们遇到了在爱国主义教育中最细致、最困难的问题之一，就是语言的运用。祖国语言的词汇应该活在儿童的创作中。语言活用课可以称为走向语言的源泉、通往祖国大自然的旅行，祖国大自然的美景吸引着人们到祖国语言的宝库中去寻找那些闪耀着思想光芒的词语。

当祖国的自然风光、思想和语言这三者在儿童的心灵里结合在一起时，善于思考的教育者认为这是自己创造性劳动中的幸福时刻。在这样的时刻，学生寻找并选取鲜明、准确而心爱的词语，形成新的诗的形象，这种形象的创造会激起儿童内心的自豪感。当美好和富有诗意的词语经由教师的引导而帮助学生永远铭记他们童年的鲜明情景时,学生的心灵里便会产生我们教师每天到学校里来追求的东西:用千万条纽带将每个儿童的心灵紧紧地系在那些伟大而永恒的东西上,它们就是人民和人民的语言、文学、艺术、学校、家庭、先辈的光荣和后代的美好前程。眼里闪耀着明亮的思想火花的儿童是人民这棵永存的大树上最柔嫩、最纤细的枝条;他眼里的思想火花只能由我们教师——人类的精神、意志和思想的培育者去点燃。我们做教育工作的朝向太阳,为的是让树干更坚实,让树根更深地扎入土地;同样,人民的最柔嫩的树枝应该朝向人民在许多世纪里创造出来的精神财富和一切美好的事物。教育者应当成为本领高强的魔术师,能够用纤细而牢固的带子把每个儿童的心灵跟那些伟大而不朽的东西联结起来,即跟人民和人民的语言以及人民所创造的取之不尽的精神文明联结起来。

　　子女对父母的爱和父母对子女的爱,他们之间为家庭及其荣誉的相互忠诚,乃是爱国主义情感和信念的长流不息的不可替代的源泉。祖先的荣誉,对自己家庭的道德财富的自豪感,都是培养一个人的道德的源泉,都是培养公民意识的最初摇篮。如果一个人没有在这种摇篮里受到应有的教育,如果一个人在家里自私而卑鄙,那么,他在社会上不可能成为祖国真正的儿子。那些忘记自己在会走路之前是在摇篮里度过时光的人,那些对身受其养育之恩的母亲冷漠无情的人,是不会有崇高的爱国主义情感的。

　　如果在家庭和学校里充满一种尊敬母亲、父亲、祖父、祖母、外祖父、外祖母的气氛,那么爱国主义情感和信念的源泉便会清澈纯洁,长流不息。在儿童和青年细腻的心理中,最重要的东西是义务感和责任感。我们认为,父母亲以自己的爱来使子女经常保持这种状态是件不容易的事。我们应花大量的时间给父母亲们宣讲,使他们懂得怎样去教育儿童为自己的双亲创造幸福,并学会从中获得做儿女的无与伦比的幸福。我们非常担心的是,儿童会产生自私自利的思想:我活着,甚至我撒娇任性也都会给母亲和父亲带来幸福。儿童应该常常不安地想,我为父母所做的事,还不到应做的事的百分之一;我对父母负有义务,我年纪越大,这种义务就越重。儿童带着这种思想而为父母做事,可以有力地教育自己磨去阻碍他们全面发展的那些棱角。必须使儿童经常想到要给父亲、母亲、祖父、祖母、外祖父、外祖母带去欢乐，使他们从小就怀有为母亲、父亲、祖父、祖母、外祖父、外祖母担忧的心情，想到母亲就感到心里不平静。不允许儿童、少年和青年缺乏为父母担忧、难过的心情。要是他们没有这样的心情，那么，他们长大以后就会成为冷酷无情的人，那时他们既缺乏做儿子的孝顺，也缺乏做父亲的慈爱，更缺乏人民的伟大理想。如果一个人在亿万同胞中没有最亲爱的人，他就不会热爱人民；如果一个人对自己亲爱的人不忠诚，他就不会忠诚于人民的伟大理想。

学校要教育学生怎样为母亲、父亲、祖父、祖母、外祖父、外祖母带来欢乐。在秋天和春天，孩子们在住宅边种植苹果树和葡萄藤，把它们叫作母亲树（或藤）、祖父树（或藤）等。多年照护这些树和藤是富有道德意义的劳动，是充满着爱的劳动。如果没有劳动，如果没有对于什么是困难的理解和体验，那么学生就不可能有真正的爱。孩子们望眼欲穿地盼着苹果和葡萄长大，而一旦成熟，他们就十分高兴。他们把苹果和葡萄摘下来放在盘里，献给母亲、父亲、祖父、祖母、外祖父、外祖母。正是因为儿童给父母亲带来了喜悦，他们自己也感到快乐。在这种劳动中，产生并发展了孝顺双亲、对双亲尽义务的情感，这种情感才是人类真正的爱。生活使我们相信：如果教育者在儿童心灵里成功地培养了这种爱，那么儿童就会愿意好好学习，因为他爱父母；他不能不好好学习，因为不好好学习会给亲爱的父母带来痛苦、伤心，而这些则是儿童真正的痛苦。生活也证明了：那些不知道关心双亲和为双亲担忧的孩子，以及生活在万事称心如意的环境中的孩子，是不会爱他们的父母亲的，他们不知道什么是真正的爱，更不会有爱这种伟大的情感。

我们永远不会忘记那些培育出为社会主义祖国的独立和自由而献出生命的英雄的母亲们。我们开辟了一个"母亲花园"，以表示对这些母亲的尊敬，对她们功勋的纪念。我们把这个花园里最先开的春花和最先结的果子献给这些母亲。从爱母亲、尊敬母亲出发，到下定决心准备把自己的生命献给祖国，这是一条培养爱国精神的光辉道路。顺着这条道路，一个人可以形成爱国主义世界观，从事爱国主义的劳动和度过爱国的一生。

使儿童理解我们伟大祖国苏联中各民族的统一，培养他们具有各民族团结友爱的情感，这是爱国主义教育的一个重要任务。从二年级起，我们到祖国各地去旅行。通过这种旅行，我们生动形象地描述我国的城市和农村、海洋和江河、森林和草原、自然资源和人们，讲述我国的过去、现在和将来。在这种想象的旅行中，能刻画出鲜明形象的语言起着决定性的作用。孩子们看图片和幻灯片，读与他们年龄相仿的学生从兄弟共和国寄来的信，给他们写信。旅行从本村开始，然后去本区、本省、乌克兰和祖国其他各地。在本地区旅行时，儿童的眼前展现出一幅幅祖国伟大、强盛、富饶的图画：千万公顷肥沃的黑土上小麦正在结穗；建筑工人在制造住宅和水电站用的混凝土预制板；一望无际的森林保护区，里面有麋鹿在漫游，……我们地区每年向国家缴纳数以百万普特计的小麦和其他谷物，以及数以千吨计的肉类、牛奶和油脂。无论是白天还是夜晚，都有我们的父亲、母亲、哥哥、姐姐在参加这些劳动。我们跟这些用他们的劳动来支持和发展祖国的人们会见，起初是在想象中，后来是在教室里，在田野上，在牧场上，在建筑工地上，在厂矿企业里。孩子们越来越深刻地认识到，为什么诗人要为劳动人民写诗，演员要创造劳动人民的不朽形象，画家要画出那些成为文化珍品的图画。社会主义劳动是伟大的，它具有极大的历史意义和道德价值，正是这种思想成为贯穿爱国主义教育的一条主线。

孩子们津津有味地听教师讲自己家乡的过去，讲自己的祖先，讲他们在田里劳动时身带刀枪，以防敌人来侵犯。听了自己的祖先在波格丹·赫梅利尼茨基[①]领导的军团里为了跟俄罗斯建立永恒的友谊而战斗的故事，学生们感到十分自豪。然后，学生们在想象中到自己的共和国的名胜古迹去游览。你瞧，这是波尔塔瓦战场；你瞧，这是一大片森林，在德国法西斯占领期间一支支游击队出没其间。在孩子的双脚真正踏上基辅、利沃夫、切尔尼戈夫这些古城遗址之前很久，在他们亲眼去看塔拉斯·谢甫琴科出生的村庄和遗体下葬的坟墓之前很久，他们已在想象中接触到这些历史文物了。

---

① 波格丹·赫梅利尼茨基（约1595-1657），17世纪中期乌克兰的军事首领，曾领导乌克兰人民反对波兰贵族压迫的解放斗争，并于1654年8月1日宣告乌克兰同俄罗斯联合，此举在历史上具有重大的意义。——译者

有几次旅行我们专门用来了解自然风光、文学、民间口头创作和音乐。在给学生们介绍精神文明的珍品时，我们努力教育他们敬仰那些为本民族荣誉和为确立各族人民友好的思想而献出自己一生的人。专门用来了解伟大十月社会主义革命和伟大的卫国战争的那几次旅行使孩子们激动不已，因为这些旅行体现出这样一个思想：如果没有我国各民族的友谊，没有与伟大的俄罗斯人民的联盟，没有列宁党的巨大努力，就不可能有自由的乌克兰。成千上万的苏联士兵和军官在收复我们家乡的村镇的战斗中牺牲了。我们走到这些战士的墓前，读墓碑上的文字。这些俄罗斯人、乌兹别克人、格鲁吉亚人、亚美尼亚人、阿塞拜疆人——我国各族人民的儿子们，为了让我们生活得自由而幸福献出了自己的生命。

然后我们到祖国苏联各地去进行长途旅行。我们的面前挂着一幅大地图。这是我们亲爱的大姐姐俄罗斯，那里生活着与我们属于同一血统，在历史命运、文化和语言方面都与我们很接近的伟大的俄罗斯人民。俄罗斯人民向世界献出了弗拉基米尔·伊里奇·列宁、普希金、高尔基、赫尔岑、车尔尼雪夫斯基、涅克拉索夫、莱蒙托夫、格林卡和柴可夫斯基等伟大人物。俄罗斯人民是高举十月革命旗帜的人民。这是我们的二姐姐白俄罗斯，我们乌克兰人跟俄罗斯人和白俄罗斯人都是一个母亲——罗斯的儿女。我们游览古老的诺夫戈罗德市、普斯科夫市、梁赞市和苏兹达尔市；我们在每个苏维埃人都感到亲切的乌里扬诺夫斯克市的街道上漫步。有几次旅行专门去了解乌里扬诺夫一家，使孩子们随着对祖国的认识而理解人类最珍贵、最高尚的思想——列宁主义，这是多么重要啊！如果不向孩子揭示列宁主义所激发的人的最伟大的力量和美，那么这种思想就不能深入儿童的心灵。多年来的经验证明，早在孩子们思想成长的时期——他们能够初步理解"祖国"这个词的概念的时候，就应该让他们了解列宁，认为列宁是一个为人类幸福而奋斗的伟大战士。

我们做了120次这样的想象旅行，每次都获得许多知识。孩子们感到非常自豪：我们的祖国是多么伟大、富饶、强盛啊！在苏维埃祖国的各个历史圣地旅行，给他们留下了毕生难忘的印象。他们怀着异常激动的心情参观斯大林格勒（今伏尔加格勒），那里的每一寸土地都曾洒下拼死保卫祖国的英雄们的热血，那里曾经进行过决定着我国各族人民命运的战斗。孩子们一想到伏尔加河岸边的每一块石头都是我们祖国的土地时，便感到无比的激动。苏联人民赢得不朽的光荣的那些地方——莫斯科、列宁格勒（今圣彼得堡）、基辅、塞瓦斯托波尔、敖德萨、莫斯科近郊的树林（28个潘菲洛夫式近卫军战士曾在那里战斗过①）、布列斯特堡垒，就这样一个一个地展现在我们眼前。那些既留下英勇斗争的事迹又发生过惨绝人寰事件的地方，使孩子们惊心动魄。我们在一些英雄生活过的村庄旅行，德国法西斯匪徒曾在那里把居民全部杀光。普斯科夫省的克拉苏哈村、白俄罗斯的哈丁村，以及其他几百个村子的村民为苏联人民的自由与尊严进行了斗争，结果遭到了惨杀。这些教育了孩子去仇恨敌人。如果没有与敌人不共戴天的仇恨，便不可能有跟敌人做斗争的精神准备。

在想象中到祖国各地去旅行，在学校教育的几年里一直进行着。这是给真正的旅行做准备。后来孩子们亲眼看到祖国人民和自然资源时，他们就更加热爱祖国了。我们真正的旅行是从到自己家乡各地和邻近地区去远足开始的。孩子们在第聂伯河河岸上歇宿，清早起来迎接朝霞，听民间传说，观赏闪烁的繁星和日出。少年们常常在森林里、村子边、农业机械修理人员的田间宿营站附近，停留下来，搭起帐篷，做些有益的事，如参加挖掘灌溉渠的劳动等。然后，这些少年公民沿着第聂伯河到基辅去旅行。在毕业前一年，还到列宁格勒和莫斯科去旅行。

对着亚历山大·马特洛索夫、尤里·斯米尔诺夫、尼古拉·加斯捷洛和卓娅·科斯莫捷米扬斯卡娅，对着千千万万在极端危急的日子里在伏尔加河边坚守阵地的英雄们，对着那些握着手榴弹冲向敌人坦克被烧死的无名战士们，每个孩子都感到自己对他们负有应尽的义务，因为这些英雄是为使每个孩子能在苏维埃国土上自由地行走、快乐地生活、欣赏世界上的美好事物而壮烈牺牲的。一个人

---

① 指在卫国战争时期，在保卫莫斯科的大会战中，由少将潘菲洛夫指挥的第八近卫师中的28位英雄，于1941年11月16日在莫斯科近郊同敌人进行近4小时的激战，击毁敌人坦克18辆，不让敌人靠近莫斯科，最后几乎全部牺牲的英勇事迹。——译者

的整个精神世界，尤其是对社会利益的态度和对为建成共产主义而劳动的态度，取决于他在童年、少年、青年时代怎样看待我国人民为拯救世界免遭奴役而建立的英雄业绩。

培养儿童对那些为国捐躯的英雄们和捍卫祖国的英雄们的义务感，是防止某些年轻人产生不关心社会利益、不尊重劳动、一切依赖他人的心理的一个重要条件。今天，在与我们为敌的帝国主义势力还在扩充军备、妄想发动核屠杀的时候，教师引导学生们缅怀英雄们的光荣业绩，使学生们产生对他们的义务感，进而萌生强大的精神力量。这种力量能使这些少年公民变得高尚，把他们的道德感提高到准备以自己的实际行动和生命来为祖国服务的高度。

孩子跨进校门，开始他的新生活，这种生活充满着新的义务和前所未有的欢乐——劳动的欢乐。儿童所认识到的一切，进入他内心世界的一切，都带有鲜明的感情色彩。他并不单纯地看到苹果园在春天披上了白色的新装，看到蜜蜂在盛开花朵的三叶草上面飞来飞去，看到苹果怎样成熟和西红柿怎样逐渐变红；他还从这一切感受到自己生活的欢乐和充实。无怪乎我们在回忆童年时总是浮现出鲜明灿烂的形象：开满白花的苹果树，早晨草原上和煦的阳光，冬天暮色中的古城灯火，母亲在弟弟或妹妹的摇篮边若有所思的歌声……。这一切在我们的心灵里留下难以忘怀的印象，因为从这些鲜明的形象上我们看到了生活的美好。应该让这种美好的生活跟关于千千万万英雄为了这种生活而从伏尔加河到易北河洒下自己的鲜血这种事迹一起进入儿童的心灵。这样的结合就是爱国主义长流不息的源泉。

秋季的一个晴朗的日子，苹果树枝被累累果实压弯了，集体农庄的打谷场上堆着一堆堆金黄的小麦脱粒物（麦粒、穗子、碎秆等），一个个西瓜油光闪闪，透明的空气里飘着新吐的蛛丝，这种美景映入儿童的眼帘，使他们感到惊异，心跳动得更快了。就在这样的一天，教师把孩子们带到草原上路旁的一个高冈，给他们讲述一个发生在1941年那艰难的岁月里的悲壮的事件。一个苏联机枪手担任了掩护同志们撤退的任务，独自阻击敌人一个摩托化步兵营，后来甚至阻击了一个坦克营。就在这块土地上，他身上多处受重伤，依然英勇地战斗，直到心脏停止跳动。我们不知道他的姓名，他的母亲也不知道她儿子的坟墓在哪里。孩子们听了，悲恸欲绝，泪水盈眶。就这样，在这个秋日里，使孩子们如此心醉的美景变得更加有意义，更加珍贵了。他们感到，这个战士献出自己的生命是为了使他们——苏维埃的儿童们能过幸福的生活。他们想做些事情以表达他们的情感，于是把一棵橡树移栽到这个英雄立功的地方。这棵树是英雄的活的纪念碑。孩子们为使这棵树长得茁壮茂盛而进行的劳动，充满着崇高的爱国主义激情。

光阴一天天、一月月、一年年地流逝。随着儿童对世界的认识越来越深入，他们的精神生活也就越来越多地受到英雄行为有力的影响。世界各国人民的优秀儿女在不同历史时期为自由、进步和幸福而建立的丰功伟绩使他们心明眼亮。儿童渐渐明白，我们的这个战士（为他建立的活的纪念碑年年在长高）的功勋是人的英勇顽强精神所造就的千万颗闪耀的星星中的一颗。孩子们越多地看到永远照耀人类通向高尚的道德高峰的灿烂星星，他们感到最亲近的那颗星——那个以自己的胸膛来保卫他们摇篮的英勇战士便显得越加明亮。为苏维埃祖国的自由独立而牺牲的英雄们在儿童、少年、青年的心目中仿佛成了他们的同时代人，这些英雄的牺牲使他们的心情常常不能平静，激起他们对敌人的仇恨。

孩子们对祖国儿女的英雄行为的钦佩，会在情感上和审美方面对他们日常的生活和劳动产生很大的影响，能激励他们努力去克服困难。他们体会到年长的人和自己从事劳动是一种幸福，英雄们正是为了这种幸福而洒下热血。英雄们进行斗争，不惜牺牲自己的生命，是为了我们能过现在这样的生活。这样的信念会使青年产生英勇崇高的精神，而这种精神应该是青年形影不离的伴侣。如果一个人把自己的日常劳动看作是英勇豪迈的事情，如果他在英勇高尚精神的火炬面前因自己虚度光阴而感到羞耻，那么他往往会因追念英雄而心潮澎湃，燃起仇恨敌人并与之做不调和斗争的怒火。在青少年面前揭示平凡劳动中英勇崇高的意义，是爱国主义教育中一个特别重要的任务。我们给一代又一代的少年讲述米哈伊尔·巴尼卡哈在伏尔加河边进行伟大决战的严酷日子里所创造的英雄事迹。他在战壕里站起身来，挥动手臂，准备把燃烧瓶掷向法西斯分子的坦克。正在这一刹那，一颗子弹在他头上呼啸而过，击碎了他手里的燃烧瓶。火烧着了他的胸膛，顺着手又烧到了脸部。这时，只见一个熊熊的火炬从战壕里升起，拖着一根烟火的尾巴，奔向敌人的坦克。这是米哈伊尔握着他最后的一个燃烧瓶在冲锋。只见那火烧到法西斯的坦克装甲上。敌人的坦克在燃烧，那青年战士也在燃烧。在坦克就要爆炸的一刹那，米哈伊尔挺直身躯，举起被烈火烧灼的手，向自己的战友们呼喊。战友们听见了号召战斗的呼声，便都从战壕里冲了出来。

这种英雄行为深深震撼孩子们的心，使他们每人都考虑应该怎样看待周围事物，应该怎样看待自己。这位英雄的牺牲会使那些庸俗的、与人的真正的美不相称的心灵感到羞愧。毫无疑问，每个少年都会考虑："要是我处在他那样的境地会怎么办？"在年轻人的心灵里唤起对于英雄行为的赞叹，正是为了使他们每人想想自己，使他们觉得自己似乎也在经受考验。

美的感受对于爱国主义信念的形成起着很大的作用。在美好和崇高的事物面前心灵受到震撼，是一种自我教育的精神力量。没有什么比为祖国建立功勋更加美好而崇高的了。重要的是使一个人在这种美的影响下树立他的审美理想，这种理想与政治理想和道德理想是密切联系在一起的。以崇高的爱国主义思想为基础的一些仪式，动人的审美体验以及使人高尚的荣誉感、自尊感，都是开展教育工作所需要的，正像需要真实描绘周围世界的语言一样。所有跟纪念英雄的功勋、学习勇敢精神和自我牺牲精神有关的事，都应该充满着美的体验和美的创造。"英雄们为了孩子的幸福而流血立功的地方是神圣的地方"这个思想，从孩子们一进学校就应该向他们灌输。在这个地方举行庄严的宣誓仪式，孩子们在这里进行忠于祖国、忠于共产主义理想、忠于党和共青团、少先队的宣誓。每个青年在参军之前，要跟着母亲到这个地方来取一抔泥土，作为最亲爱的东西的象征而随身携带。

每个教室里都辟有一个介绍同乡人战功的角落。在为祖国作战而牺牲的祖父和曾祖父的画像下面，写着他们留给坐在课桌旁学习的孙子和曾孙的遗言。我们认为：让我们的每个学生在读了这些遗言之后能独自深思这些话的意义，考虑自己的前程，反复体会自己的责任。这是一个重要的教育任务。责任感应该成为一条主线，贯穿于学生所认识、所学习的事物中，贯穿于教师所说、书中所写的话中。

爱国主义意识，对祖国的真正热爱，必须以深刻理解当代现实生活为前提。只有那些全心全意热爱祖国的人，把祖国的苦难当作自己的苦难的人，以及感到自己是人民的一分子的人，才能以爱国者和列宁主义者的观点来观察当代的现实生活。做一个真正忠于祖国的公民，意味着要像那些缔造和巩固祖国的前几代人那样去爱祖国，那几代人曾在敌人入侵的年代里经过残酷的斗争把祖国拯救出来。然而，如果不知道应该做些什么以便使祖国更加强大和幸福的话，那么也不可能有真正的公民意识。

真正的共产主义的公民意识是对祖国大地上发生的一切负有道德上的责任感、对缺点毫不容忍的精神、渴望为祖国的繁荣昌盛而斗争的愿望。当今天在课桌旁学习的青年看到了自己该走什么样的生活道路才可使自己的祖国更加强大的时候，他们就会产生这种公民意识。要是看不到这条生活道路，要是没有走这条道路的强烈愿望和准备，那他们就没有受到真正的教育。

我们要教育孩子从小就敏锐地看到，在家乡虽然有好的东西，但是还有不好的东西。这是爱国主义教育非常重要的一个方面。当儿童看到他人应受指责的行为、玩忽职守、懒惰以及浪费等现象时，他应该感到痛心。如果教学和教育取得了真正的一致，那么就能使我们的学生从小事中、从初看起来是微不足道的事中看到重大的意义。每一千克因淋雨而烂掉的谷物，每一平方米长满野草的肥沃土地，每一粒为了图侥幸而撒下去的不良谷种，每一台放在露天地里生锈的机器，每一撮浪费掉的矿物肥料，都是家乡的不幸、祖国的不幸。我们要青少年树立的就是这样的思想。特别重要的是：要使我们的学生在童年和少年时代就上关心人民利益的公民教育课，使他们为这些表面上似乎与他们个人无关的丑恶的事而感到痛苦和不安。这里指的就是要为大家而从事劳动，即为了集体、社会和人民而从事劳动。在我们的教育工作体系里，让学生为了全民的利益而创造物质财富，这种劳动可以在青少年的心灵中树立一种"应当这样做"的爱国主义思想。这种公民的爱国主义思想，表现为青少年矢志不渝地在追求尚未做到的事，始终在关心实现理想，并享受着用艰辛努力换来的欢乐，始终对胜利抱着乐观主义的信心。我们力求使具有巨大社会意义的劳动，从童年早期就开始，并在少年期和青年早期的许多年里继续进行，以便从道德上丰富学生的思想，使他们成为名副其实的成熟的公民。如果一个人从7、8岁就开始从事一项长期而不轻松的劳动，例如，把一块贫瘠的荒地变为极肥沃的良田，并在这块田里种出小麦，从而向人民提供无可比拟的、在某种意义上说是独一无二的财富——生产粮食的土地，那么他就会形成真正爱国者的重要品质：关心祖国的命运，祖国大地上发生的一切事情都与他个人有关的情感。

个人与全国人民休戚相关的情感，特别能激发人们去了解祖国。这种情感得到高度发展的人，不仅能"知道""记住"一些有关祖国的知识，而且能如饥似渴地去汲取这些知识，从内心深处去体验这些知识。教师应当依靠这一点进行教育。对于坐在课桌旁学习到17、18岁的人来说，创造物质财富和精神财富将是他们未来的主要活动；对于他们来说，关于祖国的知识不应该仅仅局限于一定范围的必须"掌握"的事实和结论。如果我们的学生关心祖国的命运，能够激动地、赞叹不已地反复阅读苏联人民充满英勇精神的历史的每一行字，那么他们就会成长为良好的公民。祖国的历史拥有培养公民的取之不竭的力量。祖国的历史是人民精神永远生气勃勃的动力，是人民的不朽精神的表现，它会渗入一个人的血液和心灵，渗入他的每一细胞和整个思想感情。每个普通人，只要他不是冷漠的旁观者，而是把自己跟祖国的命运连接在一起的人，那么就都能理解这种不朽的人民精神。

我们认为，一个极其重要的教育任务是：使每一个学生在理智和感情上都如饥似渴听取关于祖国的每一句话，都喜欢阅读关于祖国的每一本书。不管一个学生将来从事何种职业，他在童年、少年、青年时期都应该怀着宽广的胸怀、极为关切的心情、强烈的求知欲来学习祖国每一时期的历史。只有这样，他在步入今天的社会时才能明智而英勇，才能有巨大的精神力量和要在祖国大地上留下一个真正的人的脚印的不可遏止的愿望。我们要关心使每个青少年都有自己的历史书籍，这些书籍写的是祖国的过去和我们这个多民族国家的统一性和各民族兄弟般团结的形成过程。苏维埃爱国主义教育要能激励人们去思考祖国的命运，能唤起人们的自豪感，使他们为社会主义祖国而感到自豪。

在学生学习有关社会和人的基本科学知识的过程中，要求他们每人深刻领会和体验，他与劳动人民是血肉相连的，他与全体同胞有责任为建成共产主义而奋斗。这样才是对他们进行真正的教育。教育者的使命是使学生带着这样的思想感情来观察世界：他把西班牙工人忍饥受寒的儿女的痛苦当作自己的痛苦，他一想到爱国者在法西斯国家的刑讯室受折磨时就不能安睡，他常常对那些受资本主义吃人野兽奴役的劳动人民的命运感到忧虑和痛苦。要使上述思想感情成为他饱经忧患而得来的信念和对世界的看法。只有当年轻人的理性不仅能理解和领悟而且有他自己的观点和立场时，知识的种子才能把根深深扎入劳动和创造的土壤之中，这种根才能把个人的心灵和人民紧紧连接起来，把他的现在和未来紧紧连接起来。年轻的公民看得越远，他对社会不平等以及对压迫者、剥削者、战争贩子、暴君的愤怒和仇恨越深，那么他的心灵在道德上就越美，他就越能成为同胞的忠实朋友和弟兄。

按列宁的方式来教育和培养爱国者，就是要使我们的学生深信革命斗争的真理，要使他们热爱劳动人民，憎恨祖国的敌人。我们的学生应该这样来探索真理，明辨事理；我们的年轻公民的内心应该始终为这些思想所激动。

教育者的一个崇高使命是使青年看到现实生活中、社会主义社会中光明的事物，对即使是日常的平凡现象也感到惊异和赞叹，敬慕先进人物，感受到斗争的幸福。这样一来，一旦生活需要，他就会为祖国的荣誉、独立和自由去牺牲自己的生命。把社会主义制度理解为幸福生活的源泉，这是身为共青团员和少先队员的人的思想支柱和爱国主义的灵魂。如果我们教育者培养学生使其具有这样理解和对待世界的才干，那他们就会产生控制自己的意志力。真正的觉悟，真正的纪律和自制，会对麻木不仁、游手好闲、玩忽职守、奢侈浪费等现象抱毫不容忍的态度。所有这些道德品质，只有在理解了社会主义制度就是幸福，知道了这种制度不是从天而降而是以高昂的代价取得的之后，才能培养出来。懒汉和游手好闲的人首先是道德上的聋人和盲人。防止一个人对所认识、所知道的事物麻木不仁，防止思想感情僵化，是爱国主义教育的主要任务之一。

看到在我们的生活中光明的一面是主要的，并把这一面当作追求的目标，是培养对共产主义思想的忠诚和做好为祖国的光荣而斗争的精神准备的源泉，也是培养生气勃勃的乐观主义的源泉。要是我们的学生在少年时期和青年早期没有体验过对矿工符拉基斯拉夫·季托夫、为抢救粮食而被烈火烧死的两个拖拉机手，以及女游击队员克拉夫季娅·阿布拉莫娃①等的英雄事迹感到激动和惊叹的幸福时刻，那么对他们进行的教育就是缺乏思想核心的。认识了苏联人民的道德财富，认识了爱国者们的内心世界，就会产生巨大的精神力量，从而培养出对祖国命运的责任感以及与劳动人民紧密团结的情感。年轻公民的思想水平取决于他依靠什么来生活，他赞赏什么，他在生活中看到哪些吸引他和鼓舞他的事物。揭示我们社会主义生活的美，是一条使我们教育者能支配年轻人的心灵的可靠途径。

---

① 阿布拉莫娃为了忠于社会主义祖国带着两个年幼的女儿英勇就义。——译者

第七章

勇敢精神、对敌人的不可调和性和必胜意志的培养

　　勇敢精神，思想坚定和不屈不挠，对敌人的不可调和性，必胜的意志，准备为社会主义祖国献出生命，这样一些个人特征的培养，是社会和学校极其重要的任务。我们要使学生从年龄很小的时候起就树立这样的信念：人的生命是无比宝贵的，但是还有比我的、你的生命更为宝贵的东西，那就是祖国的永生。我们的祖国生存着，并将永远生存下去，因为有无数英雄曾为她的生存、荣誉和尊严而牺牲了生命。真正的勇敢精神是为了取得胜利，我们的每一个学生都应当在思想上做好为祖国献出生命的准备。"假如一个人只有一个选择——用自己的身体去阻挡敌人的枪弹，那么她为此而生在世上就是值得的。"（列昂诺夫语[12]）敢于英勇就义，并不是说在战斗前就准备去死，而是说要蔑视死亡并下决心去取得胜利。我们要教育未来的公民、劳动者和战士，使他们从小就无所畏惧，极端鄙视和憎恨叛徒和卖国贼。无所畏惧，无限忠于人民，是祖国的战士和保卫者最强有力的精神武器。

　　我们要力求使年幼的公民理解和感受到：有一种真正的人的生活，也有一种奴才的生活——背叛祖国，抛弃理想而苟且偷生。对卖国贼苟且偷生的生活深恶痛绝是保持浩然正气的道德基础。在童年和少年时期，我们的学生就对英雄们无限钦佩，因为他们热爱生活，向往胜利，鄙视可耻的苟且偷安的生活，勇敢地迎接死亡。我们自己的教育理想就是使自己的学生目光远大，昂首挺胸，自豪地生活；使他认识到只有在年轻的心灵里燃烧着对庸俗可耻、苟且偷安的生活憎恨的火焰，他的生活在道德上才是无可非议的。在赞叹

苏联士兵阿历克赛·别丘克的英勇事迹（法西斯匪徒为了逼他说出军事秘密而割他的双耳、鼻子和舌头，但他始终沉默，没有泄露任何军事秘密）的时候，我们的每个学生都应设想自己如果处在别丘克的情形下，同敌人面对面地进行斗争时，自己也应该这样去做。如果一个人在其幼年和少年时期就深信自己一旦处于那种境地也会表现得英勇的话，如果他以努力去攀登人的顶峰为自豪，任何力量也不能使他回头的话，那么他就能以自己的眼光独立地观察周围的世界和自身。这样，公民意识就会渗透他的行为中，渗透他对劳动和学习的态度中。要在少年的智慧和心灵前揭示人的伟大精神所能达到的顶峰——为了夺取胜利而视死如归，再也没有比这更强有力的手段能使少年严肃地思考自己的职责了。

  我们要使自己的学生坚信：爱国主义情感，勇敢精神，蔑视死亡，是公民具有高度自觉性的表现。人在建树功勋的时候，会对自己的一生进行回顾。在这种爱国主义世界观里，主要的是要理解到：我是人民的一分子，我应当为了使人民不朽而成为宁死不屈的人。意识到自己属于人民，自己与人民的不朽有联系，这种思想是一个人无所畏惧、意志顽强和坚强不屈的基础。

  勇敢精神是通过许多极为细小的事情形成的，这些细小事情的一致和紧密结合就产生一种精神力量。这种精神力量首先表现为不怜惜自己。这是一种特别有价值的道德能力。我们像担心火会蔓延一样担心孩子会怜惜自己，担心他们会因为有一点点疼痛而叫苦流泪等，因为这是自私心、胆小怕事、对他人漠不关心的根源。我们要力求使儿童羞于说出自己的痛苦或困难。在小事上表现出英勇无畏是他们显示公民的坚定性、不屈不挠和忘我精神最初的一些嫩芽。

  我们在多年的教育工作实践中得出几条培养勇敢精神的规律。

  1. 只有从童年起就知道珍视自己的公民品格的人，才能成为勇敢无畏的人。跟敌人进行搏斗时所表现出来的勇敢精神，其根源在于一个人在思想和语言上是勇敢的，这种勇敢表现为不能容忍漠不关心、欺骗、伪善以及不敢"干预别人的事"等行为和心理。我们认为，全面发展的特别重要的任务在于使每个学生勇于思考。勇于思考，意指当感到在这个世界上还有坏人坏事时自己不能安然地生活。在我们的时代，最大的、最不能容忍的坏人坏事是帝国主义、剥削行为、人对人的奴役、非正义的战争。勇于思考，还指对生活中的歪风邪气不能采取漠然置之的态度。我们要从幼年起就教导儿童：一切事情都跟你有关，应该对之进行干预。如果一个人在童年时代，特别是在少年时代就在行为举止中表现出公民的坚定性与原则性，保卫、维护、扩大公共财物，跟浪费现象做斗争，那么教育才能取得合乎逻辑的结果。

2. 在成人看来，儿童是十分软弱和没有自卫能力的。尽管这样，我们还是不应当让他们自己有这样的感觉。我们认为，让儿童感到他软弱和没有自卫能力是很危险的，因为这会发展成为处处怜惜自己的思想。孩子应当感到自己是有力的，能保护别人的，这是教育工作中的一个秘诀。勇敢精神是在劳动中，在人的责任感这一崇高情感的鼓舞下形成的。在我的周围有许多比我弱的人，我哪怕稍微想到自己的软弱无力也应感到羞耻，因为弱者需要我去保护；我应当随时随地都准备跟欺负弱者的人搏斗。这样的思想会使人变得勇敢。在童年和少年时代不敢跟欺负弱小的人做斗争的人，不能挺身而出保护弱者的人，是不会成为未来的战士和勇士的。培养勇敢的精神，要求人的精神力量经常比身体的力量大得多，这是形成勇敢无畏精神的基础。身心之间的不协调，表现为双手的能动性受到精神上的软弱颓废的影响而不能充分发挥。从最"娇小"的年龄起，从幼儿园起，就应当培养人的精神力量。我们把这个好办法告诉家长们，劝他们根据这一条来进行自己日常的教育实践。

3. 要教育学生从幼年起就培养意志的目标导向性和坚韧性，培养抵制绝望和灰心丧气的能力，使他们成为能控制自己的动机、热情、愿望、情绪和欲念的人。意志的力量能够使体力的火花成为熊熊的火焰。意志软弱会熄灭体力的火焰，使之成为冷灰。勇敢精神是真正的身心之美，真正的信念和行为之美。我们认为，培养真正的爱国者，其艺术以及高明之处就在于，要使上述这些不仅成为影响儿童和青少年心灵的手段，而且成为他们精神生活中最本质的东西。人的意志最明显的表现就是：当他不想做需要去做的事情的时候，他会产生一种对自己憎恨、愤怒的情感。如果"不想"压倒了"需要"和"应该"，那么从这样的"不想"开始，就会产生庸碌无能、意志软弱和懒惰等不良品质。一个人要是不善于跟这种"不想"进行斗争，就会逐渐被懒惰所支配。我们要教育孩子怎样鞭策自己，怎样毫不留情地严格要求自己，怎样控制自己的愿望以及怎样憎恶那种害怕艰苦劳动的懦弱可鄙的情感。应该每天让青少年想到自己是一个精神上有力量的人。我们要让学生理解和深刻感受这样一条真理：意志薄弱、背弃信念，往往是从小事情、从"不想做"应该去做的事情开始形成的。

　　让精神和意志发挥作用，控制自己的愿望，是一种十分细致而复杂的过程。我们要经常引导受教育者去做出积极的意志努力，并且力求机智地、满腔热情地去做这项工作。使每一个儿童，特别是少年和青年在其精神生活中发挥精神和意志的作用，正是我们对年轻的心灵施加影响的深刻意义之所在。可以说是支配着一个人的学习和智力发展、道德坚定性形成和审美成长、创造激情喷涌的一条神经。如果不是这样，如果我们的少年学生不是高高兴兴、精神振奋、满怀激情的人，如果他们不来讲说他们是怎样做到了强制自己，克服"不想做"的心理，从而感到自己坚强有力，那么就没有也不可能有人对人的目标明确的教育影响。而如果没有这种精神力量或心灵的活动，那么即使那些以最巧妙、最细致的方式提出要求和进行监督的手段，也会变得软弱无力。由此又得出一条教育的规律：只有在少年和青年早期已经善于进行这样一种精细而复杂的精神劳动的人，才会成为道德上坚定的、能抵制不良影响的人。克服"不想做"的心理，就是对道德力量和美的一种自觉追求。

　　4. 当一个人遇到某种他似乎不可能做到的事情和不可能克服的困难的时候，他应当警惕自己，应当集中自己的一切精神力量去把"不可能"变成可能。我们认为，一个重要的教育任务是使每个人在他的童年、少年和青年早期能够做出英勇豪迈的行为，这种行为的实质乃是精神和创造力得到发挥的结果。英勇行为是精神支配躯体的实质表现。这里的教育技巧和教育艺术在于：到日常生活中去寻找真正能培养勇敢精神的场合。儿童和少年在短短几年里把几块数十平方米的荒地变为沃土，就是一种英勇豪迈的行为。一个人可以由此获得信心：深信自己可以达到目的，自己有忍耐力和坚持性。英勇豪迈的行为，是一种表现公民高尚精神的行为，是一种不能容忍挥霍浪费、管理不当、漠不关心和游手好闲等现象的行为。在创造全民财富的豪迈而又艰巨的劳动中，真正的集体主义以及社会与个人的一致性才会产生出来；人也才能逐渐成为劳动者，成为善于用公民的眼光看待世界的人，非常关切把一切事情做得应当是那样的人。

5. 经常教育学生鄙视卑劣可耻的行为，才会培养出他们的勇敢精神。我们要教育儿童、少年、青年，使他们对那些看到邪恶、懦弱、下流和无礼的行为而无动于衷的人产生愤怒、不能容忍、鄙视和愤慨的情感。人们总是以一定方式来彼此相互对待的，在人们的相互关系中包含着道德观念。我们教育学生：既然你看到和听到周围发生的事情，那你就已经是思想生活的积极参加者。那种竭力对任何事情都采取闭目塞听的态度的人，是卑鄙的胆小鬼。这是培养勇敢精神（在与别人的相互关系中无所畏惧）的一个十分重要和复杂的方面。我们要从受教育者的童年起就教育他们鄙视像漠不关心这类很有害的恶习。我们认为，一个特别重要的教育任务就是要在年轻人的心灵中永远燃烧起那种鄙视、仇恨和抗拒邪恶的火焰。我们要做到使学生对做出不道德行为的同龄人能当面勇敢地说："你正在走向深渊，要是你再不克服自己的恐惧心理、怯懦思想和意志薄弱的行为，你就会毁灭自己。"儿童和少年的集体，实质上是靠对美好事物的钦佩心理和对邪恶行为的鄙夷态度来维系的，是靠积极克服一切消极不良的东西来维系的。不这样做，就不可能有集体中各个人的思想、世界观、道德情操和审美情操的一致性；而不去力争求得这样的一致性，可以形象地说，成为战士和公民所必需的勇敢精神这个犁铧就不可能磨得闪闪发光。安静的、"平稳的"集体生活，没有矛盾和冲突的集体生活，那只能危险地证明：青年的心灵没有做出什么努力去培养勇敢精神、思想的坚定性和不屈不挠的精神。

6. 勇敢精神也是一种驾驭精神力量战胜躯体的弱点的能力。我们要使自己的学生坚信，人的意志的力量是无限的：在艰苦困难的形势下灰心丧气就可能导致失败、毁灭；一个人在跟敌人单独搏斗时常常可能发生这样的情况：那时唯一的武器只是精神的力量、意志的力量，如果善于利用这个武器，他就会获胜。善于驾驭精神而克服躯体的弱点是教育的最重要的方面之一。我们要这样教育孩子：不诉说自己的痛楚是男子汉的美德。你是男子汉，因此你就应当成为坚强的人，能忍耐的人。娇生惯养，多愁善感，这不是你的光荣。要是你牙痛或手指痛，不要急于向大家诉说，因为那是可耻的！要沉默，要忍住痛苦，到下课后，要是有必要，才去找医生。要善于忍受寒冷、饥渴以及其他困苦，要使自己经常朝气蓬勃，精神振奋。

第八章

全面发展的人的集体主义特征的培养

集体主义是社会主义和共产主义社会关系的一个突出的特点，同时又是我们的一条主要的道德原则和全面发展的新人的一个最重要的特征。集体主义反映着劳动人民的同志情谊、思想上的团结一致以及利益和目的的共同性的最重要的实质。

集体主义不仅是教育的结果，而且是一个教育的过程，是形成人的意识、观点、信念和行为的许多手段的总体。在集体中生活和劳动，是形成个人的几乎所有特征（这些特征统一地构成共产主义教育的理想）的一所学校。个人的有关善与恶、义务与正义、荣誉与尊严等观念和概念的形成，取决于集体这个人类群体的成员在劳动、精神、道德和审美等方面的相互关系上是以哪些思想作为基础。集体主义是一种道德的特征，它同前述的"信念的生命"紧密地联系着。儿童和青少年集体的内在本质，就是热烈向往那些美好、高尚、英勇豪迈的东西，而对邪恶的东西则加以鄙视，抱着不可容忍和不肯调和的态度。这是一种任何东西也不能代替的、群体在思想、道德和情感上的统一，它反映在这个群体协同地有组织地进行社会所必需的活动中。

个人是否完满，即在智力、思想、道德、审美、创造性、情感、公民意识方面是否完满，是由个人跟周围世界的交往与联系是否完满决定的，而周围世界，首先是指人们与人们之间的交往与联系。联合成为多种多样群体（从家庭到整个社会）的人们，他们的幸福劳动和完满精神生活的和谐性，则是由个人和集体之间的和谐性决定的。卡尔·马克思写道："只有在共同体中才可能有个人自由。"①共产主义教育的目的是使所有的人幸福，也就是使每个个人都幸福。但是，如果没有集体的完善组织，没有集体生活在思想、精神、智慧、情感、审美和创造等多方面的内容，上述理想是不可能达到的。教育过程的意义和教育者的技巧就在于：在深刻地研究、探索和考虑集体的发展和个人的发展之间相互制约与相互依存关系的基础上，最大限度地去找出个性形成的最有利的条件，为的是充分地展示人的全部素质、能力、禀赋和天才。

学校是人与人接触的世界。群体、集体每天数十次、数百次地接触着个人，接触着他的智慧、情感和人的尊严。教育者的任务就在于，一方面要使这些接触成为对个人成长最有利的条件，另一方面，又要培养每个人具有一种深刻的个人尽责能力，即对集体和社会负起责任的能力，如果没有这种能力及其随时随地的具体表现，没有由这种能力产生的习惯与传统，个人要得到真正的自由是不可思议的。如果没有高度发展的这种尽责能力，那么对自由与独立的追求就会转变为放荡不羁，使卑劣的愿望无所约束。哪里破坏了责任感和自由的和谐，哪里就会出现秩序混乱，不守纪律和为所欲为。

集体主义教育是从确立真正的、唯一正确的关于自由和幸福的观念开始的，这样的观念把自由和幸福看作对社会的一种义务和责任。从儿童幼年起就要教导他们确信，真正的自由和独立性，首先是指关心公共的利益，是指对他人，首先是亲属和亲近的人，而后对关系较"远"的同胞抱同情和关心的态度。集体主义思想的深远根源之一，在于能够敏锐地理解和感受到自己的每一举动、每一行为都对他人的心灵有影响。没有这样的理解和感受，就谈不上对邪恶和卑鄙行为抱不能容忍、不可调和的态度。谨慎地对待人，寓有我们教育的一个重要目的，即培养集体主义精神的目的[13]。

生活在人们中间，同走在一个神奇的花园里十分相似，在你周围尽是些露珠欲滴的纤细的花瓣，你要小心谨慎地走近和接触这些花瓣，做到不让上面的任何一滴露珠掉落下来。儿童一跨进学校的

---

① 中共中央马克思恩格斯列宁斯大林著作编译局. 马克思恩格斯选集：第一卷[M]. 2版. 北京：人民出版社，1995：119.

门槛，我们的全体教学人员首先感兴趣的应该是：儿童同他的亲属和亲近的人有些什么样的精神联系。正常的道德发展，集体的幸福和个人的幸福的协调一致，只有在这样的条件下才可能产生，那就是，儿童相信某人是非常需要我的，某人对我来说是最最亲爱的，某人把我看得像自己的生命那样重要，而我自己也是非常珍爱某人的，没有他我是不能生活的，他是我最最亲爱的。也许，这种信念并不是以明确的思想形式表现出来的，但是它以感受到生活充实的愉悦之情充满着儿童的整个心灵。同父母心灵交往的温存愉悦之情，对父母的发自内心的亲近之情，不仅是家庭集体所有成员的幸福之源，而且是产生责任感的源泉。懒惰、学习不起劲的原因之一，在于学生对于亲属和其他亲近的人对自己的关心抱十分冷淡的态度。相反，要是一个人同他人有了千丝万缕的精神上的联系，要是他意识和理解到自己的每个不良行为会给父母带来不幸，那么，各种丑恶行为（懒惰是其中最丑恶者）就会引起他的鄙视和憎恶的情感。如果一个孩子真正热爱自己的父母亲，那么他会孜孜不倦地学习。我们要使家长们确信：对子女的爱所得到的真正收获，是子女对你们的热爱；当子女热爱你们时，他们才能成为精神充实的人。对人真正的爱，是一种艰辛的劳动。出于爱而进行的劳动是人形成责任感和义务感的基础。"爱的劳动"在于一个人可以把自己的精神力量给予他人，而这样做时他可以得到一种对他自己来说是非常宝贵的东西。带给他人欢乐，同时自己也得到欢乐，就是一种"心灵的劳动""爱的劳动"。我们要敏锐地、严密地观察自己学生的生活和行为，深入思考这样一个非常重要的集体主义教育问题：学生是否有了这种给人们带来欢乐的愿望并且是否善于按照这种愿望来进行劳动？我们要教育他们，为了带给亲人、挚友和同伴以欢乐，应该有怎样的愿望，应该怎样具体地行动。在生活中，有千万种这样的情况：当儿童被我们的教导鼓舞时，他会感到我们的教导正是"爱的劳动"。

在集体成员之间的种种关系当中，友爱和同志情谊、忠实和热忱，都是培养"爱的劳动"素质极好的材料。在我们的学校里受过教育的几代人，已经立下一些真正的友谊的规则。我们深信，这些规则是集体最重要的道德财富。这些规则实际体现在学生间的相互关系之中，因为它们具备了十分重要的因素：集体的劳动具有深刻的思想意义，友谊、同志情谊和兄弟情感都建立在大家都有一种共同参与某种高尚事业的情感的基础上。这些规则的内容包括：

不要在朋友遭遇不幸的时候抛弃他，跟朋友不仅要共欢乐而且要共患难。在朋友有困难的时候与他断绝来往意味着自己在准备出卖朋友。

友爱能使人在道德上完善，因此，你的朋友怎样，你不能对之抱无所谓的态度。不仅要做忠实可靠的朋友，而且要注意在什么事情上忠实可靠，后者是主要的。真正的友爱意味着维系你们友谊的不是一些微小的利益，而是伟大的目标。

友爱，首先是相信人，对他有要求，向他负责。

上述三个原则和谐地结合起来，就会产生与志同道合的人进行精神交往的幸福。你越是相信朋友，对他提出的要求就越高，你所负的责任和义务就越大。

友爱同自私是不可调和、互不相容的。友爱教人献出精神力量和精神财富。当你有了一个忠实可靠的朋友时，你就会百倍地关心下列问题：你的周围在发生些什么事？你周围的人是些什么样的人？什么是他们认为神圣和宝贵的？什么是他们所喜爱的和憎恶的？

友爱教人忠实地爱，勇敢地恨。友爱是一个顶峰，从中可以发现极为细微的英勇和美好、庸俗和丑恶等表现。友爱使我们敏锐地看出善与恶。做好朋友意味着彼此严格要求。

友爱经得起灾难和危险的考验。人在最困难的条件下之所以还能顶得住，主要是因为感到了朋友的帮助。要追求这样的生活：从少年和青年早期起就能体验到志同道合的幸福，能体验到由于跟朋友在一个队伍里而使自己的坚定和不屈不挠的精神得到表现的幸福。

要追求这样的生活：让精神和理想的一致把你和朋友联系在一起。只有当友爱里所包含的理想的幼芽可以成长为明确的生活志向的茂密树林的时候，友爱才是强有力的，能使人高尚的。没有对未来的憧憬，友爱能持续下去是不可思议的。希望你能看到你的朋友跟你一起生活工作在祖国大地上，愿友谊成为照耀你的生活道路的明灯。

在青少年时期没有建立起忠实可靠、思想丰富的友谊的人生是空虚贫乏的。要是你不善于交友，你就是在虚度光阴。闪耀着高尚理想的光芒、**精神上充实的友谊**是你一生中的一种道德力量。你的幸福取决于你善于在青少年时期建立起这样的友谊并能在成年时期保持下去。

友爱能培养一种为高尚的、理想的事业献身的精神。因为在友爱里，人们付出的比要获得的多，或者真正获得的只是所付出的那么多。最慷慨的人才会成为最富有的人。为了理想而准备献出自己最珍贵的东西，为了人民的幸福而准备献出生命，是一种巨大的道德财富。一个人只有看到生活中还有比一块面包和一个安乐窝更重要的东西，才能拥有这种道德财富。真正的友爱能教人鄙视自私自利的行为。

自己感到羞耻，是懂得什么是真正的友爱，善于用自己的和朋友的眼光来看待自己的人才能发展起来的情感。自我教育，自我完善，不是像鸡蛋在母鸡孵化下变成小鸡那样的自我发展。人具有这样一种复杂的感受和意识：不只是我一个人在观察自己的个性。谁拥有不仅能勇敢地帮助自己而且能勇敢地憎恶丑恶事物的朋友，谁就能成为最善于进行自我教育的人。

对友爱有严格的要求，意味着在朋友背叛了那种作为友爱的基础的东西（努力去做高尚、美好的事）时有勇气去断绝这种友谊。背信弃义是一种最卑鄙的行为，学校生活的各个方面都要培养对这种行为不妥协的精神和憎恶的情感。

没有忠实可靠的、有责任感的友爱，就谈不上有什么集体。最牢固的、思想坚定的集体，是在友爱被崇高的生活目标所照亮的地方建立的，那里处处表现出有严格的要求和对邪恶不能容忍的精神。我们所说的有道德力量的集体，是由巩固的、思想丰富的友爱的个人组成的。个人对集体的责任感和义务感是同羞耻感紧密联系在一起的，因为只有那些想使自己无愧于享有高尚道德和美好友谊的人，才会对人们关于集体说些什么和想些什么非常敏感。

集体的建立和集体生活的开展需要具备一些条件，没有这些条件，集体一般是不可能形成的，而个人也会丧失从活生生的人的群体中接受最强有力的思想影响的机会。这些条件是同真正的友谊最紧密地联系在一起的，是由真正的友谊创造的。卡尔·马克思说过，对人的需要将成为共产主义社会中人最重要的需要[14]。多年的经验证明：要为满足人对人的需要来建立集体，又要使个人能在自己的发展中最大限度地感受到集体对他的教育影响，需要具备这样一些条件：

1. 要有共产主义信念。集体中全体成员的共产主义理想、信念、观点和情感必须跟相应的实践活动和谐地结合起来。

2. 学校集体的思想基础和组织基础要一致。如果学校里有思想坚定、精神丰富的人们——老一代的代表、善于教导人如何生活的共产主义者，那么，个人就会受到集体的良好影响。教导人如何生活是一门复杂细致的科学。这门科学的初步知识是：了解今天每个人在生活中最关心什么，预见他在明天、在一年后和十年后应当靠什么生活并将怎样生活；知道什么应当作为学生精神交往的基础，以便每个人在集体中能得到自己发展所需的精神财富，并能把自己的精神财富带到集体生活中来。

3. 要有明显表现出来的、内容丰富的精神生活。这种生活使教师和学生在思想、智力、创造等方面进行合作。只有当教师和学生的丰富的精神生活情趣在集体中交织在一起而相互促进并完善起来时，个人才会处于集体良好的教育影响之下。儿童、少年和青年在学校里不仅学知识，还在学校里生活。凡是忘记了这条真理的地方，学习就会成为学生的沉重负担，学生就不能成其为受教育者，这样也就没有集体。只有当人与人的交往中和人对人的需求的满足中有着极为多样的个人兴趣时，集体才能有完满的精神生活。我们要力求使学校以有趣的、令人振奋的、滚滚向前的生活像磁石那样吸引人（这时候学习也会像磁石那样吸引人），而只有在学校里存在这种"个人—集体—社会"的关系体系时，上述情况才有可能出现。只有使个人感到自己与社会是休戚相关的，体会到自觉地选择为社会利益而斗争的道路是由他个人的思想信仰、意志力、坚定和勇敢的精神决定的，而这种选择又决定着他个人的幸福时，集体对个人的教育影响才能成为一种现实力量。

4. 要有主动性、创造性和首倡精神。主动性不是自发地产生的。如果集体中缺乏目的明确的教育思想的引导，就不会产生主动性，只会产生混乱。主动性教育的意义在于，在集体和生活经验丰富的成人的影响下，每个人自身也在创造能影响他人的道德、智力和创造性等方面的财富。一个人的个性是从他感受到自己的智慧、情感和意志等方面的力量时开始的。主动性也意味着每个人都处在具有思想、精神、道德、审美等方面的财富（这些是影响他人心灵所必需的）的人的教育影响下。只有集体中的每个成员都积极参与教育过程，真正的主动性、创造性和首倡精神才有可能产生。如上所述，没有友谊就没有相互的教育。因此，必须十分注意精神生活的这个方面。

5. 要不断地丰富精神财富，特别是思想的和智力的财富。这是一个关于集体与个人接触和协调的十分细致的问题。要达到个人的思想上和智力上的丰富，首先要使思想在集体与个人的积极的公民活动中展现出来。我们认为，自己的使命在于使个人的思想发展水平超过他所受的教养水平，而不是落后于教养水平。集体对个人的直接的教育影响，取决于每个个人在想什么，是怎样想的，他的智力、兴趣怎样，他是怎样行动的，怎样确定和发展他对知识的需要的，以及智力的交往在集体生活中占有怎样的地位。具有丰富的智力生活，养成求知的欲望，树立信念。要做到这一切，必须有很大的内部动力。这种动力的源泉是集体的智力生活，以及在受教育者之间、在教育者和受教育者之间的相互关系中不断丰富精神生活的内容。

6. 要使兴趣、需要和愿望和谐。集体的教育力量取决于受教育者形成哪些兴趣和需要，以及兴趣、需要同愿望、爱好是怎样协调的。如果个人的兴趣和需要的满足能给社会造福，那么个人就是真正幸福的。当愿望是在高尚的道德需要的基础上产生和加强的时候，上述的那种和谐状态才能达到。如果需要和兴趣以及需要和愿望之间的和谐状态受到了破坏，那么就会导致集体的精神空虚，使集体成为一群寻欢作乐的人。如果集体所做的一切事情都以作乐消遣为目的，就会使少年特别是青年的生活变得贫乏，受到局限：个人变得空虚了，没有丰富的精神需要了；他的愿望主要只同获取物质享受、同种种娱乐联系起来。我们认为，自己的使命在于，不让一个人掉进精神空虚这种邪恶的罗网里去。

7. 个人通过集体经常同社会交往是培养集体主义者的一个非常重要的条件。限制儿童少年的公民活动是不能容许的。在半个世纪以前，15岁的少年已经参加革命小组，想的是怎样推翻专制制度了。而现在有些成年人和家长却认为15岁的少年只是小孩子，只是受教育者。这样的看法对教育工作是十分有害的。不能让少年的社会兴趣只局限于，按照教师或辅导员的要求在教室里浇浇花或者收集几千克废铁，那样会造成少年在公民活动和智力活动方面的幼稚病。我们要力求这样来培养集体主义的态度：使每个学生都能（通过自己的学校集体）直接面对社会这个最高级、最复杂、要求最严格的集体。这一点在实际上是通过集体劳动才能达到的。在集体劳动中，每个人都好像跟社会直接接触，每个人都会根据自己的经验而确信：个人可以积极参加促进社会发展的活动。在这种劳动中（例如为集体农庄的几百公顷土地育种），个人不仅为人们创造宝贵的物质财富，而且也在创造着自己。早在童年和少年，在同社会直接接触的时候，人就已在形成着自己对崇高的社会思想的态度。对这些思想的态度是人的全面发展的一个特别重要的因素。一个人的道德面貌，他的认识与行为的一致性，公民的活动，纪律性，对社会、集体、人民的责任感，这一切都取决于他的头脑里有怎样的思想，他在自己的劳动中是以哪些思想作为指导的。对活动的思想动机是个人的信念借以建立的基础。

8. 个人对自己的劳动和行为要有严格的纪律性和高度的责任感。我们认为教育技巧的最微妙的一个方面是，善于在集体中建立这样一些关系，使得每个人由于能用别人的眼光来看自己而能理解和感受到哪些事是可以做的，哪些事是不可以做的，哪些事是必须做的。一个人能否善于给自己提出要求，能否在此基础上感到对他人的责任，从而感到对自己良心所负的责任，这些都取决于一个人在多大程度上能以集体、社会的眼光来看自己。良心的约束是所有约束形式中最强的一种，它正是在一个人经常感到自己是在共产主义理想的光辉照耀之下，并为这个理想的实现而斗争这样一个基础上形成的。

9. 集体生活中要有丰富的情感。在实际工作中，我们力求做到：集体的内容丰富的生活，能够给每个人以高尚的欢乐——创造的欢乐。这是由于经常获得精神财富而产生的欢乐，由于体会到自己的同龄人和成年人对自己关注和尊重而产生的欢乐。个人的高尚的精神生活所导致的情感上的完满性，取决于他能否表现自己，即能否表现出值得社会、集体赞扬的良好行为，能否自我表现出值得社会、集体赞扬的良好行为。自我表现的一个最重要的领域是创造。使每个人在创造领域中表现自己意味着给予每个人以个人的幸福。

10. 要建立和保持传统，把传统作为集体的精神财富一代一代传下去。传统是一个宝库，每个人都要为它献出自己的礼物。为了使这种集体的财富对个人发生良好的影响，教育者需要有很高的技巧和艺术，还要有热忱的心和冷静的头脑。

11. 学校集体应与其他集体在思想、智力和审美等方面有丰富的相互联系。目标和活动的一致性把人们联结在一起。学校集体应该有由精神生活丰富的志同道合者和战友去实现的超出学习（日常掌握知识）范围以外的目的。这种目的越崇高，个人介入的关系就越丰富，全面发展的源泉就越多种多样。

学校集体是一些个人在精神上、劳动上、组织上很复杂的共同体。这些个人处在思想、智力、道德、审美和公民情感的不同发展阶段上，同时，每个个人又总是处在自己的内部运动之中。必须十分关心这些不同的个人的共同活动，这种活动常常既是刚刚跨进校门的一年级学生，又是在深思自己的生活道路、即将毕业的学生发展的出发点。关心人，对他负责，就属于那样的活动。集体的教育力量，在很大程度上取决于处在不同发展阶段的许多个人之间，也就是各种年龄的学生之间关系的丰富和多样的程度如何。这里包括在思想教育、智力、教学、劳动、独立创造和游戏等方面的关系。集体对个人的影响，是在年长者给年幼者传授自己的思想信念、知识、劳动经验、创造技能的过程中发生的。这些关系的丰富性，既决定了集体对个人的要求，也决定了个人的纪律性。集体给予个人的东西越多，对个人来说，集体过问他的生活就越有道义上的理由。集体的主动精神的实质，就在于保持集体给个人的东西和集体对个人所要求的东西之间的和谐。

集体对个人的内心世界越是能慎重对待，它的教育影响就越强烈。我们认为，儿童精神生活的某些方面是不宜公开评论的。属于这些方面的有：应受谴责的行为，其原因是儿童或少年家庭里的不正常状态，特别是父亲和母亲之间十分尖锐的对立关系；另一些应受谴责的行为或举动，其原因是儿童的精神状态不正常，或由于他没有父亲或父亲不是生父而造成的精神创伤；有些轻率鲁莽的行为，它们在客观上是儿童对遇到的粗暴、专横态度或者对其双亲或教师的错误的一种抗议；有些儿童在学习上的落后现象，其原因是他们虽然想去完成作业而又不能胜任；某些过失，其原因要到儿童（特别是少年）与他的朋友的极深的个人关系中去找。绝对不要要求学生去讲述那些他还不能作为社会现象和道德现象去理解的东西。

第九章

劳动教育和人的全面发展

列宁关于教学与生产劳动相结合的思想，决定着劳动教育（即实际培养年轻一代自觉而积极地参加社会生产、参与社会的物质和精神生活）的原则。我们是紧密联系德育、智育、美育来看待劳动教育的。我们认为学校教育的使命就在于，使劳动进入个人的精神生活、进入集体的生活，要使热爱劳动早在少年时期和青年早期就成为一个人的最重要的品质之一。我们在劳动教育方面的工作遵循下列各项原则和要求：

（一）劳动素养和一般发展（即道德、智力、审美、身体等方面的发展）相结合

在"劳动素养"这个概念里，不仅包括完善实际技能和技巧，掌握技艺，而且包括劳动活动在人的精神生活中的作用和地位，包括劳动创造活动的智力充实性和完满性、道德丰富性和公民目的性。劳动素养还指一个人达到了这样的精神发展阶段：他感到缺少为大众谋福利的劳动就无法生活。劳动作为一种高尚的道德鼓舞力量充实着他的生活，并且从精神上丰富着集体的生活。

（二）在劳动中展示、发现和发展个性

我们的劳动教育的理想是，要使每一个人早在少年时期和青年早期就找到一种劳动，在这种劳动中能够最充分、最鲜明地展示他的天赋才能，并给他带来精神创造性的幸福。我们在分析一个人对劳动生活的准备程度时，总要考虑到：他能给社会贡献些什么，以及劳动能为他的精神生活提供些什么。

（三）劳动高度的道德意义及其公益导向

我们的目的是培养为社会谋福利而劳动的愿望。因此，首先吸

引儿童参加创造全民财富的劳动（如提高土壤肥少，种植防护林、开辟果园等）。一个人在童年、少年和青年早期在为社会的无偿劳动中贡献的力量越多，他在内心就会更加深切地珍惜那些好像是与他个人没有什么直接关系的事物。劳动的高度道德性的实质在于：一个人把自己的智慧、技艺和对事业无私的热爱变为劳动的物质成果，他会享受到光荣感、自尊感，为自己的成就而自豪。

（四）在童年期和少年期早期参加生产劳动，体验劳动生活

要让儿童通过亲身体验，理解没有劳动就不可能生活，从劳动开始认识世界。只有在这样的条件下，人才能理解和盼望劳动的欢乐。为了吸引儿童参加生产劳动，关键就在于在周围的生产环境中，找到一些儿童能胜任并且具有社会意义的劳动项目。

（五）劳动种类的多样化

儿童天性喜欢各种类型的劳动活动轮流和交错进行，不同的劳动类型都有其各自的特点，所要求的技能和操作也各不相同。就是到了学龄中后期，学生对多样化的劳动仍然保持着兴趣。对高年级学生开展多样化的劳动，还是培养他们自觉地选择职业的重要条件。

（六）劳动的经常不断性

只有让意在达到社会目的、具有创造性的经常性劳动贯穿于日常生活中，才能为个人的劳动生活和精神生活的统一创造条件。

（七）儿童的劳动中要有成年人生产劳动的性质

儿童的劳动，无论在社会意义方面，还是在劳动过程的技术和工艺方面，都应当与成年人的生产劳动保持尽可能多的共同点。不应当限制儿童的发展：应当尽可能让他们使用跟成年人一样的劳动工具。当然，供儿童使用的机器、机械和工具，应当符合年龄特点及学校卫生和安全生产的要求。为儿童制造的专用的机器和工具，也应当尽可能地体现出真正的技术，并且能利用它们来进行真正的劳动，这是十分重要的教育任务之一。

（八）儿童劳动的量力性

在任何劳动中，都允许有正常的疲劳，但是绝不允许过度地耗费体力和神经系统。所谓儿童劳动的量力性，不仅是指体力负担要适合儿童的力量，而且要求把体力劳动和脑力劳动正确地交替进行，以及变换劳动活动的种类。由于把农业劳动（植物栽培、动物饲养）和技术创作活动（设计、制作模型、金属加工）交替进行，就使得儿童在从事单一的劳动时不能胜任的那种劳动变得能够胜任了。经验还使我们深信，劳动时儿童如果不是只进行一些零散的操作，而是围绕一个有意义的设想进行长期的活动，那么儿童的力量和潜力就能大大增强。

（九）劳动内容与技能和技巧相衔接

我们力求儿童在学龄初期和中期所做的一切，在他们以后的年龄里，能继续地发展、深化和在更加广泛的基础上加以运用。十分重要的是，要使少年时期的劳动成为他们在青年时期掌握新的技能和技巧的阶梯。例如，我们不能让十六七岁的青年才刚刚开始学习在金属上钻孔、为播种小麦整地、做果树的芽接，因为这些技能和技巧是他们在五年前就应当掌握的；他们对这些东西掌握得越好，他们进入青年期后的发展就越全面扎实。我们全体教师都很关心，使学生掌握多样的技能和技巧，使之符合综合技术训练的目的，但这并不是职业化，也不是过早专业化，而是所有学生都必须具备的劳动素养。

（十）劳动的创造性要求脑力和体力相结合

劳动的意图越有意义，学生的活动兴趣就越高，即使最简单的劳动也是这样（在人的劳动生活中是无法避免这种最简单的劳动的）。掌握技艺、不断地改善技能和技巧、进行实验、把科学知识运用于劳动，这一切都应当使学生看作一种道德高尚行为来理解和体会。

（十一）生产劳动的普及性

无论一个人对哪些活动种类表现出天赋和爱好，他在学校期间都必须参加生产劳动。所有学生都必须参加体力劳动（特别是那些包含着并不吸引人的、并不愉快的操作的体力劳动），这是保证集体有一个健康的思想基础的极重要的条件。

（十二）劳动与多方面的精神生活相结合

人的生活中不仅仅只有劳动，只有当他同时从文明宝藏和精神财富（文艺、音乐、绘画、运动、旅行）享受到其他欢乐时，劳动的欢乐才能在他面前展开。这些精神财富能够提高人，发展他精神上的崇高品质，从而使他更深刻地理解和体验创造活动的欢乐。在青年时期，人类文明的源泉在人的理智和心灵面前打开得越多，劳动就越能在更大的程度上使人变得高尚。

（十三）使学生体会到生活福利和文化财富的获得与他参加共同的劳动有依赖关系

生活应当使人深信，热爱劳动和勤奋工作的人所能享受的东西的大门，是向那些懒汉和不负责任的人关闭着的。我们学校和家庭共同努力，尽量使每一个学生认识到：使劳动者的生活充满欢乐的那些文化宝藏和精神财富，游手好闲的人是无法享受的。

建立物质基础是一个严肃的教育学问题，因为有了物质基础才能保证吸引儿童参加劳动，保证劳动活动的多样性及其与工农业生产的联系。在我们学校的工作室、教学工厂、实验室、专业教室、温室里，除了简单的手工工具外，还有比较复杂的机器和设备（例如加工金属和木材的车床、刨床、铣床、钻床等），还有高年级学生、教师和家长制作的专供8～10岁儿童使用的小型播种机、割草机、脱粒机。男女孩都要努力全面地掌握手工劳动的技能和技巧，这是他们过渡到操作机器的必需技能。学生先要亲自动手做出一个活动的发电机模型，并且把它跟播种机、脱粒机等的小型活动模型连接起来，才能被允许使用电工装配和无线电工方面的复杂的工具和仪器。学生先要在儿童发电站掌握了维护发动机和发电机的技能，才能被允许到教学发电站去操作。少年们先学会驾驶学校里制作的微型汽车，然后才能学开摩托车，最后再学驾驶真正的汽车。由于创造和利用了适当的物质基础进行劳动教育，我校所有上完八年级的学生都会操纵内燃机，驾驶微型汽车和摩托车。约有75%的八年级毕业生能驾驶汽车和拖拉机。九、十年级的学生都能开拖拉机。但这并不是专业化，而是进行劳动和综合训练的基础，掌握这个基础是学生劳动定向和专业定向必不可少的条件。

为了正确地组织劳动教育和充分发挥劳动在个人全面发展中的教育力量，我们按照下列特征把劳动进行了教育学的分类：

按社会意义来分。使学生认识到，为全区的集体农庄培育麦种和在教室里、在家里每天擦洗地板是同样重要的，要做好这种道德上的训练。但是，那些对于创造社会物质技术财富和增加全民福利有明显作用的劳动种类，则具有特别重要的教育意义。

按教学目的和教育目的的相互关系来分。某些种类的劳动其目的首先是为了掌握知识、技能和技巧，而另一些种类的劳动则主要追求教育的目的——形成道德概念、信念和习惯，丰富道德经验，锻炼精神力量。个人的全面发展就取决于，在学生的生活中，既要有前一种劳动，也要有后一种劳动。

按劳动在实现智育、德育、体育、美育、综合技术教育中的作用和地位来分。要达到个人的全面发展，关键是在劳动中使共产主义教育最重要的组成部分都能得到体现。

按智力和体力的相互关系来分。体力劳动越简单、越单调，那么越不能"为劳动而劳动"，而是使体力劳动成为达到最终目标——实现创造性意图的手段。我们力求使学生把动手和动脑结合起来，使体力劳动作为一种精神成长和完善的手段而吸引男女青年。

按劳动工具的性质来分。劳动的技术手段和工艺过程越复杂，个性的天赋和才能得到开发的可能性就越大。但是，运用复杂的技术手段要求学生预先掌握手工操作的技能和技巧（设计、制作模型、装配零件和部件、整顿和调节）。

按劳动的成果来分。在一种情况下，劳动能创造出看得见的物质成果；在另一种情况下，它只是为创造物质成果做准备；而在第三种情况下，则根本没有物质成果，劳动只给人带来精神上的丰富（例如帮助老人或病人）。在一种情况下，劳动成果可以在人们之间分配；而在另一种情况下，劳动成果对于社会是有价值的，但并不是消费品。为了达到个人的全面发展，必须把以上各种劳动结合起来。

按报酬来分。学生应当珍视从社会免费得到的福利应当理解这些福利和都来自人们的劳动。为此，必须首先吸引青年一代参加为社会谋福利的无报酬劳动。但是，付给个人的报酬、列入家庭预算的个人工资，也具有重大的教育意义。

劳动教育从学生坐在课桌后面读书起就开始了①，课桌是一种最复杂的"机床"，掌握它并不那么简单。学校最主要的也是教育技巧上最细腻、最难做到的事，就是如何使幼小的儿童、少年和青年感到无所用心是可耻的，懒惰和游手好闲是可鄙的。无所用心可耻，热爱劳动光荣，是世界上划分人的第一条标准，我们力求在学生的意识中确立这种认识。在这里，劳动者的尊严感是一种原动力。也就是说：要使坐在课桌后面的人深信他是一个进行认识活动的劳动者。为了教育学生鄙视无所用心的情形，把懒惰和游手好闲看成可耻的事，有经验的教师总是向青年劳动者强调尊严感：一个人不做出一点事来是可耻的；不动脑筋思考是可耻的；无所用心、虚度光阴是可耻的。教育者要善于激发学生的荣誉感，教育他们为人正派，自己尊重自己。

上课是所有学生都必须从事的脑力劳动。但是在培养劳动者的工作中，更为重要的一点，就是使每一个学生都有个人的上课之外的智力兴趣和爱好。我们认为，只有真正地使每一个少年、青年都在书籍和思想的世界里过着丰富的充满激情和欢乐的个人化生活，都能全身心迷恋一种艰巨而激动人心的脑力劳动，教育者才算完成了自己的使命。而劳动教育最深的根源也正在于此。如果一个人到了十四五岁的年纪，还没有积累下自己的精神财富——带着激动的心情，像发现神秘的启示一样通宵达旦地读完一二百本书（有时候也可以让年轻人度过一些不眠之夜），那么他就算不上一个有着英勇顽强精神的好汉和劳动者、未来的丈夫和父亲。对未来的女劳动者和母亲也是一样。热烈、丰富的智力生活是一股强大的力量，能使年轻的心灵贪婪地、不知疲倦地去追求最伟大的人类财富——劳动。如果一个少年没有在适当的年纪、通过亲身的体验，认识到只有知识、思考才能使人变成劳动强有力的主宰者这样一条真理，那么你就是用锁链也无法把他捆在课桌上，用任何计谋也无法强迫他真心实意地学习。

为自主地选择职业、发展才能和爱好而掌握必需的知识、技能

---

① 苏联教育学中把学习也列入劳动这一概念中，作者在这里就是从广义上使用"劳动教育"这一术语的。——译者

和技巧的工作，按照下列两条途径相结合的办法可顺利开展。

1. 落实教学大纲①规定的全体学生的必修劳动课（一至四年级的手工劳动课，五至七年级的在教学工厂和教学实验园地的劳动课，八至十年级的掌握工农业生产基础的课业）。儿童直接用手和借助工具加工各种材料，进行设计，制作模型（与此同时改进使用工具的技巧），从小就掌握整地、照料植物和果树的各种方法。劳动的教学因素逐步地、越来越多地与生产因素相结合：制作各种直观教具——仪器、器械、模型、工具；种植各种粮食作物和经济作物。为女生选择一些花费较少的体力但是要求较高的精确度和设计技巧的劳动作业。知识、技能和技巧带有综合技术性。也就是说，它们能运用于各种基本的生产部门：学生学习操纵内燃机、拖拉机、汽车，学习电工和无线电工的初步课程，进行植物栽培和动物饲养方面的实习，学习操作金属加工机床，学习每个劳动者须知的保护自然课程。

2. 培养学生从事劳动和促进其全面发展的第二条途径，就是根据学生的素质、兴趣和爱好设置相应的劳动项目，让学生自主选择。例如，我们学校里有许多课外小组，按年龄或者兴趣把学生结合在一起。儿童一跨进校门，就进入了一种从事各式各样创造性劳动的氛围之中。每一个学生都毫无例外地在自愿选择的课外小组里劳动，同时，儿童、少年和青年在一起劳动（少年设计师小组、建筑家小组、车工小组、电工小组、植物栽培小组、园艺小组、养蜂小组、养花小组、选种小组、土壤研究小组、自动化和遥控小组等）。课外小组一般都是学生独自活动，由年长的同学带领年幼的同学。各种技术小组和农业小组广泛地把儿童引进创造性的世界。例如，少年钳工设计组的成员，不仅能在活动模型中复制出真正的机器和机体（如谷粒清理联合机），而且能发明动力机和工作机新的接合法及各部件新的接合法。少年育种小组在培育更高蛋白质含量的小麦及更高脂肪含量的向日葵。在一个课外小组里获得的技能和技巧，有助于儿童转到另一个小组去，即由较简单的劳动过渡到

---

① 文中指1970年前适用的乌克兰苏维埃社会主义共和国普通学校劳动教学大纲。——译者

较复杂的劳动,由使用较简单的工具和机械过渡到操纵较复杂的机器。由于在课外小组里从事过各种劳动,每个学生到八年级毕业时,能够在不太复杂的机床上加工金属和木料,用现成的部件装配机器和机械的模型,装配由电动机和工作机组成的联合机,装配收音机,还学会了整地、播种、照料幼苗、收割,以及饲养牲畜、驾驶汽车和拖拉机、栽培葡萄和果树等。

在高年级,学生的劳动和智力兴趣加速分化,对某一门学科的特殊兴趣同掌握高度的劳动文明结合起来。高年级学生组成各种学科小组,如技术小组、物理小组、化学小组、生物小组等。在这里,创造性劳动同研究理论问题相结合。例如,技术小组成员们制作了3台程序控制车床,设计了颗粒物自动计量器以及几台电子计算设备。在生物小组里,研究土壤微生物的生活状况,进行试验,目的是创造一种有利于有益细菌繁殖和加强种子生长力的环境。

劳动和对多种技能的掌握是以科学技术进步为目标的。在教师的指导下,学生探索怎样在农业劳动中运用机器。一个人只有在少年和青年时期,通过自己的努力,用机器或机械取代某种劳动过程,才能培养起他对农业劳动的热爱。这既是一种提高人的尊严感的创造性劳动,同时是一种对劳动生活的心理准备。要使教学实验园地、温室、学校果园、养蜂场、生物实验室等都变成技术文明的学校,这一点是很重要的。

要给从事任何劳动的人以幸福,意味着,要帮助他在无数的生活道路中,找到那一条最能充分地发挥他个人的创造力和才能的生活道路。共产主义教育的实质,就包括要在每一个人的身上发现和找出能使他在为社会谋福利的劳动中给他带来创造的欢乐的那一条"含金的矿脉"。每一个学生是否能够成功地、正确地决定自己在集体中的地位,并且完成自己对人民的义务,将影响到他的生活在道德上、智力上、审美上是否完满。在把人摆在首位的社会里,任何劳动都可以提高到创造性的高度。对每一个儿童来说,他在其中表现为一个真正的创造者、诗人和艺术家的劳动,都可以成为一种精神的创造活动。我们的使命就是,在学校里不要使任何一个学生成为毫无个性的、没有任何兴趣的人。每一个学生都应当从事一件他自己感兴趣的事，每一个学生都应当有一个开展心爱的劳动的角落，都应当有一个劳动表现突出的年长同学作为自己的榜样。每一个人不仅应当自己学会一样东西，而且应当把自己的知识和技能传授给同学。集体的内部联系因此而建立起来。人只有当他进入与他人的道德关系之中时，才会开始感到自己的创造力和才能，事业感就是这样产生的，自我教育也是这样进行的。在劳动过程中，当一个人开始看到自身的优点在他人身上表现出来，以及他人好像成为他衡量自己的一面镜子时，集体成员之间的道德关系才能最充分地表现出来。每一个儿童身上都蕴藏着某些尚未萌芽的素质。这些素质就像火药：要点燃它，就需要火星。灵感、对年长或同龄同学的技艺的爱慕，就是这样的火星。在集体中劳动，不仅使人能对自然界、周围世界施加影响，而且能使心灵、思想、信念、情感、感受、兴趣、爱好相互作用。我们认为，教育的最重要任务之一，就是让任何一颗心灵里的火药被点燃，使一切天赋和才能都最充分地发挥出来。

　　劳动越复杂、越有趣，其中智力的因素越鲜明，那么年长同学和年幼同学之间的精神财富的交流和互助就具有越发重要的意义。在每一个能力超群、才华卓绝的学生身边，总是聚集着几个喜爱这项活动的小同学，有时候他们只是对年长同学所做的事感到好奇而已。而这种能力超群、才华卓绝的学生，往往并没有想到自己去做指导者，只是埋头于自己的事，甚至没有觉察到旁边的人在干什么。有意识地对年幼同学进行指导，是后来才出现的。从入学的最初几天起，周围就有各种各样的劳动包围着儿童，就像是有各种力量的磁石吸引着罗盘上敏感的指针一样，给儿童指示道路。磁石越有力，即儿童对参加的劳动越有兴趣，就越能充分地显示儿童的才能、爱好和志趣。经验证明，在教师或年长同学的劳动热情的感召下，儿童对什么都不感兴趣的冷漠态度是维持不住的。如果发现哪一个儿童或少年对一切都很冷漠，我们就要设法找一个人从精神上去接近他。个别对待就是从这里做起的。

　　个性表现的重要规律，就是使每一个学生在他心爱的活动中取得优异的成绩——掌握劳动技巧，达到完美的境地。通往成功的道路一般是要经过长期探索的，一个人要在各种不同的活动中尝试自己的力量。但是，如果学校里有一种普遍热爱劳动的气氛，学生就能找到一项比同龄学生更突出地表现自己的活动，从而为自己的技艺感到自豪。我们特别注意他们的天赋还没有明显地表现出来的学生，着重培养他们的才能和爱好。我们深信每一个人都可以在某项活动中成为诗人、艺术家，因此我们千方百计使这些学生把全部精力集中在一个领域里，挑选一项活动，深入细致地钻研它。

在培养学生的个人爱好、才能和志趣的时候，我们同时考虑到未来社会的劳动分工的特点。马克思写道："这种按一定比例分配社会劳动的必要性，绝不可能被社会生产的一定形式所取消，而可能改变的只是它的表现形式……"[1]建立在社会生产的高度科学技术基础上的劳动分工，将会保证每一个人自由地选择能够最充分地发挥他的才能的那种活动。不管是园丁或建筑工，冶炼工或地质学家，育种学家或土壤学家，医生或教师，在任何专业中，都将把物质财富的创造者和思想家结合在一个人的身上。

---

[1] 中共中央马克思恩格斯列宁斯大林著作编译局. 马克思恩格斯选集：第四卷[M]. 2版. 北京：人民出版社，1995：580.

第十章

美育和情感修养

　　美是道德纯洁、精神丰富、体魄健全的强大源泉。美育的最重要的任务，就是教会儿童从周围世界的美和人的关系之美中看出精神的高尚、善良和诚恳，并以此为基础在自己身上确立这种美。

　　美育在教育教学工作系统中占有特殊的地位。它与个人和集体的精神生活的各个领域有着多方面的联系。在人的全面发展教育的总过程中，美育起着很大的作用，而美育本身又依赖于多种因素、条件和前提。美育的方法、方式和手段的有效性，首先取决于教养和教育的和谐，取决于正在成长的人的各种需要的和谐，取决于愿望的修养，取决于智力发展和积极活动的相互配合，取决于个人在集体中的道德关系的丰富性。

　　造就有美育修养的人，在很大程度上取决于"美"这一涵盖面广的概念是否在个人和集体积极的精神生活中充分地表现出来，取决于我们周围现实的美是否与思想和信念深刻地结合起来。美的需求、感受和体验得以丰富的最重要的条件之一，就是个人高度的智力发展——确立理想的富有创造性的活跃的智慧。肤浅的知识和思想的僵化，是美育的首要敌人。而且，单凭在学校时代所掌握的知识的广度和深度本身，还不能表明一个人的审美修养的程度：有一些人，他们掌握了不少的知识，但在美的世界中却浅陋无知。只有当人的智慧在人们的关系、行动中被高尚的思想和信念之光照亮时，智慧的美的方面才能展示出来。

　　学校里每天都在为掌握知识而进行紧张的劳动，所以一般来说，只有当我们教师善于把每一事物、每一概念的实质中能引起审美评价的那一方面指给学生时，美育才可能实施。在这里，极其重要的是要培养学生有自己的思想态度的能力，培养他们在认识、学习、研究的东西中有感知其中最细微的道德色彩的能力。集体和个人的思想和信念的水平，就取决于他们对待思想的态度如何。

从学校教育的第一天起，我们就教孩子们观看、感知、理解周围世界（自然界和社会关系）的美。感知和理解美是审美教育和审美修养的基础和核心，离开这个核心，对于生活中一切高尚的东西就会没有感情，失去知觉。

我们力求做到，使儿童精神生活的各个方面（脑力和体力劳动、创作、社会活动、道德—审美关系、友谊、爱情）都贯穿这样一种思想：要珍视和保护美，美能使自己变得高尚。正如从开学最初几天起就要悉心培育儿童的智慧一样，我们必须同样小心翼翼地培养儿童敏锐的、"任性的"审美鉴别力。我们教给儿童在任何一个季节、任何一种天气的情况下都能看见自然界的最富于细微差异的美。为了这种教育，十分重要的是要找到美的角落和美的时刻，以便让儿童在此时此地看见、感知、理解，并把这些东西深印在自己的心中。这是培养情绪记忆（把自然界的和人身上的美印入记忆）的实质所在。在童年时代美的记忆的发展情况如何，将在很大程度上决定一个人的赞赏和鄙视、热爱和憎恨的能力。我们带领孩子们去欣赏朝霞和开着荞麦花的白色田野，欣赏准备过冬而入睡的树林和池面上最初的透明的冰层，欣赏秋天的灰蒙蒙的雨丝和晴朗的初秋的早晨，欣赏无边的田野和远处地平线上的小丘，欣赏云雀的歌唱和蜜蜂的嗡鸣……。在宁静而明朗的初秋日子里，我们让学生注意观察空气是那么惊人地透明，天空是那么深邃，水是那么清澈。在秋天的树林里，孩子们倾听各种鸟儿的叫声和落叶轻微的沙沙声。要使儿童注意到这一切，倾听到这一切，教师就必须以鲜明的、充满情感的语言向他们揭示这种美。教师讲的话带有审美色彩，这是一把最精致的钥匙，它不仅开发情绪记忆力，还能深入大脑最隐蔽的角落。

经历了学校生活的第一个秋季，我们就深信：美是善良和诚恳之母。赞叹长着火红色的硬果的野蔷薇，欣赏还挂着几片黄叶的枝干匀称的小苹果树，心疼被初冬的寒风吹僵了的西红柿株，这一切都在唤起儿童对有生命的美好事物的亲切、爱护的态度。在儿童心里，一株植物变成了有生命的东西，这个生命在凛冽的寒风中会索索发抖，于是孩子就想保护它抵御严寒，……孩子们还欣赏被白雪覆盖的阔叶林，赞叹被阳光染成粉红色的积雪的闪光，观察一月傍晚的暮霭和二月的暴风雪，倾听冬季小鸟的啾啾声。我们不止一次地趁天色未亮就来到树林边，迎接冬天的日出，欣赏雪堆上变幻的各种色彩，倾听清脆的滴水声，观看农舍屋檐上挂着的被阳光照射成各种色彩的宝石般的冰凌……。在春天，孩子们欣赏万物复苏的景象。树上最早长出的嫩芽，春天最早开放的野花，青草最早出土的嫩芽，最早飞出的蝴蝶，最早传来的蛙鸣，最早飞来的燕子，第一次听到的雷鸣，这一切都作为永恒的生命的美进入了孩子们的精神生活。果园开花期间，对孩子们来说是真正的节日。我们教导孩子们说："在这些日子里不能睡得太久，否则会错过欣赏美的时间。"孩子们在日出以前就起床了，他们抓住时机去观赏第一束阳光怎样照亮那还带着露珠的花朵。关于这种美，要有人指给孩子看，讲给他们听，否则他们自己是不会注意的。敏锐地感觉自然界的美，欣赏这种美，是感受生活的欢乐和认识生命的价值的源泉。如果这个源泉是枯竭的，那就谈不上人的完满的全面发展。

　　学龄前期和学龄初期正是个人的意识、情感和意志确立的时期，这时特别重要的是使儿童感觉到美，对美的事物欢欣鼓舞，为永恒的自然美和人类用双手和智慧创造的美赞叹不已。对美好事物的惊奇、赞赏和崇拜是不可缺少的，否则就无法确立真正文明的智力情感和道德情感。在学校里学习的许多东西，随着时间的推移，肯定会被遗忘，但是，凡是人的思想接触过的那些文明的财富，都会在人们的心灵里，首先在情感和内心体验里留下痕迹。如果无视这一真理，那么学习对儿童来说就会变成令人厌烦的事。

　　教育者的最重要的任务，就是要使儿童、少年和青年形成关于人的美、关于人的思想、情感和体验中的高尚神圣东西的观念。我们要使这种观念成为有血有肉的东西，用高尚的道德行为的生动实例来充实它。

　　在关于人的美的观念中，占首要地位的是人的精神美——思想性、忠于信念、不屈的意志、同情心、对恶的毫不妥协的精神。我们通过鲜明生动的、富有思想性的故事，讲述精神美的人物，让人类在过去和我们今天所创造的一切道德财富进入学生的意识和心灵。这些故事使学生思想激动，迫使他们思考自己的行为。如果做到了这一点，那么集体中的关系就会受到道德美的鼓舞。早在少年初期，就应当使每一个学生对某一个具有精神美和道德美的品质的人热情地崇拜。

美育和德育的联系，也体现在对待劳动和学习的审美态度中。我们在进行劳动教育的时候，力求使每一个学生把自己美好的精神品质倾注到所创造的财富中去，把自己"物化"在劳动中，使他热爱劳动过程本身，感受创造性活动的美。正因为如此，在劳动教育中，个人的劳动爱好和为个人设置一个从事心爱劳动的角落，才具有如此重要的意义。美育是跟培养求知欲、钻研精神紧密联系的。使学生认识人类追求幸福，就是社会的进步势力为取得社会的公正、为人民美好的未来而进行斗争，而且自己好像也在亲身参加这场斗争。只有在这样一个条件下，他才能更加清楚地理解劳动、思想和智慧的美。用马克思的话来说，我们请出过去的什么亡灵来帮助自己[15]，我们希望在过去的东西中发现和改进什么，以及我们认为什么是必须摒弃的；这些都在很大程度上取决于我们对历史经验的情感审美的评价如何。

美对于人的精神世界的影响，取决于人的活动的性质，取决于高尚的东西是怎样进入他的活动和创造中去的。我们很注意使学生培养对待大自然的珍惜、敏感的态度，使他们从事创造美的劳动，这些都具有积极而实际的性质。对于文学、音乐、造型艺术作品的美的感知，也需要学生产生积极的内心活动：对感知对象本身所具有的那些品质进行评价和深刻的体验。我们给儿童和少年反复朗读那些以巨大的力量反映自然美和人的美的文艺作品。语言帮助儿童更深刻地感受美的最细腻的色彩，而美又好像在儿童意识中加强美的情感色彩，把语言的旋律和芳香送入儿童的意识和心灵。

绘画和音乐在美育中占有特殊的地位。我们赋予儿童看见和感知美的能力以巨大的意义。为了培养这种能力，我们让儿童观看绘画和欣赏音乐作品。绘画和音乐起作用的领域，是在语言所不能触及的地方开始的。有些无法用词语表达的东西，可以用色彩的和谐与音乐的旋律来叙述。我们力求这样来安排美育的实际工作，使绘画和音乐中所反映的高尚的思想世界一年年地在学生面前深刻地展现开来，这些思想包括：人为了争取幸福、反对奴役和压迫而斗争的思想，劳动人民团结友爱的思想，忠贞不渝的纯洁的友谊和爱情的思想等。体验美的享受是促使人在艺术领域里从事个人创造的最初动力。这一点特别明显地表现在儿童和青年的文学创作尝试上。年轻人对诗歌作品、绘画和音乐里表现的美的体验越深，他对自己的精神世界的兴趣就越浓，他想用语言表达自己的思想和情感的需要就越强烈。这并不单纯是语言创作，而且是美好事物在激发人去审视自己的内心，陶冶自己的情感。

在美育中，儿童周围的环境具有重要的意义。儿童跨进校门，他所看到的一切，所接触的一切，都应当是美的。环境美是由天然的和人工创造的东西的和谐构成，这种和谐能唤起愉悦的情感。让儿童、少年和青年去创造美，这是教育工作的一个重要领域。在我们学校，为每一年龄段的学生都安排了一套有审美意义的劳动。这种劳动要求把创造需要的和美的东西统一起来。

教育工作中有一个很重要的领域，这就是美育和智育紧密结合。让我们谈谈对那些能力较低的儿童的教育吧。多年的研究使我们得出一个结论：那些能力较低、思考较慢的儿童，不仅是因为他们记忆力差，更是因为他们的思维没有得到发展。因此，出路不在于强迫能力低的学生去熟背和记忆教材，"训练"他的记忆力，那样会使他的神经系统和整个机体精疲力竭，而记忆力反而变得更差。在许多年前我们就提出了这样的疑虑：在四至六年级又出现一些学习能力降低的学生，其原因恐怕就在于破坏了记忆与其他心理活动过程之间的和谐。这些心理活动过程，用苏联生理学家阿诺辛的话来说，是大脑的生命的、中枢神经系统的最精细的过程[①]。只有改善大脑及其机能特点，才有可能改善记忆。如果不对人的整个精神生活施加和谐的影响，那么要影响记忆和思维是不可思议的。对脑力劳动方面能力较低的儿童进行的全部专门的教育工作，就是要用心理学的手段改善大脑的状况。

---

① 参见阿诺辛.生物学与条件反射神经生理学[M].莫斯科：医学出版社，1968：5–10.

把形象和词融为一体的美，就是一种极其重要的心理学手段。我们对于能力较低的儿童，在美的世界里——自然界里进行一些专门的活动。孩子们一面观察自然界的美，一面领悟词的美。多年的经验证实，富有诗意的词（关于儿童所见到的事物的词、诗歌和童话的词）包含着一种刺激思维和记忆的巨大力量。

在宁静的夏天的黎明时刻，我们带领孩子们来到湖边。在我们眼前出现了迷人的美景——朝霞。孩子们感觉着、体会着"朝霞""破晓""闪烁""天穹"这些词细腻的感情色彩。教师又即席给孩子们讲了一个关于在天空播种罂粟田的大力士（就是我们现在看到的东方的一片红色）的童话。这时每一个孩子都体验到一种无可比拟的精神振奋的状态，在儿童的心灵里，词有了生命，显得亲切、华丽。词对儿童的鼓舞、感染力量越强，儿童的头脑对周围世界和教师的思想就越敏感。这一点已经为千百次的观察所证实。

富有诗意的词是儿童大脑的清醒剂，是思想的翅膀借以翱翔的空气。儿童一连几年（在小学学习期间）每天傍晚都到教师那里去听童话和自编童话。在这种词的运用中交织着思想和美。在这里，可以尽情地欢笑，尽情地表现忧伤和同情，尽情地表达对邪恶的不可容忍的情感。富有诗意的词是进行情感教育的最好手段，儿童在这里理解情感的语言。借助富有诗意的词，能使儿童的记忆变得更灵活：大脑不仅有储存能力，而且有"支付"能力，这种"支付"又是"有分析"的，似乎能感觉出词最不易觉察的感情色彩。我们坚信，诗歌创作能教会儿童思考，从而改善大脑的机能，使它娇嫩的、最敏感的部分受到锻炼。

最后，富有诗意的词和诗歌创作，是形成和发展情感记忆最好的心理学手段。情感和精神状态的识记是巩固逻辑记忆的重要条件。学校招来的儿童中，有些人的记忆几乎连任何情感状态的痕迹也不能保留下来。多年的经验告诉我们：要改善这类儿童的逻辑记忆，必须从发展他们的情感记忆着手。因此，关心儿童集体的情感生活，是中小学教育工作的一个重要方面。教师还必须关心每一个儿童的情感生活，因为要触及儿童思维和记忆的奥秘是十分困难的。我们在十年的时间里研究了儿童对同情、怜悯、担忧、痛苦的内心体验是怎样在他们的精神生活中反映出来的。我们从这些观察中得出的结论是：为了使每一个儿童具有情感与审美的财富，为了使我们的学生成为美育上发展的人，就必须使他认识人，使他用智慧和情感去深入理解他人的精神世界，理解他人高尚的思想和情感。

第十一章

爱情的道德修养和对结婚、做父母的准备

做好道德上的准备，以便将来真正以爱情与友谊为基础建立家庭，是人的全面发展最微妙的一个领域。在这个领域里，个人的切身利益和社会利益密切联系在一起。爱情的高尚与纯洁体现着一个人——丈夫、妻子、父亲、母亲的公民品格。高尚、纯洁、深厚而忠实的爱情与友谊，是社会主义社会家庭的基础。

爱情属于特殊的情感审美范畴。善于轻轻地触碰一下，却不干涉这个人与人关系中脆弱、娇嫩的领域，是教育者以至所有人富有智慧和修养的标志。企图未经许可就闯入他人的幸福殿堂，进去随便看看，好奇地打听打听，愚蠢地干涉这种不可侵犯的事情，突出地暴露出一个人的粗鲁无知。爱情、婚姻、生儿育女，是人类自由中最自尊而又最易受伤害、最隐秘而又最脆弱的部分。

虽然爱情是个人的和不可侵犯的，但是它又深刻地影响着社会生活，因为它缔造着下一代。爱情是人类最美好的自由，同时又是最严肃而不易觉察的社会义务。因此，培养爱情上的高尚品德，要从进行愿望的修养开始，要从希望和应该在道德上建立无可指责的和谐开始。真正的人类自由和美德就表现在一个人对某种东西是要还是不要、对他人的愿望是说出来还是严格而理智地加以抑制能独立地做出决定。须知做出这一决定的人乃是社会的一员。要使爱情在道德上表现出纯洁与完美，首先在于培养一个人对社会主义社会中所不应有的那些欲望绝不容忍的情感。这是因为一个有道德修养的人总是厌恶地摒弃和抑制自己身上的这种欲望，并且憎恶他人身上的这种欲望。放纵欲望，任其自流，是严重的道德恶习，

它不仅给那些没有教养的人，而且给全社会带来不幸。高尚而完美的愿望，在教育儿童上能发挥出巨大的精神力量。哪里丧失了这种完美的精神力量，哪里的人就会变成畜生。这是多么危险啊！在爱上一个姑娘或小伙子之前，你首先要因为她（他）是一个真正的人才爱她（他）。这是我们向学生灌输的富有教益的主导思想。真正的爱情是人类的一种忠贞不渝的情感，即使所爱的人老了、弱了、病了，甚至死了，也依然爱他（她），追念他（她）。我们认为，使我们的学生成为一个具有高度愿望修养的人，有着重大的意义。利用学校教育可以把未来的父亲和母亲培养成为品德高尚的人。培养好的父亲和母亲，也就是培养好的丈夫和妻子，实质上是学校工作中最重要的培养目标之一，因为几乎所有的学生都将成为父亲或母亲。

　　很遗憾，有一些家庭在某种程度上表现出一些恶劣的欲望。如果不用某种东西对抗这一祸害，那么，一个人从幼年起就会很难被教育。因为愿望的教育是形成一个人的行为、形成对其他人的态度（是体贴关怀还是漠不关心，是心地善良还是幸灾乐祸、强暴凶狠）最重要的因素之一。一个儿童或少年，如果他不善于理解身边的人，如果他为了自己的舒适竟然对他人的不幸不予理睬，那么，他就是一个可怕的人。我们所关心的就是预防这种祸害。家长对子女的教育，实质上应从关心愿望的修养开始。如果儿童不是生活在年长者（父母、兄长和姐姐）具有高尚愿望的氛围中，那么，对于未来的父亲和母亲进行正常的教育是不可能的。我们劝告做父母的人，要在家庭中创造一种充满诚挚坦白、合乎道德的动机和愿望的气氛。这将有助于教育孩子学会爱并忠实于他人。我们还向家长们提出建议，要他们对即使微小的利己主义思想也要表现出不能容忍的态度。

　　在儿童时代，尤其是青少年时代，自觉地控制愿望对一个人健康成长起着重要的作用。我们给孩子们讲生活中生动的事例，促使他们对愿望进行思考。然而事情并不这么简单，只有当愿望被美好、纯洁、高尚、珍贵的思想照亮时，一个人才能被教育得忠于自己的情感、义务和诺言。只有思想高尚的人才具有高尚的愿望。只有当思想、意识主导情感时，与人的称号相称的愿望才能被培养出来。无论如何也不能同意"情感是不能命令的"这种说法。恰恰相反，道德修养正在于让那些能够使愿望变得高尚起来的思想、观念支配情感、控制情感、命令情感。什么地方盲目的欲望成为人的行为动机，什么地方理智闭上了眼睛，什么地方就要出现道德败坏和放荡不羁的现象。对美好事物的向往，是在理智而高尚的思想影响下产生的，而不是从儿童的大脑中自发地产生的，它需要灌输。有经验的教师能使每一个学生都看到这样的路，沿着它走，就能获得与人的称号相称的愿望。这里最主要的是使孩子能够感到自己身边有人需要帮助和同情。一个人的这种情感表现得越有力、越鲜明，那么不关心他人的念头一旦闪现，他的羞耻感也就越强烈。羞耻感是思想意识的产物，不善于对愿望进行思考的人，任何时候都不会感到羞耻。马克思曾经说："羞耻是一种内向的愤怒。"①

　　我们的责任就在于向青年揭示生活中的一些界限。他们认识了这些界限，就会努力用高尚道德这把标尺来衡量自己：我做得好还是不好？青年人对将来做父母这一崇高使命的准备，为进入高尚的爱情的过程所做的准备，是从培养对自己的思想和行为持批评态度开始的，是从学会思考高尚的愿望开始的，是从学会在不愧为我们社会的一员的愿望中找到生活的乐趣开始的。

　　我们的任务在于，在少年的性本能觉醒之前就使他们的理智为开展那些跟成长为男人或女人有关的大量精神活动做好准备。一个人从他刚刚感觉到对于异性的爱慕时起，就应具有对另一个人负起责任的独立力量。我们能否使我们的年轻学生做好这一准备，将在很大程度上决定着他们能否在青年和成年时期给别人带来幸福而不是不幸。

　　许多年来，我们进行了一系列关于爱情的谈话，向男女青年灌输这样的思想：恋爱是通往父母之道的门槛；谈恋爱就意味着你感觉到了对自己的意中人和未来的孩子应负的重大责任；爱情只有以贞洁为基础进行了明智而审慎的选择，它才可能是高尚的。教师在对青年学生进行关于爱情的谈话时，应该多讲明智和审慎的判断，

---

　　① 中共中央马克思恩格斯列宁斯大林著作编译局.马克思恩格斯全集：第一卷[M].北京：人民出版社，1956：371.

少讲情绪上的激动。我们使青年男女相信，真正的爱情首先表现为在劳动中无限地创造自身的美和意中人的美。一个人要想一辈子忠诚于自己的爱人，就应该一辈子进行创造；当他为此贡献出自己的精神力量，投入自己的智慧、情感和意志时，他的美就好像得到了恢复。

父母之间真正的爱情，是用来对儿童进行爱情教育最重要的精神力量。父母爱情的高尚、完美和纯洁，他们互相尊重，互相信任，心胸坦荡，彼此关心，同甘共苦，这一切创造着无可替代的道德环境。对于善良品质的渴望，相信善良必定胜利，乐观的人生观，就是在这样的环境中形成的。

儿童对真理的信仰是他各种信念的最初源泉。儿童的道德面貌就是在这种信仰中形成和成长起来的。对于真理不可动摇的坚定信仰，是照亮儿童生活道路的光辉的太阳，是他可依赖的勇敢刚毅者的坚强有力的大手。破坏这种信仰，动摇它，以背信弃义、阳奉阴违和口是心非的行为去玷污孩子们纯洁的思想和希望，就等于用刀去戳刺他们幼稚的心灵。破坏和玷污儿童对于完美东西的信仰就是残害儿童的心灵，而儿童心目中完美的东西就是他在父母的相互关系中所看到的人与人的相互忠诚和信赖。当然，更坏的情况是，儿童没有这种信仰和不理解这种信仰是什么。在这种情况下，儿童一进入学校就会是"难教育的"学生。生活证明，背信弃义、阳奉阴违和口是心非的行为，是损害儿童心灵的毒药，它的制造者就是父母间伪善的同居生活。在这种同居生活中，不仅没有真正的人性的财富，有时连最基本的正派要求也谈不上。这些毒药会使儿童敏感的心灵变得凶狠残忍，会使他们怀疑理想，对长者的教导持轻蔑、讥讽的态度，对他人甚至对自己的命运都漠不关心。预防这种不幸的手段，就是以纯洁、高尚而理智的爱情为基础建立牢固的家庭。

我们深信，这样的爱情发源于学校。它的纯洁要由理智的教育来创造。不管孩子在家庭中遭受的不幸多么可怕，教育都能使之有所减轻。为自己的父母背信弃义、阳奉阴违和口是心非的行为所震惊的孩子，后来往往会变成对邪恶漠然置之的人。要挽救他们，我们需要对他们施加一种特殊的东西，我们称之为"有严格要求的爱"。对这种儿童必须创造条件，使他们通过亲身体验认识到：爱情就是襟怀坦白。正因为这样,人就要对自己有严格的要求。精神上强有力的人能够对这种儿童产生重大的影响,而这种人的精神力量正是来源于他对自己的严格要求。儿童受到这种人的影响,才会相信世界上有真正的爱情。只有这样的教育才堪称"爱的教育"。对自己没有严格要求而去爱他人,就会使爱情失去了它的主要内容——义务。

我们关心的是,让15~17岁的学生都能想到自己将来是要做父亲或母亲的。如果每一个青年学生都有这样的想法,那么他们就会把学校学习视为一种劳动,从中看出自己将来是怎样的人。我们使自己的学生——男女青年们相信,谁能够对于未来、对于未来的孩子负起责任,谁在道德上才有爱的权利。家庭生活不总是一些欢乐的节日,它还有许多忧虑、不安和操劳,有时还会有苦恼。创造个人的幸福,意味着不仅要善于共享爱人的欢乐,也要分担爱人的痛苦。我们对男女青年们说,教育孩子是公民应做的工作,是对祖国应尽的义务。怀抱婴儿的母亲、牵着孩子手的父亲跟值勤的边防战士一样也在为祖国服务。你将创造未来,你也将保卫它,你将使自己的祖国更加伟大。母亲是国家最重要的公仆。千百万家庭是给常青树供应养分的千百万纤细的根须,而这棵常青树的名字就叫祖国。你成了丈夫或妻子以后,你就成了双重的公民,因为你们建立了家庭。

在教育儿童、创造未来的时候,每一个人都能达到完美的顶峰,成为一个真正的巨匠、艺术家和创造者。为父做母的智慧是社会主义国家极其宝贵的财富。如同珍视卓越的学者、思想家和艺术家一样,我们的国家珍视善于培养真正公民的明智的父亲和母亲,这是我们向15~17岁学生灌输的思想。我们告诉他们说,婚后的生活是复杂而欢乐的劳动。它之所以使人欢乐是因为人们从中获得了无可比拟的财富——自己的人格在新人身上得以延续。

我们使小伙子和姑娘们在婚姻问题上做好相互教育和自我教育的准备。婚后幸福的标志之一,是丈夫和妻子逐渐变成精神丰富的人。他们共同感受到精神上的日益完美,就会得到巨大的欢乐和生活的满足。我们引导小伙子——未来的父亲具有这样的思想:衡量你婚后精神文明的最重要标尺就是你对待妇女、你的妻子、你孩子的母亲的态度,对待你自己的母亲的态度。对待妇女的态度,是衡量心地善良与否最精密的尺度。善于爱妻子,珍视她的健康、美丽和名誉,善于保护她,使她少生病、不劳累,防止对她不公正,这些都是道德上高尚、勇敢的表现。

违背爱情的崇高职责,贬低人的价值,是莫大的罪恶。一个背弃了自己作为父亲、母亲、丈夫或妻子这个人类伟大职责的人,绝不会成为可以信赖的人。忠实地履行作为丈夫、妻子、父亲、母亲、儿子、女儿的职责,可以培育忠贞不渝、诚实真挚的美好品德。不进行这样的培养,一个人在爱情上做到信念坚定和道德坚贞是无从谈起的。儿子、女儿怎样看待世界和他们自身,就取决于他的父亲和母亲是怎样相互对待的。夫妇间的背叛行为,不履行做父亲或母亲的责任,是卑鄙可耻的,对此绝不能宽容。

在我们的谈话中,对未来的母亲的教导占着重要的地位。我们请被生活磨炼得聪明练达的女教师这样教导姑娘们:恋爱时,你要成为一个富有智慧并对自己严格要求的人。爱情是一种炽烈的感情,但应该用理智来控制它。对于一个姑娘来说,特别重要的是,自然和社会赋予她特殊的责任。女性的真正性格应该是温和与严肃、柔顺与不屈不挠的结合。如果不教导姑娘们严肃而理智地看待爱情,学校只会成为麻木不仁的官僚主义机关。教育工作者应该特别注意保护姑娘,保护女性的幸福,特别注意在她们身上培育能够抵制龌龊行为、庸俗习气、下贱勾当的自卫能力。培养刚强、勇敢、不屈不挠、与邪恶绝不妥协的妇女,在我们看来,是从思想上培育人最重要的任务之一。

我们坚决反对某些只能起到有害影响的有关的爱情"理论"。"爱情消亡论"特别使人担心。尤·留里科夫在他的《三种欲望——它的昨天、今天和明天》一书中试图证明,人的教育水平和智力发展水平越高,促使人结婚的情感就合乎规律地维持越短的时间。他认为,爱情总是在消亡,离婚这种现象,总的来说,更多的是摆脱罪恶,而它本身却并不是罪恶[①]。这种理论对于青少年的教

---

① 参见1969年发表在《十月》杂志上的切尔科夫的《爱的奇谈怪论和不科学的幻想》和伊达什舍的《"爱情消亡论"与爱的问题》等文章。

育，对于学校，简直是致命的打击。它怀疑人的高尚性。断言"爱情在消亡"，就意味着否定爱情的精神基础，把爱情归结为动物的欲望。如果认同这种"爱情消亡论"，说它会合乎规律地导致新的爱情产生，那么，从一开始它就必然使青年人怀疑神圣而不可动摇的东西。既然爱情在消亡，也就是说，我们只能在一段时间内以爱相处，以后总要分手，而社会也将把它看作一种善事……。这种对青年人来说极其可怕的"理论"的基础是一种粗俗的爱情观，即把爱情看作某种控制着人的理智、情感和行为的东西，看作某种决定命运的自发力量。而爱情的真正本质在于，它是紧张的精神生活，是人类心灵最艰难的劳作，不是命中注定要随着时光的流逝而被蒸发掉的液体，而是由真正的人一点一滴积累起来的财富。它是心灵艰难的劳作，而儿童，我们的未来，就是这种劳作的具体体现。而"爱情消亡论"所要抹杀的就是这一切。

　　如果用"没有爱情的婚姻是不道德的"这一观点去证明离婚有理，而不是去证明结婚有理，那就会导致某种危险。教育工作者要付出很大的努力，才能让未来的父母们懂得，爱情经历着复杂的历程：青春的热情、青春的欢乐将逐渐让位于发自内心的眷恋，让位于责任心和义务感。这种情况在那些对婚姻在道德上没有做好准备的人和思想狭隘的人看来，仿佛就是爱情在消亡。这种以爱情在消亡证明家庭破裂有理的"理论"，是反儿童、妇女、妻子和母亲的。她们，妇女们特别需要与男性建立以真正的人类爱情和忠实履行义务为基础的牢固而永久的结合。因此，教育男青年时，必须在他们心目中确立起维护、保持自己情感的富有大丈夫气概的决心。男性准备结婚，准备过夫妻生活，就是准备和对方结成互相帮助、互相关怀的精神联盟，直到生命的最后一息。

　　在涉及爱情和夫妇关系的问题时，人们有时没有根据地谈到什么合不来，说什么年轻夫妇不善于安排生活，并以观点、性格、习惯等合不来加以证明。但是，绝不能滥用这个概念。要知道，合不来产生的主要原因是有些人只想从爱情中获得满足，而不想创造相互关系的美。爱情的智慧就在于一个人要善于触摸到另一个人心灵中不平坦的、复杂的、常常是很娇嫩、很容易受伤的地方。互相倾心的人应该使自己做好精神上合得来的准备，不要任性和乖张，而要宽容、忍让、随和、明智和慎重。合得来是明智和诚恳的产儿。中学的重要任务之一就在这里凸显出来了，那就是磨炼和培育每一个人，使他为和他人合得来做好准备。在集体中生活的最高明之处就在于既善于磨平自己的"棱角"，又善于小心地接近他人的"棱角"，有礼貌地、耐心地使自己和他人身上的缺陷减少，使好品质得到发扬。

很多事情的成功取决于学生在青少年时代彼此之间保持着合理的严格要求。我们认为，个人精神成长中最复杂的问题是如何教育青少年（尤其是姑娘们！）既能忍让、妥协，又能坚持、严厉。那些在青年时代作为"棱角"而表现出来的东西，起初总是表现为任性固执，不善于管理自己和控制自己。我们对姑娘进行专门的谈话，告诉她们怎样做到既妥协忍让又不屈不挠。从小就接受"爱情就是责任"这一真理的女孩、姑娘、妇女，会趋向变成追求善良品德而对邪恶、侮辱个人尊严、欺骗、伪善、庸俗、懒散绝不宽容的人。这一严格要求有助于她在家里确立一条严格的教育原则，就是家庭的每一个成员都要对其他人的利益、幸福和命运负责。在有合理的严格要求的家庭里，连小孩子都能理解并从内心感受到自己的一举一动都在影响着他身边的人的精神和生活。只有当他感到自己没有给他人带来祸害，没有使他人受到委屈和给他人增添麻烦时，他才会觉得安宁和幸福。当他知道由于自己不小心而给他人带来痛苦时，他就不能安然入睡。这些都是由爱情的精神力量创造出来的。创造这种精神力量的，首先应该是那些更理智、更加慷慨无私的人。因此，每一个人先应该学会做一个能进行自我教育的人。

从道德上培育学生对爱情的情感从而为婚姻、生儿育女、当母亲、做父亲做好准备，是学校对个人幸福的关怀。而我们在创造着每个人的幸福时，也就在创造着社会的普遍幸福。我们社会最为关心的是使每个人在自己生活的各个方面都确实是幸福的，因为使每个人幸福是共产主义的最终目的。

第十二章

关心年轻一代的健康与体育

身体健壮,感到自己体力充沛,似乎有使不完的劲,是确立生气蓬勃的世界观、培养乐观精神和做好克服困难的准备极为重要的条件。儿童的精神生活,就是说,他的智力发展、思维、记忆、注意力、想象、情感和意志,在很大程度上取决于他的体力的活跃程度。虚弱无力、容易得病的孩子,上课时很快就会疲乏,他的眼睛无神,动作迟钝。因此,我们要以孩子的体力和精神力量的一般状况及其发展作为背景来考察他们的学习劳动和其他种种活动。

全校教师必须特别注意研究儿童的健康状况。教师要跟家长和校医一起给每个学生订出作息制度和饮食制度。我们要努力做到,使那些由于身体虚弱而精神不振、思维迟钝的孩子在春、夏、秋三个季节睡在户外,吃维生素和植物杀菌素含量丰富的食品(蜂蜜、春夏两季的牛奶、黄油、蛋类、肉类、水果等),夏天则昼夜都呼吸田野里和草原上的新鲜空气,因为这些措施可以对他们的健康和智力发展起到极好的作用。

孩子的体力发展问题还有一个相反的方面:他们的健康状况在很大程度上取决于他们的精神生活,特别是他们的合理的脑力劳动。因此,绝不允许热衷于运用那些"高效快速"教学法,那些教学法是把儿童的头脑当作能够无限制地贮存信息的电子机器来使用的。儿童是有生命的东西,他的大脑是最精密、最柔嫩的器官,我们应该小心翼翼地对待和爱护它。脑力劳动进行得是否完满,并不单纯取决于这种劳动的速度和紧张程度,而首先取决于这种劳动组织得是否正确、周密与合理。

当然,我们也不能忘记,现代生活的节奏在加快。然而,我们不能由此得出这样的结论：学校里可以出现忙忙乱乱、神经紧张和激情冲击理智的现象。

　　学校对少年期和青年早期的学生的健康状况应该特别关注。这些学生的身体发育非常迅速，教育者必须十分关心这些学生的体力劳动和脑力劳动和谐进行的问题。在少年期，死读书本这种不恰当的学习方法会给健康造成很大的损害。不能容许12～15岁的少年每天连续四五个小时去死记硬背教科书，因为这样会损害他们一生的健康，阻碍他们的智力发展，使他们的兴趣和求知欲减退。

　　遵守作息制度，对促使身体健康、精神饱满是十分重要的。学校里遍植树木花草，校园里有氧气充足的"小气候"，低年级的有些课在"绿色教室"里上，这些都是保证学生身体健康和精神健康的基本条件。

　　孩子们在起床以后的六七个小时内从事紧张的脑力劳动，在以后的几个小时内从事脑力不紧张的活动，在睡觉前的五六个小时内绝不能从事紧张的脑力劳动。儿童和少年早睡早起，起身以后就开始学习（在上学前一两个小时内做最难的家庭作业），下午放学回家后多半在新鲜空气里从事满足个人需要的、有趣的创造性劳动（下午也可阅读书籍）。上述种种，是对我们教育工作体系中的作息制度提出的基本要求。

　　在早晨上课以前做家庭作业，下午不从事钻研教科书的紧张的脑力劳动，而把大部分时间用来从事户外的体力劳动，用来做个人喜爱的事情，用来阅读和游戏。这样做，不仅为增进健康而且为丰富精神生活和促进全面发展创造条件。然而，这样来安排下午的活动，绝不是为了完全排除脑力劳动，而恰恰是为了使学生有完满、丰富、多方面的智力生活。只有儿童、少年、青年按照自己的愿望（这种愿望当然需要培养）每天自由利用不少于五六个小时的课余时间，才能培养出聪明的、全面发展的人。如果做不到这一点，一切关于发展素质和爱好、培养能力和志向的议论都不过是空谈而已。我们不能容忍这样的现象：孩子在课堂上进行了紧张的脑力劳动之后还长时间地坐着钻研教科书，这样只能使他们的大脑过分疲劳，导致他们的学习兴趣减退。只有课后在课外小组里、教学实验园地上、果园里从事创造性劳动以及阅读文艺和科普书籍，学生的学习愿望才永远不会消退。

  体力劳动对于培养健美的体格起着很大的作用。一个人如果没有适度的疲劳，他就体会不到休息的快乐。在许多劳动过程中，如在经济作物的田间除草、砌墙、照料果树、收割庄稼等劳动中，人体动作的协调、和谐、优美可与体操运动相媲美。从事这样的劳动的学生，身体发育良好，身体各部分匀称和谐，身材优美，动作灵活有力。为各个年龄的学生寻找他们可以在身体上、精神上都得到发展、能增强体质、能培养对劳动的审美感的活动，是全体教师特别要关心的事情。在户外进行活动（特别在较冷的天气里），可以预防伤风感冒，对那些神经易受刺激的孩子更有良好的影响。这种活动可以为预防神经过敏、喜怒无常、易受刺激等个性心理特征的产生提供必要外部环境。

  体操和运动对于儿童、少年、青年的身体发育和精神培育起着很大的作用。然而，只有在整个教学和教育工作中对学生的健康、对他们身体和精神的和谐极为关注的情况下，这些活动才能起到重大的作用。很重要的一点是使体育运动给学生带来快乐，成为他们生活的一种需要。一个人从事体育运动，首先不应该是为了在比赛中获胜，而应该是为了锻炼出健壮的体魄。我们注意教导学生：经常从事体育锻炼不仅可以使他们体态优美、动作和谐，而且可以培养他们的性格，锻炼他们的意志。在完成跑、跳练习和参加各种竞技游戏中，我们注意使学生得到审美享受。经验证明，就学校里的各种运动项目进行比赛，看谁的动作最优美，最协调，这种做法是合适的。在这些比赛中，不仅显示出而且培养着健美的体格。

  人的全面发展中有一个关于休息的问题。休息分为两种：一种是什么事都不做，一种是从事积极活动的休息。在从事紧张的脑力劳动或体力劳动之后，不做事的休息起着缓解的作用，这是必要的。但是，一个人生活中的每时每刻都应该用来丰富精神生活。对于那些善于休息的人来说，连观察自然界和欣赏艺术作品都是具有创造性的活动。只有当休息成为体力和精神力量的一种独特的表现形式时，休息才成其为真正的休息。使孩子习惯于积极的休息是教师、教育者很重要的任务之一。我们认为，学生的休息应该是多种活动的合理更迭，是满足审美需要的劳动和对于自然美的积极欣赏的交织进行。

一天中几个小时的休息时间是一个人的精神生活开展得最为复杂的时间。这时候，他独立地享用着别人创造的文化财富。我们认为教师的任务在于，使学生在学习和体力劳动以外的几个小时里充满着活跃的、令人振奋的思想以及深厚的道德情感、智力情感和审美情感。儿童在休息时间对精神生活的兴趣越浓厚，那么学习、上课时进行的脑力劳动便越能吸引他，他越能深刻地感受到文化财富和艺术珍品的美。休息时间的智力生活应该与学习有所区别。学生此时可以看书、从事体育活动、排练剧目、参加业余文娱小组活动等，并从中感到自己是在为集体创造某种财富。在不布置必修作业的休息时间里，教育者创造条件，积极满足学生多方面的精神兴趣，是使学生增长精神力量、培养乐观精神和蓬勃朝气的活生生的源泉。甚至学生按照自己的愿望去从事脑力劳动也可以成为他的休息方式，如果他似乎从中发现自身产生了新的力量和能力的话。

第十三章

教师的人格、教师集体与学生的全面发展

形象地说，学校好比一个精致的乐器，它奏出一种人的和谐的旋律，使之影响每一个学生的心灵。但要奏出和谐的旋律，必须把乐器的音调准，而要调准这种乐器的音则依靠教师、教育者的高尚人格。由此就提出最重要的一点：学生是怎样来看教师的，他们在教师身上看见和发现了什么，每一个教育者和整个教师集体在学生面前表现了人的品质的哪个方面。能够迫使每一个学生去检点自己、思考自己的行为和管住自己的那种力量，首先就是教育者的人格、他的思想信念、他的精神生活的丰富性、他的道德上的完善性。

究竟什么是教师对学生集体和学生个体的教育影响呢？个别人对许多人的影响——对他们精神的一致性，对他们在创造、劳动和智力等方面进行合作的影响，是由什么决定的呢？没有受教育者对教育者一定的积极态度，这种影响是不可思议的。教师要培养起学生集体作为一个统一整体对待自身的态度——为教师所需要的态度。只有教师善于做到这一点，他才有可能对学生产生必要的影响，既包括直接的影响，也包括通过集体对个人的影响和通过个人对集体的影响。教师怎样表现自己，以及在哪方面表现自己，根据这一点学生就可以做出结论；人一般是些什么样的人，什么是善良，什么是理想。因此，必须使教师的人格能吸引学生，以其思想和生活观点、信念、道德伦理原则、智力的丰富性和热爱劳动的品质的完美性来鼓舞学生。

只有在学生衷心希望成为像教师那样的人，教师所说出的话具有一种吸引和鼓舞他的力量这种条件下，他才能把从教师那里获得的知识转化为自己的信念，那么，在教师的人格中，什么东西能吸引儿童和青年，什么东西能使他们变成我们的学生（就这个概念的深刻含义来说），什么东西能在精神上把学生联合起来，从而造就一个在思想上、道德上、精神和心理上保持一致的学生集体呢？这首先就是教师在生活、工作、行为中体现的理想、原则、信念、观点、道德和伦理立场相互协调所形成的和谐的统一体。没有这个统一体，也就没有教育者完美的人格，也就没有真正的学生集体。教师首先是以自己的思想、自己的思考来教育学生的。教育工作首先是一种思想性的劳动，它的目标是要用求知、思考和对周围世界持有正确观点的愿望去鼓舞学生。真正的教育者总是怀着鲜明的思想和信念去接触学生的。这就是说，教师有一种在人们面前表现自己的人格、敞开自己的内心世界的精神需要。教师对我们社会主义社会的神圣思想、对人民的道德和智力财富表示自己的态度，以此来建立集体的多方面的生活，使儿童、少年和青年在这种生活中成为跟自己思想一致的人。坐在我们面前学习的那些人，只有当他们感到，教师在帮助他们认识世界的过程中，不只是讲述知识，而且在满腔热情地捍卫他所阐述的思想时，他们才会真正成为受教育者。作为一名教师就要号召学生，学生对这种号召感受得愈强烈，集体的追求就表现得愈鲜明。从本质上说，集体的形成就是从学生跟着教师走而开始的。

只有教育者号召并带领学生前进，希望他们成为精神丰富的、各方面都得到发展的人，学生才能感受到教师是深切地关心着他们的命运的。如果一个青年能意识到自己是集体的一分子，体会到他人对自己的关心，深知自己每一个不够谨慎的、失误的、不正确行动都会使教师和整个集体感到痛心，那么他就能成为"可教育的"人。

教师的教养的影响力表现为：学生能从教师身上看到一个引导他们攀登道德高峰的引路人，从教师的话里听出他在号召他们成为忠于信念、对邪恶毫不妥协的人。儿童是在惊奇和赞叹中认识世界的，少年是在怀疑和受到鼓舞中认识世界的，青年则是在建立信仰中认识世界的。教师越是关心让学生去认识周围世界的一切事物，尤其是关于人的一切道理，那么学生头脑中产生的问题就越多，他就会更加顽强、更加好奇、更加严格地去探求真理。真正的教育者是这样一种人，他竭力使儿童、少年和青年在他们所关心的一切问题上都得到真实的答案，以免他们在人生的起步阶段徘徊并产生失望。用卢那察尔斯基的话来说，教师是否具有崇高的人格，在很大程度上决定着学生能否形成正确的评价、观点和理想[16]。

在学生身上正在形成的道德和伦理信念体系中，义务的思想占有重要的地位。履行义务，使每一个学生体验到对集体、对社会所负的义务和责任。要培养这种道德品质，具有决定性意义的即在于教师本身的义务感和责任感表现得如何。如果一个教师在精神生活中能把义务感同个人的劳动融合起来，那么这个教师就拥有强大的教育力量。在年轻的心灵里培育这样一种品质，即深思熟虑地、细致入微地审视自己，严格要求地评价自己的愿望和行为的品质，一个必要的条件是：教育者本人就是善于思考的人，是体贴入微地关怀他人的人。以劳动者身份出现的教育者，乃是激励学生进行自我教育和自觉控制自己愿望的第一个推动因素。

要使教师人格的影响变成一种现实的力量，单有教师个人的才华、精力和创造性劳动还是不够的。一个学校的教师集体在几十年的工作中创造了许多宝贵的财富——先进的教育观点、信念、思想，长期保持的学校优秀传统。教师个人的工作如能从集体财富中汲取力量，他的才智就会成倍增长。如果一个学校的教师集体善于保持珍贵的道德财富和智力财富，那么年轻的教师在这里就会很快地、顺利地成长为有经验的教学和教育能手。

那么教师集体凭借什么才得以建立、生存和发展起来呢？这就要靠集体的思考和创造把它联合起来。校长要善于把各个教师组织起来进行集体思考，并在创造性劳动中去实现集体的思想，这样他才能成为这个集体的组织者和领导者。为了使教师集体成为每一个教师的思考、创造性发展的源泉和生长环境，为了在实际工作中体现共产主义的党性，贯彻在马克思列宁主义理论指导下的先进教育思想，必须以下列几条信念把教师联合起来。

第一条信念——深信教育的力量。这种信心应当成为每一个教师的良心，成为整个学校的一面旗帜。相信教育的力量，就是要相信自己的劳动，相信教育者能够主宰学生的思想和情感，相信通过教育能够把最困难的、"无可救药"的学生造就为真正的人。凡是对教育的力量充满信心的地方，集体生活就具有鲜明的、独特的乐观主义色彩。在那里，学生就会把教师所说的话、所提的建议和教导，当成严父慈母般的意志来领会，感到这是一种热爱美好事物和憎恨卑劣行径的意志。在这样的学校里，占统治地位的是父母般的理智的意志，不是欲望的放纵和由此造成的一片混乱，而是这种意志，不过这种意志虽然是严厉的、不容抗辩的，但又是公正的。

如果教师集体立足于对教育的巨大力量的信心，它就有权力命令和要求，这种权力就会成为对集体和个人施加影响的最强有力的手段之一。如果教师集体坚信：通过教育这条途径能够到达人类文明、理智、义务和自由的和谐的顶峰，那么这也会使儿童集体的精神生活有了滋养的根源，从而使儿童集体也能够对它的每一个成员施加教育影响。我们这里所说的这种根源，就是指教师集体对个人的全面发展（道德的、智力的、审美的、劳动的和身体等方面的发展）的关怀。

第二条信念——让学生理解和体验到自己在最崇高、最神圣的苏维埃祖国面前所负的义务。这一点能从思想上把全体学生联合起来。教师集体正是依靠这种信念，才能使每一位教师成为理智的教育者。在对待全民利益的态度上保持思想上的一致，是一股强大的力量，有了这种力量，教师和学生才能赤诚相见，他们才能成为朋友和战友。教育的党性和高度的共产主义思想性，就在于要使我们社会的小单位——学校集体和它的每一个成员都感到自己与人民、与祖国是休戚相关的。

第三条信念——深信智慧的巨大可能性。这是对学生实施有效影响的必要条件。我们全体教师坚定地相信：只要完善地安排教育过程，只要达到教学与教育的充分和谐，就能够使学生掌握比现在的范围更加广泛的知识。为此，就必须在年轻的心灵里培育和确立那种无法遏止的求知欲。如果没有热烈的求知欲，没有要成为一个真正有学问的人的顽强的追求，那么教学论便成为僵死的条条框框。我们认为，揭示智慧的巨大可能性的途径，就在于形成一个有教养的人的智力需要和智力兴趣,这种需要和兴趣依靠他的道德尊严感来支持,而与他想要掌握什么专业的意图无关。教育工作的意义、方向和效果,这一切都在很大程度上取决于教师集体的生活内容是什么。如果教师集体中没有这种对知识的渴求,那么无论用什么言辞和教诲都无法在学生的心灵里唤起对知识的渴望。有了全体教师的智力丰富性,才能使每一个教师找到自己的学生——就其最深刻的含义上所说的学生。也就是说,使教师在他最入迷的那门学科上,找到了自己的继承者。

结　束　语

　　我们紧密地结合实践而进行的研究工作，为做出一系列结论而提供了依据，这些结论对进一步实现培养全面发展的人的思想，对解决现实的理论和实际问题，都具有一定的意义。现将这些结论表述如下：

　　1. 作为我们苏维埃社会为培养全面发展的人而建立并不断完善起来的教育机构，学校的使命是培养一代又一代的新公民，把社会、科学、道德、审美等的财富传给他们。因此，学校应当估计到社会、道德、智力、技术等进步的复杂趋势，为未来而进行工作。为了培养一个人具有在今后许多年的创造性劳动中将逐渐展现的那些品质，学校、教师集体和每个教育者都必须在一定的意义上预见到未来，设计共产主义个性的多方面特征，并注意它的极为复杂的各个方面及其相互依存和相互联系。这种预见首先要求教育者对社会的理想和个人的理想有一个明确的观念。

　　2. 以培养理想的人为目标，使学校里所做的一切指向未来，设计并造就一代新人，他们在今天和未来能够成为社会发展的积极的创造力量，这些是在最大可能程度上发挥和利用前辈人（首先是教师和家长）的教育作用的最重要的前提。培养全面发展的人的艺术，首先是要善于把我们今天的劳动看作是一种播种工作。我们播下的种子将发芽生长，在若干年以后长成茂密的树林。做一个真正的教育者，意味着要看到儿童集体是这样一代人，他们的创造力在相当长的一段时间以后，会在社会舞台上展现出来。教师在从事平凡的、日常的工作时，任何时刻都不应当忽视将来。他应当看到他的学生在10年、20年、30年之后将成为什么样的人。还应当看到：在学校里，在对儿童进行的教育工作中，正在为未来的家庭打下思想的、道德的、伦理的和审美的基础，而家庭（与学校一起）乃是培养共产主义新人的最重要的熔炉。

3. 在社会主义社会里所实现的智力的、道德的和技术的进步（学校为这种进步创造先决条件），都是为了人的个性的发展。离开每一个人的力量、才能和禀赋的充分发挥，离开每一个人的幸福，社会的和谐发展就是不可思议的。我们越是接近社会的理想（这是我们的生活和劳动的目的），就越加深刻地体会到社会的理想跟我们的每一个学生——未来的共产主义建设者的幸福之间的相互联系。不过，他今天过的完满、精神丰富和幸福的生活，不可能也不应当是一种没有困难的生活，不需要为克服困难而进行斗争的生活。在这里要特别强调指出，那种在学校没有受到良好教育的人，在上学的年代里没有形成劳动的爱好和兴趣的人，没有发挥出自己的创造性力量和才能的人，没有"发现自己"，即没有确定自己在社会中的位置的人，在个人私生活中就不会幸福，而每一个不幸的人都是社会的祸害。

4. 我们的社会正在普及知识教育，也应当普及思想教育，两者的和谐是使所有的人都得到全面发展的决定性前提之一。我们给予年轻一代的知识教育——高度的思想、道德、审美和情感等方面的教育，给予他们以高度的人类文明。知识教育和思想教育的统一和相互依存，是一个极其重要的问题，学校的教育教学工作的水平和质量如何，我们所培养的人的精神面貌如何，都取决于能否正确地解决这个问题。必须看到和充分理解这个问题的全部复杂性。知识能教育人，是指以其内容来教育人。但是这在很大程度上还取决于：知识是怎样传授的，学生的智力活动是在什么样的背景下进行的。创造条件以最大限度地发挥知识教育中的思想教育的作用，是在一定意义上独立于知识教育之外的专职思想教育工作是否取得最好效果的前提条件之一。

5. 要使培养全面发展的人的教育过程取得成绩，在很大程度上取决于每一个教育者和整个教师集体是否深刻理解人的和谐发展的各种因素和各个方面的相互依存性和相互制约性。教育技巧的一个非常重要的因素，就是要认识这种相互依存性和相互制约性，使这种认识成为进行知识教育和思想教育、自学知识和自我教育的切实有效的因素。时刻不要忘记：知识程度乃是个性全面发展的极为复杂的方面之一。在我们这个时代，没有受到知识教育，没有牢固的知识，没有丰富的智力修养和多方面的智力兴趣，是不可能把一个人提高到具有道德尊严的高级阶段的。知识和知识教育是社会主义社会的巨大福利，我们必须把这种福利在每一个学生面前展示出来。使学生具有掌握知识的志向，渴求知识，感到自身有智力的修养，有丰富的智力兴趣和智力需要，这一切都取决于学校教育的和谐，即个人在道德、智力、审美、情感等各方面的成长融为一体。我们社会主义制度一个最大的优越性就是人人有受教育的权利，这种权利现在正在变为每一个人得到和谐的全面发展的权利。现阶段的教育和教学的最复杂的任务之一，就是在学校里不能让任何一个学生成为智力上没有得到发展的人。为了做到这一点，就应当在使学生掌握知识的过程中，经常而有计划地使智育的过程成为一种特殊的、在一定意义上不依赖于学校所传授的知识分量的过程。

6. 我们的社会具有这样一个特点，就是每一个人、每一个集体包括家庭在内，都在日益强烈地追求丰富的精神生活。人们要求把劳动跟丰富的智力兴趣协调起来，使劳动有充实的精神内容，不满足于只是为取得"充饥的面包"而生活。这些道德发展和人与人的关系日臻完美的内在趋向，要求学校承担起重大的职责。学校所做的一切工作，学生感到受鼓舞的一切事物，都应当具有鲜明的道德色彩，通过人的尊严的棱镜折射出来，使人变得更加高尚。这就首先涉及精神生活在劳动中多种多样的表现的和谐性。一个人早在学校读书的时候，就应当在劳动中"从道德上表现自己"，使劳动成为公民自豪感的基础。使学生的全部活动和集体中各种相互关系都具有使人道德高尚的明确导向，就使道德方面成为全面教育的决定性方面。

7. 每一所学校的全体教师都需要密切注意"个性表现的领域"。在我们这个时代，培养学生将来干什么工作、怎样独立生活，这个问题已经由传统的寻找职业的观念扩大为一种更广泛的观念，即成为学生探求什么生活方向、成为什么样的人的问题。一个人不仅要在一定的狭窄职业中找到自己的位置，而且要在一个领域、一个社会活动部门中充分施展自己的禀赋和才能，表现自己，并且在这个活动领域,既给他以个人幸福,又有利于他为人民的福利从事最有成效的劳动。我们的任务是,让学生在学校里选择一种劳动,这种劳动将不仅成为他终生爱好的事情,而且也是他经常进行自我教育和自我完善的沃土。

8. 培养全面发展的个性的教育过程,取决于学校集体中思想、道德、智力、审美等方面的关系(这些关系的总和构成集体的精神生活)的丰富性。知识、生活实践、个人对自然环境和社会环境的多种关系、作为个人活动的环境的集体的建立,所有这些方面都应当处于极其密切的相互联系和相互制约之中。一个具有明确目标、有高度党性立场的教师集体,应当关心的事情是:使知识在学生的思想和感情中获得生命力。应当使社会的、集体的事业成为每一个学生个人切身的事业。在每一个人的思考问题的方式中,在集体成员之间的相互关系中,使每一个人都有一种自己跟社会主义社会的整个生活休戚与共的感情,这一点起着重要的作用。因此,旨在培养全面发展的人的教育过程的"技术"和"工艺学",就把"信念的生命力"作为有特殊意义的因素。如果信念只是以知识的形态堆积在人的头脑里,那么信念就不可能在人的意识中确立起来。只有在人的举止、行为和态度服从于高尚的社会理想的条件下,全面发展的公民因素才能在他身上开花结果。

9. 人受着他生活于其中的社会条件和在该社会里占统治地位的思想的教育。但是思想并不是什么抽象的、跟人们的相互关系相脱离的东西。思想"生活"在人身上,"生活"在人的行动之中。因此,只有当教师集体是由一些有高度思想性、有鲜明个性表现的人组成的统一体时,学校才能成为学生全面发展的熔炉。这种教师集体能建立起多方面的关系,并借此来造就、锤炼人各个方面的和谐发展。共产主义信念能不能在学生集体中"生活",取决于教师集体和每一个教师的精神丰富性。

(本书由张渭城、蔡汀进行校译和修订)

学生的精神世界

吴福生　叶玉华　等译

在德育中起着极其重要作用的自我肯定过程,实际上就是学生认识自己的品德的过程。丰富的精神生活的特点是,学生确认自己是一个人,他应具有为公共利益战胜困难的品质。不去战胜困难就不可能有自我肯定,也不可能有丰富的精神生活,精神上的成长也会受到限制。

序　言

　　本书是作者多年来研究普通中学①学生的生活和活动的经验总结。作者先后担任过中学教师、班主任、教导主任和校长等职，对不同年龄的班级的生活与劳动进行了多年的研究，同时还不断吸收其他学校的教师和班主任的教育经验。本书的意图在于，揭示各种不同因素对学生精神面貌形成所起的作用。

　　作者认为，本书所依据的各种事实和现象之中，最为珍贵的是同一个学生、同一个班级在各个时期的生活和活动的事例。作者研究了29个班级，共700余人从入学到结业的整个学习期间的生活和劳动。对各种班级的学生的生活和活动一边进行观察，一边进行研究，而且持续地进行跟踪。例如，当高年级学生进入青少年期时，低年级学生的身体和精神发展却还处于儿童期。这不仅能使我们得出客观的结论和判断，而且有助于改进实际教育工作和确定最有效的途径，以培养学生拥有思想丰富的、理想崇高的精神世界。

　　培养青年一代高尚的精神世界，使他们为参加共产主义建设事业做好思想上的准备，是共产主义教育的一个极其重要的理论问题和实践问题。

　　多年来，我们对中、高年级学生的智力上的需求和兴趣的地位与作用进行了研究。教育工作实践证明，正在成长着的一代人的精神发展状况同现实生活，即我们社会的发展、社会主义相互关系的巩固，以及社会主义向共产主义的逐步过渡有着极为密切的联系。

---

　　① 苏联的中学是十年一贯制，相当于我国的中小学。苏联学校的一至三年级为低年级（相当于小学），四至八年级为中年级（相当于初中），九至十年级为高年级（相当于高中）。——译者

20多年前,几乎所有的中学毕业生都要报考大学,他们上中学就是为了将来进大学深造。那时候学生智力上的需求和兴趣总是免不了要为将来从事脑力劳动着想。例如,他们之所以对外语感兴趣,是因为不学外语就上不了大学。

然而,由于越来越多的中学生毕业后直接参加生产劳动,因此学生智力上的需求和兴趣也随之发生了变化,他们把学习更多地与将来在工厂、集体农庄里从事的劳动联系起来。此外,近年来还出现了这样一种可喜现象:不少男女青年,明知上不了大学,但学习知识的兴趣仍然很强烈,而那些知识就其内容和性质来说,与生产劳动是关系不大的,比如外语。他们认为掌握人文科学知识是一个劳动者应具备的素质。

在我校共青团组织的一次题为《对未来生活的展望》的辩论会上,18岁的毕业生维拉说:"不管是家长还是老师,他们常对我们说,'要好好学习,知识是拖累不了人的,首先知识对你们将来参加工作有用',等等。不论在什么地方,只要一说起学校就只能听到这样一类的话:要准备参加劳动,要把学到的知识用到生活中去。当然,我知道,与其做一个不称职的教员,不如当一个好的集体农庄的小组长;与其当一个蹩脚的演员,不如做一个好的车工。但是,如果真是这样的话,那我干什么还要去学习复数几何解释、诗歌理论、法语和斟酌字句的修辞学呢?可能老师和家长们以为,只有确信所学到的一切知识都能运用到劳动中去,我们才会更好地学习。但是我们明白,并不是所有的知识都能用于劳动,人也并不是单纯为劳动而生存的。也许,我之所以想懂点浪漫主义和感伤主义,就是因为我是人。也许,劳动越是简单就越是需要掌握更多的知识,并具有更高的文化水平,这样就可使生活变得更有乐趣,更加明朗。我决心做一名挤奶员。这种工作可以做得饶有兴趣、富于创造性。但如果全部生活仅限于劳动,那么我会感到世界是枯燥的、没有欢乐的。我相信,在我的生活中除了劳动以外,还一定会有一种丰富的精神生活。这个信念一直在鼓舞着我。所以,我决心掌握法语,以便将来能读雨果的原著。我想做到这一点,首先是要证明:我是一个真正的人。"

这一番话极其鲜明地反映了几年来我们所看到的一种倾向。掌握知识不单纯是为了劳动的想法逐渐占据了年轻一代的头脑。只要你仔细地观察生活,有些事情会使你感到不胜惊异。比如,机车车辆厂机械车间的一位车工安德烈在工余之暇研究古希腊的雕塑;22岁的挤奶员安娜上大学文科并不是想离开牛奶场,而是因为像她自己所说的那样,"知识多了才会觉得自己是个真正的人"。又如,集体农庄的中年果农彼得搜集了大量有关粒子物理的书籍。

每个苏联劳动者都希望掌握更多的、大大超出日常劳动所需要的知识。这些可喜的共产主义萌芽正在迅速生长。

我们的任务是使每个学生懂得认识世界和改造世界的伟大意义,认识思维的巨大力量。青年人在选择自己生活道路时不应打个人的小算盘,也不应从狭隘的实用主义观点出发来考虑问题。不管他们将从事何种劳动(这种劳动是他们为社会创造财富的主要贡献),他们应该抱有一种强烈的愿望去学习、去认识世界,以不断丰富自己的精神世界。倘若学生只是以将来是否有用这种观点来看待知识,他就会没有激情、计较个人利益、动机不纯,甚至情操低下。例如,学好外语只是为了上大学;认为中学毕业后就去参加生产劳动,是上大学的最可靠的捷径等[1]。

在培养学生为祖国进行创造性劳动的教育实践中,我们十分重视学生的精神世界形成的重要意义。我们给"精神世界""精神生活"赋予以下的含义:人的精神生活领域就是在人的积极活动的过程中使其德、智、体、美诸方面的需求和兴趣得以形成、发展和满足。人的精神世界的源泉是物质世界,是客观现实,特别是人的社会生活,即社会经历和道德体验这些重要领域。

人的丰富的精神世界——高级心理活动的道德倾向,其愿望、爱好、主张、观点、信念的高度思想性是由他的社会生活的性质、内容和本质决定的,是由他与其他人的相互关系以及他在集体劳动生活中的作用决定的。

人的丰富的精神世界是人的全面发展的一个极其重要的标志。作者认为,人的精神世界的形成既同他的智力、体力的成长密切相

---

[1] 苏联在1958年曾规定,中学毕业生上大学前必须从事生产劳动两年。这项规定于1964年废除。——译者

关,又同他的道德的和审美的发展有密切关系。

形成人的精神世界的决定性条件,包括人的身体(尤其是大脑)发育的客观条件、社会意识对个人意识的影响和整个的社会实践。能否充分利用这些因素来教育和影响学生的个性,取决于教育工作的效果,也取决于被教育者的思维、感情、信念和世界观的思想倾向。

作者把分析学生的活动(广义的活动)作为研究他们精神世界的基点。当然,在种种活动中最有价值的是那些能把一个人的全部内在精神力量——智慧、情感、观点、信念、意志都用于改造世界,用于创造并增加社会物质财富的活动。学校的任务就是为这种活动创造条件,促进学生发挥其积极主动精神。要培养学生精神方面的爱好和要求,首先必须保证有一种可以促进学生积极参加社会活动、充分发挥其聪明才智和创造性的环境。苏维埃学校能否全面实现其极为重要的教育宗旨,在很大程度上取决于能否创造这种环境。

第一章

共产主义思想是新人丰富的
精神世界的基础

　　我国已经进入共产主义建设的历史时期。除了建立和巩固共产主义的物质技术基础外，造就新人也是促进社会变革的一个极为重要的条件。

　　新人的道德面貌的形成，需要经历一个用合乎社会主义社会历史发展规律的思想进行教育的过程。

　　为了建立和巩固共产主义的物质技术基础，并在此基础上过渡到实行共产主义的分配原则，就要培养所有社会成员产生各尽所能的内在要求。这种要求是新人的精神世界的基础，是其品德的核心。

　　早在远古时代，人们就深信，人除了身体力量，还有精神力量——忠于自己的信念、坚信真理在自己一边、在困难面前坚韧不拔、具有大无畏的气概。"精神力量""勇敢顽强""百折不挠"这些概念，是在历史的不断发展中逐渐形成的。远在世界上第一次社会主义革命使人类获得社会解放之前，那些代表进步主张和思想的人从来都是拥有精神力量的、英勇无畏的战士，他们依靠人民并从人民的创造力中获得信心。远在人类的美好未来成为现实之前，成千上万的战士就为之献出了自己的生命，这是先进思想具有巨大改造力量的明证。在先进思想的激励下，人们变得更加坚强、不可战胜，即使赴汤蹈火也在所不惜。

　　然而，只有共产主义思想才是社会进步和道德进步的高峰。共产主义思想以其科学真理的光芒使人类产生最崇高的激情和愿望。从此，千千万万的战士把自己看成是全体劳动人民的思想和愿望的代表，这给他们增添了新的力量。为共产主义思想所激励的人们的精神力量，来自人类历史上第一次得到人民群众的实际支持，来自对马克思的"理论一经掌握群众，也会变成物质力量"[1]这一思想的认识。千百万战士认识到为崇高理想进行艰苦卓绝的斗争并为之英勇献身是自己最大的幸福，因为他们坚信自己的理想一定能够实现，自己的目的一定能够达到。

在我们社会主义国家里，人类的理想——通过劳动解放自己已经成为现实。人们的精神生活以及为群众所掌握的那些思想，在改造世界的进程中具有日益重大的意义。不仅要铲除旧世界的罪恶，而且要造福新世界，就是共产主义建设者进行斗争的意义所在。进行这种斗争也需要有献身精神、英雄气概和精神力量，只是其具体内容与以前社会的类似的斗争有所不同而已。其具体内容包括忘我的劳动、建立共产主义的物质基础、忠于无产阶级国际主义思想、全心全意为社会服务、严格遵守社会主义的公共生活准则。

共产主义劳动尤其需要劳动者的生活具有明确的目的和崇高的思想。使在机床旁、在田野里、在工地和农场从事的创造性劳动与丰富的精神生活相结合，更多地掌握人类文化宝藏，都是激励人们去学习、去丰富自己的需求和爱好的主要动力。

在教育工作实践中，我们力求使劳动作为发挥创造性才能的一个极其重要的领域进入学生的精神生活。由于创造性劳动已成为学生精神上的需要，因此开始独立劳动时，他们不仅能把学到的知识运用于某些现有的劳动对象，而且还能改进劳动，并使之服从于他们精神世界的需要。

我们让学生在校时就进行改良作物、提高土壤肥力的试验和研究。在他们的某些试验田里，作物的收成是集体农庄的5倍，有时甚至是10倍。尽管他们现在为大幅度提高产量所进行的工作，只是在10～20年以后才可能大规模地得到推广，但是，如果学生今天就开始进行这项工作，那么他们的心里就会被点燃渴求将来可能用得上的知识的永不熄灭的火花。

如果人们的思想向往着未来，那么他们将来就会成为具有创造性的劳动者。我们学校有几个毕业生在当地的集体农庄拖拉机队工作。令人高兴的是，他们——队长阿列克赛·谢尔比纳、青年机械操作员瓦西里·别戈玛、亚历山大·马洛列特柯一直保持着旺盛的求知欲。他们是真正的有智慧和文化的创造者。这个由年轻机械操作员组成的集体为自身提出了这样的目标：使土壤中的有机质成分逐年提高，使土壤不因作物产量提高而逐渐贫瘠。对每块田地上的作物生长情况进行研究之后，他们得出了这个结论：雨水、雪水每冲走1毫米表面肥沃土层，就等于每公顷损失几十千克的氮、磷、钾。共青团员们为自己提出了任务："1毫米土层也不能被侵蚀掉！"年轻的劳动者在这场斗争中认识到必须掌握许多知识。奇妙的土壤世界吸引着他们，他们勤奋地学习着，成立了农业生物学和化学学习小组。正是在创造性地改造自然界的劳动中，他们产生了对知识的渴求。年轻的机械操作员把自己在劳动中进行创新和获取新知识看作是人的一种高尚品德。

现在比任何时候都更需要强调高尚的共产主义道德在人的精神面貌方面所起的极其重要的作用。判断学生的道德是否纯洁、高尚，主要不是看他选择何种职业——是拖拉机驾驶员还是园艺师，是矿工还是工程师，而是要看他想做一个什么样的人。

只有在共同劳动的基础上，人们才会产生对思想丰赡、高度文明、内容丰富的精神生活的渴望。在教育工作实践中，我们力求使学生在少年时期和青年初期就体会到劳动与精神生活的结合会使生活变得美好和充实。在劳动高度紧张的时刻，当学生用全部身心去达到高尚目的的时候，应该使学生的生活充满深刻的思想和炽热的感情，这是我们教育工作的一条十分重要的准则。每到夏天，我校高年级学生都会去田野和畜牧场参加集体劳动，其间，他们过着极为丰富的精神生活。夏收农忙季节，学生的劳动通常是分两个班，有时是分三个班进行的。收工后，学生在学校或田间举行艺术讨论会或朗诵会，漫谈科学技术的发展前景，讨论道德问题（青年人最感兴趣的是未来人的精神世界问题）。比如，在1958年最繁忙的夏收期间，学生们饶有兴趣地听了由专业音乐工作者讲解较为系统的音乐知识，并听了优秀作品的演奏。

我们确信，满足和发展青年劳动者的精神需求和兴趣，能促使他们更加团结。学生在劳动中之所以变得更加愉快，是因为除了劳动中需要发挥的创造性外，还有其他各种各样的需求和兴趣把他们联系在一起。

把劳动同人的整个精神领域融为一体，就会使人产生永不衰竭的、新的、共产主义的热爱劳动的精神力量。这里说的不是热爱一般意义上的劳动，而是热爱使人变得高尚起来的劳动。

共产主义思想是激发儿童和青少年不断产生崇高的、纯洁的、美好愿望的源泉。为共产主义思想所鼓舞的人是不可战胜的。人的共产主义信念是在具体的相互关系——学生之间或同成年劳动者之间的相互关系中表现出来并得到发展的。在我们社会里，这种信念表现在创造性劳动中，表现在个人利益服从社会整体利益中。一旦认识到劳动的崇高的社会目的，青年一代就会心情愉快，意气风发。"没有信仰的人是坚持不住的，有了信仰就能够坚持下来，因此他得到了许多东西。"²尼·奥斯特洛夫斯基的小说中的一个主人公说的这句话，受到高年级学生的喜欢绝非偶然。如果学生从内心认识到共产主义的崇高目标，那么，他就会以一个坚定的共产主义者投身于生活，社会利益对他来说就是他自己的利益。

为共产主义思想所鼓舞的人，精神生活也日益丰富，因为他们的个人爱好有了崇高的思想内容。伪善的资产阶级社会学家们胡说什么社会主义和共产主义抹杀个性，把个性限制在一个固定的框框里。恰好相反，只有在以人民利益为最高目的的社会里，人的个性才能得到充分的发展。

社会主义社会的每一个成员都是劳动者，他们的精神生活与劳动是密切相关的。只有使学生，特别是处于青少年时期的学生在创造性劳动中充分发挥他们无穷的智慧和情感力量，才能保证他们的精神生活具有明确的共产主义目标。人的精神生活充实与否，主要取决于具有崇高思想的社会兴趣和需求是否高于他的智力和审美的兴趣和需求。

第二章

培养学生精神世界的途径和方法

一、道德教育诸方法的特点及其统一性

社会主义制度为每一个人积极参加社会生活开辟了无限宽广的天地。随着人与人之间的社会主义关系的发展和巩固以及共产主义关系幼芽的生长，儿童和青少年参加社会生活的机会越来越多了。结合学生的年龄特点来考虑参加社会生活的可能性，在很大程度上决定了道德教育诸方法的特点和统一性。学生精神生活的宽广程度制约着进行道德教育的两种基本方法的实施效果，即说服教育和培养道德行为习惯的实施效果。

实践经验表明，道德教育的艺术在于：一进学校门，孩子首先要通过自己的行动来提高认识，并且从老师的教导中找到自己在积极活动中产生的思想和感受的共鸣。高尚的思想和高尚的道德情感融为一体并变成高尚的行为之时，也就是丰富的精神生活的开始。我们鼓励学生行为要光明磊落，情操要高尚。这样的道德教育方法，我们称之为"鼓励学生积极表现思想情感"。

在我们的教育工作实践中，占首位的是培养学生对人的人道主义的态度。一个人的精神生活丰富与否，主要看他对高尚的人道主义思想的理解和感受的深刻程度。

培养学生的人道主义情感，是造就人的人格和尊严的极为重要的条件之一。人道主义的行为主要表现为为他人，首先是为未来进行创造性劳动。

学生入学的头一年，我们就让他们参加培植幼林的活动——播种橡树种子。在劳动时告诉他们，这些橡树在50年后即可成材，

造福后人。在以后的10年学习中，学生一直照看着橡树的成长。此外，他们还参加其他的劳动，每年为人民、为未来创造新的物质财富。例如，为了在三五年内提高某一块土地的肥沃程度，他们就种植果树和观赏树木，并且还植造防护林。

教师在孩子们心灵中所唤起的思想情感，如能诱导进行较之当时所进行的更为重大而艰巨的活动，就能成为他们思想成长的动力。经验告诉我们，对学生进行思想教育的效果如何，在任何情况下首先取决于学生所积极参加的活动的性质：这种活动是否能在学生思想中根植高尚的情操，它将鼓励学生从事何种更为重要的新的活动。

不论现在从事何种活动，学生都应从中取得信念：他们能够承担更大的任务，有力量克服更大的困难和障碍。对自己和自己的劳动不完全满足、对自己所做出的努力及其成果持批评态度是学生精神得以成长的极其重要的不可缺少的因素。当学生意识到他们能够取得比现在更多的成绩，他们就会精神振奋，满怀信心，勇往直前；相反，如果学生感到自己尽了最大的可能，再也无能为力了，那么他们就会懈怠、松弛。这样一来，即使是最容易的事也会觉得难以完成，遇到障碍就会垂头丧气、畏缩不前，甚至对在老师一再鼓励下取得的成绩也不感到高兴和满意。

意志上的努力，是思想感情的一种积极表现。这种努力只有当学生看到他们所完成的工作并没有达到极限，他们面前还有更重要的劳动任务时，才能产生出来。在教育工作实践中，我们曾多次组织儿童和青少年从事集体劳动，使他们在完成某一项任务时就在心中孕育着要完成更大任务的愿望。在这种情况下，一想到将来的那种诱人的劳动场面，学生们就会产生出巨大的意志力量，这使他们在克服困难的过程中感到无限的喜悦。

要使青少年看到他们面前还有更重要的劳动任务，这一点尤为重要。我们多次发现，青少年之所以情绪不高、怠惰、漠不关心，是因为他们看不到他们正要取得的劳动成果后面还有什么新的、更加重要的东西。随着年龄的增长，战胜困难的自尊感和荣誉感对学生的精神成长更加重要，同时他们也会进一步认识到，现在克服困难就是为将来的事业做准备。

自觉的意志努力，自觉支配自己的行动，是高年级学生精神生活所特有的因素，是男女青年精神成长的一个十分重要的条件。

青年学生对他们为之奋斗的目标越明确，领会得越深，他们对自己的行动就越自觉，越富有自尊感。这就是吸收高年级学生参加一些明显关系到国家人民利益的活动如此重要的缘故。

鼓励学生积极表现思想、感情时，必须考虑当今脑力劳动和体力劳动本身正在发生的深刻变化。青少年在同先进生产者的接触中，在参加集体劳动的过程中，发现成年人劳动遇到的困难多半是智力方面的。我校十年级学生尼古拉在一次共青团会议上说："今年夏天我在拖拉机队实习，我深深感到，不论干什么活，主要不是凭体力，而是凭技能、靠巧干。强壮的双手只有加上聪明的头脑才能变得灵巧。真是智慧给双手添光彩啊！"

青年学生喜欢干"智慧表现在手指尖上"的体力劳动，这就给教师提出了一个很重要的课题。

组织学生参加需要毅力的活动时，要尽可能活跃学生的思想，使他们对活动产生兴趣并产生意志的力量。活动本身应留有余地，让学生在活动中促进意志努力、深化思想感情。倘若学生在劳动中能认识到是劳动使他们变得更加聪明，道德更加高尚，那么，劳动对他们来说，不仅是必须完成的一项工作，而且是一个能发挥他们的聪明才智、表现他们的道德风貌和意志力量的好机会。在建设性、创造性的劳动中，智力、道德、思想诸方面是有机地结合在一起的；在劳动中能发挥智能、动作敏捷、表现灵敏被认为是人应有的素质。这就是为什么在学生的精神生活中创造性劳动应占有重要地位的缘故。

在德育中起着极其重要作用的自我肯定过程，实际上就是学生认识自己的品德的过程。丰富的精神生活的特点是，学生确认自己是一个人，他应具有为公共利益战胜困难的品质。不去战胜困难就不可能有自我肯定，也不可能有丰富的精神生活，精神上的成长也会受到限制。幻想在战场上建立功勋，向往去远方旅行，遨游太空，等等，这一切之所以能使青少年迷恋不已，首先是因为它们为考验意志力量，为表现人的品格提供了可能。学生在自己的活动中战胜困难的要求越强烈，他们精神上的成长就越扎实，他们的思想、情感同积极表现思想和情感的有意志的行为就会越鲜明地融为一体。

为了弄清楚那些促使学生为达到既定目标做出巨大努力的各种动因，我们研究了许多班级、小组和一些学生的精神生活。研究结果表明，最重要的动因之一，是战胜困难的自豪感，尤其是在战胜困难过程中发挥了聪明才智的喜悦心情（这一点我们要特别注意）。例如，生活本身向一个学生提出一项任务，他以极大的热情着手去做，后来碰上了意外的困难，但他把看来不能完成的任务终于完成了，这样他就会从内心感到极大的满足。学生越经常感到精神上的满足，他就越深刻意识到，生活的意义就在于全体人民为美好的未来而奋斗。这就使他的精神面貌更加高尚，道德感受日益丰富。

实践告诉我们，为了丰富学生的精神世界，所选择的方法应能引导他们进行积极活动，能在他们面前展现出战胜困难的吸引人的前景，能唤起他们的自豪感、荣誉感和自尊心。活动本身还应包括克服困难和障碍的可能性，但应适合孩子的年龄。重要的是，从孩子们受教育的第一天起，就要用克服困难的社会意义和智力创造来吸引他们。任何一种劳动，即使是最平常的劳动，都可以具有社会活动的性质，都能成为引人入胜的智力探索和开拓的对象。而且，这对孩子们来说就是战胜困难的过程，并会给他们带来极大的愉快，从而产生孩子们自我肯定的萌芽。比如，大面积种植小麦，在通常条件下每公顷产量一般不超过3000~5000千克。但如果动脑筋、想办法，根据小麦尚未完全弄清楚的新的特性组织生产，那么单位面积产量就可以提高3~5倍，甚至10倍。我们的学生就是这样开始从事创造性的劳动和克服困难的。7~9岁的孩子在几十平方米的土地上获得的单位面积产量比集体农庄的大面积产量要多10倍，有时是15倍。这并不是增加学生体力负担的结果，而仅仅是积极动脑筋创新的结果。这种劳动使学生认识到、体会到这就是真正的克服困难，这就是对自己的富有创造性的智慧和美德的肯定。

学生的年龄越大，他们在日常生活中对所需克服的困难和障碍的难度的要求就越高。青少年时期，当高尚的情感——对祖国的热爱，对敌人的憎恨，对怯懦、不诚实、虚伪等毛病的鄙视，愿为集体贡献自己的力量等激发他们去战胜困难,并从中意识到自己所担负的社会(道义上)责任和能发挥自己的智力及毅力的时候,他们就会感到莫大的欣慰。

高年级学生在评价人的品德时,越来越多地把人的社会责任感、公民责任感摆在首位。我们总是为中年级学生,尤其是高年级学生,选择那种能明显看出是为建立理想的共产主义新世界必须战胜困难的活动。生活本身就是从事这种活动的广阔天地。而这首先是为社会进行无私的共产主义劳动,是以加强共产主义道德规范和遵守社会主义公共生活准则为目的的社会活动,其中包括为增加全民财富而奋斗。

应让青年参加这样的劳动,这种劳动能够使他们清楚地看到在共产主义社会中人们将如何工作,人们将如何深切关心社会利益。用这种劳动鼓舞青年是非常重要的。在教育工作实践中,我们是这样组织学生劳动的:给每个中年级班级0.25~0.30公顷土地,要求他们在五六年内不仅做到逐年提高粮食产量,而且还要增加土壤的养分,使土地更加肥沃。学生所施的肥多于作物生长所需要的,这就可以使养料和水分在土壤中逐年储存起来。学生认识到参加这种劳动就是创造共产主义物质财富,而丰富的物质财富是建设新社会最重要的前提。这样,学生就会感到生活充满乐趣,他们精神上的要求和兴趣能得到充分的满足。

学生越早参加为崇高目标而进行的引人入胜的、火热的自觉斗争,并在斗争中收获越大、信心越足,那么我们所希望学生在道德上的成熟就来得越早。经验表明,只要注意正确引导学生拥有丰富的、有目的性的精神生活,他们在少年时期就能自觉地驾驭自己的愿望以达到具有重大社会意义的目标,并因战胜困难而感到高兴。

向往建立丰功伟绩的崇高理想之光,使学生,尤其是男学生的精神生活更加绚丽多彩。必须使学生树立并发扬这种理想。但是做到这一点还不够,还应当培养学生为建立功勋而进行长期的、坚持不懈的努力。功勋在人的生活中不是偶然现象,而是他的精神面貌合乎规律的继续发展和表现。极短时间内建立的功勋,和长时间的、富有理想的、有充分价值的精神生活一样,也能使人的精神面貌变得高尚。

在教育工作实践中，我们力求使每一个学生在少年时期就能做出就其年龄、力量和条件来说可以称之为功绩，同时也被集体认为是功绩的行为。在每个学生的生活中都会有机会遇到这种情况：要求他当机立断、全力以赴地采取紧急的、果断的行动。有时长时间的行动也需要有这样大的精神力量。如果学生合乎自己思想发展的状况，建立了功绩，做出了舍己为人的行为，这就意味着他在自我肯定的道路上迈出了决定性的一步。帮助学生迈出这一步对形成学生的精神世界是极其重要的。

综上所述，可以得出结论：道德教育进程的特点以及对学生的思想加以影响的方法的统一性，取决于共产主义教育的导向，取决于我们所追求的道德标准。新人的高尚道德首先表现在劳动和创新中，在思想和行为的统一中。道德教育的方法应当保证学生有活跃的精神生活，有可能在活动中经常发挥自己的智慧、情感和意志。

下面我们简略地分析一下形成丰富、有高度思想性的精神生活的方法，即鼓励学生积极表达思想和道德感情的方法。

二、鼓励学生积极表达思想和道德情感

观察学生的精神生活时，我们发现，最能渗透学生精神世界的思想是那些我们称为高尚的思想。这些思想能对学生产生影响，在于对为社会、为集体谋利益的活动的美好憧憬激励着他们。这些思想包括：参加共产主义建设，对全世界劳动人民履行国际主义义务，憎恨压迫者，支援被压迫者，同全世界劳动人民的孩子建立友谊，无私地为集体服务，尊重他人的人格，关心他人、帮助他人，努力做出贡献等等。

这些思想之所以能够成为影响人的精神生活的力量，是因为它们反映了我们社会的生活和历史的崇高内容。也就是说，这些思想体现了创造性劳动和建立功勋的英雄气概，同时也体现了对经济制度和人的灵魂进行革命改造的豪迈精神。应当根据学生的年龄、能力和条件把这些高尚而纯洁的思想灌输到他们的意识中去。从教育角度来看，崇高思想之所以可贵，是因为它们把个人与集体、个人

与社会结合在一起。这种结合是进行道德教育的极其重要的一个条件。如果学生从小因参加人民的共同事业而产生了自尊感,那么他的个人利益将会服从社会利益。根据对某些学生的多年观察,我们深信这些崇高的思想对年龄小的学生也能起鼓舞作用。例如,7岁的孩子不仅对他熟悉的人物的痛苦表示十分关切,而且对殖民地国家的千百万劳动人民的孩子所遭受的苦难也表达同情。但是这种思想教育应该以形象具体的形式来表现。形象越鲜明,孩子们对这种形象所体现的思想的反应就越强烈。而且,这种反应首先表现在情感方面。

精神生活的各种因素——智力、情感、意志,因年龄不同所起的作用也不同。对于小学生来说,在形成、巩固和发扬能促使他们采取积极的坚定的行动的思想方面,起决定性作用的是教师用以向学生灌输这种思想的各种现象和事物的本质是否形象鲜明和富于表现力。通过具体的情景和形象来表现现象的本质特征越有说服力,那么孩子在感情上受到的感染就越明显,对抽象的思想就越容易理解,同时他们也就越想努力表现自己的积极性。这一切体现了这个年龄段的孩子的思维特点。

由此也就决定了教育小学生的方法的特点:要向他们灌输具有重要社会意义的道德思想,为鼓励他们积极表达思想和道德情感,首先必须激发他们的情感。那些表现社会现象本质的、反映道德思想的生动情景能触动孩子幼小心灵的深处。

这一结论曾多次为我们的实验所证实。比如,我们鼓励7、8岁的儿童进行大胆、勇敢的活动(根据他们的能力和潜力,当然,我们还采取了一些适当的保护措施)。有时,我们用形象鲜明的例子在孩子心目中引起对怯懦和不诚实的鄙视。有时,我们只是用概括的和多少有些抽象的(但都是为儿童完全能听得懂的)讲述来评价英勇行为。结果,前者比后者的收效要大得多,孩子们总是想表明他们一点儿也不胆怯、不犹豫和不畏缩。

对高年级学生进行的类似实验使我们有根据认为,学生的年龄越大、社会经验越多,那么概括性的论述在促使他们积极表达思想和道德情感方面所起的作用就越大。对某种思想进行综合性的论述和深刻的推理,对事物从道德角度进行分析,这一切能唤起并树立高年级学生的牢固的感情,并赋予这种思想以鲜明的感情色彩,从而使之更加突出。男女学生对崇高思想的实质领会得越深,这一思想在他们感情上的反映也就更加深刻。这决定了要鼓励高年级学生积极表达他们的思想感情的方法的特点。要给男女青年灌输崇高纯洁的思想,使他们受到这种思想的鼓舞,就必须向他们揭示人类丰富的道德经验,对各种现象给予广泛的、概括的阐述。思想和道德情感只有在人们的交往和已形成的相互关系中才能积极地表达出来。

社会主义社会中,人们之间的友谊和同志般的互相帮助,是一个集体培育丰富精神生活的良好土壤。社会主义社会中人的精神生活是否丰富多彩、具有高度的思想性和明确的共产主义目标,完全取决于一个集体开展精神生活时是否具有坚定的目的性,是否具有团结在一起的基础、推动力和愿望,每个成员是否忠于共同事业,集体活动给予每个人的感受是否充实而深刻。

人的道德精神的成长,首先是在集体中实现的。先进的观念和集体主义精神的形成,是集体对个人进行有效教育进行极重要的成果。个人和集体在精神上的一致及其思想的相近,是强有力的道义力量,它能激励个人为崇高目标战胜困难、建立功勋。

通过观察许多班级的学生在劳动和休息中的相互关系,我们力图弄清楚是什么力量使学生坚信自己所做的事情是正确的,并坚持自己的信念。我们得出的结论是,主要原因是学生认识到并切身感受到本人和集体在精神上是一致的。比如说,某一个小组全体成员都坚信他们要制造的复杂的机器模型一定会成功,对需要克服的困难和阻碍都心中有数,那么每一个人在和其他小组的成员争论时就会坚持自己小组设计的正确性。通过这样的活动,个人的创造性得到发挥,小组的设计方案也得到了改进和完善。

在劳动活动中的创造性设想同劳动活动本身的重大社会价值结合在一起的时候,个人与集体的精神上的一致性所起的作用尤为明显。这种一致性越深刻,每一个成员就越把劳动的社会目的当作自己的目的,同时也就更加愿意为共同事业多做贡献。在教育工作实践中,我们把一个集体的组织上的一致性,即相互依存、领导和被领导的关系建立在思想上、精神上的一致上面。

试举一些学生连续3年从事社会公益劳动的事例。我们给一个少先队中队（都是12、13岁的孩子）讲述了我国劳动人民为增加全民财富而进行的工作，同时也讲了在我们村里也可以把两公顷的贫瘠土地变为肥沃的良田，使它创造的物质财富造福于人们几十年，甚至几百年。这个崇高目标鼓舞了孩子，他们坚持不懈地劳动着，他们施农家肥，并采取各种各样的措施来改良土壤。3年后，在这块原来贫瘠的土地上，粮食作物获得了大丰收。这项工作要求少先队集体团结一致，步调一致。他们克服了相当大的困难。如果每一个学生认识不到他们所做工作的社会价值，感受不到集体的支持和帮助，那么不管什么样的组织形式，不管什么样的相互关系都不能使他们取得成功。

经验证明，组织7、8岁孩子的活动时，也可以把精神上的一致建立在崇高思想基础之上。教育工作之艺术，在于使年龄幼小的孩子也有机会在生活中，在和小朋友的关系中能够积极表达自己的美好的感情和愿望，以激发他们产生远大的、有社会意义的、道德高尚的理想。

在低年级集体里，孩子们之间还没有建立起密切的同志关系和友谊，因此培养他们为崇高理想而共同奋斗的精神上的一致性，对把孩子们组织起来具有极其重要的意义。随着眼界的开阔，学生对精神上的一致性的认识越来越深刻，到了高年级，他们就把对祖国的义务和对社会的责任放在首位。苏联杰出的教育家马卡连柯十分重视班级这个集体对个人的重要影响。高年级学生已经认识到这种影响是实现社会和人民赋予他们的教育职责。对优秀的高年级集体的生活和劳动的观察使我们确信，一个集体道德面貌的好坏，正是取决于整个集体对一些学生所起教育者的作用是否有深刻的认识和感受。

10年来，从孩子入学的第一天起到领取毕业证书为止，我们参加了几个班集体的生活。这使我们能够观察整个集体和一些学生的精神发展情况，观察学生的道德信念、观点和世界观是怎样形成的。我们确信建立在共产主义理想和信念基础上的道德思想和行为的统一，只有在下列条件下才能更充分地表现出来。这些条件是由共产主义理想联结在一起的，精神上的一致性不仅始终不间断，相反，随着青少年，尤其是男学生的能力和可能性的增长而不断加深。比如，我们学校的几个班级，从低年级到毕业，由于共同的活动紧密团结在一起，而这种活动的基础是各班学生的友好合作、互相帮助、互相支持（如学生在田间劳动时）。这些班级成员都善于对周围生活中的各种现象从道义上给以评价，因为他们深深关切社会利益。

思想上一致性的削弱或间断，会导致在教育实践中常见的紊乱现象（特别是在学生的过渡的，也就是"困难"的年龄期里）。集体的不巩固和不稳定，组织上的缺乏统一，个人利益同集体利益对立倾向的增长，集体荣誉感的丧失，个人自尊感的减弱，对自己缺点满不在乎，这一切是伴随以高尚思想为基础的精神上的一致性的削弱而引起的附带现象。随着学生能力的增长，我们不仅力求发挥思想教育的作用以增强集体的团结，而且还扩大智慧和道德情感的表现范围，这一点对学生，尤其是男学生的精神上的成长具有重要意义。

对形成学生的精神世界，对保证集体在精神上的一致性方面具有重大意义的，是正确理解能使学生积极表达思想和感情力量的那种活动的实质是什么。不能把这种活动仅限于体力劳动，仅限于用手干活。这是对精神生活简单化、肤浅的看法。有人认为，似乎从事繁重的体力劳动，克服生活上的艰难，本身就是精神锻炼和思想教育。绝对不能同意这种肤浅地看待教育过程的观点。劳动的教育作用取决于劳动在精神生活中是怎样进行反映的，在思想感情上又是如何进行反映的，它使意志得到多大程度的磨炼。

在体力劳动过程中，当克服困难的努力是由重大的社会道德观念所激起时，只有这样的努力才能成为精神成长的一个因素。因此，培养学生具有信念，对周围世界具有个人的看法，是一项极端重要的任务。

学生思想和道德情感的积极表达，是在各种活动的结合中实现的。除体力劳动外，克服纯精神性质的困难的集体活动也具有很大的教育意义。这主要是指在学生集体中和成年人集体中要建立新的共产主义的相互关系。我们很重视同这方面精神生活有关的行为和表现。每一个少先队组织，特别是共青团组织，要把在集体的相互关系中确立某种品质（这种品质，一般来说就是共产主义的萌芽）作为自己的努力目标。例如，有一个少先队中队为了使每个队员不说谎，在任何时候都不掩盖自己的任何缺点做了多年的努力。我们向学生明确说，**努力做到这一点就是高尚行为的表现**。在这样的行为中，少先队员看到了，更重要的是体会到了道德标准和审美标准的统一。他们努力做到说真话，因为，用他们的话来说，说真话是非常美的。

*　　　*　　　*

在获取知识、认识周围现象、克服智力方面困难的过程中，善于思索对于形成信念具有重大意义。在学习过程中，脑力劳动的性质决定着智力的活跃程度，因而也就决定着整个学生的精神生活的活跃程度（在这里教学与教育最紧密地联系在一起）。我们对课堂和其他活动进行了观察，发现教学过程中存在着影响信念形成的许多严重缺点。其中最主要的是脑力劳动的片面发展——单纯积累知识，不在生活实践中应用知识，也不在个人进一步精神发展所必需的智力劳动中应用知识。对周围的事物和现象进行逻辑分析时不能触动学生的思想感情，在学习时即使不死记硬背，这种片面性也是精神发展的死敌，因为学生的脑力劳动实际上被局限于识记、储存知识和按照老师的要求复述一下而已。课堂上所听到的，学生都要保存在记忆中，所读过的，只被看作是规定要掌握的一定的学习量。这样的教学即使符合教学法的要求，也会使学生变得头脑迟钝，不善于独立思考，对学习科学知识的兴趣减退，对自己的精神生活无所要求，使好奇心丧失殆尽，从而失去了最重要的智力上的感情——认识事物的喜悦。学生不去注意许多值得思考的事物和现象，只是因为"这不在必须掌握之列"。这样，除了规定要学习和消化的材料之外，可以思索的事物、事件、现象的范围就很狭窄了①。

---

① 这就是有些高年级学生对文学不感兴趣，只把文学看作是一门学习课程，而不是智慧和情感发展的源泉的原因。

这种教学方法的缺陷，不仅在于学生有了许多知识而不能运用，更重要的是他们的思维能力变得消极被动，不再向情感和意志提供养分，不再是精神生活的源泉。

为了避免发生这些缺点，我们很注意使学生在脑力和体力劳动的过程中积极思维。在教育教学的实践中我们遵循这样的原则：学生在学习过程中所获得的知识，不应死放在脑海里让他"沉睡"，以备将来什么时候应用；知识应该不断地在实际运用的过程中得到发展，从而提高学生的思维能力；处于某一发展阶段的学生的知识越多，他的思维活动也就应当越活跃、越全面，而且，这种思维活动与手的活动，即创造物质财富和改造世界的体力劳动是结合在一起的；每一门课程，特别是自然科学基本原理，都为思索和劳动相结合提供了无限广阔的可能性，并在此基础上丰富学生的精神世界。

老师的任务，在于鼓励学生从事有趣味的、富有创造性的劳动。智力和体力在这种劳动中的结合，正是年轻一代得到思想锻炼的条件，同时也是培养他们参加生产劳动的前提。

我们所要造就的人，不仅能劳动，能操纵机器，而且还应该是一个聪明的、能深刻思考问题、情感细腻的劳动创造者。体力劳动的创造，在共产主义社会中将被认为是人的最崇高的精神财富。生气勃勃的、活跃的智慧在建设事业，在情趣盎然的、充满理智的体力劳动中起着主导作用。

第三章

外部环境是学生精神生活的决定性因素

人的精神生活，即内心世界是否丰富，取决于他同周围世界的实际关系是否丰富多样，取决于他同自然界和其他人的相互作用的内容与性质。在这些关系和相互作用中占首要地位的是劳动的积极性、思想与感情的活跃性，这种积极性和活跃性最终必将发展成为改造世界的活动。

人的天赋素质的发展是人的个性及其能力发展的前提，而先天素质的发展取决于同周围世界的关系是否丰富多样，首先取决于劳动和社会生活的内容如何。社会主义制度给每个人提供了全面发展其素质、能力、天赋的广阔天地。共产主义的最终目的就是使人全面发展，使社会的每一个成员都能获得人生的真正幸福，即能有充实而丰富的精神生活，这是建设新社会的最高目的，这一目的正在成为苏联学校的教育纲领。

如果教育工作者保证每个儿童和周围世界都能建立起丰富多样的实际关系，例如，同集体中的其他成员的种种联系，参加各种各样的创造性劳动，充分发挥他的智能和审美能力等，那么就一定能够达到这个目的。然而为了有效地完成这些任务，必须掌握儿童精神生活的规律，而这种规律是由他的年龄特点决定的，是由形成人的精神面貌的过程的复杂性和多方面性决定的。

7岁的儿童刚跨进学校大门就睁大眼睛去观看大同学所做的一切。他们对什么都感兴趣，诸如照看生物室的植物、培育果树幼苗等。当然最吸引他们的是游戏室，在这里有趣易懂的玩具把神秘的技术世界展现在男孩子面前。一切是那样美不胜收，赞叹不已。他们什么都想当天就动手试一试。但几个星期后，我们会发现，以对一切新的、不平常的、没见过的事物的强烈好奇心为基础并不能培养孩子真正的兴趣和爱好。这种对周围事物的好奇心是孩子从童年到少年这段漫长的时期内心理发展上的一个特征，以此为基础采取一些教育措施是必要的，但不能忽视儿童精神生活的其他方面，即思维、信念和世界观方面的问题。

精神上的成长是一个多方面的、连续的，同时也是一个统一的过程。在儿童身上所有的心理过程和个人精神面貌的各个方面都在不断地发生着质的变化。思维、情感、意志、能力，精神生活所有方面的发展都是紧密联系和相互作用的。而且我们可以看到，在某一个发展时期，儿童的某些心理因素表现得较为突出并有力地影响着他对周围世界的态度，影响着他所选择的活动的内容。这就证明在学生的精神世界里发生了新的质的变化。

例如，儿童的行为在少年早期较之少年后期，尤其是青年期更富有感情色彩。尽管孩子的感情将进一步发展和深化，尽管青年或成年人的感情要深广得多，然而低年级学生的活动内容，较之其他心理因素在很大程度上取决于情感的因素。

当谈到某一发展阶段的某一方面心理因素表现得最为强烈时，我们丝毫也不能忽视这样一个事实，那就是一个人的发展是各种心理活动和整个个性不断发生质的变化的过程。我们是用辩证唯物主义观点来说明发展是运动的，用列宁的话来说，就是"'飞跃''渐进过程的中断'，'向对立面的转化'，旧东西的消灭和新东西的产生的钥匙"①。

能看到精神世界和心理活动的某些方面在一个人成长的某一时期表现得比其他时期更为明显，这一点在教育工作实践中具有重大意义。无论青年或成年人的感情世界多么丰富，都不能和儿童早期行为特有的丰富的情感表现力相比。教育工作的成败，在很大程度上取决于教师是否认识到高兴和苦恼、满意和不满意、有信心和没

---

① 中共中央马克思恩格斯列宁斯大林著作编译局.列宁选集：第二卷［M］.3版.北京：人民出版社，1995：557.

有信心在低年级学生生活中起着多么大的作用。

在教育工作实践中我们特别重视低年级学生的感情状态。从童年到少年的生活道路应当是充满快乐和生气勃勃的，这是整个教育工作中最重要的原则之一。快乐是儿童对自己的力量产生乐观和信心的源泉，是他们同周围世界建立多种多样的实际关系的前提，没有这些多种多样的关系，便不可能有精神的发展，尤其不可能有先天素质、能力和天赋的充分发展。

我们要努力做到使每一个孩子在他喜爱的事情中，首先是在学习中品尝到取得成绩的欢乐。当孩子们第一次跨进学校大门时，他们多么兴奋，对未来的生活怀着无限美好的憧憬。如果有些孩子学习了几个星期甚至几个月之后，就大失所望，甚至厌恶学习，那么教师对此也负有责任，因为他未能给孩子带来快乐。这种快乐对大人来说是微不足道的，但对孩子却是巨大的力量源泉。由于7岁儿童还不能自觉地克服困难，所以他们主要是从感情中汲取初次的意志力量。

我们力求使低年级学生，尤其是一年级学生做每一件事都取得成功。我们面前有22名即将毕业的高年级学生，他们的学习成绩都很好，并且积极参加科技小组活动。他们每个人的独特才能都得到了充分的发挥。回顾在低年级教这些男女青年的情况，我们可以得出这样的结论：如果热心的老师没有能使孩子们得到儿童的初次乐趣，即在学习和创造性劳动中取得初步成绩的乐趣，那么他们现在的情况就很难说了。

以托利亚为例。在校时，胆怯、忧郁、腼腆阻碍了他的思维能力的发展。老师讲的东西他领会得很慢，也记不住，掌握实际技能就更差了。同时，托利亚感情脆弱，如对他做的手工提些意见，他就很敏感。当看到别的小朋友已经会画道道，画圈圈，而他自己还不会，别人已经会用小锯锯胶合板，而他怎么也学不会时，他就感到很难过。在这种情况下，对孩子的最好帮助是：耐心地、热情地、不伤其自尊心地扶持孩子的微小力量。放学后，老师同托利亚一起留在学校，教导他怎样正确用铅笔和钢笔，怎样使手的动作灵活又准确。原来托利亚在上学前几乎没有使用过任何简单的劳动工具，因此手指肌肉没有得到训练。现在就不得不教他使用儿童用的小铁锹、小刀子和小剪子了。孩子终于取得了初步成绩，能削出一根根整齐的用于算术的小棍了。这使托利亚非常高兴，使他产生了要很好完成书面作业的愿望（以前由于几次的失败而灰心过）。

获得成绩的喜悦使他产生了克服困难的意志力量。他反复地练习做同一个动作，力求完美，以达到老师要求的标准。劳动中的成绩使托利亚无比高兴，他已在一定程度上意识到这种进步是战胜困难的结果。就这样，老师引导托利亚从劳动的快乐逐步体会到克服障碍的快乐，同困难做斗争的快乐。托利亚认识到了成绩不是偶然地、碰运气得来的。老师继续热情地、耐心地鼓励他在独立劳动的道路上迈步。在整个4年的小学阶段，老师不仅设法创造条件使托利亚产生取得进步的喜悦，而且还培养了他的道德行为，这对他在今后生活和劳动中应对挫折会起很大的作用。老师帮助托利亚取得的克服困难的经验，成了托利亚正确对待挫折所不可少的精神力量的源泉。

在托利亚上五、六、七年级时，老师们继续使这方面的宝贵经验得到充实，他们努力使托利亚明白学习和劳动中的每一个成绩都不是来自偶然，而是靠与困难进行坚持不懈的斗争得来的。在这个才能平庸的男孩身上，形成了一种对困难信心百倍的乐观态度。托利亚在五、六年级时，对技术发明产生了浓厚的兴趣。他喜欢设计和制作模型，从中得到莫大的愉快。上十年级时，托利亚已掌握了机械工所必备的技术。他逐渐地对机械和电力方面的通俗读物发生了兴趣。这增加了他学习自然科学（数学、物理、化学）的自觉性。当托利亚中学毕业走向生活时，他不仅具备了必要的实际技能和技巧，而且养成了不怕困难的乐观态度。

在注意中学生同周围世界建立多种多样的关系时，考虑他们的年龄特征尤为重要。当中年级学生的精神面貌中发生急骤的、在某种意义上可以说是互相矛盾的现象时，就必须正确引导他们在道德方面健康成长。各方面积极性的增长，思想活跃、积极活动、在集体中好交往是该年龄学生的特征。如果说小学生的积极性主要来源于感情上的冲动，那么中年级学生的积极性主要来源于向往集体活动和社会活动的志趣。

少年对周围一切抱有浓厚的兴趣，但要理解现实生活的各个侧面却还没有能力，因此产生了对自己的不满。这是少年身上特有的一个矛盾。重视这种矛盾的特点，是对中年级学生进行正确教育教学工作的一个极其重要的条件。

少年们都渴望更多地认识世界。我们要努力使这种积极性变成有助于他们认识自己，有助于他们找到自己的兴趣所在，也就是说让他们自觉地从事某一种富有创造性的劳动，而不要分散精力。做少年工作时必须注意使每一个男孩、每一个女孩在较长的一段时间内集中精力从事某一项课外活动，并能克服较大的（对他们的年龄来说）困难。

发展中的"不平衡""飞跃"在少年时期表现得较突出。他们的思想发展受客观现实，尤其是个人与集体之间关系的影响。而这种关系往往是不平稳、有起伏的。甚至在短短的一个月之内，学生的精神状态也会发生很大的变化（比如，孩子入学三四个星期之后就会和刚进校时不一样）。生活中发生的一些事件会使孩子正常的、按部就班的发展进程被急剧缩短，使他们某些重要的性格特征得以迅速形成（比如，家庭发生的不幸可以使幼小的孩子具有少年的性格特征，使少年具有青年性格特征）。

这一思想发展规律在少年时期表现得更为明显。在中年级班里，往往有不少男女学生比同龄同学要成熟些，他们的社会生活能力和劳动能力比其他学生要强得多。

有些学生在这一时期发展得较迅速这一事实，为改进教育工作提供了值得研究的课题。我们观察了许多学生的生活和活动，发现，如果14、15岁的学生由于种种原因被置于和过去完全不同的条件中（如要在家庭中担起更重的担子，从事繁重的劳动，积极参加少先队或共青团的工作等），他们身上便会出现思想成熟的成分。这些条件对内在的心理发展有一定的影响。这种发展就是新的品质的逐步积累，在一定条件下这些品质还会表现得比较突出。所以，一旦周围环境发生剧变，这些逐步积累起来的品质就会一下子出现在14、15岁学生的行为中，而这种行为一般是年龄大的孩子才能采取的（我们再次强调，正是周围现实的社会生活，对人的意识、感情产生着最大的影响）。

有些14、15岁的学生在精神发展中所以出现"不平衡"和"飞跃"，还由于他们所在的集体内成员年龄不相同。甚至还可以说，小孩子同大孩子的经常接触是他们顺利发展的一个极其重要的条件。如果小孩子一入学就和大孩子一起参加具有高尚目的的共同活动，这有利于丰富他们的精神生活，有利于培养他们形成大孩子才有的品质。

青春时期是学校教育的最后阶段，需要教师倍加注意。"青春"这个概念包含着一系列具有鲜明的感情色彩的特征。我们赋予这一概念以广泛的内容：在这个时期，对周围事物、自己的生活和活动进行深刻的思索，精力与体力旺盛，意识到丰富多彩的、有意义的、有血有肉的生活即将来临，心田受到爱情、忠诚等美好情感的滋润，对未来充满幻想并不断进行探索。

在青春时期，人的精神面貌的各个方面——情感、活动的热情、认识事物的能力和才干、劳动中的创造萌芽、毅力都处在成长之中。但这时期在精神发展中起主导、决定作用的是世界观问题，即有意识地从世界观角度来解释自己的言和行。

青春时期思想发展的这个方面——对待周围世界的上述态度，在很大程度上决定着人的内心世界的其他方面，特别是意志。

青春时期喜欢探讨世界观问题，尤其喜欢用世界观来解释道德行为问题。具有共产主义崇高理想的男女青年尽力把共产主义理想作为自己行动的准则。换句话说，给自己的行为赋予鲜明的道德性质。

青春期早期是形成世界观的时期（它在中学阶段还远未完成），这就要求教师们负起重任，不仅要力求使学生在中学时期多样、有高度思想性的活动中进行个性的自我肯定，而且要为青年未来的精神生活打下牢固的道德基础：坚守道德规范、忠于共产主义信念、坚持原则、与生活中的不良现象做斗争。

活跃的精神生活，只有在学生不感到自己是被教育的对象，是教师施加影响的对象时才能实现。学生的主动精神不但是培养集体主义的重要原则，而且也是他们思想发展的重要条件。在实际工作中我们要力求通过学生独立的、有意义的、有理由的活动对他们进行思想教育。在教育工作中不故弄玄虚，顺乎自然，不拘泥，密切个人与集体的关系，这一切能保证在对现实生活的积极态度中形成的精神力量得到最充分的发挥。

第四章

从幼年时期到少年时期

一、知觉在学龄初期儿童精神发展中的作用

知觉是一种最重要的心理过程,通过知觉,周围世界的事物和现象反映到我们头脑中来,引起感觉和感受。在人的一生中,感性知觉是周围世界影响人的内在精神生活的主要渠道。

知觉对小学生的精神发展起着特殊重要的作用。儿童看得见、听得到、摸得着的许多事物都是从他们生来就会遇到的。马克思说过:"感性的禀赋是把小孩和世界连接起来的第一个纽带。"①

儿童的思想、判断和行为,从他有意识的生活一开始就具有具体性、形象性和情感性等特点。儿童的年龄越小,他所知觉和所做所想的一切就越容易受到各式各样的感染和引起情感上的不同反应。然而3、4岁儿童的情感同6、7岁儿童是无法比拟的。如果学前儿童的情感主要表现在对周围世界各种事物和现象的感性特征的反应上,这种感性特征能给儿童本人或他亲近的人们以一定的影响(比如感到愉快或不愉快,带来快乐、悲伤或痛苦等),那么6、7岁儿童的情感反应在范围上要广泛得多,在性质上更富有社会性。儿童对各种事物、现象以及人们所抱的情感就好像是对周围世界的一种评价。

有一天,村子里着火了。开始是一个草棚子起了火,火势很快蔓延到房顶。这时正在幼儿园的3、4岁的孩子被惊吓得直哭,当他

---

① 中共中央马克思恩格斯列宁斯大林著作编译局. 马克思恩格斯全集:第一卷[M]. 2版. 北京:人民出版社,1995:142.

们看到两个农庄庄员爬上了正在燃烧着的房顶时,反而更加害怕了。6、7岁的孩子对这件事的态度则完全不同:他们高兴得活蹦乱跳,因为他们知道,庄员手中的钩竿可以把火扑灭。这里我们看到的已经不仅仅是一种情感反应,而是对现实抱有一种积极的情感。对孩子们的生活和活动的观察表明,这种积极的情感在6、7岁到9、10岁之间的儿童身上表现最为明显。以后随着情感对周围世界影响的变化,对世界和人物、对事实和现象的情感评价也因之表现不同。

对小学高、低年级学生的教育工作实践表明,充分估计他们对现实所抱的情感的独特性以及产生这种情感的源泉——他们的感觉和知觉,是十分重要的。

我们竭力在6～12岁孩子的头脑中确立这样一种思想和观念,比如,在殖民地和附属国,劳动人民的孩子被迫为资本家劳动,他们过着异常贫困的生活并遭受疾病的折磨和其他的不幸。我们有时候用反映这一具体事例的鲜明的图片把这种思想灌输给儿童,有时候我们只是对童工们的艰苦生活做一般性的介绍。

具体的图片(比如描绘在工厂失去双手的一个男孩被迫向人乞讨的图片)在即将入学的6、7岁儿童以及7～10岁小学生的思想感情上总是引起最强烈的反响。每当我们用鲜明的形象介绍这个童工的不幸时,这种同情往往具有更深刻的性质:孩子们不仅怜悯这个童工,而且思考了许多问题。

9～11岁的儿童试图弄清产生这种社会不平等的原因。我们确信,用以揭示这一思想的图片越鲜明,对社会不平等的感受也就越深。9～11岁的儿童甚至产生一种高尚的激情:他们表示要千方百计地在物质上帮助这个不幸的孩子。根据他们的要求,教师还代表他们给这个童工写了一封信。

如果对12、13岁的学生也采取同样的方法,那就不一定会产生如此强烈的效果。虽然他们也像低年级同学一样,注意听故事、看图片,但是他们的反应却远非这样明显和直接。9、10岁儿童,由于一时感情激动,首先对这个具体的童工的命运感到深切的忧虑,对他个人的不幸表现非常的关切,然而12、13岁的学生却对这个童工身边的一切情况都发生兴趣(比如问他家庭的情况怎样,问为什么资本主义国家的儿童要去做工，以及在资本主义国家工厂里残废人的未来命运，等等）。12、13岁的学生只是在教师概括地介绍了殖民地和附属国儿童的悲惨境遇之后才开始表现出个人的关切和同情。这个具体的孩子的不幸遭遇使他们比6～10岁儿童更为惊讶。如果教师介绍时指出，在资本主义国家有千千万万这样的不幸儿童，这一思想被揭示得越清楚，学生们对这个童工的同情和准备帮助他的心情就会越加强烈。如果低年级学生只是想在物质上给某一个不幸的孩子以帮助，那么12、13岁的学生则看到，在这个童工的后面还有千千万万的儿童需要帮助。许多学生问："怎样才能使这些儿童也都幸福？"一些学生对给童工寄礼物的建议发表了不同的意见。他们说："咳！一个人我们可以帮助，可是他们有成千上万——难道我们都能帮助！"值得注意的是，一些12、13岁的女学生对某些具体的形象、事实和现象的看法却同低年级学生完全一样。这个特点在整个研究过程中都会遇到。

我们力图加强情感在周围世界某些方面，特别是那些概括地反映许多重要的社会现象、人们的相互关系和活动的形式上所能发挥的作用。方法之一就是把童话、故事和寓言编成剧演出。比如朗诵者给儿童讲述民间神话，当他讲到那些最鲜明地揭示神话的主题思想的事件时，于是穿着各式各样服装的神话里的主人公走出来，在孩子们面前表演。同样在朗读关于献身精神的故事，特别是关于伟大卫国战争期间少先队员建立功勋的故事时，也强调了许多现象的感性特征。

这种方法对学前儿童和7～10岁儿童的影响特别大。他们思考神话或故事的内容，而且尤其重要的一点是，由于加强了对周围现实的感性特征，他们的思想和情感表达得更加积极，孩子们甚至企图改变神话或故事里面谈到的一些事件的情节。比如在听完了关于卓娅·科斯莫捷米扬斯卡娅、穆萨·嘉里尔、恩斯特·台尔曼、尼科斯·别洛扬尼斯的英雄事迹中的最精彩的段落之后，儿童们创造了一些神话游戏，这些神话游戏一般都是以把英雄从绞架上或监牢里解救出来这样美满的结局来收尾。

为12～14岁的学生编一些这样的故事虽然对他们也能产生很大的影响，但是他们的情感已经不是集中在低年级学生所注意的一些事情上。如果说在编写的民间神话里最使年龄小的孩子们感到激动的,是有关他们所喜爱的英雄人物生死攸关的那些事件,那么对12~14岁的学生来说,他们早已熟悉每个具体神话的内容,使他们感受最深的不是代表善良势力与邪恶势力的主人公之间一些个别的冲突,而是它们之间的全部冲突。

在年龄最小的学生生活中,感知的特点还明显地表现在他们参加的公益劳动上。比如在拾麦穗时,促使儿童积极参加劳动的最强有力的因素,是在他们的头脑中树立起这样一个具体的形象,它可以直观地表明,如果每个儿童在地里仅仅拾起一棵麦穗,那么苏维埃国家的全体儿童就可以保住多少吨(车厢)粮食。然而对12~14岁的学生来说,这个形象的影响比起他们深刻地认识到当时摆在全国以及每个农庄劳动者面前的任务所产生的影响要小得多,甚至比在同其他班级比赛中估计可以充分显示一下自己班级的力量这一点产生的影响要小得多。

由于多年在一所学校工作,从而创造了有利的条件,以便根据孩子们对周围世界所抱的情感发现他们精神发展的规律,并在教育实践中将它加以运用。我们努力向孩子们揭示那些能引起社会性情感的思想(如对亲近的人们的同情、对祖国的敌人的仇恨、对遭受不幸的人的怜悯)。与此同时,我们还帮助学生在头脑中确立那些能引起个人情感的思想——首先是自尊心和荣誉感。这方面的教育工作实践提供了丰富的事实材料。它不仅证实了对现实所抱的情感对小学生精神生活所起的巨大作用,而且证实了他们在集体中获得第一次亲身体验的必要性,这种体验是完全建立在生动的、具体的集体主义相互关系的事实上的。

在许多集体中,我们从一年级开始就帮助孩子们牢固地确立这样一种思想:利用他人的劳动——抄袭他人的习题或其他作业,意味着有失自己的尊严。各种情况和相互依赖关系的具体性、直观性在确立这一思想上起着决定性作用,学生们把这些情况和相互依赖关系不仅看作是公共道德的要求,也看作是个人的需要(比如许多算术考题不是解答现成的习题,而是由每个学生自己编题和解答)。经验证明,学生在幼年时期由于多次尝到经过自己努力取得成绩的乐趣,对利用他人的劳动则非常反感。

我们利用孩子们日常生活中的一些自然情况，目的在于使对周围世界所抱的积极情感能优先在孩子们身上形成和确立起崇高的道德感。比如，我们经常向7～9岁的孩子和一些班级的学生讲述，为提高产量而斗争的植物栽培学家和农庄庄员所表现的忘我劳动精神，强调指出，农庄庄员获得丰收是同他们在极平凡的劳动实践中（积肥、施肥、耕地，等等）所表现的忘我精神分不开的。我们竭力在孩子们的心灵中激起对平凡的劳动以及对劳动人民的深厚情感——对创造性劳动的尊重感。

每当同劳动模范人物座谈或会见之后，学生们总是满腔热情地去完成那时生活向他们提出的实际任务。日常的劳动也饱含着高尚的道德情感。

这个具有教育作用的事实，还有许多其他事实使我们确信，儿童的所见所闻都会对他的情感和意志产生影响。事物和现象的感性特征无论是用图片、插图、照片、电影、雕塑，还是用生动的言语，都能把孩子们吸引住。言语同直观形象一样，也可以使孩子们头脑中形成鲜明的概念。言语在孩子们的头脑中创造出的图画比之直观形象更具有优越性，比直观方法得以通达儿童心灵的情感色彩要更加鲜明。可以毫不夸张地说，有丰富经验的教师对乌克兰的壮丽夜景的描写，在已经多次观赏过夜景的儿童面前展示出的是一幅全新的、前所未见的直观形象的图画。

年龄的特点在言语作用于意识的效果方面，以及在言语感知的鲜明程度方面表现尤其明显。尽管为了同样的教育目的，但关于同一的事物或现象，对幼龄儿童却应采取不同的讲述方法，不仅要估计到幼龄儿童的智力发展水平，还要估计到他对现实世界各个方面的易感性。当借助言语向6～11岁的孩子们叙述某种现象时，有时候我们强调被描述对象的感性特征（详细叙述它的形状、大小、色泽、程度），有时候我们又不去强调这些方面，而是用逻辑的叙述代替直观形象的叙述。言语对直接感知的形象叙述得越少，儿童对它的思想的领悟就越差，对客体的最本质的特点理解起来就越难，尤其是对周围世界所抱的情感也就变得越加消极。我们确信，言语能够深刻地作用于6～11岁孩子们的意识，其前提是，用反映直接感知的描写最大限度地充实言语的形象，而且在描写中反映这些现象、事件中最能充分揭示其思想的那些方面。易感性是这一年龄儿童的特点，它可以使言语形象非常接近真正的现实，以至于孩子们在听教师讲述时产生一种身临其境的感觉，就好像他们也成了这些事件的参加者，甚至企图改变这些事件的最后结局。

小学生希求的就是具体的、直观的、能够产生身临其境感觉的活动，就像他们的思维是具体的、直观的和他们的直感是非常鲜明的一样。教育小学生的艺术在很大程度上取决于在他们的活动中思想的深奥和高尚同对现实所抱的情感的具体性、鲜明性相结合的紧密程度。

对现实所抱的情感对幼龄儿童今后的精神发展所起的作用难以估量。儿童的各种思想、信念和生活观点的形成在很大程度上取决于儿童的感觉是由于什么样的思想和观点引起的，以及这些思想对进步的社会实践持有什么样的态度。

二、学龄初期儿童的思想、兴趣和志向

小学生对社会的政治、道德和美学观念的反映是非常独特的。儿童按照自己的方式对待周围发生的一切：对现实世界所抱的情感对形成儿童的思想、信仰和获得道德经验起着很大的作用。

25年来，我们研究了许多不同家庭（包括工人、集体农庄庄员、知识分子）6～10岁儿童的精神发展问题。研究的方法是：观察幼儿园、小学儿童的集体活动，参加小学低年级的劳动和游戏。我们得出的结论是，这些孩子们的思想、兴趣和志向鲜明地反映了近25年来在我国发生的一些事件和重大社会问题。当农村出现首批拖拉机时，所有的孩子几乎都想当拖拉机驾驶员。10年或12年后开飞机又成了他们朝夕思慕的理想。在开垦荒地的最初年代，孩子们经常在游戏中表演有关在边远地区同大自然做斗争的节目。

随着社会主义社会物质基础的巩固和对劳动与社会财产的共产主义态度的增强，儿童精神生活中更加鲜明地反映了先进的社会观点。这里，4000多名6～11岁儿童对一系列问题的看法和意向是非常有趣的。如果在第一个五年计划时期，就"你希望在你的家乡或

自己的家里看到什么"这个问题进行回答时,相当多的孩子的回答还停留在基本属于家庭物质生活改善方面(如衣服、家具、果园、养蜂场等),那么,在1957年,96％的孩子希望看到的首先是对集体生活具有很大意义的东西,以及家庭精神生活必备的一些贵重东西(如俱乐部、管乐队、学校体育馆、体育场、公路、收音机、"少儿积木匣"①、技术革新用的工具、学校广播站、画廊、剧院、吊车、电视机等)。当回答"你最喜欢村子里的什么"时,几乎所有的孩子最感兴趣的是那些能够满足孩子们精神需要的属于集体的贵重东西。

  由于近20年来我国社会文化水平的提高,学前儿童精神发展的水平也大大提高了。7、8岁儿童观察问题的范围已经十分广阔,以致他们能够参加适合自己年龄的社会生活。比如,已经上学的农村儿童,不仅懂得他们做农庄庄员的父母在为夺取丰收而斗争,以及获得丰收对家庭是件光荣的事情,而且知道全国人民也都为取得这样的丰收而欢欣鼓舞。因此,教师可以引导小学生参加一些哪怕是微不足道的公益劳动(如搜集果树和观赏树的树籽),并把这种劳动建立在一定的道德观念的基础上。7、8岁儿童已经感觉到作为一个公民的尊严。儿童从这些概念当中产生了最重要的一些观点、兴趣和志向,它们不断得到发展并对儿童的精神生活产生极大的影响。

  这一年龄的儿童已经初步形成了道德理想。当回答"你想做什么样的人"这样的问题时,孩子们往往对他们想具备什么样的品质不去做概括的评述,而是具体地指出他们想要成为什么样的人,如列宁、捷尔任斯基、夏伯阳、布琼尼、伏罗希洛夫、奥列格·柯舍沃伊、普拉斯科菲娅·安盖利娜、卓娅·科斯莫捷米扬斯卡娅。在孩子们的想象中,真实人的具体形象本身就已经包含着一种最鲜明的、最清楚的评定。孩子们希望成为他们所喜爱的、理想的人,这种志向为我们的教育工作提示了一条重要的规律,即应努力做到,让生产战线的先进人物成为孩子们的亲密朋友并参加对孩子们的教

---

  ① "少儿积木匣"指的是一种儿童教育玩具,即一匣器材,儿童用以组装模型。——译者

育工作。我校低年级每个班都有农庄的优秀机械师、优秀的工人和饲养员担任自己的辅导员。辅导员向孩子们讲述他们的劳动集体所取得的成就并向他们介绍自己的生产情况。

小学生的志向和兴趣是不稳定的。他们的志向和兴趣取决于当时集体所从事的活动,取决于各种教育手段对孩子们产生的思想影响。比如,儿童在听关于战斗英雄的故事或看关于这方面内容的电影时,他就想当个战斗英雄。但只要情况一变,比如在儿童面前展示的是关于劳动英雄的高尚行为,他就会顿时产生另一种愿望——做一个像普拉斯科菲娅·安盖利娜、亚历山大·吉冈诺夫、瓦伦丁·卡冈诺夫那样的人。

鉴于小学生的想象力丰富、喜欢游戏这样一些特点,我们建议孩子们设想自己处于某种情况下,并要求他们叙述在这种情况下面他们将如何行动。孩子们兴致勃勃地参加这种别具一格的想象游戏,编造了许多反映他们精神面貌的神话故事。这些神话故事充分表明,孩子们的精神生活是十分丰富的。

下面列举一些我记载下来的故事。6、7岁的孩子设想自己不会被别人发现,在想象中完成了这样一些行为:

"我正在国境线上。一个间谍偷越了国境。当时他没发现我,于是我对他进行跟踪。这个间谍在森林中刚坐下来想歇一会儿,我趁其不备夺下了他的武器,并将他逮捕,交给了我们的战士。"

"我悄悄地越过了国境,走向一座大城市。我来到一座最大的监狱跟前,那里囚禁着许多革命者,我设法走进监狱,从看守手中夺下了钥匙,把所有革命者都救了出来。"

"我来到柏林,我到希特勒的住处,将这个刽子手杀死了,于是战争也就结束了。"(许多孩子在战争期间都编写类似这样的故事)

"我找到了游击队,从那里拿到地雷,炸毁了满载法西斯匪徒的列车。"(战争年代)

"我潜入集中营,将被法西斯驱赶到那里的我们的人都解救了出来。"(战争年代)

"我不知不觉来到美国,走进一个制造原子弹的工厂,并悄悄地将所有机器弄坏。不管他们怎么修理,我都会再一次将机器搞坏。就这样制止了他们制造军火。"

"我到监狱找到贾米拉·布希列特①，并解救了她，把她领到我们的苏维埃国家。"

"我走到一个大房子跟前，里面坐着所有的资本家②。我爬上了屋顶，在上面展开一面红旗。让资本家们发怒去吧。"

在2000个按规定题目编写故事或神话的孩子中，有27个孩子"利用"自己"不会被发现"这一点来达到个人的目的，而且有些孩子的行为并未触及社会利益（比如，一个女孩溜进了莫斯科大剧院，跑到一个角落里，在那儿听演员演唱。还有两个男孩"溜进了杂技团看动物表演"）。值得注意的是，在这些故事、神话中丝毫没有假定的语气，这说明孩子们是多么富于想象力。对7岁的儿童来说，他只能在看得见摸得着的具体事物、现象或行为中才能理解一种思想，因此他也可以把自己的思想、情感在不需要任何条件的具体行动中体现出来（可是我们发现，当我们建议12、13岁的孩子也编写类似的故事、神话时，他们却无论如何也不能离开假定式③）。

20世纪30年代我们的小学生也编写过如果他们不会被人发现，他们将如何如何的故事。把50年代后期的孩子们编写的故事拿来同30年代中期的孩子们编写的故事进行比较，不难看出，我国人民的觉悟有了多大的提高。

比如我们提出这样的问题让孩子们回答："假如你中了1000卢布的奖，你将买些什么？"孩子们还没有1000卢布究竟是多少这样的概念，因此他们的向往也是没有头的。在小私有经济条件下出生的孩子，从小受到当时父母（20世纪二三十年代）所给予的个人利益的教育，他们想的是把这些钱用于家庭（如买匹好马、建造一栋新房、买到一台脱谷机，等等）。在20世纪四五十年代成长起来的孩子想法就大不一样了。伟大卫国战争时期，所有的人都希望用这

---

① 贾米拉·布希列特是阿尔及利亚一位女爱国者，曾被殖民者的法庭判处死刑，后改判终身监禁。

② 年幼学生特有的一个错误：孩子们将抽象概念具体化。

③ 假定式，又名条件式，表示行为条件，如假设……若是……。——译者

笔钱买飞机、坦克，好用来消灭敌人。在和平建设时期，他们想象的也是做一系列明显有利于社会的事情。下面举几个近10年来他们编写的故事：

"我把所有的钱都用来建造一座俱乐部。"

"我把钱都拿出来，好让我们班搞一次旅游。"

"我把钱都拿出来给学校买许多架钢琴。"

"我把钱拿出来盖所医院。"

"我把钱拿出来建一座桥。"

"我把钱拿出来在我们村子里建一条铁路。"

没有一个孩子希望把钱用来达到个人的目的（只有少数孩子想把钱交给集体，但又补充说希望留下一点给自己买玩具、雪橇、冰鞋、钓鱼用具、颜料、画册和书籍等）。由此可见，孩子们在这些故事里想象出来的图画非常独特、完全是按照孩子的方式反映了我国社会的政治、道德和美学观念，这对正确确定对儿童进行思想教育的途径与方法是十分有趣的。

三、学龄初期儿童思维与感觉相互联系的一些特点

在人生各个年龄时期精神生活的智力与情感范围都是互相联系和互相制约的。认识过程总是伴随着这种或那种感觉，但不同年龄时期这种依赖性的表现是截然不同的。对学龄初期儿童[①]来说，这一特点是由第一次呈现在孩子们面前的周围世界的各种事物和现象以及它们之间相互联系的实质所决定的。儿童了解到的关于自然界和社会、关于人们的精神生活以及他们为美好未来而斗争的一切新鲜事物，都促使他产生一种对现实所抱的情感。不仅讲述遥远国度的大自然景象和原始人类为取火而斗争的故事会使儿童惊喜交集，而且解释在我们面前发生的各种自然现象的本质，也会产生这种效果。比如当孩子们听说葵花总是面向太阳和葡萄嫁接等一些故事时，他们的心情无比激动。因此，为了使儿童的智力得到发展，我

---

① 这里所说的学龄初期儿童指的是6、7岁到11、12岁的儿童。——译者

们必须充分估计认识周围世界对发展儿童感觉的影响。

刚刚迈进学校大门时，孩子们还不清楚自己未来在智力方面的活动。他们主要是被集体生活、新的环境和新的同学吸引住了。就连年纪最小的同学在某种程度上也懂得：一个人有教养，有高度的文化是一种品德；反之，一个人愚昧无知则是品德上的一种缺陷。这种认识的产生看来是社会意识增长的结果，其中包括受到成年人的影响。成年人把读书识字看作是进行创造性劳动的一个最重要条件。

我们经过20年的观察认识到，刚刚开始学习的孩子的智力情感的发展水平是逐年得到提高的。如果15～20年前大多数一至二年级学生感到兴奋，主要是由于意识到他们已经会做某些事情、自己的技能得到提高并获得了一些技巧，那么今天的孩子们产生这种感觉还由于他们能够认识某种崭新的、前所未知的事物和了解某种现象及其依赖关系。8、9岁的儿童是完全可能产生这种感觉的。年纪小的学生亲身体会到，在脑力劳动中，在获得知识过程中如果遇到困难，只要你有愿望，就可以克服它。我们曾见到过一些8、9岁的儿童，他们在学习中遇到了困难，于是跟老师说："我想想就会懂的！不管有多大困难，我一定能够弄懂！"当然，这一年龄儿童的意志力还是有限的，但他想要克服困难这点本身就具有鲜明的情感色彩，是儿童精神世界中崇高思想的一种反映。

我们认为，教育的任务在于设法发展和巩固儿童对克服困难，特别是智力性质的困难的乐观主义信念。为了完成这个任务，必须在集体中创造一种能够进行创造性思维竞赛的环境。在不同年龄的班级集体中，其中包括在低年级学生当中，经常举行数学竞赛和组织要求表现敏捷、机智的创造性活动。在低年级，比如，一个月可以举行一次检查解答几何、代数习题机敏性的竞赛。全体学生都参加这种竞赛，甚至给一年级的学生也出一些相应的题目。我们设法使所有的孩子，特别是那些学习困难的孩子也参加这种课外活动。我们确信，如果这些学习困难的学生也能尝到在同课上学习无关的智力劳动中取得成绩的乐趣，他们就会以另外一种态度对待学习中的困难，即自觉地去克服困难。

儿童对周围世界的认识和他在认识过程中的各种感受对儿童世

界观和整个道德面貌的形成具有很大的意义。这一点对于形成道德情感尤为重要。人的思想倾向主要取决于人的这样一些感觉，如满意和不满意、愉快和悲伤、赞美和鄙视、一致和反对、同情和指责、怜悯和敌视等，最初都是由一些什么样的思想引起的。在认识周围世界过程中所得到的各种知识的性质、内容和思想意向，应当激励人们去完成高尚的行为和积极参加无偿的社会公益劳动。经验表明，甚至看来只是认识性的教学材料也可以有效地用来激发和培养崇高的道德情感——对祖国的热爱和义务感。我们不妨举一个典型的例子。有一位教师，在组织学生们迎接候鸟归来时，向他们布置，如何准备椋鸟巢和树窟窿，准备给鸟儿喂些什么等等。另外一位教师在布置具体的任务之前，先向学生描绘了一幅候鸟飞越沙漠、翻过高山和穿越海洋的清晰的图画。如果说在第一种情况下，孩子们付出自己的劳动仅仅是为了完成教师布置的任务，那么在第二种情况下，学生们对这件事的态度则具有鲜明的情感色彩：孩子们激动地期待着候鸟的归来。当他们见到第一批飞回来的候鸟时，高兴得手舞足蹈起来。情绪洋溢地完成任务使他们更加注意工作的质量：孩子们把鸟房装饰得五彩缤纷。当鸟儿飞去时，第一位教师的学生甚至都没有发现，而第二位教师的学生却在悲伤地谈论着候鸟所面临的艰苦的历程。

通过对许多孩子的生活与活动的观察，我们认识到，在讲课时用以深刻揭示某一种思想的鲜明形象对7～11岁的孩子的情感阈值会产生很大的影响，这恰恰是因为感觉是这一年龄儿童对周围世界的一种最积极有效的和最具体的表示。儿童的年龄越大，他对现实的态度也就越多种多样，他会采用各种方式来表示对各种事实和现象的态度。

认识一种新鲜的、陌生的、从未体验过的事物，对无论是12～14岁的少年还是低年级学生的情感阈值都会产生很大的影响。然而少年对被认知的世界的感受要比低年级学生深刻得多，而且不是这样直接地表示自己的感受：对待现实的态度他不仅可以用感觉来表示，而且可以用行动来表示，因而这就使少年的感觉具有完全另外一种性质。

当在教学试验田的小畦上开始锄草之前，我们向一年级学生讲述了杂草的害处。当时我们特别强调指出，每种杂草都能产生成千成万的草籽。孩子们听了都十分惊讶。他们决心把杂草全部锄掉。然而，由于缺少足够的体力和克服困难的能力，一年级学生没能完成预定的任务。

可是，同样的讲述对12岁的孩子所起的作用却截然不同。他们对教师的讲述持比较审慎的态度。他们当中某些人早已知道野草和杂草得以繁殖的一些有趣的细节，并且产生了许多疑问。孩子们不仅深入地思考教师讲述的东西，而且联想了许多类似的现象。话题从植物突然转到海上动物。然而这并不意味着孩子们已经忘记了使他们惊讶的关于杂草繁殖这件事。相反，他们对其他类似的现象思考得越多，对这件事就越发感到新奇。这些少年劳动起来也和低年级学生一样的有热情，但他们在劳动过程中产生的感觉却要深刻得多，他们的体力也比较强，因此能把劳动坚持到底。

这个例子丝毫也不意味着，低年级学生对现实所抱的情感是精神力量的一种无谓的消耗，因为他们还不完全具备从事实践活动所必需的身体条件。对儿童来说，对周围世界的认识本身就是很有意义的活动。每一个被认知的周围世界的现象都会使儿童感到新奇和新鲜，犹如一本新书，每一页都会使刚刚学会阅读的人感到惊奇一样。但是感觉、知觉对儿童精神生活的影响首先取决于对令人惊异的情景、现象和事件仅仅是外表的认知，还是看到它们所包含的深刻的含义。尽管小学生的思维具有具体性和形象性的特点，但是他丰富的精神生活首先表现在精神生活的内容和思想倾向上。教育的任务在于使低年级学生对周围世界的认识成为他的真正的活动，并使这种活动充满丰富的情感生活。

四、道德情感在学龄初期儿童精神发展中的作用

（一）学龄初期儿童的集体主义感

儿童的感觉和感受首先是由他亲眼见到的一些事物和亲身参加的一些活动引起的。

由于社会经验的局限，7～11岁儿童既不能意识到自己的生活

对集体生活的依赖性，又不能根据这种思想来处理与同学们的相互关系。集体作为一种积极的力量，作为首创精神的因素对儿童还不能起决定性作用。少年的一个很大的特点是爱好交往和追求精神上的一致，小学生就还没有感到有这种需要。他们轻易地同一个集体断绝了联系并很快地加入另一个集体。这是由小学生的个人特性表现还不明显，相互之间的依恋还不稳定所致。

然而，尽管如此，集体在小学生的精神生活中起着重要的、独特的作用。小学生往往是集体地感受和感觉某一事物，并表示自己对现实世界的态度。他们还不清楚，是什么吸引着他们，又是什么使他们与某个同龄人或成年人疏远了。同是一个人，今天在他们心目中是个好人，而明天又成了坏人，这完全依据这个人的具体行为而定。一个集体由于受到鲜明的形象所揭示的崇高思想的鼓舞，对小学生来说，这要比某一个人提出的论据的力量大得多。这一年龄的儿童天真无邪地把自己同班一个同学的不良行为告诉给教师，并希望教师肯定他对这个同学的评价。任何人哪怕是最亲密的关系也无法阻止儿童开诚布公地发表对各种行为、行动和相互关系的评价和看法。

如果年龄比较大一点的学生在集体之外的独立活动过程中，个性特点已经表现得比较稳定，那么对低年级学生来说，这个特点则刚刚开始得到发展，而且这种个性的进一步发展有赖于思想丰富的集体生活。

教育者的任务旨在把孩子们团结在一起的集体活动能够激起和发展每个儿童积极的感觉，使情感上的一致变成思想上的一致。实现通过集体给个性以影响的教育原则，对低年级学生尤为重要。儿童对某种信念的正确性和重要性的认识是以这种信念能够引起集体感受和吸引儿童参加有意义的活动为依据的。

在对低年级学生的教育实践中，我们努力使孩子们受到有意义活动的吸引，使为社会服务的观念、人道主义的态度成为这种活动的基础。在儿童的集体里可以产生明朗的、使人高尚的感觉。这种集体并不只是成人时刻关心的对象，而且它自己也关心他人、为他人做事情。关心他人是非常明白易懂的思想，它不仅可以在孩子们的心灵中激起感觉，而且能使他们产生最初的意志上的振奋。

我们的学校有这样的传统：所有的一年级学生入学不久就开始帮助在两三年后才能上学的小朋友。他们需要他人的关心和帮助。比如有个儿童家离幼儿园比较远，而他的妈妈又在上班，不能送自己的儿子去上学。住的离这个孩子比较近的学生就负责帮助他穿衣，送他去幼儿园。学生集体还邀请自己的小朋友参加儿童节日的活动。随着这个孩子入学年龄的接近，大家对他未来的学习也更关心了。许多学生都志愿教这个未来的学生识字，使他在上学之前就已经学会了字母。当他到了上学的年龄，这个集体则已进入了三年级，而且十分关心他的学习成绩。突然，这个孩子病了，几天没来上学。大同学每天都去看望他，等他病好了，还帮他补习功课。集体中有谁哪怕是稍微表示想要回避对小同学的帮助，就会受到集体的尖锐的批评。这是因为孩子们懂得他们所做的事情的高尚性，全班应是一个统一的整体。个人对集体的责任感，对低年级学生来说，首先是在集体的情感生活一致性的基础上形成的。

这种高尚的感情可以激励孩子们参加诸如扶助老年人、残疾人的集体活动。教师通过揭示学生在具体的行动和活动中的高尚道德行为，发展和丰富受教育者的精神生活。

（二）用进步的社会观点发展学龄初期儿童的情感

人的高尚性和道德尊严取决于人的情感生活范围所涉及的世界的广阔程度。

凡是对孩子有影响的东西，凡是教师计划用于学生智力和情感发展的东西以及旨在最大限度地使学生的思想、感情和意志力得到发挥的东西，所有这一切都应该充满高尚的道德观念。

低年级学生已经打下了道德情感的基础。比如像善与恶、正义与非正义、真实与谎言、坦白与虚伪、忠诚与奸诈、美丽与庸俗这样一些概念，到了这个年龄，通过鲜明的图画和各种表演已经能被理解，而且永远镌刻在他们的情感记忆里。一方面智力和情感之间，另一方面智力与积极活动之间的直接的、在一定意义上来说甚至是直线的联系，迫使教育者深入考虑孩子们所感知的、思考的和见到的一切。在低年级儿童的观念、思想和情感中，整个世界，用成人的话来说，被简单地划分为：好的与坏的、正确的与错误的。对这种划分中的细微差别儿童暂时还不能看出，特别是反映在人身上的好与坏的错综复杂的情况儿童更是难于理解。这一年龄阶段的精神生活应当这样地去引导，以便使儿童对好的能够通过引人入胜的美好事物的典型去认识、去理解、去感受，对坏的不仅能正确地进行评价，而且能积极地去批判。儿童心里赞同好的行为，批判坏的行为，这正是儿童积极活动的意义之所在。

当这种赞同和批评具有集体的性质时，这一活动的道德性质表现得也就特别明显。我们的教师在同低年级学生进行经常性的谈话中，向孩子们介绍我们社会中优秀人物的崇高道德行为和英勇献身精神，占有重要的位置。为此，我们经常利用报刊上反映的有关共产主义建设的丰富实践的材料教育学生。教育工作不能停留在让孩子们对崇高行为的赞叹上。孩子们经常通过给表现出忘我精神和诚实正直的人写信来表示自己赞同的态度。当然，孩子们并没打算同他们建立书信联系，然而写信这一过程本身已经表现了和确立了他们的道德感。

孩子们由于天真幼稚，认为在成年人看来都无法解决的复杂的社会问题，他们自己都有可能予以解决。因此，使小孩子们感到不解的是，他们的父母和所有的成年人，对他们这些小孩子感到激动的事情，却表现得无动于衷。许多事情在小孩子们看来是奇怪的，这与其说是因为他们还不理解这些事情的实质，还不如说是因为他们过高估计了自己的能力。比如有一个儿童从报纸上得知关于3个孤儿的事情，他想，如果他的父母把这3个孤儿带回家来，当然他会感到非常幸福，可是这是完全不可能的事。

年龄的特点为用进步的社会观点发展和加深孩子们的情感，为逐渐形成他们的道德信仰提供了极大的可能。在教育实践中，我们力图使孩子们在学校生活的最初几年就能关心祖国人民的利益，并意识到自己是一名共产主义建设者。经验表明，六七岁的儿童由于参加了为全民事业的斗争，已经能够体验到一种自豪感，当然，这种斗争具有鲜明的、具体的、纯属儿童的形式。下面我们举一个典型的例子来说明。

"如果我们国家所有一年级的学生每人只交给国家一个生了锈的钉子，那么把这些钉子收集在一起可以用来制造10台联合收割机。如果每人交给国家一千克废金属就可以制造100台拖拉机和联合收割机。"对7岁的孩子发出这样的号召会使他们感到惊喜和兴奋。他们问教师："如果我们每人收集两千克，可以制造多少台拖拉机？如果3千克呢？如果4千克呢？什么时候能制造好？"等等。儿童想象出一幅幅非常吸引人的图画，在他们看来一切都是能够实现的，都是力所能及的。一个儿童建议收集废金属，建造一艘大船，然后乘船到远方去旅行；另一个儿童强烈坚持建造儿童电车的方案；第三个儿童希望制造一辆"可以渡河的汽车"；第四个儿童全神贯注到新的人造地球卫星上去了。

当收集废金属时，孩子们打听，用他们班级收集的废金属可以制作什么，制造一台拖拉机需要多少废金属以及其他等。当劳动结束后，学生问得更紧了："用废金属制造的机器快做好了吗？机器的哪部分是用咱们班收集的金属做的？"当一年级学生听说，用学校收集的20吨废金属在拖拉机厂制造了两台拖拉机，而且这两台拖拉机已经加入了开往荒地的拖拉机纵队，他们心里感到无比激动。然而，有个想法仍然使他们深感不安："在这两台拖拉机上哪些部件是用我们收集的废金属制作的？"于是教师把孩子们带到拖拉机旁，把用他们收集的废金属制造的部件指给他们看，这时，孩子们为自己的劳动更加感到自豪。由于亲眼见到自己劳动的成果，他们又开始幻想，在他们的想象中形成了一幅反映他们参加大规模的全民事业的图画。

对孩子们的意见、行为和意向的研究，在很多类似的情况下都证实，当低年级儿童明显地和直接地感受到自己是在参加社会公益劳动时，他们甚至往往过高估计自己的作用，因为他们还不能完全想象得到，他们所做的事情具有多大的意义。实际上他们对所做的事情的贡献是微不足道的。然而儿童对自己所参加的活动的社会意义的感受，已经使他和低年级儿童确立起一种责任，即孩子们的公益劳动与个人利益无直接关系，但为国家财产和集体事业做出了贡献。

我们在实际工作中所坚持的对低年级学生进行教育的重要原则之一，是使孩子们的公益劳动尽可能明显地同实现全民的任务、同为共产主义而斗争联系起来。儿童对这种联系看得越清楚，理解越深刻，他对自己在劳动中的作用感受得就越真挚，他的情感也就越高尚。比如孩子们参加防止土壤侵蚀的斗争就是在农业生产条件下的一种劳动。

在我国南方开展了旨在防止土壤被风沙破坏、被雨水和春水侵蚀的全民运动。为了实现反侵蚀的措施，需要大量的草籽。于是我们的孩子们每年都在自己的教学试验田上培植几十千克草籽并送交给他们的农庄。他们看到他们培植出来的种子所带来的好处：把它们撒到遭受侵蚀的土壤里，草可以使土壤变得结实起来，因而也就保护了人民的财产。

我们向自己的学生揭示了一些现象的社会本质，首先这些现象鲜明地表现了优良的道德品质，它以自己的高尚、纯洁、优雅吸引着孩子们，与此同时，它同让人鄙视、仇恨的一些不良品质形成鲜明的对照。其次这些现象的社会本质本身也能起到促使儿童积极活动的作用。

对年纪小的学生来说，反映同他们年龄一般大的孩子的精神世界中的某些现象，具有特别大的作用。使他们最感兴趣的是文艺作品，特别是寓言以及以英勇刚强的儿童为主人公的电影和话剧。低年级学生迷恋于传奇式的人物，他希望看到他们创造出英雄的事迹和表现出自我牺牲的精神。把这些小学生的要求同大一点的学生对文艺作品主人公提出的要求进行对比是很有意思的：少年初期的学生（特别是女学生）竭力想在文学作品中找到毫不出众的、普普通通的、具有各种优缺点的青年人的形象。我们在男学生那里看到的却不相同。他们心目中的主人公，如果是个好人，那他就不能有任何缺点；如果不是好人，他就必须学会应该怎样去做人。

我们经常在课堂上同低年级学生进行专门的教育性谈话时分析一些英雄的精神世界。许多英雄在战争年代把自己的生命献给了祖国，许多人在和平时期同样表现十分英勇顽强（学生还没有深切地注意，这里所谈的是关于年龄比他们大的孩子的事，他们甚至把这些英雄少先队员看作是自己的同龄人）。对孩子们影响特别大的是英雄少先队员的献身精神。从这里他们看到了英雄们的坚定和忠实的道德信念（这一点对不同年龄的孩子都具有极大的吸引力）。年龄小的男孩和女孩平时总是一再要求重复英雄少先队员痛斥敌人的那些话。在他们看来这是功勋的顶峰，是人的精神美。孩子们在看电影时，或在艺术朗读会上对这些方面反映最为强烈。他们还情绪高昂地把这些场面在游戏中再现出来。对一些孩子精神发展的大量观察表明，他们以自己所喜爱的英雄为榜样，力图在日常生活中，在与同学的相互交往中首先树立起他们看得最清楚的、表现坚定精神的品质——对信念、原则和观点的忠诚。在生活中即使稍微有可能表现这种品质都会给他们带来道德上的愉快。

然而由于对英雄们所表现出的对观点的坚定和忠实的含义及其思想根源缺乏深刻的理解，孩子们会经常犯错误，而且给教育者带来不少麻烦：坚定性经常被表现为执拗任性，儿童常常据以表现真正的坚定性的理由，同他所消耗的精神力量相比是这样微不足道，以致把严肃的、崇高的事情变成滑稽可笑的了。

纠正这个缺点无疑是不难的，一切取决于儿童集体的精神寄托在什么上，它的积极活动的目的是什么，把孩子们团结在一起的动机是否有力。我们尽量使孩子们的精力不至于白白浪费掉。如果儿童渴望表现坚定性，我们就竭力使这一动机具有重要的意义并且使他能够取得明显的效果。比如一些父母企图诱导自己的孩子（多为9、10岁）履行宗教仪式。我们直言不讳地对他们的父母说，这不符合孩子们的信仰（当然还做了许多解释工作），孩子们在这点上表现出的坚定性连他们的父母都感到非常惊讶。

维佳是一个失去父亲的孩子，母亲是一个宗教信徒，她不仅经常带孩子去教堂，而且强迫他履行宗教仪式。在宗教节日的前夕，维佳要去亲戚家祝贺节日，而实际上是想借此得到"节日赠品"。起初小家伙还挺高兴，可是随着在他面前展示出的劳动的社会高尚性，维佳慢慢地在思想上领悟到这种传统祝贺的侮辱性的含义。我们教育他做好准备迎接不可避免的冲突，去坚决反对对他心灵的摧残。我们吸引维佳积极参加社会公益劳动，结果维佳终于拒绝执行母亲的意志，以后再也没有去过教堂。这种高尚而又刚毅的行为对这个10岁儿童的精神发展起了很大的作用。

使儿童在创造性的建设劳动中能够表现出原则性是十分重要的。我们力图让学生在劳动中能够证实一些什么，能够捍卫一种崇高的思想。比如，西红柿只有先在温室里培育秧苗，然后移植到露天的条件下才能结果。可是学生培育西红柿不是先培育秧苗：早春时节他们就把籽撒在地里,他不仅完成一定的劳动工序,而且为战胜自然界的力量而斗争。这种斗争需要极大的意志力量,需要机智能力和大量的知识。

这样,通过对低年级孩子们活动的分析我们看到,在生活中他们有许多机会表现从自己喜爱的英雄身上学到的品质。日常生活中许多平凡事实的思想性在他们面前也呈现出情感色彩,饱含着各种感情,这些感情始终伴随着他们的积极活动。

低年级学生明显地表现出这样一些情感,如对亲近的人的好感、赞许、怜悯和同情以及对同学们的痛苦、不幸和困难的关切。这一年龄的孩子已经懂得大公无私的高尚性,因为大公无私的行为总是光明磊落、含有深意的,同个人利益有着直接的联系,因而最容易被他们所理解。4~6岁的孩子就已经感受到把自己珍贵的东西送给自己所喜欢的人所带来的愉快。在学龄初期这种情感不断得到加深并注入新的思想。如果教师正确地向他们揭示同学相互关系中的高尚性,他们情愿把他们所有的一切都献给自己的同学,与同学同甘共苦,为了同学的团结宁可放弃个人的利益。

我们利用学生这一年龄阶段的特点,竭力使学生在低年级就打下集体主义的道德基础。我们指出需要同志之间互相帮助和互相同情的一些情况,让孩子们去思考。儿童对于他的行为可以影响事件的进程这一点理解越深刻,他的同情感、怜悯感就表现得越鲜明。这些情感力量的增强是由于通常整个集体都充溢着这些情感,以及同志的、友爱的行为在这一年龄阶段也具有集体的性质。下面让我们举一个典型的例子。

课后,8岁的孩子们集体去散步,他们站在桥上观赏冰排。一个小孩不小心把书包掉进了河里,他害怕得哭了起来,因为爱生气的母亲是不会饶过他的。这件事引起孩子们的怜悯和同情,但是他们也想不出什么好的办法来。这时教师向大家介绍了这个孩子目前的困难处境,并暗示集体如何才能帮助自己的同学摆脱困境。于是准备帮助同学的积极精神逐渐代替了消极的怜悯和同情。他们每个人都有一个卢布——用来买电影票的钱,如果大家肯于放弃这次娱乐活动,这些钱就足够买书包和书籍用。教师的建议引起孩子们的热烈反响:他们主动把钱收齐,去商店购买。有些人拿出不止一个卢布，而是把所有的钱都献了出来，并且保证父母是不会反对他这样做的。

由于多次完成类似这样的行为，孩子们逐渐有了道德体验。他们有了对周围世界各种现象和人们进行正确的道德评价的能力。他们学会主动发现那些需要他们帮助、干预和同情的各种情况。

对社会事件的积极的情感反应经常是在由集体旺盛的热情所推动的集体活动过程中巩固起来。孩子们渴望参加帮助老人、残疾人、多子女的母亲和孤儿寡母的铁木儿队①绝不是偶然的。这些风行一时的铁木儿队的活动早已成为8~10岁儿童参加社会生活的最初的一种形式。孩子们通过给别人以力所能及的帮助和目睹自己的努力带来的结果，尝受到极大的快慰感、荣誉感和尊严感，这对一般道德教育有着很大的意义。

由此可见，进步的社会观点触及儿童的精神世界越深，它们在儿童的独特的活动中反映越明显，低年级学生的道德上的自我意识的发展就越加顺利，这种信念在他的情感生活中的作用就越加明显地被提到了首位。

五、学龄初期儿童的美感

美感在学龄初期儿童的生活中起着很大的作用：它对美化儿童的心灵、促进儿童身心发展、巩固儿童的道德观念有着特殊的影响。实践表明，7~11岁孩子的审美感知和与审美感受范围有关的积极活动，都会在人的情感记忆里留下终生难忘的印象。

鉴于7~11岁儿童由于在自然界和周围环境中、在劳动和创作中感知到美的事物与和谐的现象，随着年龄的增长他们会产生越来越深刻的审美享受。保留在这一年龄的智力记忆和情绪记忆里的直接印象，都将在以后人的精神生活中获得越来越新的意味。与此同时，使人的各种新的思想、信念和感受永远保留着第一次印象的色彩。

---

① 铁木儿队是伟大的卫国战争时期，苏联儿童帮助军烈属及残疾军人的组织。——译者

我们向将近2000名中学毕业的男女青年和300多个成年人做过调查，我问他们，在儿童时期他们对大自然景象的美、劳动的美、创作的美的感知，对他们以后的生活起到了什么样的作用。他们的回答对分析人的精神发展具有十分重要的价值。这些答案表明，那些使7～11岁儿童赞叹不已的祖国大自然的奇异美景不仅在他们的记忆中没有被后来的一系列感知所冲淡，而且对逐渐形成像祖国、故乡、故地这样一些概念的情绪色彩起着重要的作用。这同样适用于对本族诗歌和造型艺术中的典型形象的感知上。成年人肯定地说，在10、11岁以前对本族语言的美的感知和感受使以后审美要求的性能受到了深刻的影响。

"我很喜欢春汛。"一位40多岁的工程师阿列克赛说，"每当我发现这一大自然美丽景象里有我孩提记忆中的东西时，我就万分激动。地平线上腾起的薄薄的蓝色烟雾、遥远的草原上的古墓、柳树幼芽刚刚泛出的绿色。这种美我永远不能忘怀，仿佛后来的一些印象也都是在这种美的基础上逐渐形成的。"

毫无疑问，一个人以后美感和情感的发展在很大程度上取决于儿童时期对审美能力的培养。鉴于这种情况，我们竭力使大自然、周围环境、诗歌、造型艺术、音乐等一切儿童易于理解和接受的美，在儿童的记忆中留下深刻的印象。

讨论对大自然景象的观感时使用富有诗意的语言，鼓励儿童平时注意美化环境，引导儿童保护和关心自然财富以及观赏图画和欣赏音乐等等，不仅是培养美感的方法，而且是儿童一般精神发展的重要手段。低年级学生的美感明显地表露在外面并通过集体活动表现出来，这是很有代表性的；然而以后（特别是在少年时期）学生所追求的这方面的精神生活则趋于个性化。这一点首先可以用不同年龄的学生对大自然的美和艺术创作的美的不同感知来加以证实。

当我们站在村子附近的第聂伯河高高堤岸上眺望，河对岸的美丽景致顿时呈现在我们的眼前。我们的学生每年都到这儿来几次，观赏这种美景。我们发现，低年级学生的喜悦之情跃然脸上，他们和整个集体一样从内心感到非常兴奋。然而13、14岁的少年对大自然景象的态度却截然不同，他们似乎不大好意思表露自己的喜悦心情，而是尽量克制自己的感情。16～18岁的男女青年的审美态度又有些不同，对他们来说，两个人一起——同男朋友或女朋友一起观赏大自然的美，是一种极大的享受。

低年级学生的感觉具有形象性、直接性的特点，它可以促使学生积极参加培养美的情感的活动。7～11岁的儿童，由于感受到大自然和周围环境的美，很容易被吸引参加积极的劳动活动。创造自然财富（特别是栽树和照看树木）和美化周围环境，成了学生所喜爱的劳动，这不仅可以加强他们对美的感受性，而且可以培养他们对美的积极的追求，教育他们不能容忍不爱整洁、不爱美观的情况。

我们分析了300多名学生以后的精神生活，他们在7～11岁时就注意学校和家庭环境的美化工作，如栽种花草并照看它们；种植果树和观赏植物等等。他们长大以后在学习和生产劳动中表现的突出特点是认真、细致、一丝不苟和精益求精。

培养和发展7～11岁儿童的美感，同劳动活动有着特别密切的联系。孩子们爱好劳动并希望在劳动过程中创造出美好的、不同寻常的东西来。我们认为，对儿童的这种自然的意向应当千方百计地加以发展。我们组织教育工作时，注意使低年级学生的劳动活动充满着美育的因素。各式各样的劳动，不管是集体的，还是个别的（如锯东西、烙画、针织、开辟花坛、种花、照看树木，等等）都符合这种活动的目的。充满美的激情和感受的劳动，可以使人们对劳动活动的美感不断得到发展和加强，可以促使人们把工作做得效率既高质量又好。

低年级学生审美情感的特点和作用也决定了儿童容易受到形形色色的妨碍他们进一步发展的、与共产主义世界观格格不入的思想的影响。这里首先指的是宗教道德对孩子们的影响。我们曾同在社会主义社会出生和成长起来的信仰宗教的年轻人交谈。我们谈及他们对上帝的信仰产生和形成的原因。大部分人都把孩提时的感受、直观的形象、印象和感知放在第一位。他们肯定地说，早在关于上帝的思想产生之前，教堂就已经吸引他们了。除此之外，多数人在交谈中声称，即使在成年时期，他们的信仰中，"情感的成分要比理智的成分多"，如果试图利用理智来证明宗教教义的正确性，那恐怕就很少有人信教了。

这些事例是很典型的。它不仅说明，教堂花费大量资金的目的在于影响人的精神世界（看来它在这方面也的确成效卓著），而且促使人们进一步思考情感阈值在人的精神发展中的作用。有经验的宗教人士把确定和发展美的情感的深度作为每次宗教仪式的圣洁标准，这绝不是偶然的。这一点对儿童的影响是特别大的。小孩子对一切新颖的、不寻常的、稀奇的事物感受性强，他们对去教堂很感兴趣。当然，吸引他们的只是仪式的表面，宗教人士也估计到了这一点。为此，教堂里的祈祷仪式的某些方面，尤其是最近，好像是专门为孩子们安排的。有些由东正教的神父主持的宗教仪式，特别希望孩子们能到教堂里来。有时候神父采用一些同宗教仪式毫不相干的做法，以达到吸引孩子的目的。比如基洛夫市有个神父专门请电工把教堂的蜡烛接上电线，以便祈祷仪式进行到一定时刻，让一些蜡烛明亮，一些蜡烛熄灭。孩子们都好奇地观看这种景象。有一个10岁的小男孩在过完"节日"不久问他的母亲：

"妈妈，咱们还去教堂吗？"

"去，你喜欢去教堂吗？"妈妈问道。

"非常喜欢，"小男孩说，"特别是蜡烛一会儿着，一会儿灭。新年的枞树好是好，可就是蜡烛不会这样表演。"

时间过了很久，教堂这种独特的美、别具一格的环境给孩子们的印象非但没有减弱，反而随着做礼拜的次数不断增加，这种印象继续得到加强。因此，在思想世界观教育安排不好的地方，儿童不知不觉中受到教会歌曲和神香气味潜移默化的影响。在他看来，宗教这个东西首先意味着美丽和庄严。

在树立共产主义世界观的情况下，在推翻剥削制度几十年之后，还产生新的宗教信徒，这对那些把宗教道德实质看得过于肤浅的人是难于理解的。大多数受到宗教仪式一些表面现象影响的孩子，随着年龄的增长，逐渐地摆脱了对宗教的错误认识。这里起决定作用的是正确的、思想内容丰富的教育和学校集体的充实的精神生活。然而，仍然有一些孩子继续受到宗教的影响。这主要是那些感受性最强的人。一般来说，在他们的生活中感觉相对理智占据优势。

因此，应当利用反映崇高而又完全能为儿童所理解的思想的各种现象、图画和形象来激发孩子们鲜明的美感。这种思想号召孩子们积极地行动，为控制自然界力量而斗争，为争取理智的胜利去斗争。换言之，儿童从一入学所受到的思想教育就应当比教堂具有更鲜明、更优美的形式。如果学校能做到这一点，教堂就变得不起作用了。因为教堂施加美的影响旨在战胜理智，而学校激励和发展儿童的美感，是为了使人的理智更丰富，使人的个性更高尚。

在我们22年的实践过程中曾有过许多这样的情况，即由于学校进行的美的教育具有深刻的思想基础，我们得以使孩子们避免受到宗教仪式的鲜艳外表的吸引和迷惑。这里，我们整个教育工作的世界观倾向具有决定性作用。然而我们强调审美方面的教育恰恰是因为审美教育的形式更具有说服力，能使思想更加清晰。

曾经有过这样的时期，当时不管是宗教仪式还是儿童节日的生动场面，以及童话故事和艺术朗读的美丽描写，都同样地使虔诚信教的孩子激动和产生兴趣。我们竭力把共产主义观念同美的形式尽量深刻地结合起来。这样，孩子们就逐渐对教堂的粉饰点缀失去兴趣，因为随着智力的发展，他们越来越认识到，宗教的观念形态的实质在于"不要去思考，要相信自己的感觉"[3]。由于每一个美的形象，学校的整个审美教育恰恰是激励孩子们去思考，去树立自尊感，因而使儿童拒绝了宗教的这种诱惑，使他认识到，还是人的信念比迷信好。

能使美育手段在儿童身上取得成效的先决条件是形成唯物主义世界观。对低年级学生来说，这意味着孩子们应当学会正确理解周围世界各种现象和事物之间的因果联系。但是在把这一点看作是基本因素的同时，不能不估计到，信仰的世界观倾向在很多方面也取决于儿童看到的、感知的和所做的一切激起他什么样的感觉。把共产主义教育的内容同美的形式结合起来是一项只有在实践中通过采取多种多样的手段和方法才能实现的艰巨的教育任务。革命节日里的庄严气氛，儿童节日里的美丽装饰，把童话、寓言、故事改编成剧，艺术朗读古典文学和现代文学的优秀作品，组织合唱小组，做引人入胜的游戏（特别是轮舞游戏），美化学校和家庭环境，所有这一切在同正确的世界观教育结合的情况下都能使儿童得到深刻的感受并揭示出一种真正的美。由于它是以深刻的、明白易懂的、令人感动的思想做基础，所以能对儿童精神面貌产生无可比拟的影响。我们的孩子从到学校第一天起就参加所有的少先队的隆重集会仪式，在伟大的卫国战争时期牺牲了的战士墓前举行集会仪式对孩子们影响尤大。在培养男孩子使他们加入少先队的过程中，我们激发他们对某个具体英雄的生活与功绩的兴趣。起初，班级（在孩子们加入少先队之前）以这个英雄的名字命名（根据少先队队委会的决议），之后，少先队又以他的名字命名。孩子们利用一些节日来纪念自己喜爱的英雄（比如隆重纪念他的诞生日或英勇牺牲日）。每个班从第一学年起就选择自己最喜爱的歌作为班歌。

当明白易懂的、令人感动的思想通过神话的形式传到6~10岁的孩子们头脑中时，他们会产生一种特别强烈的审美情感。寓意能加深他们的印象，使他们确立起关于善与恶、正义与非正义、美丽与庸俗的概念。

我们专门为低年级学生开辟了一个童话室。这里有许多描写俄罗斯族、乌克兰族和其他民族民间神话故事的图画。室内四角精致地布置了一种环境，可以把孩子们引入斯拉夫民族——俄罗斯族、乌克兰族、白俄罗斯族、波兰族、捷克族、斯洛伐克族——的神话世界。有时还根据孩子们阅读或排演的神话故事，在室内布置反映安徒生、格林兄弟的以及英国的、意大利的、法国的和印度的作家的神话作品的环境。我们通过观察感到，使孩子们得到审美享受的并不是观赏这一环境本身，而是人物情节以及他们之间的冲突与斗争所具有的深刻的、激动人心的思想和每个神话结尾所表明的正义的胜利。排演童话经常有音乐伴奏。孩子们特别喜欢真理、善良战胜谎言、邪恶的情节。音乐与演员们富于表现力的语言和再现相应的环境，这一切都能增强孩子们的美感。

为纪念国内外著名作家、作曲家的诞生日举行的文艺演出可以给孩子们带来极大的审美享受。

综上所述，可以看出，审美情感无论对低年级学生的精神生活，还是对他们以后的精神生活都具有十分重要的作用。正确安排美育有助于建立儿童的个性的牢固的精神基础，它不仅可以使学生在年龄大一些时不断获得新的感觉经验，而且可以使他们的智力得到发展。

六、学龄初期儿童活动的特点

低年级学生富于情感生活的特点也决定了这一年龄段孩子们活动的特点。低年级学生的特点最鲜明地表现在活动的性质以及伴随活动而产生的思想与感觉上。不管开展什么样的活动，低年级学生都不会漠不关心：要么这种活动吸引住了他，要么使他感到没意思。儿童对待活动的态度——不管是游戏、体力劳动还是学习——都具体地反映在活动本身上：大人一看就知道，这项任务是否在某些方面能引起孩子们的兴趣，或者他们完成这项任务是迫于无奈因而缺乏热情（等长大一些，学生不仅善于使自己对待活动的态度不表现出来，而且好像故意表现出对活动漠不关心似的，这一点对13～15岁的孩子特别明显）。

我们成年人如果能够用7岁儿童的双眼看一看世界和自己，就会在儿童最诚实的游戏中看到许多严肃的事物、现象和事情。

在游戏中没有人像小孩子那样认真的了。玩的时候，他们有哭有笑，真动感情。可是如果教师试图使孩子们把这种认真劲儿用在学习上，那肯定是不会成功的。掌握知识的重要性和社会意义是不可能一下子就被小孩子们所认识的。小孩子更多的是感觉而不是理解社会对有智慧的人、有学问的人的尊敬。应当通过培养这种感觉去找到通达儿童心灵的道路，使他们逐渐认识到学习的必要性。

在教育低年级学生时，尤其重要的是，使他们表现出对自己生活中最重要的活动——学习所抱的情感。能否使儿童把自己的学习，把获得知识看作是对社会有益的、为社会所必需的活动，这取决于教育者的艺术。经验证明，儿童越早地确立这种看法，他的精神生活就会越丰富，对自尊心的认识和感受也就越深刻。对学习的这种态度首先是在学生不断品尝到甜头——学习中取得成绩的欢乐的过程中形成的。我们向孩子们介绍煤矿工人、钢铁工人、畜牧工人和伐木工人的劳动，介绍每个劳动者每年每月每周对祖国所做的贡献。我们教育学生要争分夺秒地劳动，学生的劳动首先是获得知识，以便将来为社会创造物质财富。

低年级学生已经不只是对玩感兴趣。无论是鲜明地表现出具有生产劳动因素的活动，还是具有认识性、研究性劳动因素的劳动都会使他们产生极大的兴趣。我们专门为7～11岁的孩子建立了小型"校办工厂"——生产玩具或做手工。孩子们都专心致志地在"工厂"里劳动。尽管他们生产的物质财富都是供游戏时用的东西，但是人们还是使用这些东西（比如将玩具转送给幼儿园；把刺绣品用来装饰少先队室），这会给孩子们带来快慰。孩子们对自己能够通过尽管是非常简易的劳动给别人带来好处这一点认识越清楚，他们就越加"进入角色"，甚至忘记了自己活动中的许多假定因素。

被崇高的动机（如上所述，这个年龄段对此是很敏感的）所激励的活动对低年级学生的精神发展，对形成和发展他们的道德观念起着极重要的作用。如果教育者向孩子们深刻地揭示了勇敢精神和为了人民的幸福忘我劳动的事例，孩子们就会渴望表现出哪怕是一点点令人钦佩的英雄主义精神。比如，老师向8岁的孩子们讲述关于社会主义劳动英雄——西伯利亚的联合收割机驾驶员普罗科菲依·涅克托夫劳动的故事。他在战争中失去了双脚，但他以惊人的毅力和勇气重新回到了自己热爱的劳动岗位。当教师介绍说，普罗科菲依·涅克托夫收割的粮食够基洛夫市的居民吃一年时，孩子们感到十分惊讶，并纷纷表示也要劳动，要做好事。如果不满足孩子们的这一崇高的愿望，不帮助他们在日常生活中找到这样的机会，那么他们的热情就会冷却下来并产生一种感伤心理。

于是教师领导孩子们完成下面一项工作：每人在农庄的地里挑选15～20穗最好的玉米并把它们晒干，冬天把它们保存在特地为孩子们拨出的一块地方，春天时把玉米剥下来并作为种子交给农庄。这项工作是为了社会利益，这一鲜明的目的把孩子们吸引住了：他们的种子来年会长成庄稼，把一粒粒粮食精心收回来，过一年就会变成几十公担，再过一年就会变成几千公担。

学生们开始热情奋发地工作，然而这种热情往往持续时间不长，这一年龄段学生的心理特征就是这样。为了使达到目的的渴望能在孩子们的心灵中保持并巩固住，教师经常给孩子们讲述关于苏联工人和农庄庄员英雄主义和忘我劳动的最新事例。每个学生都对他们的劳动发生兴趣，无不被他们的这种劳动精神感动。当教师介绍,如果保存种子的温度低于零度,收成将减少多少公担时,孩子们就会更加重视遵守储存种子的规定。化验种子的结果使他们欢欣雀跃,因为没有发现一粒不合格的种子。

当播完种之后,教师发现一些学生对这项工作开始感到厌烦,他们把它看成是一件枯燥乏味的任务。为了使集体得到鼓舞,教师提出了一个比较鲜明的、具体的劳动目标——让每个学生照看3株玉米,这些玉米长出的穗轴两年之后就可以变成几百普特粮食。学生们为能发挥自己的创造能力而感到鼓舞。他们希望培植出每株不是两穗,而是3穗的玉米来。每个孩子都由于认识到自己能为宏大的全民事业做出贡献而感到自豪。"然而,为使粮食获得丰收,必须照看好作物。"教师提醒孩子们说。于是孩子们都非常关心播种到地里的种子的命运。"如果今年我们能保住不是20穗,而是40穗种子,那过了3年后将打多少粮食?"孩子们提出了这样的问题,并以更大的热情投入工作。

把孩子们团结在一起的不单纯是劳动的集体性质,也不仅仅是因为他们必须聚集在一起并在一定的时间内完成必要的工作,他们愉快地劳动的源泉是集体主义感。当秋天第二学年开始时,孩子们看见汽车从用他们收集来的种子播种过的地块拉走堆积如山的玉米时,他们自豪地说:"这是我们的劳动成果。"

在学校头两三年期间,我们的学生经常承担许多劳动任务:消灭果园和防护林带的害虫,采集果树和观赏树的种子,把鸟儿引来并保护起来,为家兔准备饲料等等。不管劳动是如何简单和平凡,教育者总是揭示它全民的、爱国主义的性质,以便培养学生的自我意识和确立他们属于劳动人民的思想。

学生们越是感觉到和意识到自己的力量、自己的能力,社会公益劳动就越会给他们带来更大的快乐。几年前,我们向8岁的学生讲述为提高畜牧劳动生产率农庄庄员忘我劳动的事迹。"在我国有1000万小学生,如果他们每人每年饲养两只家兔,那么国家就可以得到很多肉食要把这些肉食运走,甚至需要上千辆车皮。"这一号召使孩子们深受鼓舞,他们看到了,日常的劳动也可以创造出伟大的业绩。

"让我们每人养两只兔子!"孩子们做出决定。如果对这项工作的崇高目的缺乏认识，许多人一定会感到枯燥无味的，可是现在这项工作给孩子们很大鼓舞。长时间的、精心的劳动持续了整整一年。孩子们照看兔子、种植饲料并把它们储存起来。我们努力做到，让任何劳动中一切平凡的、单调的、寂寞的、必不可免的东西都不至于影响在工作最初阶段形成的高昂情绪和对崇高目的的追求。做到这一点要比引起孩子们开始迷恋一件新的工作难得多。既定的教育目的得以实现，往往是由于整个集体对待劳动的态度，对待一些学生行为的态度以及成功与失败的态度，有时要受到社会的评价。这种评价在一些情况下来自教师，在另一些情况下来自孩子们本身。当然起决定性作用的是对劳动成绩的道德评价。只有取得了成绩，儿童才能领会到和感受到自尊感以及自己在社会中的地位。比如在划给种植饲料的一块土地上甜菜获得了高产，我们告诉孩子们，如果在整个农庄的土地上都获得这样的收成，那么每公顷土地将生产1000多公担，比平时多3倍。孩子们开始幻想，当他们长大之后，一定会获得像这样大面积的丰收。

教育工作的实践使我们确信，少年早期的学生在日常劳动中体验到的高尚情感越深，他们在青年时期对这种劳动的追求也就越积极、越自觉。

对缺点的道德评价也有很大意义。当学生中有人在饲养家兔过程中表现马马虎虎，我们就提出这样的问题："如果几百万学生对待劳动都这样怠慢，那将会怎样呢？"这个问题总是促使整个集体很好地考虑自己对整个社会，而不仅仅是对班级所承担的义务，慢慢地孩子们就学会了自己正确评价什么是好的，什么是坏的。

他们对涉及自己缺点的道德评价反应十分敏感。对粗心大意提出哪怕是一点点批评都会促使学生努力通过自己的劳动和端正对集体事业的态度来加以克服。比如，一个男孩子忘记了打扫兔笼子，我们向大家解释，如果兔笼子很脏，那么每个兔子的重量要减少150～200克。"现在你们想一想，如果对劳动都这样漫不经心，那我们国家将损失多少肉食？"

孩子们只能数到一万，还不能领会到对劳动的马虎态度究竟能造成多大的损失，但都感到十分吃惊。他们进一步认识到对这项已经开始了的工作应负的责任，那个有过失的学生则不仅打扫了兔笼子，而且把它刷洗了一遍。

兔子愈来愈多，都照顾不过来了，但孩子们以极大的热情克服了各种困难。在第三学年期中（第十年）他们实现了自己许下的诺言。孩子们一边统计他们饲养了多少家兔，一边自豪地说，如果再加把劲，他们可以完成更艰巨的任务。

年龄小的孩子渴望加入少年列宁主义者的共产主义组织是他们完成任务的崇高的思想基础。孩子们由于意识到参加组织是一件大事，因而在他们心目中，自己所从事的日常的、普通的劳动价值也提高了。学校逐渐地形成了这样的传统：每一个儿童集体，在孩子们加入少先队之前都为少先队大队准备好礼物。这个礼物主要是孩子们亲手创造的具有重大社会价值的物质财富（比如防护林带、农庄的果树和观赏树树苗，等等）。孩子们在加入少先队之前已经认识到，为共产主义奋斗的思想是少先队组织活动的基础。他们把完成劳动的质量同这一思想联系起来就是给少先队大队的礼物，它使社会主义劳动的价值在儿童心目中得到进一步的提高。

七、学龄初期儿童活动中的创造因素

"创造"这个词的原意是创造物质和精神方面有重要价值的东西。它是人的精神生活的顶峰，是人的智力、情感、意志高度发展的表现。创造性活动不仅是学者、作家、作曲家、杰出的发明家活动的特点，在成千上万的生产劳动者和文化劳动者——普通工人、庄员、工程师、技术人员、教师、医生的劳动中也有创造的因素。

创造对正在成长的一代的精神生活能起很大的作用。认清自己生活和劳动中的创造因素可以大大地提高学生同困难做斗争的勇气，激励他们不断汲取新的知识，使他们在集体中的面貌更加高尚，并且使他们的意志得到锻炼。创造活动是确立尊严的条件之一。创造可以使情感生活更加丰富，有助于个人的禀赋、天资、能力和爱好得到充分的表现。同学生的意愿、爱好相适应的创造活动，可以促使优良的品质在他们的精神面貌中居于主导地位，而且更重要的是可以促使人通过加强道德修养而消除一些不良品质。

充分估计年龄的特点对正确地组织儿童的创造活动具有特别重大的意义。在低年级学生中，重要的是把艺术创造同劳动活动的创造因素结合起来。

在正确进行教育的条件下，孩子们以极大的兴趣用图片表达自己的情感、思想和意向。儿童从直接的感知中获得的印象越深，教师用言语创造出的形象越鲜明，他对用线条和色彩描述世界的要求就越强烈。

在4年期间（7～11岁）我们对3个班级集体进行了调查，以便研究图画对孩子们精神世界的影响。当对现实中一些现象的认识以及活动本身激起孩子们高昂的情绪时，我们建议他们用图画表达自己的思想和印象。学生们满怀激情地投入工作，力图不仅表现出事物和现象的最本质的特征，而且表达自己的（在这个年龄经常是集体的）对感知对象的道德情感评价。比如画联合收割机正在收割麦地的时候，他们把麦穗画得就像联合收割机驾驶员的头那样大。这种故意的夸张反映了他们对人的伟大劳动的景仰（孩子们在参观田野和联合收割机时注意力正是集中在这上面）。童话和故事中的反面人物总是被夸张地画成丑陋不堪、滑稽可笑的样子。孩子们尽量使他们的内在缺陷体现在外部特征上。我们的学生逐渐地体验到需要根据个人的某种感知、感受来作画。许多9岁的学生在去森林、田野游玩或参观电站建设之后用不着教师的提议和催促，就拿起笔画他们印象中最深的景致和现象。

倾心绘画变成了酷爱绘画。一些学生已经离不开画册，甚至在旅行和行军时都画。绘画可以使儿童的观察力和对待自然界与人类生活各种现象的情感更加敏锐。在9、10岁时，用图画表现直接感知的印象和记忆犹新的形象的愿望越来越强烈（比如孩子们画几年前同他们这些幼童一起游戏的父母的形象）。

并不是所有的在一至四年级时曾喜欢绘画的学生，在年龄大一些时都保持了对这种创造的爱好，但创造过程在每个人的精神发展中都留下了明显的痕迹。这些学生的特点是具有无论在审美方面还是在认识方面都比较细腻的、稳定的和深刻的情感。能够比较准确地揭示现实各种现象之间的因果联系是学生思维发展的突出特点。他们的活动兴趣十分广泛。这一切对丰富他们的精神生活起了显著的作用。

孩子们在劳动活动中的创造因素是他们精神发展的重要方面。把这种创造性因素带到劳动中去是培养热爱劳动精神的一个最重要前提。在工作室、教学试验田、果园、养蜂场、牧场的劳动已经在智力方面吸引着小学生们。找到完成某一项劳动任务的独出心裁的方法往往会给他们带来极大的快慰。如果在高年级，这种刺激因素的作用更大，道德意识、对社会承担的劳动义务的认识是巨大的推动力量。那么对低年级学生来说，劳动过程本身的创造性方面则是主要的，有时甚至是唯一促使他们完成长一些时间劳动任务的推动力量。在劳动创造中孩子们同样也可以找到童话和游戏里面使他们思慕的东西：人所表现出来的在智力与情感方面的高尚品质。

我们力图最大限度地加强年龄最小的学生在劳动中的创造性因素。我们为7、8岁的学生建立了几个工作室，他们可以在那里构想、设计、制作模型、用黏土塑像和刺绣等等。每项劳动任务不仅要按教师的要求准确地完成，而且还要表现出自己的主动性、创造性。比如起初他们按现成的样式或图案制造一所房子或机器的模型，以后他们再制作模型时就能做某些改进，逐渐地他们就开始制作独创的模型了。

锯东西、烙画、刺绣等劳动中的创造尤其容易把孩子们吸引住。他们根据自己设计的图案用胶合板锯成童话和故事中一些主人公的形象。逐渐地学生们就开始创造一系列情节完整的图画和场面。

创造可以提高像种植树木、照看牲畜和家禽这样一些普通劳动在孩子们心目中的地位。栽培名贵的植物，种植果树，创造植物生长的条件，不好的环境与优异的工作成果这种极其明显的对立现象，改变环境，使动植物的本性服从于人的意志。在劳动中，这一切都能揭示人的智力、情感，尤其是人的审美观。根据专门制定的大纲，7～10岁学生要在生物试验室、温室、果园、试验田、学校养蜂场完成一系列创造性的劳动任务，其中包括比较艰苦的体力劳动（比如积攒土肥并把它施到地上）。

经验表明，学生对劳动的智力意图越清楚，脑力劳动的结果越明显，那么即使最普通的劳动也可以把学生完全吸引住。可以毫不夸张地说，创造、脑力和体力的结合是热爱劳动的源泉！

第五章

少年时期

一、集体活动对少年道德发展的意义

（一）积极性发展到一个新阶段是少年的一个突出特点

从12~15岁这一时期或叫少年时期，对人的精神发展有着重大的意义。这一时期使少年在智力、情感和意志诸领域的心理过程得到深刻的、多方面的揭示。

从童年到少年不仅意味着在少年身上成人的特点体现得比童年更积极、更深刻，而且意味着少年开始意识到自己正接近成年状态。

一向使教育者感到不安的是：大多数棘手的、困难的问题都同教育少年有关。少年时期被称为"困难的"年龄时期，并不是偶然的。它难在少年往往把独立性、主动性看作是自己道德尊严的表现，然而他主观的力量和可能还不允许他在各个方面不依赖外力。成人旨在对少年进行教育所做的努力被少年看作是对自己独立性的限制。凡是在少年企图摆脱在他看来无须成人保护和关心的地方，他所犯的错误也就最多。

正确认识少年时期的这一特点是有效地进行教育的前提。教育的职能和艺术在于使少年不感到教育者的关心和爱护是强加在他身上的东西，与此同时，对少年应当给予尽量多的，而且要比儿童时期更加严格的管教。

少年的主要特点是积极性。这已不是低年级学生那种积极性。低年级学生的活动主要是由对现实世界所抱的情感引起的，而且具有冲动性的特点。少年的积极性是人开始觉悟时的一种积极性，而当进入青年早期时，他已真正认识到自己在社会生活中的地位以及在其他人的生活中所起的作用。如果少年自我确认的意向将形成社会的积极活动，那么对少年的关心丝毫也不会使他感到是受约束和受限制。

一些教师从少年要求积极活动这一点得出结论：加重12～15岁学生的负担是防止少年精神发展中出现各种各样不正常现象的主要条件。这里主要指的是人的体力劳动。可以听到这样一些说法："给少年加重负担，不让他有太多的剩余时间，这样，过渡期（即少年期）就不会有任何困难了。"这种对活动以及对整个精神生活的看法是极为粗浅的和过于简单的，对实践也是非常有害的。首先，这种不聪明的"加重体力负担"的做法可能造成负担过重，这对少年身心的成长是非常不利的。其次，如果体力劳动不是作为锻炼精神力量的一种手段的话，这种劳动对人的精神生活并不起决定作用，更何况对正在形成和发展的个性了。此外，如果体力劳动占去了一个人的全部时间和精力，少年的精神生活势必变得枯燥乏味而得不到健康的发展。体力劳动只有作为学生智力和情感活动的有机组成部分时，它才能对学生的道德精神面貌产生影响。

我们就这个问题谈了许多，是因为对活动的片面理解在实践中有时会导致不良的后果。12～16岁的少年可能会产生对劳动的鄙视。如果活动有着丰富的思想基础，并能使少年感觉到精神生活的饱满，那么少年所完成的体力劳动就会比平时多得多。

道德的成熟是少年时期和青年早期精神发展的结果，它只有在少年活动的独立性与主动性同对义务的认识与体验相结合时，以及在履行义务的过程中认识到自己的充沛的精神力量时才能达到。在正确进行道德教育的条件下，少年的积极性表现在揭示和确立个性的最本质的一些方面如禀赋、天才和才能等。

如何才能使少年对积极活动的自然追求服从于道德的发展？这种积极活动应当包含什么？那些决定以后（青年和成年时期）人的独特个性和决定人的饱满的精神生活及幸福的个人才能、意向与天才，只有通过活动才能被揭示出来并得到发展。正确地组织少年时期的教育，意味着努力使每个儿童恰恰是在同他的禀赋最相适应的活动中把自己展现出来。

教育少年的困难还由于少年的禀赋和才能是因人而异的,因此活动的形式也不能千篇一律。效果最不好的是在组织这一年龄段学生的活动中对整个班级强求一律。不管集体活动是如何的引人入胜,但让所有的人在任何时候始终对它都感兴趣则是根本不可能的。许多教育者抱怨少年集体的不稳定性,他们的失败恰恰是由于学生多方面的需要被固定在千篇一律的、单调的"活动"的框框里。

在教育实践中,我们坚持每个人都有自己的特殊性,而且根据我们的观察,这种特殊性明显地表现在少年时期。有的男孩喜欢技术创造,有的男孩爱好培植果树,还有的男孩对照看牲畜产生兴趣。不管是技术创造,还是培植果树,或者是照看牲畜,都可以使少年感兴趣,甚至可以长时间地吸引他们,然而必须注意这一点,劳动不能单调地进行,而应该同多种多样的活动结合起来。

我们力求使每个儿童都找到自己所喜好的活动。为此,在学校里我们组织了许多技术创造小组:少年设计家和模型制造家小组、少年电工学家和无线电学家小组、少年木工小组、少年摩托工人小组。与此同时,我们还组织大家在少年自然科学研究小组、少年旅游者小组、自然研究者小组、少年建筑师小组以及其他一些小组里进行创造性的活动。少年们非常积极地参加这些小组的活动。

小组活动最宝贵的一点是有可能发挥个人的创造性。每个学生都从事自己所喜爱的、符合自己个人兴趣的劳动。比如,有几个小组的少年在校10年期间设计出了一些活动的机器和机械模型。乍看起来,很难保证参加这些小组活动的少年所从事的劳动显现出多样化的色彩,并与他们多方面的兴趣和需要相符。然而这种多样化是在少年的活动过程中实现的。比如,他们当中有一个学生不是一般地对木材加工或金属加工发生兴趣,而是对准确程度和精密程度要求较高的细腻的、精巧的劳动过程发生兴趣。还有两个同学也决定参加这项活动,于是这个3人小组热情奋发地拟定了一个有趣的设计方案:用木料制作一台能开动的播种机模型。孩子们被这项劳动吸引住了。他们全神贯注地加工每个部件,力求实现预定的目标。另外一些同学用金属制作同样的模型,骤然看来,工作是一模一样的,可实际上,少年们要克服的困难是完全不同的,再说其中的劳动工序也不尽相同。

对劳动的社会性抱有全新的态度是少年活动的一个崭新特点。少年试图明显地确定自己在集体中的作用。低年级学生在集体劳动中只择其所好，不去考虑劳动的最终结果。他所关心的只是集体活动过程本身。然而少年对待集体劳动的态度却截然不同。他试图选择在极大程度上能够决定集体的成就和最后结果的劳动过程与任务。比如，在少年技术小组里最令人神往的是制造最重要的部件和零件。少年希望他在劳动过程中所创造的物质财富能够尽量满足广大人民的需要。在很小的一块教学试验田上劳动已经不大能满足少年的要求，他希望到农庄的田地里去劳动，在那里不仅能够培植出高产作物，而且可以提供种子，以便让农庄庄员在土地上大面积播种。在教育工作中估计到少年活动的这一特点是十分重要的。组织少年的劳动活动应当有助于培养和发展少年的社会积极性。

（二）少年集体活动的内容和性质是发展个性的重要因素

少年，特别是14、15岁的少年的突出特点是喜欢追求新异的、罕见的、豪迈的东西。崇高豪迈的精神首先是在为我们祖国的自由和独立的斗争中，在战场上建立功勋的时候展现在他们面前。在青年一代的思想中，创造性劳动，特别是同建立国民经济新的部门，同开垦荒地有关的劳动也可以获得崇高豪迈的意义。

在教育工作实践中我们力求用在征服自然力量过程中同困难做斗争的崇高豪迈精神吸引少年。

克服困难使少先队集体活动的性质受到深刻的影响。少先队集体的活动和男女青年的活动不同的是，它仍带有从低年级孩子们的精神生活中保持下来的游戏的因素，但同时它又具有崭新的特点——表现鲜明的道德色彩的社会政治倾向。1953～1958年期间，我们学校少先队的工作清楚地表明，少年在劳动活动中是为了崇高的社会目的而克服困难的。

在公益劳动过程中，少先队员建立了一系列业余组织，每个组织都是某一方面工作的倡议者和组织者。其中最积极的组织是大自然保护委员会。参加委员会的少先队员都酷爱鸟类、树木和花草。有一个小组负责保护森林、果园和其他花草树木。参加这个小组的共有15～20名少先队员，他们都是一个村子的。少先队员既个别地对树木进行观察，也集体地进行观察。当在果树或观赏树上面发现了害虫时，少先队员立刻将这一情况向小组领导报告，如果需要的话，便带上手提喷药器奔赴现场。

害虫在果树上最活跃的时期，小组成员轮流到村子各处进行观察。情况越危急，少先队员的精神越振奋——劳动的崇高社会目的鼓舞同学们去战胜困难，把大家团结在一起，并巩固了集体在精神上的一致。

在少先队组织的生活中经常有这种情况，正是由于植物保护小组适时采取行动，才使树木免遭害虫的严重损害。比如1955年少先队员向小组领导报告，农田防护柞树林出现了非常危险的害虫——无偶蚕蛾。小组马上奔赴田间。少先队员刚刚消灭了许多毛虫，可是它们不知道又从哪儿冒出来了。少先队员从学校取来了喷药器，把整个防护林带都喷射了杀虫剂。可是过了3天，毛虫反而越来越多了。这时已不只是大自然保护小组同害虫做斗争，整个少先队都出动了。甚至夜里也安排了值班。所有的人都希望完成这一光荣的任务。后来由于少先队员顽强地寻找，终于找到了无偶蚕蛾滋生地——生长在冲沟里的杂草，于是就把它铲除了。

在这种场合和许多其他类似的场合，我们发现学生的情绪都十分高昂。少年们竭力设法找到尽量多的困难，有时甚至出现自找苦吃的意向。为了同困难做斗争，少年们又组织了一个自然保护小组同害虫之源——杂草斗争的小组。这个小组的成员走遍冲沟、荒地、宅旁园地，当发现杂草之后，立刻将危险地段报告给农庄管理委员会，并给某些居民寄去一种"信号小报"，指出如果不及时消灭杂草，果树和观赏树木将有遭受毁坏的危险。小报还提出劝告：谁在什么期限内务必把某一地段的杂草消灭干净。

少先队同杂草斗争小组的工作无论对公共事业还是对某些庄员都产生了明显的影响。庄员接到"信号小报"之后，立即动手将杂草拔除了。由于少先队员的努力，近年来这一地区的害虫明显地减少了。

少先队土壤保护小组也进行了大量的工作。这个小组的任务是防止发生像冲毁土壤和用机械将土壤破坏（如挖坑、挖沟等）这样一些不良的现象。这个小组的成员走遍农庄的田野，当发现有挖沟的迹象时，马上通知农艺师。春天的时候在指定的地方建造起新的防护林带，少先队搜集了大量的观赏植物的种子和备有大量的树苗。

有一次，小组的组员发现有几个人把山坡给刨了，并把黏土装上了车。少先队员知道，因建设需要只能在专门地点取土。他们立刻向这些庄员建议不要破坏山坡，于是这些庄员就到指定的地点挖土去了。

发生这次事件之后，土壤保护小组安排了晚间值班，少年们都非常羡慕和高兴参加这项工作。

大自然保护委员会还建立了两个小组：一个是保护农庄渔业资源小组，一个是养蜂小组。第一个小组负责监督不许任何人采取非法手段打鱼和污染池塘。第二个小组的任务要复杂一些，而且更多样化。在荒地上，在森林边，在冲沟斜坡和壑旁凹地，这个小组的组员寻找土壤肥沃的地方，在上面撒上蜜源植物的种子。少先队员特别注意在蜜蜂从蜂场飞到长满向日葵和荞麦的路上种植蜜源植物。孩子们密切注意着，不让任何人在森林里损坏一种最珍贵的蜂源树木——菩提树。对所有的菩提树都进行了登记。每年春天把从根部长出来的菩提树的嫩芽，小心地挖出来，移栽到村子里。暑假时，养蜂小组精心照料移栽的菩提树苗，在向日葵和荞麦种植场孩子们放上一盆盆的水，形成了独特的"蜜蜂饮水处"。

所有这些工作之所以吸引少年，是因为它具有鲜明的公益性质。通过日常劳动去改造自然，把家乡变成花园，增加家乡的自然财富。孩子们思想上确立的这个目标给他们以极大的鼓舞。

当孩子们遇到违反社会利益行为的情况时，同困难做斗争的这一思想表现得特别明显。有时少年们看到某些庄员在森林里或在防护林带任意砍伐树木，就会把肇事者截住并将他们的行为报告政权机关。然而少先队员们多半是在事情发生前好久就得知了这一恶劣的企图，因此防止了事情的发生。认清违反社会利益行为的不道德性以及为反对这种行为而斗争的意向巩固了集体在精神上的一致性。少年们认为，在特殊情况下，即在具有一定神秘性，存在一定危险性，因而赋予平凡的事情以浪漫主义色彩的情况下，这种斗争更富有诱惑力。完成带有艰难险阻的工作的思想社会意义越明显，这时勇敢、坚定、沉着、道德上的不可动摇性表现得就越突出。战后头几年建立了少先队、共青团寻找爆炸物岗哨，14、15岁的少年把参加这种异常困难而且非常危险的工作看作是最高的奖赏和对自己道德品质的一种赞扬。少年们以同样的热情和态度在冰雪寒天观察电报线路工作的状况，以及志愿参加消防队的工作。

我们确信，如果能向学生正确地揭示像懒惰、玩忽职守、漠不关心、不爱护公共财产甚至破坏公共财产等一些日常生活中的不良现象的实质，那么他们就能看清这些现象的严重危害，而同这些危害做斗争需要动员精神的力量，这样就会使人变得更加高尚起来。

如果能做到这一点，那么在青年心目中最普通的事情也会具有浪漫主义的色彩，他们看到，在自己身边，在日常生活中也有可能为共产主义的理想进行崇高的斗争。

每年春天学校少先队都要开展"改造祖国自然日"活动。在这些日子里植树和建造防护林带。少先队自然保护哨在一些贫瘠荒芜的地块种植果树和播种蜜源植物。在一个干旱的夏天，我们跟年龄大一点的少先队员——14、15岁的少年说，如果我们指望老天爷的恩赐，那么农庄的牲畜就有可能没有喂养它们的饲料。无所作为、消极怠工是危险的。为了消除这种危险，需要相当大的精神力量，我们使少先队员们树立起这样的信念。他们对战胜困难充满信心。少先队员们在地里劳动了两周——把玉米秸收回来，把它青贮了。后来过了几年，每当需要克服新的困难时，对这些紧张战斗的日子的回忆都会使学生们干劲倍增。

少年从事具有高度思想性的活动和认清自己的道德力量的机会是很多的。必须向他们揭示困难的含义，使他们相信，真正的幸福不在平静和安逸之中，而是通过战胜忧虑、不安乃至悲伤和挫折认清精神生活的丰富所在。

我们带15岁的少年去参观农庄菜园附近的一块沼地，过去这里曾是肥沃的土地，后来变成了长满柳条的沼泽。"让这块沼地继续存在简直是丢人！要知道，这块沼地并不大，总共不过几公顷，难道我们就不能把它变成肥沃的良田！"我们逐渐地使少年的头脑中确立起这样的思想。他们决心把这块荒芜了的土地改造成良田。劳动是很艰苦的，很紧张的，可是少年们知难而上。当他们认识到自已有力量战胜更大的困难时，他们感受到极大的愉快。这块杂草丛生的地块被铲平了，给它施上了肥，一年后在这里蔬菜第一次获得丰收。

由于年龄大一些的少先队员正准备加入共青团或已经加了共青团，因此这一年龄段的学生对参加社会公益劳动的要求特别强烈。这是少年一生中的重大转折——为共产主义理想而斗争从这时起不仅成了少年的需要，而且成了他的神圣天职。

少年参加具有高度思想性的活动对他以后的道德发展和个性的自我确认起着非常重要的作用。

低年级的儿童就已经开始思考，把集体利益放在第一位的行为是崇高道德的表现。关于集体的概念不断地在扩大，直至包括全体人民和整个祖国。随着这一概念的扩大，学生已经不仅对集体承担的义务，而且对社会承担的义务认识得越来越深刻。这使他们不仅能够批判地评价自己个人的活动，而且能够批判地评价集体的活动：有时他们发现，集体并不努力追求比较严肃的目标和崇高的利益。

儿童精神发展的最重要的源泉是自觉地争取参加少年列宁主义者和共青团员的组织。学生把参加少先队和共青团首先同旨在巩固社会主义制度的活动联系在一起。社会主义教育的实质表现为使儿童感觉到对这种活动的需要并且竭力地去追求它。不仅如此，如果他的力量得不到发挥，他就会感到强烈的不满，就会感到精神上空虚。我们知道这样一件事：由于基层组织的精神生活非常贫乏，正在阅读介绍英雄人物的文艺作品的儿童强烈地感到自己无所事事，不能为崇高的事业贡献自己的力量。由于很少开展具有高度思想性的活动，儿童集体在组织上处于十分薄弱的地位，以至于对破坏纪律的人束手无策。少年在集体中得不到任何可以丰富内心世界的东西，集体也不让他参加为了崇高的事业而斗争的活动，因此，这样的集体在少年当中就没有任何威信。

由此可见，少先队组织和共青团组织的活动内容具有特殊重要性。帮助学生逐渐认清自己在劳动人民、社会主义社会和祖国的生活中的地位与作用是崇高道德的活动。在孩子们的思想中争取少年列宁主义者和共青团员称号的权利本身就是同这种活动相联系着的。从集体的活动使他确信他在争取这种权利、在捍卫这种权利的时候起，他开始认识到做一个公民的尊严。

我们总是在孩子们完成了某项重大的公益劳动的时刻举行庄严的入队仪式。比如，有一个儿童集体从入学第一年起一直到10岁始终坚持建造防护林带。每个学生在自己家住宅旁空地上种植25～30棵杏树苗，然后再把它们移植到地里去。"这将是我们少先队的防护林带！"少先队员正是抱着这种思想参加劳动的。慢慢地在他们的头脑中确立了这样的思想：他们仿佛是以参加这种社会所需要的活动来检验自己并争取成为列宁主义者。

孩子们在为集体建造果园和建造果树苗圃或种植柞木林这样的劳动过程中，以及开始参加某项经济建设工程（特别是电站、大坝）时经常尝受到一种崇高的道德感。

许多准备接受儿童入队的集体都进行过类似的活动，而且在所有情况下这种活动在儿童的精神生活中都占有重要的地位。在活动中他们已经感觉到并开始认识到克服困难可以使人高尚而不去克服困难就不可能有真正的进步的那些因素。在同困难斗争的过程中儿童通过亲身的体验开始相信，人的道德尊严是由他的不屈不挠的精神决定的。建造防护林带的孩子们既要同害虫做斗争，又要同干旱做斗争，还要同暴风雨做斗争。崇高的目的赋予这种劳动以真正的斗争的性质。

我们确信，儿童为了证明自己在准备加入少先队期间的品德所做的努力越大，他就越加珍惜少先队员的称号，对他来说参加组织的意义就更大。某些学校对少先队工作漠不关心，不感兴趣，以至于孩子们感觉不到和领会不到自己在精神上是依附在向自己提出崇高任务的组织上。

早在孩子们加入少先队之前，我们就努力使教师在孩子们完成公益劳动中完全不进行监督，尤其是不强迫。经验证明，学生对劳动的崇高意义认识得越清楚，他就越不需要监督，他个人的良心就越加明显地成为促进积极劳动的因素。比如对为少先队防护林带种植树苗的孩子们并没有进行任何监督，可是他们工作完成得非常认真，因为他们知道他们在做一件严肃而又非常有意义的事情。举行入队仪式的气氛也很重要。这不仅指外表要装饰得美观（如音乐、队列、节日服装），这也起一定作用，但首先指的是在精神和情感记忆中留下深刻印象的重要时刻的重大意义，指的是学生对加入少先队这件事所做的道德评价。比如，种植防护林带的孩子们在地里举行宣誓仪式时，正值他们完成了第一阶段的任务：树苗栽完了，而且开始吐绿了。仪式庄严而特殊的气氛使已经完成的工作的重要性和即将完成的工作的崇高性在孩子们的思想和感觉中得以突显。决定在团内和队内生活的这4、5年里建成防护林带这件事就像宣誓忠于祖国，准备为共产主义事业而斗争的誓词一样，深深铭刻在孩子们的心里。

  入队之后，少年更加深刻地感受到和认识到集体所组织的那些活动的思想导向和诱人美妙之处。具有丰富思想内容的活动为所谓"困难的"年龄期的学生集体保持组织上的一致提供保证。在实际工作中我们竭力使儿童在少先队组织期间经常处于被崇高的思想所激励的气氛之中，以便他在集体组织的具有高度思想性的劳动中获得个人的幸福。经验表明，可以成功地吸引少年参加这种活动。不但如此，正是在这种年龄，少年对社会普遍存在、人民从事的日常而又平凡的劳动的道德评价十分敏感。用对未来的美好憧憬吸引人们长时间进行的活动，对少年的精神面貌具有特别深刻的影响。这种活动的崇高性质，对少年来说，不仅表现在共产主义的坚定方向上，而且表现在斗争上、克服困难上以及对自己精神力量的认识上。集体为既对整个社会有利又为整个社会所需要的崇高事业而进行的斗争越坚决，斗争的利益使得孩子们团结得越紧密，集体中每个成员的精神生活也就越丰富。比如有许多少先队集体长时期地为培植高产谷物或经济作物而斗争，为使畜牧场的家兔饲养得更好，为防止土壤被侵蚀与破坏，以及为在小块土地上使庄稼产量提高两三倍而斗争，等等。由于少年们认识到他们是在参加苏维埃社会生活，他们能够克服共产党员和共青团员所克服的各种困难，因此，上述每件事情对少先队员来说都有很大的吸引力。

  3年来，我们积极参加了一个少先队组织的生活。这个少先队组织曾经参加过旨在提高公共畜牧业的产量这样严肃的工作。少先队员保证照看好4头牛犊，以便增加集体牧场的乳牛数量。少年们知道，他们为饲养奶牛所做的努力将使产奶量得到提高。辅导员对他们说:"如果用特制的维生素干草喂牛犊,两年后产奶量将提高一倍半。"于是学生们以极大的热情准备干草,把它晒干,储存过冬。可是孩子们发现由于畜牧场一些工作人员粗心大意,干草消耗得不合理,于是他们建立了少先队保护饲料监督岗,从而防止了许多宝贵的干草遭到损坏。

少年们十分向往同违反共产主义道德准则的各种现象做斗争。他们非常高兴参加各种各样的监督岗、检查组和小分队等组织。这里表现出他们对周围生活各种现象进行道德评价的要求。这种要求随着生活经验的丰富而不断加强并且成为少年时期精神生活的突出特征。

为了照看好牛犊,孩子们每当老师在教育性谈话中谈到什么是高尚的道德行为什么是不道德的行为的例子时,都会联想起自己的工作。很明显,孩子们都希望从崇高道德要求的角度评价自己个人的和集体的活动。我们可以在孩子们受到平凡劳动的崇高目的鼓舞的所有集体里见到类似的现象。

学生在克服重重困难、完成了所承担的义务之后尝受到一种自豪感,本身就是一种激励他参加新的活动的强大力量。比如,我们的少先队员在完成了照看牲畜的任务之后,又参加了一项更加重要的社会公益劳动,这项劳动会使他们更加心驰神往。

对人的敬重,时刻准备给人以帮助,是苏维埃人道德面貌的卓越特点之一。这一特点在集体生活中表现得尤其明显,因为当时情况本身就激发人产生一种对别人的义务感,然而对这些情况的理解和感受则取决于教育。

我们的任务是培养真正的人。尊重人的尊严的道德的和人道的行为,是社会道德进步的条件和人的高尚品格形成的保证。我们掌握的许多事实都说明少年时期做出人道的行为可以使人高尚起来,使人在精神发展中得到提高。让我们观察一下下面一些行为:为了给一个在工作中发生不幸的同志包扎伤口,一名少先队员取下手套,把它撕破;在阴雨天,一名少年离开少先队夏令营驻扎的森林,到村子里为集体采购食品;春汛期间少先队员自愿到堤坝上值班,当出现险情时,及时通知大人,以防止堤坝受到破坏;男孩子还主动地完成本应是女孩子完成的工作;少先队员在幼儿园值班，可是他的同学却在玩引人入胜的游戏；等等。

做出这些行为的少年在道德精神面貌上有了重大的飞跃，他们对自己的或是同志的行为的精神道德评价和情感评价都变得深刻得多、自觉得多，他们对胆小、怯懦、企图逃避困难等行为，以及当有人对这些缺点视而不见、无动于衷时，会感到十分气愤。

充满社会义务观念的、道德高尚的集体活动，尤其能使儿童的精神生活变得更加高尚并对儿童进一步的精神发展产生很大的影响。

学校的任务在于培养少年对活动的追求，并通过活动使集体成员为了崇高的观念紧紧地团结在一起。这种活动特别适合少先队集体的生活特点和孩子们追求奇迹和幻想的心境。

当学生集体为了维护社会集体的利益而产生忧虑和不安时，他们对社会义务观念的理解也就最深刻。忧虑可以使少年们在思想上做好克服困难的准备，使他们更加相信自己的力量。比如，我们通知少先队员们：由于农庄养的数以千计的桑蚕缺少喂的东西，正在面临死亡的危险。学生们立刻意识到应当帮助农庄。如果能够使桑蚕避免死亡，他们的活动给社会带来的好处将会使平凡的劳动获得崇高的意义。少年们满腔热情地参加了这项工作。他们成立了若干小分队（他们称之为战斗小分队），奔向附近农庄和地区，为桑蚕准备饲料，成立少先队监督岗，整夜整夜地观察桑蚕的状况。劳动的顺利完成被看作是一种胜利。

少先队员多次帮助邻近的农庄收割庄稼。少年们对这种全国和全民范围的具有坚定导向的劳动的意义领会得非常深刻，以致他们在准备完成这一平凡的、普通的劳动时，觉得自己是真正的英雄。这种活动，在他们看来比在自己农庄的土地上从事同样的劳动更有意义，更为重要。没有任何东西能比认清义务观念那样在精神上更好地把儿童集体团结在一起。在受到这一观念鼓舞的活动中，人的优良品质得以充分展示出来。由于这种观念掌握了每一个学生，集体的力量变得更加强大。

为加强同其他民族的孩子的友谊而组织的活动，对学生也具有很大的教育意义。

要让学生们在向其他兄弟的加盟共和国的孩子和其他国家劳动

人民的孩子的通信过程中形成积极的精神力量。孩子们对精神上一致的自觉追求，在远方朋友面前表现尤为明显。每一个儿童都想把他最好的一切贡献给集体。

我校四年级一个班同格鲁吉亚的少先队员建立了通信联系。有一次孩子们从和自己同龄的小朋友那里收到一份礼物——亚热带植物的种子。于是生物试验室和温室里的工作顿时活跃起来。"我们怎样来回谢我们的朋友呢？"这个思想一直萦回在孩子们的心头。大家决定寄去两件礼物：女孩子寄的是带乌克兰纹样的台布；男孩子寄的是一个能够开动不大的电动机模型。每个少年都开动脑筋，为这件事献计献策。

由此可见，正是对远方朋友的义务观念激励孩子们去努力完成集体提出的跟制作礼物有关的各种委托和要求。礼物准备好后，开始给朋友写信。有人建议把在工作中表现最突出的人的名字写上。可是那些被提名的人却感到有些不好意思。他们说："不是都干得很好吗？还是让我们以整个集体的名义签名吧！"这时大家都很高兴，于是在信里写道：整个集体干得都很出色。

通信这件事使孩子们同远方的朋友仿佛建立起经常的精神上的联系。学生集体向兄弟加盟共和国，特别是外国的朋友介绍有关自己生活中发生的所有最重要的事件。孩子们的荣誉感和集体感大大地增强了。在同其他学生集体的精神交往中，少年更加深刻地认识到，对工作的评价和集体的道德面貌取决于他的劳动和行为。每当快要到给远方朋友写信的时候，少先队员们不仅精神振奋，竭力把工作和学习搞得更好，而且对自己同志的缺点也很关心。

在道德高尚的活动中，敬仰为革命、为伟大的卫国战争英勇牺牲的烈士的活动占有特殊的地位。这一观念的力量在于把深刻的思想同高尚的情感结合起来：当谈到为了儿童的幸福童年而流血牺牲的人的英雄主义行为时，任何一个孩子都不会漠然无动于衷。教育孩子敬仰为人民的事业而牺牲的同志，能够提高一切社会公益活动在孩子心目中的地位，能够促使集体在精神上更加团结一致，在组织上更加巩固坚强。

孩子们对牺牲的烈士产生敬仰的情感是由于他们到学校不久就让他们不断清晰地回忆英雄的生动形象：英雄的生活、战斗中的勇敢、对祖国的忠诚、光荣的牺牲，等等。学生们负责照看英雄的坟墓，经常在那里举行少先队集会（包括接受新队员的仪式），并同烈士的亲属保持联系。然而在教育中具有决定意义的并不是这些活动，而是学生集体和每个学生出自对英雄敬仰的义务感和对自己生活的责任感。在教育性谈话中，我们不断强调，英雄是为了什么牺牲的，他们捍卫的是什么。

祖国的命运，未来一代的命运对英雄来说贵于个人的生命，这一点给学生留下特别深刻的印象。孩子们逐渐地认识到，他们这一代是用血的代价换来的胜利成果的继承者。

重要的是使敬仰英雄的观念深入少年们的日常生活里去。我们尽量把介绍英雄献身精神的故事讲得非常清晰而且富于情感，使少先队员感到自己同为人民牺牲的烈士都是同时代的人。

少年们把自己所喜爱的英雄看成是理想中的人物并以此来评价劳动、学习和集体中的相互关系。他们仿佛总是用社会上出类拔萃人物的眼光从旁审视自己。

不能容忍人压迫人和对人进行精神奴役的观念，对培养坚强勇敢的人具有很大的作用。我们总是竭力在学生的心灵中引起并确立对这些现象的憎恨感。憎恨一切不道德的、非人道的行为，是高尚的、明快的情感。必须让学生也用这种情感指导自己的日常生活。学生们一开始就非常深刻地把这种情感理解成为实现共产主义理想而进行的崇高的、忘我的斗争。

社会主义社会没有源于阶级不平等的精神奴役和压抑，在学生的认识中应尽早并牢固地确立对人压迫人毫不妥协的思想。

教师对失业工人困难境况的清晰讲述，少先队组织的有关资本主义压迫下儿童命运问题的讨论，这一切都引起少年们对压迫者的憎恨和对集体的积极行动的渴望。

这种活动是别具一格的：学生们一致表示对被压迫者的深切同情和人道主义的支持，并表示愿意给他们以某种援助以及决心为捍卫共产主义的理想而斗争。但最常见的还是给在资本主义监狱拷问室里遭受苦难的革命者写信。

一个少先队的队员们在报纸上读到这样一个故事：美国种族主义者对一个黑人小孩肆意进行侮辱，因为这个黑人小孩上了专供白人使用的电车。他们请教师解释："为什么在美国法律竟允许这些人横行霸道？"听了老师的解释之后，少先队员感到无比的愤怒。他们给这个黑人小孩写了一封激动人心、热情洋溢的信，信里首先极力强调，他们把他当作人来尊敬，把他作为平等的人来看待，强调种族主义者的任何侮辱扼杀不了人的自尊感。少先队员们倾注给黑人孩子的思想情感是如此浓烈，以至于平时对集体生活不太关心的一些少年也转变了对集体生活的态度。

我们在另外一些情况下也可以看到类似的现象。比如，少先队员给希腊人民英雄尼科斯·别洛扬尼斯写信；给被迫把自己的子女送到纺织厂参加奴隶劳动的日本孩子的母亲写信；给在报纸上宣布要卖掉自己眼睛的美国失业工人写信；给阿尔及利亚爱国者贾米拉·布希列特写信。

当我们给学生讲述资产阶级法庭如何对希腊人民英雄马诺里斯·格列卓斯进行迫害，以及如何阻挠瘫痪的美国共产党员去苏联就医时，学生们无法抑制心中的愤怒。他们把在遥远国度同时又是亲近的人们的不幸都看成是自己的不幸。

我们还发现，少年们对资本主义世界劳动人民忍受精神上的奴役并从宗教中寻求安慰也感到气愤。这表明少年们精神上的重要成长。少先队员对资本主义世界的精神压迫越是反感，他们对周围生活中存在的剥削阶级道德的残余就越发不能容忍。

因此，少年们对少数家长企图压制他们的意志，使他们成为沉默寡言的人这一点特别敏感。他们经常愤怒地向教师和辅导员讲述类似的事实，而且极力想找到这些令人不安的问题的答案并积极地参与生活。在上述情况下，集体的情绪更是激动到了极点。

有一次，12岁的孩子们愤怒地说：有一个女学生，在她的母亲不在家的情况下，她的祖母强迫她一个人留在家里去完成异常繁重的劳动。教师和辅导员建议队委会把全部情况都告诉给女孩的母亲。少先队员的介入帮助了这位母亲。通过这件事少年们感受到一种胜利的喜悦。

在另外一种情况下，比如一位少先队员的母亲强迫自己的儿子参加宗教仪式，少先队员们一起到这位母亲那里去，其中一名代表少先队向这位母亲提出不要强迫自己的儿子去做违反少先队生活章程的事。这次谈话给了这位母亲很大影响。少先队集体通过这件事感到自己更坚强了，更团结了。

在精神发展的以后时期——青年时期——对精神压迫和不平等毫不妥协的观念经常在比较严肃的活动中表现出来，活动的内容和目的性将直接关系到少年的观点和信念的形成。

二、少年意志的特点

少年逐渐认识到自己身上发生的深刻变化，并力图影响这些变化的进程，在某种程度上控制这些变化，这是少年身心蓬勃发展的突出特点。

竭力想表现出成年人的品质和行为，同时又保留着童年时期的某些特点，这是深刻地影响少年的全部精神生活，特别是他们对大人的态度的一些矛盾现象产生的原因之一。

一些资产阶级心理学家认为，某些"危机"现象甚至"悲惨"现象的根源，似乎在于少年时期最客观的自然规律，这是由于他们把少年精神生活中的生理作用和社会作用混为一谈的缘故。怀疑、痛苦，甚至对生活悲观失望，是在人遇到社会不平等、感到自己无能为力的情况下产生的。在社会主义制度条件下，为少年时期丰富多彩的精神生活提供了比较广泛的客观可能性。这里无须通过危机、悲剧，而是通过把学生无穷无尽的力量合理地引导到创造性的轨道上来解决各种矛盾。当然，我们这里也可能发生一些不良的现象，但是学生和家长通过自己的努力能够防止和正在防止这些现象的发生。

使这一时期个性发展的整个精神面貌受到深刻影响的质的变化特别明显地表现在少年活动的意志来源上：意志活动在强烈地发展着，少年的积极活动成为培养少年动机的必要条件。

在活动中不仅产生思想，使之得以发展并变得坚定（对小学生也是这样），而且还逐渐形成一种信念：人的坚定性和果敢性的泉源在于人的思想和他对生活的看法，这种认识也决定了劳动和活动的目的性。这种信念在少年思想上的确立是以对成年人活动和生活的观察为依据的。他看到，成年人遇到困难时想的是如何克服困难，起初是从思想上战胜它，然后才是在行动上战胜它。然而少年还不善于深入地研究这些思想的实质。在他看来，对某一种行为，愿意完成就完成，不愿意完成就不完成，这就是为什么少年经常不是按要求去做，而是按自己的意愿去做的原因。少年已经懂得，行为取决于人的意志上的努力，但他不会批判地评价自己个人的愿望。成年人认为这是一种过于自信的表现。这种过于自信的态度有时甚至表现为执拗，它经常同少年要求表现真正的意志坚定性的意向奇怪地交织在一起。对少年的这些表现和意向应予以特别的关注。

对少年考验自己的意志的意图也应采取宽容的态度。有时这种意图在大人看来甚至是幼稚可笑的。少年不是像受到教师鼓动的小学生那样急于去做某一件事情。不管即将进行的活动如何引人入胜，他们总喜欢想一想，值不值得去完成教师号召去做的事情，有时乍看起来好像他们不乐意去完成某项工作（这经常表现在少年对自己在要做的事情当中所起的作用说一些讽刺性的话）。

有些教师对学生的这种行为感到很生气。他们认为，学生是在考验他们的耐性。其实学生对教师和对所要做的事情并没有什么恶意，他们只不过是由于认识到要做的事情取决于他们的意志和愿望而感受到一种快慰而已。少年们由于相信自己的智慧和意志力，因而希望能在同困难和障碍做斗争中表现得勇敢和坚韧。

意志积极性完全取决于活动的内容，取决于活动对发展丰富的、真正的精神生活都有哪些可能。如果在集体生活中没有任何崇高的东西，如果学生看不到、认不清促使他们参加活动的高尚动机，那么学生的积极性甚至有可能造成不道德的行为（比如少年们经常把固执任性看作是坚强的表现），或者相反，崇高的观念越是深刻地渗透到集体的活动之中，他们对高尚道德行为的追求，对参加社会公益活动的渴望也就越发强烈。

这种规律性在少年的生活中表现特别突出，而且它对培养12~15岁少年的勇敢精神和坚强精神方面起着十分重要的作用。在卫国战争期间，成千上万名参加游击队的苏联少年表现出勇敢、献身的精神，这种精神主要产生于少年在为崇高理想的斗争中对自己意志力量的认识。用共产主义道德准则培养起来的青年一代的精神力量在于学生于少年时期就在对劳动人民生活具有重大意义的事件中自觉地锻炼自己的意志。

少年们不仅钦佩具有坚强精神的人，而且有意识地努力培养自己坚强的精神和坚强的体质。他们不仅在积极的活动中，而且在沉着、忍耐和在困难情况下保持镇静中看到这种精神上和肉体上的坚强性。少年们看到自己面貌中的这些素质可以使他们感到极大的快慰。我们掌握的许多事实表明，13～15岁的少年在模仿英雄时，自己制造各种环境用以检验自己身体的耐力，并把这件事看作是精神力量最明显的表现。比如有一个学生在 -20℃的严寒情况下，悄悄地把室内的窗户打开了一夜，而且睡觉时不盖被子，他是这样解释的："将来甚至有可能要求睡在雪地上——必须做好一切准备。"还有一个少年，当他读完一本关于苏维埃人在法西斯死营里进行英勇斗争的书之后，决定用绝食来考验自己。不管属于哪种情况，少年们都向自己的同学讲述自己是如何独出心裁地考验自己的精神力量的。

教师应当给予那些自觉寻找自我培养意志途径的学生以极大的关心并注意工作方式与方法。最好不要去干涉这些隐秘的事情（当然，要看对少年的健康是否有危害）。

在这种情况下，任何责备，尤其是讥笑，对少年来说都是对最宝贵的东西的玷污，是把崇高的事情给庸俗化了。

认识自己体力的增长是促使少年意志积极性提高的重要因素。少年们意识到自己在体力和身体条件方面越来越接近成人，然而由于这种体力在他们的精神活动中没有得到反映，他们经常受到良心的责备。如果集体的生活非常富于思想性，那么对体力增长的认识也是少年精神发展，特别是积极的意志活动发展的一个源泉。在教育实践活动中，我们总是竭力遵守我们认为非常重要的一条规则：少年的体力和身体条件越好，他在意志力量方面的自觉因素应该越加明显，促使他参加活动的观念也应该越强。

我们还根据这条规则看待实现体力劳动的教育作用的问题。随着体力的增长和身体条件的变化，通过努力才能克服困难的劳动活动的作用提高了。重要的是使学生不仅在体力劳动中看到任务完成的情况,并且能够看到锻炼自己的精神力量的可能性。

通过锻炼和巩固少年的精神力量,对这一年龄段中体弱多病的学生的精神发展也能起到同样重要的作用。在某些体育项目上通过战胜困难达到既定目标,是对少年意志品质的很好锻炼。

三、少年的认知兴趣和唯物主义世界观的形成

在学校学习的最初几年对开阔学生的智力视野具有很大意义:儿童不仅要认识,而且要在许多方面相信,在他面前展现的已不是自然界与社会的各种现象之间最一般的相互联系和相互依赖。

学生们在这一时期获得的知识,包括自然界和社会发展规律的最重要的概括,即唯物主义世界观方面的知识。在正确教育的情况下,学生由于对自然界和社会生活规律有了认识,因而这一时期在精神发展上进步较大:当学完五年级时,学生已能以他们容易理解的形式,认识到自然界最重要的一些规律、世界的物质性、自然界对人的智慧和意志的独立性以及现象之间的一些因果关系。

对世界观问题产生兴趣,渴望通过自己的脑力上的努力评价某些事件,希望对某个问题有自己的判断和见解,这是少年时期的典型特征,对形成人的个性又增添了新的内容。

由此得出一条教育学上的重要结论:培养少年的智力积极性和情感积极性,只有以世界观问题为背景才能取得最好的效果。

从加强世界观在培养智力和情感积极性中的作用这一事实中,也可以得出教育实践的重要结论:在学生的全部思想中首先应当揭示各种观念、真理、规律的世界观实质。正确认识周围世界的各种现象,有利于形成少年的道德信念、人的自尊感并促进创造性思维的发展。

了解世界观方面的知识可以培养学生无论是在研究社会科学还是在研究自然科学时的智力和情感积极性。

(一)在认识自然界规律过程中的精神发展

孩子们从刚懂事起就固有的那种对周围一切在认识上的兴趣,到了少年时期则发生了微小的变化:已经不是大自然的一幅幅宏伟

景象使少年感到惊异和赞叹，而是看不见、摸不着的过程的实质吸引住了他。

如果低年级儿童的思想主要集中在周围所能直接感知的东西上，那么，少年则想要思考和理解感觉器官无法接触到的一些现象。比如少年们特别感兴趣的是座谈宇宙问题。座谈时他们提出许许多多问题："在其他星球上有没有动植物？""阳光照射不到的地方都有什么？""如果人能够到达最远星球，他会在那里看到什么？"等等。给学生讲述大海时，他们感兴趣的远远超过了人们所熟悉的、为人们所研究过的一些现象，而是一些人们难以回答的比较深奥的问题。当谈到矿藏时，学生马上提出问题："地球的深处都有什么？""火山喷发是怎么发生的？""为什么煤埋藏得这么深？植物是怎样到那里去的？"等等。

少年在智力上的努力首先集中在研究生物界和非生物界的一些问题，如遥远地方（特别是南部和北部地区）的动植物世界、海洋生活、大气中的一些罕见现象、对动植物生活的驾驭、一般肉眼看不见的微生物以及学者们探索大自然的奥秘的旅行。近几年来，由于发射人造地球卫星、导弹和宇宙飞船，学生们幻想星际之间的旅行。少年越来越高地评价人类智慧的强大力量。这一年龄段的学生的思想意向和觉悟程度的提高主要取决于对智力的注意力。

由于在植物学、动物学、物理、化学等课上学习生物界和非生物界的规律性知识，少年提高了对人类利用这些规律进行智力创造方面的劳动的兴趣。少年逐渐认识到周围世界的许多事实与现象开始向他揭示世界的物质性、物质和能量从一种形式转换成另一种形式的普遍性、动植物对生活条件的依赖性以及有机世界和无机世界的极端多样化等。因此，学生在他感兴趣的某件事情上认识自己的智力才能和精神力量的长期过程中产生了飞跃，在从事技术创造、模型制作、作物栽培和地方志研究等全部活动中，少年的精神生活不仅产生了复杂的变化，而且在活动过程中逐渐认识到自己具有克服困难的智力和毅力。

少年把最伟大的科学技术成就看作是人类智慧的胜利。他对有关发展智力的环境和从事科学的人们以及具有深刻构思的生产过程充满无限的敬意。因此，同从事创造性劳动的成年人的精神交往有利于少年智力积极性的发展。

所有这些现象表明少年精神上的重大发展和心理上发生的深刻变化。教师企图把少年的智力生活局限在大纲规定的狭窄范围内,这势必造成少年精神生活的贫乏。如果学生对科学原理的理解是以选修的、大纲之外的扣人心弦的材料为广阔背景,那么他们会以更大的兴趣学习功课和钻研科学原理。

少年开始懂得和感觉到智力旺盛及饱满、丰富的精神生活的意义。认清自己的智力才能可以给少年带来快乐。这是少年时期不断得到加强和发展的人的自我意识的重要因素之一。对少年时期这一过程的重要意义必须给予足够的重视。少年不仅对人们的活动发生兴趣,而且对他们的思想、谈话以及人们之间精神交往发生兴趣。

我校高年级的少年(14、15岁的男女少年)暑假期间分别在不同农业生产单位进行教学生产实习,有的在田间工作队,有的在畜牧场,有的在机械修理站。每年实习完后我们都向少年们提出这样的问题:你们最喜欢什么样的劳动者?在这些人身上什么东西最吸引你们?大多数人的回答都强调了人们的智力品质,确切地说,是在创造性劳动中所表现的一些品质。我们不妨举几个例子:

"我同钳工阿历克赛·基米特里耶维奇工作得很有趣。他知道的东西很多,他在介绍各种金属时是那样的引人入胜!"(葛利高里,14岁)

"在开始工作之前,电工技师兹·维克多把一切都考虑得缜密周到。他跟我们讲怎样才能把工作做好,可有意思啦!"(瓦西里,15岁)

"拖拉机队队长谢·亚历山大是个了不起的人。他把他的知识介绍给自己的同志,以便使所有的人都劳动得更好。"(费多尔,15岁)

少年逐渐地认识到,社会是根据一个人的智力品质的表现情况对他的整个精神面貌做出评定的。少年对聪明的、好思考的、精神坚强的人越来越尊敬。对自己智力活动的初次尝试,特别是对感性认识的多次体验,都逐渐地激起少年对智力活动的追求。

(二)认识社会生活在少年精神发展中的作用

少年对社会生活的各种现象同样充满好奇心理和钻研精神。少年们通过研究我们祖国过去和现在发生的最卓越事件，以及通过课外阅读不断地研究通史和其他史料，并观察历史发展的基本规律。这些规律中最重要的一条，就是长期以来劳动者和寄生虫之间、穷者和富者之间始终存在着尖锐的斗争。在低年级孩子们就已经认识到这是真与假、善与恶之间的斗争。那时孩子们就用对生活的情感评价表现出来的全部精神力量来保卫真与善。可是到了少年时期，对社会生活现象的道德情感评价逐渐被道德智力评价所代替。

在对历史的过去和现在的兴趣中，占主导地位的已不是像年幼时对具体事件的鲜明图画的迷恋，而是企图认清现象的本质和深入研究其因果关系。这里，任何事件、现象、历史上的个人都根据他们的地位、作用和在正义与非正义、善与恶的斗争中的立场受到评定。

如果低年级儿童的心灵只是对剥削社会有目共睹的人压迫人的残暴行为感到愤慨，那么少年由于逐渐领会了人与人之间的相互关系，因而认识到所谓现代资本主义自由世界，表面上自由的人实际上不仅在物质上和经济上，而且在精神上处于受奴役的地位。从历史课和各种书籍当中少年开始认识到社会发展的某些客观规律，从而坚信只有在人不把自己的劳动出卖给别人的地方才有真正的自由。这种信念是逐渐形成并加深的，直至道德完全成熟为止，少年时期在这信息漫长的形成过程中起着特别重要的作用。

学生对社会主义社会的物质与精神财富的价值认识得越清楚，他对资本主义制度的不平等理解得越清楚，关于精神奴役的思想对他来说就越发觉得可怕。

少年逐渐把自己看作是未来的共产主义者并在此基础上培养起个人自尊感。在对少年进行思想教育时估计到这一点是很重要的。有时候教师甚至忘记，在他面前的已经不是一个不伶俐的孩子，而是一个成年人了，在他身上已经开始形成一个公民所具有的智力、情感和意志上的特点。

四、少年的思维与言语活动

智力和情感的不断深入发展，是少年时期的突出特点。思维无论是在反映客观现实各种现象的范围上，还是在思维过程的特点上，都提到一个更高的发展阶段。情感生活同智力的联系尽管不够紧密，但比起学龄初期还是要深刻得多，因为同重大的公益活动关系特别密切的感性认识又有了发展。

在认识周围世界各种现象和事物的特性时，少年不仅注意那些显而易见的、作用于感觉的特性，而且注意那些不明显的、不易察觉的特性，其中后者往往要受到思维的分析。这个特点既表现在少年的兴趣和意志上，尤其重要的是，也表现在他的积极活动上。

我们进行过多次同样的试验：给8岁的孩子和13～15岁的少年看同一幅反映一个重要历史事件的绘画，并向他们介绍了这幅画的内容。7、8岁的孩子们对这幅画的外部特征表现出极大的兴趣，而13～15岁的学生则对引起某种运动、状态和斗争的内部动机发生极大的兴趣。比如，在弗·姆·瓦斯涅佐夫的《勇士》这幅画里，使7、8岁孩子们最感兴趣的是骑士的武器和服装的细节、马具、战马的长鬃以及荒无人烟的、凄凉的战场。少年们在同样的事物中却总能发现许多潜在的关系和因果联系。比如他们问："在画家所描述的古代，人们是如何制造这样精致的和坚固的东西的（马具和武器）？他们是否有专门制造这些东西的工厂？为什么骑士们停留在这样一个没有任何掩护的开阔的地方——要知道，敌人会发现他们并用弓箭将他们击溃？俄国和敌人的疆界在什么地方？为什么在画上看不到村庄和城市？"

如果7、8岁的孩子对技术小组工作室正在开动的机器的模型和构件最感兴趣的是机器的转动、部件与机械的外部联系，那么少年，特别是男孩，最感兴趣的是机器构造、结构、布置、零件和部件的相互联系与相互依赖。当低年级学生看到机器、机械和机器复杂部分的模型时，在多数情况下，他们要求把机器开动起来，对不能活动的模型则不感任何兴趣。少年们却相反，当看到正在运转的机器模型时，几乎总是要求把它们停下来，以便仔细观看机器构造，而且希望把零件拆开来观看。

我们给7～9岁的孩子们看金属零件。有一些零件已被磨光，另一些零件才刚刚切削出来。孩子们把两种零件进行比较之后发表了自己的看法，他们说：被磨光的零件好看，刚刚旋出来的零件不好看。可是少年对零件的态度则迥然不同，他们最感兴趣的是如何把零件粗旋出来之后在旋床上进行加工。

如果7～10岁的儿童首先看到的是事物、现象、事件的最常见的特征，而且根据这些特征形成对感知对象的看法（首先是情感评价），那么少年在所观察的事物与现象中（特别是在人身上）看到的都是相反的特征。比如在好人身上他们也一定能看到某种缺点。由于不善于解释好坏之间错综复杂的情况，少年们经常在对人们的评价上出现差错。在少年身上还保留着儿童时期把周围世界各种现象简单地划分为好与坏、正确与错误的倾向。少年对事物相互矛盾的性质、方面、特征、发展趋向的理解、比较和分析的能力才刚刚产生，就仿佛他重新被提醒去注意世界。他逐渐地才明白，生活中远非一切都这样简单，好像一目了然，不能只凭第一印象评价一个人。少年们精神面貌的优缺点可以用他们企图弄清楚人们、现象、事物的相互矛盾和复杂情况这一点来说明，这些优缺点以后朝着什么方向发展，将取决于环境、教育和成人的榜样作用。

保持批判态度是少年的特点之一。和低年级学生不同，少年们已经不大相信老师和家长讲的话，不是说什么就听什么。他们好像故意要找到根据以便驳倒大人的话。这是由于少年的智能同他们给自己提出的试图从思想上弄清大人跟他们讲的东西这一具体思维任务之间不相适应的缘故。

对少年这种批判态度的性质是肯定还是否定主要取决于学校集体活动的内容和性质。如果集体生活充满有意义的公益活动和良好的行为，少年就比较容易弄清楚，什么正确，什么不正确，并对生活的各种现象做出道德上的评价。

满足少年的求知欲和对这种求知欲给予各种鼓励是培养少年批判态度的重要条件。在教育工作实践中我们竭力使少年在具有研究性质的积极的创造性活动中知道尽量多的东西。这种知识应当有利于形成个人的信仰。

无论是在课堂上，还是在课外教育活动中，少年们听到许多关于农业生产先进分子不仅获得高产而且还改造植物本性的事情。有时他们对揭示劳动这一方面的事实与结论持怀疑态度，而且不相信有可能进行这种改造。为了消除这种怀疑，我们鼓励少年们参加不仅创造物质财富而且检验某种真理的劳动。这种建立在劳动基础上的检验过程是形成道德信念并使批判态度得以健康发展的有效手段。比如，我们向14岁的少年，即7年级学生介绍照看植物的新方法——根外追肥。这种方法的实质在于植物获得营养物质不仅来自通常施于根部的肥料，而且来自茎叶上喷洒的矿物肥料溶液。农业革新者的经验告诉我们，采用这种办法可以大大提高蔬菜的产量。可是少年们也像对待各种新鲜事物一样，对教师讲的根外施肥法将信将疑。他们感到不可思议的是，夜间的露水是供给植物水分的重要源泉，为什么还要喷洒溶液。为了打消少年们的疑团，而且帮助他们树立起用新的、不寻常的方法能够促进植物生长的信心，我们建议进行一系列的试验。

学生们几次对西红柿和黄瓜进行根外施肥，结果大大提高了产量，并延长了蔬菜的结果期。成功的试验给学生的印象很好，并在他们的思想上留下了不可磨灭的印象。他们对新鲜的、陌生的、不懂的事物的态度有了变化：少年们已经不是表示不相信，而是试图检验某种真理的正确与否。

必须估计到，少年们的兴趣往往远远超出学校大纲规定的范围。两三年后，在高年级将学习什么已经成为他们追求的目标，而且他们提出的每个问题总要求教师解释清楚；学校为少年们成立了学习爱好者俱乐部。智力超群的学生在这里做关于科学技术成就的报告或介绍；经常就一些问题开展理论"竞赛"：几个少年就同一问题准备报告。这些报告可以引出新的问题，激发学生对知识的兴趣和开阔他们的视野。学习爱好者俱乐部还可以促进个人爱好和能力的发展。有些报告用技术小组制造的活动机器和模型对学生进行演示试验。这是学生思维的批判态度得以朝着正确方向发展的重要条件之一：因为少年总是竭力把自己的创造性计划变成现实。

在发展对事物和现象的分析能力以及深入研究其细枝末节的能

力的同时，渴望掌握整个被感知对象并根据其正反两个方面的特点提出对它的看法，这是少年思维的突出特征。少年的这种渴望要比低年级学生表现得更为强烈。如果在分析文艺作品时，仔细研究每一个细节，评价每一个细节会给9、10岁的儿童带来极大的愉快，那么在同样情况下少年已经不去注意这些细节，即使有时是非常重要的细节，这是抽象思维得到加强的必然结果。对少年们的观察表明，他们有意识地不去注意这些细节，对非常明显的东西，在他们看来无须给予注意，因为弄清楚这些东西不需要付出很大的脑力劳动。这就是为什么少年对一字不差地熟记非常轻视的原因。他们把这看作是死记硬背（他宁可去干那些有创意的艰苦性的工作，也不愿去背诵，比如说去背诵诗句）。

少年的智力积极性不仅需要独立的脑力劳动，而且更重要的是要认清脑力劳动的目的（很遗憾，这一点经常被教师忽视）以及由此产生的对智力感觉的体验。根据这个特点，我们把少年们的脑力劳动集中到对事物、现象、事件的一般评价、评述和描绘上，了解细节，尤其是记住这些细节显然要服从这一独立的、创造性的工作。比如在研究历史事件时，教师建议七、八年级（14、15岁的少年）首先就该事件在历史上起过什么作用——革命的作用还是反革命的作用，敌对阶级代表的进步作用或反动作用表现在哪里等问题做出结论。在回答上述问题时，学生学会看到思维活动的目的，他们对事物的兴趣也因此提高了。

学生们要求对问题做出肯定的、最后的回答和全面详细而不是模棱两可的论证，这是他们的思维活动日益得到加强的见证。

这种要求特别明显地表现在对待反映各种社会现象的因果联系的问题上：学生有时从既不肯定也不否定的态度和意见中，怀疑是想故意对他们隐瞒真相，这就是为什么他们警惕地、批判地听取对他们所关心的问题的讲解的部分原因。

还有一种情况也值得注意。随着抽象思维、逻辑推理在形成对周围现实的道德智力评价中的作用的增长，教师的任何含糊不清的、不准确的指导和解释都会使少年对以后的脑力活动的兴趣减退。这种既涉及智力范围，也涉及情感范围的现象，要求教育者对少年的精神生活给予格外的关心。这里，当时在感觉感知基础上形成的道德智力评价，如果通过深入理解各种现象的因果联系不是变得深刻起来，崇高的感情不是由于崇高的思想的光辉得到加强，那么少年就会完全失去对脑力活动的兴趣。对社会生活重要事件采取漫不经心的态度，对自己的力量和潜力估计不足，对影响他们思想的东西缺乏敏感；所有这些在少年当中有时发生的现象，恰恰是由教师对少年时期正在发展着的学生心灵的复杂改造工作不注意造成的。

然而，即使在正确教育的条件下，这种改造工作进行得也并不顺利。少年智力发展的矛盾性表现在：一方面在评价某一现象时他坚决反对含糊其词或吞吞吐吐；另一方面，他需要充分的、肯定的评定。因此，即使少年的个人见解具有绝对化的特点，但又不能把它看作是自以为是的表现。相反少年经常试图用这种绝对性来掩饰自己的疑问和犹豫，情感积极性有时仿佛是用来弥补智力上的模糊不清的情况。少年把绝对性视为确定自己思想正确性的一种手段。

有些教师认为，少年的固执是由于他不愿意承认自己不正确，不愿意改正自己的错误。乍看起来好像是这样，其实学生只是装作继续坚持自己的意见，他的思维一直在积极活动，在寻求正确的答案。对少年的观察表明，他对自己的错误感到十分难过，而且在他这一年龄自尊感不断增强的情况下，要求他冷静地、深思地批评自己的见解是不合适的。

少年试图通过积极的思维，不仅清楚地表明他在想什么，他的看法如何，而且特别重要的是他从心里确信自己的看法和信仰的正确性。这一点恰恰是这一年龄段的学生对言行完全一致的要求越来越严格（经常导致错误），以及有些意见很直率甚至很尖锐的原因。

少年对智力活动的兴趣不断提高不仅表现在渴望知识和找到对他所关心的问题的准确答案，而且表现在对思想信仰的力量和作用的深刻认识上。少年对社会生活的任何一种现象都有自己个人的见解和信念：他不能也不想做一个旁观者。这经常导致他做出冒失轻率的举动，因为少年在还没有检查和斟酌自己的意见、观点是否正确的情况下，就立刻想方设法维护自己的意见和观点。

少年对思维活动的渴望还表现在对文艺作品内容的态度的改变

上。少年对神话的态度冷淡下来，不管他们对一些神奇的情节是否真实产生怀疑和警惕，但对文艺作品的兴趣，其中包括对揭示人的思维力量和创造活动的具有知识性的幻想文学作品的兴趣越来越浓厚。这样的幻想文学作品能使孩子们心醉。他们最感兴趣的问题是：作品中所描述的事情当真地存在吗？在少年后期接近青年时期时，学生已经认识到文艺形象的概括性质。越来越多地引起他们注意的是对现实的人们（特别是学者、发明家、旅行家、作家、艺术家），以及现实生活中所发生的事件在艺术上的表现。许多少年尤其热衷于科普文学。

少年企图在思想上掌握自然界各种现象的范围越来越超出科学原理和讲授课程及其教材的范围。有些少年（特别是男孩）有一个时期经常把课上的学习材料摆在第二位，放松了对功课的注意，作业完成得也比较马虎，全部的智力都集中在研究同大纲无关的一些问题上。学生对几个月以前曾被吸引的东西，又开始感到没有什么意思，不去注意了（比如许多男孩对鱼缸里的小鱼已经冷漠了，对自己在工作间劳动活动的美的一面已不再感兴趣，而女孩子对刺绣和养花也失去了兴趣）。

少年智力生活的发展甚至反映在学生集体中的相互关系上。许多男孩仿佛对自己的同班同学感到失望。通常在这个年龄段的孩子都希望同高年级的学生进行智力上的交往。少年经常从高班同学中寻找自己的朋友，那些兴趣广泛、知识丰富的同学在少年中享有极高的威望。六、七年级的学生特别希望同那些不仅在大纲范围内学习成绩好，而且热衷于某种研究性劳动（比如制造能开动的机器或机械模型）的九、十年级同学建立友谊。

少年特别爱好那些要求积极的思维和表现灵敏性的科目。这首先指的是数学。专门解答所谓机敏性习题的少年数学家小组在少年智力生活中占有很重要的位置。

经验告诉我们，这一年龄段的少年对脑力活动兴趣的培养，学生的整个精神面貌主要取决于数学的讲授水平。逐渐地认清抽象、概括的重大意义不仅可以培养学生进行复杂的思维活动，而且可以加强对周围生活因果联系的纯粹智力的敏感性。学生有意识地对不能直接观察到的事物进行思维分析。过于明显的因果联系甚至可以减少他们对现象和事件的兴趣。

比如，在研究定理和公式时，少年从论证和评述中得到乐趣。他的注意力逐渐培养起来，观察力也得到了加强。13～15岁的学生（六～八年级）非常高兴通过否定、评述去论证一种定理。他们越是清楚地意识到个人思维的作用，他们就越加感到有必要独立地去解决最困难的、费思考的习题。

少年对思想深刻的文艺作品越来越感兴趣。如果年幼儿童从阅读过的作品里得到的印象主要是反映对事件的情感评价，那么文艺作品的形象则会使少年产生许多不仅同读过的书籍有关，而且同周围现实有关的思想。

通过观察表明，少年对文艺作品中反映人们之间的精神一致、忠诚等感情的地方越来越感兴趣。许多少年在笔记本、纪念册上面记录他们最喜欢的成语、格言和评述。思维和情感积极性增长的标志是记日记。学生把自己的思想、看法、信念不是记在脑子里，也不是为了将来，而是为了证明自己思想的正确性和真实性。少年把记日记看作是隐秘的事情，只是几年之后，通常是在中学毕业之后才将日记的内容公开。在1955～1960年期间，20～25岁的男女青年在同我们谈话时，经常把自己的日记拿出来给我们看。在米哈伊尔的日记里有几页记的是关于勇敢和坚持原则这方面的思想。米哈伊尔把他喜爱的英雄人物亚历山大·马特洛索夫、卓娅·科斯莫捷米扬斯卡娅和其他一些英雄同他周围一些人的特点进行比较，并竭力寻找机会在周围生活中表现自己的意志力量和勇敢精神。

这一年龄段的少年的智力和情感积极性增长还明显地表现在阅读兴趣上。无论是男生还是女生都被反映积极活动的文艺作品所吸引。少年喜欢阅读游记和关于非凡的、勇敢的人的惊险故事。科学发明、为祖国独立和自由的斗争以及历史人物、统帅、学者、发明家、生产革新能手的生活，所有这一切都能引起少年的兴趣。

与此同时，阅读的兴趣越来越多地表现出个人的特殊爱好，而且同创造性劳动联系在一起。

少年对抒情诗也发生兴趣，这一点同幼年时期是不同的。我们的观察表明，具有艺术思维的男孩，特别是女孩，对抒情诗中人的精神世界的情感方面的反映，以及对自然界感知的具有鲜明的情感色彩的描述表现极大的兴趣。14、15岁的少年竭力想从关于爱情、忠诚的诗中找到有关妇女道德尊严问题的答案。

许多少年不是根据在学习科学原理中的成绩，而是根据在小组的独立工作，根据解决复杂的、超出大纲范围以外的思考题目的能力来评价自己的智力。对教育者来说，这也是一个重要的提示。它可以促使教师认识正确组织这一年龄段的少年脑力劳动的重要性，注意创造发展少年智力的必要条件。14、15岁的少年（特别是八年级）可以胜任这样一些种类的独立工作：做以揭示大纲中某一章节的内容为题的报告或演讲；对读过的书做评介；准备介绍在教学实验园地或生物实验室进行的实验，以及根据教师提供的样式装配机器模型等。此外，经验证明，如果在学习新的材料之前能对自然界现象进行独立的观察，预先进行实验以及研究事实材料，那么少年的智力积极性就会得到加强。

因此，智力积极性是少年精神发展的最重要因素。

＊　　　＊　　　＊

通过对数千名学生的兴趣、需求、意向和活动的研究，我们确信，对言语的训练重视不够，以及对这项工作在人的一般精神发展中的作用缺乏明确的认识，是部分学生智力生活不够发展的原因之一。

学生的精神发展同他的言语发展是紧密相连的。言语发展能够使人比较容易掌握促进精神生活中的情感、智力和意志发展的各条渠道。言语反映并表现人的精神生活的思想倾向。言语包含着对精神生活的世界观方面产生影响的无限可能性。

通过对实际工作的分析，我们得出结论：目前许多学校都忽视言语发展这个非常重要的问题。许多事实表明，言语发展只被看作是为了实现狭窄的实用目的。

学生精神生活的每个阶段，除了其他的显著特点之外，还具有思维在言语表达上的一些特点以及言语在智力发展中起着特殊的作用这样的特点。年幼儿童的形象的、具体的思维能力不仅反映在鲜明的、富有表达力的言语上，而且正是由于这种言语的影响而得到发展。低年级学生感知的外部特征决定了这一年龄学生情感的目的性和言语的色彩。学生的言语表述是富有表现力的和天真直爽的。另一方面，这一年龄段的学生对表现概括性思维的词缺乏感受性，尽管这个词是他们十分熟悉的。低年级学生的思维主要是存在于具有截然不同色彩的词语当中：好与不好、喜欢与讨厌、赞许和禁止。

言语在少年智力发展中的作用是多方面的。少年经常借助抽象的概念进行思维活动。思维的过程仍然需要用鲜艳的图画来配合，但比起低年级学生要少多了。词语已经牢固地存在于儿童的意识之中。

在言语上下功夫，力求准确地表达自己的思想，借助言语深入了解事物和现象的实质，在少年的精神生活中占有越来越重要的地位。他们把自己的内部言语和外部言语的力量视为自己智力的力量，甚至认为这关系到自己在集体中的威信（恰恰在这一时期许多学生尖锐地感到自己言语的贫乏）。因此，对描写手段，特别是对成语、譬喻的兴趣增加了。14、15岁少年在口语中经常打譬喻主要是用来强调事物、现象及其相互关系中的滑稽可笑的情况。女学生使用成语和譬喻更多的是涉及人们之间的精神心理和道德审美方面的问题。她们喜欢用成语和譬喻来评价周围世界的各种现象。

在思考过程中积极使用内部言语，这是少年时期的特点（青年时期这个特点更为突出），它促使少年能够把自己的思想更多地集中到某个现象上。在这一年龄阶段重要的是让学生有可能深入思考并独立领会教师在课堂上讲授的各种事实、现象、概括和规律。这一点之特别重要，还因为在这一年龄时期知识对形成学生的世界观起着很大的作用。

内部言语的发展对少年在集体中的相互关系也具有深刻的影响：少年对别人给自己的行为、品行所做的评价是很敏感的。少年是不会忘记教师或同学对自己所做的评定的。他好像不仅有意识地把这些评定很长一段时期记在心里，而且利用自己的内部言语分析、认识和检验，是同意呢还是反对，并由此产生和加强相应的情感。

内部言语的发展对这一年龄段的学生精神生活的审美方面也起

很大的作用。对美好事物的情感评价（这是幼年时期的特点）在这里已经同理性评价结合在一起。少年不仅开始认识到直接感知形象的美，而且开始认识到概括现实的言语的美。少年越来越清楚地认识到和感觉到言语中所包含的情感意味，并把它注入给他留下最深印象的最新形象里去。少年深入思考如何描写自然界的景象和人的精神状态。但是用言语表达自己同审美感知有关的思想和感情，并不是一件很容易的事。

　　少年内部言语的发展影响到他们外部言语的发展。外部言语也反映了这一年龄阶段由于一些学生智力兴趣和追求的提高而加强的集体主义相互关系的那一面。少年不仅感到有必要对所见到的东西相互之间交换感想（幼年时期也具有这样的特点），而且感到有必要交流在学习某些概括性和结论性材料时产生的思想。如果低年级学生主要是在游戏和劳动过程中相互交往，主要是互相讲故事和介绍在阅读过程中遇到的非常曲折的情节，那么在少年之间的相互交往中则往往是交流包含抽象概念和评述的思想。

　　这一时期我们看到，许多学生只要有机会运用自己的智力，他们就进行辩论。这没有什么不好的。培养少年掌握言语的任务恰恰在于把少年的独特的思维活动引向正确的轨道，使少年的不成熟的、不完善的言语发展成能正确用词造句的外部言语。

五、智力积极性和少年自我意识、自我评价的形成

　　少年认识到他已经不是儿童，这是少年时期形成的并对少年的精神世界具有重要影响的自我意识的最新本质特征之一。这种思想使少年对教育的作用更加敏感（特别是对教师的失误和失败）。少年对于涉及他个人的一切反应特别敏锐。没有一个少年不由衷地希望表现得好并得到教师，特别是集体对他的赞扬。

　　对美好事物和高尚道德的向往，是激发不同年龄的学生积极活动的最重要原因之一。少年由于认识到他已经能够进行某种程度的脑力活动，因而这种向往的心情变得更加强烈。少年已经懂得，智力迟钝，不会解答复杂的习题，不能对周围生活做出正确的评价和

正确地确定自己的立场，这一切在舆论上都被看作是个人的缺点。

少年在全面发展的同时，开始认识到，究竟在哪里，在什么事情上他可以表现自己，他的干劲从哪儿来，每个人所共有的创造个性的茁壮幼芽蕴含在哪里。培养智力尊严是精神生活的重要方面，这一点下面还要谈到。在道德高尚的情感中以及智力情感中有一颗巨大的意志力量的种子，在少年时期这种意志力量的作用是很大的。少年感觉到和认识到自己的尊严就能克服比较大的困难。

这种自尊感最积极地体现在少年和同学，特别是高班同学的相互关系上。竭力强调自己精神上的独立性和个人的尊严，是符合少年的规律的，而且我们在教育工作中考虑到了这种情况。我们尽量提供广泛的可能，使少年能够发挥他的主动性，而不去用一些束缚个性发展的规则、规定去限制少年的独立性；不去模仿成人集体的组织结构，把纪律变成一系列的禁止；我们努力使集体的活动首先充满崇高的道德观念，而不是让少年对领导唯命是从。

如果有人对少年的自尊感不够尊重，少年就会用执拗甚至粗暴来回答他。没有比企图摧折少年的执拗态度并强令他服从更坏的了。少年由于受到侮辱变得暴躁起来，似乎有意做出违反纪律规定的举动。当少年已经在某种程度上认识到自己的缺点并努力地加以克服时，如果父母和教师还总是一味强调这些缺点，这会使少年非常难过。公开指责少年的缺点，甚至进行讽刺挖苦，会刺伤少年的心，甚至会使他陷入悲观失望中。我们以一种宽容的态度看待少年个性上的缺点，并努力引导少年去动员自己的全部精神力量来消除他性格上的这些缺点。

我面前放着对一个少年——尼古拉的精神发展的观察记录。出于同家庭情况有关的种种原因，这孩子养成了粗野的毛病。尼古拉感觉到了这一点，但对克服自己性格上的缺点感到无能为力。我们看到，消除粗野毛病的办法在于帮助少年进行意志的磨炼以控制自己的情绪。我们在他正急躁的时候，不忙着去给他提意见，而是过一段时间后，当尼古拉受到良心的责备时再提。我们劝他考虑一下自己的行为，学会控制自己的情绪，尊重他人的感受。尼古拉听取批评时总是沉默不语。看来，他打算听取合理的劝告。渐渐地他就变得不粗野了。

为了帮助少年克服性格上和行为上的缺点，集体不应对少年的精神生活进行不适当的干预。有时候恰恰是这种不适当的干预反而导致少年脱离开自己的集体。

六、发展个人爱好在少年精神生活中的意义

我们目睹了数千名学生的精神发展：从童年到青年，从高兴地叫第一声"妈妈"到向老师提出"什么是爱情？"的问题。我们正在教的孩子，他们的父母本人也曾在我们这里做过10年学生。通过对这数千名学生情况的分析，我们确信，使一个人幸福、感情充沛和精神生活丰富的重要因素之一，就是他意识到自己在心爱的事业中取得成就、学到技艺并逐步达到完美的程度。任何人，形象地说，生来就有一颗能生长出个人爱好和能力茁壮幼芽的"种子"。这种幼芽早在少年初期就会顽强地破土而出，学校的任务在于看到学生身上的"活力"和滋养其精神力量的根基。

我们多次看到，当一个学生发现自己的弱点时（例如，在学习语法方面）是如何难过，而当他看到自己在别的什么事情上（例如，设计和制作模型、种植粮食作物和经济作物、解答数学题）取得好成绩时，这种痛苦又如何得到减轻。在帮助儿童觉察和认识自己的爱好、相信自己的智力时，我们努力做到，使他在似乎力不从心的事情（如上面举的在学习语法方面的例子）上能克服严重的困难。

在少年时期，了解自己的个人爱好具有很大意义。每个少年都能意识到他学习一些科目的能力强，学习另一些科目的能力差。如果精神生活的智力范围仅局限于学习功课，在学校里只是死记硬背，那么，少年看到自己在学习某一科目上落后，便会丧失对自己的信心。他可能不再准备功课，或者干脆辍学。性格倔强而且自尊心强的少年，往往采取另外的方式：把全部精力都集中到他们比较擅长和有把握取得好成绩的科目上去。他们对这些科目的兴趣不断增强，力求尽可能多地了解教学大纲范围以外的学习资料。我们见到过不少这样的情况：有些文学课成绩不好、不会写作文的学生

（八年级）自学电工技术和无线电技术，就其知识的深度和接受能力来说，他们可以跟十年级学生媲美，而与此同时，他们对改变文学课落后状况却感到无能为力。

在适当的教育下，个人天赋能促进个人智力特点的发展。数学思维能力强的学生不仅喜欢解题，而且喜欢自己编题。找出同一道题的几种不同解法，会给他们带来极大的喜悦。在课堂上，他们总是选择最奇特的解法。艺术思维能力强的少年，创造性想象力则更为发达。在学习文学作品时，他们善于在自己的想象中再现文学作品中主人公的形象，因而学习的能动性得到增强：少年清楚地知道，他用描写的方法应该体现哪些性格特点。根据观察自然和社会生活现象得到的材料来写作文的兴趣提高了。我们让少年们自选作文题目，绝大多数都选择需要思考、比较、对照的题目，例如："夏天和秋天""春天的最初征候""冬天的夜晚""春天的黎明""在家乡的大自然中我最喜欢什么"，等等。年岁较小的孩子完全选择另一性质的题目：他们喜欢揭示鲜明的主题，描写激烈的场面（"我们怎样在林中找到鸟窝""我们的旅行活动""我们铁木儿队的活动"，等等）。在正确的教育下，少年们（特别是男孩）越来越不能容忍抄袭行为或引用别人的观感。少年力求在作文中只表达自己的思想。作文的逻辑部分，特别是涉及自然景物描写方面的感情色彩明显得到增强。

这些事实说明了许多问题。首先表明，每个少年是多么渴望看到自己的成绩，多么渴望他人承认他的优点和技艺。这种愿望为精神全面发展提供了无限的可能性。

我们在实际工作中遵循这样的原则：最大限度地发展每个学生的天赋，他爱好哪门功课，就让他在哪方面学会比教学大纲要求多10倍的知识。这不是片面发展，而是全面发展的重要源泉。从儿童一入学，我们就遵循这条原则，而到了少年时期，这一原则具有特别重要的作用。我们学校创造条件，让学生在学龄早期就能自发地对某项活动产生兴趣，在少年时期则能初步认清自己喜爱的专业。我们学校就是这样培养学生的个人爱好和志向的。

在少年学生个人爱好的发展中，他们在具体劳动活动中表现出的智力兴趣具有决定意义。我们创造各种条件使低年级学生能经常从事多种多样的劳动活动（从种花到金属加工。例如，在一个专门工作室里设有小型金属加工车床，7、8岁的孩子们用它学习操作）。儿童经常处于劳动气氛之中。当然，孩子们对什么都感兴趣：今天想养蜂，明天想栽果树，后天又想旋棋子，等等。在劳动中，在不断变换工种的过程中，能学到许多宝贵的东西：学生能体验到自己的力量和能力，能品尝到第一次在劳动中取得成绩的乐趣，能认识到劳动是脑力和体力的结合。学生会逐渐找到使他心驰神往的劳动。这有时发生在学龄早期，但更常见的情况是发生在少年时期。这一时期同上述年龄期一样，劳动活动也是多种多样：一个学生从事金属加工、设计和制作模型，另一个对电工技术着了迷，第三个在培养果树和葡萄中取得了很大成绩，等等。例如，有些少年不满13岁就相当熟悉内燃发动机的构造，已经会开拖拉机和操纵其他复杂的机器。在少年时期，少年所喜爱的劳动一般已牢牢进入他的精神生活，这种劳动的成绩会给他带来极大的愉快。

多年的教育工作经验使我们相信，如果一个人在创造性的体力劳动中能看到发挥自己思维积极性的条件的话，那么这种劳动就会成为精神发展永不终止的因素。少年期对这一过程有着更高的要求：学生已经不只感觉到，而且认识到自己对这种劳动的深刻的智力内容的需求。如果少年看到，在体力劳动中可以解决智力课题，可以实现他的意图，那么他就会创造性地进行劳动，并在普通劳动中，享受着丰富的精神生活。

一些男女少年从事种菜之类的普通劳动长达三四年之久（12~15岁）。他们的班主任是一位真正的教育工作者。他善于做到使每个少年在日常劳动过程中感到自己是一名创造者、建设者。例如，他们培养的西红柿，每棵能结12、13千克果实，比一般的多10倍。通过杂交和无性繁殖，结出了特大果实。由于在植物开花时期照料精细，严格按栽培要求办事而创造出无核果实。通过低温育苗的方法，蔬菜的挂果期延长了1倍。

另一些少年在园艺场从事同样的创造性劳动。他们在一棵树上嫁接不同品种甚至不同种类的树；有时不用嫁接（通过多次移栽树苗和改良土壤），就把野生小树变成人工培育的品种。

甚至在饲养动物之类的事情上，我们也力图优先揭示劳动创造智慧的意义。

少年找到自己所喜爱的事情以后，就会珍惜它，思索它，阅读有关的科普书籍。这样，对相应的教学科目的兴趣就会不断增强。

学生所喜爱的劳动还给他带来美的感受：他开始体验到完善劳动的美。少年不仅在同机器、机械有关的劳动活动中，而且在种庄稼、养牲畜中寻求美感，在技艺上力求精益求精。

了解自己的爱好和劳动成绩，能增强少年的意志和毅力，巩固他对自己力量的信心。实践为我们提供的无数事实说明，如果少年知道，他在所喜爱的活动中检验过自己的智力，那他就能在其他智力活动方面，特别在自己感到薄弱的方面，克服很大的困难。我们熟悉许多少年，他们只因在无线电技术和电子学方面取得了很大成绩，才顺利克服了学习语法、文学和其他科目的困难。由于他们意识到自己在智力和道德上的尊严感，他们不甘示弱。当然，这一过程是在教师的积极帮助下完成的：我们用直接或通过集体影响学生意识的方法，来激发和巩固他的自尊心，说明困难的实质，帮助他找到正确的工作方法。

了解自己的个人爱好及其在实际活动中的表现，会增强少年与同学们进行精神交流的需要，提高他对朋友们的严格要求。在少年时期，男女少年不仅希望与同年龄的学生，而且希望与高年级学生在共同爱好的基础上建立友谊关系。向往同男女青年进行精神交流，除别的原因外，是想依靠他们，并从他们那里获得道义上的支持。

看到自己的能力，感到自己在所喜爱的学科上有成绩，是自我意识发展的重要因素和一个人道德成熟的先决条件。

一个人没有自己特别爱好的学科，精神生活就会是空虚的，前途是暗淡的。对深感需要参加有重大社会意义的活动的年龄期来说，这种精神空虚和看不到自己的前途是特别危险的。

七、少年的情感

在这一年龄期，少年朝气蓬勃，满怀激情，有时像学龄初期儿童那样容易冲动。据我们观察，少年学生所特有的这种情感是与他的智力思维活动密切相关的。

少年思想、信仰、观点的特征是情感极其饱满。少年对任何一种社会现象如果还没有形成自己固定的看法，会使他烦恼不堪，忧心忡忡。可是对于已经形成的见解、信仰、观点，则热烈地，有时甚至激烈地加以维护。

如果说低年级学生还不大关心别人对他的思维能力的评价，那么，少年对于别人对他智力活动的评价则非常敏感。如果他在完成智力性质的任务时遇到困难，甚至感到无能为力，那么他会十分难过。无论是积极情感还是消极情感，都复杂地反映在他的精神生活中。少年从克服困难和独立完成任务中品尝到愉快，并逐步树立起智力上的自尊心。少年产生自豪感的根源就在这里——他相信自己能够克服智力活动中的困难。大概这就是他想在考试中悄悄提醒同学、"搭救"同学的原因。这不仅是出于被误解了的团结友爱感，而且出于对自己智力的自信。

少年的情感过于激动，往往同他对自己成功和失败的态度有关。我们见过这种情况：一些少年在学习和劳动中取得成绩便产生骄傲自满情绪。产生过高估计自己能力的原因，主要是由于教师没有向少年讲明提高工作质量、改善技艺的无限可能性。对虚假的成绩盲目地沾沾自喜会削弱少年的精神力量。这样的少年一遇困难就会马上走向另一极端，产生截然相反的情感；一遇挫折他就会垂头丧气、悲观失望。为了防止这种不良现象，应该善于引导少年克服困难，力求做到，使一个人在少年时期就去努力争取快乐的权利，并懂得这种情感的真正价值。

我们在教育工作实践中遵循这样的原则：不管一个学生遇到什么样的挫折，都应该通过他自己的努力来克服它。米哈伊尔在低年级时就感到解数学题非常困难。到了少年时期，他为自己的落后很苦恼；同学们的帮助又有伤他的自尊心。为了让这个少年得到克服困难的欢乐，我们特别注意让他独立劳动：专门挑选他能独立解出的习题。习题一步比一步复杂。米哈伊尔通过自己的努力取得了成绩，变得朝气勃勃，精神饱满。

与此相反，采取一切不考虑少年情感的消极做法都会逐渐压抑一个少年，消磨他的敏感性，使他产生不再严格要求自己独立思考的依赖性。

由此可见，注意这一年龄期儿童的个人智力是多么重要。少年如果在智力困难面前退缩，表现软弱无力，就不仅会在知识水平方面落后于同年龄段的学生，而且，特别危险的是，会逐渐对智力活动失去兴趣。他可能知道许多实例、公式、定义，但因没有经过充分思考，只是死记硬背，所以不太能促进智力思维的发展。有些学生，在学习过程中，处处都感到自己似乎脑子不好使，正因为处于这样的思想状况，他们才会在精神发展中落后。

学校的任务是，力求做到不使每一个儿童有这种沉重感，不因他不会、不能、力不从心而在思想上产生压力。每个儿童都按自己的方式进行思维：有的儿童在脑子里已经形成了鲜明的表象，得出了概念，建立了因果联系，而另一个儿童还在分析事实，对比事实。教师要给他足够的时间让他思索，对材料进行认真的思考。要注意到，一个班里总会有思维迟钝的学生，这是学校组织智力劳动确定不移的原则。

25年来，我们遇到过100多个思维过程极其迟钝、缺乏智慧和灵敏记忆力的少年。鉴于这种情况，我们总是给他们独立领会材料，充分分析、对比事实和现象的机会。

在很多情况下，需要用特殊的教学方法讲授新课，以特殊方式组织课堂教学。智力活动有困难的学生，常常做些专门为他们挑选的练习。在给他们布置巩固和发展知识所必需的练习题时，要考虑到，将理论材料按其组成部分或分成几部分让他们逐步去领会。

结果，在这些少年中，没有一个在教学活动中掉队。他们为取得成绩而竭尽全力，不靠别人的帮助，全靠自己的努力，他们总是看到和感到自己在进步，为自己的成绩而高兴。我们发现，到了下一个年龄期，正是这些学生，他们头脑的判断力要比别的学生强得多：他们对任何现象或事件都反复进行思考，认真分析各种理由，检查自己的结论是否正确。

虽然少年的特点是容易激动，但他已经能够，而且在努力控制自己的情感（不错，他不是总能做到这一点）。少年的容易激动，和低年级学生大不一样。在少年对社会生活现象（不论正面的还是反面的）的道德评价中，这种区别特别明显。低年级学生对高尚道德行为的颂扬和对不道德行为的愤慨，取决于反映现象、行为的道德实质的形象和表象的鲜明性。如果没有这种鲜明性，他们就会无动于衷。而少年对周围世界所抱的情感却要复杂得多：除了那些由于感性特征而发生作用的事物外，以复杂思想为基础的现象也能唤起少年的深厚情感。这是少年时期比学龄初期精神更加发展的标志。少年努力领会周围所发生的事件，情感的深度和积极程度取决于少年思想的深度。少年平时所了解的普通工人或农庄庄员表现出来的忘我劳动精神，同他们在特殊情况下表现出的英雄行为一样，都能使少年钦佩。如果说学龄初期学生的深厚情感主要是由事物和现象的感性特征和鲜艳夺目的景象所激起的，那么，在少年时期，对善或恶、是或非、褒或贬的一般结论、一般评价所表示的道德观念，就越发成为激发情感的源泉。

少年们兴趣盎然地选择那些有可能将正确与错误进行对比而做出肯定判断的道德范畴的题目（例如，《真理与谎言》《勇敢与怯懦》《虚伪与真诚》等）写作文。同时可以看出，少年们力求不点有不道德行为的同学的名字。他们喜欢一般地谈不道德的行为，说这是不好的学生干的，等等。在少年对周围世界的情感中，在其自我评价和自我教育中，情绪起着很大的作用。少年从周围事物和现象中感受到的思想、印象，比年龄较小的儿童要深刻得多，明朗得多。对某个人、某种现象、某个事件的肯定或否定的评价，常常是少年们情感过分冲动的根源。

少年热烈地赞扬符合其道德理想的东西，愤怒地谴责、鄙视违背其理想的东西。少年情感真挚、容易激动，往往不能克制自己，不能用理智控制情感。经常有这种情况：少年仅仅根据对一个人、一个事件、一个现象的初步印象就做出错误的评价，并据此在情感上表现出强烈的不满。下面的事实很说明问题。女教师Л在我们学校工作了12年。她对学生要求严格，对缺点毫不留情。她严格要求学生完全是出于好意，可是，头几个星期甚至头几个月，Л所教的学生没有看到这种善意。他们把女教师的严格要求看成是冷酷无情，过于苛刻，他们不时流露出不满情绪，甚至干出粗鲁的事情。可是，过了几个月，少年们开始在表面冷酷的背后，感到女教师对他们深厚的爱。诚挚的友谊和密切的联系代替了戒备心和不信任感（过去的这些学生，现在已经是成年人了，他们经常十分亲切地回想起这位女教师）。

少年对周围日常生活现象的社会道德方面的兴趣一年比一年强烈。少年不仅从道德上评价一些现象、事件、行为，而且，这种评价一旦出乎他本人所料，或者正是他所热爱和敬重的人的所作所为违背了共产主义道德要求时，那么他会感到很痛苦。

"为什么有的人说的是一套，做的又是一套，成年人对不良的行为熟视无睹，置若罔闻，这该如何解释？"少年越来越频繁地向家长和教师提出这样的问题。他们在述说某件事情时，经常请年长的人给出解释："这好不好？对不对？"少年很注意倾听年长的人的回答，而且据此判定回答问题的人的道德面貌。我们见过许多这样的事实：六、七年级的学生评论自己的教师时，不仅看他的行为，而且看他是如何评价周围的生活现象和事件的。

在少年时期，常常看到孩子对父母（特别是男孩对父亲）的态度突然发生变化：戒备心代替了信任和坦率。儿童不仅听其言，而且观其行。一旦发现父亲在撒谎，或者言行不一，他就会马上开始思索，父亲做得对不对，并经过反复考虑，得出一定的结论。而父亲对儿童的沉默和疏远则感到十分诧异。大量事实可以说明这一点。家长因此常来求我们给出主意。从他们的陈述中可以看出，父母在孩子小时候那种无可争议的权威正在渐渐消失。只有父母的言行不违背少年在良好教育下形成的、被视为神圣而不可动摇的准则的道德信念，他们在孩子心目中的权威才能保持和日益巩固。根据对事实的分析得出的这些结论，我们向家长们建议：为了在少年心目中树立自己的威望，父母应该成为道德的模范，应该让儿童通过自己父母在日常生活中的言行看到崇高的社会理想。

在这一时期学生的情感生活中，高尚道德情感的作用不断增强。少年开始认识到为祖国的自由和独立进行英勇斗争，救人于危难，同情弱小无援者等行为的高尚性质。特别是在这一年龄期，认识到了产生勇敢、坚韧和献身精神的思想基础。如果说低年级学生只感受到忠于自己祖国和劳动人民这一事实本身，如果说他们称赞宁死不屈的精神主要出于情感冲动，那么，少年则开始思索英雄人物的观点和信仰的本质。

对崇高思想的深入思考能唤起和巩固崇高的情感。少年力求自觉地体验、感受这些情感。对集体中人与人的相互关系和对公益劳动的态度的正确的道德智力评价，能使少年愉快地感受到集体荣誉感、义务感。少年对个人利益服从集体利益、大公无私地帮助同学等行为感到非常满意。可是，少年已经不像在学龄初期那样喜欢天真、直率地谈论这些行为本身。相反，他尽量避而不谈这些行为（到青年时期，这一点更为突出），似乎觉得同真正的人（按他们的话说）的高尚行为比较起来这是微不足道的。然而，在表面平静甚至冷漠的背后，却蕴含极大的道德情感力量：少年内心都为自己的行为而深深地感到高兴。他是从社会道德观点去评价自己的行为的。少年极乐于参加以崇高思想为基础的、最困难的活动。但是，激励他去劳动，去克服各种困难的力量，已经不是集体对他的行为的评价，而是以精神道德因素为主的自尊感。

自尊感是学生道德发展的重要因素。它表现在少年力求在劳动中树立自己的个人尊严。可以看出，许多少年都渴望尽量出色地完成工作任务。某些教师则忽视了这一点，他们像对待7、8岁的小孩子那样对待少年，对少年的一举一动都管得死死的。少年往往把这种监督看成是对自己的不信任，因此就尽其所能进行反抗：从不服从到对什么都无所谓。

少年自我意识、自我评价的形成表现在，他渴望参加那种智力意图占首位的劳动。

多年来，我们同时吸收两组少年参加同一种劳动活动——种高产秋播小麦。第一组只有一个目的：争取高产。第二组则加上另外一个颇费脑筋才能完成的目标——改变土壤结构并改善其成分。结果始终是这样：第二组学生的劳动兴趣总是高得多。

情感中精神道德因素的增强、高尚道德情感的巩固、对崇高思想的认识，所有这一切对这一年龄期的儿童集体组织，对学生之间的相互关系，对他们参加社会政治生活都具有深刻的影响。由此产生了教育工作过程新的规律。依我们看，其中最重要的规律是：儿童应该将自己的行为举止、集体中的相互关系同高尚思想和共产主义道德标准相对照。这完全取决于集体活动的性质及其思想基础。

实践证明，少年们已经能够体验高尚的道德情感，将自己的活动同高尚道德标准加以对照。只是应该吸引他们参加那种从平凡中能够看到理想目标的活动。我们每年都带一批少年到建设工厂或水电站的地方去旅行，目的首先是让少年们在劳动活动过程中体验到高尚道德情感。因此，在克列明楚格水电站建设工地旅行时，少年们在第聂伯河岸边野营，住在帐篷里并参加劳动。他们帮助水泥工准备金属构件，搬运建筑材料。这样的劳动必然饱含激情，促人奋发，使少年感到自己为共产主义建设做出了贡献。

在少年时期，无论审美情感还是智力情感，其中的道德因素都在增强。学生们不仅在外形完美无疵的物品中，而且在人类智慧的创造（例如，宏伟的建筑工程、最新的机器）中，特别是在按共产主义道德标准生活的人们精神世界的高尚行为、思想和其他表现中，看到一种崇高的美。

在参观工厂、电站时，少年们看到机器、机械灵巧地运转，往往会产生深刻的审美感受。对美感的对象兴趣越来越高。在讲解列宾的《拒绝忏悔》这幅画的内容时，有一次我们只给12岁儿童叙述了故事的情节，另一次则编成一个生动的故事，用以说明革命者在被处死之前拒绝忏悔的动机。在第二种情况下，学生们感受到这部作品的魅力：他们通过被判死刑的人的感情和行为的美，感受到他的思想美。

在这一年龄期，由于情感中道德因素的增强，产生了英雄感并不断得到巩固。阅读有关伟大卫国战争中英雄（特别是青少年英雄）的业绩、有关战士们为人民事业奋不顾身的大无畏精神和视死如归的英雄气概的作品，更能激动少年们的心弦，使他们得到美的感受。如果说在学龄早期，阅读有关英雄壮烈牺牲的作品会使儿童流下惋惜和同情的眼泪，那么，少年们已经开始认识到为了人民的利益应当不惜牺牲自己的一切。

在青年时期，英雄感不断发展和加深，并在一个人的道德面貌中占有越来越重要的地位。

在这一年龄期，笑这种情感的进一步发展也说明了少年在精神方面的迅速成长。如果对年龄较小的儿童来说，笑的根源首先是对理想和现实相抵触的感性感知。如果成年人深入思考现象的本质有时也使他发笑，那么，少年感到可笑往往是由于一个人的实际情况与他想给人的印象不相符。少年思想的批判态度有时恰恰表现在笑中。

揭示某些社会生活规律，对这一年龄期的学生的情感有着特别深刻的影响，比如，贯穿整个历史课中的非正义的侵略战争的残忍性这一思想，已不只是激起少年们对奴役者的仇恨（年龄小些的孩子也是这样），而且促使他们产生与之进行斗争的渴望。表现反抗人对人进行精神奴役的文艺作品，可以使少年们的思想感情受到感染。我们掌握的一些有趣事实还说明，认清共产主义思想的正确性，能使14、15岁的孩子们深刻地领会国内外发生的一些事件。

关于反抗奴役、反抗阶级压迫和民族压迫的思想，已不像在学龄早期那样，只是通过鲜明的形象向学生进行介绍，而且还对各种历史事件进行概括的分析。

在这一年龄期，文艺书籍中的艺术形象所揭示的具有重大社会意义的思想和内容深刻地感染着学生们。意志坚强、不畏艰险的思想使学生们的心灵充满了追求真理美的高尚情感。我们进行的研究证明，在读了果戈理的《塔拉斯·布里巴》、谢甫琴科的《高加索》、高尔基的《母亲》、奥斯特洛夫斯基的《钢铁是怎样炼成的》等作品之后，英雄的形象激动少年的心灵，影响着他们的情感，增长了他们的智慧；他们常常谈论自己喜爱的英雄，渴望检验自己是否也这样坚韧不拔和忠于自己的信念。他们这样做的思想倾向在很大程度上取决于学校集体生活的内容和倾向。

八、集体对少年精神世界形成的影响

少年集体被认为是不易接受教育的最困难的学生集体。人们通常认为，许多这种年龄段的学生班级团结性和组织性不强，是由少年活泼好动、兴趣不稳定所致。这当然是纯属表面的解释。教育少年比较困难还有其他原因，但从根本上说，是由于个人和集体的相互关系发生了质的变化。少年在学龄前就具有的那种对集体的向往，越来越带有自觉的性质。他们不仅像学龄早期那样寻求经常的精神交流，而且寻求思想上的一致。思想、观点、信仰、智力兴趣、道德行为的一致——少年把这一切看作是集体十分诱人的力量。特别是14、15岁的少年，他们在班级集体中感到可贵的，不只是共同的兴趣和引人入胜的共同活动，而且是他们在最重要、最使他们关心的问题上的观点一致。

因此，少年对自己班级集体的要求不断提高，因为他开始从广义上，也可以说从概括的意义上去认识。集体是苏维埃社会利益的表达者，学生集体一旦与世隔绝，不与别的集体往来，不再通过许多小事体现重要的思想，那么就会只剩下一个空架子，它不举行有深刻思想内容的活动，因而也就不可能组成学生集体，这势必会给教师造成困难，这就是传统所说的困难的年龄期。我们深信，许多少年集体组织涣散、不守纪律的主要原因，是集体活动的思想内容不够充实和集体的精神生活贫乏。甚至有的活动，就其性质来说是很有意义的公益劳动，但是如果劳动过程本身不体现崇高的思想，也不能把少年们组成一个团结的集体。

多年的教育工作经验使我们确信，高尚的道德理想是少年集体的精神寄托。它是培养个性非常强有力的必要手段。我们从学龄早期就开始培养这种理想。我们学校里的少先队组织，几年来一直是以那些在为社会谋利益的斗争中表现出自我牺牲精神和高度责任感的人为榜样，对少年进行教育。少年们以"到最困难的地方去工作"这样的话作为自己的座右铭。

最难管的少年，只要参加了少先队的生活，道德面貌就会起变化。不久前，从别的学校转来一个叫维克多的13岁的少年，据说他不守纪律，而且非常懒散。这个新生一来就想钻到个人兴趣小天地里，不与任何人往来。对维克多的表现，集体马上做出反应：同班同学尖锐地批评他。在劳动时，这个少年对集体的荣誉漠不关心。在家乡参观时，集体和维克多之间发生了第二次冲突，因为他专挑最轻的活干。维克多感到，同学们尖锐地批评他，是因为他自私，因为他想把自己同集体对立起来。在少先队一次会议上，小队长拉里萨说："要想让别人尊敬你，就找最困难的活干。这就是我们的座右铭。"

维克多开始寻找机会，以便表现自己的坚强意志。困难的事无处不有。在一次暴雨中他抢救了几十棵果树苗，初次体验到了克服困难的欢乐。

后来，维克多做了不少好事，道德面貌逐渐起了变化，并且成了集体真正的一员。

不断吸取集体生活中一切好的东西，是少年道德和精神发展的条件。在我们的教育工作中，学生集体总是通过共同活动组成的，这种共同活动对每个学生来说都很新鲜，比他所熟悉的、早已了解和经历过的更诱人、更有趣。使少年认识到集体生活的丰富多彩能对他产生很大的吸引力，能提高集体在每个学生心目中的威信。而对教师来说，这是他对少年精神生活无形中进行指导的最重要的手段。

在帕夫雷什中学七年级的一个班里，14岁的少年们给15个城市（州苏维埃所在地）的朋友写了信（每个加盟共和国一封），请求他们讲述本州近1000年来发生的重要历史事件。儿童们兴趣盎然地读了这些信，这些事件的情景鲜明地出现在眼前。而在这之前，他们对这些事件或者只有模模糊糊的印象，或者一无所知。有人建议为保卫祖国的自由和独立而进行的各种战役绘制战役图和为被压迫者反抗剥削者的斗争绘制武装起义图。这不仅是有趣的事情，而且是需要做的，少年们被这件事的深刻意义所吸引。

此后，这个班开始准备到基辅旅行。教师对几个学生说了这样的想法：最好每个参加旅行的人都查一查书和旅行指南，弄清楚首都都有哪些历史名胜古迹。新的工作开始了：绘制旅行路线图，编写有关历史名胜古迹的资料。旅行之前，许多少年不仅早就弄清楚了城市的主要街道，而且弄清楚了首都都有哪些最著名的建筑。他们非常高兴地参加了"漫游乌克兰首都"的游戏。

旅行之后，这个班继续做已经开了头的事情——编写村史。老游击队员（国内战争的参加者）讲述1918年反抗德国占领者的英勇斗争，伟大卫国战争的老战士回忆当年的前线生活。每个学生都把老人们所讲的村里每一时期的历史故事记录下来，编入总纪念册。与此同时，一些物件也被发现了：古老的木刻、民间刺绣品、不同时代和不同民族的钱币、古生物残骸、古时劳动工具和手工艺品。由此产生了建立历史学习室的想法，这更加提高了少年们对集体事业的兴趣。学习室不断得到充实，因为又陆续发现了一些很有价值的东西（例如，水电站工地发现的原始人的劳动工具、16世纪的木刻、出土动物骨骼化石、古书）。

与此同时，少年们还被另一件事吸引住了：他们把所有描写坚强勇敢的人的图书集中起来，组织阅读和讨论，特别是就他们最感兴趣的一些问题，比如什么叫勇敢、大无畏精神、坚韧、独创性、原则性等交流看法。为了讨论这些问题，有时专门举行少先队集会和读书讨论会。

可见，少年集体思想内容丰富的活动具有极大的意义，它能培养少年们对活动的向往，发展和充实他们的精神生活。

在少年的精神生活中，集体（整体）和个人（个体）的相互联系比学龄早期儿童要复杂得多。特别是14、15岁的少年，不仅对同学们做的事情感兴趣，他们更感兴趣的是他们本人对活动有什么想法，以及他们是怎样从事某项工作的。在低年级，有些学生还没有显示出个人的创造性，也不想独立进行什么创造。而这一特点却已变成少年同集体的精神交往中起决定作用、起主导作用的东西。少年在学生集体中已经看到了个性的发展，看到每个学生都能充分发挥自己的特点，发挥各自的积极性、智慧与能力。

少年们感到，需要和自己同年龄的人在精神上保持亲密一致。他们互相交流思想，发表自己的观点，彼此进行争论，此外，不管对周围生活现象，还是对读过的书籍都产生了越来越多的新问题。少年力求使同学相信他的看法和他对某一现象的道德智力评价的正确性。在这一年龄期，思想一致开始成为从精神上把少年们组织起来的最大力量之一。如果每个学生的精神发展都是正常的，那么，集体中的任何人都不会感到自己的积极性受到见识比较丰富、思维比较发达的人的积极性的压制。道德智力上的相互影响能促进个人能力的发展和充实每个人的精神世界。

我们力求做到，在12～15岁的少先队员的活动中，经常以鲜明而充满激情的形式反映这样一些思想，如：对祖国最高利益的忠诚、集体主义精神、对劳动和公共财产的共产主义态度、社会主义人道主义和乐观主义、对背离共产主义道德准则的行为毫不留情等。

少年忠实于具有高尚道德和社会意义的思想的集体感越深，他们中的每一个人就会进一步认识到同学之间思想一致的重要性，他们的行为也就会越发符合道德要求。

有一个少先队中队，几年来在树立对公共财产的共产主义态度方面做了许多工作：少年们不仅阅读了许多有关奋不顾身保卫人民财产的故事，而且亲自参加保护集体农庄财富的工作。这一活动给他们带来极大的喜悦，因为每个学生都看到自己为保护公共财产做出了贡献，感到在这项活动中得到集体的信赖（例如，把集体农庄贵重物品交给一名少年管理，而这些物品消费多少有时又无法统计，所以全凭他们自己的良心了）。

这个中队的队员共同特点是具有高度的原则性，在各自单独活动时更是如此。例如，中队里有一名队员发现亲属偷窃公共财物，于是他到那位亲属的家里对亲属说，如果不把偷窃的东西退回，他就向当局告发亲属。结果那位亲属把东西退回去了。

这正是发自内心的高度原则性，它来源于个人同集体在精神上的一致性。学生的精神发展很大程度上取决于集体活动的性质。当一个儿童不止参加一个集体的生活，而是参加几个集体（班级、课外活动小组、少先队、铁木儿队、体育团体、在少先队俱乐部同外校学生的联合组织、自然之友组织，等等）的生活时，这种交往和结合会更有成效。儿童在这些集体组织中表现出的兴趣和能力越多样，他的精神生活就越丰富。

少年们对一切矫揉造作、装模作样的东西都非常敏感。对那些仅仅为了占用他们的时间，为了把他们凑在一起而举办的活动，即使组织安排得很巧妙，他们也十分反感。只有少年多方面的兴趣能在集体中得到满足的条件下，集体的生活和活动才能适应他的需要。12～15岁学生的智力兴趣不断出现差异。仅仅一个用高尚思想组织起来的优秀集体，已不能完全满足少年们的要求，因此，让他们参加几个集体的生活的做法具有越来越重大的意义。

我们深信，某些少年集体（特别是五、六年级）之所以不巩固，有时甚至出现分裂和混乱，正是由教师借口加强集体而实际上却用班级的框框束缚学生精神生活的发展所造成的。而这一年龄期对精神生活和集体活动提出了更高的要求，只有扩大集体之间的相互联系与交往,才能满足这些要求。学生们在少年时期特别需要同那些比自己年龄大、有经验而比较成熟的人交往。

少年精神生活不断丰富的重要前提,是使少年积极参加各种集体,因为这些集体能促进他的世界观、智力、情感、审美和创造力等各方面精神素质的发展。

这里首先指的是参加同列宁少先队组织的活动有关的集体。它们的教育作用是由反映了崇高共产主义道德原则的、学生之间互相交往的高尚道德基础决定的。集体中的交往为从思想上丰富学生们的精神生活提供了条件。通过少先队小队、中队、大队和为完成一定具体任务而组织起来的集体(如负责对幼儿园辅导的学生小组)把儿童们组织起来开展活动,能使学生高尚起来,并提高他们做人的尊严感。

《少年列宁主义者守则》体现了社会主义社会的道德准则,为少年评价自己的行为和周围生活现象提供了可能。一个少年如果体验到提高道德尊严感和个人高尚性的欢乐和满足,那么,少先队组织对他的吸引力就越大。

少先队员们对中队或大队委员会以及在培养他们入团时共青团委员会给予的社会工作的态度,很能说明前面提到的问题。

有一个少先队中队,4年来年年自动发起在第聂伯河沿岸举办少先队夏令营。儿童们在休息的同时,为集体农庄嫁接了几千棵果树。在少先队总结这项活动的会上,他们激动地谈到,他们的劳动对祖国有什么好处,以及他们面前还有哪些新的任务。

列娜(14岁)说:"当你知道自己的劳动给很多人带来益处时,干起来多么愉快呀。真想永远就这样在集体里劳动,毕业后也如此。"

根纳季(15岁)说:"当我们收了工,举着队旗,排着队往回走时,农庄庄员们用赞赏的目光看着我们,好像我们是什么先进人物似的。这多么令人高兴呀!真想干得更好,做一个真正的列宁主义者。"

我们在实际工作中,不仅把12~15岁的少年团结在少先队里,而且团结在能满足他们多种多样智力兴趣和要求的各种集体中。

促使学生精神面貌在智力才能和创造能力不断发展的各种集

体，对这一年龄期具有特殊的作用。在数学、地理、方志、历史课外小组中，他们能学到许多在课堂上学不到的东西。这不仅会扩大学生的眼界，使他们在课堂上感到轻松自如，更加钻研好学，而且会提高学生的智力积极性，使他们的个人兴趣爱好得到充分的发挥和进一步的发展。由于参加课外小组的活动，少年逐渐积累了许多不属于教学大纲范围的、非必修的材料，这对从事自觉的脑力劳动同样具有很大意义。

在我们学校里，科学之友少年小组就是这些集体中的一个。在这里，每个少年都能弄清楚某一知识领域内的任何问题，学会技术创造、电工技术和无线电技术，在科学小组中，每个学科（数学、物理学、天文学、地质学、地理学等）都有各自的学科小组，由九十年级学生负责指导。这些学科小组举行各种问答晚会、科学与技术晚会、学生创作展览会、数学和物理竞赛等。在少年们中间，一些能力强的男孩和女孩开始崭露头角。他们早在12～15岁时期就把自己的知识和技能传授给同他们在技术小组或农业小组一起活动的"十月儿童"①和低年级的少先队员们。

科学之友少年小组活动的基本原则是：智力活动内容丰富，发展和满足个人兴趣爱好，鼓励首创精神。每个学生都从事他比较喜欢、比较擅长的活动。少年不仅被自己喜爱的事情（如电工技术）所吸引，而且逐渐看到自己在思维活动中的进步，并相信自己在集体中会变得更聪明、更成熟。

在电工技术小组里，有500多件各种各样的电力仪器和机器模型，少年们做了700多次有趣的电磁实验，每次实验前都必须阅读有关的科普书籍。在专设的"问题箱"里，放着有关使用仪器、设计和制作模型的说明书。在一年时间内学科小组的每个成员都亲手为学校制作了一件复杂的电工技术仪器，组织了学生创作展览会，举行了各种表演、维多利亚戏②、奥林匹克竞赛，还为家长们举办了科学与技术晚会。

在化学小组里，除了实验和研究之外，还举行无神论科学晚

---

① "十月儿童"指准备参加少先队的7～10岁儿童。——译者
② 维多利亚戏是一种游戏，参加者应回答一个总题目中的许多问题。

会。无线电小组的少年们制作晶体管收音机,学习使用电报机以及出版学校的无线电小报等。

少年科学之友小组的各学科小组,在少年们的精神生活中占有很重要的位置。在这里,学生们的智力加强了,自我意识增长了,个人道德尊严感树立起来了。中学毕业5~10年之后,许多学生每当回想起过去的课外小组活动时,总是特别强调,正是由于当时他们认清了自己在某一学科上有发展前途,他们才克服了学习中的困难,并开始严肃地考虑自己的未来。

少年科学之友小组的活动,帮助少年们建立共同的兴趣和形成统一的意志,从这一观点出发,甚至只有8~12个人的小集体,也是教育学生的重要力量。在少年们多种多样的兴趣一致的基础上,建立起体现人与人之间高尚关系的牢固友谊。

培养美育的各种集体对少年们的精神生活也具有重要意义。多数少年都参加业余文艺小组——合唱、话剧表演、器乐演奏或文艺创作小组。在少年时期,不仅对审美感受,而且对审美活动的需求更加强烈了。这种活动不仅给他们带来愉快,而且对他们的思想会直接产生重要的影响。对少年们生活的观察表明,合唱(特别是演唱抒情歌曲)对他们的精神世界有一定影响,它能唤起他们的高尚感情和他们心中的某种思想与观念,如英勇行为、忠诚、精神力量、勇敢精神、大自然的美与壮丽等等。少年们(特别是女孩子)常常互相交换自己最深切的最珍贵的感受并用美丽动听的词句表达自己的情感。

在少年们的审美活动中,语言艺术的作用在不断提高。孩子们很容易接受语言形象的感染,他们喜欢集体朗读,并非常高兴参加艺术朗诵小组的活动。许多少年通过积极创作表现出对语言的审美感受,涌现出了许多小诗人。在男孩子的诗中,主要是从精神方面、世界观方面对周围生活现象加以评论,他们的诗中还没有个人情感的流露和对大自然美的描写。女孩子则在12~13岁时就能在诗中比较细腻地、充满激情地表达自己的情感,特别是对大自然的热爱。

*　　　　*　　　　*

少年精神生活中的个人和集体的相互关系是教育工作的一个重要问题。通过集体来影响个人一般来说是很复杂的，而随着个人的精神发展，会一年比一年更复杂。在这方面，少年时期是一个特殊的转折。如果说儿童在学龄初期（特别是6～8岁）对道德准则还没有一个完整的概念，尽管他在情感上同集体融为一体，他还是需要得到个别的帮助，因为他可能因为不知道或者忘记了而违反道德准则，那么，到12～15岁时期，个人和集体的相互关系则会发生变化。少年把集体的看法、评价、鉴定、对集体的要求等都看作与他个人紧密相关。但与此同时，他又要求集体尊重他个人，不要干预他个人的隐私。少年既不能容忍他的个性在全体学生中消失，以及集体不重视他的个性特点，同样也不能容忍把他个人的隐私都让他人知道。

集体的精神生活应该建立在这样的基础上：即不仅承认，而且发展、巩固每个少年的个性和个人特长。教师的任务在于发现每个学生都有哪些特殊的禀赋和才能，并使它们在集体面前得到发挥，以便让每个少年都意识到自己能为集体生活做出贡献。

集体和教师教育少年的基本原则，应该是促使他积极显露自己的精神力量，积极参加精神活动。学生应该永远感到，他的智慧和意志不是受到压抑，不是被忽视，而是受到鼓励。帮助他们出主意，启迪他们的智慧，建议怎样把个人的努力和大家的努力结合起来，所有这些引导形式对调动儿童精神力量起着重要的作用。而禁止、命令、强迫、申斥则会引起孩子的戒备，至于纠缠不休，则会引起他们的抗拒。

少年期集体和个人精神上正确的相互关系应该是：集体对待纯属个人的事既十分关注，又要掌握分寸、处理恰当。教师的高超艺术就在于善于准确地找到个人隐私范围的界限——外人的介入，超越这个界限是不准许的。学生的智力水平越高，道德信念越深刻、越纯洁，这一范围就越大，集体的精神生活就应当更加丰富，以便在集体中找到个性进一步发展的源泉。

九、少年的友谊

自我意识的发展，兴趣的差异，对自己个人爱好、力量和能力的认识，会加深少年了解自己同学精神面貌的兴趣。少年有着寻找朋友的"渴望"，这是正在成长的人的一种精神需要，他渴望找到思想、感情、兴趣、要求和观点与他自己的精神面貌和谐一致的朋友。

在少年的精神发展中，友谊的内容、思想基础和作用，取决于集体的精神生活和活动是否丰富多彩。集体的精神生活越丰富，每个少年为了自己的智力、道德发展从中汲取的东西越多，他对朋友的要求就越高，越认真，越慎重，学生之间的个人联系就会使集体生活更加丰富。

在健康的少年集体中，友谊的基础首先是兴趣的丰富和道德观点的高尚。在志同道合的基础上，友谊渐渐深入学生精神生活的道德情感领域。对朋友道德面貌的高标准要求，是少年们的友谊建立在健康精神基础上的最重要的标志。

朋友之间的精神交流最常见于根据共同兴趣举办的活动中。例如，对无线电技术兴趣相投的两三个学生结下了牢固的友谊。起初，他们一起制作无线电收音机和阅读科普书籍。他们相互发现符合自己智力兴趣、道德观点和信念的东西越多，彼此就越能推心置腹，把内心深处的东西说出来。往往有这种情况，几个朋友有着共同的智力兴趣，但每个人又有自己独特的要求、需要和爱好（例如，在几个都酷爱无线电技术的朋友中间，一个人喜爱体育运动，另一个人对文学创作感兴趣）。在精神交流过程中，产生相互有益的影响，使彼此的精神面貌更加丰富。

由于少年间的友谊是在兴趣和观点一致的基础上产生的，少年的道德意识得到发展：他力求在朋友面前表现得更好，道德更高尚，他对周围生活事件的道德评价也日益得到发展。

由于少年从书籍中、从老师讲的故事中听到或看到一些崇高的、忠实的友谊的正面例子，因而明显地增强了对朋友的责任感。

少年们领悟到，对友谊的忠诚本身就是一种高尚的道德行为。

正是在同朋友的相互交往中，显示出一种表现正直、诚实、大公无私、团结友爱的自觉意向。这是友谊极可贵的特征，它揭示了个性的优点，大大丰富了少年的精神世界。

男孩和女孩之间的友谊，对这一年龄期的学生精神世界的形成有很大的影响。

性成熟以及性意识的萌发（女孩11、12岁，男孩12、13岁）会对少年的精神生活产生一定的影响。少年到了11～13岁，对自己是男孩还是女孩的精神道德评价开始影响到每个学生的行为，而且，这种评价显得非常神秘，并导致学生自我意识的增强。男女少年意识到，他们已经接近成年状态。这就促使他们彼此相互注意和吸引。在集体正确的道德教育下，男孩和女孩之间的交往不会有什么危险，也不会损坏道德观念，而只会促进彼此的精神生活的发展。

男孩和女孩间以兴趣和观点相一致为基础建立的友谊，对少年的精神发展起着重要作用。多数12、13岁的女孩，对谁和她同桌，是男孩还是女孩，已经不再漠不关心了。如果同桌是男孩，她开始感到害羞、拘谨，有时甚至产生更深刻的内心感受。

如果教师把淘气的、有时爱打架的男孩安排坐在女孩旁边，认为这样能使男孩守纪律，那就大错特错了。在许多情况下，这会使女孩感到苦恼，有时会使她们变得性情孤僻，做出脱离集体的举动。教师对这个问题的处理应该特别小心谨慎。用男女性别来解释少年的某些优点或缺点，尤其是利用女孩来对付男孩这样的做法或者相反，都是绝对不能容许的。在朝气勃勃的少年集体的生活里，男孩和女孩之间的隐秘关系会正常地发展，无须教师进行干涉和约束。

12、13岁的女孩之间往往会私下交流彼此爱慕的对象（她们经常互递纸条，而男孩总是拿这些纸条取笑）。几年后，她们回忆起这些，自己也觉得可笑。

我们的教育任务在于，让这些现象正常地发展，而不是把这些现象看得过于严重而加以制止。如果集体的精神生活在思想上是健康的，最好不要去约束它。

由于同女同学交朋友，男生逐渐培养起这样的一些性格：心地温存、充满激情、情感浓烈、注意克制自己，等等。经验使我们确信，在一个集体里，如果少年男女的友谊不是建立在高尚的道德和审美观的基础上，那么男孩往往不具备上述品质。

在少年时期，男女的真正友谊，首先表现在兴趣的一致上。而兴趣一致体现在双方都渴望不断扩充自己的知识和树立道德观上。少年男女的友谊，通常是从拥有共同的智力兴趣或审美趣味开始的。他们阅读同样的书籍，交流思想，辩论问题（这一年龄期的男孩和女孩的辩论中，最鲜明地表现出他们进行精神交流的愿望）。有时候，他们拟定一个共同的智力目标，达到这一目标会给他们带来极大的喜悦。例如，有一名男学生和一名女学生（八年级学生），互相保证要掌握一门外语。这是他们的秘密。3年期间（中学毕业之前），他们不声不响地比着学，克服了相当大的困难，学会了5000个外语单词，掌握了一些外语成语，达到了能流利阅读生疏的外语文章的程度。诸如此类的事实说明，友谊中高尚、纯洁的道德审美关系能使少年男女产生顽强精神和极大的意志力量。

快到青年期时，少年男女共同参加一些活动（在活动过程中共同树立起崇高的道德观）能促使他们逐渐从深厚的友谊发展到诚挚的爱情。

这一年龄期的少年男女一般都渴望共同参加一些活动。如果委托一名男少年同一名女少年共同完成某项工作，男少年通常会很高兴，女少年也会有同样的心理。只有在少年男女一起工作的情况下，少先队小队、铁木儿队、中队和大队委员会的活动才能给少年个人的精神生活以深刻的影响。业余的文娱活动，尤其是合唱、音乐、文学等小组的活动也同样如此。不论是各种感知还是具体活动，它们的美感色彩在很大程度上取决于少年男女对彼此兴趣一致的了解。

在少年时期，女孩子开始认识到应该关心他人，而且一旦有机会表现这方面的积极性，她们就感到很高兴。我们在鼓励这种关心他人的精神时，要力求使男孩子克服那种假装的傲慢态度，培养出尊重女学生的纯洁、高尚的感情。我们通过开展活动的办法，把男女同学联系起来，这种活动，例如，需要克服一定困难的旅行和游览，需要少量学生参加的公益劳动，能发展和增强他们互相尊重的感情，促使他们互相帮助。我们努力创造条件，使男学生自愿接受困难的工作，并给女同学以帮助。

在少年时期，男女参加由各年级学生联合组成的集体，对他们正确地进行精神交流有重大的意义。这对女学生尤其重要，因为她们的生理和心理发展比男学生大约早一年（有时要更长些）。她们对文学作品中描写的男女私生活的某些方面会产生日益强烈的兴趣，这可能对同年龄的男学生产生不良影响（如果这种兴趣在集体的精神生活中得不到反映的话）。因此，让12、13岁的女少年不仅跟同年龄的男少年交往，而且跟13、14岁的男少年交往，特别是共同参加文学小组的活动，是很重要的。女少年同生理和心理发展实际上与她们同步的男少年一起讨论书籍、戏剧、电影，可以促使她们对那些在人的生活中起着重要作用的情感做出正确的道德评价。稍后，到了青年早期，男孩和女孩心理发展的"不平衡状态"逐渐消失，从而具备了在一个班的范围内少年男女在精神上能更密切地相互了解和相互影响的良好条件。

不应忘记，少年对自己性别特征的认识，以及由此产生的前所未有的对未来的想法，能增强少年们对成年人的私生活及其在文学艺术中的反映的兴趣。少年们非常注意观察父母之间的相互关系，在生活中探求那些可以作为他们爱情、友谊、忠诚的道德信念的基础的一切高尚、崇高的东西。这就使父母和少年周围的所有长者负有极大的责任。粗暴、庸俗、冷酷无情、漠不关心、互不信任——某些家庭里父母关系中的这些特点，会对少年的精神生活产生十分消极的影响：纯洁、高尚的情感被伤害了，道德观念被歪曲了，对现实中美好事物的感受被扼杀了。多疑、戒备、凶狠的禀性主要是由父母的恶劣关系以最丑恶的形式暴露给儿童造成的。

相反，在少年经常看到和感到父母互相尊重、谦让、互相体谅、诚实、互相关心、互相信任的家庭里，爱情和友谊就像纯洁明亮的光环永远笼罩着他的心。

学校的任务是保护儿童的心灵，使它在情感上不受玷污和伤害，并反对各种不道德的感情。在道德高尚的爱情观的培养上，不存在什么特别的教育方法。这种培养能否成功，在极大程度上取决于集体的全部活动中根据共产主义道德准则形成的道德信念坚定到什么程度。可以毫不夸张地说，少年集体中男女的相互关系是否纯洁与高尚，将决定在少年期以至青年期学生的精神生活是否充实与丰满。

第六章

青年早期

一、青年的一般特点

（一）身体进入成熟期是青年精神生活的一个因素

学生在16～18岁期间，身体进入成熟期。这一阶段的后期，他们的身体发育向前大大地进了一步：身体各器官及其功能已和成年人相同（个别学生，其中大多是男学生，性成熟来得晚些）。但是，身体的发育还没有完结，对于男孩子来说更是如此，所以教育者应该对他们今后的身心成长予以极大的关注。

青年人在身体迅速发育的时期，体力与日俱增，很自然地产生了参加各种活动和劳动的要求，对于这一要求应给予合理的满足。经常参加体力劳动，是全面发展的重要前提之一。

青年人身体的迅速发育，对他们的精神生活无决定性的影响，但是给他们的精神面貌带来了某种全新的因素。这种新因素首先表现在，青年男女意识到他们的身体已趋于成熟，对自己的力量有了信心，感到自己是个"成年人"了。

这一时期，某些青年人会产生一种不满足的感觉，令他们深感不安的是：自己虽有充足的体力和精力，但不是在工作和劳动，而是在学校学习，因而不能为祖国做出应有的贡献。绝大部分学生由于意识到自己进入成熟期，就促使自己尽一切努力去掌握各种知识。

青年男女能否正确估价自己的体力并使之为一定目的服务，在很大程度上取决于他们的体力劳动和脑力劳动在生活中是否结合起来并达到了和谐。因此，学习和生产劳动的正确结合也具有特别重要的作用。一个人青年时代的生活应该充满创造性劳动。学校的任务在于，使每一个学生在青年时代能在创造性劳动方面做出自己的一份贡献而产生自豪感。

教师在引导学生意识到他们已经成熟时，应表现出极大的关心、要态度诚恳，掌握分寸，绝不能指责学生，说他们的年龄已大、体力已壮却仍然幼稚干不了什么事。令人遗憾的是，某些教师确是这样做的（"你已经是大人了，身强体壮，个子长得比你母亲还高，力气也比她大，怎么就是不好好学习呢？"等等）。

学生非常清楚自己的力量和能力，在这方面稍微带一点责备的语气都会刺伤他们的自尊心。

应当采取另一种办法：激发学生对自己力量的自豪感，如果他们遇到了某些困难，比如说，在学习方面遇到了困难，就鼓励他们，使他们产生克服困难的信心。教师对学生由称呼"你"改为称呼"您"，更能体现出他们对学生的精神力量和体力的尊重，说明教师承认青年学生已进入成年期。

青年男女意识到他们在生理上已进入成熟期后，会产生这一时期的另一个特点：对自己的身体发育产生兴趣。少年时他们对自己的相貌已经很关心了，在青年时代这种关心有了进一步的增长，无论是姑娘还是小伙子都是如此，尽管他们一听到周围人谈论他们的外表，就装出一副无所谓的样子（姑娘们尤其如此）。

同少年一样，青年人把锻炼身体视为自我教育、培养坚强意志的手段。但是，青年人的这一愿望往往具有较鲜明的道德色彩。他们之中很多人（尤其是小伙子）都把锻炼身体看作是将来参加精神斗争的准备工作。这时，几乎已看不到少年常常采取的那种幼稚的、完全孩子气的自我教育手段。他们把各种体育活动作为锻炼手段，尤其喜欢田径、滑雪和举重。他们常常给自己规定明确的目标，要求达到某项指标，在任何困难面前也不退却。通常自我教育手段对朋友是不保密的，只要答应不让其他的人知道就行。朋友之间经常暗暗展开竞赛，这种竞赛既能增强取得胜利的信心，又能增进友谊。

女青年的锻炼内容与男青年有所不同：她们竭力想培养自己的吃苦耐劳精神，纯体力指标对她们没有吸引力，这是完全可以理解的。例如,游泳时男学生尽量想游得远些,女学生的兴趣在于把游泳一直坚持到天冷,有时坚持到河水结冰。

可见,使生理上成熟的意识同精神生活的崇高思想基础相结合,是个性发展的因素之一。

(二)青年精神生活中矛盾的特点

青年时代人的精神道德发展过程之所以复杂,是由青年人精神生活中的一系列矛盾所造成的。这些矛盾不具有任何尖锐和对抗的性质,是完全合乎规律的,它说明个性正在积极地发展和形成。当我们的青年意识到自己已在生理和道德方面进入成熟期时,他们不是像巴尔扎克所描写的资产阶级社会中的青年人那样,一旦自己带有浪漫色彩的冲动与严酷的现实相冲突时,就"把青春的幼苗从心灵中毁掉",相反,他们对这些幼苗倍加爱护,我们从青年精神生活的矛盾的特点中看出对于生活的理想和生活本身之间的和谐一致。

青年人一系列精神生活特点的矛盾首先表现在青年对自己少年时代就产生的精神力量和能力的认识上。青年人不仅竭力想具备成年人的品质,而且努力在活动中表现出这些品质,但是,他们同时又保留着少年时代甚至是孩提时的性格特点。

就以这样一个矛盾为例吧:青年人常常努力用理智控制自己的情感,但是,他们同时又像孩子一般天真,甚至有时凭一时冲动行事。在一个有丰富精神生活的集体里,这一矛盾不会像在资本主义社会里那样导致冲突和孤僻,资本主义社会的青年人相信,善良和正义的原则在生活中是受到践踏的。苏联青年无须隐藏自己的情感,他们可以对任何社会现象公开表示自己的爱和憎。倘若青年们对那些令他们深感不安、触动他们灵魂深处的问题持冷漠、慎重、无所谓的态度,那倒是令人奇怪的。

应当珍惜和爱护青年人的直率和热情。这就要求教育工作者对青年人由于情感冲动所犯的错误、所采取的鲁莽步骤和决定给予特别的关注,而且得当地进行处理。这些错误什么时候也不会影响到主要的、原则性的大问题。通常这些错误都是枝节性的,所以不应当把它夸大。例如,一个青年看到一个被人们公认的好人违背了共产主义道德准则,一气之下言辞过激,夸大其词,在这种情况下,责备这个青年丧失理智和感情用事则是错误的。青年人疾恶如仇，同不道德行为势不两立，对他们的这种热情不能泼冷水。

在青年人的精神生活中，下面描述的这些典型的矛盾最能充分地展示自我肯定的道德发展过程：他们想尽量在自我教育中表现出坚强的意志，但又对教育工作者建议的自我教育的具体手段持不信任态度；内心里他们对集体给予他们的品德上的评价十分关心和敏感，但是表面上却对这一评价装作无所谓；在大的方面（对祖国履行义务、自我牺牲精神）追求理想和原则性，但在小小不言和无关紧要的事情上（例如，袒护有不光彩行为的朋友）又无原则；尊重科学、理智和本领的强大力量，但又喜欢提出一些难题，以期推翻早已被人们证明了的真理、论点和规律；力图分析每一种事实、现象、事件，不敢匆忙地做出结论，但是又急躁地、对缺乏根据的个别事实轻率地下结论，尤其是在社会关系和私生活领域内，这是青年的一个通病；他们常常由于受到崇高目标鼓舞而满怀激情和富于幻想，但又好在纯粹实际的，即一些完全是日常生活的琐事上钻牛角尖；急于想长大成人，有意在言行中表现出成年人的特征，但是一回忆起童年时，却常常惋惜童年之飞逝而暗自神伤；深信人有善良的本质，但是又有夸大亲人个别小缺点的倾向；有能力从事聚精会神的脑力劳动，表现出求知欲和思考力，另一方面，又表现出散漫、无组织性，对无组织无秩序现象熟视无睹；追求道德理想，在一切方面，甚至在小事上都要无条件地、绝对地模仿理想中的英雄，但又害怕自己变成一个没有独立精神的人，认为模仿是意志软弱的表现；蔑视背诵，但又竭力想逐字逐句地记住思想性很强的成语和格言；有意使自己表现得很严肃，但嬉戏起来又失去控制；对自己的智力才能比较自信，有时甚至过高估计自己，但有时又妄自菲薄，认为自己一无所知，等等；勇敢、无畏，但又腼腆、拘谨，特别是在举行积极的、带有纯精神和智力情感性质的活动时更是如此；在应当表现出克制力的场合下过分激动，但当对现象的道德智力评价用深挚的情感能表达得最鲜明时，却又偏偏故意表现出克制力；轻信，但又有警觉性；对朋友真诚、坦白，和自己的朋友亲切交往，但又不肯对自己最亲的人——父母讲心里话；内心热情、温柔，但表面上却故作态度生硬、冷漠，讲话时故意言辞过激；经过考虑和选择，对某一门知识和专业发生兴趣，但又什么都想知道，怨恨自己无知；富有同情心，同冷酷无情势不两立，但又不敢过于公开表达自己的怜悯与同情（特别是男孩子），怕落得一个"软心肠"的名声；乐观、朝气勃勃、不容忍悲观失望，但往往又从轻微的、抒情诗般的悲愁中得到某种满足（这一点常常能从日记中发现）；在学校里就下决心将来从事一种职业，但又总是盼望着什么新的猜测不出的出路；了解自己的力量和能力，但又总想干那些力不胜任的事；坚强，但又有夸大个人的痛苦和不愉快事情的倾向。

我们之所以详细地谈这些矛盾，是因为理解这些矛盾，是谨慎而耐心地对待青年人的一个很重要的条件。教育工作者的另一个任务，就是要向学生讲明各种诱因和愿望的矛盾的性质。如果你看到，两种相反的诱因既可能是高尚的，也可能是应受责备的（要根据具体情况而论），那你就会明白，在道德自我肯定中，让青年人认识到诱因的道德实质是何等重要。这种认识既是积极活动的动机，又是一种控制性因素。在矛盾诱因中认清其中每一方面的道德实质，是提高精神积极性的重要因素之一。

二、青年时代的思维和言语特点

青年在学校学习时，他们的抽象思维能力逐年提高，这一点表现得很明显，它是青年人的一个显著特点。

许多少年在研究某一现象时，会感到确定因果关系有困难，但到了青年时代，在确定所研究事物和现象的逻辑依赖性时，他们的论证思维已经得到相当程度的发展。

学生从各方面对认识、判断、推理的客体进行分析，寻求它们的矛盾特点，得出转移人们视线、把人们引向其他领域的全新结论。对绝对判断的认识改变了，绝对判断逐渐被假定所代替（成年人把这叫作夸夸其谈的倾向），而且，在论证中，两种矛盾判断的斗争，成了论证某个假定的标准。在实践中，这一点表现在这样一个有趣的规律之中：论证一项真理花费的力气越大，学生就越是相信它。

学生在钻研基础科学的过程中，用唯物主义的观点解释各种事物，学习实际运用概念和辩证逻辑范畴：他们把事物、现象和事件看成是运动的，发展的，是不断起着量和质的变化的，看成是矛盾的统一和斗争的过程。

青年人对解释、阐述事物、现象和相互关系表现出巨大兴趣。课外阅读的性质也在变化。那些情节紧张但没有深刻思想性的文艺作品，已不能使高年级学生感到满足；那些揭示社会关系和人们精神生活的哲理、世界观问题的段落，学生不仅反复阅读并常常记在日记上，而且加以分析和琢磨，总想找机会与作者展开论战（他们在书的页边上做有关的笔记）。

任何事物和现象，都能被青年人用来揭示最出人意料的、人们已经忘却的因果关系。大纲中极微不足道的问题常常成为争论的对象。例如，在三角课上学习"到不可及点距离的测量"一节时，学生们对只了解确定部分能否进行这一测量展开了争论。几个高年级的学生说，在得出三角公式之前，人类早就运用另一种方法在进行测量了，这种方法也是以一些数学规律为基础的。个别学生甚至提出了自己的测量方法。应当指出，青年学生在学习数学时，所努力考虑的已不单单是问题的内容、定理，而是自己的思路。

青年人对牵扯到社会关系和人的内心世界的问题分析得尤为深刻。他们探讨事物的矛盾方面，努力得出客观规律。他们学习文学和历史时，在讨论、辩论、听报告过程中，注意力常常被这样一些问题所吸引：历史事件的客观性和个人在历史上的作用；个人和社会、权利和义务之间的相互关系；幸福和义务、纪律和自由之间的相互关系；人要有自知之明等。

由此可见，学生在中学时代已经掌握了辩证思维的一系列特点，辩证思维是智力发展的最高阶段，它完成了青年人从情感形象、具体形象思维向抽象逻辑思维的过渡。

中学毕业时，学生们已经掌握自然界和社会发展的主要规律。以后，在高等学校学习或在劳动中，他们可以依据这些规律解释阐述或者独立钻研任何事物和现象。因此，中等学校所负的责任是重大的：一个人今后的精神发展，取决于他在少年时代和青年时代初期所获得的知识。

青年人不仅善于深入思考事物、现象、互相依赖性的本质，而且能在思考过程中从记忆里吸取资料，把新事物同已知的事物做对比。高年级学生在论证或驳斥某一个理论和思想时，能同时援引大量的参考材料，这常常使教师惊奇不已。

在高年级学生中，总是可以发现一些很成熟、聪明、求知欲强的青年人，他们在精神发展方面超过同年龄的学生，对人的思维表现出特别的兴趣，竭力想洞悉它的本质和奥秘。起初，他们喜欢读一些论述高级神经活动和人的认识过程的科学普及读物，之后很多人却读起原著来。他们贪婪地聆听教师所说的每一句话，他们所做的判断的假定性增强了，对自己的思维更感兴趣了。这些学生在掌握知识的具体情况下，自觉地努力运用他们所学到的辩证逻辑规律。大纲规定以外的材料，在他们的精神生活中所起的作用愈来愈大。要求在争论中道出自己的想法，这是青年人共有的特点，但在这些学生身上表现得尤其明显。他们兴致勃勃地准备做以如何理解世界观为题的报告，组织辩论会，在笔记本上记下对现实各种现象的观察结果。

我们在10年内对这些发育较快的优等生（在这点上年龄不起决定性作用，他们可能是16岁，也可能是18岁）进行了观察，结果表明，他们所掌握的大纲规定之外的人文科学（特别是历史、文学、心理学）知识量，要比大纲规定的多好几倍①。特别值得注意的是，这些学生中远不是所有人都喜欢人文科学的。相反，其中大多数人喜欢自然科学及有关的专业②。他们在集体里起带头作用，以自己如饥似渴的求知欲和好学精神感染着其他同学，对集体的精神生活有着巨大影响。

尽管青年人爱假设，爱"夸夸其谈"，要求通过矛盾动机斗争

---

① 当然，问题不在于知识量，而在于对知识的理解。但是，这两种知识量的对比也能说明很多问题。学习吃力、材料过多，产生这些现象的原因比很多教师所想象的要复杂得多。看来，掌握材料的困难程度，首先取决于这些材料在学生的智力发展中起何等作用。

② 文科各门功课和文科知识不仅应当被看成是大纲和知识量的一个组成部分，而且应当被看成是促进学生全面发展、帮助他们掌握自然知识、认识自己的脑力劳动过程和在某种程度上对学生施加思想影响的重要因素。因此，依我们看，目前存在的轻视逻辑学、心理学等课程的现象是完全不能允许的。4

的方法证明真理，但是，在思维的原则性方面，他们要比少年敏感和严格。对社会政治生活、道德、艺术领域的重大问题，青年人提出的要求尤其多。

青年人蔑视"变化无常""左右摇摆"的人（这是青年人谈话中所用的词），不仅是因为这些人无原则、不能始终如一，而且也因为他们不会思维。用高年级学生的话来说，无原则和不坚定的人，不仅是道德缺陷的体现者，而且是"在重要事情上不能予以信赖的笨伯"。青年人把由世界观不坚定而产生的不正确行为（语言、思想）看作是不道德的现象（在他们看来，这种不正确的行为和不道德的行为相差无几）。在这种看法中，反映了我国青年纯洁的道德和高尚的世界观。青年人慷慨激昂地捍卫自己的观点，不仅谴责不正确的行为和做法，而且谴责不正确的想法，这是毫不奇怪的。正因为如此，他们才对辩论会、读者座谈会和问答晚会十分感兴趣。在他们看来，容忍不正确的思想就等于放纵不道德的行为。

青年人的积极思维是与言语的发展分不开的。学生到这一年龄时，不仅意识到明确无误的语言在他们的精神生活中所起的作用，而且努力做到彻底、深刻地分析思维目标，用准确的言语表达思想的细微差别。青年人很注意自己说话时措辞正确、富有表达力、准确无误。他们喜欢在和同学座谈时陈述自己的想法，而且对自己所用的每一个词都非常注意，似乎在检查它是否够分量、是否有内容和表达力。对词语的美更感兴趣了，讲话更加充满情感（教师往往把后一种情况误认为饶舌）。

青年人竭力想最准确地表达对周围生活现象所做的道德评价。他们对话语中的模棱两可和错误十分敏感，总爱抓住不放（例如，把教师话语中的错误记下来）。遇到生词时，高年级学生总是想方设法搞清楚它们的深刻的含义，并在讲话中有意识地运用这些词汇。

个人的口语和书面语风格也形成了。一些学生的风格是，尽力对所研究的目标进行深刻的分析；另一些学生在描写和解释时，则把概括全貌放在首位；还有一些学生在评价现象和事物时，喜欢运用带有感情色彩的语句。从青年人的作文中，常常不仅可以看出学生的认识过程的特点，而且可以看出他的某些性格特点。

同少年相比，高年级学生不仅对知识、科学理解得更深了，而且对思维这一精神活动过程也理解得更深了。他们在憧憬未来时，总是把未来和不断扩充知识、精神发展和永远前进联系在一起。丰富知识已成了他们的要求。这是毕业在即、马上要去补充工人阶级和农民队伍的青年人的一个非常重要的特点，他们渴望从事文明的、富有智力的劳动。

青年智力活动的典型特点是，希望在生活中运用他们所学的知识去掌握新的知识、技能和技巧。如果他们的这一愿望不能得到满足，那么学习就会变成痛苦的事，会导致对自己思考力的不信任。绝大部分的知识应该让学生在青年时代独立去掌握，教师应当成为他们的独立劳动的引导者，这是很重要的。独立地研究材料、做报告、写文章、加工原始材料、单独完成实际任务，所有这些应该成为学习中的主要方法，在学习中广泛采用这些方法将会促进青年人的智力和精神的发展。

三、青年人的道德信念和理想

少年时代所表现出的个人特点，在青年时代（16~18岁）继续发展，青年人对与他们的思维、志向、打算、未来计划相关的一切，表现出更加浓厚的兴趣。他们有了独立表达自己的道德信念的要求，竭力想让周围的人能依据他们的所作所为，来判断他们在某一问题上所持的立场。

对一个人的世界观、行为、活动和人与人相互关系的道德评价，在少年时代已经达到很高水平，到高年级时，这一评价能力有了进一步的发展，对青年人内心世界的形成产生很大影响。

少年时代，学生对一些现象、事件和人做出独立的道德评价的能力不断在发展，虽然这种评价具有少年的特点。青年时代，这一能力已表现得很明显，它表明，个性的发展已达到了一个全新的阶段。青年人的道德信念形成的复杂过程，也反映在不断增长的认识自己的意愿中。

青年人总想尽可能深刻理解和正确评价自己内心世界的道德，

并在此基础上确定自己目前特别是将来社会生活中的地位，以及选择自己的生活道路。他们喜欢憧憬未来，这通常表现在积极的活动中。青年人正是在活动和行为中检查自己的信仰正确与否。

在社会主义社会中，青年人感悟并意识到有可能确定自己的未来，影响自己的未来，这是苏联青年人积极地自我肯定的极其重要的原因。

在自我肯定的过程中，对行为道德准则的意识，同个人在积极的活动中所取得的道德经验是相结合的。

这一时期，自我意识发展中所产生的质的变化，也表现在这些方面：学生不仅力求正确评价自己身上的各种优缺点，而且自觉地发扬自己的优点。

因此，学校对高年级学生所负的教育任务有了本质的变化：不仅要教育他们，而且比起他们在少年时，要在更大程度上吸引他们投入自我教育过程。

忽视这一重要环节，会给教育工作造成困难。

青年初期，正是学生开始积极参加生产劳动的时期。为建立新社会的物质技术基础做贡献，是该时期决定个人道德信念形成的重要因素。

学校的任务是，让青年人从创造性劳动中看到自己生活的幸福，把为社会创造财富的劳动看成是给青年一代提供物质和精神财富的条件和道德力量。

在进步的苏联青年人的意识、情感和活动中，体现了我们人民的理想——实现共产主义。意识到这个理想源于历史过程本质的现实、规律的必然性，则是青年人精神力量的源泉。

对共产主义必胜的信念，能更加调动起学生参加积极斗争的精神力量，使他们对周围生活现象的道德评价更为敏感。

"让幸福的明天尽快到来，这取决于我们的意志，并且鼓舞我们去斗争。"许多领取毕业证书[5]后走向生产、奔赴荒原、去修建矿井和高炉的学生都发出了具有这种思想的豪言壮语。

同少年一样，青年人也以活生生的现实人物作为自己的道德楷模。但是，如果说少年所景仰的只限于某一个具体人的道德品质的话，那么学生在青年初期，则是在自己的想象中把所有理想人物的特点综合成一个概括的形象。他们不赋予这一形象以具体特点：在这一形象中，占首要地位的是纯道德品质和精神素质，是关于如何做一个真正的人的美好理想。学生从每一个他所景慕的英雄人物中取出最鲜明的、最有表现力的、见之于积极行动的一个特点；把这些特点集中起来，他便会想象到一个把一切美好事物融为一体的和谐物，这便是学生孜孜以求的目标。

确定道德理想总概念的意愿，说明我国青年对共产主义理想的胜利深信不疑。青年人相信，做一个理想人不但是可能的，而且对于共产主义的顺利建成来说也是不可或缺的。这种信念会在现实生活中变得更加坚定。学生在生活中会遇到体现他们理想的典范人物。

青年人心目中的理想人物的首要特点是道德的纯洁性。

在青年人塑造的道德理想的概括形象中，忠于信仰、原则性强、愿为信仰献出自己的生命、坚贞不屈的道德等总是占首位的。在学生看来，道德坚贞不屈的最高表现，是英雄能为共产主义的伟大事业自觉地献出生命。我国学生所喜爱的英雄人物有：奥列格·柯舍沃伊、卓娅·科斯莫捷米扬斯卡娅、亚历山大·马特洛索夫、谢尔盖·拉佐、卡莫、阿历克赛·马列西耶夫、尼古拉·加斯捷洛、维克多·搭拉里兴、尼古拉·库兹涅佐夫、布列斯特要塞的英勇保卫者们、地下青年组织"青年近卫军"和"游击队火花"的青年爱国者们、尼科斯·别洛扬尼斯、尤利乌斯·伏契克、卡尔贝舍夫将军、尤里·斯米尔诺夫、丽莎·柴金娜等人。这些英雄绝大多数都牺牲了，但是，青年人正是在他们的英勇牺牲中看到了不朽的生命力。许多学生在回答"在为共产主义而奋斗的英雄人物身上，你所认同的主要品质是什么"这一问题时，都说："坚强不屈的精神，理想高于生命，不是口头上而是行动上的自我牺牲精神。"

值得注意的是，青年人不仅钦佩为共产主义事业而奋斗的英勇精神，而且钦佩所有为争取先进思想、为争取人民正义事业的胜利、为祖国自由而斗争的英勇精神。斯巴达克斯、穆齐·斯采沃拉、牛虻、亚历山大·乌里扬诺夫的精神力量，与受共产主义思想启发所产生的勇敢精神一样使学生受到鼓舞。

英雄人物的语言所表现的坚定精神，最符合学生心目中的道德理想。他们把这看作是言行一致、表里如一。那些不仅在对敌斗争中表现出精神力量，而且临牺牲前还痛斥敌人的英雄，在道德方面更是超越寻常的。青年人怀着激动的心情阅读被枪杀的法国共产党人的信、尤利乌斯·伏契克的《绞刑架下的报告》、穆萨·嘉里尔被处死前在莫阿比监狱写的诗和亚历山大·乌里扬诺夫在法庭上的演说。英雄人物指导他们像珍惜自己的名誉一样珍惜自己的信仰，而把无原则性、不彻底性、奴颜婢膝看成是道德堕落和名誉丧失的表现。

道德理想方面的英雄形象还具有另一种坚定精神，即一个人为了忠于某种思想能放弃个人享受，在艰苦困难的情况下坚韧不拔。青年人钦佩那些宁肯过艰苦、正直的生活，也不肯抛弃自己的信仰，甚至连错误思想都不肯放过的人。

我国青年人竭力模仿道德方面的典范人物，对于我国社会中的个别公民感到气愤，这些人为追逐私利竟牺牲信仰和道德面貌的纯洁性，如果这些人是党员和共青团员，青年人就尤为气愤。"只有玉洁冰清的人、把自己信仰的纯洁性置于一切之上的人，才能成为共产党员和共青团员。"这是青年人在讨论道德问题时所做的结论。

除鼓舞人们做出自我牺牲和英勇献身的坚强精神外，青年人还把对世界观和信仰的忠诚也置于同等重要的地位。对他们来说，科学共产主义的创始人马克思、恩格斯、列宁是任何人无法比拟的理想人物。青年人认为，他们的一生是充满英雄业绩的一生。优秀科学家伽利略、哥白尼、杨·阿莫斯、考门斯基、米丘林、齐奥尔科夫斯基等人的著作，也是学生们敬仰的。那些把真理视为重于一切财富的人，是青年人竭力效仿的榜样。青年人把有意识地同错误观点妥协看作是背弃信仰的行为，这不是没有缘由的，在这个对人的精神立场的道德评价中，体现着典范人物的良好影响。青年人认为，典范人物具有坚定的思想方向，能认识到自己劳动的伟大目标和建设共产主义的天职。

共产党员是我国青年心目中典范人物的化身。共产党员这个称号，对青年人来说，比人的概念更高大，他是志同道合的马克思主义者组织的正式成员。他们把共产党员视为典范人物：在共产党员身上不应该有任何污点。青年人根据自己塑造的典范人物，评定一个人是否和共产党员的伟大称号相符。对于青年人来说，共产党员的品德是在道德上进行自我评定的准绳。他们认识到共青团员是未来的共产党员，因而常扪心自问："我是否已准备好接受这一伟大称号？用什么能证明我已做好准备？我怎样才能不辜负这一崇高的信任？"

他们在少年时代就把准备加入共青团组织看作是对道德尊严的检验，看作是对精神力量的考验。到了青年时代，学生对这方面的道德责任心的认识更加提高了，他们千方百计想达到典范人物的境界。入团要承担新的重要任务，这是使他们颇为高兴的事，也正是为了完成这些任务，他们才要求加入共青团。这些任务的思想、道德性要求愈高，共青团组织对青年人的吸引力愈大。

大多数高年级学生都是共青团员，他们的精神生活是在共青团组织中度过的。在共青团组织中度过的岁月对他们今后的一生起着重大的作用。高年级学生在共青团组织中进行道德锻炼，逐步具有成熟公民的特点。

这一锻炼早在少先队组织中就开始了。每一个少年都向往做一名共青团员，并为此做好准备。给少先队员做辅导工作的优秀共青团员，逐渐使孩子们认识到，共青团组织是一个思想联合组织，使他们学习典范人物的信心变得更加坚定；少先队员有了考验自己道德力量的愿望，并想使他们承担重大任务的决心得到证明。

这一点，少先队员在完成交给他们的重大任务过程中，表现得很明显。他们常常单独或集体完成一件要求精神颇为集中和有高度责任心的工作（例如，农村学校所做的提高土壤肥力、培养粮食作物和经济作物种子、土壤侵蚀的防治工作等）。所克服的困难愈大，学生感到离典范人物愈近。

我们的一贯目标是，让少先队员在加入共青团之前，在同困难做斗争的过程中从精神上变得成熟起来，树立对胜利的自豪感。

青少年把共青团组织看成是志同道合的人的联合组织。青少年对集体所承担的义务，首先是对思想所承担的义务，所以共青团员才一心向往有一个理想的集体。在组织高年级学生的精神生活时，我们认为，一个首要的任务是，让所有的学生都一致认识和体会到他们和伟大的共产主义思想的关系。经验证明，在这种情况下能达到思想和感情、信仰和行动的一致，要归功于社会公益劳动。我们仔细地研究过学生精神面貌的形成和道德的成熟过程，他们在少年时期和青年初期把许多精力都用在社会活动上。他们进入成年期之后，具有较高的道德水平和高贵品质。我们努力使学生一进入青年时代，就让他们的生活经常充满以为社会利益而献身的崇高思想为目的的自我确立的活动。这是建立一个符合青年人追求道德理想的集体的决定性条件。

道德理想的坚定思想方向不仅有助于青年人确定自己的生活目标，而且有助于他们意识和体会自己的志向、要求和利益的全面价值。绝大多数青年人选择生活道路的纯精神标准，就能说明这一点。

意识和体会到自己思想的坚定性以及同具有高尚品质的道德理想距离的缩短，是勇敢精神的最重要的源泉之一，这种勇敢精神有助于克服最令人难以置信的困难、艰苦和障碍。青年人本来不能在一昼夜走100公里路，不能在一个月的课余时间内研究出一台复杂的机器，不能在炎热的天气救活成千株果树，但是，假如要用崇高的思想来阐明这些劳动的意义，学生就有力量和决心克服这些困难。

1957年夏天，我们这里气候非常干旱。在集体农庄果园里劳动的共青团员，焦急不安地注视着果树的生长情况。他们发现，几乎有2000株去年刚栽种的、长得还不够结实的3年的小苹果树已经开始枯萎。怎样诱导学生排除一切困难去抢救这些果树呢？在田头举行的共青团会议上，我们向高年级学生讲述了能使人产生勇敢精神和建立真正功勋的劳动故事。教师的话在共青团员的心中产生了反响。在发言中，他们把面临的困难同保尔·柯察金在艰苦的岁月中为被破坏的城市伐木时所克服的困难做了比较。

"我们的困难难道能和保尔·柯察金所克服的困难相比吗？"高年级某班的团支部书记葛利高里说，"2000株果树正在枯死。要救活这些树，需要给每棵树浇10桶水，要在夜里浇。我们有120人，难道做不了这件事？"

共青团员们由于认识到这项劳动的巨大意义和高尚目的，因而产生了火一般的热情，于是着手浇起树来。他们连浇了3夜，把果树救活了。

对祖国无限热爱，崇尚自由，奉行集体主义、社会主义人道主义，热爱劳动，勇敢和谦虚，是道德理想的重要内容。青年人认为，爱国主义和热爱自由，是同一高尚道德品质的两个方面。

青年人钦佩那些全心全意维护社会和全民利益的人。进入青年时代，他们所积累的有限的生活经验，已经能使他们确信：以集体和人民的利益为生活目的，是极大的幸福；不同他人往来、闭门索居、脱离集体，不仅会使人丧失道德，而且会使人变得不幸。除了这种高度的自觉性外，学生的集体活动还把追求个人的真正幸福作为自己的根本目的。

苏联青年心目中的道德理想还具有人道主义思想和对人的爱和尊敬的情感。青年人认为，人道主义给道德理想增添了心灵美，没有这种心灵美，人就不能有自尊心。共产主义人道是热爱祖国的最高表现，因为在共产主义人道中，对祖国和人民的热爱，是同争取全人类解放的斗争结合在一起的。"真正的人不能容忍身旁有奴役者和压迫者，他要与他们进行斗争。"在与希特勒匪徒作战中表现突出的我校毕业生说。

热爱劳动也被苏联青年视为崇高的道德品质。热爱劳动的人之所以对青年人有吸引力，首先是因为他有技能、热爱自己的事业。每一个学生都向往创造性的工作。很多青年人认为，一个人对事业没有兴趣，这是一种道德缺陷，这使他们很不安。

在教育实践中，我们努力做到使学生在青年时代为祖国和未来尽可能多做工作，以便让他们能为祖国做出成绩而感到自豪和快慰。

在体现共产主义道德的诸优秀品质中，勇敢对青年人最有吸引力。我们认为，教育工作的一个重大任务是，要使高年级学生不仅在危险面前能表现得勇敢、镇定、坚毅，而且在日常生活中、在劳动中、在对待集体成员的相互关系中也能如此。怎样在实践中做到这一点呢？

非常重要的一点是，要善于向青年人讲明，马马虎虎地工作和鼓足干劲地工作，其结果是何等不同。举一个例子，某学生小组承担了在3公顷土地上收90公担玉米杂交种子的任务（每公顷收30公担种子）。我们在交代这一劳动任务时提醒学生说，每公顷收30公担，这不是最高标准，如果全力以赴去干，也能收50公担。青年人的心里产生了这样一种热望：在劳动中要表现出真正的勇敢精神，克服一切困难。劳动变成了真正的斗争，不仅是争取丰收的斗争，而且是争取尊严的斗争。我们努力使我们的学生在这场斗争中获得胜利。这就是在日常生活中培养勇敢精神的工作。

道德理想中的一个不可或缺的品质是谦虚。青年人认为，对于一个真正的人来说，英雄主义、自我牺牲精神是理应具有的品质。一个人对自己的尊严认识和体会得愈深，愈是自重，他就愈是竭力不惹人注目。虚荣、骄傲、自吹自擂被看作是一种道德缺陷。青年人认为，做好事不留名是情操高尚的表现。青年人在集体中受表扬后感到难为情，这不是偶然现象：他们受的是集体主义的教育，不愿意将个人的成绩与集体的成绩割裂开来。

在青年人的心目中，道德理想包含忠于爱情和家庭，在大事和小事上皆是坦白和诚实的。姑娘心目中理想的小伙子应是豪迈、纯洁、会珍惜自己纯洁感情的人，首先会把姑娘当作一个人来爱慕并尊重她的道德尊严。

在分析和评价个人的道德品质时，青年人竭力在集体活动中、在自己的言行中体现道德理想的品质。如果说在少年时期他们还做不到这一点的话，那么在青年时期，学生已经能自觉地权衡个人和社会的行为动机，他们为较高尚的社会动机战胜低级的、微不足道的个人动机而感到巨大的精神满足。

举一个例子。

共青团员们打算过一个愉快的寒假，要在野外滑雪，在冰场上举行比赛，傍晚在林间漫步。他们想，这一切多有意思啊。就在放寒假之前，刮了一场暴风雪，造成了很大的损失。狂风吹散了几垛干草，饲料被埋在雪下。党组织号召共青团员们参加抢救饲料的工作。我们没有把战胜面临的困难说得轻而易举，相反，甚至把困难夸大了些，因为事情的严重性能激起人的精神力量。我们和共青团员们座谈时强调，他们为完成一件困难的工作而失去了一次愉快的假期。虽然学生因不得不放弃愉快的寒假而感到遗憾，但是这种情感还是被战胜了，因为他们了解这次劳动的社会意义。苏联青年自觉地为社会利益放弃个人享受，他们深刻地认识到，这是一种公而忘私的行为。

当他们看到自己高尚、美好的观点和信仰取得胜利时，他们感到骄傲、自豪、欣喜。苏联优秀青年的世界观能战胜个人的情感，这使他们更加器重自己的道德感。"克服了这些困难，使我很高兴，因为我不仅看到了这次劳动的意义，更重要的是，我感到高尚的情感战胜了庸俗的情感。"抢救饲料工作完成后以及在其他许多类似的场合，学生在谈到个人利益应服从集体利益时都这样说。不是用强迫命令要求个人利益服从集体利益，而是要学生自觉地联合起来为社会服务，这是使高年级学生的集体达到团结的保证。

斗争精神、克服困难，是促使青年人团结在集体中的最大力量之一。他们希望有必须克服艰难险阻的各种活动的机会。农村学校的高年级学生经常有机会在同自然灾害做斗争中展示自己的精神面貌，这些灾害是一种凶狠和阴险的"敌人"，同这一"敌人"开展真正的斗争，是学习生活和锻炼毅力的好课堂。毫无疑问，即使共产主义在全世界取得全面胜利后，合理开发自然、保护自然、同自然灾害做斗争仍是人的重要生活目的。

我们把学生的精神力量引向这一斗争，帮助他们达到道德理想的境界，让他们认识和体会到自己对信仰的忠诚和坚定精神，让他们为共产主义建设做出显著的贡献。

我们让学生认识到：植物的本性是可以改变的，可以提高土壤的肥力，取得空前的丰收。因此，我们获得的成果总是不寻常的和罕见的（例如，在一小块土地上收比平常多8~10倍的粮食）。正因为这样，平凡的劳动具有了浪漫色彩，虽然它需要付出很大的体力和智力。

一心要在开发大自然中取得胜利的集体，它的生活是丰富的、活跃的和富有思想性的。学生了解到他们要在劳动中克服多么大的困难后，只能使他们的意志变得更坚强。有些目标要经过长期的劳动才能达到，这具有尤为重要的意义。例如，学校里的一个共青团集体，为提高一块荒芜的、堆满垃圾的土地的肥力，顽强地劳动了5年。学生把土地上的杂草锄掉后,种上果树,但是都枯死了:原来这是一片盐碱地。共青团员们又干了整整一年,他们挖坑、积肥,把种果树的地方全部换上了沃土。夏天他们按时浇树,冬天保护果树不被冻死。果树长得很好,新"一代"共青团员接着照看这些果树。学生用顽强的劳动开辟了一个果实累累的果园,这是给家乡的一份献礼。

学生还以这种顽强的精神和必胜的信心培植过葡萄,在一块田里培育出三熟的蔬菜和耐寒的西红柿品种。作为完成这项工作的各集体的精神生活的内容之一,对与劳动有关的一切事物所做的道德评价是很重要的。在困难面前表现出的一丝一毫的退却、把重担推给同志、对胜利缺乏信心,所有这一切会被大家看成是一种道德上的缺陷。劳动创造的物质财富的价值、个人收入,这一切,同崇高的动机相比,都是次要的,这一崇高的动机是:他们竭力要证明能为全民事业贡献自己的力量。

这又一次证明,我国青年的生活具有坚定的思想导向。

在一个积极开展社会活动的集体中,批评背离共产主义道德规范和社会主义生活准则的空气十分浓厚。说青年人敢于展开批评是不过分的。这种批评是积极的,有很大的原则性。青年人一谈起坏事更痛心疾首,真正想看到美好的事物,他们不仅要指责犯错误的人,而且要指责那些严重违反道德规范的人。

对于我国的优秀青年来说,批评不仅是对周围生活所做的道德评价,而且是自我肯定的重要手段之一。青年人认为,背离共产主义道德规范,是对他们的信仰的直接挑战,对于这一挑战是不能不回击的。

青年人经常对自己的同学的活动和行为展开热烈的讨论和开诚布公的批评。但是,他们把批评首先当作帮助同学改正错误的手段,不愿意将对同学的这一批评扩展到他们基层组织之外。

当着教师的面,青年人常常不好意思讲同学的缺点,这是不足为怪的。只有当教师像同学那样对待学生的活动时,这种难为情才会消失。学生对无原则、信念不坚定、献媚、丧失尊严、个人主义、与集体作对、懒惰、怯懦、说大话、不谦虚、纠缠不休等缺点的批评尤为尖锐。

青年人喜欢举行专门会议，讨论个别同学的所作所为或对不道德现象进行评议。我们在教育实践中建立了一个共青团组织所属的专门机构——同学"荣誉法庭"，它的任务是对坏人坏事做出道德评价。高年级同学把威信高、道德品质好的同学（5～7人）选进这个机构。根据大会决议将某个同学送交"荣誉法庭"审判，这是最严厉的处罚。法庭还审理某些不道德的现象（如虚伪）。共青团员们为每一个案件都指定3、4个"陪审员""公诉人"和"辩护人"。

审判如同真正的法庭审判一样：讯问"被告人"和"证人"，听取原告和辩护人的发言，给被告最后申辩的机会。同学"荣誉法庭"与真正法庭的唯一区别在于，"荣誉法庭"不对被告进行惩罚。对坏人、坏事、坏现象进行强烈的谴责，就是"判决"。所有人都把这种谴责看作是最严厉的惩罚。这说明，青年人既把集体对坏人坏事所做的一致的评价看作是最严厉的惩罚，也看作是真理的胜利。少先队员和共青团员开会讨论集体中个别人的行为时，谁都不愿意对犯错误的人提出处罚建议，原因就在这里。

青年人不仅把审理工作、意见争执和是非证明等看作是按道德规范的要求对一些现象所做的道德评价，而且看作是对自己的正确观点的证明。他们认为法庭是开展思想争论的地方。难怪在审理过程中，不仅"证人"发言，许多旁听者也发言。他们认为，发表对某些行为、活动和现象的看法是他们的义务。共青团员在这种同学法庭上的发言的特点是：满腔热情、对缺点毫不留情、直言不讳。

1959年，"荣誉法庭"审理了共青团员列昂尼德的行为。同学们指控他无原则、动摇。列昂尼德作为一个共青团员，认真地完成了组织交给他的任务——找他的奶奶谈话，宣传无神论。但是，他却对在他的房间的床上方挂圣像、点"长明灯"漠然处之。同学们在法庭上问列奥尼德："你怎么能允许在你的房间挂圣像和点'长明灯'呢？"列昂尼德回答说："这是我母亲的主意，我能违拗母亲吗？"

共青团员们对这一回答感到气愤。他们在发言中强调说，列昂尼德同学玷污了共青团的荣誉。

"难道这是一个共青团员应该做的吗？一方面给奶奶读有关雨

是怎样形成的书，一方面却又对母亲烧香磕头听之任之。"列昂尼德的同班女同学玛丽娅说，"列昂尼德的行为违背了共青团的良心。"

同学法庭做出了如下判决：谴责列昂尼德的无原则行为，责令他对自己的行为做深刻反省，坚决改正。判决使共青团员列昂尼德感到内心有愧。于是他开始耐心地向母亲做解释，反复说明宗教所具有的欺骗性。他终于达到了目的：母亲从他的房间里摘下了圣像，拿走了"长明灯"。

"荣誉法庭"不仅对破坏道德准则的学生，而且对整个集体都产生巨大影响。因为青年人不仅向具有高尚道德的人学习、看齐，而且集体对周围事物的道德，对人的行为的道德评价更敏感了。

"荣誉法庭"在审理不道德现象时，共青团员表现得特别积极。因为在此种情况下"被告"不是某个具体的学生，而是一种祸害，一种恶劣品质。例如，在审理有关虚伪的案件时，"控诉人"不仅对虚伪进行综合分析，而且指出它在个别同学行为中的具体表现。共青团员们一致强烈谴责虚伪是意志薄弱的表现，它使人的尊严受到损害。

可见，学生在追求道德理想时在集体中所开展的活动，表现了苏联青年的思想倾向及其丰富的精神生活。

四、献身精神是精神生活的顶峰

在人类悠久的历史上，为实现正义事业和崇高美好的理想，人们奋不顾身，进行了英勇斗争。坚信自己信仰的正确性是坚定意志、忘我精神、英雄主义的源泉。共产主义意识形态使这种坚定的信念得到高度发展，受共产主义精神陶冶的几代人给世界树立了英雄主义最完美的榜样。

我们的青年清楚地知道，献身精神实质上是精神生活的顶峰。青年人竭力深入了解英雄人物的精神世界，探求下述问题的答案：英雄们在面临困难或陷入危境时都想些什么？他们缅怀生活中的各种乐趣时是什么情感？英雄们战胜难以置信的困难，长期坚持英勇斗争的精神，使青年深受感动。

学生从青年早期就向往发扬献身精神。他们设想自己处境艰难，奋不顾身与敌人搏斗，而且在脑中浮现出一幅英勇献身的壮丽情景，内心充满自豪感。他们通常把自己的向往和情感藏在心灵深处，不愿向任何人表露。只有人到成年，回忆起青年早期的生活往事时，才把它说出来。

献身精神不能停留在美好的愿望上。在青年的精神生活中，献身精神具有极大的作用，教师必须帮助他们找到发扬自我牺牲精神和表现英雄主义的机会。这种献身精神可能表现为短暂的甚至是瞬间的精神力量的集中，也可能表现为同困难、危险、艰苦做持久的斗争。发扬这种献身精神的人所具有的精神品质，不可能通过其他途径（包括最好的、目的明确的长年教育在内）获得。英雄们在奋不顾身、勇敢战斗的时刻，不仅坚信自己的观点、信念和世界观是正确的，而且能够自觉地动员全部意志力量，以证明自己是正确的。他们说："取得胜利之后我更加坚信，只有发扬坚韧不拔的精神和意志力量，才能证明任何一种正义的观点和信念。"

多年的观察使我们得出结论：无论多么寡言、腼腆和平庸的学生，在心灵深处都珍藏着为人民利益而英勇献身的愿望。青年人像爱护最珍贵、最隐秘的事物一样把这种愿望深藏在心内，而且认为把它公之于众是不光彩的事。教师的任务是，要创造各种环境，以使每个学生能在青年早期就把巨大精神力量化为英勇献身的行动。

我们千方百计地让每个学生在青年早期都能找到发扬献身精神的场所，并认识到意识在精神生活中的主导作用。我们认为，人们不仅在重大的社会政治活动中，就是在乍看来极平凡的日常活动、青年对待亲朋好友的态度和一切需要克服巨大困难的地方，都能够表现出献身精神。下面援引的例子就是一个明证。

女青年阿拉是一个孤儿。她不到15岁时，有一位妇女收养了她，可以说是她唯一的亲人。阿拉从七年制学校毕业时，她的养母患了重病——下肢瘫痪。许多人都劝说姑娘申请把她的养母送进残疾人收容所。病人自己也认为这是最好的办法。可是阿拉却认为这是忘恩负义，为天理良心所不容。我们帮助姑娘深刻认识、正确评价并实现她的高尚愿望：她继续上学，利用课余时间工作来挣钱，不仅养活自己，而且护理病人。这是一副即使是成年人也难以承受的重担，可是阿拉不仅忍受了贫困，而且没有丧失治愈病人的希望。她精心护理病人，遵照医嘱进行治疗。集体给予的精神支持固然起了巨大作用，但归根到底，个人的精神力量是决定性因素。两年之后，阿拉从九年级毕业，病人也恢复了健康，重新走上了工作岗位。

这是一种真正舍己为人的献身精神，在姑娘的心灵上留下了终生难忘的印象。我们注意观察了她从学校毕业后近10年的生活。她的精神境界日趋高尚，有着鲜明的特点：极端尊重一切人性的东西，关心人，同情人又严格要求人，善于根据事实而不单凭言论评价人的长处。我们的观察表明，能舍己为人的人能够原谅自己同胞在精神和情感生活中的缺点，但决不容忍违反共产主义道德准则的行为。

一个男生中断两年中学学习，为的是给弟弟提供正常学习的条件（父亲去世，家庭困难）。一个女生到法院出庭作证，替一个被诬告的人辩护，揭发了包括她哥哥在内的真正罪犯。一个男生爬上悬崖拯救一个3岁孩子，不顾下面是30米的深渊。两个共青团员奋不顾身地扑灭火灾，冲进火海救出一个被烟熏昏的男孩子。一个男生用自己身体掩护一个7岁孩子，从他手中夺出即将爆炸的地雷，刚一掷出就爆炸了，青年人受了重伤，小孩却安然无恙。

与实现共产主义理想的全民斗争直接相连的英勇献身行为，更具有重大教育意义。在苏联伟大卫国战争、开垦荒地以及建设矿山、高炉和水电站等重大历史时期，我们通过教育工作竭力让每个青年在生活中找到发扬献身精神的场所。在1955～1957年夏季，一批成绩优秀、身体健壮的高年级学生奔赴垦荒地；1958年，他们参加兴建水电站工程。青年人努力去完成需要巨大体力和坚强意志的最艰巨工作。例如，在春汛季节，一些建设工程受到洪水威胁，他们不顾学校的种种规定，冒着危险坚持夜里加班劳动。学生们恰恰在这种劳动中看到了道德理想和英勇献身精神。

有英勇献身精神的人，是在道德上日趋成熟的人。

五、青年的道德感

人在青年时期在情感生活方面已有许多体验。他们不仅有能力控制自己的情感,对各种言行做出道德评价,还能自觉地培养高尚的感情。

对行为和思想做出自我评价,对道德理想的向往,不仅促进发展和提高一种极为重要的道德感——义务感,而且能培养对自己的人格良心做出道德评价的能力。团结青年参加基层组织活动的思想基础越深厚,就越能吸引他们关心集体的利益。参与一切,体验一切,不袖手旁观,愿积极为社会谋利益,新的年轻一代日益强烈地表现出这种义务感。

青年人对各种社会政治事件竭力想表明自己的立场,如果没有找到机会,便感到苦恼。我们不止一次地看到,在我国生活处于艰难时期,高年级学生是多么激动不安地思考一些重大问题:"应当做些什么?""怎样帮助祖国?"在伟大卫国战争中进行斯大林格勒保卫战的日日夜夜,许多男生抱怨不满,说什么在决定祖国命运的时刻,他们竟被迫地坐在教室里。有些学生跑到靠近前线的地带,投奔作战部队。

在和平时期,青年人对国内和国际发生的事件也非常敏感。阿什哈巴德发生地震后,我们的学生就决定利用课余时间集体去铁路桥梁工地劳动,把劳动收入寄给阿什哈巴德遭受震灾的学生。

青年人能有如此鲜明的强烈的义务感,可说是共产主义教育所取得的最显著成果。在学生的童年、少年和青年时期,由于我们教育他们对待他人,对待自己的同胞和世界上一切善良正直的人要如同对待自己的兄弟姐妹一样,所以他们培养起了对人、对集体、对社会的义务感。

因为公共利益把学生团结在一起,他们的个人感情和兴趣就具有深刻的社会意义。我们教育青年的指导方针是,在个人生活(兴趣、志向、动机)方面,要尽可能多地考虑社会需要、国家需要。学生如能为公共利益献身,就能在公共利益中看到个人的利益。

从学生入校学习的第一天起,我们就教育孩子关心那些与他们个人无关但涉及公共利益的事。

我们学校附近有一所农村公园。学生从入学直到毕业,每天都要去关心那里的树木生长情况。如果发现树皮被损坏、树枝被折断,他们就把被损坏的树皮包扎好,涂盖好,把折断的树枝剪下来。学生逐渐养成关心和爱护公物的习惯,看到有人对全民财产漫不经心,就感到非常难过。他们的行为表明,公共利益和他们的个人利益已经完全融合在一起了。我还可以再举些例子。

学生们在拖拉机队实习,发现谷物收割机的一个重要部件坏了。虽然离收割季节还有半年多时间,学生还是立即动手把它修好了。

雨后学生从地里回来,姑娘们发现几十棵树苗的根部被水冲刷出来了,如果不立即用湿土把树根埋上,树苗很快就会死掉。姑娘们干了几个小时,树苗终于得救了。

学生在达到道德成熟期(即青年期)之前,已掌握许多知识,经历过复杂生活,参加过思想丰富的有意义的活动,对社会主义社会各成员间的正确关系和真正的人道主义精神已有所认识。基于上述原因,学生在进入青年期之前,就在一定程度上体验到行为的正义性了。进入青年期以后,这种情感更带有自觉的性质,从而对自我肯定能力的进一步发展起着特别重大的作用。

青年人有意识地经受一些情感考验并充实自己的良心,其中最深刻的情感是正义感。满怀这种情感而百折不回、无所顾忌、只听从良心驱使,不仅被看作是道德尊严,而且给人们以极大乐趣。我们的观察表明,青年人坚信自己正确,对一切在道德问题上采取妥协的行为坚决进行斗争,他们在斗争中所取得的胜利,不仅提高了他们的精神境界,而且增强了他们的自尊心。青年人自觉地寻找考验自己精神力量的机会,他们对生活和劳动中涉及世界观和道德的原则性问题,竭力想表明自己的正确立场,而且想试一试自己对各种违背良心的行为所具有的抗拒能力。他们在意识中对周围生活中的各种现象和事件所做的道德评价越鲜明,他们的良心呼吁也就越坚决有力。我们知道,一些学生的良心既不能同他们的亲人——父母的不道德行为妥协,也不能默认这种不道德行为而不予公开指责。在捍卫自己的正确性的斗争中经过考验的情感,给他们的精神面貌留下了终生难忘的印象:他们襟怀坦白、刚毅坚定,对伪善和逢迎势不两立。

道德教育的一项重要任务是,精心保护和注意巩固青年人心灵中的各种高尚情感,给他们提供考验良心的机会。不能要求青年容忍与他们的理智格格不入的东西;不能要求他们承认他们尚未意识到的错误;不能要求他们去谴责他们认为无可非议的事物;也不能暗示他们去反对他们内心所不愿反对的东西。学生度过少年和青年时期之后,不仅应感到自己的良心是洁白的,而且能认识到,在为争取道德的纯洁性和崇高的共产主义理想的斗争中,他们能够战胜邪恶。

具有悔过感——"良心的谴责",也是青年的道德感发展标志。在青年时期,这种情感构成牢固的世界观基础。

我们通过观察发现,学生不仅为自己的错误行为受到良心谴责,还因为对同学们的品德有过错误认识和错误评价而内心感到愧疚。我们知道许多属于后一种情况的事例。他们向自己的同学表示歉意,承认自己的看法与实际有出入。如果他是违心指责某某同学反对集体、虚伪、阿谀逢迎、没有原则性,那么他们的良心更会受到尖锐的谴责。这种情况表明他们给自己提出了严格的道德要求:学生自己的道德正义感越发展,就越尊重同学的道德尊严。

在青年时期,对他人的情感越来越采取批判的态度,而自己的情感流露却越来越克制、审慎。先进青年都有下述特点:无论取得多么巨大的成绩,他们认为显露情感是可耻的;他们尤其反对在成绩面前高枕无忧、妄自慰解的行为。甚至当他们的活动受到大人、教师或集体的高度称赞时,他们仍然对自己感到不满意。许多学生从学校毕业多年之后(到了25~27岁的时候)才对我们讲述了他们当年复杂微妙的心情。他们谈到一种极有趣的现象:在完成一项需要很高智力的复杂而又责任重大的工作时,他们有意识地培养一种自我不满足感,促使自己认识到成绩甚微,距要求还差得很远,等等。这种情感使他们能动员起全部内在力量,顺利地完成任务。

对周围生活现象做出道德评价,力求道德意识和道德行为的统一,参加为实现共产主义崇高理想的斗争,这一切使青年人相信,如果在一些偶然发生的或琐碎的小事上分散或消耗情感，就会削弱精神力量，损害人的尊严。因此，要用理智加强对情感的控制。特别是对一些不健康的情感，青年人更应从理智上进行自我克制。学生在产生憎恨、不满、厌恶、失望等情感时，会考虑对对象是否应抱否定态度。许多青年从学校毕业八九年后才对我们讲述他们的事：不因受到一些小小的委屈或不公平而抱怨同学，而是能自觉地克制自己的情感。这样，对那些足能引起短暂的不愉快或损害自尊心的鸡毛蒜皮的琐事，就置诸脑后，不以为然了。

现代的先进青年有一个显著特点：他们没有虚荣心，不妒忌，不幸灾乐祸。但是，他们对那些道德败坏、践踏共产主义道德准则的行为（更不必说对侵犯祖国的独立和自由的敌人）非常愤恨。青年人还极端痛恨那些他们没有直接目睹的不道德行为。这种憎恨的实质，不是对人，而是对社会上的道德败坏行为。青年人的这种情感表现得非常强烈。

我们多次看到，高年级学生从报上读到关于苏维埃人的不道德行为的报道时，非常气愤，而当事情的全部真相都弄清楚之后，他们更是加倍地愤怒。例如，《真理报》登载一篇讽刺小品，谴责一个经济官员利用权势动用国家资财给自己盖了一栋私邸。学生们读后便给这个人写了一封信，痛斥他是寄生虫、公共财产的盗窃者。

对人的道德评价要以崇高的思想为基础。这种思想能帮助学生增强诸如公正待人、不抱成见等重要品质。青年人如能把情感建立在重大原则之上，他们在对待相互关系、友谊和同学情谊上就不会互相包庇，原谅一切，放荡不羁。在他们眼中，最珍贵的是真理，而不是个人动机。

我们的多数青年有着高尚的道德行为，这并不排除他们也有消极的情感。重要的教育任务是，要教育学生自觉地去克服忧郁苦闷、无精打采、萎靡不振、垂头丧气等情绪。

我们向学生说明情绪与活动的关系，鼓励他们参加积极的活动，使之精神振奋。当班级集体因某种原因影响而陷于消极情绪状态时，尤其需要鼓励学生。现在我援引一个实际例子。

一批高年级学生在集体农庄参加劳动，种了两公顷糖萝卜。最初长势很好，后来突然遇到霜冻，全给冻坏了。全体学生都垂头丧气，悒悒不乐。为了唤起战胜新困难的勇气，我们给学生讲了西伯利亚的联合收割机驾驶员普罗科菲依·涅克托夫的事迹。尽管他身体残废（战争期间失掉双腿），但他熟练地掌握了专业，不止一次地超额完成收割计划，而且能自己修理机器，不需要别人帮助。这个故事产生了良好的教育效果。与故事中的英雄所克服的困难相比，他们碰到的困难简直是微不足道的。全班学生的郁闷情绪很快就消除了，又重新振作起来，充满了自信。他们用一天时间，重新翻耕了土地，还挑选了良种，运来追加的肥料。新播下的种子很快破土而出，最后学生在这块地上获得了好收成。

我们对苏联青年的道德感的研究表明，自觉极力地把这些情感变成积极的行动，则是他们的道德面貌的最显著特征，是他们的情感的思想基础。

充满高尚情感和激情的活动，就是苏联青年发展思想性的动力。这种动力的源泉概括起来就是：明确认同共产主义世界观的正义性，坚信自己正确，竭力建立个人的道德尊严，对违反共产主义道德准则的行为持不调和的态度。

先进的苏联青年把义务感和热爱祖国的情感同与劳动人民保持密切联系的情感融为一体。这种情感已经成为他们的精神面貌的决定性特征。在先进青年取得道德进步的背景上，我们生活中的各种消极现象就更加刺目，无处藏身了。在年轻人中间，还有钻营者以及自私自利、阿谀逢迎、居心险恶、心怀嫉妒之徒，他们多半是集体和个人生活空虚与无聊的产物，他们没有崇高的生活目标。只有充满高尚思想的活动，积极参加社会公益劳动，才能消除这些低级情趣。

六、美感在青年道德发展中的作用

学生在青年时期已认识到美感是精神生活的一个极为重要的因素。青年人需要感知一切美好、高尚、英勇、有趣的事物，满足这种需要对美化青年的心灵起很大的作用。

在青年时期，美感帮助学生认识个人的道德尊严，净化自己的灵魂，培养道德信念。对他人的道德行为的审美情感，对形成个人的道德尊严起着很大作用。各种高尚品德的表现，如对共产主义理想和劳动人民的忠诚，在反对一切邪恶维护美好事物的斗争中所表现出来的刚毅坚定和自我牺牲精神、集体主义、诚实正直、大公无私，不仅以其高度的思想性，而且以其崇高的美，激动人的心弦，使学生受到感染。

对青年人来说，共产主义思想本身就是最美好的。青年时期，对美好事物的向往和对高尚道德行为的渴求，比任何时候都更紧密地结合在一起。

正因为如此，青年人不能容忍各种不道德的行为，认为不道德的行为是卑鄙可耻的。

学生在道德方面能做出自我肯定，非常重要的一点是，他们在青年时期要能够感受并体验道德高尚行为的美和崇高。充实的集体生活、健康的道德关系、高尚的情感，都有助于学生自我完成美好、高尚的行为。

人们的高尚行为唤起的美感，是苏联青年朝气蓬勃、乐观主义、坚信生活的崇高目的的取之不尽的源泉。

以下规律最能说明青年时期的特点：由于感知自然和艺术中的美，同时能发现人的自身的美。我们通过观察青年的生活和劳动得出结论，他们在自然景色中和艺术作品中自觉培养自己对美的事物的兴趣和爱好。有选择的兴趣取代了对风景如画的自然现象的直接兴趣：学生从自然景色中探求他的精神需要。离开学校10～15年的学生对这个问题的看法，很令人深思。他们在描述美感在道德面貌形成过程中的作用时着重谈到，在青年早期观察自然景色的美，促进他们对高尚道德行为的无限向往。我们的一个毕业生曾说："我喜欢观望蔚蓝色的天空和辽阔的草原。观赏这些景物在我内心唤起了许多遐想：关于人的伟大和自由，关于人类主宰自然，关于一切自然的、真实的事物的纯洁和高尚，等等。当我读到描写过去悲惨生活的作品，心情就十分沉重。这时我走到村外，举目远眺无边无际的草原和晴朗清澈的天空，顿时感到轻松，精神又振奋起来。"

如果说，儿童和少年观赏美丽如画的自然景色便能产生美感，那么青年人则能对一些乍看起来并不光彩夺目的自然景象做出高度的审美评价，充满生机和正在发展中的事物，使他们心旷神怡，产生美感。观看大地从冬眠中苏醒，江河解冻，浮冰流动，草木凋零，候鸟迁飞，百花盛开，宁静的秋季……。这些景象都帮助他们形成大自然永存、生活美好的思想。

在感知和评价艺术作品时产生的美感和要求对青年的道德发展起特别大的作用。学生非常珍视艺术语言的美，把它看作是本民族最大的精神财富。在青年初期，如同需要结交朋友、建立友谊一样，需要阅读文艺作品。这种需要是终生的需要。青年在文艺作品中寻找一切令他们激动不已的问题的答案，这首先涉及确定他们在生活中的位置的问题："人的幸福是什么？如何把公共利益和个人利益结合起来？怎样选择人生理想？能否自觉地追求荣誉？如何把符合志向的劳动与出于义务的劳动结合起来？怎样使精神生活变得丰富些、充实些？"对所阅读的文艺作品做出的审美评价如何，在很大程度上取决于学生能在多大程度上明确回答上述问题，在多大程度上牢固地树立了追求道德理想的志向。

青年早期，从广义上说，是充满诗意的年代。反映人们精神世界、对周围生活给予道德情感评价，特别是描写同志关系和男女关系的作品，使年轻人心情激动，不能平静。他们不仅从抒情诗里，还从散文中深刻感受到诗意。在他们面前展现出真正诗意的作品，不仅有反映充满喜怒哀乐的现实生活的作品，也有描写真理胜利和生命凯歌的作品。有的作品所描绘的主人公可能遇到极大不幸，其结局可能是悲剧甚至是死亡，但主人公如果是为争取美好生活而死，他的行动就会被看作是对人生充满乐观主义的伟大行动。学生在青年时期对这类问题已经形成了很成熟的观点。他们非常蔑视粉饰现实、结局总是十分圆满的作品。他们看了这类作品会说："生活并不是这样。"

高尚战胜邪恶，是苏联先进青年评价文艺作品的审美标准。他们认为，极重要的是作者对人的幸福的态度。那些把为社会的崇高目的而斗争视为个人幸福的主人公，已成为我们青年的典范。年轻人屏息静气地关注主人公的命运，和他同呼吸、共患难。由于这种共同的感受，他们也把个人幸福观提高到了新的高度。

苏联青年受到精神自由、人的尊严不可侵犯等思想的教育，因此，他们对文艺作品中所描写的隐秘的相互关系——友谊，特别是爱情，提出了高度的审美要求。我们注意到每一代成年人对隐秘情感的纯洁性日益提出严格的要求。青年人努力从诗歌作品中看到巨大的、忠实的、理想的、经受住各种考验的爱情。

走上独立生活道路的每一代新人，对文艺作品的要求与日俱增。富有表现力的语言，准确、新颖、多样、富有诗意的描写手段，能起到美化青年心灵的作用。

在青年的精神生活中，音乐和绘画所占的地位越来越大。青年力图理解歌剧和室内音乐。音乐在他们内心唤起了种种情感，年轻人喜爱欣赏与他们的思想、情感和谐一致的音乐。我们的观察表明，欣赏音乐能增强情感记忆在精神生活中的作用：旋律能唤起人们心中昔日的各种感受，并赋予思想以新的情感色彩。我们的学生从学校毕业两三年后对我们说，表达一定情感的音乐使他们的思想变得更明确了，使他们使用的每个词变得更有分量了，不仅发出铿锵之声，而且具有巨大的情感色彩和表现力。我们学校的一个毕业生说："听完音乐，我感到思想灵敏了，能很快地回忆起所需要的词语。"

观察还表明，音乐对道德行为有着直接的影响。音乐作为美育的一种手段有助于培养学生高尚的道德品质，如对祖国的热爱，对英勇献身行为的向往，对人奴役人现象的憎恨，以及个人道德尊严。在音乐的影响下，青年人自觉地保护这些情感，使之免受一切低级趣味和不道德的东西的侵蚀。我们的许多学生都不约而同地谈到自己的体会："音乐使我变得对一切坏东西特别敏感，简直不能容忍。我想成为正直的人，我一定能够达到这个目的。"他们还说，当他们感到精疲力竭，对自己的力量缺乏信心、困惑不解时，音乐重新唤起他的精神力量和青春活力。

下面的事实是我们学生的精神生活不断丰富的标志：85％的学生都收集了相当数量的古典音乐和现代音乐唱片，每人都毫无例外地有个人藏书和复制的名画画册。从在学校学习的时候起，他们就精心保护并不断充实这些精神文明的珍品。他们走上独立的劳动生活道路后，更加留心收集新的珍品。许多年轻劳动者积极参加业余艺术创作小组的活动。

学生对生活用品——服装、家具、器皿等的美感也很有趣。多数青年认为，样式、线条、色泽，要朴素、自然、大方，这才是美。多年来，我们用一种思想教育学生：如果谁故意用穿着、家具、室内陈设使自己显得比实际更美些，或者用奇装异服、鲜艳刺目的色泽和线条一味打扮自己，就会损害和降低人的道德尊严。人是世界上最美丽的。因此，穿着应当能突出人的美，衬托人的美。

对劳动过程和劳动成果的情感评价，是青年对现实的审美态度的一个重要方面。因为这种评价在青年道德面貌形成过程有特别重大意义，我们将在另一节——"劳动是青年精神生活的一部分"中阐述。

七、青年对思想丰富、精神充实的生活的向往

对我国年轻一代在国家生活各个历史时期所表现出的精神面貌进行分析之后，可以得出这样的结论：青年的意识、情感、道德行为等极其鲜明地反映出我国社会生活已经发生和正在发生的深刻的根本性变化。工业化，农业集体化，伟大卫国战争，恢复国民经济，开垦荒地，建设矿井、高炉和其他工业中心，每一时期都在青年的心灵中留下不可磨灭的印象。

我们青年的一个最重要的特征就在于青年人的整个生活、兴趣、理想和相互关系具有高尚的共产主义思想倾向。这才是我国人民真正宝贵的精神品质，社会主义最重要的成果之一。

在青年当中，今天还有少数贪财好利之徒，他们饱食终日，无所用心，如陀思妥耶夫斯基所说，过着酒囊饭袋的生活。但是他们并不代表正在建设共产主义一代人的道德面貌。我们通过观察可得出这样的结论：将物质的需要与思想上、精神上的需要相比较，青年对物质的需要日益退居到第二位。他们已不再为一片面包担忧。这一意义重大的现象表明，在共产主义制度下满足社会成员物质需要的任务，将与今天不可同日而语。

我们的青年从学校毕业后可以拿到相当可观的工资。他们在决定购买什么物品时，首先考虑满足精神需要。他们认为，购买多余的服装、鞋、手表以及其他贵重物品，不如购买乐器、书籍和画

册。当然，这并不说明青年人自我节制，或兴趣和需要过于狭窄。青年人也喜欢漂亮的衣着，想穿得雅致些，他们拥有生活和劳动所需要的一切物品，但他们坚定地认为精神财富更为珍贵。这是一种意味深长的现象，表明苏联人对生活的观点已经发生根本性的变化。青年人不必为求得个人温饱而奔波，对个人幸福的理解已与40年前迥然不同。他们认为，幸福首先表现为具有高度思想性的、生气勃勃的精神生活，表现为智力上的需要得到了满足。

青年人在选择专业时，很少考虑物质因素（工资多少）。我们越来越多地看到，许多青年人宁愿选择工资低但对精神发展提供广阔远景的专业，而不愿干工资高的工作。在1959、1960年，我们学校的85名毕业生回答了我们提出的"你准备选择什么专业？工资对选择专业起多大作用？"这两个问题我们发现，82名毕业生回答时都强调说，在我国从事任何职业所得的工资都能满足物质上的需要，他们之所以选择某种专业，是因为它能让他们从事趣味盎然的创造性劳动。一个叫尼古拉的学生回答说："我少拿10卢布或20卢布无关紧要。对我来说，更为重要的是，不仅拿到工资，而且能够有机会学习，提高自己的技艺。"

这些事例令人喜悦。

我国青年高尚的精神追求，最终表现为，青年在任何劳动中都竭力发扬创造精神，使每一件平凡的事变成有意义的、高尚的事。

我们的许多毕业生参加劳动后，都竭力使生产劳动与研究实验结合起来。例如，甜菜小组的青年在基洛夫格勒州的许多集体农庄的大片土地上种了小块试验田，认真地进行培育植物的方法和提高出糖率的试验。最富有主动精神的工人极力主张在大片土地上搞试验，使全部生产劳动都带有试验的性质。

根据对一些事实的分析，我们弄清了我国部分青年身上存在的、近来已引起社会关注的某些消极现象——自私自利、过于考虑个人、选择衣着方面很反常的原因。在这些"倾向"的背后隐藏着精神生活的空虚和贫乏。人变成物品的奴隶之后，不仅失掉了道德尊严，而且失掉了个人幸福的前景。

思想丰富的生活、高尚的道德理想、多方面的精神需要，决定青年的道德面貌，并给全社会以良好的影响。

道德上的坚定性、原则性、忠于信念、大公无私、意志坚定，与奴颜婢膝、阿谀逢迎、随波逐流的行为两者截然不能并存。这些优秀品质都源于年轻一代的具有高度思想性、明确目的性的精神生活。当青年人意识到他们的行为、他们的坚强意志会给最大的公共事业带来利益时，他们的上述优秀品质就表现得尤为鲜明。青年人向往做一番大事业。对成果直接反映在全体人民建设共产主义上的劳动特别神往。这也就是青年人热情奋发地奔赴垦荒地、参加边远地区建设、顽强战胜重重困难的原因所在。

每年，我们的许多中学毕业生满怀着对丰富精神生活的向往和劳动的愿望，奔赴没有人烟的艰苦地方。他们住在帐篷里，在困难面前既不垂头丧气，也不牢骚满腹。他们当中一个名叫列昂尼德·伊万诺维奇·舍甫琴科的学生，在执行一项重要任务时英勇地献出了生命。后来人们用他的名字命名了国营农场工人村的一条街道。1959年春，4个青年人从中学毕业后决定去我国东部地区参加建设新企业的工程。启程前夕，一个学生的家长劝自己的儿子慎重考虑个人的决定。他们说："你刚18岁，你这样倔强，不过是想去追求不寻常的、浪漫主义的东西。"但是这个青年毫不动摇。半年以后，他成了工地上的熟练工人。他写信给父母说："我们的确追求过不寻常的、浪漫主义的东西，但不是为了享乐，而是想考验一下自己的力量，在斗争中得到锻炼，过真正人的生活。"

为实现崇高目的而在困难面前表现出来的坚定精神和对物质困难的藐视，都被青年人看作是世上最大的精神财富。我们的一个学生曾讲述这样一个故事："有一天，英国旅行者来到垦荒地。一个姑娘问我：'你干这么重的活儿，挣多少钱呢？'我听了很恼火。不过我很快就明白了，在资本主义世界用金钱衡量一切。我对她说，我们的生活观与你们完全不同。在我们眼前翻滚的金色麦浪，对我来说，就是无价之宝。"

八、劳动是青年精神生活的一部分

在以剥削为基础的社会里，唯有脑力劳动能促进精神的发展；

体力劳动只能使工人、农民精疲力竭，变得愚钝，并注定他们只能过着饥寒交迫的生活。

社会主义制度把人从经济奴役中解放出来，从根本上改变了人们对劳动的看法。工农业日常劳动的社会性质，以及智力性质的改变，在很大程度上促进了这种改变。社会主义社会竭尽全力使体力劳动最大限度地同脑力劳动相结合，并赋予它以创造性的特点。青年们越来越相信，工厂、工地、集体农庄或国营农场的劳动活动，不仅能为丰富的精神生活提供时间和力量，而且它本身就能促进精神的发展。

体力劳动已经成了我校学生精神生活不可分割的一部分。那种单纯耗费体力而无高尚社会目的或智力创造意图的劳动，已不能满足男女青年的要求。这并非鄙视劳动，而是表明需要在增长，要求在提高，是青年对自己的智力与道德的深刻自我评定。一个在丰富的精神生活气氛中受教育10、11年的年轻人，简直不能设想，随着劳动活动的开始，他的智力水平反而会下降。

我们教育高年级学生准备参加并尊重普通的体力劳动：人不仅应该会操纵机器，而且会用铁锹翻地，会用双手搬运笨重物体。可是，这种劳动必须与年轻人亲自参加实现的智力目的联系起来。16～18岁的男女青年兴高采烈地参加集体农庄畜牧场大楼的施工：每天用铁锹铲土几立方米。学生们还以同样的热情收集农家肥料，运到地里，千方百计把荒地变成良田。

学校的任务在于，使青年们不仅积极参加精神丰富的、充满智慧的劳动，而且正确认识培养劳动文明任务的重要性。如果把男女青年培养成贪图从老一辈手中承受一切现成的东西的人，是不对的。每个学生从青年早期就应该学会通过各项劳动不断提高自己的智力水平，而且永不满足已经取得的成就。我们通过男女青年的劳动教育体系（其基础是积极的思维活动与体力劳动的和谐结合）来完成这一任务。每项劳动任务，不管它如何平凡，甚至初看起来并不吸引人，但都是含有创造因素的、洋溢着智力兴趣的劳动。劳动的本质就是合理地、有目的地征服和利用自然力量。我们向学生揭示这一点为的是要他们树立任何体力劳动中都有创造的可能性这样一个思想。学生们会在劳动过程中印证这一点；他们会在任何劳动中，甚至在非常单调的劳动中，看到积极智力活动的可能性，而丰富的精神生活的重要条件就在于此。学生们对即使是十分枯燥的劳动也干劲十足地去完成，因为这些活动本身并不是劳动的主要目的。举例来说吧。

几个16、17岁的学生被分配去完成一项相当困难的工作：用大桶把稀粪肥从畜牧场运到菜园（给植物追肥）。我们帮助他们想出了一个主意：为了储存稀肥料，最好在畜牧场建造一个畜粪池，然后用管子把池子和菜园连接起来，专门装设一部发动机，用它把稀粪肥顺着管子输送到菜园。学生们对这一工作很感兴趣。他们建造了畜肥池和输送管，安装了制造肥水混合液的设备，完成的工作量比用大桶搬运粪肥增加了许多倍。而这种劳动却是愉快的，因为体力上付出的努力是为了实现有趣的意图。这项工作完成后，男女青年又排干了半公顷沼泽地，把它变成了一块宜于植物生长的集体农庄菜园。随后，又做了其他一些同样含有创造意图的工作。3年期间，每个学生要比天天从事简单的、单调的劳动多付出三、四倍的体力，可是，尽管劳动强度这样大，谁也不感到负担过重。因此，劳动不是作为一系列互不相干、互无联系的活动，而是作为统一的、目的明确的事业进入学生的精神生活，这里既可能有困难，又会有取得成绩的快慰。

认识和感受劳动的社会和智力方面的意义，是促进和培养个人爱好和志向的最重要因素，它使学生确信他也有自己所喜爱的劳动。在少年时期，每个学生一般都对发挥其天赋能力的那种劳动感兴趣。到了青年时期这种兴趣得到加深，更加具有自觉性。男女青年从主要是在学校各种小组里劳动转到集体农庄的田野、畜牧场、机修站的机械车间和拖拉机队劳动。在生产劳动过程中，他们掌握许多机械专业方面的知识。

这样一来，劳动之所以成为男女青年精神生活不可分割的一部分，除了劳动任务崇高的社会性质、智力性质和深刻目的外，还有一个原因：青年认识到不断学习，不仅积累专业知识，而且积累一般理论知识的必要性。

愈来愈多的男女青年认为，车工、钳工、畜牧工作者的繁重体力劳动比考勤员、统计员、办事员的悠闲自在的脑力劳动要好。这不是偶然的。

　　向往创造性的劳动，力求把它建立在牢固的智力基础上，这些特点变成了在青年早期受过高度劳动文明教育的男女青年的道德素质。

　　追求完美，对劳动成果的高标准要求，也是精神生活的某种因素。男女青年不仅渴望参加合理的、精神丰富的劳动，而且渴望参加美的劳动。在青年时期，对劳动的审美评价具有鲜明的道德色彩：在他们看来，工作完成得不好，粗制滥造，就说明做这项工作的人道德品质不高尚。男女青年在欣赏自己的劳动成果（在车床上旋得精细的零件、谷类作物和经济作物整齐均匀的幼芽、成堆的粮食、茁壮成长的树木）时，他们得到深刻的审美感受和审美享受。渴望制造完美无瑕的产品同准确掌握劳动技术和工艺是分不开的。由此可见，学生不仅可以在粗糙难看的产品中看出毛病，而且力求能找出产生毛病的原因（在计算方面、在操作技术方面）。对自己劳动的审美感受会给人带来很大的愉快。

　　在校学习的最后几年，除了实习工厂、田野或畜牧场的劳动外，男女青年自己喜爱的、"可心"的、给人以美的享受的劳动也牢牢充实了他们的生活。男学生喜欢栽培果树和葡萄，做木工活和在木板上烙画，学习无线电技术；女学生则喜欢刺绣、养花。这种劳动技艺实际上可归入艺术和艺术创作。

　　劳动集体的精神生活也是每个学生精神生活的组成部分。在生产劳动和掌握各种专门知识过程中，学生们逐渐被吸引到工人和农庄庄员劳动集体的生活中去。他们已经不仅仅考虑学校和班级的利益，吸引他们的还有劳动集体（生产队、牧场、小队）的利益，如争取先进工作指标的社会主义竞赛，努力保持崇高劳动荣誉，不断提高技艺，采用优秀劳动者的经验，发明创造和使生产合理化等。男女青年努力为劳动集体的共同事业贡献自己的力量，这方面哪怕是微小的成绩也会给他们带来极大的喜悦。有经验的劳动者或整个集体如果对某个学生给予赞扬，那他会感到这是对他的品格的赞扬。

　　优秀的、先进的劳动者对男女青年的精神生活的影响更大。学生努力向他们学习，不仅学习他们的技能和技巧，而且学习他们在集体中对待同志的态度：体贴他人，助人为乐，与人为善，坚决反对不负责任和弄虚作假的行为。学生同有经验的劳动者交朋友是常见的事，这种交往有利于学生的精神发展，促使他们更加自觉地选择自己的专业。

在劳动模范人物的影响下，学生们充满了对未来的责任感，把自己选定的专业视为终生的事业。

中学毕业以后，劳动对男女青年精神生活的作用有了明显的增强。不断提高和扩充知识已经成为他们切身的需要。现在，青年工人和农庄庄员在科技大学或农业大学接受函授教育是极普遍的。值得特别注意的是，促使他们学习的动机在绝大多数情况下，不是企图逃避体力劳动，而是向往高度文明的创造性劳动和不断提高生产技能。"学习使劳动变得愉快、丰富、有趣；知识使技艺日趋进步，日臻完善。"这就是男女青年在回答是什么东西吸引他们参加函授教育时所持的看法。

值得注意的是，许多青年工人和农庄庄员，在以函授方式读完大学之后，继续从事先前的生产劳动，他们具有高超技艺和创造力的劳动活动值得专门加以研究。

*　　　　*　　　　*

培养全面发展的人，是为了实现共产主义这一最终目标。在实现这一目标的斗争中，苏联学校具有很大的作用。最重要的教育任务在于使每个学生成为自觉的共产主义战士——造福于社会的宝贵财富的创造者。

培养集体的方法

陈先齐　陈茵梅
干　正　蒋雪琦　译

只有当自己看到某种新的东西是如何从人所不知的事物中、从事物与现象之间的无数联系中显示出来,并且在这种新东西的诞生中还能看到自己经过不懈的努力所取得的成果时,儿童才会产生惊讶之感。由于这种惊讶,儿童觉得自己是个勤于思考的劳动者,是个思想家。对认识真理的过程以及真理本身感到惊讶是自我认识和自我教育、个人认识世界和集体成员相互影响的最重要前提。

第一章

学校集体及其培养的原则

中小学阶段是苏联未来公民个性形成的最重要的时期。因此，学校集体对培养下一代具有特殊的作用。学校集体是培养学生对知识的渴求、开发学生的禀赋和培养其能力的主要社会场所。由于学校集体要和各方面发生关系，它的每个成员要参加共同性的活动，在学校集体中，个性的全面发展以及儿童和青年对生产劳动、积极参加社会活动和保卫祖国等必要的训练都能得到保证。

克鲁普斯卡娅、沙茨基、马卡连柯都很重视学校集体。他们无论是解决教育理论上的还是实践中的问题，都始终依据马列主义教育学说，着眼于把年轻一代培养成集体主义者。

克鲁普斯卡娅在关于中等学校的社会政治教育报告提纲中写道："在苏联，政权是属于劳动者的。他们取得政权，是为了以社会主义即集体主义的方式改造整个生活。列宁同志认为，我们时代的主要任务，正是通过合作化，即把个体生产者的经济力量联合起来的办法，以集体主义的精神重新教育广大人民群众。……中等学校的社会政治教育的目的应当是：把儿童培养成为集体主义者，即培养能从整体观点看待一切问题的人，他们会从事集体劳动，过集体生活，并能在各方面互相帮助。"①

马卡连柯深入研究了在集体中和通过集体教育儿童的系统，并给"集体"下了科学的定义。他尖锐地批判了当时在教师中广为流传的儿童学家的一种说法，按照这种说法，有人把集体当作"对这

---

① 克鲁普斯卡娅. 克鲁普斯卡娅教育文集（俄文版）：第3卷［M］. 莫斯科：俄罗斯联邦教育科学院出版社，1959：157.

种或那种刺激会引起共同反应的协同动作的人群"①。

马卡连柯带着讽刺的口吻说，它那生物学的气味离十里远就可以闻到，这是一群猴子或一团水螅，可不是人的集体，不是人的活动。如果上述定义也适用于人，那么电车上的乘客、街道上的人群、互相打架的醉汉，乃至任何东西都可归入集体的概念。马卡连柯强调，只有人们按照社会主义原则建立起来的社会统一体，才可以称为集体。比如，我们可以说"哈尔科夫拖拉机制造厂的劳动者集体"，但我们从来不说"福特工厂的集体"。一个苏维埃家庭，如果它是建立在成员平等参加共同劳动的基础上，便可以称为集体，但以专横的家长为首的商人家庭，就不可能算是集体。

根据集体的具体特征，马卡连柯给集体下了全面的定义："按照我的意见，集体是以社会主义原则为基础的人与人互相接触的总体。在对个人的关系上，集体应确定整个集体的主权。因为确定人有自愿加入集体的权利，只要个人在集体中一天，集体就要求他无条件地服从，这是由集体的主权得出来的结论。集体只有当它显然是用有益于社会的活动来团结人的时候，才可能成为集体。"②

在谈到儿童集体时，马卡连柯指出，既然苏维埃教育体系是社会主义的体系，我们的教育机构也就具备了集体的形式。

马卡连柯强调说："我们的学生的集体，不仅是青年们的集合，这首先是具有苏维埃国家里任何其他集体的一切特点、权利和义务的社会主义社会的细胞。"③

基层的班集体是实际生活中人们最为熟悉的，也是以教育理论考察研究过的。

本书要论述的也就是下面所要谈及的整个学校集体。

学校集体中的成员不单单是学生，也包括教师。学生集体和教师集体是相互独立并各有不同生活特点的组织形式，两者都按其自身规律形成和发展着，既不能画一条线将它们截然分开，也不能用任何一堵墙把它们隔离。教师和学生结合在一起形成学校集体，但

---

① 马卡连柯.论共产主义教育[M].北京：人民教育出版社，1979：115.
② 同①.
③ 同①：121.

并不能融合成一个统一体。

我们把学校集体看成是集体主义者相互关系上最高而又最复杂的形式。学校集体是培养学生具有公民精神的教育机关，它塑造着共产主义建设积极参加者的品格。形象地说，它像是一个雏鸟从那儿开始独立起飞的鸟窝。

我国不少学校都已建立起了优秀的学校集体，亟须总结实践经验并从中得出理论性的结论。对于校长、教师、课外和校外活动的组织者、共青团和少先队的工作人员、班主任来说，把培养学校集体的方法和经验加以总结，并从理论上进行研究，是有重大的实际意义的。如何使一个集体成为一支能指引方向、起向导作用的教育力量？集体活动的内容是什么？如何从组织上和精神上更加合理地建立起集体中的相互关系？如何保证学校集体在思想原则和组织原则上的统一性，并使共青团和少先队组织开展共同性的活动？如何以共同的兴趣、共同的活动把同一学校集体中的十年级学生和一年级学生团结起来？

对于上述问题以及其他一些问题，我们将力求从理论上加以阐述，并根据基洛夫格勒州帕夫雷什中学教师集体的长期经验提出一些切实可行的建议。

一、培养学校集体的原则

要想使教育家们经过深思熟虑的教学、教育过程在学校里得以有效地实施，每个教师、教育者、校长、课外和校外活动的组织者就应当非常了解培养学校集体的基本原则，即在实际工作中必须遵循的那些科学原理。

多年的实践使我们深信，以下原则是培养学校集体的基础。

（一）共产主义信念

学校集体应当在各个方面，包括劳动和思想方面体现出共产主义理想，应当同苏联人民同甘共苦。集体的奋斗目标应当体现全民的利益。只有当集体的活动、思想、情感都能和谐地交融在一起时，共产主义信念才能成为集体的动力。这种统一性是整个集体和每个个人形成坚定思想信念的根源，也是最重要的促进因素。

（二）学校集体在思想原则和组织原则上的统一性

这种统一性表现为共青团和少先队组织的共同活动，表现为党组织和党员在确定学校集体工作内容和形式时所起的领导作用。培养学校集体实质上就是由学校中思想坚定、精神饱满、阅历深而又有才干的人，即老一代的代表和那些有思想信念的共产主义者教育年轻一代如何生活。教人如何生活是一门极为复杂而又很有讲究的学问。它的基本任务在于了解：每个学生明天、明年甚至5年以后将要干些什么；什么是人与人交往的基础；个人在集体中会得到哪些精神财富，并将给集体带来哪些精神财富。

（三）共产党员教育工作者的领导作用

集体之所以作为一种教育力量而存在，只是因为其中有起向导作用的老同志的领导智慧——充满共产主义崇高理想的智慧。集体只有在这种情况下，即当它作为组织上、思想上和道德上的统一体而受到校长丰富的精神世界、多方面的聪明才智、高超的处世才能和共产主义的坚强信念所鼓舞时，才能成为一种教育力量。哪里的校长干一两年就转到另一学校，哪里就谈不上称作教育力量的集体。哪里的教师的修养和整个教学、教育工作水平低下，哪里就不可能有集体。为了领导集体，并对其活动给予正确的指导，校长和全体教师必须很好地了解每个儿童的心理、精神以及智力上的特点。

（四）学生与教师、学生与学生、教师与教师之间的多种关系

教师和学生的兴趣交织在一起，既有共同点，又有不同之处；他们共同获得精神需要的满足，彼此丰富并经常交流精神生活的感受，这都是学校集体必不可少的特点。不要忘记，儿童在学校里不仅是学习，而且在那里生活。如果教师忘记了这一点，学习就会变成学生的沉重负担。哪个学校把学习只作为丰富多彩的精神生活的一个组成部分，哪个学校的儿童就会乐意学习，并对它产生浓厚的兴趣。一个集体只有当它建立起思想、公民、智力、劳动、审美等多方面的关系时，它的精神生活才可能是丰富的，非常有意义的。让我们再重复一遍：要建立起多方面的关系，这就是说，人与人交往的范围应照顾到一个人多方面的兴趣。学校应当像一块磁石，以

自己有趣而丰富的生活吸引学生。只有在这种情况下，学习才会像磁石一样具有吸引力。

（五）充分体现于学生和教师精神生活领域中的公民感

教师和学生不能仅仅在教室里打交道，如学生听课、学习知识、回答问题、获得评分，教师讲课、传授知识、提问打分。如果教师和学生的交往仅限于上述领域，那么集体就不可能成为一种教育力量。教师和学生应当像两个公民一样相互影响。只有在这种情况下，他们才能成为教育者和被教育者。在学校生活中经常起作用的应当是人对人负责、人对社会负责的体系。学校正是靠"个人—集体—社会"这种体系，培养关心公民问题和社会问题的积极的社会活动家。真正的学校集体的本质表现为正规地组织起来的那些公民关系。只有在这种情况下，每个人才感到自己同社会息息相关，看到具体而实在的社会利益和社会问题，并自觉地选择为实现这些利益而奋斗的途径。这种奋斗是一种社会活动，它使教育者和被教育者之间建立起高尚的非同一般的相互关系，即思想上志同道合的关系、集体成员和战友的关系。

（六）主动性、创造性和首创精神

这是学校集体成员之间各种关系的特殊表现形式。所谓主动性就是自己如何积累用以影响他人的思想、精神、道德和智力上的财富。需要说明的是：主动性并不是自发产生的。如果没有教师和父母有目的地从思想上对学生进行指导，集体之中就不可能有真正的主动性。只有在集体中每个成员都积极参加教育过程的情况下，才有可能产生真正的主动性、创造性和首创精神。

（七）精神财富特别是思想和智力财富的不断增长

在我们看来，这是教育工作中教学和教育常常发生冲突而颇费气力才能解决的问题之一。

学生的思想是否丰富，固然取决于他们学习时获得知识的多少。但是，如果学生仅限于在课堂上和从课本中学到的一点东西中生成思想，那么他们的精神世界是不完美的。学生的思想主要是通过集体和个人的积极社会活动丰富起来的。思想水平不应当落后于教育水平，相反，应当超过教育水平。帕夫雷什中学的教师在教育工作实践中一直在坚持这条原则。换句话说，不断增长的智力财富是培养学校集体的重要前提。学校的精神面貌和集体的教育力量取决于下列因素：学生在想什么、他们对什么最感兴趣、如何巩固和发展求知欲，以及以智力交往为基础的各种关系在集体生活中占着何种地位等。须知，学校生活的全部意义主要在于：培养学生独立思考的能力，训练他们的理解力并确立他们的信念。经常过着内容丰富的智力生活和精神生活，逐步确立信念并培养尊重知识的习惯，这些都要求学生付出巨大的努力。经验告诉我们，学校集体开展的智力活动，学生和学生、教师和学生通过相互接触（课堂和课本范围以外的接触）不断增长才智，是学生获得力量的源泉。

（八）高尚的兴趣、需要和愿望的和谐一致

学校集体是否具有教育力量在很大程度上取决于通过培养学生具有什么样的兴趣和精神需要，以及这些兴趣和需要是否同学生的愿望，特别是高年级学生的愿望和谐一致。班级、小组、少先队和共青团组织必须在这些方面耐心细致地进行工作，目的在于培养学生全面发展所必需的兴趣和需要，因为这些兴趣和需要得到满足就能使个人和社会获得幸福。当学生自觉地以道德上和思想情操上高尚的兴趣和需要为基础来培养并确立自己的愿望时，和谐感就会从学校集体中显现。但是，兴趣、需要和愿望之间的和谐感在许多普通中小学、职业技校、专科学校和青工团体中常常遭到破坏，这往往给我们社会带来很大损害。换句话说，在这些学校里，兴趣和需要是自发形成的，主要与一些娱乐消遣活动有关。如果一个集体中嬉戏玩乐之风盛行，那么青少年，尤其是青年男女的精神生活就会变得空虚单调。古人云："如要毁掉一个人，那就对他百依百顺！"[1]确实如此。我们应当关注的是，不要让任何一个年轻人陷入这种灾祸的罗网。

（九）创造和注意保持好的传统，并把它作为精神财富代代相传

我们可以把传统比作一座宝库，每代人都要为之做出微薄而有益的贡献。大珠宝是由无数小珠宝聚集而成的。为了使这些珠宝有效地用到后代的精神生活中去而不被挥霍浪费，就需要高超的艺术和技巧，热心、冷静的头脑；同时，应当关心的是，要以新的珍品不断丰富这座宝库。

（十）学校集体和我们社会其他集体相互之间丰富的思想、智力和审美关系

人们在目标、劳动、活动和斗争一致的基础上团结成为一个集体，这是教育的一个重要因素。

在学校集体中，应当有精神丰富的、思想上的志同道合者和战友，即直接参加创造社会物质财富和精神财富的劳动者（他们认为生活的意义在于为共同的幸福而劳动）的集体。这种集体中的每个成员都认识到只有通过为社会幸福而斗争才能得到个人的幸福。青年人只有以这种集体的生活和斗争为榜样，才能学会生活，才能为实现共产主义而奋斗。

（十一）热情洋溢、丰富多彩的集体生活

在实际生活中，我们力图使集体中的每个成员因丰富的集体生活而感受到人类最高尚的欢乐——为人民、为不断积累内心的精神财富而进行创造的欢乐，认识到人民在器重你、尊重你而感到的欢乐。我们认为，教育卓有成效的一个重要前提，就是每个学生都对集体有感情，集体能够成为学生充分表现长处和美德的场所。

（十二）严格的纪律与对自己的劳动和行为负责的精神

衡量教育艺术高低的一个尺度，就是看是否善于在集体中建立起这样的相互关系，有了这种关系学生才会珍惜集体的荣誉，懂得并体会到"可以""不行"和"应该"的真正含义。我们认为，在集体中建立起一种充满劳动气氛、团结友爱和有利于创造性发挥的环境是很重要的。在这种环境中，学生能够严格要求自己，感到应该对社会负责，并在此基础上认识到应对自己的良心负责。自己对自己负责、对自己的良心负责以及良心的约束是建立在对社会负责的基础上的，但又不能让青年人觉得自己的一举一动都要受到集体的管束。当然，教育的目的就是使遵守共产主义纪律成为青年人时刻不可或缺的习惯，特别是当他们遇到困难而又必须克服的时候更应这样。

二、人关心人、人对人负责，是学校集体在组织上和道德上统一的基础

在学校集体中，由于成员的年龄、生活经验、道德修养、需要、兴趣、能力和爱好各不相同，很难找到十年级学生和一年级学生都同样感兴趣的活动。认为用某一种兴趣便可以从精神上把集体所有成员长时间地统到一起，并试图以这种学生感兴趣的活动为基础安排一个基层集体（班和少先队）的生活，这种想法是错误的。学生们对某一活动的爱好往往是短暂的，高年级学生更是如此，会很快对它不感兴趣，连对自己选出的负责人布置的任务也不愿执行，结果使集体组织上的统一性日益削弱。校长、班主任、课外和校外活动的组织者常常为此感到不安。

为什么会产生这样的情形呢？为什么用某种有趣的、必要的、有益的东西组织学校集体并使之受到鼓舞会那么不容易呢？为什么在所有的学校中至今远非都有坚强团结的集体呢？

在一切条件下都同样能起作用的万能方法是没有的，可以使任何学校集体都振奋起来的方法也是没有的。活动是学校集体的奠基石，但是，光有这块奠基石还不能建成集体。集体是由那些需要和兴趣各不相同，智力、思想、道德、社交、劳动能力、审美观等方面处于不同发展阶段的人们组成的复杂的精神统一体。要想看到年龄、发展相同而需要和兴趣各异的学生形成真正的精神统一体，那就需要制定能使刚跨进校门的一年级新生和正在考虑未来生活道路的十年级毕业生、头发斑白的教育行家和教育经验丰富的教师都遵循的原则。

学校集体的每个成员都应遵循的原则究竟有哪些呢？如何使全体教师和学生在精神上一致起来呢？把集体的全体成员团结起来的主要力量是什么呢？

这种力量就是人关心人、人对人负责、人对集体和社会负责。优秀的校长、课外和校外活动的组织者、教师在自己的实际工作中力图实现的，就是使集体的一切活动都充满着对同年龄人、对小同

学、对年老体弱者、对一切需要帮助的人的关怀和负责精神。

我们把集体主义称为大河，它最初的支流起源于一个人为他人（即本集体的成员）的快乐和幸福而献身的精神。教育的技巧在于激起学生因为自己的献出、创造给人们带来必需的、有益的某种好东西而感到最大的快乐。关心他人，是把孩子们团结在一起的巨大精神力量，也是他们高尚思想的基本要素。非常重要的是，要使这种力量在整个小学期间都起作用。因为在童年时期教师的话、教师的榜样能对未来的公民、劳动者和思想家的精神世界产生极其深刻的影响。培养集体主义最重要的原则之一，就是培养高尚的情操。当儿童关心他人胜过关心自己时，这种情操就在幼小的心灵得到了培养。

为此需要做些什么呢？如何使它真正实现呢？

需要教导儿童去理解人，不仅从理智上而且要从感情上了解一个人的心灵中所发生的一切。没有这种能力，就谈不上集体主义者之间相互关系达到了完满的地步，谈不上集体享有精神生活。有经验的教育者都力图使一个儿童的欢乐和痛苦进入其他孩子的心灵。现在，让我们举几个实际的例子。

新年快到了。孩子们高兴地等着过年。他们甚至做梦都梦到过年。而阿连卡在新年的前一周却生病了。如果不在孩子们的心灵中唤起对阿连卡的同情和忧虑，那么他们的心是不会被忧虑和同情打动的。于是，我给孩子们描述阿连卡的苦恼：我们大家将围着枞树跳舞，她却一个人躺在家里。难道我们不能想个什么办法减轻我们的小伙伴的痛苦吗？孩子们，让我们装饰一棵小枞树送到阿连卡家去吧。从孩子们开始考虑为减轻阿连卡的痛苦该做些什么的时刻起，另一个人——他们的小朋友就进入了他们的心灵。……他们不再去想自己过年的事，一齐动手，用纸做猫头鹰、小狗熊和小兔子，并把小枞树抬到阿连卡面前。每个小朋友都想方设法使阿连卡心情愉快……

春天到了，佩特里克患了病。我们全班到森林里去玩。蔚蓝色的天空，初春的雪花莲无不使我们心花怒放。"可惜佩特里克看不到这些雪花莲。"阿连卡难过地说。"我们带些雪花莲给佩特里克。"孩子们产生了这种想法。"但是雪花莲过一天就会干枯的呀！"安德列伊卡说。这时有人建议说："我们挖一棵雪花莲，连根带土送给佩特里克。"他们把挖出的雪花莲栽在佩特里克住房的窗前。现在佩特里克身边有了一味最有效的药，那就是心情愉快。这是恢复身心健康的力量的源泉，任何东西都无法与之相比。感受到伙伴们带来的幸福，是人对集体、对社会负责的一种最有力的体现。要让这种幸福给每个儿童带来欢乐。

我们力图使学生在少年期和青年早期尽可能多地为他人贡献力量。仅仅靠思想和愿望，哪怕是最美好的思想和愿望，也不可能树立起高尚的情操。这种情操是一种非常细腻的东西，它只有通过努力和紧张的劳动才能在少年的心灵中树立起来。

我的学生同国内战争时期的游击队员安通·安德列耶维奇——一个孤单的老人交了几年朋友。入学的头几年里，学生们就发现，安通·安德列耶维奇以特殊疼爱的心情照管着他的农舍旁的一棵樱桃树。后来，他们了解到，这棵树是他儿子栽的。他的儿子在卫国战争中牺牲了。学生们读完八年级，这个春天樱桃树没有开花。安通·安德列耶维奇为此焦急起来。一到傍晚，他就坐在离樱桃树不远的板凳上久久地望着它。入冬时，他给樱桃树浇了大量的水，指望它能在来年春天开花。但是学生知道，樱桃树已经死了，任何办法也不能使它复活。使学生们担心的是，这棵心爱的树死去会给老人带来巨大的悲痛。于是，在开春后的一天，趁老人不在家时，学生们挖掉死去的樱桃树，补栽了一棵从校园里移来的大小完全一样的樱桃树。这一工作虽然很麻烦，但学生们知道，博得老人的欢心就是对自己的酬劳。

可见，要培养学生具有真正的集体主义思想，就得教导他们观察世界上最重要的东西——人，并为人的幸福和快乐付出自己的体力和智力。

集体主义者最主要的精神特征之一，就是他深深懂得并感受到自己生活在人们中，一举一动都会影响到他人的生活和幸福。

如何使每个受教育者都成为具有成熟的公民良心的人呢？须知，生活在人们中，并为他人而活着，意味着要以公民的眼光来看待自己，要善于从社会公共利益出发评价自己。成熟的公民良心是集体主义的基本成分。一个人形成公民良心要具备一些条件：他从小就过着有创造性的集体生活，并把自己身上一切好东西都献给他人，仿佛要在他人身上塑造自己。因此，他竭力再现的只是自己身上的好东西，而不是坏东西。也就是说，公民对自己负责与对他人、对周围所发生的一切负责具有一致性。

这是培养集体的一条重要规律。当一个人在教育他人的同时也使自己受到教育时，公民应有的品质就会开始进入他的精神生活。多年的经验告诉我们，学校集体的每个成员都对他人负责，是一种巨大的内在力量。这种力量可以把不同年龄段的学生团结成劳动、智力和思想的统一体。

形象地说，这就意味着，每个学生在自己发光的同时，就使他人也发光。如果不使他人发光，他自己就会熄灭。这就是集体主义者教育的逻辑。

三、学校集体中不同年龄的学生之间的多种关系

整个学校集体是由几十个基层集体组成的。各个基层集体之间的关系极其多样，其成员的精神生活、需要和兴趣千差万别。

经验证明，整个学校集体的精神生活是否丰富，在很大程度上取决于各个班集体之间的相互关系是否丰富多样。高年级学生集体和低年级学生集体之间的相互关系如何，是检验人对人是否负有公民责任感的重要因素。

在学校实际生活中，存在着以下几种发展和巩固公民责任感的相互关系：

（一）智力上的相互关系

八至十年级的优等生（有时甚至是六、七年级的优等生）能指导二至五年级学生的学科小组。最能吸引儿童的是文学创作小组、少年地方志研究者小组、朗诵小组和讲故事小组。有些高年级的学生还可受托指导少年数学家小组、少年历史学家小组和少年自然科学家小组。

智力上的相互关系是高年级学生与低年级学生之间最牢固、最持久的一种关系。它丰富着集体的精神生活，使智力兴趣和友谊、

同志关系交织在一起。我们认为，教育工作中最难的一个方面，就是如何使学习和知识成为建立集体主义者之间的相互关系、培养兴趣和进行联系的主要内容。我们深信，以下现象恰恰是学校生活中一种最大的不幸，即认为教师和儿童最主要的事情是教和学，而把掌握知识排除于集体生活之外。没有思想，没有智力兴趣，没有求知的渴望，也就没有集体主义者之间的多种多样的关系。我们认为，教育的技巧就在于，要教会每个高年级学生、每个少年把自己的知识献给小同学，并以此丰富自己的智慧。只有这样，才能培养出真正的求知欲。

经验证明，通晓文学、历史、地理和其他科目的高年级学生给五至七年级学生做报告，同他们座谈，也是丰富整个学校集体精神生活的一种很重要的方法。一个读书多、知识面广的高年级学生愿意给低年级学生做报告。而培养这种愿望是教师的一项复杂任务。在我们学校，有些十年级学生在学习期间曾几次为低年级学生做报告、上课。这是一种很有意义的活动。其意义在于，通过这种共同性活动，学生集体产生了共同的智力兴趣，形成了牢固的友谊。我们学校里已经成立了许多新的读书小组，学生们珍惜最主要的精神珍品——书籍的习惯正在日益养成。

高年级学生给中、低年级学生讲政治形势。共青团员们在讲述国内外发生的事件时，并不是简单地叙述事实，而是力图向小同学们传达自己的信仰。

（二）思想教育关系

这种关系和智力关系有着密切的联系。但是，它首先表现为关心社会活动和旨在确立公民品格的公民活动。我们竭力使每个高年级学生把自己的好思想和公民品格传给小同学，使他们在参加活动的同时，关心他人的精神财富。在思想教育关系上首要的是，使学生树立这样的思想信念，即相信他人的觉悟及其所作所为。

少先队员领导"十月儿童"，共青团员领导少先队。应当把政治思想和社会思想渗透到儿童、少年和青年的日常具体活动中去。我们认为，这就是对"十月儿童"、少先队和共青团工作实行教育领导的技巧原则。一个人要想确立自己的思想信念，首先就要为某种崇高的东西而奋斗并捍卫它。集体主义者相互关系的最高形式就是志同道合者为共产主义思想所做的斗争。领导学校集体的教育技巧在于善于安排这样一种活动，即它的参加者虽然干着平凡、简单和不显眼的工作，但他们却能成为政治上的志同道合者，并深知评价自己的劳动和行为的最高准则就是社会和人民的利益。教师应当注意自己周围、工农生活和劳动中的社会政治思想。使平凡的工作充满着为祖国服务的高尚意义，也就是让年轻的共产主义建设者树立思想上的相互关系。

试以种庄稼这种平常的农活为例。有办法的教师不是简单地要学生完成某些劳动任务，而是要赋予劳动以重大的社会意义；当学生们认识到他们在为集体农庄大片土地的庄稼育种时，他们都被发展集体农庄农业的责任感所鼓舞。而公民的责任感正是思想教育关系的明显表现。

在乌克兰的一些乡村学校里，有许多共青团员和少先队员担任科学知识讲演员。他们经常准备有关科学技术成就的讲演稿，到集体农庄庄员和工人中去讲演，目的是对老年人进行科学无神论教育。

（三）教学劳动关系

基层集体能起很大的作用。在基层集体里，高年级学生给低年级学生传授自己的劳动技能和技巧。在我们学校里，高年级学生指导中、低年级学生的技术小组和农业小组。我们学校设有少年设计家、钳工、旋工、无线电技师、电工技师、拖拉机手、植物栽培家、园艺家、养蜂家等小组。不同年级的学生在同一个小组里卓有成效地工作着。比如，少年园艺家小组就有三至五年级的学生在一起工作。指导少年劳动者小组对高年级学生来说，是他们自我表现、自我肯定、自我教育的最好形式。小组长想方设法把自己身上一切最好的东西传给小同学，与此同时，自己也就渐渐成为一个造就人的教育者。

学校共青团组织领导少年机务队。在很多乡村学校里，这种劳动集体已成为培养学生公民精神的真正学校。少年机务员用他们掌握的农业技术，在学校试验园地和集体农庄土地工作着。

劳动关系的教育意义在于学生的公民思想体现在具体的劳动之中，也反映在他们的责任感方面。同时，对集体的责任感和对社会的责任感是融合在一起的。

生活证明，让学生实地体验公民责任感，是他们积极参加社会政治活动最重要的前提。谁善于做重要的社会工作，谁也就善于使他人养成责任感。在少年机务队里受过劳动锻炼的共青团员对低年级的技术小组领导得很好。少年期学生的纪律性越强，对自己要求得越严，也就能越清楚地懂得：要想领导他人，自己首先要有责任感。

少先队和共青团组织建立了各种课余劳动集体。它们的工作在公益思想的鼓舞下，开展得十分活跃，例如在很多少先队的大队里，已成立了少先队保护自然委员会。少年列宁主义者关心的是，如何才能使森林和护田林带的树木不死，如何消灭花园和森林中的害虫；铁木儿小分队和小组经常帮助伟大的卫国战争中的残废军人；少年跟踪狩猎者则照看英雄们的坟墓。

（四）课余创作和游戏关系

高年级学生指导各种课余创作和游戏团体，开展各种各样的活动。其中最重要的活动之一，就是休息。学生的精神生活是否丰富，在很大程度上取决于休息的内容以及如何组织休息。

高年级学生指导低年级学生的戏剧、合唱、舞蹈、绘画、雕塑和艺术刺绣等小组。课余在创作团体中经常交流精神财富，能使团体成员获得对美的欣赏和满足。这些活动的重大教育意义恰恰在于，团体成员对美的欣赏和满足是由自己的双手创造出来的东西提供的。要想使集体牢固，使集体成员之间的关系成为他们精神振奋的动力，就不能对精神财富采取伸手的态度。集体的努力不仅仅是为社会创造物质财富，而且还要满足集体在精神和审美等方面的需要。有才能的学生是学校的宝贵财富、集体的精神支柱。他们把自己的聪明才智献给同学。这不仅使他们成为集体主义者，而且培养了同学们集体主义精神。

那些用文字进行创作的小型基层集体对培养学校集体起着特殊的作用。男女学生中会写诗、会写小说和童话的大有人在。

帕夫雷什中学的教师集体在实际工作中，努力使每个有文采的学生在学校里带几个小徒弟。艺术语言中包含着一种伟大而高尚的力量，而当这种力量和友谊结合在一起时，基层集体的美就会像一朵朵鲜花，使学校集体的生活美不胜收。但愿学校中有更多的创造美的基层集体。

共青团员指导低年级学生的军事体育游戏、比赛、旅行和游览等活动。在这些活动中，思想和劳动关系是交织在一起的，而人对人的负责精神表现得尤为突出。因为在行军、游览、游戏和比赛时，可以创造种种环境，每个学生在这些环境中，都能充分地显示自己，使集体看清他们身上一切好的和不好的东西。上述活动中各种关系是否有教育意义在于能否使活动的环境尽可能复杂多样。各团体中的严格要求、纪律性和责任感是集体开展创造性实践活动的结果。责任感和纪律性也是一种创造，而集体的教育力量则取决于这种创造水平的高低。

在乌克兰，暑假时，有些学校按学生住址建立"十月儿童"和少先队员的各种课余创作集体。有一个勇敢的、无所畏惧的自然研究者小组每天都到集体农庄庄员的菜园或绿荫如盖的花园里聚会。参加该小组活动的通常有七八个男女学生，有时达到12个。领导他们的是七年级学生佩特里克。他喜欢军事游戏，爱读关于旅行和情节曲折的有趣书籍。每天早晨，孩子们都聚集在佩特里克家的花园里。他们阅读有趣的作品，修理收音机，在附近的池塘里游泳，到森林里打"游击"。这些对佩特里克来说，并不是执行大队委员会的任务，而是他心爱的工作。没有它，他简直就不能生活。

一个学校只要有那么几个集体，就不会有无人照管的孩子。不过，只有拥有了不起的教育智慧，才能使孩子们在不知不觉中领悟到这似乎完全是根据自己的愿望建立起的集体。而要使孩子们产生这种愿望，形成一个集体并使集体中燃起像佩特里克那样热爱孩子们的火花，是需要付出巨大努力的。只有当独创精神包含着深谋远虑的教育意图时，它才能产生教育力量。没有教育者的智慧，没有教育者对儿童们的大胆放手，也就不会有上述的独创精神。

第二章

集体的思想和公民精神基础

一、集体与个人精神生活中的思想和公民精神基础

我们坚信,集体教育工作中的主要之点在于创造一些条件,使青少年在学校期间就能在思想情感、行为和劳动方面表现出首创精神,并置身于共产主义公民精神这个大世界的各种关系之中。而我们的公民精神的核心就是共产主义理想、忠于劳动人民、准备为苏维埃祖国献出自己的力量和生命。

现在就来谈谈集体的思想和公民精神基础方面的问题。这种基础包括相互协调的两个方面:一方面是个人的荣誉感、自尊感、自豪感和创造者即社会主义社会公民的高度觉悟;另一方面是义务感,对自己的劳动、行为和行动的责任感,对社会命运和人们(即个人在劳动和精神生活过程中与之发生多种关系的人们)的幸福所负的责任。我们认为特别重要的教育问题是:要不断地提高学生的自尊心,使他们善于珍惜自己的荣誉和人格,严于律己,在谋求共同幸福的基础上获得个人利益,并使之服从于社会利益。

我们力图使教师针对学生的理智和心情所讲的话以及在集体中、共同劳动中和学校集体同成人劳动者集体相互关系中所创造的种种条件都能提高学生的自尊感;我们力图使学生为拥有世界上第一个社会主义国家公民的称号而自豪,为能成为勇敢的、心灵美好的人们的同胞而感到骄傲。

集体作为一种教育力量是建立在多种关系的基础上的。其中思想和公民精神关系占着重要的地位。而多种关系又取决于集体的每个成员把什么作为生活的最高目标,什么是每个人的理想和效法的

榜样，每个人如何理解道德情操、英勇精神和美的最高标准，每个人如何对待理想，等等。

集体的思想和公民精神基础表现为每个成员是否渴望以公民的眼光观察世界，表现为每个成员从童年时代起就以公民的世界观作为一面镜子来对照自己、评价自己的行为，并在思想、感受和旨在自我教育与自我肯定的行为方面揭示对待自己的态度。我们认为，每个学生是否积极地对待自己，是否能正确地显示和评价自己的公民本性，是集体教育力量的主要标志。教育的真正技巧在于使我们的教育对象把与人交往、日常劳动和行为举止都看作是在履行自己的公民义务。

在集体和个人的精神生活中，思想和公民精神基础在如同学习那样的活动中起着重要的作用。学习对儿童、少年和青年来说，是一种最主要的既劳神又费力的劳动。现在，当我们国家即将普及中等教育时，社会人士对下述尖锐而又紧迫的问题极为关注。这些问题是：如何刺激学生在十年期间积极而又紧张地进行脑力劳动；如何使儿童卓有成效地学习，培养并确立起不只是今天，而且在其一生中都不衰退的自学志向；如何防止马虎的学习态度；等等。如果不把最主要的刺激因素——公民的义务感调动起来，任何煞费苦心的检查、测验和强制性的办法都不会带来预期的结果。

几年以前，我们学校有两个九年级学生开始对学习不感兴趣，甚至不想学习，这使班主任、校长和教导主任深感不安。而这两个学生的家长都是集体农庄畜牧场的优秀工作者。畜牧场每个季度都进行社会主义竞赛总结，这两个学生的父母每次都被评为模范庄员，不仅名字上光荣榜，而且还获得奖金。经过同农庄党组织书记商量，我们决定让这两个懒学生和他们的家长一起，每个季度向成人劳动者，也就是向社会人士报告自己的学习成绩。这种做法收到了惊人的效果。人们把集体农庄中的生产劳动和学校中的学习同等看待的这一事实使青少年深思如下的问题：他们是什么样的人，他们是靠什么生活和学习的。这两个学生已经懂得他们之所以能够坐在教室里安心学习，是因为他们各人都有几个成人劳动者在为他们工作。两个懒汉似乎第一次真正看到了生活。思想和公民精神信念的亮光，帮助他俩以公民的眼光看待自己。年轻人认识到：他们没有权利不好好学习，努力学习、顽强地克服困难是他们做公民的义务。

以上是我们在教育工作中所采取的一种独特做法。当然，光靠这种做法是达不到目的的，还需要有科学根据的制度，要有长期计划和逐步付诸实施的措施。但是，我们的独特做法的意义在于，它就像闪光一样，帮助我们看清了许多其他的东西，弄清了情况。我们已经懂得：要使高年级学生好好学习，不是靠批评、强制性的手段和加强监督，而是靠各种耐心细致的启发诱导，而且首要的是使集体和个人都树立起思想和公民精神的信念。

以下做法是不能形成集体的思想和公民精神信念的：采取一些临时性的措施，创造一些使青年人与老年人之间的关系紧张化、使青年人产生必须对老年人尽义务的道德观的情景。需要有对青少年施加教育影响长期而又可行的制度。

关于这种制度我们已经形成了一定的概念。

学校在教学的全部时间里，传授给学生的不只是科学基础知识，首先应当教导他们如何生活，传授给他们最重要的生活哲理——公民精神。在我们传授给已跨进校门并受到我们教育影响（直至他们成为公民）的学生的知识中，占首位的应当是关于作为公民的人的知识，关于作为学生崇高道德基础的那种伟大而又高尚的思想知识。阅读描写公民献身精神的书籍应当成为学生生活中最幸福的时刻。人的真正美——公民精神美如同一盏明灯，应当照亮受教育者前进的道路，应当帮助他们用公民的眼光正确地观察世界。

我们的理想是培养集体主义的战士，培养为共产主义崇高思想而斗争的战士。我们的学生的行为是否纯真而高尚，对敌对思想、不问政治、冷漠、撒谎、欺骗、懒惰和侮辱人格等不良倾向是否持毫不妥协和决不容忍的态度，都取决于他们（男女青年）受到人的崇高自尊感——公民精神鼓舞的程度如何。重要的是要使受教育者从思想上和内心领悟关于作为公民的人的知识，并把它同内容丰富、极有意义的生活联系起来。

思想和公民精神信念的形成开始于对有关人和公民的知识的理解以及对公民献身精神的赞赏。

上述业已形成的信念首先要在同人们的相互关系中、在公民精神和思想的交往中、在为社会造福的活动中加以巩固和提高。集体中的思想和公民精神关系越多样，每个受教育者的个人精神生活就越有意义。

二、个人同社会的接触是集体及其成员的思想和公民精神信念形成的基础

儿童从独立生活的最初几天起，就开始在实践中感受人与人之间的相互关系。人的相互关系的领域是复杂的：其一是对父母的责任感，这是维护由传统规定下来并得到巩固的家庭生活习俗；其二是班集体中的关系，这是执行规章制度的需要，而规章制度可以调节行为、刺激并同时限制需要，发展兴趣。在家庭、班集体和整个学校集体等环境中，儿童都能受到公民精神的教育。但是上述各种相互关系只是公民精神的基本要素，即最初的基础教育。如果儿童在自己的行为中只限于达到这样一些要求：上课不迟到，进教室前把鞋子擦干净，努力履行值日生的职责，每天完成家庭作业，以求在学习竞赛中不落后于平行班级，等等，那么这种儿童是学不到比公民精神基础知识更多的东西的。这难道不是造成我们常常碰到的公民幼稚病的原因吗？在六七十年前，参加地下革命小组的15岁少年想的是如何推翻沙皇专制制度，而今天的15岁少年却还被认为是个儿童。他们的活动也确实是儿童式的活动，他们的社会兴趣往往限于给教室里的花浇浇水，或给学校送来5千克废金属（少先队辅导员是这样要求的）。我们都知道这样一件事：有个15岁的少先队员，还是共青团的培养对象，当要他给"十月儿童"讲述越南事件时，却哭了起来。

公民幼稚病导致了智力兴趣的局限性。我们坚信，其原因在于缺少人们早在童年时代就能直接参加社会生活的那种相互关系。在实际工作中，我们力图建立集体主义者的相互关系，以便使每个受教育者都感受到自己是社会生活的积极参加者，使他们开始感到要对最崇高、最完善、成员众多、要求最严格的集体——社会、人

民、祖国单独负责。

如何实现这种目标？在上述相互关系中教育过程的实质何在？

积极参加创造性的劳动，从来就是任何相互关系的基础。因此，教师的任务在于：使学生从进入学校的头几天起，就参加如下的活动，在这种活动中，他们以亲身的经验发现他们是在做一些为社会所必需的、有意义的事情，使这种活动给每个参加者和集体带来欢乐和自豪。集体中是否有严格的纪律，个人对社会和自己的良心是否负责，都取决于那些成为儿童欢乐的主要源泉的东西。这些东西有的是儿童从长辈那里接受过来的，有的是他们对社会所做的贡献。如果在儿童的生活中占主要地位的只是一种快乐，即以吃喝为乐，那么这种儿童就会成为娇生惯养和放荡不羁的学生。

无论条件如何，在祖国的任何一个角落里，我们都能找到把儿童与社会联系起来、开展集体活动的场所。我们乡村学校（包括我们帕夫雷什中学）的条件很适合于开展这样的活动，因为学校周围是集体农庄的辽阔田野，我们的孩子们从小就看到自己的父辈和祖辈在那里从事繁重的劳动，而且自己也常常参加力所能及的劳动。

新生入学后的第一个秋天，初级班的老师把他们领到野外一块僻静的地方。在那广阔肥沃的田地里有一条不大的冲沟。老师指着冲沟对学生们说："孩子们，请你们注意这条冲沟现在有多深，看看明年春天它会变成什么样子。"春天里，老师领着学生又来到这块地方。春天的雨水使冲沟明显地加深了，已经深到连拖拉机也不能通过。"瞧，孩子们，就在你们的眼前，我们最宝贵的财产——肥沃的土地日益被雨水冲毁。这是人民的财产。如果我们不进行抢救，那么，这块地就永远不能耕种。孩子们，你们虽然还小，但可以行动起来抢救眼前的财产。"

此刻，在儿童们的心灵里，燃起了公民意识这个最初的火花，在他们的脑子里产生了人类的无价之宝——为人民而劳动的观念。今天的这种劳动也许非常简单而平凡：孩子们用铁锹挖坑，准备栽种树苗，施肥，浇水。如此数年，一切既容易又单调。但这不是使儿童头脑迟钝的体力劳动，绝不是！就广义的"创造性"而言，这就是创造性的劳动，因为参加这种劳动的儿童会感受到自己是创造者，因为他从劳动中得到了最大的欢乐——为人们造福的欢乐，因为这种情感能把学生团结成为集体。正如克鲁普斯卡娅所教导的那样，只有当孩子们有着集体的感受、集体的欢乐和人人都感到不安时，他们的集体生活才会丰富起来。只有当儿童们成为社会建设的参加者时，他们才会感受到莫大的欢乐。

如果儿童感到自己已参加社会生活，并在推动着社会前进，那么，他不仅能为人们创造物质财富，而且还能创造他自身。真正的自我教育是从明显地反映公民精神的那种工作中开始的，自我教育并不是教育的某种辅助手段，而是教育的坚实基础。任何人如果不能教育自己，也就不能教育他人。

年复一年，树长大了，土壤侵蚀停止了，几十公顷的肥沃土地得救了。而一种繁重的创造性劳动也就这样逐渐地进入了学生的精神生活。同学们把多年和自己一起劳动的每个人当成朋友、同志，而且特别重要的是当成志同道合者。通过参加为社会而进行的创造性劳动，人们早在童年和少年时代就认识到什么是最高的社会利益，也领会到下述真理的伟大意义：守纪律、爱劳动和诚实的最高标准是人对社会的态度。由于参加社会劳动和认清什么是最高的社会利益，人早在童年和少年时代就在逐渐形成自己对如下思想的态度，这种思想是一些政治见解，它们反映着为人类美好的未来、为争取共产主义在我国胜利而斗争的实质。

我们认为，人对各种思想的态度是教育的最重要因素。一个人的精神面貌如何，他的思想言行是否一致，他是否参加社会活动，是否守纪律，是否懂得自己对社会、对人民、对集体应负的责任，这一切都取决于他有什么样的思想，取决于他在个人生活中受到鼓舞的思想动机是什么。思想动机是一个人的坚强信念的支柱。

非常重要的是使学生同社会建立联系。这种联系在整个学习期间都要持续下去，而且随着时间的推移逐渐复杂起来。联系的形式也是多种多样的。这种联系可以扩大学生多方面的需要和兴趣。教育工作的实践证明，少先队和共青团在思想上是否统一，是否坚强、团结和守纪律，首先取决于这些集体同社会有哪些接触的场合，他们在为社会做些什么，是什么思想在鼓励着他们工作。集体同社会的接触不应是偶然地完成某些劳动任务，而应当是一项长期的、持续多年的工作，其目的就是发扬集体主义的思想。今天，你们的学生在隆重的场合戴着少先队红领巾，可是你们还应当关心，如何使今天的少先队集体登上更高一级的阶梯即公民生活的阶梯。带领你们的学生到荒地里去吧，让他们用铁锹和镐头去清理荒地，在那里为人民建造一座花园吧。两三年后，你们的学生就会感到集体劳动的欢乐。劳动的欢乐，这是一朵非常娇嫩的花，只有当人们用大量的汗水浇灌它、手上长出许多标志着热爱劳动的老茧时，它才会开放。

三、关于公民精神的谈话

我们力争使每个基层集体（从一年级到九年级），如"十月儿童"小组、少先队和共青团组织都完成一次思想和公民精神信念形成的循环。对学生思想发展的每个阶段上的公民精神的认识，同时也是基层集体和整个学校集体发展的一个进步。

我们培养集体和个人的思想及公民精神信念的形式之一，就是关于公民精神的谈话。这种谈话从学生入学的第一学年起，一直持续到中学毕业。谈话按照一定的大纲进行，这个大纲是我们学校在20年的教育工作实践中建立起来的。

这是一些什么样的谈话？它们都有一些什么样的特点？这种施加教育影响的方法的基础是什么？

为了使概念完整，让我们回忆一条通过集体进行教育的规律。这就是：每个学生都有优点和缺点，有不合群的、难以教育的儿童、少年和男女青年。有的青少年有心灵创伤，如果当着集体的面触动他们的创伤，就会使他们感到剧痛，这不仅治不好他们的病，反而使病情恶化。当着大家的面讲某个学生的缺点，这个学生会感到不高兴和痛苦。把一个学生的缺点和毛病公诸集体，是一件非常细致的事情，要有分寸，讲究方法，要有很高的技巧。集体对个人施加的影响应当是含蓄的、潜移默化的，而且最主要的是使学生认识自己，对自己负责。如果我喋喋不休地说："伊凡，你这个小懒虫，你是不会有出息的。"那么，伊凡也就无须对自己负责，他需要的只是申辩，而且是竭尽全力地申辩。比如他要同教师争吵，他会生气，会变得凶狠，还会常常做出违背自己的愿望和不合情理的事情。

对学生施加真正的教育影响的技巧和艺术在于要接触学生，分析学生；谈某个学生的缺点时，不要指名道姓，不要对他的举止评头品足，不要把他的错误行为交给集体去评判。

关于公民精神的谈话的教育意义在于，它能激起学生成为真正的好人的愿望。

真正的教育包括自我教育。语言的教育力量恰恰在于，它能激起学生内在的精神力量。要成为一个道德美的人的这种愿望，产生于对公民精神美和英勇气概的钦佩。集体中产生这种钦佩和愿望为什么如此重要呢？因为这种钦佩和愿望在集体中形成的时候，能产生高度责任感，而这种责任感则能影响学生的理智，促进他们去寻找确立本人公民品格的途径。

进行公民精神的谈话的目的，是使学生懂得"伟大""精神美""英雄气概""高尚情操"和"人要忠于崇高理想"的含义，并在此基础上确立自尊感，以及对自己现在和未来要做的一切应负有高度的责任感。因为公民精神（首先指的是责任感和义务感）是人的精神生活的最高阶段，在这个阶段上，人要为理想而献身。我们力求使我们祖国的杰出公民和人类的优秀儿子（他们的形象已成为我们忠诚地服务于人民利益的榜样，即我们的理想）成为我们学生精神上的教导员和导师。

教师是受人民委托每天都有可能接触人民最宝贵的财富——儿童、少年和青年的心灵、智慧、思想和感情的人。在教师的面前，一边是人类经过几个世纪创造和付出千辛万苦而得来的精神珍品；另一边是人民的财富、未来和希望——年轻一代。教师在为社会创造最大的财富——人。在这方面，最为重要的是善于寻找我们祖国和全人类的精神珍品，并把它注入青少年的心灵。当教师在确定该把什么样的精神珍品注入青少年的心灵之后，还要考虑如何激起他们对接受这些精神珍品的兴趣。

揭示这些精神珍品的方式之一，是教师同学生坦率地、推心置腹地谈话。这一点任何时候也不能忽视。我常给小公民们讲一个英雄少先队员的事迹。这个少先队员当着法西斯军官的面，骂出了仇视和鄙视他们的话,把红领巾当作旗帜举在头上,迎着敌人的枪口走向刑场。他没有玷污自己的荣誉。这个英雄少先队员的功绩教育了许多小公民,而把这个精神珍品传给学生的则是我。我以自己的言语、感情、对英雄行为的崇敬态度使英雄少先队员的事迹主动再现,成为现实生活中的人民精神的部分血和肉。我的目的是要在我难以教育的学生伊瓦西的心灵里激起这样的愿望:使我自己具有我所讲的那种精神美。我在描述英雄少先队员的事迹时,一刻也没有忘记伊瓦西所处的糟糕的生活环境:他在家里常常看到的是邪恶、虚伪和对人格的侮辱。因此,我不能简单地防止他受到这种不良影响,而应使他对这种邪恶现象势不两立。为此目的,我同伊瓦西促膝谈心,在谈心时只字不提他本人和他糟糕的家庭生活。我对他施加影响,使他心胸舒展,因为话语可以使人振奋精神,就像体操能使人舒展筋骨一样。为此,伊瓦西和全班同学都能领悟我的话,并置身于我在讲述英雄事迹时所怀有的那种感情之中。

我把讲述有关公民精神的故事称为谈话是有道理的。因为尽管是教师讲,学生屏息倾听,但学生们之所以能懂得公民精神美和公民的高尚品格,就是因为我们进行了这方面的谈话。我向学生发出号召,于是他们都开动脑筋,想出办法,予以响应;我要求他们思考自己未来的命运,于是他们就陷入沉思;我要求他们跟我一起走英雄们登上"功勋"这一顶峰的崎岖道路,于是他们就跟我一道前进。他们向往、敬仰英雄们的业绩,并为之心旌激荡。他们第一次睁大眼睛,观察着纷繁的生活现象。他们对敌人的罪行紧握拳头,切齿痛恨。公民精神的谈话具有巨大的教育力量。只有当我们——我这个教师和我们的学生——仿佛融为一个整体并共同认识和开发公民精神这个伟大领域时,这种力量才能显示出来。伊瓦西在听我谈话的同时,发现并感到我首先是个与他志同道合的公民;也就在这时,他开始对自己采取积极的态度。公民精神是人内心的一种激情,只有当你作为公民出现在学生眼前时,这种富有斗争的激情才能注入青少年的心灵。

为此,教师仅仅有坚定的思想和公民精神信念与共产党人的党性是不够的,还必须掌握教育技巧、社会规律等知识,善于用言语影响学生的心灵;必须具有观察学生、细心感受学生心灵的微妙活动的高超技能。在进行公民精神的谈话之前，应做好思想准备，首先要非常熟悉谈话的内容。因为谈得最多的是为实现革命理想而奋斗的杰出战士的生活、斗争、英勇牺牲和不朽功勋，以及伟大卫国战争中共产党员和英雄的丰功伟绩即人的最高尚的道德美和献身精神，所以教师本人必须了解人们的精神财富。同幼小公民谈人的美，意味着向他们抒发自己对美的赞叹心情。

教师的谈话被学生集体所领悟，是很有教育意义的。集体的情绪和集体的感受绝不等于个人对某种思想已经领会。我的谈话对伊瓦西影响的力量有多大，在很大的程度上取决于他的伙伴们是怎样理解我的话的，我的话在每个和伊瓦西坐在一起的人心中会引起什么样的反应。集体充满着崇高精神，本身就是一种巨大的教育力量，在这种精神状态中蕴含着个人的美和个人的审美感受。当我准备做公民精神的谈话时，所期望的正是这种审美感受。如果伊瓦西能看见自己的伙伴都充满着崇高精神，这就意味着他已感受到了人的美。而世界上能对心灵产生如此影响的力量已经没有那么多了。这种力量能观察到你与之生活和经常接触的人所具有的内在道德美。

我在准备公民精神的谈话时，力求通过自己心灵的感受，理解我要谈的内容的意义，深入思考公民美、高尚品格和伟大业绩的实质，以便获得更新的感受。这是教师对集体施加教育影响的十分重要的守则。

在德国法西斯占领期间，在我们临近的第聂伯河上游的一个村子里，发生了一起英勇而又悲壮的事件，它极其有力地显示了公民精神美和献身精神。我常常给孩子们讲述这个事件，它似乎是我们对孩子们进行公民精神教育的第一堂传统课。在村头的一个小农舍里，住着一个妇女和两个小孩（一男一女），她的丈夫在前线作战。一天深夜，一个苏维埃士兵来敲农舍的门。这个士兵曾受伤被俘，现在逃了出来，来到村子，想找一个藏身之地，以便几天后渡过第聂伯河赶到前线去。妇女让士兵进到屋里，把他藏到顶棚，不让孩子们看见。早晨来了几个伪政权的警察和一名法西斯军官，因为有人向他们报告，说这位妇女家里藏着一名从俘虏营逃脱的苏维埃士兵。法西斯匪徒们搜查了很久，但什么也没有找着，因为隐藏士兵的地方很隐蔽。气急败坏的法西斯军官把两个小孩推到院子中间，对母亲说，如果不交出苏维埃士兵，就要开枪打死小孩。母亲一声不吭，朝法西斯军官的脸上吐了一口唾沫。警察当着母亲的面打死了两个小孩，然后又枪杀了母亲。夜里，游击队员们帮助这位被俘后成功逃脱的战士渡过了第聂伯河。在洒着无辜孩子的鲜血的院子中间，长着一棵高大的桑树，就在当天夜里，游击队员们把两名伪政权的警察绞死在这棵树上。

不能年年像背书一样给孩子们讲述这件令人悲痛的往事。每当我准备讲这种崇高的、自愿献身的公民精神时，我都为这位妇女、母亲、女公民的牺牲深感悲伤，对她的精神美深表惊叹和敬仰。我很难找到用以描绘母亲经受巨大痛苦的词语。由于很想同孩子们谈我的思想和感情，我焦急地等待天明。我希望孩子们早早到校，这样我就可以尽快地给他们讲述使我内心充满悲伤、不容我静心做更多思考的事情。

一个休息日的上午，我和孩子们一起来到森林。在林边迷人的美景之中，我讲述着母亲的事迹。母亲的痛苦和她的献身精神是一种崇高的、无可比拟的力量和道德情操，这种力量和情操使孩子们从内心感到震惊、激动和赞叹。孩子们虽然还小，只有七岁半的年龄，但他们已在接受真正的公民精神中的崇高思想。在他们的头脑中，正在逐渐形成第一个真实的概念，即人对祖国应尽最崇高的义务。

当我在讲述母亲如何忠于祖国的事迹时，我力求使孩子们思考一个问题：世界上什么是人的最崇高、最珍贵和最心爱的东西？这种思想早在童年时代就应触动人的心弦。为此，就要用鲜明的形象展示生活和斗争的意义。对美、高尚和忠诚的赞叹最能激起儿童真挚的愿望：要成为一个道德美好、情操高尚和忠于崇高思想的人。对公民美和高尚品格的赞叹是点燃成熟的公民精神和成为祖国真正的儿子的这一愿望的火花。

具有接受崇高的公民精神美并受到鼓舞的能力，这本身就是一种极其可贵的精神品质。它实际上是培养人具有忠于共产主义思想美的一个起点。属于苏维埃人民的一员、成为苏维埃人民的伟大精神及其英雄历史的组成部分、对社会利益的忠诚，所有这些情感只有当人的心灵受到崇高、美好的情感熏陶时,才能在人的心灵中形成。须知,正是这些极其高尚的情感产生出人认识自我的能力、感受公民精神美和高尚品格的能力。凡是善于接受崇高而美好的情感的人,都能培养自己具有这些品质:对不问政治和遇事冷淡的态度毫不妥协、对道德败坏绝不容忍,并把这些当作自己的行为准则。如果你们要想使自己的学生憎恨那些准备对我们祖国发动战争的人,憎恨那些梦想在社会主义社会恢复剥削制度的人,那么就得从小培养他们具有对公民精神美的赞赏能力,激起他们要成为一名集体成员的愿望;教会他在与同学和长辈的交往中表现自己的公民精神,表现自己的崇高理想。

接受公民精神美、献身精神和英雄事迹熏陶的这种能力,可以打开儿童和青少年的心扉,使之接受你这位教师的影响,接受你的话语的影响。

(一)同低年级学生进行公民精神的谈话的大纲及其实施办法

学校集体中所有成员的精神生活,特别是幼龄儿童的精神生活在整个学校集体即不同年龄的儿童集体中的地位这一问题在理论上尚未得到研究。许多校长、教师和教育人员都认为低年级学生是一些不懂事的孩子,他们根本听不懂复杂的道德和政治问题,应当讲一些使他们感兴趣的事情,以后会有时间让这些孩子了解复杂的社会和政治思想问题,不过现在还是让他们认真做好教室的值日生工作,学会端端正正地坐在食堂的饭桌旁用餐。

这种简单化的观点必须抛弃。低年级学生是学校集体中最机灵、最敏感的部分,而且整个集体即学校的思想和公民面貌的好坏,正取决于敏锐性和易感性在此年龄段的学生中发展得如何。

你们也许曾遇到过对什么都漠不关心的少年,他们表面上对教师讲的事情似乎感到兴奋、激动,甚至震惊,心也有所触动,然而实际上他们并没有听懂你的话音。……一个少年目睹他的一个同龄同学正在做不道德的事情,甚至做出一种罪恶的行径,可是这个少年似乎什么都没看见,因为他周围的人的行为是否道德与他无关,并不触及他的思想和感情。少年形成这种精神状态的原因何在?在于他缺乏接受公民精神美和高尚品格熏陶的能力,在于他的心灵正逐渐变得麻木、迟钝。缺乏这种能力的根源在哪里?少年集体中之所以产生缺乏教养和道德无知的现象，是因为学校没有做好低年级学生的教育工作。

具有可以接受教育的能力，更确切地说，可以接受教师施加教育影响的能力，正是在学龄初期逐步形成的。较之其他影响（家庭、街道等），思想和公民精神信念的力量对学生的影响在学龄初期比在少年或青年期要大得多。在学龄初期，充满公民精神美和高尚品格的崇高精神极为明显地表现在个人和集体的行为之中，表现在集体成员的相互关系之中。正是在学龄初期，可以为培养学生接受教师话语的能力，特别是接受教师关于公民精神的谈话的能力创造最好的条件。

下面列举一些能激起儿童对公民精神美、光荣、伟大、自我牺牲和忠于共产主义理想等精神表示赞赏的事迹。

女共产党员、女游击队员克拉夫季娅·伊莉伊尼奇娜·阿布拉莫娃同自己的两个孩子——7岁的列拉和12岁的玛尔加丽塔在斯塔夫罗波尔市一起被捕。法西斯匪徒竭力用种种灭绝人性的酷刑摧残女共产党员的意志，逼她背叛。敌人答应，只要她供出游击队的秘密，就可以保住她和两个女儿的性命。克拉夫季娅·伊莉伊尼奇娜·阿布拉莫娃带着骄傲而又鄙视的口气说，她不出卖良心。于是，她和两个孩子一起被敌人杀害了。

克列明楚格市的一个少先队无名英雄和他的母亲及其他一些无辜的人被法西斯匪徒带到刑场，少先队员面对法西斯匪徒的枪口，从衬衣里掏出红领巾，高喊："法西斯必亡！共产党永存！"

集体农庄庄员玛丽娅大娘建立了一个公民应有的功绩。在伟大的卫国战争期间，她的4个儿子以及丈夫和弟弟都在前线牺牲了，而她自己在村庄从法西斯匪徒手中解放出来以后，便卖掉了房子和为数不多的家具及杂物，把变卖物件得到的钱捐给苏联军队，用于制造坦克。

教师、医生、波兰人民的民族英雄亚努什·科尔恰克是犹太人孤儿院的教养员。在法西斯匪徒占领华沙期间，当希特勒分子决定把孤儿院的儿童扔进特列布林卡的火炉里烧死的时候，他拒绝了敌人给他的一条生路，结果同儿童们一起牺牲了。

一代代少年列宁主义者不朽的同龄人帕夫利克·莫罗佐夫的

事迹。

英雄少先队员维佳·科罗布科夫的功绩。

我们的同乡、英雄少先队员费佳·舍佩利亚和亚沙·马特维延科是住在波德列斯内村的基洛夫格勒人。在法西斯占领年代，他们担任游击队的侦察员。在一次执行战斗任务中，他们被希特勒分子逮住，经受了惨无人道的拷打，但是没有供出军事秘密，结果敌人把他俩活埋了。

我们的同乡奥克萨娜是一个普通的苏维埃妇女。在伟大的卫国战争期间，她的3个儿子在前线同敌人英勇作战，而留在占领区的一个儿子却成了法西斯的走卒，当了伪政权的警察。母亲把游击队转交给她的叛徒儿子的一把手枪带回家，责令她的儿子自尽。

女共产党员、克拉斯诺亚尔斯克市的人民教师、弗·伊·列宁的战友、伟大的十月社会主义革命的参加者克拉夫季娅·谢尔格耶夫娜·波良斯卡娅在从事教育工作的64年间，培养了几代公民，人数达两千多人。她有两个学生建立了亚历山大·马特洛索夫式的功绩——用自己的身体堵住法西斯匪徒的机枪眼。

16岁的少年托利亚·科马尔自愿参军服役，并在离我们村不远的一次同法西斯的战斗中建立了亚历山大·马特洛索夫式的功绩。

普罗科菲依·涅克托夫是西伯利亚的一名联合收割机驾驶员。因为在前线身负重伤，失去双腿，他复员回家。这个勇敢的、意志坚强的人在自己身上找到了工作的力量——驾驶联合收割机。由于忘我地劳动，他荣获了社会主义劳动英雄的称号。

我们的同乡、集体农庄林业专家叶菲姆·菲利波维奇·伊尔克利在集体农庄工作的30年间，培养了2000万株树苗，整治了300公顷黑土地，使40公顷的土地恢复了高产，还用自己住宅旁的园地为大家培育果树苗。他的亲属信仰宗教。临终前，他留下遗言：给他送葬的人不能是教徒，而应是他一生与之交朋友的少先队员。

尼卡诺尔·伊万诺维奇·斯捷帕诺夫是我们区伊万诺夫卡村的人民教师。在法西斯占领期间，当希特勒匪徒关闭学校，下令焚毁村图书馆和集体农庄庄员的所有藏书时，他在自己家里办了一所地下学校，对儿童和少年们进行教育，教学从早晨到深夜分四轮进行。他不仅教孩子们读书、写字，而且还教他们如何憎恨法西斯分子。他给孩子们讲述弗·伊·列宁生活和斗争的故事，以及共产党员们的英雄事迹。从他的学校出来的25名学生都参加了游击队。希特勒法西斯分子逮捕了尼卡诺尔·伊万诺维奇·斯捷帕诺夫，并判处他死刑，但是游击队员们及时赶来把他救走了。

我们的女同乡娅里娜在法西斯占领期间，救活了3名苏维埃士兵，给他们找好隐蔽的地点，并帮助他们渡过第聂伯河去找游击队。

毕业于哈尔科夫铁道学院的青年工程师、共青团员尤利·费多罗维奇·奇吉林在千钧一发之际，抢救了两名穿越铁路的妇女，而自己却献出了生命。死后，他被授予一枚红旗勋章。

以上就是同低年级儿童进行公民精神的谈话的大纲。在其中占有重要地位的是关于弗·伊·列宁的谈话。由于这种谈话还要在其他场合进行，我们在这里没有提出有关列宁的谈话的具体题目。

从这个大纲中可以看出，我们向幼小公民的意识和心灵灌输的不只是那些在全体苏维埃人民中享有盛誉的人们的道德美和献身精神，而且也给他们讲述我们村和区的普通公民的英雄行为。这些揭示公民精神的题目具有巨大教育意义。我们力求使孩子们感到，忠诚地为人民服务的理想并不是遥不可及的。孩子们是在生活环境中接受思想和公民精神的影响的。为了理解和感受某种思想，儿童们就应懂得并用心琢磨一个非常重要的真理：这种思想存在于周围人的身上，存在于他们的行为和相互关系之中。

如果孩子们有机会同抱有公民精神理想的人进行个别接触，那就应当利用这种机会。但是在这方面需要十分小心、审慎和掌握分寸，这是每个教师都必须注意的。有些教师汇编了《名人集》，让学生同因公民精神美和献身精神而闻名于世的人建立通信联系，这种做法是绝不能容许的。

同低年级学生进行公民精神的谈话的大纲如何实施？我们的意见是，这样的谈话以一个学季不超过两次为宜。非常重要的是要合理安排谈话的时间和环境，绝不能因为时间到了，该举行谈话了，就在某个其他教育场所搞形式主义的谈话。须知，要了解公民精神，要对公民精神做到心领神会，这绝不是单纯地学好功课就成。一个有经验的教师，甚至在准备充满公民、政治和道德思想的课程

（历史课和文学课）时，也常常考虑学生的精神准备是怎样的，对要接受的思想保持怎样的情绪。这些对理解含有思想、公民和政治三方面修养的基本知识的谈话具有决定性的意义。但同时也要防止雷声大、雨点小；燃起的是真正的火焰，剩下的却是快要熄灭的火星和灰烬。

我经常关心的是，如何使孩子们自始至终都带着清醒的头脑和纯洁的心灵倾听公民精神的谈话，如何使他们不感到疲乏、烦躁和压抑。我还非常重视如何使孩子们在听公民精神的谈话时，对每句话都能做出敏锐的反应。多年的经验使我深信：孩子们对教师的话语的敏感性首先是由他们在听公民精神的谈话时所处的美的环境培养起来的。课后孩子们和你一起坐在林中的草地上或花园里休息，在一片寂静中谛听着蜜蜂演奏的音乐，欣赏着生活美的时候，是你向他们谈论公民美和高尚品格的最好时刻。在关于公民精神的谈话中，几乎常常谈到舍生取义，即为崇高理想而英勇献身的精神。孩子们能否被这种崇高理想鼓舞，在很大的程度上取决于他们对生活美感受的程度如何。

为了使这种内容十分高尚的谈话能打动孩子们的心，教师和学生之间必须建立起微妙的关系，其中包含精神交往、相互信任、开诚布公和与人为善，等等。换言之，你这位教师和你的学生此时此刻应当彼此肝胆相照。这一点不是在谈话时为打动孩子们的心而采取某些专门措施所能实现的。你的谈话要能使学生心情激动，其重要前提是使集体的每个成员早在受到这种激动之前就能把心中的任何秘密告诉你，并得到你的支持和帮助。正是这种前提使集体产生精神上的亲切感和敏锐感。我向所有的教师，特别是青年教师建议：如果你们想通过集体来影响个人，要使集体成为这种影响灵巧而又得心应手的工具，那就请你们作为一个朋友和好的参谋加入这个集体。这是教育过程中的一条规律。集体是一种复杂的现象，在集体中，各种人的思想、情感、志向、兴趣和爱好交织在一起。教育者对其中某一方面触及得愈轻微、愈细心、愈慎重，受教育者受到触及后对自己的力量就愈有信心，产生的信念和希望就愈强烈，就会更加敏感地接受集体对自己的影响。

谈论公民精神的话题在谈话中应当自然地进行转换。如果孩子们没有觉察到你准备给他们讲的事情出于教育他们的目的，那么，你的谈话将会产生更好的效果。我常常怀着急迫的心情期待着这样的幸福时刻，这时孩子们向我倾吐自己的某种秘密即很久以前就埋在心底的某件事情，因为这种事情终于等到了像现在这样可以彼此促膝谈心的时机。听完了孩子们谈的珍贵而又秘密的事情，我就给他们讲自己的珍贵而又秘密的事情，于是孩子们都感到我的关于公民精神的谈话是一个动人的瞬间，就在这时，他们发现他们的教师是一个人，一个有个性的人。

绝不能使谈话的内容直接涉及集体成员的某些行为举止，特别是不道德的行为举止，尤其应该避免在谈话中这样去强调：我所讲的人都是好人，是理想的人。然而令人遗憾的是，你们之中还有不好的人，这会使公民精神的谈话的教育效果化为乌有。如果你教师做出了判决，那么学生的良心法庭也就无事可做了。而真正的教育恰恰在于使学生想到自己、评价自己、用人性的最高标准衡量自己。让秉性最复杂、最难教育的学生在理想人物的影响下挺起腰来，让儿童们渴望成为一个好人。

只有当儿童产生一种想做个好孩子的愿望，并在与同伴的交往中使这种愿望逐渐固定下来时，只有当儿童要积极表现自己时，公民精神的谈话的教育力量才会显示出来。这就提出了一个重大的教育课题：早在低年级时，集体的活动就应具有公民的意义。这是我们在下面将要专门谈到的一个教学法问题。

（二）同中年级学生进行公民精神的谈话的大纲及其实施办法

在少年期，学生的智力和体力都使他们有可能把对公民思想的深刻理解同集体中的某些关系和谐地结合起来，有了这些关系就可以显示出他们在劳动、行为和精神生活中的思想以及公民精神的倾向。在这个年龄阶段，学生对公民精神美和高尚品格的神往是同这些方面结合在一起的：对思想在本人生活中作用的深刻理解，对自己的道德品质和意志力的评价，对自己未来实践计划的初步设想等。这种有机的结合决定着前面所谈到的对教育影响的易感性的进一步发展。少年总想竭尽全力表现自己，想自己回答这样的问题：我是什么样的人？我为什么要活在世上？我能干些什么？所有这些问题只有当教育者帮助他更好地认识自己，仔细地审视自己时，他才有可能做出回答。为此，就需要燃起思想和公民精神美这个火焰。在同少年进行公民精神的谈话时，应当激发他们去自我认识、自我表现，去深刻理解为人民履行公民义务的实质和坚定不移地忠于共产主义理想的实质。

在学校集体中，少年对思想上的自我认识、自我表现和自我教育非常敏感。但是他们需要的已经不只是对教育影响的易感性，还应当培养他们具有自我表现的能力和在行为、工作、相互关系中初步确立自己的公民品格的能力。制定同少年进行公民精神的谈话的大纲的目的，就是使思想和行为的一致性在青年身上得到发扬。同时，以日新月异的新思想和绚丽多彩的事迹所充实起来的思想，应当经常成为少年精神生活中自我表现强有力的刺激因素和推动力，成为他们良心警觉的捍卫者。我们同少年进行公民精神的谈话的题目有：

亚历山大·马特洛索夫的功绩——热爱祖国、忠于信仰、英雄气概和献身精神。

卓娅·科斯莫捷米扬斯卡娅的功绩——无限忠于祖国、热爱生活、为人民履行公民义务的美德和高尚情操、勇敢精神和英雄气概、献身精神、对敌人的蔑视等。

无名英雄的功绩。在法西斯占领期间，在我们州的一个村子里，希特勒匪徒把农民集中在一起，对他们说："莫斯科被占领了，苏联不存在了，存在的只有德意志帝国。"这时从人群中走出一个青年（后来发现，他是一名正在养伤，并设法返回前线的红军战士），怒视着法西斯分子，勇敢地高喊："胡扯，你们这群法西斯匪徒！莫斯科健在！苏联健在，并且永远健在！在我们的国土上，等着你们的是死亡。"法西斯匪徒把这位青年处以绞刑。临刑前，他对老乡们说："我死是为了从精神上支持农民，是为了使战士们不丧失勇气。"

维利基卢基附近的护林员马特维·库济明的功绩。他在伟大的卫国战争年代，像伊凡·苏萨宁一样，把敌人的一个营带进森林中苏联军队的前沿阵地。英雄虽被敌人的子弹射中身亡，但是一个营的法西斯匪徒被歼灭了。

伊凡·卢基奇·莫尔达夫斯基在伟大的卫国战争的前线负了重

伤，被截去了双手和左腿。这位勇敢的苏维埃人在自己身上找到了重新积极投入劳动生活的意志力。他从农学院毕业后，成了敖德萨州的一位农学家。

两次荣获社会主义劳动模范称号的电焊工阿列克谢伊·乌列索夫的劳动功绩。他在20年的时间里，和同志们一起建造了40多幢大型住宅和4座水电站。

著名畜牧专家、学者斯塔尼斯拉夫·伊万诺维奇·什捷伊曼年轻时曾是一名长工，给地主放羊，未能上学，后来却成了知名学者、科学博士，成功地培育了称为科斯特罗马的新品种母牛。

科学院院士、两次荣获社会主义劳动英雄称号、5枚列宁勋章获得者瓦西里·亚科夫列维奇·尤里耶夫的光荣劳动生活。他一生培育了19个小麦新品种。由于这位著名学者（也是劳动者）的劳动，集体农庄土地的产量增加了几百万吨。

莫斯科州尤尔索夫斯基林场林务员葛利高里·卡尔洛维奇·卡谢伊的劳动功绩。他在有生的58年间，共造林3000公顷。还在他活着的时候，人们就把那片森林叫作卡谢伊森林，并把它标在地图上。

我校的毕业生、社会主义劳动英雄、克留科夫斯基车辆制造厂的钳工班长娜杰日达·谢缅诺夫娜·莎拉波娃的生活和工作。人们称她为女巧手。有经验的工人说，工具到她手里会唱歌，而她的劳动则是真正的音乐，是人的美。

尼古拉·加斯捷洛的英雄功绩——无限热爱苏维埃祖国，憎恨敌人，不怕死，赞美生活和歌颂苏维埃人的勇敢等。

18岁的青年科斯佳·叶梅利亚年科的功绩。在为从法西斯手中解放我们村庄的战斗中，他用胸膛堵住敌人的机枪眼，再现了亚历山大·马特洛索夫的功绩。

我们祖国的第一位革命作家亚历山大·拉季谢夫所建立的一个公民应有的功绩。

俄罗斯妇女叶皮斯京尼娅·费多罗夫娜·斯捷帕诺娃的不朽功绩。她养育的9个儿子都在为争取苏维埃祖国自由和独立的战斗中献出了生命。其中3个儿子是苏联英雄。充满母爱、心情悲痛富有自我牺牲精神、无限忠于祖国，就是她的主要特征。

共产党员、爱国主义者费利克斯·捷尔任斯基的生活和为人民的英雄服务精神，热爱祖国和关心人，在为人民幸福的斗争中憎恨敌人和对敌人毫不妥协的精神。

共产党员谢缅·阿尔沙科维奇·捷尔-佩特罗相（卡莫）的英雄生活和功绩。他无限忠于共产主义理想、英勇无畏、热爱生活和蔑视敌人、忠于自己的信念。受人爱戴的英雄的这些特征让少年们敬佩，使他们在心灵里树立起要成为祖国真正的儿子的志向。

共产党员、爱国主义者、捷克斯洛伐克人民的民族英雄、苏联人民的忠实朋友尤利乌斯·伏契克的生活和英勇斗争的事迹。

被法西斯分子杀害的意大利爱国主义者切尔维七兄弟的生活和功绩。

普斯科夫州克拉苏赫村的英雄历史。1943年秋，希特勒刽子手费尔奇的第18集团军士兵残杀了该村的和平居民，原因是这个村的居民积极参加了游击斗争。当时的幸存者也都在游击战争中或前线牺牲了。最后没有一个人回到老家，村庄里剩下的只是田野和坟丘。

同少年进行公民精神的谈话的教学方法有哪些特点呢？首先应当记住，只有当教师作为少年集体的积极成员，教师和学生的精神生活内容丰富、充满生机时，少年集体才能听得进教师的谈话。让我重复一遍：只有当我同每个学生进行亲切的、推心置腹的交谈中，学生们对我的幻想和见解、我个人对理想的态度心驰神往，并对我形成一定的态度时，我才相信我的话能触动少年们最灵敏的心弦。这种态度的基础是少年们对我的信念、生活原则和（我再重复一遍，因为这是特别重要的）我关于理想的理解的由衷尊重。要使学生对我的谈话持赞同态度，我就应当在他们的心灵里树立起对待自我的积极态度。

同少年们进行公民精神的谈话，是在由思想上志同道合者组成的集体中进行的一种谈话。重要的是，我作为教师，在阐述一个人应有的公民功绩和公民生活中的崇高美德及献身精神的过程中，刚一涉及公民思想时，似乎就能洞察少年的心灵，看出少年心中摇摆不定的意向。于是，我就给他们讲以自己双手造林3000公顷，而且人们以其名字为这片森林命名的林务员的事迹。这时，我发现在少年们的眼里闪烁着赞叹的火光。

谈话的主要目的在于使儿童产生一种爱好，并使之成为他们的志向。我要强调指出，死后能在大地上留下自己的足迹，是一个真正的人固有的夙愿。少年朋友们，给自己确立这样的夙愿吧！去寻找可以造出自己的森林的地方吧！

在同少年集体谈话时，应向他们灌输这样的指导思想：一个真正的人只有无限热爱生活时，才能看到比自己生活高尚得多的某种东西——祖国的荣誉、光荣、尊严和强盛。这种思想越是深入少年的心灵、越能支配他们的情感，他们就越能细心地谛视自己，越能经常地思考这样的问题：我是什么样的人？我为什么要活在世上？为了为祖国争光，并以此确立自己的人格，我能做些什么？

（三）同高年级学生进行公民精神的谈话的大纲及其实施办法

青年早期，从14、15岁到中学毕业（17岁）是塑造公民的一个非常重要的阶段，是思想和公民的成熟性、信念及个人生活目的等日趋形成的年龄期。

促成思想的成熟性，是学校对高年级学生集体进行的全部教育工作的主要目的。青年男女应当以自己积极的公民生活影响整个学校集体。为高年级学生安排富有积极意义的社会生活，是培养集体的最紧迫任务之一。近来，社会人士对一些高年级学生忽视学习的现象感到担忧。不愿学习，是稚气未退、公民性尚未成熟的表现。

我们关注的是，如何使青年男女积极的社会生活建立在每个人的思想和政治信念的牢固基础上。学校集体是否有组织性、纪律性和责任感，都取决于高年级学生集体是否在很大程度上成为志同道合者的友好团体，能否把这种志同道合与行为、工作和活动有机地结合起来。青年男女（同少年一样）渴求独立的意愿不仅不会使教师对学生的谈话、劝告、教诲和指导所起到的作用减弱，反而会使它得到加强。在青年男女工作中，重要的是，教师在深入研究学生各种复杂思想的同时，要直接接触他们，要教导他们如何生活，要防止他们犯错误。同中年级和高年级学生进行公民精神的谈话应该激起他们对自己的命运和生活道路的思考。以下就是同高年级学生进行公民精神谈话的大纲。

我国人民的伟大公民弗·伊·列宁热爱祖国忠诚于共产主义思想

和信仰。

英勇的爱国主义者亚历山大·乌里扬诺夫憎恨专制制度热爱人民、忠诚于信仰。

英勇的共产党员谢尔盖·拉佐。他忠诚于人民和共产主义理想，他英勇、无畏，具有对敌人毫不妥协的精神。

第聂伯罗彼得罗夫斯克地区的19岁青年米哈依尔·帕尼卡赫的英雄功绩。在斯大林格勒近郊的一次战斗中，青年人的衣服突然着火（敌人的子弹打破了他手中的装着混合燃液的瓶子），他像熊熊燃烧的火炬，跳上敌人的坦克，砸碎最后一只混合燃液瓶，把燃液浇在敌人的坦克上，和坦克同归于尽。

再现了尼古拉·加斯捷洛的功绩的74名飞行员和挺胸扑向敌人机枪的208名苏维埃步兵战士的英勇献身精神。祖国、生活、牺牲、永垂不朽，就是他们的人生观。

伊朗共产党员霍斯罗夫·鲁兹别赫的英雄生活和献身精神。为了使同志们相信他没有背叛自己的信念和向敌人卑躬屈膝，他要求法庭判处他死刑。其功绩表现为对人民最强烈的爱和对敌人最刻骨的恨。

俄罗斯的莫特罗诺沃克村的全体居民的英雄功绩。他们为帮助游击队，对敌人毫不妥协，对祖国无限热爱，对胜利充满着坚定的信心，于1943年5月20日被法西斯刽子手全部烧死或枪杀，表现了苏联人民的英雄气概。

我们集体农庄的女庄员奥克萨娜·特卡琴科的劳动业绩。她在畜牧场工作的35年里，以自己的劳动满足了我国数千公民的吃穿需要。

我们的同村人、塞瓦斯托波尔市保卫者阿列克谢伊·卡柳日内的功绩。直至最后一息，他还在为消灭法西斯占领者而斗争。牺牲前，他用自己的鲜血写了一份誓言：告战士——英雄城市保卫者书。

苏军士兵阿列克谢伊·别秋克的功绩。他负伤被捕，希特勒匪徒竭力想从他的嘴里获得军事秘密，但他一声不吭。法西斯分子割去他的双耳和鼻子，把他的舌头钉在桌子上，后来，又对他灭绝人性的拷问，最后把他的舌头割了。敌人以为他死了，便把他扔进河里，但我们的战士们把英雄救上来了。

克列姆格索夫斯克区斯克列夫村的集体农庄庄员奥克先季·萨莫伊洛维奇·温尼克的劳动生活。他在从事园丁工作的40年里，培育了200万株苹果树苗，栽培了面积达120公顷的果园。人们把他培植的一种苹果树称为"温尼克苹果树"。

希腊共产党员、希腊人民的民族英雄尼科斯·别洛扬尼斯的英勇斗争和不朽的牺牲精神。

永远铭刻在罗丹作品《加来公民》中的法国加来市6位公民的功绩。他们为了抢救可爱的城市和同胞献出了生命。

我校毕业生、共青团员弗拉基米尔·舍甫琴科的功绩。他为了抢救机器，牺牲在垦荒地里。

乔尔丹诺夫·布鲁诺的事迹。他忠于信仰并随时准备以生命捍卫信仰。

卡尔贝舍夫将军的功绩，他忠于共产主义的思想、忠于自己的誓言。

少年期和青年早期是从精神上获取人类道德珍品的最活跃、情绪最饱满的大好时期。但高年级学生的公民成熟性只有在青年早期集体的精神生活——思想领域中的生活已经有了牢固的思想和公民精神基础时。青少年思想领域中的生活如何，首先要看他们是怎样以最高的道德标准（即善于用忠于祖国的思想光辉照亮自己）看待各种生活现象特别是自己的行为。我们认为，最主要的教育目的在于使每个青年男女体验到由这些原因而产生的自豪感：人民和祖国是极其宝贵的精神财富的创造者，而自己则是这些财富的继承者，并且只有当自己成为真正的公民时，自己才能得到幸福。这种体验是一个人对集体产生义务感的必要前提。

公民精神的谈话的大纲并不是干巴巴地罗列一些题目，而是最珍贵的精神财富资料的汇集。对这种资料的意义如果缺乏理解和感受，就不可能达到较高的思想境界。高年级学生的集体生活是否富有思想性，取决于他们以什么样的尺度衡量他们所目睹、所认识和所做的一切。

青少年时代是一个人对道德、思想和公民精神进行自我肯定的时期。在这个时期，人应当为自己回答这些问题：如何生活？我应当成为什么样的人？只有当我们力求通过谈话向青年们的心灵灌输的公民理想成为集体和个人所向往的一种崇高精神时，他们才能对这些问题做出肯定的回答。青年人的道德面貌如何，取决于他们欢喜什么、追求什么和想以谁为榜样。少年和青年男女都想表现自己，想成为周围人心目中的漂亮、坚强、勇敢和高尚的人。因此，特别重要的是，要使道德高尚、光明正大和坚持原则等品质成为青少年所向往和企求的东西。如何使理想成为诱人的东西，如何使青年人对精神食粮而不是闲逛感兴趣，如何使他们认识到自己头昏脑涨不是因为饮酒过量，而是因为反复思考人的高尚品德具体内容并力求找到"怎样生活""成为什么样的人"等紧迫问题的答案。所有这一切不仅取决于你谈话的内容，而且还取决于你谈话的技巧。你的关于公民精神的谈话应当成为青年们思考和探索问题的推动因素。同青年集体谈公民精神美和献身精神的时候，应当做到使每个青年听完谈话后，都想更深入地去思考、更多地去阅读、反反复复地去领会和认识理想的最高标准的意义。

我想向教师们呼吁：如果你们想成为青少年心灵的主宰，如果渴望你们的谈话能进入学生的心灵，那么就请你们编写出一部《公民教育文选》。

第三章

集体对个人教育影响的形成

一、社会化过程

人之所以具有人的特征,是因为他一生下来就是社会的产物。人的社会本质表现于人与人之间的交往和相互关系之中。当婴儿在认识世界和了解到自己是世界中的一个小小的细胞,并开始与人们发生旨在满足自身物质和精神需求的各种各样的关系时,他便进入社会,成为社会中的一员。学者们把这种个人参加社会的过程,即个性形成的过程,称为社会化[①]。遗憾的是,有关社会化的教育方面,迄今不仅没有得到应有的深入细致的研究,而且未引起人们的注意。

其实,社会化过程正是形成集体教育力量的一个最重要的前提,而教育文献往往把集体力量描述成一种现成的、随时都可以使用的力量。天真地相信集体具有某种神奇的力量,往往使教师大失所望。集体影响个人和个人接受他人影响的能力能否形成,取决于后来要成为集体成员的每个儿童如何置身于社会之中。经验证明,如果一个人在反常的谬误的情况(遗憾的是,有时会出现这种情况)下参加社会生活,他就会很难接受他人所施加的教育影响,有时,甚至那些正常的对别人行之有效的教育方法,对他也不起作用。

婴儿在襁褓时期就有极为重要的发现,就是可以用自己的哭闹和挥舞小手小脚的动作,对妈妈、保姆、爸爸、奶奶施加影响,使

[①] 参见苏联的《科学与生活》,1969年第2期。——作者

他们满足自己的欲望和需求；迫使妈妈和爸爸放下手头最紧急的事情，跑到自己跟前来。当婴儿惊讶地确信自己每种欲望都能立即得到满足，确信哭闹是一种可以催促人们迅速满足自己欲望的有力信号和控制器时，他便开始体验到对初次出现的私欲即想要的一切都会得到的满足感。一个小孩不从正确的方面去认识自己，正是反常而谬误的社会化过程的开始。未来每一个集体成员的道德思想是否健康，他能否成为一个可教育的人，在很大程度上取决于母亲如何对待婴儿的哭闹，如何去满足婴儿最初出现的欲望，以及如何在这些欲望的基础上形成婴儿的需求。因此，马卡连柯多次强调，要从婴儿刚出生时便开始进行教育，如果一位母亲在自己子女出生后的第6个月才开始考虑子女教育的问题，她就失去了半年时间[2]。

对婴儿的各种欲望做出何种反应，在婴儿的正常教育过程中具有重大意义。这种反应决定着婴儿——作为集体主义者的未来公民对待他人的态度；起先是对待母亲、父亲，尔后是对待"外人""远亲"——同胞、同事、战友，为达到共同目标和理想而奋斗的志同道合者和盟友的态度。反常而谬误的教育会导致我称之为"欲望反常"的危险。这种危险在于婴儿刚开始具有意识时，没有立即学习区分什么是欲望，什么是合理的需求。如果养成任何欲望都要得到满足的习惯，那就会失去对他人的智力世界和情感世界的敏感性。如果让这种习惯扎下根，如果儿童带着这种习惯进入学校，那么他就会把他人仅仅看作为满足自己欲望的源泉，而对一切与个人欲望不相符的东西都会感到不愉快，不满意。这样的孩子总是用私欲这把唯一的尺子去衡量一切，从而开始认识作为周围世界的一个小分子的自我。只有当一个人有意识地使自我与他人利益协调一致，不仅善于而且能够努力做到为公共福利而放弃自己的欲望时，他才有可能正确地参加社会生活，并经历正常的社会化过程。形象地说，社会化过程开始于婴儿的如下感觉（后来是理解），即"我的哭闹能促使母亲更快地满足我的欲望，但与此同时，我的哭闹会使母亲苦恼和不安"。孩子的欲望满足了，母亲却为此受罪不浅。因此，必须教会婴儿感觉（然后去理解）到只有不使他人苦恼的好处才是真正的好处。这就是培养集体主义的逻辑和辩证法。教育者的真正本领在于使孩子在看到他人的痛苦时能产生同情，从而感受到从未有过的悲哀、忧虑和不安。如果你有幸做到使你的孩子在心灵上感到他人的痛苦之后，初次体验到真正的痛苦，并为此难过得哭起来，你就可以相信，你已经使他走上了正确的社会化的道路。

为什么我们要如此详尽地谈婴儿的社会化问题呢？因为这是能否顺利地培养集体极为重要的前提。如果有五六个自私自利的儿童进入一年级的学生集体，教师一开始工作就会遇到难以克服的困难，甚至有可能出现教师根本无法建成集体的情况，因为每一个自私自利者都是集体主义者相互关系基石上的一条裂缝。如果这样的裂缝有许多条，教育者不管怎么建筑，集体主义的大厦最终还是要倒塌的。班上孩子们的年龄越小，集体对个人的教育影响就越敏感、越细腻。在低年级班里，儿童如何接受集体和教师个人的影响，具有特别重大的意义。可以毫不夸大地说，一年级学生的心是敏感的、轻信的，这颗心正向着人们敞开。这时教师对孩子所说的某一句话，有时会决定这个孩子的终生命运。

正常社会化的最娇嫩、最敏感的幼芽究竟是些什么？如何才能建成没有裂缝的集体基石？如果已经出现了裂缝，应该如何填补？集体本身是靠什么维持的？要知道教育者长期打交道的对象是孩子，在孩子们的意识中，各种信念、坚定的观点和思想还很难树立起来，他们的精神生活的基础主要还是概念、形象、感情和感受。

经验证明，正常的社会化是以丰富的、思想高尚的情感生活为基础的。必须使孩子首先学会感触和共同感受。各种情感和感受好像是置于儿童体内的一块小磁铁，能把孩子吸附在他人身上，使孩子对各种话语、训诫、思想和教诲都能敏感地加以接受。形象地说，发达的感官、高度的情感修养，就是一个人在道德教养方面所拥有的能精确辨音的听力。一个在情感上未受过培养、对各种最微妙的影响都毫无反应的孩子，是个潜在的自私自利者。

我们在教育儿童时，经常采用"伦理谈话"这种十分重要的形式，谈话的素材主要选自《伦理学文选》[3]一书，其中收录了一千多篇富有鲜明哲理的小故事和童话。收入该书《序言》里的那些故事和童话，主要供教师对学龄前儿童和一年级学生谈话时使用，这部分材料对研究幼儿的社会化程度和情感教养水平很有帮助。《序言》里的故事和童话主题思想比较含蓄，只有那些具有一定情感素养的幼儿才能理解。对于那些情感发展仍处于低水平的幼儿，可能一时理解不了，但是多次的伦理谈话会激发他们的情感，使他们逐渐明白不仅要用头脑，而且要用心灵去认识世界。因此，伦理谈话是培养集体主义者感情的启蒙课。

以下是第一批谈话材料中的一篇。

给老奶奶的核桃

离学校不远的地方有间小农舍，那里住着一位孤单的老奶奶。她已经很老很老，牙齿都掉光了。小学生们经常去帮助老奶奶，或挑水，或割草喂山羊。

校园里的核桃熟了。核桃结得很大，熟透了，味道很鲜美。核桃的壳很硬，男孩子们悄悄地商议着用核桃做弹丸互相打弹弓玩。

有个少先队员说："我们带些核桃给老奶奶吃吧。"

于是，孩子们摘了满满一小桶核桃带给老奶奶。他们把核桃全倒在铺着白色桌布的桌子上。

"吃吧，老奶奶！"孩子们叽叽喳喳说完就一溜烟地跑出农舍。

老奶奶在桌旁坐下，流着眼泪，用颤抖的双手把撒满一桌子的核桃收拢起来。这些核桃像一颗颗石蛋子在桌面上滚动，发出骨碌碌的声音，而院子里却传来了孩子们的欢叫声。

我边讲边留神地观察，注意捕捉孩子们眼神里流露出来的最细腻的思维活动。当孩子们想象着老奶奶坐在桌旁如何收拢硬核桃的情景时，绝大多数孩子的眼里都流露出难过与同情的神情：老奶奶没有牙齿，怎能吃得动这么硬的核桃呢？难道带核桃给老奶奶的少先队员们没有想到这会使老奶奶伤心吗？

这些孩子们的情感已经成熟，并做好了参加社会生活的准备。凭着这些孩子的情感，就可以构筑起集体的坚固基石。但是有几个学龄前儿童由于不懂得和没有体会到这个故事的寓意笑了起来。看到这种情况，我心里很难受。他们觉得"老奶奶像收拢石蛋子似的收拢核桃"这件事很可笑。这笑声里隐藏着幸灾乐祸的幼芽。对这样的孩子必须进行大量的工作，以便唤醒他们心灵中崇高的道德感。我要向一年级老师们建议：请研究研究你们班级里孩子们的情感状况吧！个别学生入学时缺乏情感，没有教养，致使他们愚昧无知。你们，只有你们（因为除你们之外，任何人也办不到）才能对他们进行启蒙教育，开阔他们的眼界，让他们接触人类丰富多彩的情感世界。不关心他人者，对待自己也将是冷漠的。他将无法对自己的行为做出情感上的自我评价，而自我评价则是自我教育中最重要的一步，缺此便谈不上集体对个人的影响。哪里缺少情感上的自我评价，哪里就会采用极端的、"非常的"、高压的方法对学生施加影响；哪里的道德纪律建立在恐惧的基础上，哪里就没有集体，就没有真正的意志力量和自我约束。恐惧心理如同绳索，不仅会束缚儿童的意志，而且会束缚儿童的思维。

一般说来，感知是各种类型教育的基本要素。只有在童年时代就已具备这个基本要素的人，才能迅速而透彻地认识人类世界。当婴儿感到母亲听到他的哭喊声便要来喂奶，或边唱边晃动摇篮，或面对摇篮无可奈何，急得流泪时，婴儿的社会化过程就开始了。这个过程一直要延续到一个人生命的最后一息。教育者对这一过程应该进行科学研究和提出科学论据。在这方面如果搞形式主义和为总结而死板地去"执行措施"，那就比放火还要可怕。集体对情感一无所知是一种极大的危险。遗憾的是这种危险在学校生活中屡见不鲜。例如，在我们学校里就发生过这样一件事：

小个子、蓝眼睛、满头淡发的一年级女生卡特鲁霞今天特别高兴。她爸爸病了一年多，住医院做过3次手术。妈妈和卡特鲁霞为此心情很沉重。卡特鲁霞夜里醒来时曾多次听到母亲在低声哭泣……

而今天爸爸已经上班了。小姑娘来到学校，在校园里碰到两位同班同学——佩佳和格里沙，就把这事告诉他俩，一心想和同学们分享自己的喜悦。

"我爸爸的病好啦……"

佩佳和格里沙对卡特鲁霞看了一眼，不解地耸耸肩，什么也没说，跑去踢球了。

卡特鲁霞朝着正在玩"跳房子"游戏的女孩子们走去。

"我爸爸病好了。"她说话时两眼闪耀着喜悦的火花。

其中一个小女孩尼娜不解地问道：

"病好了——这又有什么可说的呢？"

卡特鲁霞顿时感到有一团沉甸甸的东西从胸部直升咽喉，使她十分难受，于是她走到校园尽头的一棵杨树旁放声大哭起来。

"你哭什么，卡特鲁霞？"——她耳边响起了沉默寡言的同班同学科斯佳那温柔而亲切的声音。

卡特鲁霞抬起头，啜泣着回答："我爸爸的病好了……"

"啊，太好啦！"科斯佳高兴地说，"我家附近的树林里雪花莲已经开花了。下课后我们一起到那儿去采些雪花莲带给你爸爸吧。"

卡特鲁霞高兴得眼睛都发亮了。

这个一年级班级招收了许多情感上没有受过培养的孩子，而教师又很少去做克服这种缺点的工作。实际上，这个班级并不是集体，因此教师必须一切从头开始，努力培养儿童感受他人精神状态的能力，使儿童逐渐学会在不同情况下都能设身处地去体验他人的情感，这是一项十分困难的工作。

为了使集体能够对个人产生教育影响，我们教育者应该教会儿童对自己的各种行为从情感上做出和谐的评价。这种和谐包括哪些内容呢？儿童应该喜欢做好事，与此同时，还应该疾恶如仇。儿童的善恶概念的形成必须以社会和集体的善恶观为基础。换言之，儿童对自己的各种行为能否从情感上做出和谐的评价，在于他是否对父亲、母亲、幼儿园保育员、教师、同学所喜欢和赞赏的一切深感兴趣。决定一个人道德面貌的这种和谐评价最终取决于长辈（父母、教师、教育者）与小辈（受教育者）之间存在着怎样的相互关系。非常重要的是，在长辈对小辈的关系中，要鲜明地反映出社会所珍惜和器重的东西。

由于我们社会中最珍贵的东西是人，所以在家庭成员之间，在幼儿园、班级和学校的受教育者之间的相互关系中，占统治地位的应是为自己的亲人、好友、同学、集体的全体成员和同胞创造幸福的渴望。马克思曾在自己青年时代的一篇著作中写道："最幸福的人是致力于使尽可能多的人成为幸福者的人"。[4]受教育者能否接受他人对自己的行为所做的情感评价，即能否进行自我评定，归根结底也就是说有没有良心，完全取决于他在童年时最初获得的满足和欢乐的幼根向何处生长，取决于他如何用丰富的精神生活来形成个人对幸福的观念和概念。

集体对个人教育影响的形成，开始于在每个未来集体成员的心灵里培养一种最重要的人类美德，即为他人创造幸福的欢乐感。追求道德美和渴望为他人做好事而表现出来的举止行为越多越好，这是个人正确地参加社会生活最重要的条件之一。

二、集体中的交往

"唯一真正的美是人与人交往的美。"[5]圣埃克苏佩里的这句话里包含着培养人的伟大智慧。一个人将成为怎样的人，有赖于他在与人交往中的表现，有赖于这种交往会激起他什么样的思想，以及这种交往会把他的志趣引向何方。

交往中所表现出来的美、深厚的情感、完美而丰富的精神生活、充实的思想，都是集体生活中珍贵的东西。如果缺少这些东西，就不可能有自我认识和自我教育。人与人的交往能使人对人的需求得到广泛而多方面的满足。培养集体的任务，在于如何使这种交往把人变得高尚，陶冶人的道德美，使人在与同志的交往中感到喜悦，产生要与人们在一起不可遏制的愿望。

什么样的活动能够使人感到幸福和喜悦，并能享受到人与人交往的欢乐呢？应该把儿童的体力和精力引向何处？应当使儿童学会与他人共享欢乐，分担他人的疾苦，相互谈心和交流思想。应当教导儿童去创造，去幻想，并珍惜自己的夙愿。如果孩子们在一起是为了创造美好的东西，交往就能够使他们变得高尚起来。因为交往是多方面的活动，它既包括体力方面的活动，又包括以下内容，如克服困难、相互帮助、共同感受、对美好和高尚品德的赞赏、共历险境、善于和同学同甘共苦、对得起自己良心的无私的行为、与邪恶和谎言做斗争、愿意为同学不体面的行为承担责任等。

儿童是美的积极创造者，应该让他们去体验人与人交往的真正乐趣，这就是培养集体的一大秘密，同时也是一条极为普通的真理。

这是我们班集体生活的第一年。冬天过去了，春天已经到来。我和孩子们一起到野外的树林去。在灌木丛生的山谷里，我们发现了一块舒适的小天地。我们很喜欢这个地方，于是高兴地想到，如果我们能在这里开辟一个角落作为课余休息的地方，那就太好了。我们陶醉于这一幻想之中。课余，我们又到这儿来过几次。我们带来野葡萄树苗，把它们栽在灌木丛周围。后来有人想在那里再栽些绣球花，……尽管那里并没有什么特别的东西，但是我们时刻都想到那里去，想坐在灌木丛下读书、幻想、讲故事和编童话。当野葡萄长得密密丛丛，好像一堵绿墙时，当我们这个神秘的小天地变得更舒适、更美丽时，我们就把这块地方称为"童话角"或"美丽角"。我们很想到那里去，在那里感到十分愉快，因为我们自己创造了那里的美景。我们在那里付出的劳动和精力越多，那里的美景就越为我们所珍爱；我们在那里相聚，肩并肩屏息静坐，谛听童话与往事，这一切使我们更加强烈地感到幸福。

我们的"童话角"一年比一年更美、更令人感到亲切。绣球花已经开了，鲜艳夺目；在附近的灌木丛里有我们的鸟巢，鸟巢里有我们的鸟。这地方已成为我们精神生活中的一角，因为我们在那里有过多少体会、经历过多少激动之情啊！如果指定要在那里集合听童话故事或读书，那么我们之中的每个人都想到场。有一天，长着浅色眼睛、有点斜视的小女孩奥丽娅没有来（这事发生在四年级），于是我们既没有心思听故事，也没有心思读书，因为我们觉得我们的奥丽娅出事了。我们便到村子里去打听，原来她的妈妈病了……

直到毕业，这个"美丽角"都是学生们精神生活中的小小乐园。

另一个班集体是在三年级时才建立起自己的"美丽角"的。有一天，孩子们在树林里散步，发现一条不易觉察的小溪。他们很想找到涌出这股清澈流水的水源。水源在树林深处找到了。水源旁长着一棵百年橡树。孩子们在离橡树不远的林间空地上栽下了几棵丁香。不久，那里长起了一小片丁香树林。孩子们常到那里去幻想、读书。那里是谛听故事和编造童话最合适的地方。孩子们在那里读完了柯罗连科的《盲音乐家》、杰克·伦敦的《海狼》、比彻·斯托夫人的《汤姆叔叔的小屋》，对塔·谢甫琴科的《音乐家》更是读了又读。

任何一个人，只有当他认识到人与人交往中的美，他才能够把思想美和思维美看作是人生的欢乐。以上所述的"美丽角"对集体来说正是思想美的源泉。孩子们被吸引到这里来，不仅因为他们在这里能看到美丽的树木、美丽的花朵，听到悦耳的鸟语，而且还因为他们能够在这里听到美好思想的倾诉。这些思想之所以美好，是因为它能令人激动和不安，能引起困惑和思考，能使人产生对那些仅仅存在于想象和潜意识中的模糊东西进行深思的愿望。

我们认为，让学生去充分享受人与人交往中的乐趣具有巨大的教育意义，这样做可使学生在少年时代，特别是在青年早期，就能把自己的各种思想带进集体，同时自己也能到集体中去寻求各种思想。每个教育者要想培养学生具有真正的高尚情操，就应成为名曰"集体思想"乐队的高明指挥。这是何等重要啊！每个学生在少年时代和青年早期都应使人与人的交往成为自己思想和信念的摇篮。这是何等必要啊！所有这一切均有赖于教育者把如何看待周围世界的观念注入儿童和少年的意识，有赖于教育者是否善于激发学生去阅读那些必读书籍的愿望。

和谐地培养智力、意志、道德信念、高尚思想和英勇精神、丰富的感情和多方面的美感，这一切必然会使一个人早在少年时代就产生种种很想得到答案的念头，以便树立起自己的观点。我认为，只有当一个人在少年时代就思考过诸如"生活的意义何在？""我为何活在世上？""善与恶的实质是什么？"等问题时，对他来说，集体中人与人的交往才可能具有丰富的内容和真正的思想价值。这些还很模糊、尚未完全弄清的念头使他们激动不安。如果你是一位真正的教育者，你便能找到正确的途径，在适当时机向他们暗示究竟是什么使他们感到不安。

少年和青年男女把这种激动、不安和思考的各种问题带进集体，希望在集体中找到阵阵清风以助燃自己沉思的火焰。如果少年们把上述问题带进集体，这就说明，学校的教育安排得当，而学校集体就能成为强有力的教育工具。

要想使你们的学生在集体中提出上述发自心灵的问题，并向集体敞开自己的心扉，就不能对学生的言行"限制过多"，不能"划框框，定调调"，换句话说，不能搞形式主义，不能矫揉造作，不能想方设法去窥测学生的内心世界，不能去激发学生在众人面前暴露自己内心最宝贵的东西。心灵交往的美是一个人心灵中极为柔弱的领域，触及这个领域必须小心谨慎。教育者应当灵活地、自然地去启发学生说出那些使他们感到激动但又没有完全领会的思想。为此教师必须学会使用那些能激发学生对真理产生惊喜的词语（可通过叙述或朗读书籍的方式）。

如何通过教育使学生向集体发问："告诉我，朋友们，人生的意义何在？我为何要活在世上？世界因我的降临发生了什么事？如果没有我，世界是否仍将是这样？也许我曾以自己的生活、疾苦、激情、欢乐和忧虑给世界带来了某些东西？"这就是全部教育智慧之所在。要教育学生，使之把这些问题变成为集体思索的内容，也就意味着要把个人和集体提高到精神发展的最高阶段。

你们顺着这个方向去培养自己的学生，就能启发青少年发问："人生的意义何在？"于是便开始了集体精神生活中最幸福、最激动人心、最值得怀念的时光。我把今天的青少年同20世纪30年代、40年代、50年代的青少年进行比较，得出的结论是：每一代正走向独立生活的青年人对自己的精神世界都很关心，而且越来越关心，他们越来越渴望创造幸福，越来越顽强地追求生活的最高意义。许多八年级学生已做好了领悟社会生活中各种重要现象的精神准备。以下就是他们的部分谈话记录。

"我读过描写革命前青年艰苦生活的书籍。那时人们整天为解决吃饭和工作问题而操劳。农村的小伙子痛心地想着，他的父亲不得不把自己的那块小田地划成若干块，分给每个儿子去经营。父母忧虑地瞧着孩子们，心想：你们为何要来到人世呢？是为了一辈子受苦受难吗？而现在人们想的却完全是另外一些问题。每位父亲都在幻想着：我的儿子应当成为工程师、学者、医生，……我的儿子是个天才，与众不同。除此之外幸福就难以想象。然而难道所有的人都可以成为学者、工程师、医生、农学家、教师和演员吗？终究得有人耕田，有人在畜牧场工作。我没有任何的天赋，也没有任何的才干，我要做一个普通的机械师。而使我恐惧的是这样一条生活道路：难道我将仅仅为了赚钱、为了吃饱肚子而工作吗？……工作肯定是艰苦的，难道我仅仅为了工作之余睡个好觉吗？而后人老了便去领养老金……"（维塔利，14岁零3个月，共青团员）

"我的父亲是个普通的牧人。但在集体农庄办事处人们都不叫他牧人，也许是为了不使他难堪吧。大家叫他畜牧场工作人员，也有人称他为畜牧工作者。有一个星期天，父亲的朋友，一位70高龄的老机械师马克西姆·伊万诺维奇来找我父亲。他们在桌旁坐下，各自喝完一杯酒，便开始了哲理性的谈话。马克西姆·伊万诺维奇甚至哭起来了。他说：'我们很光荣地退休了，但是我觉得日子不好过。因为我感到现在无事可做，只好坐着等死。'我不由自主地倾听了这番谈话，心里想道：难道等待着我的也是这样的命运吗？活到某种年龄，人们就要对我说，你去休息吧！而这就意味着你去等死吧。那么人活着究竟为了什么呢？为什么我父亲每天半夜就要起床操劳，担心着母牛索依卡是否要生小牛犊。既然大家面前的道路同样都是通向死亡，那么生活的意义究竟何在呢？"（安德列依，14岁零6个月，共青团员）

"而我认为生活的意义就在于为他人做好事。安德列依，你的父亲之所以经常半夜起来操劳，到畜牧场去工作，是因为他爱人们。看来，并非在于母牛索依卡对你父亲来说就是一切。要知道，无论是母牛、畜牧场或拖拉机，所有这一切都是为了人。在我们村子里，人人都知道你父亲，都尊敬他。这就是生活的意义所在。在我们村后的山谷里有一片马克树林。为什么这片树林叫马克树林呢？我的祖父多次讲过：曾经有一个哥萨克人，名叫马克。他在草原定居下来后，便开始在山谷周围栽树。每年夏天他都要栽上1000棵小树。他很会栽树，即使不浇水，树也能全部成活。干涸阴森的山谷变成了一片绿油油的柞树林。马克的庄园已不见痕迹，谁也记不得这位哥萨克人葬身何处，然而马克的树林却依然存在，并且将永远存在。看来生活的意义就在于不要无声无息地虚度年华。不久前，我那位住在城里的小叔斯捷潘讲过这么一件事：有个孤老头住在一所很大的公共房子里。不知为什么不拿养老金，生活很简朴，穿着带补丁的衣服。当他去世时，由于没有亲属，市苏维埃来人登记他的财产，在他的床上发现5千克古老的金币。这个人就这样度过了他的一生。人们开始寻找有关他的文件，原来这老头从未工作过，是靠投机贩卖为生的。甚至没有人知道他的姓名。斯捷潘叔叔说：'这样的生活，如同一粒无声无息的尘屑'。"（尼古拉，14岁零8个月，共青团员）

"难道一个人活着就只能到社会上去工作？就是说，如果他不植树造林，如果他不是一位著名的机械师，他一生就白活了？这不可能。我的母亲就不出去工作。据说这叫家庭妇女。要知道，她在教育子女，而我们兄妹有6个。母亲的身边总是有一些小孩。这样的母亲有多少呵！列宁的母亲，用现在的话说，就是位家庭妇女。她仅仅是位母亲。履行母亲的职责，这就是最艰苦的工作。我读过一本关于乌里扬诺夫一家的书。生活的意义就在于教育子女。是谁教育了伟大卫国战争的英雄？是母亲。是谁给予我们欢乐？是母亲。做母亲是莫大的幸福……"（萨沙，15岁零两个月，共青团员）

"生活的意义在于博览群书。有着千百万册的书可供阅读。据说，人在一生中只能读完6000本书。想到人如此无能为力，真是可怕。人生是多么短暂呵！而我们还在白白地浪费时间。"（拉利萨，14岁零7个月，共青团员）

"关于将来的职业问题，我想得很多，有着许许多多有用而光荣的专业。过去我曾幻想当个工程师，去造飞机。后来我又幻想当一名地质学家，去开发大自然中的财富，把它们交给人民。而现在我已经下定决心要当个医生。须知，救死扶伤是一项最必要的工作。"（弗拉基米尔，14岁零1个月，少先队员）

"当世界上还有千万枚炸弹的时候，难道可以考虑幸福与欢乐吗？哪怕是其中百分之一的炸弹爆炸，人类就会毁灭。一想到这些，我就睡不着、吃不下。课堂上我们读着果戈理的《死魂灵》，而我头脑里尽想着广岛。为什么人类要自取灭亡呢？"（玛丽娅，14岁零8个月，共青团员）

"夜里我突然想到：所有现在活着的人，百年之后都将入土，无一例外。这种想法使我大为惊愕，十分恐惧。如果一个人知道他必将死亡，何必还要活着？我开始端详人们的眼神，我看到许多愉快的、朝气蓬勃的男人、女人和老人。有一次，我遇到了帕纳斯老爷爷，这位80高龄的老人正在栽种橡树。我想去问他：'老爷爷，你为什么要种这棵橡树？要知道你是看不到这棵树长大发枝的呀？'但当我看到老爷爷的眼神时，我觉得很羞愧。他那双老眼里闪耀着令我惊讶的生活乐趣。看来老爷爷猜到了我在想什么，他说：'假如每个人仅仅为自己而工作，世界就会变成一座大墓地，大家就会光是谈论死亡，每个人也就只好为自己哭泣。幸亏没有这样的事，将来也不会有。如果一个人是为他人而活着，那么他就能永垂不朽。'我永远忘不了老爷爷的这番话。半年后他去世了。我照料着他栽的那棵小橡树时，似乎又看到了他的眼睛。我对自己发誓，一定要把这棵小橡树培育成一棵粗壮的大树。"（阿纳托利，15岁零4个月，共青团员）

以上是逐字逐句记录下来的年轻的共青团员——昔日的少先队员们讲过的话。对我说来，最大的幸福莫过于倾听自己学生坦率地谈论人生和未来。当这些三四年后就要成为军人和母亲的年轻人，敞开自己心灵中最隐秘的角落的时刻，也就是集体精神生活的最高峰。他们之所以谈得如此坦率，不只是因为他们信任自己的老师。他们渴望能坚定自己的信念，消除疑惑。个别学生的发言中流露出不安、忧虑，甚至绝望的情绪，但不能因此断言，这个集体里有人信仰悲观主义。以惨淡的目光看待未来，这是一种焦虑的召唤：请帮我解释如何理解世上所发生的一切！青年人坦率地说出自己悲观思想的时刻，正是教师最有利的教育时机。教师应抓住这个时机，培养青少年的乐观主义思想，使他们对人类光明的前途充满信心。青少年所谈的任何一个有关全人类的问题，似乎都离个人生活很远，但此时此刻他心里想的仍是个人的命运。他之所以一心向往集体，首先是因为他想找人谈谈个人的前途，想听到肺腑之言，想得到支持。学生在进行上述最坦率的心灵交往的时刻，并非就一般的哲理问题高谈阔论，这是每个学生心灵的坦率交谈。我想把这类谈话称为心灵的哲学。正是由于对人生意义这一问题的深入探讨，个人的观点、爱好和兴趣之间的最微妙的联系才得以意会神传地延续下去。对某些个别的学生来说，集体已逐渐成为新思想的源泉。甚至连那些可能从未想过为何要活在世上的学生，也开始不再用过去的眼光看待自己了。

教师在此集体享受精神生活的时刻，究竟应该如何表现？在此责任重大的时刻，对教师来说，特别重要的是要表现得自然，要在学生的面前表现为一个思想家、学生的同志和朋友，要表现为一个具有自己的观点、自己的喜怒哀乐、自己的疑惑的活生生的人。当然，教师不应该是善与恶的冷漠见证人。因为在谈到善恶的时刻，教师在学生面前流露出来的丰富情感，会对学生产生特别强烈的影响。但是丰富的情感必须用教师的道德威望去巩固，只有具备了这个重要的前提，教师流露出来的每种情感，教师对待真理的个人态度，才会被学生作为高尚道德和老一代的财富加以承受。

如果你有幸使每个学生都能感到与集体的交往是一种乐趣和高度的满足；如果青少年能把自己的沉思、疑惑和不安带进集体；如果学生只是为了想谈谈一些令人激动的问题而希望聚集在一起，那么你就已经培养出了一个由青少年公民组成的真正的集体。所有的学生，不论其个人的志趣和爱好如何，都对文学和艺术感兴趣。在我任教的班级，学生们经常聚在一起漫谈和争论国内外的文学作品。我们研讨的不是整部作品，而是作品中那些引起青少年激动的问题。少男少女们谈论着读过的作品，从他们的谈论中可以清楚地看出，使大家最为激动的是如下问题：在现代苏维埃文学中教导我们生活的主人公在哪里？我们在生活中应该以书中哪些人物为榜样？书中哪些人物最使人激动、最令人神往？哪些人物使我们感到最亲切、最可爱？对以上问题，少男少女们各抒己见，热烈地争论了3年。在其他班级也进行了这样的争论。为了展开争论，孩子们阅读了几十部优秀的现代文学作品。

我们举行过一些十分有趣的讨论美术问题的座谈会。整个集体都参加了这些座谈会的准备工作，如展出许多名画的复制品和阅读一些关于艺术的书籍。

凡是付出大量精力和体力的活动，自然能使人享受到生活、思维和感受的乐趣。通过诸如旅行、参观、寻找物质珍品和精神珍品等活动，少男少女们可以获得人类交往中的许多欢乐和满足。组织前往先辈立下光荣战功的地点旅行具有特别重大的教育意义。在这种旅行中，集体因体验到高度的爱国主义精神而团结起来。这种旅行能使学生获得无与伦比的新东西——保存于传说中、文献里和幸存者的记忆中的那些为祖国自由与独立而英勇奋战的光辉榜样。

每年课程结束后，暑假期间，我们的学校集体（一到九年级的全体学生）组织起来到家乡各地去旅行。这不单纯是为了研究家乡的风土人情，也是为了使全体学生的思想逐渐得到充实。同英雄人物会见，使我们看到了人的勇敢、无畏和自我牺牲的思想境界。旅行中留下的深刻印象使我们沉浸在对英雄行为赞赏和惊叹的情感之中。这种情感能打开学生的心扉，把称之为思想成熟性的东西一滴一滴地注入他们的心灵。对英雄功绩的向往能使人产生这样一种精神状态，即力图使自己的行为表现出英雄气概，力图使自己的生活符合共产主义建设者、爱国主义者、为祖国的荣誉和强盛而奋斗的战士的道德准则。换句话说，如果让儿童和少年直接接触英雄而高尚的行为，直接接触人民无价的道德财富，就会使他们在意识中树立起对真正高尚行为的向往。集体的吸引力使少年产生一种想要表现自己的愿望，而这种愿望是同我们社会的道德理想和谐地融合在一起的。由于每个青少年都曾和集体一起体验过各种高尚的情感，所以他们对集体关于自己的行为、自己的工作、自己对公共利益的态度的评价都十分敏感。

促使产生高尚感受的事件与青少年对英雄行为赞赏和惊叹之后立即做出的个人具体的行为举止之间不可能建立起直接的联系。一般说来，在集体的道德教育中不能去寻找这样的规律，即意识和感情一旦受到影响就能立即反映于行动之中。对英雄行为的赞赏和惊叹不仅能陶冶学生思想上志同道合的品德，同时也是他们精神力量的巨大源泉。这种力量不仅表现在儿童或少年处于集体之中的时候，而且也表现在他们只身面对自己良心的时候。

五年级学生访问了一名伟大卫国战争时期的游击队员。游击队员给同学们讲述了苏维埃人如何同法西斯分子斗争的事迹。由两名英雄的少先队员所担任的游击队侦察员的事迹给孩子们留下了极其深刻的印象。这两名少先队员虽被希特勒分子俘获，但没有泄露军事秘密，结果法西斯分子把他俩活埋了。两名少先队员所表现的英雄气概和忠于公民义务的精神深深打动了孩子们的心，他们决定每年栽培一些红玫瑰，专供胜利节陈放于这两名英雄少先队员的遗像面前。

三、热情洋溢的集体生活

集体对个人教育影响的形成有赖于集体对什么感兴趣以及集体生活如何安排。集体对个人产生良好影响的必要条件是热情洋溢的集体生活。

感受是思想信念的另一个方面。集体对周围发生的事情所抱的情感、所做的评价和认识，是使个人甚至使入学前未受过足够教育的人喜欢善良、鄙视邪恶的最必要的前提之一。集体中的丰富思想、各种志向和多种关系、互相之间提出的评价和要求，所有这一切，像一条条纤细的幼根，滋养着集体敏锐的情感。这种情感越深，集体作为影响个人的工具所起的作用就越大，个别学生所带来的漠不关心、冷酷无情的危险也就越小。教师最复杂的任务之一，便是从建立集体的头几天起，就要关心集体是否怀着非常细腻而敏锐的情感去认识世界，以使集体能够树立起善恶分明的强烈感情。

孩子们在情感上体验可认识的物质世界的同时，还应该积极参加活动，应在集体活动中表现自己的感情，表明自己对世界、对人们和对本人的态度。这样就能使集体的思想得到统一。培养学校集体，这就意味着要在思想上指导孩子们，使他们幼小的心灵易受感动，使他们急于参加集体活动，并在积极的活动中充分体现出洋溢于集体的那种感情。在这种集体兴致勃勃共同参加的活动中，最"冷漠"、最"无情"的孩子也不可能无动于衷。

以赞扬善良、鄙视邪恶为主题的集体活动，能使学生逐渐形成道德观、道德信念和道德思想。如果在集体中没有爱憎分明的情感生活，就根本谈不上信念和思想。因此，培养从情感火苗燃炽成思想火炬的行为，是每个教师必须记住的培养集体的必然规律。幼儿园的大班教养员和小学低年级的教师在自己的工作中考虑这一规律具有十分重大的意义。情感丰富的行为，是向孩子们展示思想境界的一扇窗户。当每个孩子尚未开始公民生涯时，就必须使他们在集体中经受情感丰富、动机高尚的行为的锻炼。

产生于高尚情感的行为反映着言语与行为、思想与活动、信念与生活实践的联系。经常听到一些教师抱怨说："这个集体对教师的话领会力很差。你对他们讲述崇高的、充满思想内容的东西，而他们总是无动于衷。"为什么会发生这种情况？因为教师对集体讲的话缺少激情。而教师的言语和思想只有同事实和行为密切结合起来，才能在学生的意识中产生强烈的情感色彩。凡是受过高尚情感熏陶的学生，对教师的言语就会特别敏感。集体越是经常地由于受到高尚情感的激励而组织活动，集体的情感生活就越丰富，集体成员之间的思想联系就越紧密、越可靠，集体作为思想、道德和劳动的综合体也就越牢固。集体在情感上取得一致，是集体在观点和爱好上取得一致的基础。

在实践中如何激发学生参加热情洋溢的活动？如何去领导集体精神生活中的这个敏感的领域？

孩子们都爱美，喜欢道德高尚的行为，热心于帮助弱小的生物。他们都很想成为一个慷慨宽容的人，都能与别人同甘共苦。但是崇高的思想品质需要塑造和培养。在集体精神生活中有一个特殊的领域，可以称为情感状态（情景及相互关系）。

集体生活是人对人，即心灵对心灵、思想对思想、欢乐对痛苦、欢乐对欢乐、幸福对惊慌和失望等千万次最偶然、最微妙的接触，……学生们时刻相互接触的心将变成什么样子，是变得温柔、敏感，还是冷酷无情，将取决于把他们领上道德完善和自我完善的道路的人。教师要想看到、感觉到、理解到学生彼此间千万次最温情的接触，要想使这种接触给人创造美，而不是给人带来痛苦，那他就必须具有一颗十分敏感和坦率的心。

安德列伊卡的祖父去世了。他有一个星期没有来上学。待祖父安葬后，他才来校上课。他内心非常沉重，因为祖父再也不能给他讲故事，不能抚爱他了。安德列伊卡默默地坐着沉思。安德列伊·叶菲莫维奇走进教室。他把教室日志和学生作业本放在讲台上便开始检查家庭作业。当他走到安德列伊卡身旁时，男孩低声说："我今天没完成作业。"安德列伊·叶菲莫维奇把手放在男孩头上，这是一只温柔、多情而又善良的手。"我明天一定把所有作业做好，安德列伊·叶菲莫维奇。""很好，你一定能做到的。"教师轻声地说。

这个取自生活的小情节，鲜明地反映了教师细心感触学生情感状态的本领。这种对人的同情与关切，应该寓于集体和教师的心灵、眼神及情绪之中（而集体的情绪在很大程度上取决于教师的情绪）。当然，为要在集体中造成那种可以说是软心肠的情感状态，就必须在儿童的心灵中发扬和奠定对人们表现出来的各种细腻的情感，如对欢乐、痛苦和孤寂的敏感性。

不论你对孩子讲述什么事，不论这孩子所感知的是生活中的哪个方面，不论他思索的是什么，所有这一切无不包含着潜在的情感。对儿童的情感状态和每句话的情感色彩都必须十分敏感。有时会出现这样的情况：教师在教学过程中给学生揭示现象与现象之间的因果联系时，忘记了儿童的情感世界和美感世界。这种情况会导致什么后果，从我们学校几年前发生的一件小事中便可看出。

奥列霞很喜欢蝴蝶。每天清晨，当朝霞把玫瑰染成金黄色时，她便走进花园。色彩鲜艳的蝴蝶停在玫瑰花上，轻轻地振动着翅膀。奥列霞不敢出气，生怕吓跑了这些娇柔美丽的蝴蝶。今天教师带来了一幅很大的挂图，上课时，她边讲边指着挂图解释，蝴蝶是如何变成丑陋而有害的毛虫的。"蝴蝶是害虫，必须消灭它。"教师说。夜里，奥列霞哭了。早晨她又去看盛开的玫瑰花，欣赏着美丽的蝴蝶，但同时又恐惧地四面顾盼：是否有人看见了？

毋庸赘述，教师必须考虑如何向儿童揭示科学真理的实质。把科学知识传授给儿童时，切切不可破坏儿童的情感、理智和美感等领域之间的和谐，务必使儿童明白，除了有益与有害的概念之外，还存在着美与丑的概念。

在研讨学生的情感状态（情景及相互关系）及其在形成集体的

教育影响中所起的作用之前,必须强调教育者下述工作的特殊重要性,这项工作的目的在于使人的各种高尚感情(爱情、慷慨大方、知恩,热心帮助同志、接受良心的责备、愿意请求宽恕和真心纠正错误,尊敬长者,不容忍邪恶,特别不容忍懒惰、虚伪和欺骗等)得到发扬,并在日常的相互关系中、工作中和集体的精神生活中得到巩固。

如果集体中缺乏诚意,就谈不上集体在思想上的教育力量。我一向致力于使儿童在我这个教师面前能够做到像朋友对待朋友似的不受拘束、热忱坦率地表达自己的情感,并且要使集体对待个人,以及个人对待集体的关系中充满着同样的相互信任的气氛。如果孩子们隐藏自己的真实情感,口是心非,他们就会做出很坏的事情。如果孩子被迫压抑自己的情感,特别是被迫压抑自己待人接物的情感,那就很难想象这将给孩子造成多么大的危害。孩子们在情感上受到抑制,一般说来,他们的智力发展也会受到抑制,其思维也会因之迟钝贫乏。凡是不能自由地表达情感的地方,集体的精神振奋、集体的思想感受,都是无从谈起的。

以下是我早期从事教学工作的一段回忆。

在我和孩子们的相互关系中(那时我在小学任教),不受拘束、热忱、坦率地表述自己满意和不满意、感谢和委屈、愤怒和惊讶等思想感情已成为一条守则。每天孩子们都从温室里采一朵菊花带进教室。如果我们的相互关系中没有出现阴影,如果孩子们完全信任我,已准备好听从我的教导,在讲台上的小花瓶里就会根据集体不同的情绪插上各种颜色的花朵,如粉红色的、鲜红色的、蓝色的、淡蓝色的等。粉红色和鲜红色象征着集体愉快的情绪,蓝色象征着不安的情绪,淡蓝色象征着忧郁悲伤。

我走进教室,看到花瓶里插着一朵淡蓝色的花,因为费季科得了"2"分,全班以此对他表示同情。

难道孩子们可以隐藏住自己对同学(即使他是个懒汉)的同情吗?

温室里有一丛菊花,颜色很别致,是紫色的。这丛紫色的菊花,犹如黄昏时分夕阳余晖在远处草原上空形成的晶莹天幕。孩子们很少从温室里采来紫色的菊花插入花瓶。这种颜色的花在我们这里象征着委屈。如果孩子们在我的讲台上插上紫色的花朵，这就意味着"老师，您使我们受了委屈。"

二月里一个严寒的日子，我来上第二节课时，发现讲台上的花是紫色的。

教室里一片寂静，我也没有勇气发问。我给孩子们布置了自习作业之后，在桌旁坐下，低头沉思：第一节课发生过什么事？我做了什么使孩子们感到委屈的事呢？

孩子们绝对不会无缘无故地感到自己受了委屈，这不可能是他们的任性调皮之举。孩子们尊重和敬仰公正的严厉措施和严格遵守公道的行为，这一点我很清楚。我究竟做错了什么事使他们感到委屈呢？

"手表！"我想起来了，"我表现出对他们不信任，因而使他们感到委屈……"

当时手表还是一种很稀罕的东西，我是前一天买来的。孩子们当然很想看看手表，用手拿一下。我把手表从手腕上取下来，放在讲台上，一直放到下课。课间休息时，孩子们挨个拿起这件稀奇古怪的东西，放在手上看看，拿到耳边听听。今天课前，我也把手表放在讲台上，但是在第一节课后的课间休息时，教师休息室的挂钟停了，我决定拿我的手表去校正一下挂钟。我从讲台上拿起手表，戴到手上，什么也没对孩子们说，就走出教室……

于是就出现了这朵紫色的菊花。讲台上没有出现这种颜色的花几乎已有一年了。第一次出现这种颜色的花，是因为我不想和孩子们一齐去池塘游泳。那次我说，我不大舒服。我这是撒了个小谎。孩子们为此感到委屈。而这次是为了手表的事。我从手腕上取下手表，放在讲台上。是否需要向孩子们解释一下刚才把手表拿走的原因呢？是的，需要这样做，但不是现在。

第二次课间休息时，手表一直留在讲台上。第三节课我走进教室一看，花瓶里已换上一朵玫瑰色的菊花。我松了一口气，因为孩子们原谅我了。几年之后，当年的这些小孩对我说，他们把紫色的菊花拿进教室时，心里觉得很难过，非常难过。他们知道，这样做会使我伤心和痛苦。"可是您自己教导我们要做诚实的人，您教导我们不要隐藏自己的感情。"

是的，我曾经教导他们要这样做。培养学生细腻的情感是我毕生的主导思想之一，也是我最重要的教育信念之一。

多年的经验使我深信，集体和个人的道德修养和思想修养、集体的教育能力以及个人接受教育和进行自我教育的能力，均取决于下述极为重要的因素，如：每个学生是否具有自尊感、独立的精神状态、自豪感和对卑躬屈膝的嫌恶感，每个学生是否不愿意成为无所作为、软弱无能的人，是否不愿意使自己成为无力影响集体的生活和不能控制自己的命运的人。我深信，这就是滋养集体教育力量这棵大树的最纤细的幼根之一。我一直致力于使每个学生都能终生怀有自尊感和正常的自重自爱，以及厌恶人与人之间粗暴和不讲分寸的关系。就让你们的学生成为带刺的、倔强的、任性的人吧。这总要比默不作声地俯首帖耳，比优柔寡断好得多。如果你们的学生身上的全部道德力量仅仅表现为执行你们的指令，那就请你们注意，这里包含着极大的危险。意志薄弱和无所作为是卑鄙行为的亲姊妹。如果一个人不能控制自己，他也就失去了观察他人行为中各种最细腻的道德色彩的能力。从每个儿童入学时起，你就应教育他们在自己的工作中、在对待同学的态度中、在与人的交往中，以自己的力量去树立自己为人的自尊感和培养自己对一切与"可以—不可以""能—不能"等概念有关的事物的敏感性。

这向来是教育上的一个薄弱环节。你们越是寄希望于自己的意志力和不假思索的强制手段，越是不能容忍儿童的反抗和"任性"，你们就会越快地毁灭儿童的天性，使他们成为精神上畸形的人。你们必须通过小心谨慎的接触去激发和培养儿童的意志力，以便启发儿童进行自我思索、自我认识和自我评价。其中最主要的就是要相信自己。在集体中和社会中，个人善于服从表达集体利益的指令，具有重大的作用。服从，这是一个人积极的内心活动最强有力的表现形式之一。自觉服从，按其实质而言，就是个人纪律性和组织性的表现，它要求一个人具有高度成熟的自尊感。我们称为个人意志力的东西，就是在积极的内心活动中千百次表现出来的自尊感，这种内心活动的目的在于确立为社会所需要的行为，在于巩固真诚、坦率的友好关系，在于巩固集体的精神财富和同志式的相互关系，同时也在于树立对邪恶的毫不妥协的态度。

换句话说，这条最重要的教育规律就是：为了服从社会向个人提出的合理的强制要求，每个人应该控制自己的情感，应该具备能够对自己发号施令和约束自己行为的意志力。为了听从自己的意志、培养自己成为自己的主人，就必须十分尊重自己。而要使学生尊重自己，我们就应该把他培养成为一个集体主义者。因为只有尊重自己，善于使自己面对集体的需求，能够看清自己的道德发展应走的道路并径直前进的人，才能对他人的行为抱积极态度，才能成为高尚行为可靠的志同道合者和同伴，成为一名对邪恶毫不妥协的战士。

自我尊重是一种情感状态，应该成为学校中普遍的、贯穿于各个方面的精神面貌。学校中的一切——从每个学生在同学和老师面前的自我表现，到每个学生关于人的各种最复杂的想法——都应该渗透着自我尊重的精神。在培养自尊感的过程中，一个人的思想、智力活动、情感世界和美感世界是紧密结合的。在学校里培养自我尊重的精神，意味着儿童从入学的最初时期起便要学习重视自己身上那些从他人那里承受来的道德珍品。同时，还应使儿童感受到这些全人类的道德珍品也就是他个人珍贵的东西。如果一所学校不仅是儿童取之不尽的知识宝库，而且能够成为学生为丰富各年龄期（童年、少年和青年早期）的精神宝库而不断存入自己所采集的花粉的蜂房，那么在这种学校里，自我尊重的情感状态便可占主导地位。

只有当学生在学校里并不是知识的消极承受者，而是知识的创造者时，学校集体才能产生强大的教育力量。一个人的最大幸福在于能意识到自己具有创造力，能看到自己是一名创造者。

现在我们来阐述一种最重要的、无论是集体还是师生的完美精神生活都不可缺少的情感状态。这种状态可以称为探索和寻找结论、发现和惊叹。我再补充一句：如果学校忘记把这种情感状态作为整个学校生活的基础，那么教师的劳动就会变得沉重、单调，只是履行令人厌烦的职业义务而已。

让我们仔细想想以下现象的复杂性：我们与之打交道的是孩子，是孩子们认识和表现自己个性的独特领域，而这些孩子同时又是幼小的劳动者。我们带领自己的学生认真劳动时，偶尔也要让他们做些无忧无虑的游戏。但在劳动与游戏的过程中，我们应该注意，不要让儿童过度疲劳，不要使劳动教学变成游戏，要让儿童能体验到劳动的艰辛。在孩子们的面前展现着一个由许多情景、形象、真理和思想构成的广阔世界，我们应该从中为他们挑出最重要和最必需的东西，我们还必须想方设法使儿童自己学会在知识的海洋中寻找和发现那些最珍贵的水珠。学校不仅应该向学生传授牢固的知识，同时还要开发学生的智力，让他们走出自己狭隘的天地，成为一个聪明人，成为一个思想丰富、渴求知识的人。学生应该集中精力汲取知识，同时还应成为集体主义者；应该时刻准备帮助同学，与同学们分享自己的知识和在广义的脑力劳动中的各种发现。

如何解决上述各种复杂的问题呢？最重要的是要时刻记住，我们的学生既是儿童又是劳动者。这是复杂而又矛盾的统一体。如果把这种复杂性和矛盾性置之脑后，教师在日常工作中就势必会遇到许多的困难，儿童集体是一种不能同成人劳动者集体相比的极为特殊的集体。儿童集体的根本特点首先在于集体所应具备的教育能力尚有待于培养。如果想使用儿童集体作为教育手段，那么可能只有百分之一的为使集体能够成为教育者而建立的各种关系会发挥作用。一刻也不能忘记，我们幼小的劳动者是小孩。

如果儿童不能成为劳动者，学校就无法担负起自身的任务。儿童的学习劳动及其对待这种劳动的态度，是儿童的智育、德育、美育以及情感和思想教育的幼芽得以生长的土壤。

我们的教育应该使儿童感到自己是知识的探索者和发现者。只有这样，小学生才能从单调、紧张、令人疲倦的学习劳动中感到喜悦，才能体验到创造者的欢乐。只有当学生想的是如何去发现、如何去探索，而不是去死记硬背教师所给的现成东西时，日常的学习、认识世界的活动，才可能成为学生乐意参加的活动。儿童积极的思维活动是自觉对待学习、获得牢固厚实的知识，以及集体在智力上相互影响的最重要前提。

教师在备课时，在估计学生将要做些什么和想些什么时，应该从以下的角度看待自己的工作和学生的工作，即教师所考虑的一切在多大程度上将成为学生的探索和发现？这一切将以什么方式进行？如何教会孩子们思考？重要的是要使儿童经常去探索，在探索过程中去体验发现真理时的喜悦心情；要使儿童把获得的知识看成是个人的发现。求知心态，也就是儿童在掌握知识过程中的感觉，是连接学习愿望的一根细线。在小学阶段，这根线特别纤细。但是如果儿童在强烈、激动的情感状态中认识事物，这根线就会变得十分结实，而且永远不会断。

探索和发现，是儿童智力和意志得以集中的最主要的根源，在小学阶段则是唯一的根源。只有在探索和发现的过程中，儿童才能认识到学习是一种劳动，自己是一名劳动者。如果没有探索和发现，儿童的意志力就不会集中，儿童的志趣、爱好和灵感也就无从产生。如果班上有一个学生酷爱智力活动，其他的学生就会受到感染。一个学生如果对智力活动爱得入迷，就会产生灵感。这种情感状态犹如火星，能使集体燃起丰富而完美的精神生活的熊熊篝火。

只有在那些对智力活动爱得入迷，因而能迸发出灵感的地方，个人和集体的智力才能得到发展。如果没有这股入迷劲和灵感，如果领会不到智力活动是一种探索和发现的过程，那么教学就会变成死背硬记、读死书的过程，学生的智力就得不到全面发展，学生的钻研精神和求知欲就很难形成，因此这个学校的主要目的也就会落空。对于学生来说，掌握知识是一件光荣的事情，可以使他们树立起自尊感和自豪感。一个学生如果在低年级时就已经是个探索者、研究者和爱动脑筋的人，他就永远不会在考试时作弊。

另外，在探索和发现的情感状态中还隐藏着我们称为学习兴趣的东西。要使学习成为有趣的事情，首先就要使儿童在智力活动中表现自己，看到自己创造和努力的成果。

在探索的情感状态中，最重要的特点就是惊讶——对真理、对人类智慧的力量、对自己的思想的惊讶。惊讶，这是思维的可靠途径。只有当自己看到某种新的东西是如何从人所不知的事物中、从事物与现象之间的无数联系中显示出来，并且在这种新东西的诞生中还能看到自己经过不懈的努力所取得的成果时，儿童才会产生惊讶之感。由于这种惊讶，儿童觉得自己是个勤于思考的劳动者，是个思想家。对认识真理的过程以及真理本身感到惊讶是自我认识和自我教育、个人认识世界和集体成员相互影响的最重要前提。对真理产生惊讶的这种情感状态，能使集体和个人在精神生活中对科学中那些尚未被揭示、无人知晓、有待研究的事物更加敏感。哪里的孩子们，特别是少年们对自己在平日学习中获得的新知识产生惊讶，哪里的生活就会充满着创造性探索和求知的气氛。

经常可以听到许多关于集体能够对学生个人的学习施加影响的谈论。这种影响大多表现为学生向全班汇报自己的学习情况，集体采取各种措施对付不及格的现象，对学习好的学生进行鼓励，等等。如果认为集体所能施加的影响仅限于此，那就不会产生任何积极的效果。只有当集体处于如饥似渴地追求知识的精神状态中，集体才有可能对个别学生的智力发展施加影响；这种集体追求知识的精神状态，也就是精神上的一致，它把个人的愿望综合起来，使之成为集体统一的、渴望成为真理开拓者的志向。如果你们想使每个学生希望自己学习好的个人愿望，成为促使教学顺利进行的最重要的因素，那就请你们去激发集体的求知欲，使爱钻研的精神在集体中形成一种风气并加以发扬。

要在这方面取得成绩，就必须使集体有多方面的智力活动。如果学生的智力兴趣局限于听课和完成按课本布置的家庭作业，那么学生的求知欲也就得不到培养。只有当课堂教学和教科书能使学生产生一种想深入大自然、人类灵魂、社会生活、道德美的奥秘中去不可遏制的愿望时，只有当教科书在学生看来仅仅是知识这本巨著的第一页时，课堂教学和教科书才可能成为知识和智慧的火花。如果因个人兴趣和希望在思维领域中自我肯定而产生的知识，能够逐年增补到课堂上所获得的即教学大纲所规定的知识中去，集体中便会形成一种求知的智力状态。

集体在教学、智力发展、掌握知识等方面的教育力量能否形成，在很大程度上取决于教师能否克服智力低下、记忆力较差的学生所表现出来的思维迟钝、思想僵化以及对一切事物不感兴趣的状况。这类学生每个班级都有。如果成绩差的学生总是没有起色，这种状况也会对集体产生不良影响。对学生在知识上的要求总是越来越高，往往产生这样的情形：把成绩差的学生从一个班级调到另一个班级，而这个学生的学习成绩则越来越差。无论这个学生的学习成绩多么差，在教学的每一阶段，他都应该有所提高，哪怕只是在自己智力发展上有一点小小的进步也好。学生是否能取得这种进步，取决于求知的智力状态是否能在集体中占统治地位。师生之间、同班同学之间、高年级学生和低年级学生之间的相互关系中普遍存在的勤于思索的风气，对学习困难的学生来说，是一种巨大的、热情洋溢的动力和道义上的支持。

优秀的教师在自己的实际工作中总是力求做到在传授一些最重要的真理时，使儿童认为这是他们自己的发现。例如，儿童观察着大自然中各种各样的现象：江河奔流，乌云密布，雨水下降，树木成长……。儿童经过比较、对比和总结，得出结论：地球上一切复杂而纷繁的生命源泉是太阳放射出来的热能。太阳是一切生物的源泉。这种认识如同闪电，使学生豁然开朗。由于这是学生通过独立思考而得出的结论，所以学生对此感到十分自豪，领悟到这条真理的那一天将使他们终生难忘。如果一个入学时智能有限的学生获得这种发现，此刻他不仅在智力发展方面，而且在道德发展方面都上升到了一个新的阶段。因为他感到自己是个善于思考的人。他开始用另一种眼光看待自己，他似乎觉得自己的才能正在显露。这种自豪感是学生自我肯定的巨大源泉，也是集体教育力量的源泉。

四、集体和个人的精神生活

弗·伊·列宁在他最后写的《宁肯少些，但要好些》一文中指出，必须"使我们学到的东西真正深入血肉，真正地完全地成为生活的组成部分"①。我们需要的是"真正受过教育而且可以保证决不相信空话、决不说昧心话的分子，不怕承认任何困难，不怕为达到自己郑重提出的目的而进行任何斗争"②。

培养真正有学问的人，使真正的学问深入到他们的血肉里，这就是共产主义教育的核心。我们是在同最复杂、最任性的建筑材料——儿童、少年和青年的意识打交道。我们面对的是集体中人与

---

① 中共中央马克思恩格斯列宁斯大林著作编译局.列宁选集：第四卷［M］.3版.北京：人民出版社，1995：786.

② 同①.

人之间复杂而多样的关系。这里指的是集体和个人的精神生活以及集体在智力情感、世界观、信念和活动方面的一致性。如何开展同教养密切相关的集体的积极活动是思想教育中至关重要的问题之一。

可惜的是,我们有时忘记了列宁的重要思想——教育青年懂得共产主义,也就是说,要培养青年自身的信念和他们对人生、对自己在社会生活中所起作用的观点。在共产主义思想同资产阶级思想进行激烈斗争的这个复杂时代里,教育人的工作犹如一条坎坷的道路,而列宁关于信仰共产主义的思想是照亮这条道路的明灯。

无论在教育理论上,还是在学校教育的实践中,诸如学生对待自己的意见、独特自主的思想在集体和个人的精神生活中所占的地位和所起作用等一类极为重要的因素,事实上没有受到应有的注意,这是令人十分惊奇的。教师中有些人认为,培养集体、发展和深化儿童和青少年的智力、发掘独立思维的能力,等等,似乎是互相抵触各不相关的事。这种教育观点是片面的、肤浅的。其实,在许多情况下,一群学生之所以不能成为一个集体,是因为个人和由他们组成的整体都缺少丰富的精神生活,对各种事物、现象、思想和问题缺乏敏感性,不能兴致勃勃地深入其中。如果一群学生中每个人的精神生活既空虚又狭窄,那么他们就不可能成为一个真正的集体。

教育工作的特殊任务就是鼓励每个受教育者乐于思考并去追求丰富的精神生活。

我认为最重要的教育任务在于把每个儿童引入取之不尽的思想源泉。在他成为少年、青年、成年人,当了孩子的爸爸以后,他还要终身从这个思想源泉中吸取养分。我认为大自然、劳动、人的品德美、书本和创作就是取之不尽的思想源泉。想要成为一个真正独立思考的人,决不能只满足于认真学习中学课程和获得毕业文凭。思想空虚、目光短浅的人也有受过高等教育的,而且并不罕见。反之,又有多少能真正独立思考的人因某种原因甚至未能接受完全的初等教育,但是可以同他们谈论最复杂、最奥妙的事情。做一个能独立思考的人,意味着要细心而敏感地去认识、了解、感知世界和置身于周围世界的本人,就要同自然界打交道,参加劳动,进行创造，培养人的美德，掌握人类丰富的精神文明，首先是掌握书本。善于思考的人对读书不是一本接着一本，犹如囫囵吞枣，而是揣摩书中的精华。虽然他可能读的书不多，可是，阅读给他带来的好处比有些人为了"消磨时间"读几十本书而得到的好处要多得多。

我们要善于把自己的学生引进取之不尽的思想源泉。只有当我们教师具备这种本领时，学生方可成为我们的教育对象，成为名副其实的受教育者，而我们就可以成为他们的教育者。因此，我们也就无须担心会成为他们的监视者。在小学工作的4年间，我曾多次把孩子们带进大自然，就是专门为了在他们的意识中唤起一种思想，它可以成为终身不熄的思维篝火中的火花。这里特别起作用的是，我们整个集体一起去寻找思想源泉，整个集体一起体验发现真理时的惊讶感。我指孩子们看自然界中生命的诞生和消亡、欣欣向荣的生命力、复杂的自然现象及其变化过程呈现的美。与其说这是让孩子们知道某些东西，不如说是启发他们进行概括性的哲理思维，让他们感受思维之美。自然界给他们揭示出奥秘，这些奥秘使他们相信：认识事物有多好啊！在这个初次接触而又是主要的认识源泉——自然界里，我们的教育对象如同发现什么似的在思考着物质的永恒、自然界中的千差万别、人与自然界的不可分割的一致关系、人依附于自然界而又必须合理地利用自然力和自然财富；思考着人是万物之灵，同时又是自然界不可分割的一部分；思考着时间和空间、死亡和永生……。由于这些念头对于孩子们来说，是一种新发现，所以他们能够终身成为一个独立思考的人。这是初生的花瓣，我们把它称为思维的欢乐，而第二片花瓣就是劳动。谁要是在童年不亲自了解创造性劳动的实质，在劳动中不做自我表现，不同真正有思想的人、集体主义者和有才智的劳动者接触，谁就不可能成为有头脑的人，也就不可能成为一个真正的集体主义者。

我们把劳动者和劳动本身看作是生活中的大才大智。劳动能教育人们成为真正有思想的人，赋予个人和集体以丰富的精神生活，给予他们思维的欢乐。不能认为劳动教育同思想和教学无关。劳动能使人聪明、具有创造精神、变得高尚。正因为劳动，上述的集体智力生活才有可能。好奇的情感为丰富的集体精神生活所必需，而这种情感的渊源也在劳动之中。

劳动是一种极为复杂的现象，它可以揭示人的思想、情感、智力、美感、心理状态、创造精神，揭示教育和自我教育的意义。人生育人，而劳动则把人造就成真正的人。苏联人民艺术家柯年科夫曾下过一个十分确切的定义：生活的崇高意义就是行动[6]。我们每个人只有在劳动中才能显示自己是一个人、一个有个性的人、一个为崇高理想而奋斗的参加者、一个对邪恶深恶痛绝的人、一个公民和祖国的捍卫者、一个为别人创造幸福的人、一个成了家的人、一个母亲的儿子、一个孩子的父亲、一个集体主义者，最终是一个有思想的人。35年的教师生涯中的欢乐和失望使我相信，劳动是情感洋溢的心态，是乐于行动和乐于创造的最清澈、最美好的源泉之一。在劳动中产生，并从中得到启示和明确的思想总是令人喜悦的、乐观主义的思想。当教师抱怨说："对这个口齿不清的孩子我该怎么办呢？如何使他通过自己的努力去了解世界的奥秘呢？"对此我想说的是："松开他的双手，开阔他的眼界，从手指尖开始，牵动他的数以万计的玄妙的脑神经，让它们发挥作用。手可以使他聪明，而智慧又能指挥他的双手。人由于参加劳动，并通过劳动，发挥自己的才能，使自己成为自然界中最强大、最聪明的力量。人在参加劳动和培养技能这一过程中揭示自己，而劳动和技能就是美德，它使人在集体中提高自尊感。"

学校工作中最困难、最费神的事就是：如何使儿童和少年乐于劳动、乐于智力上的创造"这种创造要求手脑并用"每个儿童的劳动犹如千丝万缕，使他们联系起来，构成一个牢固的精神统一体。智力劳动能产生思想上的欢乐，这种欢乐使每个人对自己的智力发展更为敏感，因为儿童，特别是少年总想成为一个聪明的人、精神生活丰富的人、慷慨大方的人，不愿成为一个无知者，这对造成集体的教育影响尤为重要。如果你们希望孩子们愿意学习，希望他们成为聪明人，那就请你们在集体中安排智力劳动，让智力劳动成为实施教学过程的基础。我总是力求使劳动成为孩子们的精神乐趣；用这种乐趣把他们联合成思想家和创造者的集体。一般说来，孩子们的智力是各不相同的。而专心于智力劳动，有助于智力最差的孩子（他们常常被认为是无可救药的）在创造性思维活动中，显示自己的特长，并以此确立自己在集体中的尊严，使他感到同学们在尊重他。

创造性是学生积极活动的一个十分重要的方面，而乐于思维在这个方面又占有特别重要的地位。遗憾的是，在教学和教育方面如何发挥创造性的问题，在理论上几乎尚未被人研究，在实践上还是最薄弱的一个环节。没有创造性，人就不可能了解自己的力量、自己的才能、自己的爱好；不可能树立自尊心，个人对集体的道德影响就不敏感。一个人不从事创造性活动，就不可能成为有教养的人。没有创造性，集体成员之间就不会有智力、情感、审美和思想等精神上的相互关系。不要以为，人要达到进行创造性活动那样的发展程度，就必须大学毕业。创造性不是知识的总和，而是智力活动的一种独特的目标，是个人的智力活动和他在积极活动中表现自己力量这两者之间的特种联系。我把创造称为智育和美育中的精髓。创造性是揭示个人精神世界的一种活动，是一块能把人们吸引在一起的独特的磁铁。

教育学中的创造性不同于诗歌、绘画和音乐中的创作，不是单纯地创造精神财富。教育学中的创造性指帮助人了解自己的内心世界，首先是了解自己的智力的一种能力，是帮助人开动脑筋、教会他认识什么是美、如何用自己的劳动并通过自己的努力去创造美的一种能力。小孩子免不了要重复别人已经做过的事，制作别人业已制成的东西。如果这一行动是他自己动了脑筋的结果，那么他就是一个创造者，而他的智力活动就是创造性活动。

以学生栽树为例。这种简单而乍看起来不引人注目的工作不能统称为创造性劳动。但当一个人在不引人注目、极其平凡的劳动中，能做出与众不同的事，即有其独到之处，那么他的劳动就可算是创造性劳动。

拖拉机驾驶员伊凡·赫马拉在我们州的一个集体农庄里工作多年。他每年总是翻耕同一块土地，面积有100公顷，很少在其他地里工作。人们发现伊凡·赫马拉耕的地与其他拖拉机驾驶员耕的地不同。他能把地翻得深透，平坦整齐，从不被雨水侵蚀。人们常常敬仰地说："这块地是伊凡·赫马拉耕的。瞧，这块地就不是出于他之手。"几年前，年迈的伊凡·赫马拉去世了，而人们把他耕的地叫作赫马拉地。

学校教学不应该只是传授今后才需要的大量知识。如果我们唯一的希望是想通过学校教学培养出真正有教养的人,那么学校教学就应该成为现代青年积极的、富有思想性的一种智力活动,应该在一个人的智育、德育、美育都在发展的时期发掘他们的公民创造力,因为正是在这个时期一个人不仅在积累着人类的知识,而且在培养自己对世界、对人、对劳动、对同势不两立的社会力量进行斗争所应有的态度。培养我们的教育对象如何对待他们所了解的、所认识的并成为他们劳动成果的一切事物,是共产主义教育理论和实践中的一个中心问题。

今天的中学毕业生,知识面已相当宽广。而这些知识之所以必需,不只是为了使他们不落后于科技的进步,还因为年轻的共产主义建设者要用自己高深的文化知识来确立自己的世界观,即对社会生活目的的看法。现代学校中最复杂的教育问题之一,就是为受教育者创造种种条件,帮助他们在掌握知识的过程中形成自己对知识、对科学的一种态度,这种态度可以证明他在社会生活中是一个为共产主义奋斗的积极战士、一个爱国主义者、一个忠于崇高理想的公民。把富有思想性的生活同教学结合起来,依我看,就是学校里人们常说的,也是大家所期望的和谐。为了使为共产主义理想而奋斗的自觉战士做好参加社会生活的准备,我们就应该教育他们像列宁那样对待知识、对待科学、对待劳动。要使男女青少年成为真正的公民,使他们为准备成为真正的脑力劳动者、我们崇高理想的实现者而贡献自己的知识,学校集体的生活应该是丰富多彩的,思想境界应该是高尚的。这决定着集体中一个公民应有的面貌。学校中每时每刻每分钟都在进行的思想政治工作,实际上都是在为集体的思想和智力指明方向。这就是学校中思想教育的实质所在。

思想教育工作是否有效,取决于学校集体对思想政治工作的认识是否深刻。真正的教育者在课堂上讲述社会生活中的各种现象、自然界或人类,讲解道德或审美的重要意义时,决不会忘记,他不仅在传授知识,而且在用某些东西丰富集体的精神生活,启发学生的思想,培养他们对知识、对科学、对文化、对人的积极态度。在这个意义上说,教育过程本身就是培养集体的最主要的因素之一。

每堂课不只是使学生获得某些知识,还应使准备投入战斗的志同道合者集体受到教育。我认为教师的使命是使教学自始至终成为培养观点、情感、志向、评价和自我评价的过程。因为这些是造成集体成员从不同角度理解各种关系的根由。认为同我一起听课的同学就是我的志同道合者，这种认识大大增加了个人的力量。集体中之所以产生志同道合和一致性的情感，其主要根源在于每个成员确信自己的信念是完全符合实际的。集体对共产主义思想这个伟大真理的领会，是集体成员在智力情感、世界观、信念和活动等方面取得一致的基础。

人类获得知识是来之不易的，往往要付出血的代价。通向真理的道路是不平坦的，在寻求真理的过程中获得知识体现了人类创造业绩和自我牺牲的美德。人类斗争的历史是攀登幸福顶峰——共产主义的历史，它每一页的字里行间都闪烁着人类满腔热情的、永不泯灭的火花。培养真正有学问的人，并使他们确立像列宁那样对待知识的态度，意味着要给儿童和青少年揭示人们是如何为真理赢得胜利、为后代人的幸福献身的光辉形象。

要真正培养出有教养的人，首先就要了解人，了解人的英勇精神，了解他如何无限忠于祖国、忠于信念，了解他是否愿意并善于为人类的幸福掌握一切思想财富。了解并颂扬人的美德是集体和个人的精神生活的基础，而这个基础是在课堂上建立起来的。也就是说，教师要在课堂上向学生揭示社会发展的规律、为人类幸福而奋斗的战士的心灵美，同时，还要力求使学生对人产生一致的看法、赞赏人的美德、敬仰人的不朽的高尚情操。每当我给青少年讲述亚历山大·马特洛索夫的功绩而发现在他们的眼里闪耀着敬佩的火花时，我就明白一个思想上志同道合者集体的创造过程正在完成，人民是伟大的这一思想正在树立，因为只有当青少年成为志同道合者时，人民的理想才会后继有人。志同道合者经常给自己提出统一的道德要求。集体对每个成员能否提出严格要求，正取决于产生统一的道德要求的根基如何。学校的任务在于如何使道德行为和道德习惯受到集体的统一思想的制约。

一个集体越是追求道德美，它就越能表现出对邪恶的憎恨。但是，集体追求道德美的能力是需要培养的。上面已经谈到，只有心地善良的人才能易于接受道德美的熏陶。谁要是没有受到过善良的教育，没有感受过与人为善的那种欢乐，谁不感觉到自己是真实而美好的事物的坚强勇敢的卫士，他就不可能成为集体的志同道合者。

列宁的伟大形象是巨大的教育力量。他光辉的一生、革命的思想、马克思主义的信仰和明确的目标、重视知识的能力，所有这一切都是学生的指路明灯，是他们进行自我教育的准则。为了讲述伟大的列宁，我们每个教育者就必须提高自己的思想、精神修养和教学技能。这种修养和技能的实质首先在于教育者本人要向往崇高的共产主义理想，深信共产主义，以高尚的志向，即以自己的事业、行动和劳动为共产主义而奋斗的志向来鼓舞自己的教育对象。

只有在青少年不仅考虑到什么是伟大精神和英雄气概，而且同时还考虑到自己和自己未来的情况下，列宁的形象才是他们进行自我教育的准则。只有当我们教育者给受教育者灌输的思想能体现出人的光辉形象时，我们才能激起受教育者的上述思想。每当我讲述列宁的伟大形象时，我总力求使受教育者不仅向往思想美、忠于共产主义的理想美，而且颂扬列宁的光辉业绩，感到列宁的伟大形象仍然活在我们心里。我把伟大而又非常平凡的人的生动形象铭刻在学生的意识和情感之中。这一工作做得越仔细，学生集体对伟人就越崇敬。我最关心的是，如何使年轻人对伟人列宁所具有的崇高品质产生神往和赞叹的感情，如何激起他们渴求掌握文化财富的愿望。谁没有爱好、没有灵感、没有理想，谁就不可能有实现理想的信念，不可能爱科学、爱知识、爱书本和学校、爱教师和劳动。一个人为追求理想去掌握知识，而且把追求理想当作自己的需要、自己的未来、自己的幸福，那么他就会产生信念。如果你们想在青少年的心灵里树立起共产主义信念，那么你就得向他们揭示为共产主义而奋斗的高尚幸福感。我认为十分重要的是，要使受教育者醉心于列宁的丰富情感和孜孜不倦的求知精神，使他们感到自己个人的幸福就包含在为人民的幸福、为人民获得文化而进行的斗争之中。

为共产主义理想服务，不只是履行义务。卢那察尔斯基回忆说："我一生中从未听到过弗拉基米尔·伊里奇谈论过义务。如果有人对列宁说，您多么认真地履行自己这个艰巨的义务啊！列宁就会感到不好意思，大概会大笑起来。这如同一个人在对梨和苹果说,你给我们带来了果实,你多么忠实地履行自己的义务啊!弗拉基米尔·伊里奇不可能不履行自己的义务,因为这是他的天性。"①

以列宁对待科学的精神来培养年轻一代,就意味着要年轻人树立起好好学习的愿望。其原因不是长辈有这种要求,而是他们自己想要学习,因为他们知道一个人如果没有知识、没有教养,就不可能成为幸福的人。让我们回忆一下普希金的优美诗句吧:"我想活着是为了思索和经受苦难。"7我将这一诗句用美术字体写在学校里最显眼的地方。活着是为了思索和感受,这就是我们的受教育者为什么必须学习的原因,也就是我们生活、我们渴望精神交往的意义所在。

现在要谈的是一个十分敏感,也可以说是一个十分微妙的问题,我不妨把它称为学校集体和每个学生思想、智力、道德、审美和情感方面的和谐一致。我们仔细观察过许多学校集体的精神生活,可是就没有发现上述诸方面的和谐一致。不管这多么奇怪和反常,可是,我们在许多学校里就是没有找到最主要的东西——思想王国,而在一所学校里,如果没有思想王国,它就不能成为一个集体。我们常常见到按课时印的一份又一份的"材料"。这些材料开始是教师为学生准备的,而后学生用它来回答问题,获得分数。当你想到一个需要思考、需要同人争论、需要成为志同道合者或思想上的对立者、需要为捍卫自己的信念参加战斗、需要用自己的思想同他人的思想"交锋"8(按照优秀共产党员谢尔盖·拉佐的说法②)那样的学生每天只是依次背诵一份份材料的情景时,你会感

---

① 卢那察尔斯基.论文学[M].莫斯科:俄罗斯联邦教育科学院出版社,1957:192–193.

② 谢尔盖·拉佐1915年在给自己的一个兄弟的信中写道:"一个人一旦产生了自己明确的信念,书籍对他就显得特别重要,但是书籍不能使他产生信念。信念是比知识更重要、更有意义的一种东西,我没有说它比知识更难。信念,只有信念才能使我们的个性独具一格、完美无缺。信念是在读书和把书本知识同周围生活相互结合的复杂过程中产生的。信念需要经过痛苦的磨炼,它是否具有生命力,还得经过检验,还得同别人的信念进行交锋。"(见谢尔盖·拉佐.日记和信件[M].符拉迪沃斯托克:滨海书籍出版社,1959:94.)

到可怕的。他这样做是图什么呢？是为了会背、记住、回答、得分，而后又可以忘记吗？

但愿读者不要以为我在反对上课和与上课有关的事情。不！上课和与之有关的事情不仅过去需要，今天和以后仍然需要。但是，在思想的王国里，上课及其属性应该是智力劳动的结果，决不能是它的主要目的。有一堂出色的社会学课我至今还记忆犹新。学生们在课堂上谈论义务和幸福问题。回答问题是应该评分的，可教师和学生却把这件事忘了，因为他们被热烈的讨论所吸引，直至课后他们才想起来。我认为每堂课都应该这样上。上课的主要目的不是评分，而是让学生谈他对所思考的事物的感受。某些学校目前之所以没有思想王国，是因为多数学生不善于表达自己的思想，即不善于把进入他们脑海的大量信息在他们个人的精神世界里进行处理，不能产生和确立自己的见解。

在苏维埃教育发展史上曾经有过这样一个时期，即有人认为在普通教育学校大纲中只需保留在今后工作和掌握专业知识的过程中能实际运用的内容。有人在听完苏联杰出的天体物理学家安巴尔楚米扬院士的一次公开讲演后问他："在我们的生活中如何实际运用诸如有关星协之类的知识呢？要知道，这类知识离我们的实际生活太远了。"院士在听众热烈的掌声中回答说："人不同于猪，因为人能抬起头来观察群星。"

原来是"观察群星"。深入钻研他国人民精神生活中的精华，撰写有关亚述人文字和古印度宗教的学术论文，全神贯注地阅读普希金、谢甫琴科、陀思妥耶夫斯基、列夫·托尔斯泰、歌德、莎士比亚、肖洛霍夫、雷利斯基和加姆扎托夫等人的作品等，这都是"观察群星"。一个人愿意同他人交往，而且终身都怀有这种需要，是集体精神生活极为重要的基础。这种基础在很大程度上取决于我们所培养的人是否经常观察群星。应该使他们愿意学习，因为他们是人。要使他们在准备成为一个农民、钳工或瓦工时，就应考虑到，如果不观察群星，就不可能得到幸福的生活。

培养集体就是培养人对人的精神需要。马克思在自己的著作中多次强调指出，在共产主义社会里，对他人的需要将成为个性得到和谐全面发展的主要前提之一。只有在每个受教育者从小就能成为一个思想家和劳动者的情况下，这种需要才得以产生。只会接受现成知识的人，是不可能对他人的精神世界发生浓厚兴趣的。

只有在心灵里日益感到真正需要他人的人，才能成为你的教育对象，也只有这样的人才能领会你所描述的关于一个共产主义战士形象的话语，才能领悟你所提出的要成为一个真正的人的号召。在一些学校的高年级里，有的学生流露出冷漠无情的眼神，教育者的话打动不了他们的心，不能使他们对知识产生兴趣。为什么会这样呢？因为教育者只是消极地把知识塞进他们的头脑，没有要求他们树立为形成个人世界观所必须努力的明确目标。这样的教学使每个学生仿佛关在自己的小天地里，堵住了他们通向他人的精神世界的道路，而且也使集体丧失了为渴望知识而产生的丰富情感。

列宁是一位伟大的脑力劳动者。教育者的崇高使命在于教会年轻一代像列宁那样掌握知识，像列宁那样珍视知识。科学真理是在科学同愚昧无知、进步同反动的斗争中产生和确立起来的。而优秀教育者在揭示教材内容时，都能善于使学生心领神会科学真理的意义。一个教师给五年级学生讲述早已过去的事件，如希腊同波斯的战争、罗马同迦太基的战争，叙述古罗马奴隶的地位以及在斯巴达克率领下奴隶的起义等，只有当这位教师是一个真正的教育者时，他才不至于枯燥无味地叙述教材，而是激发孩子们的思想和感情。课堂上研讨的一切，特别是谈到社会、人民、国家、阶级斗争、人、思想意识、进步同反动的斗争，用艺术手法体现人的思想和激情等问题，教师的话语应该成为针对学生的思想和感情而发出的一种号召。

当学生在领悟教师的这一号召时，就感到自己在沿着荆棘丛生的知识小道前进。因为他们在同教师一起走这条小道，同教师一起受到一种思想的启示和鼓舞，这个思想就是：追求真理的道路、赢得社会正义胜利的道路、通向人类幸福顶峰——共产主义的道路都洒有烈士的鲜血。所以他们的心总是为同情真理、正义并虔诚地祝愿真理和正义赢得胜利而感到不安。

集体的精神生活就是这样在教学过程中逐步建立起来的，而教学活动在发展学生的智力、道德、意志和形成他们的性格等方面都起着主要的作用。

要使自己的学生提高共产主义觉悟，就得对他们讲述从前发生的事件，并使他们感到自己既是个捆锁在战船上的奴隶，又是斯巴达克军队中一名高傲而自由的战士。如果你能使自己的学生产生这样的情感，他就不会消极地接受知识，而是要从思想和情感上做好准备，去为真理、善良和正义而斗争。当教师与学生并肩前进时，共产主义理想将始终是善良的准则，是他们所向往的火光。

深刻了解苏维埃祖国，即了解她光荣的过去、英雄的现在和伟大的将来，是真才实学的源泉。只有全心全意地热爱祖国、与祖国同甘苦共命运、感到自己是人民中的一分子，才能以爱国主义者和列宁主义者的眼光看待现在。要成为我们祖国的一名真正有教养的公民，意味着要热爱由前辈开创并巩固下来的祖国，要关心她的壮大，要真心诚意地承受她的苦难和欢乐。

你可以真正喜爱你所深刻了解的东西，但了解的目的不是为了回答教师的问题和获得评分，而是要用获得的知识使自己树立起对待祖国的列宁主义态度。我想把青年人的这种精神状态比作一块久旱盼雨的土地，青年人应该贪婪地吮吸关于祖国的点滴知识。对自己祖国的历史不只是了解，而且还要有所感受。这对集体的精神生活，对智力感、世界观、信念和活动的统一是极为重要的。

历史是一种强大的、永存的力量，它能造就公民，培养出志同道合的集体主义者。学校教育工作的一个重要组成部分，就是关心如何使每个青少年都拥有自己的历史丛书，即拥有关于我们祖国的光荣历史和她的忠实儿女的生活方面的书籍。这些书籍已永远成为当代人和后代人的精神财富。其中首要的是关于列宁的生活和斗争、关于乌里扬诺夫一家的书籍。

只有受教育者意识到他是劳动人民的子女、资本主义国家的被压迫者是他的阶级兄弟，而我们国家的每个劳动者是他的为建成共产主义而奋斗的志同道合者和战友时，集体的智力感、世界观、信念、活动等方面的一致性才能在学习历史、社会学、文学和其他学科（如社会和人的科学原理）的过程中开始形成。如果受教育者不仅了解当今世界上所发生的事，而且清楚地懂得自己应持的阶级立场，那么教育者就会找到一条通向每个受教育者心灵的最可靠的道路，就可以使他们产生集体的情感和集体的感受。阶级立场的确立在很大程度上取决于集体关心的是什么，对当今世界的哪些思想感到不安。

我认为教育者的崇高使命在于教导青年看到我们的时代、我们的社会里的英雄业绩，对普通和平凡的事产生兴趣和惊讶，对社会主义制度下出现的奇迹——新人感到惊叹和崇敬，教导他们懂得为祖国的荣誉和富强而斗争甚至牺牲是一种幸福。希望成为一个真正的公民，深切关注某些重大社会问题，如同对待自己的东西一样对待公物，这一切不仅是集体的一种特殊世界观，而且是每个受教育者行为的准则。

共产主义信念是忠于共产主义思想的强大源泉，是准备为祖国的荣誉和光荣而奋斗的精神源泉，是使生活充满乐观主义气息的源泉。我认为，如果我们学生集体在少年时代和青年早期对矿工弗拉季斯拉夫·季托夫所创造的功绩、对苏联边防战士巴班斯基所建树的功勋、对为人们抢救粮食而献出自己生命的年轻拖拉机手们的事迹不感到惊讶，不认为是幸福，那么教育就失去了思想核心。

歌德有一句名言："真理只有当它是为人们而存在的时候，才是真理。"要培养出思想上忠于共产主义理想的志同道合者，意味着要使我们的学生在意识中确立不是一般的真理而是火热的革命斗争的真理，热爱劳动人民的真理；要使他们树立起对我们的思想上的敌人毫不妥协，对祖国的敌人绝不宽恕的态度。

教育工作者培养集体的崇高使命是：使我们的教育对象每当考虑到知识和真理时，他的公民之心就为之频频跳动。真正的教师和教育工作者在执行列宁的遗训时，不是单纯地传授自己的知识，而是在号召年轻的公民跟随自己前进。

如何对待掌握知识这一过程，是集体精神生活十分重要的一个方面。我们应该颂扬列宁的下列品质：热爱劳动、刻苦顽强、善于求知、相信真正的科学、热爱书籍等等，并把它们永远铭刻在我们的心扉上。要培养出有教养的人，即真正的集体主义者，意味着要教导儿童和青少年像列宁那样去获得知识，像列宁那样聚精会神地去学习。今天特别重要的是，要使我们的教育对象通过亲身的经验确信：获得知识是一种劳动，而且是一种艰苦的劳动。每所学校都应该在显眼的地方写上马克思的这句名言："在科学的入口处，正像在地狱的入口处一样，必须提出这样的要求：'这里必须根绝一切犹豫；这里任何怯懦都无济于事。'"①

培养学生具有列宁那样的学习态度，就是要培养学生具有真正的劳动精神、追根究底和坚持不懈的思想。学习越艰苦，战胜学习困难的人就越光荣，这就是我们经常给学生灌输的、全力支持的、不断加以深化而使之成为信念的思想。

牢固的科学基础知识是当代爱国主义者手中最锐利的武器。在我们的时代，只有靠这个武器才能为我们社会主义祖国赢得荣誉和尊严。一个即将投入战斗的士兵如果没有知识或者知识浅陋，那么就意味着他是一个劣等兵。一所学校如果没有爱好数学、物理、化学和其他学科的学生，那么有关思想教育的谈话就会变成无谓的空谈。在幼小的心灵里，万万不可滋长学习是件轻松的事这样的思想。我坚信，一些青少年对学习之所以感到很困难，是因为他们以前的学习过于轻松，以致他们不习惯于通过顽强的劳动去克服困难。

学生每天甚至在每堂课上都应通过自己的努力而有所收获。这不仅是现代教学理论的一条原则，也是培养集体的重要条件。精力集中、对新的发现感到欢乐，是使儿童的求知欲在智力发展的每个新阶段上不是衰退减弱，而是不断增强、不断深化的必要前提。如果教育者有幸使受教育者的求知欲难以抑制地不断增长，那么集体就会像对待劳动那样去对待思维。勤奋学习能够逐渐养成热爱智力劳动和有条不紊地进行思维的习惯，在这种气氛中，学生对下列问题特别敏感，即集体对他的智力劳动是怎样考虑的，对他的热爱劳动的态度又是如何评价的。

要培养思想上的一致性和个人对待为智力劳动所做的道德评价的敏感性，也就是要在学校中建立这样的一些相互关系，有了这种关系，知识才不会变成僵死的、一成不变的重负。精心培养思想上的志同道合者，就是要使学生的知识经常得以应用，使他们的知识通过集体的精神生活纳入义务和纪律、友谊和责任的关系之中。一

---

① 中共中央马克思恩格斯列宁斯大林著作编译局.马克思恩格斯选集：第二卷［M］.2版.北京：人民出版社，1995：35.

刻也不要忘记：我们教育者天天与之见面的毕业班学生是已经拥有公民证和军训结业证的人，他们应该感觉到自己是未来的劳动者、战士、父亲和母亲。学校教育中有不少困难，如学生不愿学习、懒散等，其原因是青年学生的头脑和精神生活中的现有知识脱离了集体的社会生活，脱离了学校同成人劳动者集体、学校同社会之间的联系。

我们的教师集体竭力防止学生在少年时期和青年早期出现道德缺陷，教导青年男女不仅要掌握知识，而且要把知识传授给他人。

我们学校的每个共青团员都把自己的知识献给低年级的同学，与同年级的同学交流学习心得，向集体农庄庄员宣传科学知识。我们认为每个高年级学生积极参加集体的智力活动是使学生的创造能力在少年时期和青年早期不仅不"僵化"，而且能继续得到发展的前提。在自我教育的各个阶段我们都非常重视发展这种创造能力。如果个人的智力得不到发展，不能增长和成熟起来，那么学校集体就不会成为思想上、精神上和智力上的统一体。对集体进行智力教育的艺术在于使每个学生在教师的帮助下变得更加聪明，在于使学生做一个更有才能、更加机灵的人的这种愿望成为诱人的前景。我们学校里设有以下小组，如：青年历史学家小组、语文学家小组、数学和物理学家小组，还有文学创作和地方志小组、技术和农业研究小组以及外语学习小组等。这些小组的成员是四至七年级的学生，领导他们的是高年级学生中的共青团员。每个组的组长在教师帮助下制订计划。计划的主要宗旨是：小组活动不是课堂教学的补充，而是一条通往认识世界的自立之路，是十分有趣的引人入胜的科学旅行。照亮旅途的光源是书籍。我们关心的是，如何使每个学生除了上课以外，都能有这样一个内容丰富又不可少的诱人的知识世界，即智力活动的场所。这个知识世界之所以能建立起来，是因为集体的智力活动的基础是"人与人交往的乐趣"：少年和青年男女都感到能将自己的精神财富贡献出来，与人分享，是莫大的快乐；他们献出的知识越多，就越能成为精神丰富的人。对低年级学生来说，同高年级学生的友好关系是获得新的智力财富的源泉。高年级学生感到把自己的知识传授给低年级学生是一种欢乐，献出自己的精神财富，是为了使他人变得更好些。这种思想正是鼓励高年级学生顽强学习、尊重书本和科学的一种动力。

学生的学习首先是一种智力劳动。由于这种智力劳动，学生才能发展自己的创造能力，获得知识和实践技巧。如果在智力教育中不把发展学生的创造性的智力放在首位，那么实质上也就是使个人和集体的智力活动停滞。只有当知识被纳入集体的智力活动，成为个人之间精神交往的手段时，只有当传授知识具有欢乐、亲切、关心人的情感色彩时，创造性的智力才能得到发展。

我记得有这样几件事：有一位青年出于对一位姑娘的深切同情和爱慕之心，愿意帮助她进行习题的运算。这个愿望极大地刺激了小伙子的智力发展，后来他就成为一名数学家。

当少年或青年靠自己的创造获得精神财富时，他们的创造能力就发展得特别迅速。在我们学校里，献出自己的智力财富的场合不止限于高年级学生领导低年级学生的课外小组。高年级学生还有自己的科学和学科小组，如历史—地方志小组、哲学小组、文学小组、生物小组、数学和技术小组，等等。高年级学生在小组开展活动时常常做专题报告。共青团组织还设有一个供青年人用的"现代生活"讲演厅，高年级学生常在那里做有关当代重大问题的报告。

共青团组织还领导高年级学生为居民举办科学知识晚会。这种晚会每周一次，在村头某个庄员家里举行。到会的都是些中老年人，其中以没有机会去俱乐部和图书馆的人居多。会上由共青团员们讲述科技方面的成就和科学家的最新发现，讲述世界上发生的事情。我们教师把经常在那里举办科学知识晚会的农舍称为文化教育基地。

我们坚信：如果教育工作仅仅局限于使学生"背熟功课—回答问题—获得评分"的框框里，那么总的说来，要把知识变成信念是不可想象的。哪里有丰富多样的关系、有生活实践，哪里就会产生信念。乌申斯基有过"情感和意志的实际生活"这种提法。正是集体的精神交往才会产生这种实际生活。乌申斯基写道："智慧的理性生活形成智慧，但是只有心灵和意志的实际生活才能形成性格。这个简单而明了的道理却常常被父母们、教育工作者们和想以道德训示塑造孩子的心灵和意志的老师们忽视。这些道德训示只对儿童的智力发展起一点教育作用，但是可以在丝毫不影响儿童的心灵和意志的情况下，为儿童的智力所接受，从而使儿童产生与道德训示的含义完全相反的禀赋。"①

我们的学生知识面越宽，集体的精神和智力生活就会越丰富，使知识成为人的交往和认识手段也就显得越重要。高年级学生中有个共青团员，他对自己的工作曾这样说过："我常常给祖父、祖母讲月亮和星星，讲各种行星和遥远的星球，对我来说，最有趣和最有价值的东西是：我所感觉到的事物、人们赖以生存和他们心灵中的东西。当我接近人们时，我就想成为一个好人。"

学生集体的智力生活是教育的一个重要方面。只有学校集体的智力生活极为丰富，只有知识寓于学生的相互关系之中，才能谈得上培养真正的信念。不能随同知识一起机械地传授信念，也不能随同布置课本中有关章节的家庭作业一起传授信念，更不能靠死记硬背。信念是靠培养的。如果集体的智力生活丰富多彩、极有价值，并且富有思想性，那么信念就犹如羽翼，集体的智力生活就是撑托羽翼的空气。

五、集体的劳动生活是集体对个人施加教育影响的一个重要前提

只有当学校里笼罩着热爱劳动的气氛，智力生活才能成为一种教育力量。童年、少年和青年早期的劳动生活是造就和谐的人的一个重要条件。这里指的不是完成一定的劳动定额，而是集体和个人的劳动生活。只有当学生从童年起就参加劳动，并以劳动为生，而且感到需要他人正是为了共同工作、为了创造时，集体的智力感、世界观、信念和活动的一致性才得以产生。如果一个人在童年时代没有亲身体验到这样一条真理：只有劳动才能创造个人的荣誉和尊严，人正是通过劳动才能在集体中表现自己，劳动赋予人从道德上评判他人的权利，那么他在童年同样也不会感受到自己是个劳动

---

① 乌申斯基. 人是教育的对象·人类教育学之经验 [M] // 乌申斯基选集：第9卷. 莫斯科：俄罗斯联邦教育科学院出版社，1950：467.

者、创造者、物质和精神财富的保护者，要将他培养成思想上的志同道合者即集体主义者是不可想象的。

劳动应该成为生活的意义，成为集体和个人灵感及欢乐的源泉。劳动的灵感、劳动的欢乐和劳动创造带来的振奋精神，这些都是强大的精神力量，它使人相互接近，使儿童产生原始感情，并在此基础上逐渐形成公民品格、同他人接近并把自己的精神力量献给他人和对他人负责的需要感。这种对他人的需要感产生于集体劳动之中，也是集体整个劳动生活中最重要的东西。

我们要沿着劳动的小道把儿童领上公民生活的康庄大道。只有当孩子们为校园或葡萄园培植一块丛林地或果树苗圃，为准备几十平方米的沃土或使一公顷的黑土免遭侵蚀而一致努力时，集体这个最初的概念才能在他们的脑海里逐渐形成并巩固下来。劳动精神产生并存在于集体和各种劳动关系之中。整个学校应该成为劳动的集体。为大家、为社会、为人民而劳动的思想应该是振奋集体思想和集体志向的一种力量。如果没有劳动的集体，学生就体验不到遵守纪律的必要性，就会不服从被大家推选的或授权负责领导的高年级学生和本班同学所提出的要求。只有当一个人认识到劳动不仅是一种需要，是自己应尽的义务，而且还是自己满足他人需要的具体手段时，他个性的真正社会化才会开始。

劳动的欢乐是学生集体劳动生活的基础。只有当集体感受到劳动的欢乐时，才会产生对劳动的需要。需要劳动这种情感同需要人和需要与人交往的情感是密切相关的。只有在当儿童发现创造和活动这两个妙境的同时，还发现把自己的力量同他人的力量结合起来是一种愉快和乐趣时，劳动的欢乐才得以产生。

培养儿童集体，实质上就是在寻求劳动的欢乐。劳动是一种无与伦比的欢乐，不能把劳动带来的欢乐同游览、运动、游戏、文艺作品、音乐等赋予人的欢乐相提并论。如果儿童亲身感受不到劳动的欢乐，如果他们不为集体创造这一魅力所吸引，那么作为培养集体手段的一切其他活动将失去其应有的意义。劳动的欢乐首先是在克服困难中所获得的欢乐，是自豪感，是由于付出体力和精力以胜利者的姿态登上我们久已向往的高峰时的一种感受。通向劳动欢乐的道路是不平坦的。在这条道路上行进，好比登山运动员攀登高山一样，要付出极大的努力，因为在攀登悬崖绝壁时，令人愉快和高兴的事是极少的。但为了登上顶峰，确立自己的荣誉和尊严，就必须这样做。劳动的欢乐在于坚持不懈地攀登顶峰，在于战胜各种自然力量。

教育的技巧和艺术，在于如何使每个人如民间所说的那样，上学校读书时就能获得这种无与伦比的欢乐。请放心，儿童去努力完成看来力所不及难以胜任的工作，是不会使他的金色童年变得暗淡无光的。沿着崎岖小道向顶峰攀登的这一步可能就表现在"看来力所不及"之中。不攀登顶峰，想享受劳动的欢乐是不可想象的，生成人对人的企望也是不可想象的，对自己取之不尽的精神力量也不会感到惊讶。儿童在做完看来是力所不及的事情以后，他首先会感到自豪，似乎在发现自己并以他人的眼光观察自己。其实，这也就是集体劳动生活的开始。如果集体中没有人对人的企望，没有把大家的力量联合起来的愿望和因这种联合而产生的乐趣，没有互相帮助和互相支持的感受，那也就谈不上自觉的纪律，说不上集体对个别成员的严格要求。

多年的实践经验使我确信，儿童和青少年的共产主义组织——少先队和共青团的思想基础就是他们的劳动生活。我们的儿童在争取加入少先队的时候，总要用自己的双手辟建一个花园或培植一个防风林、橡树林或苗圃。这种活动既美化了环境，又为社会创造了财富。比如"十月儿童"小组的学生就常在一小块地上撒下橡子，准备培育成林。每个儿童都兴致勃勃、急不可待地期望种子发芽。当幼芽出土，他们都感到非常高兴。这样的劳动对孩子们来说是力所能及的，但并非十分轻松的，因为一年之中，要松几次土、除几次草、浇几次水，这就要求他们付出相当大的体力。

在集体劳动中，人们常常发现在个人劳动中难以发现的东西，如懂得坚韧不拔、刚毅不是单纯的肌肉紧张，而是比肌肉紧张要强得多的一股力量，是内在意志的冲动，是当双手看来已经无力而良心会迫使人去克服困难的一种无可比拟的心理状态。在出现旱情的时候，幼苗因缺水不能生长。把全部幼苗浇灌一遍看来力量不足。可是，我们还是带领孩子们去迎接困难。我们一连几个傍晚来到苗圃，给树苗浇水。当然，这里十分重要的是，教育者要同孩子们一起参加劳动。教师对克服困难的那种意志犹如永不泯灭的火花，始终闪耀在孩子们的眼前。就这样，困难被克服了，因而孩子们也感受到了胜利的喜悦。这是集体精神生活最为丰富的时刻。用劳动求得团结才是最牢固的团结。

当孩子们准备参加少先队组织时，种在过去一块荒地上的橡树，已经呈现出一片绿色。首次的劳动成果使儿童们最初出现的公民信念焕发出光彩。年复一年，橡树越长越高，孩子们也成长为少年、青年。当他们长到17、18岁时，在洒过他们汗水的地方已经绿树成荫。这时，劳动习惯已在他们身上扎下了根。

谁用自己的艰苦劳动获得累累果实，用自己的汗水浇灌土地，从而感受到无可比拟的精神团结感和意志统一感时，谁就能感到欢乐和自豪。对童年和少年时代参加艰苦劳动时刻的回忆，是最令人快乐的回忆，因为这是精神财富、精神收获。如果我们想把这些精神财富传给年轻一代，那么就应当让他们享受克服困难的幸福。我认为少先队和共青团组织，如果不让它们的成员在童年和少年时代参加劳动和体验为人们造福的欢乐感，那么它们的思想教育工作是不得力的。因为为人民造福的欢乐感犹如一根线，把一个人的精神世界即他的志向、兴趣和理想同社会利益和社会需要联系在一起。一个正在回顾着最近六七年来自己的所作所为的少年如果能看到在自己走过的旅途上，生长着用自己的艰苦劳动（将板结的黏土变成为肥沃土壤的劳动）培养起来的树木和麦穗，那么他对垃圾堆里一块已经生锈的废铁、对散落在地上的矿物肥料绝不会熟视无睹。对他来说，公物比私物更为贵重，因为公物能给人民带来欢乐；因为他在劳动中获得的最初的欢乐感，虽然不能重新被感受到，可是它仍然同关心人们的幸福这种情感密切相连。

教育者对集体劳动生活的关心，就是对每个受教育者的良心及其自我教育和自我纪律的关心。形象地说，良心就是信念的情感捍卫者。当行为和创造中的欢乐成为与人交往的唯一途径时，就需要在人的心灵里确立起信念的情感捍卫者。如果你认识到劳动是一种欢乐，而后又在自己的生活道路上像寻找自己最可靠的幸福之路那样去寻找这种欢乐，那么信念的捍卫者就会不知疲倦。

有一种为社会最珍惜的东西，当我们拥有这个东西时，往往不重视它；当缺少这个东西时，却又极为不安地谈论它。对这种东西的关心，则是一个人在劳动和困难中培养起来的道德素养的最好反映。一片一人多高的树林，郁郁葱葱，十分茂盛，既能防止土壤被侵蚀，又能抗旱，可是却很少有人去谈论它。当饭桌上摆着面包时，谁也不会去谈论如何节约粮食的事，对在去粮食收购站的路上撒落的金黄色稻谷谁也不会去注意。收玉米时，甚至在每一公顷已收过的玉米地里即便丢下整整100千克玉米棒，也会无人过问。但是，如果碰上歉收年景，人们就会谈论并注意到上述现象。无论在歉收之年，或是在谷粒满仓的丰收年景，粮食总是要花高昂代价才能取得的。我们教育学生，使之在童年和少年时代就明白并亲身体验到粮食是来之不易的，是要付出艰巨劳动才能取得的。每个学生在其童年和少年时代就应该成为种植粮食的劳动集体中的一员。这是我们教育工作体系中的一个重要组成部分。集体克服的困难越多，其成员想与别人一起共同劳动、争取实现目标的愿望也就越强烈。

学校拨给一年级学生一块连野草都不长的板结的黏土地，面积有几平方米。交给这些学生的任务是，把它改造成能播种小麦的良田。孩子们用了几个月的时间给这块地送淤泥和土肥，多次翻挖，为以后耕耘做准备。这种劳动并不轻松。有人持有这样的观点，认为在共产主义社会里，劳动只是管理机器和器械而已，上述那种劳动未必需要，因为它过于简单且颇费力气。可是，我们认为，正因为这种劳动既费力又简单，所以才为培养集体所必需。在繁重而又常常令人不愉快的劳动中，把集体的意志统一起来，把集体的体力和精力集中起来，正是产生胜利喜悦感不可或缺的前提。经验告诉我们，持之以恒才能取得胜利。孩子们在累人而又简单的劳动过程中可以感受到欢乐。这种欢乐的主要源泉是他们的这些认识：共同劳动，并坚信他们的劳动会有成绩。对小学生来说，他们所追求的最高愿望是，使这块由于他们的劳动而起死回生的土地长出黄澄澄的麦穗来。

集体成员都参加劳动，能使集体在精神上受到鼓舞。这是一种唯一的、任何东西都不能代替的情感状态。最迟钝、最懒惰的学生也会被这种集体的振奋精神感动，成为爱好劳动、努力向上的人。

集体中的这种精神状态对那些懒惰、头脑迟钝和在家里没有养成劳动习惯的学生来说更为有益。一个人在这种状态中就会为他做过或正在做的事情感到骄傲，为自己感到自豪，并因此对他人所提的意见、他人对自己劳动所做的评价变得敏感起来。孩子们把集体劳动当作用以对照自己的一面最公正、最真实的镜子。只有这面镜子才能使人逐渐培养起一种能力，那就是学生会因为某些事没有完成或者完成得不好而感到内疚。

当学生们看到小麦开始抽穗、麦粒开始成熟时，他们感到多么高兴啊！亲自种植的第一批粮食、初次出现的公民自豪感都是集体的真正劳动生活的产物。我还想强调一下：一个人在童年和少年时代，也就是早在他踏上自立之路以前，就应开始这种劳动生活。如果错过了童年的黄金时代，以后就无法把错过的时间追回来，因为童年时所洒下的每一滴汗珠抵得上成年时期几天的紧张劳动。童年时期所种的每一小撮麦粒，犹如一把可以放大的比例尺，它包含着一堆堆金色麦粒、一块块肥沃良田和老前辈的英雄劳动。

我们的学生在童年时代就已知道，他们的劳动不是一种游戏，而是为社会所需要的一种极为重要的工作。低年级学生夏天为牛犊准备几吨青饲料，他们明白，如果这项工作他们小学生不去做，谁也不会替他们去做，结果是集体农庄得不到这批有价值的饲料。有时，农庄园艺师把低年级学生组成一个小小的劳动集体，要他们建造果园，在那里培植果树苗。有时，某一个儿童小组可能会执行这样一项任务，如挑选1吨优良麦种和1吨玉米种。孩子们知道，来年田里要下的种子就靠他们挑选。冬季，低年级学生在学校的暖房里，为集体农庄畜牧场栽培用作羊羔饲料的大麦和燕麦，而高年级和中年级学生，则去畜牧场和机务队里参加劳动，负责看管牲口、机器和其他贵重物品。

教育者应当特别关心的是，使每个少先队员和共青团员都能理直气壮地说："这是我的一块肥沃土地，是我亲手把它改造过来的；这是我培育的果树苗；这是我在炎热的七月里一穗一穗选出来的麦种；这是我用自己收割的并晒干了的青草喂养的牛犊；这是我用拖拉机耕过的田地。"只有当集体的每个成员在劳动中表现自己，即表现出个人的能力、个人的思想和个人的灵感时，集体才能建立起来。

　　要是一个人在劳动中自我表现得不明显，没有物化自己的精神世界，那么他就不会有个人的荣誉感和尊严感。只有在为多数人创造物质财富的劳动中，劳动集体赖以建立的公民关系才能形成。正是这种劳动才能培养出个人对集体的责任感。只要有可能，我们的学生都直接加入成人劳动者集体，直接参加创造物质财富的田间和畜牧场的劳动。我们很重视建立学生同成人劳动者之间的上述关系，使学生创造的物质财富为成人劳动者所急需，使孩子们把自己参加的、在某种程度上说是学校的教育性的劳动看作是成人的劳动。在学生的劳动中应该尽量减少学究习气和斤斤计较的现象，这就是我们的要求。根据这个要求，我们教育学生从小就要养成关心公共利益的品德。

　　在共青团和少先队的会议上，在少先队大队队委会上，应当经常把劳动作为一项至关重要、责任感很强的工作进行讨论。从劳动中得到的感受，能使青年男女在精神上成熟起来。关心劳动和社会利益，在集体的精神生活中占着重要位置。

　　为了培养学生的成熟性，即培养他们具有成年人的思想情感，我们很重视不仅在学生和成人劳动者之间，而且还在学生集体内部建立经济上和物质上的关系。形象地说，劳动集体就是公民精神的摇篮。一个人在集体中可以获得劳动的道德经验，那就是把劳动看成是一种义务、一种需要、社会和个人生活的本质、个性全面发展必不可少的前提，看成为个人的荣誉、人格和自尊感的保证。要是没有物质上的相互关系，那就不可能有集体的组织和独创精神。诸如义务感、服从要求和命令的必要性、互相帮助、互相合作、交换意见和交流经验等重要的教育准则都会在劳动中、在对待物质财富的责任感中反映出来。公众对劳动集体、对个人参加劳动的目的性所提出的意见是公民精神的重要基础，而这种基础是在劳动集体的经济和物质关系中逐渐形成的。一个人对自己的看法、对自己提出严格要求的程度如何，取决于集体对他的评价。因此，使一个人敏感地对待集体所做的评价是十分必要的，而且还应使这种敏感性成为月月年年都能得到丰富和充实的精神珍品。同时，一个人在劳动中付出的体力和精力越大、在各种关系中成长得越快，他对集体评价的反应也就越敏锐，对公众的舆论也就越珍惜。而这一切仍然取决于一个人为集体劳动所做的贡献，取决于受教育者在集体劳动中能否清楚地看到自己的成绩（自己栽的树，自己耕的地）。如果在集体劳动中显示不出个人的力量、个人的技能、个人的贡献，那么，个人对公众舆论的敏感性就得不到迅速发展，确切地说，也就不可能有公众舆论。当一个人在参加集体劳动时，总想将自己的劳动胜过集体中其他成员的劳动。集体的劳动生活是每个学生个性形成和发展的复杂过程。

只有当"独创精神""领导""服从""纪律"等概念不是停留在口头，而是具有坚实的劳动、物质和经济基础时，少先队和共青团组织才能成为培养公民精神的学校。集体的劳动生活，同时又是思想生活。如果思想能变成信念，那么这种思想才能成为集体和个人精神生活的一个方面。但是如果不参加劳动，不参加活动，不评价他人，也不评价自己，那么信念是树立不起来的。

如何组织集体，这个问题同劳动生活密切相关。集体在组织上是否统一、其成员能否服从领导或领导他人、能否遵守纪律、他们的义务感是否深厚，所有这一切都根源于劳动关系。经验使我相信，如果少先队和共青团不是一个牢固的劳动集体，那么它们也就不能成为坚强的组织。我们学校的少先队组织，建立了一个小型的机械化工作队。它是儿童们的一个大型劳动集体（这个集体通过多种形式把校内全体少先队员联合起来）。工作队拥有各种用具、机器和机械设备。学生们常常在教学实验园地和儿童综合技术小组里使用这些器具。这个工作队还拥有一台由高年级学生和教师共同装配的小型拖拉机，年幼的少先队员们就用它来掌握农业技术；几台内燃机，供少年司机小组使用；3辆供低年级学生教学用的小汽车、两辆摩托车（专门为孩子们装配的）、两台播种机、一台割草机、一台脱粒机、一台净谷机。学校装配这些机器不只是为了安排孩子们劳动，而且也是为了使高年级学生去领导低年级学生的劳动和教学。这些设备与现代化的机器十分接近，因而使孩子们的劳动具有重要性和成人性。

小型机械化工作队经过选举产生队委会。队委会由10～12名少先队员组成。选入队委会的当然是那些在技术创造和公益劳动中表现出才干和积极性的少先队员。队委会从委员中推选队长、副队长、机械师各一名。委员们对一切物质器材负责，他们保管车库和存放机器、机械等设备的仓库钥匙。谁在劳动中使用这些机器和机械，谁就应替委员们和机械师（一个有经验的青年司机）对物质财富负责。工作队自己动手检修设备。

这个劳动集体是活跃集体精神生活、培养独创精神的第一所学校。只有在确立了劳动、物质和经济等关系的集体里，独创精神才得以产生，并能成为对个性施加教育影响的手段。少先队员们在许多方面都互相影响，而在劳动方面尤为明显。这种相互影响能培养他们的思想成熟性，培养公民的积极性、首创精神、集体主义者的思想意识、对同志的责任感和经受良心责备的能力。工作队定有严格的道德守则：谁借用设备，谁就应该在归还时使设备比借用时更为完好。如果发现有损坏（不管学生是否有过错），谁借谁修理，要是修理不了，就得赔偿损失。工作队的每个成员一年内应为劳动集体做些维修工作（按规定，新机械设备由集体维修，机具则由个人维修）。

在这个具有独创精神的集体里，公民教育的重要源泉是孩子们的这些认识，即他们认识到自己的活动不是游戏，而是在从事像成人一样的真正的劳动。

共青团员们组织了一个青年机务人员工作队。这个劳动集体也选举了一名队长、两名副队长、两名机械师，还专门成立了一个青年电工小组。这个工作队拥有以下设备：一台拖拉机、两辆汽车、一台联合收割机、一台播种机、几台净谷机、数台机床和一些维修机器用的工具，共青团员称这些设备为"成人"设备。队长和副队长、机械师共同对设备和维修场地负责。机务员的工作任务由队长指派。队员们在接受播种和收割的任务时，都感到莫大光荣。在让青年男女学生学习开拖拉机之前，要对他们进行考核（比如说，让学生在旋床上制作一个机器零件、参加装配一个新机械等）。学习开拖拉机一般在冬季进行，学生在田间执行机耕任务时，由农庄成年机务员负责照管。在春秋农忙季节，队长安排青年机务员轮班工作。共青团员们同成年机务员一起在田间干活。共青团员的工作质量由成年机务员负责检查和验收。

在少先队和共青团组织中还设有两个工作组，即青年植物栽培家组和青年园艺家组。这两个组拥有试验田、果园、养蜂场以及从事植物栽培和园艺工作所需的劳动工具。在少先队和共青团组织中还建有一个人数不多的劳动集体，其任务是堆积有价值的有机肥料——腐熟的厩肥。

少先队和共青团组织是许多物质财富的主人。他们拥有出售教学试验田和园地农产品所获得的资金。学生们自己出售蔬菜和果树苗，将卖得的钱款交给学校会计室，由会计室专门立账。他们把出售废金属和药用植物等东西所得的钱也交给会计室。这样，一年积下的钱款数量就相当可观了。这笔钱如何使用（用于组织游览、购置乐器等），由共青团委员会和少先队大队委员会研究决定。共青团组织还经常用集体资金补助一两个经济上有困难的低年级学生。由于财务独立自主，又能互相帮助，所以少先队员和共青团员们都逐渐积累了一套宝贵的生活经验，而没有这种经验，也就不可能有真正的集体主义。

读者可能会产生这样的想法：把财务经济工作托付给共青团和少先队组织是否正确？能不能让学校的专门组织学生会来负责经济工作呢？多年的经验使我相信，在合理安排好教育工作的情况下，共青团和少先队组织可以参与学校集体生活各个方面的工作。当然不能把集体的思想、劳动生活同支配集体通过辛勤劳动所得的物质财富的权利割裂开来。

国民教育学认为：一个幼儿从学会用勺子从碗里舀汤喝的时候起，就应当劳动。我们竭力在培养公民、培养爱国主义者这个微妙的教育领域里去实现这个正常的准则。为人民、为集体、为社会、为未来而劳动，是形成道德意识、道德感情，特别是个人荣誉感和尊严感的重要源泉。只有当劳动在童年、少年时代和青年早期成为学生精神上的一种需要，只有当乐于为人们劳动的思想成为一个人为自己、为自己的名声、为自己家庭的荣誉而感到自豪的根源时，年轻公民的精神生活中才能产生诸如故乡、祖国、人民的命运、人民的未来等最宝贵的东西。每个人的公民荣誉感和为他人而劳动的自豪感，都同自己的故乡或故乡的城市有关。故乡是自己的出生地，也是自己心爱的地方，在那里初次感受到难忘的童年的欢乐以及与人交往的欢乐。我们力求使每个成熟的公民在见到自己童年所留恋过的地方时，会自豪地、激动地说："瞧，这是过去没有过的；这是我亲手栽的；我曾在这里度过最幸福的日子。在那些日子里，我在这里第一次感受到与人交往的无比欢乐。"我们的每个教育对象在自己童年时代都参加了能使人民受益几十年甚至几百年的创造物质财富的劳动。一些40岁左右的男女每当走到村头时，对他们童年时代所造的橡树林总是赞叹不已。如果一个人所做的事能使几代人念念不忘，那么他不仅可以成为一个真正的公民，而且还可以成为自己子孙后代的真正教育者。许多30岁左右的父母在伴送自己的子女上学时，总是指给他们看自己在战后几年内亲手培植起来的葡萄园，并为此感到自豪。这里培育着专供老人、病人和小孩滋补身体的葡萄。做父母的为自己参加造福于人的劳动感到自豪，并怀着这种自豪感向孩子们灌输国民教育学中的训条：要爱惜祖辈创造的东西，珍惜他们的劳动。如果每一代人不参加具有公民意义的劳动，不参加能使思想和心境高尚起来、使人变得善良而慷慨的劳动，那么这种训条将会成为空谈。35年的学校工作经验使我深信，只有当刚进入生活的年轻一代珍惜前辈人创造的物质财富时，精神财富才能在坚实的劳动基础上代代相传。

六、集体中的创作活动在儿童集体生活中的作用

创作是一种活动，每个学生似乎都在为这一活动倾注自己的一部分精力。他倾注的精力越多，自己的精神生活也就越丰富。创作过程的特点是，创作者可以用自己本身的工作和成果对同自己一起工作的人施加巨大的影响。一个人的崇高精神和灵感可以引起其他人的共鸣。创作活动犹如一根根联结学生心灵的无形的细线。为了使学生之间产生良好的影响，就得在集体和个人的精神生活中开展创作活动。

创作的素材俯拾即是。学校的创作活动是从词开始的。必须特别强调的是，创造新词在儿童生活中应占首要地位。由于要创造新词，儿童们对词汇和美这两个极其微妙的手段渐渐变得敏感起来。

词汇贫乏就是思想贫乏，而思想贫乏就会造成精神、智力、情感和美感等方面的"迟钝"。

有一次，我领着自己教的一年级小学生到野外去。这是一个恬静的秋天的早晨。天空上隐隐约约可以见到一群飞成人字形的候鸟，它们发出的低沉的叫声使草原显得十分凄凉。草原似乎也在竖耳倾听这声声的悲鸣。田间的全部耕作都已结束，四周空无一人。我对孩子们说："今天，你们每个人都要编出一篇关于秋天天空的小短文。你们可得注意，要仔细看一看，想一想：天空是怎样的？如何来描写天空？要选用美丽而准确的词。"

孩子们静了下来，边望着天空边思考。不一会儿，我听到了第一批小短文：

"我们头上的天空是蓝蓝的……"

"天空是蔚蓝色的……"

"天空，仿佛像小河中的水，明净、清澈……"

"天空是非常晴朗的……"

"天空是秋天的……"

这就是第一批短文。其他的孩子开始重复同学们所用的词语。除了蓝色的、蔚蓝色的、清澈的、晴朗的以外，他们再也找不到描写天空的另外的词了。

长着一对蓝眼睛的小瓦利亚站在一旁不作声。

"你为什么不作声，瓦利亚？"

"我想用自己的词来描写天空，但不知道好不好。"

"那么你用什么词来描写天空呢？"

"天空是温暖的。"瓦利亚低声而腼腆地说。

"你的词用得很好，瓦利亚，那为什么天空是温暖的呢？"

"因为很快就要下雪，严寒即将来临，而现在天气还暖和，太阳光有点暖人；在阳光照耀下天空还是暖和的，所以说，天空是温暖的。"

孩子们静静地倾听着瓦利亚讲的每一句话。他们再一次地环顾四周，感到在瓦利亚的话里闪烁着创作思想的火种，这火种燃起了每个孩子心灵中的创作火花。于是我听到了描写天空的截然不同的新短文：

"昨天下的雨洗刷了天空，所以现在的天空明明净净，犹如淡蓝色菊花的花瓣。"

"天空在沉思。它在想着从寒冷地带日益向这里逼近的浓浓的乌云。"

"天空是温柔的。看，它伸开自己的双臂在拥抱太阳。"

"天空是寒冷的。夏天，它被晒得火热，而现在又冷下来，并降下一滴滴的露水……"

"天空很不安。它一边倾听着鹤鸣，一边思索着：难道冬天即将来临……"

"天空是平静的。夏天，雷电像箭一样刺破天空，而现在，闪电已飞向太阳。"

"天空在微笑，它在欣赏花朵，因为秋天里花朵已经不多了。"

"天空是冷的。因为夜晚已经很冷，它急切地等待天明，好得到太阳的一点温暖。"

"天空在做游戏。瞧，蓝色的天空在阳光的衬托下像池塘里的水一样在滚动。"

"天空在思念云雀，现在，要等到春天才能听到它的歌声。"

"天空是愉快的。可是，乌云很快就要遮住太阳，天空就要变得阴暗了。"

"天空是孤单的。因为现在很少有鸟儿在飞翔，也没有燕子在云端飞翔。"

微小的创作闪光就这样变成了明亮的光辉；一个孩子的思想引起其他孩子的共鸣。创造新词的活动给孩子们带来了欢乐，它是儿童们最易接受的一种充满崇高精神的智力活动。一个教师如不带领儿童集体去游览森林、草地、池畔、花园和田野等词语的发源地，其结果对我来说是不能想象的。教师让集体对自然现象产生共同的感受、赞叹和受到崇高精神的鼓舞，好比是在调整每个成员的思想琴弦，使之合乎整个乐队的正确调式。一个孩子在自己的生活中第一次看到朝霞、观察白天的来临，或者登上草原的高岗眺望地平线上一望无际的田野、遥远的森林、摇晃的海市蜃楼等实际情况，具有难以估量的教育作用。如果你希望在你的集体中没有一个孩子因想到自己无能或者软弱而感到苦恼，那就得把孩子们带到思维的欢乐源泉中去，在那儿等待着最柔弱、最胆小的孩子也能产生灵感的幸福时刻。要把一个儿童能说出自己的词语的那一瞬间，当作教育活动中的最重大的创造性发现。就在这一瞬间，这个儿童又向自己智力发展的阶梯登上了一级。但是意义不止在此。它的教育意义首先在于，这一创作活动是在集体中进行的，在于人对人开诚相见、灵感产生灵感、现有的欢乐成为新的欢乐的源泉。在进行创作活动时，集体和个人对理智和智慧会越来越敏感。每个人都想成为一个聪明而有才智的人，不想成为一个不学无术的人。在孩子们身上之所以能够培养起对不学无术和漠不关心的厌恶感，是因为这种情感的培养是在集体中进行的。

　　我认为要使创造新词的活动成为集体成员间智力交往的一种手段，在教育中具有重大意义。读者大概已从我的其他著作中（《我把心给了孩子们》和《公民的诞生》等书）了解到讲童话故事在我们学校的教育工作中占有何等重要的地位。童话故事犹如一把刀具，它能塑造出每个儿童个人思维的各种最细微的特征，同时又能拨开儿童的心扉，使之心心相印，还能使儿童集体建立起各种微妙的智力关系。编造童话故事是我同孩子们精神交往中最幸福的时刻，而对于他们来说，则产生了思维活动的最大乐趣。

　　在我们学校里（如同其他学校一样）也有学习非常吃力的孩子。这些孩子思维能力下降，反应迟钝，记忆力很差。要不是对这些孩子进行旨在产生智力关系上的欢乐的专门工作，要不是童话故事，他们就会成为不幸的人，就要对自己的智力失去信心，成为学识肤浅、兴趣贫乏、目光短浅的人。童话故事出自教师之口，取材于大自然，它对孩子们来说，如同明亮的光束射向他们记忆力的隐秘角落，如同甘露洒在干旱待雨的土地上。当我和孩子们坐在一棵古老的橡树下时，当天空中繁星闪烁而我们依偎坐着，倾听草原的音乐时，我恰恰从这些天赋差一点的儿童的眼里看到了智力兴趣的最初火花。他们渴望听到童话故事。于是我就编了一个他们看到的、现在正在他们面前发生的或者他们不难想象的简单的童话。我经常最关心的是如何使童话含有深刻的思想。要激发孩子们去思索真理，使他们对真理感到惊讶，并受到精神鼓舞；要使这些学习吃力、智力低下、思维迟钝的孩子的眼里迸发出独立思考的火花；要使他们想用自己的词语描绘周围世界和自己；要使集体看到他们是怎样通过思考和语言表达自己的。下面是我对一、二年级的小学生讲的两个童话故事。

女孩和野菊花

一个阳光明媚的早晨，小女孩来到绿草地上玩耍。突然，她听到有人在哭。女孩在细听之下才明白：哭声是从草地边上的一块石头底下传来的。石头并不大，像家兔头一样大小，但是很硬。她走到石头跟前问道："谁在石头底下哭呀？"

"是我，野菊花。"石头底下发出了低沉而微弱的声音，"救救我，小姑娘，石头把我压住了……"

女孩扔掉了石头，看见了野菊花的娇嫩、淡白的茎。

"谢谢你，小姑娘。"野菊花舒展了一下双肩，深深地喘了一口气说，"你把我从石头的压迫下解救出来了。"

"你是怎么给压在石头下的？"女孩问道。

"石头骗了我。"野菊花回答说，"我以前是一粒小小的野菊花种子。秋天，我要寻找一个暖和的角落。石头给了我一个栖身的地方，并答应保护我，使我不挨冻、不受热。可是，当我想见太阳时，他差点儿没把我压死。我想归属于你，小姑娘。"

女孩常来看野菊花，并和它一起晒太阳。

"归属于你有多好啊，小姑娘！"野菊花常常这样说。

"假如你生长在森林里，或者在路边怎么办呢？假如你不归属于任何人，你又怎么办呢？"女孩问道。

"我就会悲伤地死去。"野菊花低声说，"但是，我知道，不属于任何人的花是没有的。它们总要归属于某个人的。你看那朵火红的罂粟花，它与太阳交朋友。太阳对它低声说：'你是属于我的，火红的罂粟花。'我是在太阳刚刚升起、罂粟花张开自己的花瓣时，听到这番窃窃私语的。你看那是矢车菊，它是春风的朋友。春风每天早晨总是首先吹到矢车菊这边来，唤醒它并悄悄地说：'醒醒！'如果花没有主人，那它就不能生存。"

男孩和铃兰花

春天到了。绿色的嫩茎钻出了地面，很快分成两片嫩叶。嫩叶长宽了，两叶之间又出现一个小小的嫩芽。它长高了，并向一片幼叶倾斜着。一天早晨，开出了白色的花。这就是铃兰花。

一个小男孩看见了白色的铃兰花。花的美丽使他感到惊讶。他目不转睛地望着铃兰花，并伸手要摘。

花小声地说："男孩，你为什么要摘我们？"

"我喜欢你们，你们真美。"男孩回答说。

"好！"铃兰花轻轻地叹了一口气说道，"摘吧，但是，在摘之前，你得讲讲我们怎么个美？"

男孩朝铃兰花看了一眼。它们美极了。它们既像朵朵的白云又像鸽子的翅膀，还像某种异常美丽的东西。男孩觉察到了这一切，但是，说不出来。他站在铃兰花旁，被美丽的花朵迷住了。他一声不吭地站着。

"长吧！铃兰花。"男孩低声说。

教师的创作，即在艺术语言中体现出来的思想是点燃儿童创作火花的火种。儿童的眼睛因此而变得更留神，目光更集中，思想更敏锐。他们看到了自己周围的事物和现象之间的不寻常的童话般的相互联系。孩子们在构思童话。童话像电光一闪，像耀眼的火光一样产生了。孩子们编创童话犹如搜集各种形象。当一个儿童发现可以把周围的事物编成童话时，他就会由衷地感到喜悦。他想把自己的想法告诉同学们，并想用言语表达出来。于是，他就给同学们讲述自己编的童话,这是儿童创作的最高潮,同时,也是孩子们之间微妙的精神关系。有了这种关系,每个孩子的思想就能处于活跃的紧张状态之中。

下面是几个8岁的儿童编的3个童话。

小鸟从窝里掉了下来

在啄木鸟的窝里有4只小鸟,其中一只很淘气,总是朝窝外东张西望,什么都想看看,什么都想知道:窝的那边是什么?窝的后面是什么?天上飘的是什么?这个圆的、热的和亮的东西是什么?

"等你长大能往外飞的时候,你就会知道的。"啄木鸟妈妈说道。

但是,不安分的小啄木鸟不愿意听母亲的话。它从窝里探出身子,结果掉了下去。它坐在青草地上哭了起来。

妈妈飞到小啄木鸟身边说:"怎么救你呢,不听话的孩子?坐在我的背上,嘴咬住羽毛,衔得紧一点。"

小啄木鸟在妈妈的背上坐下,用爪子抓住、用嘴咬住妈妈的羽毛。妈妈飞起来了,把自己的孩子带到了窝里,并问道:"你还要从窝里朝外看吗?"

"不了。"小鸟高兴地回答,同时又昂起头向窝外看,并问道:"这是什么?是青草吗?"

麻雀多么想知道太阳落到哪儿去了

太阳下山了,天空映得通红。好奇的麻雀坐在窝里,看着红色的天空思索着:"太阳落到哪儿去了呢?飞出去打听一下。"它展翅飞出了窝,飞过了村庄,飞过了田野。现在已是森林。接着飞过了森林,又是田野,还是没见太阳。麻雀已筋疲力尽,再也无力向前飞了,并摔倒在地。它喘了口气,抬头一看:周围的向日葵开着花，花盘全都朝西。一棵大头向日葵看见麻雀，问道："麻雀，你要飞到哪儿去？夜幕已经降临了。"

"我想打听太阳落到哪儿去了。"

向日葵笑了笑说："请等到天亮，当太阳升起的时候，我叫醒你。你就问它落到哪里去了。"

麻雀在大头向日葵的身下睡着了。太阳已经露出地平线，向日葵唤醒了麻雀。麻雀就问太阳："太阳，你夜里落到哪里去了？"

太阳笑哈哈地回答说："夜里我在遥远的山岭和蓝色的海洋那边休息。别飞到我这里来，麻雀，因为你是永远也飞不到的。"

蜜蜂是怎样在南瓜花里过夜的

蜜蜂飞到田野去采蜜，飞得很远很远。太阳已经快要下山了。蜜蜂发现了一大片南瓜地。南瓜的花又大又黄，闪闪发光，就像太阳一样。蜜蜂在花丛中飞来飞去忙着采蜜。它抬起头，看看四周，吓得嗡的一声叫了起来，因为太阳已经下山了，天上的星星在闪烁，田野里的蟋蟀在歌唱。

"现在我该怎么办呢？"蜜蜂想。

"请落到我的花瓣上来吧！"南瓜花对它说，"过一夜，明天早晨再回家。"

等蜜蜂停在甜蜜的花蕊上，南瓜花就用自己的花瓣把它盖了起来。

南瓜花沉睡着，蜜蜂沉睡着，田野沉睡着，整个世界也沉睡着，只有天上的星星在闪烁，蟋蟀在歌唱。

很快，太阳便从森林那边升起来了。南瓜花张开了花瓣。蜜蜂醒了，该飞回家了。然而，小蜜蜂的心有点颤抖，感到既忧伤又亲切。有件事使蜜蜂仍留在南瓜花旁，蜜蜂向南瓜花深深地鞠了一躬说："南瓜花，谢谢你的热情招待。"

南瓜花叹了一口气，它也舍不得和蜜蜂分手。

可是，太阳已经出山了，云雀已在天上歌唱，蝴蝶在飞舞，新的一天又开始了。蜜蜂在南瓜花的上面飞了几圈就回家了，它给孩子们带来了花蜜。

没有童话，孩子们之间能发生智力关系是不可想象的；儿童如果对童话不感兴趣，就不会有集体的感受；儿童如果不创作童话，就不懂得被崇高思想所鼓舞起来的那种欢乐。如果把儿童集体的特征和成人集体的特征进行比较的话，首先就要分析儿童的世界观及其精神生活、他们在童话中表现出来的创造力。

刚刚跨进学校大门的儿童很想找小朋友们一起玩，愿意到学校去，因为他们很想与整个集体共同感受由童话所引起的无可比拟的感情。他们也很想找老师，因为他们可以从老师那儿听到童话。当老师讲童话时，他们总是屏息静听。儿童们永远记得，教师首先是作为一个讲童话的人进入他们的精神世界的。儿童们来到学校，在静静的夜晚彼此依偎坐着听老师讲童话；窗外是一月的黄昏，或者是寂静的六月之夜，……从那时起，在儿童的情感记忆中便逐渐留下了关于儿童集体的动人的回忆。儿童编造的童话犹如一面镜子，从中可以看出他们对生活现象的情感评价。

在夏天热气袭人的傍晚，天上刚刚出现星星，孩子们就来到我这里。我们坐在橡树下，此时太阳已经落山，天色渐暗，星星在闪烁，花园里传来了神秘的沙沙声，蟋蟀在嚯嚯地叫，池塘已经入睡。这就是我们的"蓝天下的学校"。我们这样称呼这美妙的夏日黄昏。音乐般的童话吸引我们来到这棵枝叶并茂的橡树之下。我们周围的结着金黄色苹果的苹果树、天空中闪烁的繁星、睡梦中的池塘，所有这一切在我们的思想中产生了各种神话般的形象。

当我讲着童话的时候，也就是童话不断产生的时候。我们每个人——我和孩子们在这美妙的时刻都成了诗人。如果我缺少确切可用的词，孩子们就提示我。我们编了数以千计的童话。我们的创作虽然不是什么非常好的杰作，但是却为每个教师和每个学生所接受，因为每个孩子都是诗人，教师必须善于把他们领入创作境界。

有一次，我们这里发生了这样一件事。教师带领一年级小学生到树林里去。孩子们坐在林中草地上，微风吹得树林沙沙响，某个地方林鸽在"嘟……嘟……"歌唱。从冲沟里传来了小溪的潺潺流水声。

教师打开书,开始给孩子们朗读童话。这个童话讲的是:在一个很远很远的地方,高高的山上,浅蓝色的石头底下,出现了一朵白云,活像一只长着一对娇嫩翅膀的、温柔的雏鸽。早晨,一阵微风吹动了白云的小翅膀,于是白云就飞上天去了……

孩子们坐着,一动也不动,聚精会神地听着。在他们的眼里燃起了幻想的火花。读完后,教师说:"这是童话。实际上,这样的事是没有的。云不是鸟,它没有翅膀。而风也不会像童话中所说的那样抚爱白云。云是许多小水珠凝成的。早晨的雾是怎样的,知道吗?是灰色的,令人讨厌的。"

孩子们的眼里刚燃起的幻想火花熄灭了……

我的小女儿奥利亚回到家哭了。

"奥利亚,你为什么哭?谁欺侮你了?"

于是,奥利亚就讲了自己的伤心事。当她相信白云就是童话中那只长着娇嫩翅膀的鸟时,她是多么高兴!可是事实上既没有山,也没有神话般的浅蓝色的石头;既没有翅膀,也没有微风,只有冷冰冰的灰色的雾。"让长着翅膀的白云存在吧。"奥利亚轻声说,满怀着希望注视着我的眼睛。

我明白了是怎么一回事。……后来我得知,孩子们走出树林时,个个愁眉苦脸,一声不吭。他们三三两两地向四处走开,以致教师未能把全班学生一齐带回村子。孩子们在各自散开的路上看到树上的鸟窝,就向里面扔土块……

我给奥利亚讲了自编的关于遥远的山、神话般的浅蓝色的石头和小女孩奥利亚的童话故事。

"这是真的吗?"我的小女儿又高兴又害怕地问道。

"是真的,奥利亚……"

于是在她的眼睛里马上现出了像雪花莲一样的儿童的欢乐。

我常常回想起这件事,思考着影响儿童集体的奥妙。我们生活在一切都可被人们认识的时代。每件事物,每个现象都有自己的渊源和产生的原因。一切都是可以理解的,可以认识的,也是有规律可循的。然而,不能忘记,除了周围世界固有的客观规律以外,还有儿童的世界。儿童要按照自己的方式去认识世界和同龄者、教师和父母。儿童的思想往往可以凭借童话中的翅膀飞向真理的世界。如果呈现在儿童眼前的朵朵白云只是聚集起来的灰色水珠，那么，儿童世界就会暗淡无光，儿童的思想就会萎靡不振。由于我们未能使儿童世界丰富多彩，所以就很难把他们领进社会和集体。

为什么孩子们就喜欢在集体中听讲童话呢？为什么当孩子们依偎着坐在一起听童话时，童话就越发有趣，越发动人呢？

儿童总是怀着惊讶的心情认识世界。关于这一点我们已经讲过了。当儿童望着伏在花朵上的蜜蜂时，从他的眼神中可以看出，他的思想活动是多么丰富。此刻，他看到了许多奇怪的、不懂的东西，周围世界向他展示出一幅新的图景，儿童对明显不懂的东西感到惊奇。这种惊奇感越深刻、越强烈，他的思想活动就越积极，想知道的东西就越多。

儿童之所以对不明白不懂的东西，特别是难以置信的幻想的东西感到惊奇，是因为他想让同学们知道自己的赞赏力，想把自己的感想、感情和思想告诉他们。儿童对幻想的东西以及对既不可置信又不大可能，既奇怪而又不懂的东西所感到的惊奇，往往能使他们产生同小伙伴们交往的强烈愿望，使他们从思想上相互接近。儿童总希望在幻想的事物中存在着真理。对不可置信的、令人生畏的真理的惊讶感往往会激起儿童对他人的需求。一个教师如果热爱童话，又善于同儿童们一起像儿童一样为幻想的形象所鼓舞，那么他就能够建立起一个非常灵敏而且变化多端的集体。

有一次，我给孩子们讲了一个关于蜜蜂母亲的童话：蜜蜂母亲从早到晚飞个不停，在花上采蜜，把蜜送到蜂房喂养自己的孩子。蜂房里挂着许多小摇篮，每个小摇篮里都有一个柔弱的幼蜂。蜜蜂母亲从一个摇篮飞到另一个摇篮，摇摇孩子，用小匙子盛着蜂蜜逐个地喂着，还低声哼着摇篮曲。我是在养蜂场讲这个童话的，和孩子们一起听这个童话的有我的同事——历史教师和养蜂老人帕纳斯老爷爷。

孩子们都回家去了。这时历史教师问道："你为什么要歪曲真相？要知道，按照我们的理解，蜜蜂是没有孩子的。蜜蜂也不会有人们常有的那种母亲般的关怀。"

这种对世界过分"高明"的看法使我感到惊讶，使我惊讶到不知如何回答才好。帕纳斯老爷爷替我做了回答："他讲的一切都是真的。你看，蜜蜂是怎样细心喂养自己心爱的孩子的，你也要像他那样给孩子们讲述蜜蜂的故事。不过不仅要了解蜜蜂，而且还要喜爱蜜蜂。"

下面是我给每届学生都讲的一个童话：一朵白百合花朝水里望去，看见了自己的倒影，但却不知道这就是它自己——百合花。它本以为水里的是个神奇的东西，原来却是一朵夜间藏在水中的谦逊的白花。这个童话有些地方像洁净的泉水水面，清澈如镜。童话所反映的世界是真实的，但是百合花觉得清澈如镜的水中的百合花要比自己更美丽。

亲爱的教师朋友，请不要剥夺儿童观察童话这面魔镜中反映出来的世界的幸福！

每当人们问起我是怎样和孩子们一起编童话、集体创作的实质何在等问题时，我就不由得回想起我的祖母玛丽娅。我永远不会忘记她那双黑眼睛。从她的眼里我看到时而悲伤，时而欢乐，时而忧虑、时而赞叹、时而爱抚、时而慌张的心情。她所讲述的一切都栩栩如生地呈现在她的眼睛里。战争爆发前，她去世了，享年107岁。

在炎热的六月天，祖母感到自己快要死了，就派人叫我尽快回去。那时我当教师已有4年多了。考试已经结束，我和孩子们正打算去旅行。祖母坐在花园里那棵枝叶繁茂的桑树下一把很旧很旧的安乐椅上等我。

"我们要永别了……"祖母低声说。

在她的眼里我没有看到悲伤，也没有看到痛苦，看到的只是富有朝气、充满激情的思想。我似乎觉得祖母像在我遥远的童年时代一样，要给我讲一个她自己编的新童话。同时，在她的慧眼里有个埋藏很深的隐秘，一种好像已经远离世界、人们、激情以外的东西，而这种东西只有当人在临近死亡的时刻，才能显露出来。我站在她面前，那种人类思想的伟大，它的美，同时也是一种不幸使我感到惊讶万分。瞧，她那双充满着智慧和求知欲的眼睛。从她的眼神里我看到了各种细腻的感情和语言活动。然而，再过一刻，这一切都不会存在了，……祖母拉住我的手，温情地摸了一下我的肩膀，要我坐下。我像小孩一样，在她面前的草地上坐下，并听清了她微弱的话语。在她的话里我感到了人们顷刻就能猜到的那个不幸。

现在听我讲最后一个童话吧。从前有一对孪生弟兄，一个勤劳，一个懒惰。勤劳的人起早摸黑地干活，而懒惰的人一觉睡到天明，太阳起山时，他翻一个身，直到中午才睡醒，……兄弟俩就这样过了一生。他们都老了，死亡的时刻来临了。上帝把他们叫到跟前，问道："你们在世上活了多少岁？""99岁。"弟兄俩回答说。"好吧，也该到我这里来了。"上帝说道，"请把你们度过的岁月指给我看看吧。"勤劳的人指着一片茂密的森林说："这就是我度过的岁月。"勤劳的人每天栽一棵树，天长日久就长成了森林。上帝在森林中走了一天，森林越来越密，走了一星期，走了一年，还是一望无际的森林。上帝走累了，坐在地上——真是个虚弱的老头儿。勤劳的人问道："我们还往前走吗？"上帝摇摇手，就对懒惰的人说："把你度过的岁月指给我看看吧。"懒惰的人没什么可指的。他站着，耷拉着脑袋……。上帝呼哧呼哧勉强地站了起来，说道："现在，他，勤劳的人将是上帝。他创造了世界上的一切美景。而你这个懒汉，再活上99岁。然后，到上帝也就是到你的兄弟勤劳的人那儿去，把自己度过的岁月指给他看。"人总是要死的，只要他是一个真正的人，他那美好的劳动岁月总是永存的。

这是我祖母的最后一席话，说完，她就咽气了。

每当我回忆起自己的童年，我就仿佛看到了她的一双眼睛和听到了她讲童话的声音。那时我以为祖母能看见童话里的东西。因为讲童话时，她总是凝视着花园里茂密的叶丛、遥远的草原、黑夜前的黄昏或白皑皑的暴风雪。于是我就常常问她："祖母，你能看见童话里的东西吗？它在哪儿？指给我看看。"祖母微微一笑，又把我们孩子们带进越来越远的童话世界。我们依偎着坐在她的身旁。使我们感到高兴的不仅是因为我们漫步在童话中仙境般的小道上，而且还因为我们彼此都感到心脏在频频地跳动，都能听到屏住的呼吸声,彼此看到对方眼里闪烁着欢乐的火花。祖母多次给我们讲起关于稻草牛的童话,每次我都是怀着激动的心情,屏声息气地等着她开口:黑压压的森林、辽阔的田野、郁郁葱葱的橡树林、高高的坟墓,……记得,我之所以再想听童话,只是因为能再一次感受到思维的欢乐,再一次听到像黑压压的森林、辽阔的田野、郁郁葱葱的橡树林、高高的坟墓等歌词般的话语。这也是我们每个人所想的。我们走到草地上,坐在绣球花丛下。这时,我们已经不是7个人了,也许增加了1倍以上,我们挨个儿地讲着同样一个童话《稻草牛》。然而我们并不觉得每个人重讲一遍好像是令人厌烦的老调重弹。我们像在倾听美妙的、富有魅力的音乐一样倾听着童话故事。每个人都通过童话表现自己,就像歌手通过歌声表现自己一样。

晚上,我吻了吻祖母,尽量不再跟任何人讲话,也不再想任何其他的事,因为我对祖母这样讲过:我想把稻草牛、奇美的小柳树、金鸡蛋、青蛙公主、善良的波瓦王子以及热心鸟都带入梦乡。我幻想,明天我就能窥见祖母看到童话里的东西的地方。我自己也要学会看到令人惊奇的、神秘的、不寻常的东西。我闭上了眼睛,在我的面前顿时呈现一片黑压压的森林,延伸着辽阔无际的田野。我听到了小溪的潺潺流水声和云雀的欢乐歌声,看到了闪烁的群星和夜间藏入水中神秘深处的白百合花。这些东西像五颜六色的彩虹呈现、闪烁、活跃在儿童的意识即儿童的词语之中。亲爱的朋友、年轻的教育者,如果你希望你的学生成为一个聪明好学、富有想象力的人,如果你想使他的心灵对他人的各种细腻的思想和感情产生敏感性,那么,你就要用美丽的语言、好的思想去培养、唤起、激励和启迪他的智慧;而祖国语言的美及其魅力,首先是通过童话显示出来的。童话是思想的摇篮。要这样安排儿童的教育,通过这种教育,能使他们终生都能保持对童话这个思想摇篮的动人回忆。当儿童们的心灵和智慧相互感染时,祖国语言的美,即它的情感色彩和细微差别就会被他们所领悟,使他们激动,并唤起他们的自尊感;当他们提着乐器,自己创作音乐,看到并感到他们的音乐如何影响他人时,祖国语言中的诗歌就会成为儿童的音乐。我们坐在绣球花丛中,数十次地讲着同一个童话,目的只是为了反复听到"天鹅""茂密的森林""朝霞"等词语。我们觉得这些词语非常优美,却又不可理解。我们不仅想听到这些词语,而且想利用它们创作童话。就像一个歌手想用一支新的歌曲试试自己的歌喉一样,我们迫不及待地等着天明,为的是一遍又一遍地听童话。

有一天黎明,我和孩子们坐在池塘边,被那初升的朝霞吸引住了。我就给孩子们讲关于魔术家在空中播种玫瑰色罂粟花的童话。这是一个关于罂粟花的童话。它激起了孩子们的思绪。就在这池塘边,在这个美妙的拂晓,我听到了10个关于太阳和月亮、天空和云雀的新童话。胆子最小的孩子开始讲话了;学习最困难的孩子思想也活跃起来了。这使我再次相信:童话是思维的乐趣;而且儿童在创作童话时,也就在培养自己的创作思维能力,从而培养起自己的自尊感。

七、儿童集体中的欢乐和善感、力量和良心

苏联著名诗人巴·安托科尔斯基写道:要培养和教育孩子们,要使他们感到欢乐,而不要使他们感到恐惧。要使他们看到欣欣向荣、绚丽多彩的世界的清晰全景,而不用从抽象的概念中得出的死板公式和臆断的规则构成的栅墙把他们同这个世界隔开。怀着欢乐愉快的情感认识世界是儿童个人精神生活的最突出的特征。周围事物和现象(颜色、声音、气味、状态、运动等)的协调一致也是一种美,这种美就是欢乐和丰富的精神生活取之不尽的源泉。如果儿童领会不到这一点,那么,儿童世界就会黯淡无光、令人生厌。教育者如果不能乐观愉快地认识世界,如果对生活和人与人之间的相互关系缺乏快感,那么就不可能认识儿童,就像在非常美好的世界里闭上眼睛看不到儿童一样。

即使在最艰难的环境中,儿童也没有失去认识生活以及感知世界的乐趣。在骇人听闻的法西斯暴行史上,载有特别令人难以忍受和可怕的一页——位于捷克斯洛伐克(今捷克)特雷津的死亡集中营的大屠杀。希特勒法西斯分子从欧洲各国运来了15000名儿童,把他们全部弄死:有的被绞死,有的被枪杀,有的被放进汽车里窒

息而死，有的被扔进火葬炉活活烧死，有的被狼狗咬死。当苏联军队解放这个最阴森可怕的法西斯集中营时，他们没有发现一个活着的儿童。但是，这些不幸的儿童却留下了许多不会说话的证据——图画。在这些图画里画着许多极其可怕的情景：绞杀、枪杀、许多活生生的头颅和一双双睁得大大的、悲惨的眼睛。而且多数图画是画蝴蝶的——各式各样的蝴蝶，色调清晰鲜明。死亡是可怕的，但它扼杀不了儿童们认识世界的欢乐，制止不了他们对欢乐的坚定不移的追求。如果儿童感受不到欢乐，缺少对欢乐的希望、信心和认识，那么他就不能活下去。儿童的欢乐在个人和集体的日常生活中有多么强大的力量呵！

这里所讲的儿童欢乐，不是指儿童想什么就可得到什么的一切愿望都能满足时所感受到的那种欢乐。这不是欢乐，是满足感。如果经常支持这种满足感、使儿童可以得到各种满足的话，那么，这种儿童就会成为一个对真正的欢乐源泉漠不关心的人。为了不使儿童失去生活的乐趣，不摧残他们认识世界的乐观主义情绪，教师应该善于抑制儿童的愿望，更准确地说，应该教会儿童爱护自己的愿望。儿童精神生活中这一非常微妙的特征具有特别重要的意义，因为它是儿童正确地加入集体生活的前提。只有善于爱护自己愿望的儿童，才能充分感受到与同学们交往的欢乐，才能在人们——自己的老师和同学们身上发现越来越多的精神财富和高贵品质。

这里讲的是在生活中，在我们出自人道、热忱、爱护、关怀生物和美好东西等行为中焕发出来的那种欢乐；这里所讲的是儿童对那些没有人的亲切关怀和细心照料就不能生存的一切生物的爱，即对一切无力自卫的弱小生物的爱。列·列昂诺夫写道："如果下面一段话能成为我们儿童的金科玉律的话，那么，许多东西看起来就会是另一个样：'即使我是一个小孩，然而仍然是个非常强大而有用的人，因为世界上有许多生物比我还小、还弱，因此，我可以为它们做点好事，尽管这点好事被它们忽视，未被它们发现，也未使它们激动。'如果一个人没有这种对周围世界中幼小生物起码的友爱感，他就永远不能成为一名为解放被奴役的人民而斗争的战士。"[1]

---

[1] 参见苏联《文学报》，1965年3月30日。

我们要在每个学生身上和集体中树立的欢乐感是由忧虑和关切所引起的一种喜悦。我姑且把这种喜悦比作是一个孩子在摘下一朵带着露珠的玫瑰花,连露珠也未抖掉就送给母亲时所感受到的那种欢乐。如果一个儿童不怀着激动和焦急的心情去细心照料更娇小柔弱的生物,那么他是体验不到这种欢乐的。让儿童去观察和感触自己周围许许多多娇小柔弱的生物,这何等重要啊!当我们把儿童看作是如此娇小柔弱的生灵时,恰恰要使他们感到自己是一个巨人,而世界上无数娇小柔弱的生物却在期待他的保护。这种感受对培养儿童的能力、勇敢精神、纯洁的心灵、对邪恶毫不妥协和毫不留情等品质是何等重要!当儿童初次接触周围世界时,他的智慧和感情应该是温柔而亲切的,这是我们教师的一条最重要的金科玉律。善良,还是善良,是一些极其纤细而富有生命力的幼根,它滋养着儿童的欢乐树,即细心对待生物和一切美好的东西的欢乐树。善良能使一个人对父母、教师和同志的话产生敏感,能使儿童成为一个可以教育、能接受集体教育影响的人。麻木不仁、冷酷无情、残忍粗暴会把儿童培养成一个如民间谚语所说的"愚昧顽劣"的人。

我们要把儿童培养成一个如民间谚语所说的"连苍蝇也不欺侮"的人。这并不是如《福音》所教的勿抗恶的慈善,而是产生纯洁道德、精神力量、勇敢、对邪恶毫不妥协和深恶痛绝的根源。只有非常善良的人才会真正地憎恨邪恶并与之做斗争。

我有一套记录犯罪行为的卡片,上面记载着犯罪少年(从儿童早期开始)的履历,从中可以看出少年所犯的罪行是残酷的。几乎所有的案件都说明,在童年时代残杀生物是少年犯罪的主要根源。

我有一张卡片记载着13岁男孩Л的履历和心理鉴定。母亲上班时,吩咐他做一件乍看起来并无害处的"工作":打房间里的苍蝇。母亲给他一个苍蝇拍,并教他如何打。这个6岁的儿童每天都打苍蝇。儿子有时高兴地告诉母亲:"今天家里一只苍蝇也没有。"有时候,苍蝇"变得狡猾起来",正像男孩对母亲所说的:怎么也"打不到"它。有一次,母亲刚到家,就发现儿子坐在窗台旁,聚精会神、高兴得两眼发红地看着两只被扯掉翅膀的苍蝇在爬行。原来他在惩罚它们,因为它们好长时间躲开了他的苍蝇拍。母亲满意地对儿子说:"好样的!"还买了糖果奖励他(她确实非常讨厌苍蝇）。

从此时起，这孩子捕捉苍蝇已具有另一种性质：他捉住苍蝇，扯掉翅膀，并观察它能爬多久。后来，他学会了用小刀斩断翅膀，苍蝇"像小花蜂一样嗡嗡直叫"。他很喜欢这样做。每当春天来临，他就开始捕捉苍蝇。

到12岁时，他在屋檐下捉到一只麻雀，起初是斩断麻雀的一只翅膀，后来又斩断它的另一翅膀。母亲甚至还不知道这件事，当邻居告诉她时，她却不以为然。在学校集体中这个孩子正是一个"愚昧顽劣"的学生。几个一年级学生看到Л在捕捉蝴蝶，把捕住的蝴蝶躯体刺穿，插进一根麦草，然后望着蝴蝶拖着"降落伞"在空中飞舞，以此取乐。孩子们把这件事告诉了老师，但老师对这种残酷行为却无动于衷（后来，Л成了罪犯，教师回想起这件事时，说这是小孩的顽皮举动）。

13岁的Л读完六年级时，犯下了可怕的罪行。在一个炎热的夏天，他带着亲戚的一个6岁的儿子去游泳。就在游泳时，他把小孩推到水中淹死了。这桩罪行使母亲和教师大为吃惊。只是在发生这一惨事之后，我们才开始回忆和分析：犯罪的根源何在？是什么原因导致他犯罪的呢？我们马上就想起苍蝇的事来。邻居们不止一次地对他母亲说：拿有生命的东西做这样的"游戏"是不会有好结果的。母亲只是笑笑。学校的老师也只是笑笑，因为苍蝇是寄生虫，应该把它们消灭掉。

"连苍蝇也不要欺侮"这句民间谚语说得有多好呵！儿童应该总是怀着一颗善良的心对待一切有生命的东西。只有善心才能使儿童和儿童集体发现生活中和相互关系中的欢乐。对儿童善心的培养要求教师非常注意分寸和富有同情感。有一次，学前儿童班在教室里上课，发生了这样的事。

小科利亚注视着窗台，那儿停着一只苍蝇。

"看，看，苍蝇在做什么？"科利亚低声地说，并把教师叫到窗前。

"它这是在干什么？"教师问道。

"它抬起了爪子，好像是在用爪子擦洗翅膀……"

"它是在洗脸。"教师说。

"是真的吗？"所有的孩子都走到窗前，他们屏住呼吸，不让苍蝇受惊。

突然有人敲门。进来一个穿灰色工作服的男人说道："我来看看有没有苍蝇。如果有苍蝇，就要把它毒死。好像没有……"

孩子们睁大眼睛，一会儿看看教师，一会儿看看穿灰色工作服的人。而苍蝇却自由自在地坐在窗台上洗脸……

"难道这只洗脸的苍蝇也要毒死吗？"科利亚低声问道。

"不，孩子们，"教师有把握地说，"要毒死的绝不是那些在洗脸的苍蝇。还有一些非常凶狠而又非常脏的苍蝇，它们从来就不洗脸。叔叔来看这里有没有那样的苍蝇，可是我们这里没有。"

教师打开窗户，苍蝇大概已洗完脸，向丁香花丛飞去了。

穿灰色工作服的男人笑了笑。孩子们在沉思。科利亚是个最好发问的男孩，他问道："苍蝇飞到花园里去了吗？"

"是的，飞到那些经常洗脸的苍蝇那儿去了。"

有人认为，我们在培养儿童的善心——多情善感、热忱和强烈的感受性时，会使儿童丧失斗争精神，会使他成为一个无力自卫的人。须知，善于克制自己的怜悯心是必要的。难道捕杀生物的游戏就是儿童所必须经历的"道德锻炼"吗？把勇敢和对邪恶的不妥协精神同善感、欢乐和对一切有生命的东西抱亲切、温柔的态度对立起来，这是一个令人痛心的错误。一个残忍和冷酷的人既不可能成为勇敢、坚强、无畏、正直的人，也不可能成为疾恶如仇的人。"强者总是心地善良的。"高尔基的这句名言是教师在复杂、微妙的环境中培养学生的指南。儿童精神生活中的欢乐应该同尊重他人的生活和爱好交融在一起。但愿苍蝇在孩子们看来总是嗡嗡叫的苍蝇，而老鼠总是钻在洞里的老鼠……。儿童的生活不应始于伤害生物，而应始于保护有生命的东西。儿童成人后就会懂得：不能爱一切东西，如何对待有生命的东西取决于它们是有害还是有益。一个人在童年时代就应该接受爱、善心、热忱等品德的教育。培养善心，像识字一样需要有人教导，生活本身即环境是进行这种教学的课堂。一个人的善心是由人培养起来的，人也可以培养自己的善心。每当一个新人诞生时，就要培养他的善心。

欢乐和善心是一种使集体得以树立宽宏大量的集体关系的精神，是集体的道德力量、道德美和道德尊严的丰富源泉。哪里的集体宽宏大量，心地慷慨、温情、敏感，哪里的集体活动首先表现为对弱小而无力自卫的生物的温情关怀，哪里的个人也就会感到自己是花环上的一朵独特的花，而不只是它上面的一根枝条。教师的任务是要在集体成员间、个人和周围世界之间培养这种关系，并使之成为培养善心和宽宏大量的课堂。这就是全部的生活乐趣。在这些课堂上使用的主要教材就是生活本身。下面是几节培养善心和宽宏大量的课。

第 一 课

一个名叫佩佳的孩子在我们班学习。他有一只取名为索姆的狗。佩佳已学习两年多了，忠实的索姆每天都和他一起上学，嘴里还衔着放有佩佳鞋子的小口袋。

寒假前，父母要佩佳跟着到很远的萨哈林岛去，但得把索姆留在家里。无论佩佳怎么请求，父母始终没有允许他把狗带去。

"你们听我说，同学们，"佩佳临行前说，"我把放鞋的口袋留下，让索姆待在你那儿，科利亚。"

我们把索姆的小窝从佩佳父母的院子里搬到了科利亚的院子里，还在学校旁边搭了一个小窝棚，以防天气不好。索姆变得很忧郁。每天早晨上学时，科利亚把放佩佳鞋子的小口袋交给索姆，于是它就高兴起来，很亲热，摇着尾巴，心想，马上就可以见到朋友佩佳了。到了学校门旁，科利亚从它嘴里取下小口袋，而它却央求地看着男孩，好像在问："佩佳到底在哪里？"

小狗在学校大门底下一直坐到下课。课间休息时，每个孩子都设法和索姆亲热，因为大家都感到它很孤独。回家时，科利亚又把放佩佳鞋子的小口袋交给小狗，小狗再次央求地望着：佩佳到底在哪里？学校里所有的人此时此刻都有强烈的感受，许多和科利亚根本不同路的孩子也陪小狗一起走着……

"我们为什么要骗它呢？"有一天斯捷潘问，"科利亚，把这只小口袋放在家里，……嗯，藏起来，……让索姆知道真相。"

我们去问老师,看他有什么主意?

"不,孩子们,"老师说,"让它以为是真的吧。这样它可以好受一些。"沉默了一会,他又补充说:"你们也要学着这样生活。"

第 二 课

"下一堂课,我们要朗读关于小女孩娅琳卡的故事。"教师说。

孩子们早就把朗读课本上的所有故事读过几遍了。他们已经知道娅琳卡这个故事讲的是一个小女孩的爸爸得了重病而死去的事。

就在朗读课前的课间休息时,阿廖娜和加利亚在走廊里,走到教师跟前,低声地恳求说:"我们不要朗读娅琳卡的故事吧。"

"为什么?"

"奥克桑卡的父亲住院了。现在他病得很重,呵,重极了!……奥克桑卡昨天哭了,而我们怎么能朗读这样的故事?"

"好,孩子们,好吧,不朗读了。"教师松了一口气说。

因为他昨天夜里想过:当孩子们朗读这篇描述不幸遭遇的故事时,会不会感到他们在引起奥克桑卡的痛苦呢?他之所以说要在下堂课朗读这篇故事,就是为了使孩子们有领会、感受和体验的时间。所以,当阿廖娜和加利亚向他提出请求时,他高兴得心都激烈地跳动起来……

第 三 课

一个炎热的6月天,我和三年级学生到森林里去玩了一整天。

我们在森林里玩得很愉快。孩子们做游戏,读有趣的书,听童话而且还编童话。午餐吃的是用腌猪油煮的粥。孩子们中谁也没有吃过比这更好吃的东西了。

下午，乌云密布，雷声隆隆。在森林里，到哪儿去躲雨呢？当然，只能在大树下躲雨。孩子们三三两两地往森林深处跑，纷纷钻到枝叶茂密的树下。维佳没来得及往森林深处跑，因为突然划过一道刺眼的闪电，响起了震耳欲聋的雷声，吓得他蹲在橡树下紧闭双眼，差点儿大哭起来。他正张开嘴准备呼救时，突然发现自己的同班同学瓦利娅也躲在这棵橡树下。小女孩吓得直哆嗦，一见维佳，她便高兴地说："是你，维佳！呵，这下可好了，我不是孤单一人了！现在，我不怕了。"

维佳松了一口气，向四周看了看。森林被一缕缕灰色的蛛丝紧紧缠住：大雨倾盆，闪电四射，顷刻间一道蓝光照亮了树枝和灌木丛。雷声隆隆，森林在呼啸、在呻吟。维佳觉得，除了他和瓦利娅以外，世界上再也没有别人了。

此刻，他觉得心中有样东西使自己勇敢起来，他开始感到害怕是可耻的。当你和一个女孩子在一起，还要对她负责的时候，难道可以害怕吗？

"别怕，瓦利娅！"维佳说道，"我不怕打雷，也不怕闪电。"

雨不停地下着。硕大的雨点开始透过密密的阔叶幕帐掉到维佳和瓦利娅身上。男孩脱下自己的上衣，披在女孩的肩上。

也许读者会说：这有什么，所有这一切都是偶然发生的。如果没有大雷雨，男孩子也就不能表现出自己的慷慨和侠义精神。要是这样推理的话，那么整个生活、集体中的各种相互关系都是出于偶然事情而形成的。但是，如果教育者关注的是如何使集体生活内容更加丰富、精神生活更为充实，更有价值，那么在集体中就会"经常发生"一件件如此意外的事情。正是由于这些事情是出人意料的，是"偶然发生的"，所以才出现精神上紧张的情感状态和情景。要使儿童感受到对人行善的欢乐，这是教育艺术中最奥妙的特点之一。我认为自己的神圣职责就是关心如何使每个儿童在自己的童年时代就能经历像维佳、阿廖娜和加利亚所经历过的那样的情景。这是对幼小心灵的一种非常细致的磨炼，也是对每个儿童必须个别进行的一种工作；每个儿童对自己的力量、勇敢和高尚情操应该有所体验，并且高兴地想到他是一个强者，是一个宽宏大量的人。要使每个儿童都能体验到因保护了比自己弱小的人而产生的最初的自豪感。儿童的欢乐首先应该表现为这种自豪感。凡是在童年时代有过这种感受的人，对自己的精神世界就会更加敏感，就会用他人的眼光审视自己，就会承受良心的责备。由高尚情操激起的自豪感通过集体影响能使儿童成为一个易受教育的人。一个多次经受自豪感的儿童总是想，而且渴望他人对他产生好感，认为他是一个好孩子。

第 四 课

一年级有个男孩叫根纳季，他的父母要求教师和同学们都叫他根卡①，甚至在点名册上也要这样写。根卡是个用功的优秀生。教师无论提什么问题，他都立即举手，做出完满的回答。教师有时给他打个"5"分，有时却不给打分，每逢这种情况，根卡就闷闷不乐。比起班上其他的孩子，根卡的作文写得最好，习题解答得最快。

但是，同学们都不喜欢他，不喜欢的原因是他过分地显示自己的聪明，而其目的又是为了强调：我是最聪明的，谁也不能同我相比。当然，孩子们不能做这样的解释，也不能把这种看法告诉自己的同学，但是，他们都有这样的感觉。孩子们发现，根卡在回答教师的问题后，总要望望全班同学，似乎在说："你们就不能做出这样的回答。"

学年结束了。春天里，全班准备到森林去远足。孩子们都很高兴，因为远足和在森林里宿营会给他们带来多少快乐呵！

孩子们猜想着：远足要带些什么东西、怎么做饭、如何宿营等等。教师做出这样的决定：两人合带一条被子，一个瓷盆，一壶水。孩子们很快就纷纷结成了对子。谁也不愿同根卡合带一条被子、共用一个盆子。剩下小佩特里克还没有配成对，怎么办呢？看来他只有同根卡在一起了。也不行——佩特里克在哭，他

---

① 根卡是根纳季的爱称。——译者

不愿同根卡在一起。

根卡也哭起来了。他走到教师跟前说:"我没有讲过谁的坏话,为什么他们都不喜欢我?"

教师回答说:"迫使自己讲话很难,迫使自己沉默更难,迫使自己思考还要难。但是,最难的还是迫使自己去理解人。你不会理解人,也不会爱人……"

"我究竟该怎样迫使自己去理解人呢?"男孩问。

"应该换一种眼光去看人。当你感到自己比他人聪明时,总是高兴,应该因没有人比你更聪明而感到忧伤。因为一个自认'最最'的人,最终要成为一个孤独者。"

"谢谢你的教导。"根卡说,"那我是否需要和同学们一起到森林里去?"

"去吧。带上自己的被子、自己的盆子,开始自己的新生活。要看到大家,要学会理解人。这是最困难的。"

这是迫使儿童去思考产生利己主义根源的一堂课。一个儿童如果没有真正的善心,对共同的困难没有深刻的感受,那么就会产生利己主义。不能善意地对待同学的人,好的集体就会使他失去交往的欢乐,失去真挚、热诚地与他人相处的欢乐。一个真正的教育者不会把"我们应该怎样惩罚根卡的利己主义"这样的问题提交集体讨论,而是要创造这样的一些环境,使集体利用这种环境来严厉谴责利己主义和犯有利己主义错误的学生。最严厉的惩罚莫过于集体的责备和失去集体交往的欢乐。但是,这种力量只能为精神生活充分体现出以善良为乐的集体所拥有。哪里没有善心的欢乐,哪里的儿童不把他人的关怀和焦急放在心上,哪里就会蔓延滋长儿童的利己主义。

第 五 课

两个四年级的学生——米佳和萨沙都在埋头做作业,因为今天班上正在进行一次极为重要的算术测验。教师说:"这个书面作业是要送到区里去的。"

米佳是班上数学学得最好的学生,他已经演算完毕,正在誉清。

让萨沙和米佳坐在一起，是为了使萨沙能得到提高。因为萨沙是个成绩不好、头脑迟钝的学生。但是，他是个自尊心很强的孩子，从来不抄袭，也不偷看。此时，米佳把草稿摊到萨沙的面前，心想：瞧，这就是习题的解答，如果你想看的话，只要眼睛一瞥，一切就都明白了。可是，萨沙皱紧眉头，眼睛盯着自己的试卷，根本不想偷看米佳的解答。

米佳觉得萨沙很可怜，但一种不祥之兆紧紧地压着米佳的心。他估计又会像以往每次测验后的情况一样：米佳得"5"分，而萨沙得"3"分。也许，教师连什么分也不给，只是说："还不应该得到分数，再努一把力吧。"米佳将会很不好意思地看着萨沙的眼睛，而萨沙将会在近两周的时间内沉思不语。如果米佳对他说："我们一起去散步、游泳吧。"那萨沙准会这样回答："没有时间，要帮助母亲做事。"

米佳深深地叹了一口气，故意在自己的试卷中出个大错。他漏做了一道题，他想让自己像萨沙一样，在这次最重要的测验中得个"3"分。这时季米特里①感到满心高兴，他不再难过了。

第二天课后，男孩子们都游泳去了。

读者对这堂表现孩子们善心的课可能会提出各种各样和完全相反的看法。我知道有人会说：作者过分迁就孩子们的幼稚想法，……他不讲学习的顽强精神，却把注意力集中在如何同情学习差的学生的问题上。谁需要这样做呢？对于这类意见，我的回答是：这绝不是过分的迁就，而是教育过程中尖锐的、重要而又难以解决的问题。学生不是掌握知识的机械装置，而是活的人。高尚的道德比算术考"5"分要珍贵得多。真正的教育者为自己有像米佳、萨沙这样的学生而感到幸福。这堂课促使人们去思考在学校里经常遇到的诸如抄袭、暗示和夹带等不良现象。任何专门的措施都不能防止和制止这种不良现象；越是严厉地制止和惩罚，就越会使它蔓延滋长。学生想要独立地、靠自己的力量去完成作业的这种愿

---

① 季米特里是米佳的姓。——译者

望是一种复杂的情感,教师要引导受教育者走"认识就是欢乐、完成义务令人自豪"这条道路,并树立起这种情感。

必须强调的是:只有当儿童把自己的心灵献给他人时,他才能掌握集体主义的基本知识。学校里不应有靠他人牵着走的单纯受教育的学生。学生无论年龄多么幼小,都应该支持他人、关怀他人,和他人同甘共苦。

如果教师不能使儿童树立起人起码的共同感受,那么,前面所讲的社会化也就完全不可思议。孩子们都在上学,但他们在共同感受方面发展水平是不相同的。学生集体应该是一支为每个成员统一定弦的乐队。要做到这一点,在集体这个乐队中,共同感受的旋律应该特别鲜明。一个儿童的情感会影响另一个儿童的情感,集体的情感是在集体对人的态度上建立和发展起来的。这种情感能吸引并充实所有的儿童,因为它要求开展积极的集体活动,而儿童就其天性来说是不会逃避具有高尚意义的活动的,他们需要的只是如何巧妙地使集体受到鼓舞。

集体中的言和行、思想和劳动、"言语教育"和积极活动等相互关系的实质在于培养儿童的共同感受、塑造良心和形成自我教育的能力。共同感受是使儿童产生高尚行为的最有力的动因之一。教育者的任务就是使儿童在心灵中产生和焕发共同感受,并使他们致力于发掘自己的高尚精神。

培养儿童精神上的共同感受的能力,是家庭的一项极其细致而又十分困难的任务。善于设身处地为他人着想是每个明智的父母从自己孩子开始懂事时起就应教他做的事。我认为,共同感受的情感状态是良心的最敏感、最严厉的捍卫者。在与家长共同进行教育工作的过程中,我们力求使学生从童年早期起直到初恋情感产生之前都能怜悯和同情一切有生命的东西。未来公民、劳动者和有家室的人的人性美及其修养的高低取决于他如何对待一朵花和一只蝴蝶、一只无家可归的小狗和从鸟巢里掉下来的小麻雀、一只一贯住在学校里而"走失"了的狗和被人丢在街头的小猫。

伟大的俄罗斯歌唱家费·伊·夏里亚宾曾说:"我们大家都在琐碎的小事中经受教育。世界上的天才人物传授给我们的一切甚至都不能牢固地印在我们的头脑中,而生活中的琐碎小事却像落在天鹅

绒里的灰尘一样会渗入我们的心灵,有时使我们的心灵遭受毒害,而有时又会使它变得高尚起来。"⁹

一些骤然看来几乎是平淡无奇的琐碎小事却在陶冶着人的道德品质,从广义上说,也就是在形成我们所讲的人道主义品德。有一次孩子们跑到我的跟前,眼泪汪汪地说,有人把一只猫扔到村头的深井里去了。猫在咪咪惨叫;……怎么办呢?当我们跑到井边时,一些好心的人已在那里打捞了。两个年轻的拖拉机手把备好的绳子,放下井去救猫。过了几分钟,拼命抓住烂木块的猫神奇地得救了。这件"琐碎小事"深深地印在我的学生的心坎上,使他们终生难忘。孩子们像谈论英雄一样谈论那两个救猫的拖拉机手。在这件"琐碎小事"的影响下,我的不少学生心情变得更温柔,精神上变得更敏感。

多年的经验使我有权确信:同情一切有生命的东西是道德修养的一个重要因素,也是通向名为良心的顶峰的一条小道。凡是没有走过这条小道的人,仍旧是一个不明事理的人。伟大的俄罗斯作家、教育家列夫·托尔斯泰在和教师谈话时,教导说:"要怜悯那些不幸的人——不只是人,还有牲畜和动物,不要折磨他们,而要帮助他们。"①

良心、荣誉、尊严、尊重自己和他人人格的能力,所有这一切都是从小养成的。在我们的校园门口,长着一棵幼嫩的小枞树,这在我们那里是一种稀有植物。在它前面几十步远的地方,有一个非常小的玻璃暖房,里边经常开着菊花,无论是在寒冬腊月,还是在泥泞的秋天。路边那棵幼嫩的枞树和开着菊花的玻璃暖房就如挂在我们教师身上的温度计,用它可以量出我们的道德教育,首先是集体精神健康的状况。建议所有的校长和教师都挂上这样的"温度计"。如果你们突然发现枞树的树枝被折断,或者暖房的玻璃被打碎,那就表明,集体的精神有点不健康了,这就意味着要考虑如何培养学生的道德力量和他们的温情。

当孩子把小手伸到室内的花朵上,并折断花枝时,做父母的就

---

① 列夫·托尔斯泰.教师的主要任务是什么?[M]//托尔斯泰全集:第14卷.瑟京出版社,1913.

该对孩子说:"要知道,这样做我们的花会感到痛的。如果有人把你的手指折断了,你不感到痛吗?这也就是花会感到痛的原因。"我们这样教学生家长,也这样教导学生。我们努力使每个男女学生不仅成为坚强、勇敢的人,而且还要成为温情、亲切、富有同情心和温柔的人。一个孩子越坚强,越富有成人的性格,使他成为一个细腻、善良和温柔的人就越发重要。这是培养集体的一条十分重要的规律。只有出于善良之心而日益增强起来的精神力量,才能使人产生那种创造美的高尚情操。每个儿童都有喜爱的要付出一些心血的工作。只有在这种情况下,他才会保护和喜欢有生命的东西,只有通过这种工作,他才能形成精神共鸣的能力。

热爱有生命的东西,造就有生命但柔弱的东西,能给予儿童莫大的幸福,因为他能把自己认为是无限珍贵而又十分亲切的东西留在自己的心灵中。这东西开始是花和小鸟,后来是人,最后是见解和思想。珍惜有生命的、美好的、唯一正确的东西的能力,犹如一根粗壮树木的幼根,我们把它称为思想基础。

要使每个学生在童年到少年时代就有自己亲爱的人,是集体主义的一块奠基石,是个人能否接受集体教育的一个先决条件。如果不能珍视人,也就谈不上个人和集体的思想生活。我总努力使孩子们在待人处事时显得自己是个温柔、亲切和富有同情心的人,使他们之中不出现冷漠无情的人。

奥利亚已经有两天没来上课了,我对孩子们说:"她只有一个人,因为胸口痛在家躺着。你们每个人都设想一下一个人独住没有同学去探望时的情景吧。"孩子们都想使奥利亚得到一些快乐。课后,我们一起去看她,并带着一本画册,画册中有每个人画的画,而所有这些画都是一个题材,那就是:"当你,奥利亚,在生病的时候,我们做了些什么。"

一个孩子的爱抚、亲切、温柔等情感表现得越深刻,他对和自己在一起生活和工作的人就越敏感,集体中的关系就越融洽。一个经常去探望生病的同学,给病人带来快乐,因而自己也感到莫大快慰的孩子,当自己看到一个课桌空着时,一定会不安起来,心想:为什么我的同学今天没有来上课?因为他的良心不允许他对一个空课桌漠不关心。如果一个孩子为同学的命运难受得流泪,那他的良心也就能得到磨炼。

要教育孩子们关心自己的同学家里所发生的一切——痛苦和欢乐。对待儿童的伤心事要特别注意分寸。

这事发生在一年级。孩子们在做书面作业，独立解答习题。班上一片寂静……

"季米特里克的爸爸关在牢里。"教室里突然传出这样一句话。

教师站了起来。原来这话是季米特里克的同桌佩特里克讲的。

"他爸爸在牢里已经蹲了3个月了。"佩特里克继续说着。由于意外，教师还来不及考虑是怎么回事。

他看到季米特里克的脸色发白，手中的钢笔也掉了下来，并以央求的目光望着教师。

此时，所有的孩子也都望着教师。有的甚至被这意外的新闻惊得目瞪口呆，有的却在交头接耳。

"没有什么好奇怪的。"教师说。教室里更加寂静。"季米特里克的爸爸是个玻璃工。他还为我们学校安过玻璃窗，记得吗？监狱里有许多玻璃破了，因为每逢暴风雨，玻璃就受损。季米特里克的爸爸是被派到监狱里安玻璃窗的。这个工作并不是很快就能做好的……"

季米特里克的眼里闪着感激的火花。过了许多年，季米特里克成了家，当他送第一个儿子上学时，还对教师说："我，永远忘不了那一天。……当时我就像掉进河里一样，快要淹死了，而您把我托了起来，救了我，把我背上了岸，让我坐在柔软的草地上……"

要教导孩子们关心同学们家里的喜事。善于分享欢乐，是培养良心最重要的积极因素之一。几乎在每个学生的家里都有生小弟弟或小妹妹的大喜事。我认为教育的目的，就是要使儿童把一个新生命的诞生看成是人类最大的幸福。我们集体给母亲准备礼物，为婴儿做玩具。

我们所关注的是儿童们将成为怎样的儿女。家庭是一个人应该学习做好事的起源之地。家庭每日、每时都在和学校集体的精神生活相接触，学校不能没有家庭的配合；学校里集体主义的道德文明在许多方面，就是开在家庭里的许多花朵的果实。

我们所关注的是，如何使儿童们成为富有同情心、待人诚恳的儿女；如何使他们把亲生母亲当作世上最亲爱的人；如何使他看到自己母亲精神美的愿望成为儿女们的最大关怀。真正的教养表现为孩子总是想和母亲在一起，总想帮助母亲，并愿意替母亲分忧。从儿童跨进校门时起，我们就关心如何使他把自己的精力尽可能多地献给母亲、父亲、祖母、祖父。我们重要的教育任务是，使儿童的早期劳动充满着对母亲的关怀。儿童栽一棵果树献给母亲、把第一批果实送给母亲的同时，也就是学习着对人生最神圣、最宝贵的东西表示自己的忠诚。对母亲的爱、对母亲的忠诚，即温柔和严格的爱、诚挚和忧虑的爱，是集体主义的第一所学校。如果从这所学校出来的人是个文盲，那么，他在未来的公民精神的高等学校里就不可能忠于祖国的利益。

我分析研究了一所学校五年级少先队的活动情况。我把少先队员一年内所做的事都记了下来。他们做的事真不少，如举行优秀教室竞赛、收集废金属、看管校园（优秀教学试验田竞赛），游览家乡并进行调查研究、开展铁木儿小组活动（区的优秀小组竞赛）、准备业余艺术创作观摩（也是参加竞赛）、为庆祝某个纪念日制作画册，等等。然而，当有人问到辅导员为什么要做这些事时，她回答说："为了什么？我们同其他队开展竞赛呗。"这一回答引起了我的沉思。许多少先队大队里的队员们所从事的一切活动几乎都是为了争得第一名，争得第一名就万事大吉，哪里还有活的共产主义教育的灵魂——不为第一、不为奖状、不为奖励，而为人民谋求福利和幸福的劳动？例如，在一个大队里，少先队员们竟没有为减轻母亲的劳动做过任何事。这样的教育会毁坏青少年的心灵。不要指望一个在童年只知享乐的人会做出什么好事。决不允许有这样的情况发生：一个中队在开展铁木儿活动方面名列前茅，而其队员们却不帮助自己的祖母做事。比这更糟的事是，在紧张的铁木儿活动后，祖母常常要为孙子洗衣、刷鞋……

我总是力图使母亲、父亲、祖母、祖父成为儿童的最亲爱的人，使对亲人的爱成为一种忘我的和无私的爱。儿童的义务感及其所受的教养如何，要看他是怎样关心自己亲人的最细微的感情变化的，是怎样对待亲人们的精神生活的。教师应该善于细心调拨好儿童的心弦，开阔他们的眼界。我给孩子们读过自己编的《伦理学文选》中专讲母亲的命运、母亲的心灵、母亲的功绩等故事。我感到莫大的快慰是，在我读了关于母亲的故事后，常常听到自己的学生说："哎，我多么想念我的母亲呵！"每逢假日和节日，孩子们都想同母亲和父亲在一起。

我们学校经常专门召开家长座谈会，讨论如何防止孩子们出现利己主义和冷漠个性。这些座谈会是校长进行教育工作的最重要的场合之一。我们经常运用这种方法影响学生家长的思想，使他们振奋地展望未来。下面就是在儿童们入校前一年，我对他们的父母所讲的一段话：

安德列伊卡是家里的独生儿子。他的爸爸妈妈都宠爱他，真是百看不厌。祖父和祖母也宠爱他。

"你是我们家最漂亮的人。"妈妈说。

"你是我们家最聪明的人。"爸爸说。

"你是我们家最幸福的人。"祖母说。

"你是我们家最勇敢的人。"祖父说。

是安德列伊卡上学读书的时候了。于是，妈妈、爸爸、祖母和祖父一起送他到学校去。女教师请孩子们进教室，给他们安排座位。她想让安德列伊卡坐第二张课桌，但是，他哭了起来，这使女教师改变了主意，让他坐在第一张课桌。

第一堂课开始了。教室有四扇窗户。妈妈站在第一扇窗前往里看，看到安德列伊卡坐在第一个座位上，她喜欢极了。爸爸从第二扇窗口往里看，看到安德列伊卡正在举手，他也喜欢极了。祖母从第三扇窗口往里看，看到安德列伊卡在说话，她喜欢极了。祖父从第四扇窗口往里看，看到安德列伊卡在数数，正数到"3"，他也喜欢极了。

安德列伊卡皱着眉头往窗外看，看到这个情景，心里也就明白了：回到家准会因坐在第一张课桌、举了手、开了口、数到"3"而得到许多礼物。

安德列伊卡看看自己的周围，觉得好像整个世界都在围着他转动。他，安德列伊卡觉得自己是只雄鹰，而他周围所有的人都是小甲虫。这些小甲虫只能在地上爬，而他这只雄鹰却能在空中翱翔。

然而，谁也没想到，这只雄鹰会从高空中摔下来，不仅会摔伤自己，而且会给别人带来痛苦。

这是专门用来培养父母智慧即爱孩子的本领而准备的许多故事中的一个。

使集体受到崇高精神鼓舞的最重要活动是经常关心人。帮助人、关心人并不是一件乍看起来很容易的事。要激起孩子们把自己的精力用于为他人创造幸福的愿望。这种关怀是很难以某种劳动定额来衡量的。只有当体力上付出的努力是精神力量的一种表现时，才能使给人以欢乐的愿望变得高尚起来。一个孤苦伶仃的老太太很难去挑水、砍柴，或者为山羊准备过冬的饲料。但是，如果少先队员受铁木儿司令部的委托，来帮助她挑水、砍柴、割草，然后就走了，而且忘记世界上还有这样一个老太太，那么，这个老太太就会感到更不好受。

一个儿童不同他人交往就无法生活，他的良心驱使他把自己的精力献给他人，这就是共同感受。我总是力求做到，使亲身经受苦乐的儿童参加集体的精神生活，使关心他人成为学生们最大的需要。

学生对教师的爱戴和尊敬来源于他们的共同感受和对"他人"即"陌生人"的关怀和同情。要想使你的学生敏锐地、合乎人道地感到你首先是个人，是个有神经而又知疲劳的、会生气而又能操心许多事的人；要想使你的学生把你看成一个富有个性的人，而不是一个只会说"必须""应当"这类话的发号施令者，……你就应教导他们与"别人"、与"志趣不同的"人共享苦乐。我们把人们在精神上的结合称为集体，这种集体能否成为教育的敏感对象，能否成为有教养的人的团体，实际上取决于受教育者如何对待自己的长辈——父亲、母亲和老师。不要忘记在培养集体的工作中有这样一条非常重要的规律：教师对集体所做的教育工作越多，对集体越敏感、越温情、越和善，这个集体就越是能够成为一支坚不可摧的教育力量。

八、行为美的理想观念的培养，自我评价的习惯和自我要求的标准的形成

人的行为道德美是产生个人信念和公民崇高精神的来源之一。我认为，教育者最困难的任务是：使每个学生形成一个坚不可摧的道德核心、树立理想、永远对坏事怀有毫不妥协的旺盛的斗争精神、养成在复杂的生活环境中独立辨别方向的本领。培养个性就是培养坚韧不拔的、不可战胜的道德品质，一个人有了这种道德品质，就能成为对他人产生良好影响的源泉，就能自己教育自己，而且在自我教育的过程中能使自己的道德品质更加巩固。

每个人在少年期和青年早期就应教育他人，为他人的利益和幸福贡献自己的力量。我们有这样一条教育信念：如果一个人不教育任何人，不关心任何人，不保护也不爱护任何人，不往他人的心灵倾注自己的点滴心血，那么，他本人也就不能成为一个有教养的人，而可能成为一个难以教育的人（有多少这样难以教育的人从似乎是非常美满的家庭里来到学校）。

在教育工作的实践中，我们力求使每个高年级学生成为由低年级学生组成的小型集体的教育者。所谓小型集体就是一些小组，如各学科小组、技术小组、农业小组、课余艺术创作小组等，这些小组受共青团员和少先队队长领导。我们学校有 3 个儿童木偶戏集体，领导他们的是一些非常喜欢儿童和艺术的少先队员。

有些共青团员担任低年级"后进生"的教育工作。谈到青年男女学生这方面的精神生活，真可以写出一部引人入胜的书。书中最有价值的内容就是青年男女学生在教育他人的同时，也教育了自己。

个人具有明确目标，而且深信只有照这个目标去做，不偏方向，就能感受到精神饱满、欢乐和满足。我认为所有这一切，都是作为精神统一体的集体得以存在的最必需的前提。为使这些前提成为现实，我们在实践中需要做些什么呢？

要对受教育者的思想和感情施加影响，使他们在童年早期就受

到人的行为道德美的熏陶，让儿童自己去追求道德美。对儿童来说，爱好本来就是人所希望的一种精神状态。儿童道德品质的形成在很大程度上取决于他喜爱的是什么。爱好并非一眼就能看清的那种普通的东西。爱好并不单纯是"想要"或者"喜欢"。没有道德追求的人是没有个性的人，他的行动就没有明确的方向和目的。志向是出于爱好道德美的一种高尚的情感状态。

是什么东西使儿童和少年处于这样一种能产生道德追求的精神振奋的状态呢？是伟大而高尚的榜样，这些榜样使受教育者认识到，道德美不是为了履行崇高的公民义务，要他们放弃个人的幸福，而是为他们获得个人幸福打下基础。具有道德美的人之所以幸福，是因为他能献身于为人民谋求共同福利和幸福的斗争事业。这就是为使儿童渴望成为道德美的人而向他们灌输的思想。激起儿童高尚的道德愿望，就是要使儿童确立关于个人幸福的崇高观念。

道德美的人首先是幸福的人，这就是我在给学生讲人的行为美和英雄们的功绩时所强调的情感和思想。我努力使每个受教育者的心灵都充满着对道德美的追求，这同时也是对幸福的追求。这是对学生的精神世界施加正确影响的决不可少的前提之一，因为只有幸福的人才能成为忠于崇高思想的人，才能坚信他为之生存的东西的伟大。

下面是同低年级学生进行的有关道德美的一次谈话。

我们师向敌人发起进攻已经两个月了。苏联军队日日夜夜向法西斯分子猛烈开火，每个胜利都来之不易。法西斯分子败退时，烧毁了我们的城市和村庄。

有过这样的一些日子。在这些日子里，我们师在突破敌人防线后就迅速向前推进，因此苏军士兵每天要马不停蹄地行军二三十千米。

他们要穿过弥漫的硝烟和隆隆的炮火。走在前面的是铁政委，士兵都是这样称呼我们的师政委。他是一个极其坚强而勇敢的人。关于他有许多传闻轶事，说他是个从来不知疲倦的人。在特别困难的行军途中，为了使疲劳的士兵振作起精神，铁政委就唱起歌来。他走路有点儿瘸，士兵们问道："政委同志，您为什么走路有点儿瘸？"

"还在战争爆发后的第一周就划破了一点皮……"

在一个阴暗的秋天夜晚，全师向西大约挺进了40千米。道路泥泞，士兵们行走十分困难。天已经亮了，但不能停留，为占领大河的渡口必须加速前进。

铁政委疲惫不堪地走在前面。突然他身子一晃，摔倒在地。士兵们都跑到他的跟前。

"他因心脏病发作死了。"医生说。

士兵们小心翼翼地把铁政委的尸体安放在一个炮架上。

只是在这时士兵们才发现，他们的铁政委的两条腿是假的。这一消息顷刻间就在成千上万的士兵中传开了。

铁政委那颗坚强的心刚刚停止跳动，它的新生命就马上开始了——成千上万颗勇敢的心在跳动。

多年来的经验证明：对于那些引起孩子们惊讶和赞叹的道德美的结论，无须向他们做解释。主要是赞叹本身，因为它能产生道德志向的赞叹。让每个儿童去深思那些令人赞叹的事实，去独立领会它们的意义。尤其不能指责儿童，指责会使儿童特别是少年忽视道德美。只有当他们违背自己的良心时，指责才有教育作用，而教育者的任务就是使学生具有敏感的良心。

在实际工作中我力图使儿童去思考我对他们所讲的东西，因为没有独立的见解，对各种事实和现象做不出道德评价，也就不可能产生赞叹的情感。对道德美的陶醉和追求，是逻辑认识和情感认识的统一。我力求使学生在青年早期就善于思考下述复杂的社会政治和道德问题：个人对社会的义务、人和社会如何忠于思想信念、如何坚定地参加为争取人类幸福的斗争、义务和个人幸福、如何信守诺言、人与人交往中的相互忠诚、对邪恶和伪善的毫不妥协等。

学生对这些问题的思考是一种复杂的精神活动。从教师讲课起这一活动就开始了，并在思考书本内容的过程中继续下去。书是思维乐趣最重要的源泉之一。要使每个少年酷爱那些以艺术形象体现道德规范的书籍，是教育工作的最重要的任务之一，这方面能特别明显地表现出作为集体的教育者教师的修养。是什么东西使学生在少年时期和青年早期感到激动，是什么样的书籍使他们翻来覆去地阅读，他们喜爱什么，追求什么，等等，这都取决于师生双方对重要的伦理哲学问题的思考和探讨的深度如何。我用描述帕夫利克·莫罗佐夫和尼古拉·加斯捷洛、亚历山大·乌里扬诺夫和尼古拉·基巴尔契奇、亚历山大·马特洛索夫和卓娅·科斯莫捷米扬斯卡娅、亚努什·科尔恰克和尤利乌斯·伏契克等英雄人物道德美的故事激励儿童和少年，力求使他们在听完我的故事后，就想捧起一本描写这些英雄人物的书，思考他们的道德美。学生单独阅读书籍的时间可以为集体丰富的思想生活增添精神食粮。应该思虑周全地、十分关切地为每个儿童安排阅读的时间。

如上所说，劳动、创造物质财富、爱护公共财物等活动对培养集体能起很大的作用。只有当儿童为高尚的动机和理想所鼓舞时，劳动才能成为道德教育的手段。如果心灵空虚，劳动就不能使心灵充满高尚的感情。劳动确实能使心灵高尚起来，但是，教师只有在儿童的心灵中播下高尚的"种子"，才能使儿童的心灵高尚起来。为了使儿童产生全面发展的兴趣，就应要求他们不仅有智力生活，而且还要有劳动生活，即学生应该创造物质财富。为了保证学生智力生活和劳动生活的一致，就必须使个人和集体树立起充满崇高精神的思想。

以教师分发测验本为例。在一个班级里，当一个学生拿到打有低分的练习本时（学生可能把"2"分、"3"分，甚至"4"分都看成是低分，这取决于自我要求标准的高低，关于这一点下面再谈），常常感到不好意思，甚至羞得面红耳赤。在另一个班级里，一个学生得了低分后，满不在乎地把练习本一扔，而其他的学生却以钦佩的目光看着他。

为什么会有这样的情况呢？一个少年能大模大样地表现粗鲁行为，甚至厚颜无耻，玩忽职守，目无师长，对姑娘采取放肆、不知分寸、蛮横无理和恬不知耻的态度，而一些同龄人，特别是年幼者，看着这种"大胆的人"，却为他们的"勇敢"所迷惑，自己也开始仿效他们的不文明行为，好像在考验自己，培养自己的意志。令人遗憾的是，为什么会出现这样的少年呢？为什么在一个集体中，学生的头上好像总是笼罩着自己良心的耀眼的亮光，而在另一个集体中，集体和个人的良心之间似乎隔着一堵不透风的墙呢？遗憾的是，为什么有时候在和母亲、祖母、姑娘的关系中表现勤勤恳恳、爱好劳动、腼腆、亲切诚恳等举止时，会遭到同学们蔑视和嘲笑呢？当然，在这种情况下，也就谈不上真正的集体了。

有一个少先队员（七年级的学生）给我写信说："星期天我和妈妈去看电影。我挽着她的手走进俱乐部，和她坐在一起。这引起了一些同学对我的嘲笑；有人在我的日记本的封面上画了一幅卑劣的漫画，还写了几句侮辱性的话……"在有些学校里，学习优秀被同学们看作是想讨好教师，贬低别人；考试时拒绝暗示，或者不给抄袭被认为是利己主义。这些现象使我深感不安。我们怀着惊恐的心情看了一些以学校为题材的电影，电影里重复着这样的情节：由于教师无法用某种东西满足学生的愿望，学生就组织抗议，就像《活到星期一》这部电影里所说的罢课那样。

为什么在城市的大街上，时常可以见到嘴里叼着香烟的少年，以轻蔑的目光瞟着迎面的行人，还以此为荣呢？为什么还有一些少年，在犯罪受到法律制裁后，不仅没受到良心的谴责，相反，还似乎为自己的不道德行为自豪呢？

要弄清这些错综复杂，有时是稀奇古怪的现象，就意味着要了解集体对个人施加影响的各种最灵敏的"机器"，要理解个人和集体在观点、信念和理想上互相依赖的关系，要弄清下述种种条件，有了这些条件，一方面集体可以对个人施加影响，另一方面个人在集体的影响下可以成为有教养的人。这里所说的是集体对个人行为的道德反应，是对"什么是'好'和什么是'坏'"的理解。

令人十分痛心的是，在学校的教育实践中，对由集体为个人品德做出评价的问题普遍存在着一种极其简单的看法：说什么集体都应该对不道德行为做出反应，要对这种行为进行指责，并采取某些"措施"。而这些措施或表现为惩罚，或表现为由罪犯做出"再也不干了"的内容空洞的允诺。无论是做出允诺的人，还是听取允诺的人，谁也不认为这种允诺是郑重其事的。破坏社会公德的人表面上看来似乎很后悔，而内心里却是洋洋自得，因为他成了人们注意的中心，大家都在看着他：有人暗暗地佩服他，而有人则公开地赞扬他，甚至常常把最不道德的行为认为是个性强的表现。

有的教育家认为，对有过错的学生最有效的影响是集体的嘲笑。然而，集体的嘲笑意味着什么呢？能否组织集体嘲笑有过错的学生呢？对不道德行为进行嘲笑的这种精神上的准备，是长期的、艰苦的教育工作的结果。如果在集体中对"好事"和"坏事"没有一个正确的概念，那么，不管在黑板报上还是在讽刺性小报上画出多少幅破坏纪律者的丑态，也不会引起任何嘲笑。教会学生运用嘲笑这个武器是形成道德、伦理、审美观、信念和兴趣的最微妙、最复杂的一桩事情。教师绝不能组织嘲笑，否则他会自食其果。嘲笑是人的精神生活中的情感、审美和道德状态，它同认识世界、善恶观和信念有着紧密的联系。能否正确地嘲笑，是集体和个人道德是否健康的标志。如果一个集体不善于正确地嘲笑，如果它对嘲笑没有精神上的准备，那么，对学生提出嘲笑的要求是毫无意义的，就如同要求学生去爱或者去恨他们根本不理解的东西一样毫无意义。

把嘲笑当作集体对个人施加影响的一种专门手段是不慎重的。其原因是，每个不道德的行为，不论其程度如何，都有其深远的起因和根源，其中往往隐藏着一种不为人们所知道的沉重的精神创伤。在这种情况下，嘲笑会带来新的创伤。一般地说，可以把嘲笑比作药性强、见效快的药品；教育者使用这种药品时，总希望"一下子"就杜绝不道德的行为，以为嘲笑可以"触及痛处"。在教育中应该遵循的规则是：根除一件坏事不应再产生新的坏事。这里首先需要提及的不是对已有的坏事做出反应，而是要防止坏事发生。教育者的本领最终不是为了寻找一种方法去影响那个从练习本上撕下记有"2"分的纸片来做飞机的厚颜无耻的学生，而是要使学校不存在这种厚颜无耻的学生，使学生因受到良心的谴责而羞愧。

成为一个讨人喜欢的人的愿望是儿童的本性。无论是教师、家长还是共青团和少先队的负责人，时刻都不能忘记这一点。这种愿望（如果对它有正确的理解）是学生（特别是在少年期和青年早期）获得高尚情操的取之不尽的源泉。人们在儿童时代就很想在某个方面表现自己的精神实质和内在本质，以引起他人的注意、惊讶和赞叹。当儿童在他对自己的内心精神世界、社会要求、集体利益还不了解，而且还不能使自己的愿望受到理智支配和经验检查时，就已产生上述愿望。儿童总是等不到某个从道德上能说明理由的场合就急着想表现自己——"我是好样的！"儿童以为：如果人们对他感到惊讶，认为他是一个不寻常的人（认为他与众不同），那他就是一个讨人喜欢的和美的人。讨人喜欢和美在儿童的观念中是融合在一起的；儿童还没有经验把真正的美和表面上的好印象区别开来。如果家庭、学校（一般地说是儿童，而后是少年所处的环境）不给儿童灌输关于行为美的正确的和理想的观念，那么，在他们的脑海里就会形成一个曲解的、谬误的观念。而曲解行为美的观念的人（关于这一点我们教育者都应牢记）特别想卖弄一下自己的长处，因为曲解的观念常常产生于内心的精神空虚，哪里充满着这种精神空虚，哪里没有丰富的思想、感情生活，哪里人的积极力量就会被自我卖弄所耗费。

  在形成人的行为美这一理想观念时，不能脱离生活。常常会出现这样的情况：教育者对少年长期施加影响所取得的成果，会被少年认为威信超过教师的教导的行为损坏。比如教师劝告少年说，酗酒是一个人精神极端堕落的表现。酒中"取乐"，借酒"消愁"，是意志薄弱、精神空虚的标志；任何时候都不能指望一个借酒消愁的人能干出一番什么事业来。使青少年树立这种思想信念是很重要的，不过，他们容易受那些认为喝酒不是什么大坏事的人的影响。以青少年学生看推荐影片《活到星期一》为例。影片显然是号召青少年要以历史教师的形象为榜样。这个人确实引起青年们的同情。但是当这位教师心境不佳时，就恳求母亲说："请给我一杯（不是高脚酒杯）伏特加。"母亲给儿子倒了一杯伏特加。于是教师把它一饮而尽。对一个有一定生活经验并善于用理智去分析初次印象的人来说，这样的教育者不仅不能成为学生效法的模范教师，而且简直是一个可怜的人。如果以他为榜样，那么，足足有半数的教师从学校回家后，都得以酒消愁，并且不是偶尔，而是经常。青年学生对母亲倒给儿子的那杯酒特别赞赏。

  在这种情况下，教育者究竟应该怎么办呢？应该揭露这种"美"，要使还没有生活经验和容易接受初次印象的学生相信，这是一种蒙昧无知和缺乏意志力的表现，是人所共知的精神空虚的表现，仅此而已。要使学生认识到这一点是不容易的，但是，非此别无其他正确的办法。将与道德准则相抵触的行为浪漫主义化、英雄主义化是极端危险的。一百多年前查尔斯·狄更斯就曾指出这一点[10],遗憾的是,在我们这个时代,家长和教师却常常看不到这种危险。

培养学生对行为美的正确观念,对集体教育影响的形成具有非常重要的意义。这也是达到以下目的的最有效的途径:使集体成为真正的教育者,使个人成为有教养的人,使对不道德行为的反应问题在集体精神生活中不占首要地位。

为此,在实践中需要做些什么呢?如何在教学方法中体现这一点呢?集体是一支复杂的乐队,乐队中的每个成员都有自己的乐器,各自弹奏。在相互配合得很好的乐队里,任何一种乐器都不应该奏出不和谐的音调。这就是说,每个人都应施展他具有的先天禀赋。只有当每个受教育者所酷爱的东西,能反映出他追求高尚、希望得到他人赞扬的愿望时,才能使他树立起关于行为美的理想观念。解决这个问题的关键在于,为儿童和少年最最喜爱的东西增添一点理想色彩,使自我教育、自我完善的活动贯穿于儿童和少年的精神生活之中。换句话说,只有在一个人喜爱并希望做那种费力劳神的事的情况下,行为美的理想观念才能成为他们志向和生活的准则。我们设法使每个儿童都愿表现自己、显示自己的如下品质:有智慧、有才能、有一定的成绩,有技能、勤奋、爱读书、爱劳动、爱创作、有丰富的智力兴趣,有完美的心灵,富有人道性等。教师喜欢当面推崇和赞扬好的学生,这是对最可鄙最不道德最有损他人尊严的学生提出警告的最好办法。

我们的教育目的是要使儿童和少年的行为受到想成为一个聪明人的愿望所支配,使他们醉心于科学、学习,热爱学校,使学习、阅读、充实知识成为他们的主要爱好和主要兴趣。要使学生表现出自己的求知欲和兴趣、智慧和知识,这是同在教育过程中使学生培养和了解自己的才能、志向有关的最复杂的问题。多年的教育工作经验使我坚信,一个人的志向是否宏大,在很大程度上取决于他在童年,特别是在少年时期的行为如何。如果一个人的行为,能同要成为一个聪明、有教养、有智慧的人的愿望和谐地结合起来,那么,这种愿望也就能驱使他去从事富有创造性的智力工作。一个人的志向不是他外在的某种抽象力量的表现,而是他内心精神力量的表现，是他观察、了解和教育自己的能力的表现。

对科学、知识、教育，特别是对书本的正确态度，是激励学生去顽强地、勤奋地学习的决定性的促进因素。我担任一年级的教学工作，我认为一年级小学生的教育、精神成长和发展有好的前景，首先在于使他们每个人在学习的头两三年就爱书籍，使阅读成为他们的最大爱好，使集体的精神生活，优先建立在思想生活的基础上，建立在他们力争达到而尚未达到的愿望上。我首先通过如下的办法，来培养学生对书籍的兴趣：我向他们开放我自己的藏书室，在这里他们每个人都可以找到一本自己赞赏和喜爱的小书。从对我的书籍的赞赏中，他们就会产生要有自己的藏书室的愿望。儿童埋头读书直到鸡叫头遍；用冰鞋换取一本不常有的书；不经父母同意，跑到邻村，甚至进城购买稀有的书籍等等。让这些事而不是其他违法行为来表现一个儿童的个性吧。让孩子们互相比赛，看谁的私人藏书室里书多。儿童在二、三年级时，就想在夏天到集体农庄去劳动，用挣来的钱为自己的藏书室购置新书。让收藏书籍成为儿童们最主要的愿望和爱好。当儿童刚刚接触人类的文化珍品时，当集体的精神生活刚刚开始时，当儿童不仅以理智而且以心灵极其敏锐地认识世界时，就应培养他们的上述爱好和欲望。

儿童的心灵容纳不下过多的爱好。如果一个儿童爱看电影，如果他一周不看3次电影，每天不坐在电视机前同父母一起观看那些情节离奇、艺术价值不高的电视剧就无法生活的话，那么在他的精神世界里就会产生对自己要求很低、每天只要有一点轻松的娱乐便感到满足的社会消费者的行为准则。要制止这种行为是一件非常复杂而又非常困难的事。教师的使命是要为培养儿童的正当爱好而奋斗，这也就是要使儿童具有人的行为美的理想观念的途径。首先应该培养儿童爱好那些能把整个生活同人道紧密结合起来的书籍，这是儿童高尚的道德行为和丰富的精神生活的核心。只有教师的身教才能激起儿童的这种爱好。儿童应该把教师看作是爱好书籍的活样板。这是使学生举止端正、行为美好的主要动力。

如果一个人在童年时代就因书籍的影响而在生活中表现出行为美，那么，他成年时就不会沾上酗酒的不良嗜好。我们为了使儿童集体养成一种爱书籍、爱文化的传统习惯，经常举办图书节，即朋友们互赠亲笔题词的书。在图书节这天，父亲要给孩子赠书。我们建议赠送那些内容上能反映家庭教育规范这类书籍。班级集体在这一天要向老人、残废者，特别是鳏寡孤独的人赠送儿童丛书。

在一个集体中，如果每个学生都酷爱书籍，就会充满着对精神空虚、思想贫乏、行为庸俗鄙视和不能容忍的气氛。我们还力求使儿童、少年的行为与劳动紧密地结合起来。培养学生行为美的理想观念，就是在劳动中显示他们的个性，发掘他们每个人身上都有的那种迷恋自己心爱工作的源泉。经验使我确信，一个人可以无限地表现其禀赋、能力、才智和爱好，而每个人在这种表现上都有其独特之处。对一个生来身心都健康的人，我们决不能说他无所作为。共产主义教育的智慧和真正的人道在于，发掘每个人身上的创造性劳动的独特的源泉；帮助每个人观察自己，感知自己的这种独特性，帮助他们成为精神上坚强的、不可战胜的自我奋斗的战士。一个不了解自己、无自豪感的人，常常会行为越轨，因为他对什么都不相信。如果教育者只靠自己的命令和要学生服从这种道义上的权力，就想成为学生心灵的主宰，那么，最精心设计的教育体系也会像儿童用纸牌搭成的小房子一样倒塌。我之所以是自己学生的心灵的支配者，是因为我能使他们成为自己良心的主宰。教师动不动就发号施令，这是我们经常思考的一个问题。发号施令这个权力是我们最灵巧的工具之一，使用它时要十分谨慎。只有当学生已经能通过某件事情表现自己，为自己的美和尊严而感到自豪时，教师才能拥有这种权力。教师越是教导自己的学生在劳动和活动中表现自己，他在学生的心目中威信就越高。

教育的智慧、复杂性、令人心烦的困难以及其中的乐趣，在于如何使我们的每个学生在童年，特别是在少年时期就能在喜爱的劳动中找到适合于自己未来的事业，并热爱它使之臻于完善。这是培养有觉悟的公民、有觉悟的劳动者高尚行为的途径。在实际工作中，我们力争使每个学生在童年时就有一项全神贯注的工作，比如培育每个麦穗能长100颗麦粒的小麦，把板结的不毛之地变为高产良田，在小块园地里一年获得两次收成，把饲养员认为一定要死的、没有什么指望的羊羔抱来喂养，在一个夏季里，用一个蜂箱培养出两群完全合格的蜜蜂，收割含有丰富蛋白质的干草，把果树嫁接到小小野果树上，两年后就结果，驾驶专为儿童装配的小拖拉机，制造能活动的机器模型，以及制造各种机具等。

要使每个学生产生自我表现的愿望。为此教师应该对自己的学生的创造力和才智加以引导，使每个儿童、每个少年首先成为自我教育者。这是我要再次强调的。只有在这种情况下，他们才能成为你的学生。

如果你希望你的学生在童年，特别在少年时期就能表现自己，如果你希望一个学生的行为能使其他学生养成良好的行为习惯，那么你就得在学校里创造自我教育的环境，而且要善于保持并使之经常充满着崇高精神。一个学生一旦把某件事情做得十分完美，他就能以自己的这一行为（而这个行为首先表现为如何对待劳动）去鼓舞别人，使其他人产生独特的个性。这是集体生活的一条重要规律。

一个九年级的青年学生之所以能熟练地驾驶真正的、"成人的"拖拉机，是因为他从一年级起，就生活在机器的世界里；他负责教一名六年级学生开拖拉机，他不仅向自己的小同学传授自己操纵拖拉机的技能，而且还为他树立了如何掌握技能的榜样。这个六年级学生还有一位小朋友——二年级的学生，他在学习驾驶装有真正的内燃发动机的小汽车。一个人只有当他表现自己，好像是在以自己的爱好为他人指引道路的时候，才能自我完善。这种爱好越强烈，下述规律在集体的精神生活中就越持久：学生的行为不是受教师的命令和指示支配的，而是由内心的动机及人与人之间的相互关系确定的。在这支复杂的自我教育的乐队中，教师担任着指挥、作曲家、第一小提琴手以及乐队成员演奏技能主要鉴赏者等重要角色。一个学生要表现自己，并使他人受到鼓舞的最初的动机来自教师而且只能来自教师。在这方面集体的行为如何，取决于教师，就像音乐是否动听和乐队的演奏是否协调，取决于作曲家和指挥一样。

如果我们的每个学生的行为，不能反映自豪感和劳动者所固有的自尊感，那么我们就会成为完全无能为力的教育者，我们的语言、我们的教导和劝告也就不能为青少年所接受。只有当学生有了想成为聪明的、有教养的、有智慧的、有本领的创造者的志向时，他才能保持和爱护自己的学习愿望。

儿童和青少年的学习愿望，对教育者来说，往往就像童话里所讲的难以抓住的鸟！它十分独特，但又和集体的精神生活紧密相连。学生的学习愿望是否强烈，取决于学者们称为个人要求标准的高低。以分发批改后的测验本为例。一个笔头作业几乎经常得"5"分的学生这次得了"4"分，他深深感到这是一个失败的分数，而和他同桌的常常得"2"分的一位后进生，这次却得了"3"分，因而很高兴。为什么一个学生对"4"分感到不满意，而另一个学生得了"3"分却感到高兴呢？为什么班上有相当一部分学生为自己的作业得了"3"分或者"4"分，既不感到焦急，也不感到失望和特别高兴呢？因为每个学生对自己的要求标准不同。这是对待自己本人的态度，对自己的力量、条件、能力的评价，亦即自我评价。当然，每个学生都有自己的先天禀赋，但是，个人的能力不是什么命中注定的，不是一下子就形成的，不只是由"天赋"所决定的。教育者的技能正是在于使儿童和少年的能力不断得到发展，使他们对更好更有效地掌握知识的需求不断得到扩大。换句话说，学生对自己的要求标准，应该随着能力的发展而同时得到提高。其提高的趋势越明显，个人能力的发展也就越快。

每个学生的要求标准及其能力的这种有机统一和相互依赖，取决于集体对行为美的理想观念（一般是指对行为的理想观念的理解），取决于每个学生对集体对他所做的评价敏感程度如何。这也决定着儿童，或者少年是怎样看待自己和怎样对待自己的。个人如何对待自己是集体中发扬自觉遵守纪律的最重要的准则之一，因为自觉遵守纪律表现在如何对待自己的态度之中。在集体中，如果每个学生的行为首先表现为热爱劳动和迷恋创造，那么他们得到低分后，就会感到难为情和不安。凡是对知识面宽广、爱好劳动、博学多识、酷爱书籍、创造成绩的学生表示尊敬的集体，其成员个人的要求标准都能不断得到提高。

哪里的学生表现出对科学、知识、劳动和创作的酷爱和钻研精神，哪里乐于进取、要求取胜的行为就会成为个性的特征。而凡是要求上进的学生，就对失败感到痛心。在这种情况下，失败不会使学生对自己的力量丧失信心，相反，会促使他们在意志和智力上更加努力。

在谈到个人对自己的要求标准时，应该牢记：爱好一方面是本人行为的重要表现，另一方面又是本人意志力的重要表现，这两方面总是有机地结合在一起的。

所谓常得"3"分的学生，是一些信奉"听天由命"、学习马虎的学生，是一些意志薄弱而且常常是毫无意志的人。在集体中，这样的学生越多，集体的教育力量也就越弱，教师也就越难找到对某些学生施加个别影响的方法。不想得"4"分或"5"分的"3"分学生之所以缺乏意志，是因为对自己提出的要求标准不高的结果。我们每个教师都能观察到，老得"3"分的学生突然得了"5"分，精神上会感到多么激动和不安。当然，如果在集体中长出了我所讲的行为同酷爱智力劳动、书籍、创作相互统一的树，哪怕是幼芽也好，那么，这个得"3"分的学生还能产生更大的意志力。一个学生渴望得到奖状和奖品，是他意志力旺盛的根源。

善于掌握学生的自我要求标准并使之不断得到提高，是一种教育技能，它使教学同培养集体两者结合起来，使集体的智力生活成为一种可以制约学生对自己的态度，促使他们进行自我教育的巨大力量。为了在这方面真正有所创造，教育者应该遵循一系列的重要原则。

第一，不能让那种认为某某学生什么都行，而某某学生什么都不行的偏见在集体中占统治地位。对使集体中存在自甘"落后"的人的现象要畏之如火。集体中的每个成员确实应该有某一方面的爱好，在这方面表现出自己的才能，并不断发挥这种才能，从而取得一定的成就，并且成为第一，成为其他人的榜样。认为自己什么都不行的心理状态会使意志受到压抑，会自暴自弃，其结果就是降低对自己的要求。一个真正的教师如果不力图使自己的学生在某门功课上得"5"分，那么他的工作是不可思议的。而任课教师，如果他是一个真正的教育者，就应该力求使自己的学生在某些章节方面得到最高的评分，并感到他们是有能力掌握知识的。这里的实质完全不在于给学生"勉强打个"分数，而在于增强他的意志力，使他感到自己是集体中的一员。使学生成为与学习无直接联系的某种劳动方面的真正能手（当然，要以儿童力所能及的标准来衡量技能）

也是非常重要的。这在提高自我要求标准方面之所以必需，是为了使学生不要为分数而努力学习，因为儿童或少年掌握知识越困难，每得到一次好的评分所花的代价越大，使他们的精神生活充满着成绩也就越发重要，但是这种成绩的取得不是为了分数，而是为了体验人的自豪感，为了能成为集体中的一员。

第二，如果不能使每个儿童的能力，在其学习的整个期间保持在同一水平上，那么就不能正确地培养集体。我们要冷静地看待事物和切合实际地进行推论，因为集体中的学生的能力非常有限；教师要花许多精力才能使他们的学习获得"3"分。但是，教师要发展他们的这种有限的能力，使他们（须知，我们指的是身体健康、心理正常的学生）感到自己学习上有所进步，并为自己的这种成绩感到高兴。这是一个非常复杂的问题，在教育方面，教师首先应该成为一个敏感、热情、很有分寸的人。要像对待儿童的痛苦一样对待儿童能力上的局限性（由于学龄前期过于简单的教育所造成的某种程度上的局限性）。只有在这种情况下，才能了解儿童。要发展儿童的能力，首先必须具备如下非常重要的前提，就是创造性地运用知识。这种运用表现在：知识不仅要成为获得新知识的工具，而且还能形成新的技能和技巧，从而使儿童相信，他是具有记忆和创造能力的。一个儿童在学龄前期所受的智力教育越简单，下述工作就显得越重要：到了学龄期，要使记忆在他掌握知识的过程中所占的地位，比在集体中的创造性活动及同其他学生的智力交往要小得多。

第三，不能让集体表扬轻易取得的成绩。一般说来，教师应该注意到，成绩是认真工作的结果。非常重要的是，使学生集体中，特别是天赋很高的学生集体中的每个成员，无不认为自己所取得的成绩是顽强劳动的结果。在集体中，如果意外的、不应得的好评越多，那么学生对自己提出的要求标准也就会越低。

九、集体中的男人和女人

每个学校集体都是由两种性别的人组成的，不考虑这一点，就不可能对集体进行完美的教育。女孩和男孩、姑娘和小伙子相互关系中的道德文明决定着整个社会的道德文明、代代新人的幸福和健康。集体及其成员之间的相互关系不仅可以造就未来的公民，而且可以造就未来的男人和女人，也可以使未来的父母形成自己的观点和信念。一刻也不能忘记，学校的使命是培养有教养的、爱好劳动的、忠于祖国的公民，也就是培养这样的一些人，他们准备把自己的道德传给自己的子孙，使后代人的精神世界更为完善。男孩和女孩之间的相互关系是集体中整个道德文明最真实的标志。可以毫不夸张地说，在道德教育方面，教育者要用一半精力去关注男女生之间的关系是否高尚的问题。我们在学校培养的公民性、伦理道德、审美观是否成熟，首先要看我们的教育对象在青年早期对自己在身体和精神上，应该成为真正的男人和真正的女人这样一个重要道理的认识程度如何。因此，一个十分重要的教育目的，是要使我们的少年、青年男女深刻地认识到：我们是未来的丈夫和妻子、父亲和母亲；几年之后将有自己的孩子；我们对社会未来应负的责任，首先表现为应该如何教育自己的孩子，把他们培养成为何等人；我们之所以要成为真正的人，首先是因为我们是自己孩子的未来教育者。

　　培养真正的男人和真正的女人要从培养个人的公民精神这个核心开始。车尔尼雪夫斯基写道："一个不为公民利益所振奋的男人，只是一个留着长短胡子的男性动物而已。"[1]这句话具有深刻的教育意义，完整地概括了教育工作的内容。早在小学一年级和学龄前阶段，就应使男性儿童逐渐养成男人的习性，这一工作成效如何，在很大程度上取决于集体中的相互关系，取决于未来的男人在可以表现自己性格、意志、志向等各个领域中所占的地位。需要在男孩和男青年身上培养起男人的义务、男人的责任和男人的尊严这3种感情。

　　经验使我相信，为把男孩培养成为真正的男人，在教育过程中，要为他们创造专门的条件。在创造这种条件时，要十分细心、注意分寸，不要让女孩子养成意志软弱和优柔寡断的习性，在任何条件下，都不应让女孩产生那种自己不如男孩的思想。

　　那么，在实践上需要做些什么呢？

首先，应当教育男孩处处拣挑重担、肩负重任。远足时，几乎全部物品应由男孩携带，免得女孩过于劳累；筹备滑雪时，所有繁重的工作要由男孩们承担；栽树时，让男孩挖坑、担水，让女孩划分地段、浇水；乘车去野外时，好座位要留给女孩。要向男孩说清楚：想让女孩把自己看成是一个真正的男子汉，那么就得遵守男女道德关系中的上述以及其他许多规矩。要是你对一个男孩说：你的女友同你的母亲一样，将要成为一位母亲，要把女孩当作未来的母亲尊重。你的这种直言是无可指责的。

在培养真正的男人时，我们认为十分重要的一点是：男孩参加有报酬的生产劳动要比女孩早些，他的工资收入要纳入家庭开支。让男孩从小就具有以下思想，即将来成了家，做了父亲，很可能要靠他一个人的工资养活全家。这就是男人的义务、男人的责任和尊严。男孩子应对寄生生活、好吃懒做、寄人篱下等丑恶表现表示蔑视和唾弃。

要使男孩还在童年和少年早期时就对自己将成为未来的战士——苏维埃祖国的捍卫者而感到自豪，这同样具有很大的教育意义。列夫·托尔斯泰正确地指出：爱国主义就是羞愧感[12]。男孩们要少谈些自己的爱国主义感，要从精神上和体质上进行更多的锻炼，准备去克服一个战士必然会遇到的那些巨大困难。不懦弱、不叫苦、不把自己应该克服的困难推给别人，这就是培养真正的男子汉所必需的条件。

男孩到四年级时，就可以参加军事游戏。这种游戏不仅在夏天，还可以在冬天进行。游戏的目的是培养男生艰苦卓绝和克服困难的能力。随着男生体力和精力的不断增强，游戏中需要克服的困难也应随之而增多。为此，我们为六至七年级男生，特别是为八至九年级的男生安排了冬季特种军事游戏，游戏期间要求学生们整天在户外活动，长途跋涉，在森林里煮饭、用餐和休息。这种游戏还往往要求学生用雪和冰块构筑各种工事。

军事游戏要求学生付出相当大的体力和精力；体力上能否坚持，很大程度上取决于精力是否集中，意志是否坚强。男孩和男青年的体力和精力越旺盛，越持久，他们对男人的尊严感就感受得越深刻，对待女孩、姑娘和妇女的态度就越敏感、越大方；对卑鄙行径、下流勾当、恬不知耻等恶劣行为就越不能容忍。为克服体力上的困难和各种障碍，需要较大的精力和毅力，这使男青年和男孩产生一种特殊的感觉，即感到自己是个坚强有力、宽宏大量的人。有一次，当军事游戏结束后，男青年们得知，住在村头的一位老奶奶病得很厉害。这是冬天的事。大雪封了路，共青团员们不怕劳累和严寒清除积雪，使医生得以驱车前来抢救病人。

军事游戏的巨大教育力量在于：男孩和男青年表现出的献身精神，不是为了受到表扬和奖励，而是出自内心想成为坚强、勇敢、刚毅和高尚的人的这样一种需求。对军事游戏中设置的困难和障碍，男孩和男青年们都不认为是一种假设的条件，而是把它们当作真实情景。如果你要你班上的男生不仅去想象困难，而且去亲身体验困难，那么就得为他们安排军事游戏，让他们付出较大的体力和精力。任何活动都不能像军事游戏那样能揭示一个人的道德本质，使他在同志们面前充分显示自己的精神素养，而在需要付出极大的体力劳动时，一个人的冷漠态度和懒散表现都会使整个集体无法取得成功。

军事游戏对男生的教育之所以具有很重大的意义，是因为这种游戏能真正培养孩子们自觉遵守纪律、全力服从领导的品德。在军事游戏中，服从带有明显的自我教育的性质。对男孩和男青年来说，自己服从命令和给自己下达命令，具有同样的意义。我们曾不止一次地观察到，在军事游戏中男生是如何克服自己身上的惰性的。一个人可以在其他活动中伪装积极，以掩盖自己的惰性和不愿出大力的思想，而在军事游戏中则不行，他会为自己的懒散而感到羞愧。在军事游戏中，他总想成为一个好人，使大家对他产生好感。一个人当他感到自己稍不努力就会使集体惨遭失败，或使整个行动计划无法实现时，他会在众目睽睽的现实面前感到问心有愧。任何情况都不能像为争取集体胜利而斗争的场合那样，使人体验到如此含义深远的荣誉感，而军事游戏正是这种斗争的场合。

如果一个人在少年时代对体力和精力上的真正紧张没有起码的感受，那他就不可能获得完美的教育。

拂晓，五年级学生准备去行军。行军一开始就进行军事游戏。孩子们要随身携带冲锋枪、铁锹和各种构筑雪地工事的用具。谁要是迟到或不参加，谁就会愧对集体，特别是不好意思见女孩子（在这种情况下，用不着组织，同学们自己也会嘲笑这种懒散行为的）。大家准时出发。到达目的地的全程有5千米。气温是-10℃。洁净的天空，明月高悬，点缀着稀疏的晨星。遍地是积雪。按计划必须在天明前筑好工事，因为"敌人"在天亮时将发起进攻。孩子们用铁锹劈开雪块，用它构筑城堡、通道和火力点。12岁的少年在任何其他的场合从未这样劳累过。孩子们虽然感到吃力，但是，在困难面前他们仍然精神抖擞，有说有笑。在这种艰苦条件下出现了互相负责、互相帮助的生动场面。最懦弱、最娇嫩的孩子也能经受一次真正的男子汉的锻炼。

　　天亮了。"敌人"渐渐逼近，"战斗"即将打响。情况要求孩子们长时间地卧在雪地上。孩子们并不认为这种困难是人为的、假设的，而是生活的必需。"敌人"开始退却了，但孩子们明白，这是兵诈。"敌人"退却是为了重新部署自己的兵力，考虑对策，做某种准备。孩子们利用短暂的休战时间，构筑一间小雪屋，万一变天时，可以在那里躲一躲。"官兵"开始午餐。吃的是冷食、干面包，喝的是热水瓶里的茶。饭后，孩子们转移到新的阵地，在那里构筑新的工事。又开始了"战斗"和后送"伤员"的工作。军事游戏终于结束了。这场军事游戏具有深刻的教育意义，在游戏中孩子们共同感受到战胜自己弱点的激动心情，共同为自己的坚韧不拔的精神而自豪，感到自己是个男子汉。

　　那么，女孩子们是否要参加军事游戏呢？刚才我故意回避了这个问题。要参加，当然要参加！如果她们不参加，就不可能培养出真正的男子汉。女孩子常常比男孩子表现得更坚定、更勇敢、更富有精力，正因为如此，她们才会把男孩子培养成为真正的男人，而同时也可以把自己培养成为真正的女人。我们不如男孩，我们生来就是顺从，对于女孩子的这种思想我们要畏之如火。正因为女孩们同男孩们在一起，才使男孩们振作起精神。男孩子之所以以遇到困难哭鼻子为耻，正因为有女孩子在场。不管怎么说，在军事游戏中女孩子的地位是特殊的。最艰苦的工作总是由男生承担。但是，只要男生在某件事上表现出懦弱时，女生就会挺身而出，来接替他的工作，以显示自己的能力。

无数事实使我相信：要使男孩成长为真正的男人，要使学校集体中的各种关系充满着男人关心女人的侠义精神，要使集体能对粗鲁或无礼的轻微举动表示反感和谴责，男孩们就应比女孩们坚强得多，就应受到真正的"男子汉"的困难磨炼。当然，这绝不是说女孩子就可以懦弱一点，应当是无力自卫的。女子的懦弱和无力自卫是相对的。只有当男人表现出崇高的气质和丈夫气概时，女性所固有的极其温存、极其美好的崇高美德才可能出现。

男孩的健壮体格、坚强意志和无畏精神犹如可以播入高尚品格这类种子的土壤。如果男孩身体不健壮、意志不坚强、缺乏勇敢精神，那么关于高尚品德、道德美和男女关系的纯洁性（而教师必须最迟在学生进入少年期便把他们看作男人和女人）等一切议论就会成为空谈。只有坚强、勇敢、无所畏惧的品格才是高尚的品格。当儿童和少年开始了解共产主义道德规范的含义和人道主义的基本知识时，就应从体力上经受锻炼，逐渐使自己成为身体健壮和勇敢的人。这是多么重大的教育任务啊！

特别重要的是要把他们培养成为无畏的人。

精神力量使人不可战胜；无畏精神好比是人的高尚品格的一双眼睛。无所畏惧的人不仅用眼睛，还用心灵去观察善恶；他对他人的不幸和痛苦、对污辱人格的言行不会袖手旁观。男孩的真正无畏精神具有强大的免疫力，它可以使男人防止态度冷漠、行为卑鄙。没有这种免疫力，就不可能把男孩培养成未来的男人，未来的父亲。如果一个人只求心地善良，而不具备英勇、无畏精神，那么这种善良就会变成顺从，变成福音上说的不抵抗。

男子应该为拯救自己的妻子、自己的孩子、需要帮助的"远方"同胞而赴汤蹈火。这就需要有无畏精神。培养无畏精神不能光靠言教，还需要有特种的场合、专门的训练和男女间的相互关系，特别需要鼓足勇气去克服犹豫不决和恐惧心理。为此，必须对男生进行专门的教育。

一个七月的大热天，我们在湖畔搭了一间小棚。离湖几十米远的地方，有个神秘的荒无人烟的岛屿。传说岛上曾出现过狼。至于野猪那就不必讲了，因为我们在那里亲眼见过。天黑了，夜间气温煦暖，满天星星，可是不见月亮，一片漆黑。半夜时分，六年级学生将一个接一个地泅渡去小岛。要求是在岛上碰头,一起搭棚,点燃篝火。孩子们将从不同的地点下水(岛屿很大),也要在不同的地点上岸。暗中摸索,在密林中寻找自己的同伴。这是连大人也不易做到的。

孩子们中没有一个人不感到害怕而踌躇。当我问"谁第一个出发?"响应的人不少,几乎是所有的男生,虽然不难看出,其中有人存在着未选中反倒快活的心理,可是谁也没露出这种表情,因为谁表现出胆怯和犹豫,谁就会感到难为情。最隆重的时刻到了。第一个泅水的人把一块木头放下了水,使每个人都可能抱住木头游渡。是抱住"浮标"游到小岛,还是游到湖心就把它扔掉,这由各人自行决定。第一个泅渡者在黑暗中消失了,一分钟后,他扔下的"浮标"就漂到了岸边。这是他为显示自己的无畏有意推回来的。过了15分钟,又有一个少年侦察兵游走了(根据游戏中的约定,这是军事侦察),接着是第三、第四、第五、第六个侦察兵下水……。瞧,岛上突然出现亮光,因为侦察兵们已经搭好棚子,点燃了篝火。天刚亮,战斗任务就完成了。孩子们争先恐后地、激动地叙述着他们每个人听到和见到像野猪一样的东西,尽管谁也不敢肯定地说,那就是野猪。

这里我又没有提到女孩子。那么女孩子是否要参加这种游戏呢?当然要参加!她们也要泅渡到这个神秘的岛上,也要克服自己的恐惧心理和困难。

在这种游戏中,注入青少年心灵的精神财富有多么贵重啊!这种精神力量的考验将使他们终生难忘。无畏精神犹如大胆地跨越一条鸿沟一样,一个男孩只要勇敢地越过这条鸿沟,就能发现他迄今为止未曾见过的、不甚理解的事情。一个男孩只要跨出这勇敢的一步,他似乎就能用另一种目光看待自己和自己的伙伴。无畏精神就表现在集体和个人的日常生活之中。我们学校里有许多这样的事例:青少年男女学生帮助小孩、老人、残废者和遭到不幸的人脱离险境,有时还抢救他们的生命。无畏精神不只是为某些特殊情况所必需。基于善良和仁慈这两种本性之上的坚强、勇敢和无畏精神是人性美的源泉,而人性美则是一个男人是否忠于自己的感情、自己的爱情,能否履行自己上事父母、下育子女、当好丈夫的义务的体现。

义务感是家庭生活中人性美的核心。如果我们的学生想象的理想行为不能同精神力量，即经过磨炼的意志、刚毅、勇敢、无畏这类精神力量相结合，他就不可能成为有义务感的人。贪图安逸、追求享受的人往往意志薄弱、软弱无力、胆小怕事，最终会成为卑鄙下流的人。真正的男子汉应该终身忠于自己的妻子和自己的孩子。一个意志刚强的人才会真正地、像男子汉那样去爱自己的亲人。当然，这一点对男孩和女孩都同样需要。但是，男人的忠诚和男人的爱情同女人的忠诚和女人的爱情完全是两码事。男人在很大程度上要对全家负责，他的爱情和忠诚首先表现为责任感，即对孩子、对妻子负责……

当男生和女生情窦初开时，他们就会问什么是爱情？你作为一个教育者务必记住，你关于爱情的回答会极其微妙地触及年轻人的心灵禁区。当学生们把自己易于相信他人的心向你敞开时，当你就要同年轻人建立极其诚挚和率直的关系时，请记住，他们都是男人和女人，你对他们来说不仅是同志、朋友，还是父亲和母亲。父母所强调的爱情、婚姻、家庭、教育子女等话语好比是聪明的乐队指挥手中摆弄的千变万化的指挥棒，没有这根指挥棒，也就没有真正的音乐。但是，如果指挥的心灵里没有音乐，那么这根千变万化的指挥棒就不能成为智慧惊人的工具。如果你没有做父母的那种感情，那么就别同孩子们谈论爱情，因为尽管他们是男人和女人，但在父母面前仍然是孩子。

什么时候可以同学生谈论爱情问题呢？当青年男女已经成为男人或女人并向你提出这个问题时，你才可以谈到它。如果你的学生所受的教育是和谐的，如果他们信任你，如果你同他们已建立了诚挚和率直的关系，如果他们把你看成是自己的父母，那么他们必然会向你提出这类问题。每个教育者都有自己的用以储存精神财富的宝库。只要他打开这个宝库，就能找到爱情问题的答案。下述故事中最重要的一点就是揭示蕴藏在人的感情中的高尚美。

我常常怀着激动的心情对自己的孩子们——我身边的男人和女人讲一个从我的百岁老祖母玛丽娅那里听来的童话。

那是在我15岁时,一个初秋寂静的傍晚,同老祖母一起坐在一棵枝叶繁茂的苹果树下,我一边望着飞往他乡的灰鹤,一边问:"祖母,什么是爱情?"

祖母很善于用童话解释极其复杂的问题。她那双乌黑的眼睛开始凝思起来,神色凝重。她内心似乎有点惊奇,望了我一眼就说:"什么是爱情?当上帝创造世界的时候,他就教会所有的生物去传宗接代,繁衍自己的子孙。上帝让一个男人和一个女人住在田野里,教会他们搭棚,又给男人一把铁锹、给女人一撮稻谷。"

"生活下去,繁殖后代吧!"上帝说,"我有事要走了,明年再来,看你们这里将会变成什么样……"

一年后,上帝同大天使加百列又来到他们跟前。上帝是在清晨日出前来的,他看到男人和女人坐在棚旁,在他们的面前是一片成熟的稻谷,棚檐下放着一只摇篮,摇篮里睡着一个婴儿。男人和女人时而望望朝霞,时而含情脉脉地对视。上帝在他们身上看到有一股自己从未见过的力量,一种他不理解的美。这种美比苍天和太阳、比大地和星星还要美,它是一种比上帝所创造的一切还要美的东西,甚至比上帝本人还美。这种美震惊了上帝,使他为之恐惧,为之羡慕。他想:"怎么会这样呢?我创造了苍天,用黏土塑造了人,赋予他生命,而我可没有能力去创造这种美,这种美来自何方?它是什么东西呢?"

"这是爱情。"大天使加百列说。

"这是什么,爱情?"上帝问道。

大天使耸耸肩。

上帝走到男人跟前,把自己长着皱纹的手搭在男人的肩上,问道:"凡人,请教会我如何谈情说爱吧。"男人甚至没有发觉搭在自己肩上的上帝的那只手。他以为是只苍蝇叮在自己的肩上。他望着女人——自己的妻子、自己的孩子的母亲。

上帝对他无可奈何,就变得凶狠起来,他十分恼火,大发雷霆,咆哮着说:"嘿,凡人,就是说,你不想教我如何谈情说爱啰,你这个忘恩负义的东西!从现在开始,我要你衰老起来。每过一年就带走你的一滴青春之水,消耗你的一点青春之力。你很快就会憔悴的。让你绞尽脑汁，智力衰退！让你心计耗竭！50年后，我再来看你这个凡人，看看在你的眼神里还将留下什么。"

50年后，上帝带着大天使又来了。这次他看到的是：原先搭棚的地方已盖了一间白色的小屋，空地上辟了一个园地，地里麦浪滚滚；儿子们在耕地，女儿们在割麻，孙子们在草地上玩耍。小屋旁坐着祖父和祖母，他们时而望望朝霞，时而面面相觑。上帝在这对男女的眼神中看到了更富有力量、更永恒、更难以制胜的美。上帝不仅看到了爱情，而且还看到了忠诚。上帝气得双手直抖，大叫大嚷，唾沫四溅，抬起了头，瞪着眼说："凡人，让你衰老的处分太轻了，是吗？那就让你去死吧，让你被生活和爱情折磨而死，让你入土，变成尸骨一堆。那时我再来看看，你的爱情将成为什么东西。"

3年以后，上帝同加百列大天使又来到这里，这次他们看到：有个男子坐在一个坟上，双眉颦蹙，可是从他的眼神中，却流露出一种更有力、对上帝来说更难以理解、更为可怕的东西，这就是人性美。这回上帝看到的不仅是爱情，不仅是忠诚，而且还有由衷的怀念。上帝吓得双手发抖，四肢无力，他走到这个男子跟前，跪在地上央求说："凡人呵，请你赐给我美吧！你要什么报酬，尽管说，只要你给我美，给我美吧！"

"不行，"凡人回答说，"它——人性美是来之不易的，很贵重，它的代价是死亡，而你据说是永生的。"

"我给你永生，给你青春，只要你给我爱情。"

"不，不需要，长生不老也好，永生也好，都不能同爱情相媲美。"凡人回答说。

上帝起身，手抚胡须，离开坐在坟旁的老人，转向麦地和朝霞，发现金黄色的麦穗两旁站着许多青年男女，他们时而望着朝霞，时而眉来眼去。上帝双手抱头，离开人间上天去了。从那时起，凡人变成了上帝。

这就是爱情，这就是天长地久的美，是人的不朽精神。我们可以变成累累白骨，而爱情则是永恒的。

谈论爱情，要使用高雅的词语。当我对未来的父母讲爱情时，我总力求在他们的心灵里树立起自尊感和荣誉感。真正的爱情是一个人的真正美。爱情是道德之花，一个人没有健康的道德基础，也就不会有高尚的爱情。听爱情故事是我们精神交往中最幸福的时刻。无论是男生还是女生都暗暗期待着这种时刻的到来，因为他们可以从教育者关于爱情的谈话中，找到自己任何时候也不愿告诉任何人的那些问题的回答。须知，当一个少年问什么是爱情时，他心里想的却完全是另外一个问题。那就是我该怎么对待自己的爱情？触及心灵上的这个禁区要特别谨慎，任何时候都不要干涉私事，千万别把一个人的隐私公之于众。爱情只有在带有腼腆的色彩时，才是高尚的。不要引导男女青年致力于总结"恋爱经验"。爱情在人的思想和心灵里总是笼罩着一层幻想的光环，是不可侵犯之物。集体不应开展以爱情为题的讨论。这种做法简直不能容忍，道德上也是极不文明的。你们做父母的可以谈论爱情，可是别让你们的孩子去谈论它。年轻人最佳的谈爱方式就是心照不宣。

同时，青年人像需要空气一样，需要理智的教诲、理智的训导，理智地谈论人的道德美。当我同学生相互信赖、促膝谈心时，我就给他们讲特里斯坦与伊索尔德、罗密欧与朱丽叶、但丁与贝亚特丽齐等人的富有浪漫色彩的、永恒的爱情。万物都在求生存，都在繁衍自己的后代。但是，只有人才有爱情。如果一个人能按人那样去爱他人，他才能算得上一个真正的人。

如果拿教育者的工作同雕刻家的工作相比，那么教师谈论爱情、婚姻和生儿育女等话语，就相当于雕刻家在创作快结束、大理石雕像业已塑成人的模样的时候，用极其精致的工具在雕像上琢磨加工。一个人如果不被高尚的爱情所鼓舞，虽然像人，但还不是人，这就是在教育工作中需要特别谨慎对待的一个方面。如何心领神会这样的爱情，也就是要使你爱的那个人能得到幸福，同时也要使爱情的结晶幸福地降临人世，这对一个人的智慧来说是极难办到的。我们的后辈将如何掌握这种伟大的智慧，这不仅关系到他们个人的幸福，而且还会影响到整个社会的美德、纯洁的道德风尚和幸福观。

家庭、子女、父母对子女的义务、子女对父母的义务等精神心理和道德审美关系是人生的重要方面。十分遗憾，在这个方面，有人往往表现为一个奴性十足的人，或者是个无赖。在这个方面发生的一切不幸都是十分可怕的，每个不幸又都是社会的祸害。一个人如果在精神心理和道德审美关系中是个无知的奴性十足的人，或者是个无赖，那他就不可能成为一个真正的公民、爱国主义者和创造者。一个人自我表现越多、越充分、越彻底，就越能反映出他的本性。一个人所受的教育是否完整，取决于集体的精神生活是否完整、是否和谐、是否美。我坚信，在学校集体（儿童集体、少年集体和青年集体）中的男女关系是否高尚，取决于精神力量和仁慈、勇敢和善良、无畏和温存、困难面前不屈服和温文尔雅诸方面是否和谐。上述诸方面的关系必须和谐，成为整个集体生活的情感审美精神。这里需要再一次强调的是：在集体生活中起主导作用的是男人的教养和他的崇高品质。但是，要培养真正的男人，就得培养真正的女人。

男生的高尚情操能使女生受到教育。集体影响的魅力就在于此。因为要对男生施加影响，使他具有道德美，就必须通过女生。如果一个集体中女生的荣誉感和尊严感没有得到发扬，而男生的道德无知却在滋长，那么这个集体就根本谈不上是个真正的集体。

我经常收到普通教育学校的高年级女生、技校和职业学校的许多女生的来信。形象地说，这是姑娘们的哀号，同时也是她们发出的令人不安的提醒：人的爱情是需要培养和建立的；人的传种本性是可以遗传的，而爱情是不能遗传的。

以下就是一个姑娘发自内心的呐喊。16岁的技校女生（原是我校八年级毕业生）结识了一位青年，同他交了朋友。这个青年喜欢喝酒，举止无礼，姑娘为此哀泣、痛苦。可是她宽恕了这位青年，她说："要知道，我爱他。"发生了一件不该发生的事，当姑娘对这位青年说："我们要有孩子了。"他却吃惊地说："怎么是我们的孩子？是你的孩子，不是我们的孩子。"姑娘只得放弃技校学习，来到另一个城市，她的生活被毁了。过了一段时间，她得知她孩子的爸爸被技校开除了。姑娘在给我的信中写道："难道可以把一个不仅对别人不负责任，而且对自己也不负责任的人认作父亲吗？"

这封信措辞激烈，火辣辣的，但带有悲观失望的情绪。信上说:"他爱我,但不尊重我。有什么办法使他不仅爱我,而且又尊重我呢?"似乎这两者可分可合:这是爱情,而那是尊重。

另一位姑娘在来信中写道:"他常常醉醺醺地回来,对我拳打脚踢,可是,我还是爱他,怕失去他。"

看来,我经常向自己的学生讲祖母给我讲的寓意深刻的童话是有好处的。给学生谈一谈什么是爱情这个问题也是不无裨益的。要防止许多姑娘所常犯的错误;这些错误往往使她们付出极大极大的代价:幸福、欢乐、健康,有时甚至生命。人的爱情不仅应该是美好的、忠实可靠的,而且应该是理智的、慎重的、严格要求和有选择的。一个姑娘只有当她头脑清醒、举止稳重的时候,才能成为美丽和幸福的人。我常对自己的学生说:"要记住生活中不只是有美的和高尚的东西,遗憾的是还有丑恶、阴险和卑鄙的东西,还有精神空虚和无知。女人不应只是心地坦率和善良。但愿她们心地庄重、果断、严厉、对邪恶和心灵空虚毫不留情。"轻率地对待人生的任何一个方面都是有害的。举止轻佻对精神心理和道德审美关系危害极大,它是一个人的致命弱点。

"他打我,但我爱他。"这种奴性十足的哲学、逆来顺受的思想从何而来的呢?我们为有这种思想的人感到可怕,感到伤心,感到惋惜。有一次,一个一年级学生的母亲像泄露什么极大秘密似的对教师说,她丈夫怀疑她有外遇,为此常常打她,即使不打,也用其他方法奚落、污辱她。而这个女子却带着傲气、喜形于色地说着上述的话。她说:"他要是不爱我,就不会打我了,说明他是爱我的。"此时,教师对年轻的母亲说,对这样的事你应该大吵大闹。这是件十分令人痛恨的坏事。她听了教师的话大吃一惊,为了让教师不把她的秘密宣扬出去,便说:"关于这件事我什么也没有对你说。"

这种思想到底是从哪里来的呢?奥·倍倍尔写道:"早在奴隶出现以前,妇女就已经是奴隶了。"①女子的心可能是奴隶思想在人世间最后的避风港。绝不能让我们的女生成为有文化的奴隶,这是学校极其重要的教育任务之一。

---

① 奥·倍倍尔.妇女和社会主义[M].莫斯科:国家政治书籍出版社,1939:49.

学生受了我们学校10年的教育和培养，他们一生中主要的任务是造就人。须知，所有的学生都要成为丈夫和妻子、父亲和母亲。这就是他们生活中的主要内容。忘记了这一点，就会造成这样的后果：17、18岁的孩子走出校门时，生儿育女的身体已经发育成熟，然而恋爱和教育子女的思想却没有成熟。确实，只有把恋爱和教育子女这两者结合起来，才能造就人。这是最复杂而又最令人愉快的劳动，也是最艰巨而又最幸福的劳动。

学校的使命是要和谐一致地培养人，也就是要把自己的学生培养成为既是公民又是劳动者；他们不但爱自己的伴侣，而且互相忠诚；培养他们成为父亲和母亲。对学校和教师来说，最大的欢乐莫过于看到自己过去的学生陪着自己的子女来上学。而且我们教师深信，我们的学生在培养自己的子女时，不仅在他们的身上再现自己的美德，而且能够使他们获得比自己更高一级的人性美和道德品格。这再一次地使我相信，在学校里需要像谈论重大而又困难的工作一样去谈论人的爱情。瞧，这项工作就摆在我们面前，而这项工作的对象是正在睁大双眼注视世界的小孩。对人产生爱情是件极为复杂、极为费神的工作，是件令人感到幸福、感到高尚、受到良好动机所鼓舞的工作。

莱蒙托夫有句名言："我曾用自己心灵的全部力量去爱过。"[13]要想真正去爱，就应具有坚强的精神力量。学校、家庭、前辈人的使命就在于把这种智慧的力量献给青年人（对女子尤为重要）。学校的全部教育，就其实质而言，就是培养学生的如下品质：爱和毫不妥协的精神、爱和自豪感、爱和恨，也就是对祖国、对亲人的爱，对敌人的恨；对父母的爱，对伴侣的爱，对与己具有相同观点、信念、热情和愿望的那些人的爱。

对女孩子要进行专门的教育，要向她们揭示爱情所具有的理智力量。教育者的话语及其教诲起着很大的作用。我们常对女孩子说："如果你同一个男青年在一起，或者在想到他的时候，心就激烈地跳起来；如果你希望这个青年向你投以惊奇和赞赏的目光，认为你是世上唯一可爱的姑娘，那就意味着你已经产生了想成为女子，想当母亲即新生活的创造者这个念头。"从此刻起，你就开始了一种新的生活。务必记住，从此你不仅要对自己负责，而且还要对活在你的血肉之中、系在你的心灵上的未来的人负责。人体的本能就是如此。而这种本能只是创造未来生命这个美好东西的建筑材料，你要创造这个美好的东西，你同爱你并为你所爱的那个人都要成为雕刻行家。

想当母亲的这种冲动不仅仅是生来就有的性欲；男青年追求姑娘、姑娘追求男青年，是人的本能，它还不是人的真正爱情。就拿一块大理石做个比方。雕刻家可以把一块大理石雕刻成一朵极美的花朵，它的艳丽不逊于馨香扑鼻、凝结着露珠、映闪着晨星的鲜花。雕刻家把一块坚硬的石头当作花朵，开始雕琢起来，于是在一块坚硬的石块上显现出鲜花般的美丽轮廓，它是用手创造的美，这个美是大理石构成的。但是，当受人的内在美和天才所支配的那双巧手还没有触及这块大理石时，它仍然是块坚硬的石头。这个巧夺天工的美也就是人的爱情。一个人要想从一块天然的石块深处得到这个美，供之于世，使人赞赏，使之为创造者而感到自豪，那他就要成为一名巧匠。谁要是不懂得这项工作——爱情工作的意义，我看他就是身披兽皮的原始人，望着一块大理石，却不知道在它的神秘深处隐藏着奇迹般的美。

糟糕的是，有些青年人不去深究这种简单而原始的工作，他们敲下一块大理石，欣赏一番，玩腻了就把它一扔。性欲一冲动，就想得到满足，认为这就是爱情。如果除了性欲以外别无其他，那么夫妻生活只是生儿育女而已。这就不需要很大的理智，因为母鸡也会下蛋孵小鸡，这是它们的本能。孩子不同于雏鸡，如果孩子的父母的理智不比母鸡的理智强多少，那么他们是不幸的孩子。

想成为女人这种冲动（如同男孩想成为男人的冲动一样）犹如你走进堆有许多美丽的大理石的采石场。当你看中了一块天然的大理石，认为可以把它雕琢成一枝花朵时，这就意味着你将成为真正的女人，人的伟大的爱情使你变得聪明起来。

少年时期和青年早期是人生的黎明时期。人在这个时期应该为理智的、坚贞的爱情创造精神力量。是的，要创造自己的力量，也就是为爱情创造自己的精神力量。人的一生需要在爱情中度过，要使爱情至死免遭挫折和不幸。教师的大才大智，在于要教育女生成为自己感情的主人，也就是说要她们控制自己的感情。情感上的无知和不开化的原始感情会导致精神和心理上的奴性。一个姑娘一旦卷入性欲的波涛，就会屈从于感情的自发势力，随波逐流，不知去向，还以为她所感受的这种感情就是真正的幸福。如果姑娘的感情被自发势力、不假思索、片刻的满足和一时的快乐所俘虏，就意味着她已陷入极大的危险之中，因为她想伸手采摘的那枝花朵含有致命毒汁。理智和坚贞使性欲变得高尚，缺乏理智和坚贞、缺乏义务感的性欲是一种大祸（每个女人都应懂得这种祸害的实质），是遭受不幸的先兆，是一个不幸生命降世的开始。对一个姑娘来说，应该懂得道德情感，在这方面无知是不许可的。天性本身要她成为精神上甚至比男青年更坚强的人，成为有理智的、谨慎而有节制的严格的人。

从天性唤醒你成为一个女人时起，你就应成为一个真正的女人。这是我们对刚接受学校教育的女孩子们进行道德教育的一条箴言。只有当姑娘的心灵里产生要成为女人的念头时，也就是要成为坚贞的、理智的、能主宰和支配爱情的女人时，精神心理和道德审美等关系才能互相协调。女人的勇敢、无畏等精神力量可以培养男人的高尚道德、美和忠实精神。我们像培养男孩一样，培养斯巴达克式女孩，让她们参加军事游戏，为她们安排专门的训练。正如一些古希腊的史学家所证实的那样，在斯巴达克部落里，违反夫妇之间的忠诚不仅是不许可的，而且也是不可思议的。有一个外国女人责怪斯巴达克妇女说："听说你们把自己的丈夫踩在脚下？"我们从史料中得知斯巴达克的妇女做了这样骄傲的回答："我们也是为世界提供男人的唯一妇女……"[14]

女人应该是高不可攀的，这是培养学校集体的一条十分重要的法则。要做到这一点，就得把女生培养成精神上坚强的人。

为达到这一目的，在实践中应该做些什么呢？如何教育女孩子，使之力戒意志薄弱、举止轻佻、心灵空虚呢？这和学校集体生活中的其他领域一样，不是制定几条校规就能办到的。要培养女孩的精神力量、自豪感和对精神压制、消极现象持不妥协的态度，就需要做许多工作……

第一，要使每个女孩具有独特的、鲜明的个性，要使所有女孩不能容忍隐晦的、消极的、意志薄弱的思想。要引导女人积极参加社会生产，不要让她们困守家务劳动和消极地局限于看管孩子，这就是教育女孩的方向，就是学校精神生活中应该表现出来的总的方面的一个重要环节。做母亲、成为孩子的教育者是女人引以为自豪的和光荣的使命，但是，如果女人的活动仅限于此，那么她就会成为别人的附属品。只有明确的生活目标才能赐予女人精神力量，有了这种力量，她就可以成为自己感情的主宰和支配者。

教育者的使命在于帮助每个女孩子在同教学有关的多方面的活动中寻找能表现自己特长的领域。要培养精神上坚强的、明智而又勇敢的女人，十分重要的一点是，要她们参加创造性的智力活动，当然，这种智力活动应同公民的、有益于社会的活动相结合。我们力求使每个女生都有自己喜爱的书籍，喜爱的学科，喜爱的创作和工作。为了培养女生的精神力量、独立性和独创性，很重要的一点是使她在童年，尤其是在少年早期就能产生探索者、思想家、创造者的自豪感，使她在认真勤奋地完成各种作业的同时，去参加能反映其丰富的智力生活的创造活动。在我们学校里有许多课外活动小组，如青少年自然科学家、育种家、物理学家、化学家、无线电技术员、设计师等小组，女生在这些小组里不是做辅助工作，而是承担主要的、创造性的任务。女生的积极创造精神是教育男生、唤醒他们男人自豪感的强大动力。

集体的智力生活越丰富，男女生双方就越能显示自己首先是个个性完美的人，而不是一个异性动物。这对培养真正的女子和真正的男子是十分重要的。一个青年要想像爱女人那样爱一位姑娘，就得具备这样的道德经验，那就是尊重她，把她当作有才干的、独特的、理智的、独立的人。我们要培养男女生具有这种极有意义的本领：善于爱与自己日常交往的人。

第二，学校里应该笼罩着对人负责，对己、对人提出严格要求这样一种氛围，在这种氛围中女生——未来的妇女应起主导作用。女孩、姑娘和妇女从小就应懂得这样一个道理：爱情首先是一种责任，其次才是享受和欢乐。爱情的幸福在于对人负有极大的责任心。

我们要在集体中建立的相互关系是，姑娘与小伙子在一起要成为低年级学生的教育者，共同关心低年级学生，并对他们负责。比如说，低年级学生成立了一个保护自然小组，他们受两个高年级学生领导，一个是八年级的女生，另一个是九年级的男生。这个小组在开展活动时常常出现这样的情况：高年级学生不仅要对低年级学生所完成的某些劳动任务负责，还要关心他们在谋求善良、公正这一斗争中是如何表现刚毅、顽强、意志力和无畏精神的。姑娘和小伙子在集体中分别承担责任，共同对人负责，这种相互关系就教育观点而言是极其必需的，极有价值的。这种相互关系能培养出真正的勇敢精神、真正的人性。

第三，在集体精神生活中特别重要的是，要女生用女人的亲切而严格的目光去唤醒男生，使他们渴望具有大丈夫气概、坚强意志和无畏精神。换句话说，要男孩和男青年力求像真正的男子那样去行动，不在女生面前丢脸。男青年对姑娘的意见和评价特别敏感，虽然男青年往往竭力不流露出这种感情，其实它是培养真正男人的一种强大力量。哪里男子的这种敏感性得到发展，哪里男子对女人的爱情就纯洁、就高尚，而女人就能在爱情生活中成为男子感情的主宰和支配者。男人的这种敏感性越高，他在女人身上越能更多地发现日新月异的美，他们夫妇的爱情生活就越丰富多彩。妻子对我是怎么考虑的？对我的行为又是怎么看的？使这种思想成为男子自我教育的调节器是很重要的。

培养和发展这种敏感性需要做些什么呢？首先，要使女孩参加各种活动。在活动中她们要以自己的坚强意志和顽强精神保证取胜；要同男孩比体力、比毅力、比刚强性、比勇敢精神；在这种活动中，男孩面临的不单单是胜利的前景，而且也有远远落后于女孩而被人耻笑的危险。最有效的活动是运动竞赛、军事游戏和远足。不过，智力活动也应成为男孩和女孩、男青年和女青年之间暗中经常进行的一种竞赛方式。真正男人和真正女人的精神力量能否树立起来，就取决于这种竞赛开展得是否深入、暗中进行得是否巧妙。哪里的男青年不努力确立自己的男人尊严感，姑娘不努力把自己培养成为精神心理和道德审美关系的主宰，哪里男女双方就谈不上去共同丰富精神生活，以及在此基础上互相提出严格要求。

以举办科学知识晚会为例。小伙子们和姑娘们向集体农庄庄员做报告和宣传科学知识。在这种十分有趣的创造性活动中也包含有竞赛意义，它能使男女青年显示自己的才能。他们不是单纯地完成有益于社会的工作。这是他们运用智力和情感力量的一种微妙的活动。小伙子们和姑娘们在这种活动中都深怀一种秘密的念头，那就是要讨人喜欢，就得具备丰富的精神生活；要有权在道德审美关系上对人提出严格要求，就得不断丰富自己的智慧。这种竞赛开展得越隐秘，它就越能深入到集体的整个精神生活中去（包括课堂教学）。在真正的集体中，小伙子们之所以竭力好好学习，是因为如果学习不好，他们会感到在姑娘们面前丢脸；姑娘们如果让小伙子们看出自己学习不好、智力迟钝，同样也会感到不好意思。当然，关于男女青年学生之间开展这样的竞赛是不能明言直说的；只有当任何人、任何时候都不谈及这种竞赛时，才能开展这种竞赛，甚至连开展这种竞赛的想法也不应流露出来，这就是集体施加教育影响的艺术所在。有必要再提一下，男孩和男青年对姑娘们评价他们的活动和行为是否敏感，在很大程度上取决于他们共同的情感修养。

第四，组织集体活动时，不应专门划分男子活动和女子活动（这并不是说最重的体力劳动也要男女分担）。集体活动越复杂越奥妙，要求付出的智慧和想象力越大，它就越能引起女生的兴趣，开展隐秘的竞赛就越有利，而这种竞赛也就越能推动学生的学习。在劳动中，男女生之间不应形成这样的相互关系，那就是女生要为男生服务，从而使她们习惯于担任家庭主妇的角色。男人和女人都应会做家务劳动。如果说自我服务有什么分工的话，那么这种分工也只是临时的，因为小伙子们今天做这件事，而明天可能做另一件事。

十、集体精神生活中的幽默感

教育学对幽默感的研究还是很不够的。这里，我所讲的幽默，指的是儿童的笑声，儿童善于乐观地、朝气蓬勃地看待和领悟周围世界的一种能力。这里所说的不仅是一个人和一个集体所应具有的愉快和朝气蓬勃的情绪；这里所说的首先是观察世界的某种特定目光，对待人们、周围环境、各种事物以及对待自己所持的某种特定态度，集体成员相互间的某种特定关系。

笑的能力，是一个真正的人所富有的特征。要想敏锐地觉察到生活中一切可笑的现象，时刻从内心做好发笑的"准备"，这就需要有高度的修养、充满激情的生活以及智力上的闪光。我想把笑称为思维的另一面。发展儿童笑的能力，培养他们的幽默感，同时也就意味着要提高他们的智力和才能，教导他们敏捷地思索和明智地观察世界。儿童在观察世界时，处处都会遇到一些意料不到的事物。这些事物或者会使他们惊讶，或者会使他们恐惧，或者会使他们发笑。发笑是一种喜悦的惊讶。此时产生的惊讶感能够激发儿童的思维，促使他们使用语言手段去进行创作（编童话故事）。我认为教会儿童带着乐观愉快的笑容去观察世界，使他们在看到令人发笑的愉快的现象后产生惊讶，具有重大的教育意义。这是对集体进行教育工作的一个特殊的、十分重要的方面（对这个方面要进行专门的研究；毫无疑问，关于个人和集体要善于以喜悦的心情对待惊讶的这种特殊的思想感情，必须大书特书，这方面的好素材是有的）。

对学龄前儿童和小学生进行惊喜感情的教育，就是要他们对以下各方面做好精神准备：集体中丰富而活跃的精神生活，集体成员之间细腻的充满乐观信念的各种关系，彼此对内心世界的深刻了解，善于理解和自己在一起的人等。当你们开始为学龄前儿童进小学做准备时，你们就应教育他们善于以喜悦的心情对待惊讶的思想感情，如和他们一起编一些富有人生乐趣的幽默小故事和童话故事等。生活中无时无处不存在着大量可以用来编造这类故事的现象和事件，要善于带着惊讶的心情去观察世界。

我们来到葡萄园。"孩子们，瞧这只麻雀！他飞来想尝尝甜葡萄的味道。他停在葡萄叶子上，刚抬起头要去啄食，忽然，……啊呀！这是什么？一只怪物伸出犄角，正在向这只可怜的麻雀爬去。瞧，马上就要刺死麻雀了。这究竟是只什么东西？原来是只蜗牛！瞧，这只蜗牛多么勇敢，他伸出犄角向前冲，什么都不怕……"

"瞧，孩子们，一只大公鸡正在院子里踱来踱去。它看见了天空中的彩虹。瞧这公鸡翘起尾巴，喔喔喔叫得多么神气！它这是在嘲笑彩虹：'我的尾巴也是五彩缤纷的，比彩虹更漂亮！'马上就要下雨啦，让我们躲到树下去听听这只大公鸡等一会淋雨时唱什么歌吧。大雨下来了,这只自高自大的大公鸡淋成了落汤鸡,尾巴直拖在地上。公鸡觉得不好意思,害羞地跑了,躲起来弄干自己的羽毛……"

"孩子们,你们可看见水面上有只水蜘蛛在跑来跑去?你们仔细瞧瞧,水蜘蛛的每只小脚都踩在一只小舢板上,舢板很小很小,没有桨。水蜘蛛什么都不怕,它自由自在地在深深的漩涡上划来划去。现在它向岸边划过来了。一只蚂蚁正迎着水蜘蛛爬去。蚂蚁觉得很奇怪:蜘蛛怎么能在水面上跑来跑去呢?水蜘蛛告诉蚂蚁说,他的脚上有小舢板,还让蚂蚁看看自己的脚。可是蚂蚁不相信,他想:'让我也尝试一下在水上跑来跑去的乐趣吧。'于是蚂蚁爬进水里,差点没淹死。伙伴们好容易才把他救上岸来……"

"从前,有一只懒惰的公鸡,后来这只公鸡有了女伴——一只抱卵的母鸡。母鸡坐在鸡蛋上孵小鸡。已经可以听到小鸡在蛋壳里蠢动的声音了。于是母鸡便对公鸡说:'你别逛来逛去,去割些黍黍,打出黍黍米,捣碎给小鸡吃吧。'公鸡拿起镰刀,割了一些黍黍,把打出的黍黍米捣碎。公鸡好不容易才把这些事情做好,因为他过去闲逛惯了,什么也不干。公鸡提来了一桶黍黍米。这时小鸡已经出壳了。公鸡拿出一些黍黍米,撒在地上。母鸡呼唤着小鸡:'吃吧,孩子们,吃得饱饱的,爸爸就要拿水来给你们喝啦……'"

"有一只公猫坐在池塘边,心里想:'我来钓条鱼吃吧。'他看见离岸很远的水中游着一条鱼,可是这条鱼就是不肯游向岸边。'小鱼儿,你为什么不往岸边游?'公猫问。'公猫,你什么时候回家,我就什么时候游过来。'小鱼回答说。这时沿岸走来一个小孩。'公猫,你在这里干什么?在钓鱼吗?'小孩问。'啊,不!'公猫回答说,'我在这里晒太阳。'"

令人发笑之处并非总是一眼就可以看出来的。通过几十个、几百个这类小故事的讲述,就可以教会儿童看出周围事物中令人发笑之处,就可以使儿童学会怀着喜悦的心情去感受惊讶并进行思索。以儿童身边的现象和事物为内容的各种幻想故事中所包含的幽默,能够教导儿童从情感上去抓住现实生活中的矛盾,培养儿童对事物进行比较和对比的能力。在我们的教师集体中已形成了一种坚定的信念:幽默感可以发展观察世界的敏锐感和洞察力。谢·列·鲁宾斯坦写道:"微笑和笑声,作为一种感情的原始表达手段,起先只是在人的各部分器官得到最简单的满足,并感到舒适时所产生的条件反射,最终却能吸取人类本性所能享受到的一切高尚和深奥的东西。从表面上看,微笑和笑声依然如故,但在一个人的成长过程中,它所包含的心理内容却越来越深刻、越来越细腻。"[15]使学生带着惊叹的笑容去观察周围世界,是我们在开发学生的智力和培养学生的集体主义关系时所应追求的目的。

歌德说:"最能显示人们性格的莫过于观察哪些人对哪些现象发出笑声。"[16]教师的任务在于培养学生具有高尚的幽默感,亦即培养学生把惊讶与同情心、共同感受、怜悯心结合起来的能力。一个人越是以敏锐而光明正大的目光去观察那些既能引起微笑又能引起同情的人的弱点,这个人对待别人的痛苦就会更加敏感,他就更加不能容忍粗暴、卑鄙和无耻。如果一个小孩出自同情和怜悯而露出笑容,他将永远不会嘲弄他人;当他人需要帮助时,他绝不会去讥笑挖苦。

如果你的学生嘲笑同学的挫折、错误和无能,那么这个学生就可能成为一个残酷的人。我对狞笑畏之如火。以下这件事使我终生难忘。一年级有个女生,在上学途中不留神陷入雪坑。她试图从雪坑里爬起来,但是毡靴不跟脚,一提起脚,毡靴就留在雪坑里,她只好再次把脚放进毡靴,重新试着从雪坑里把脚拔出来。女孩急得直掉泪,而站在旁边的两个和她一般大的男孩却看着发笑。他俩笑够后,就到学校去了。

这是残酷的笑,既禁止不了也无法加以惩罚。导致这种行为产生的,是一个人精神生活的整个方式,一个人的善恶观,他的道德、情感和审美的修养,特别是亚努什·科尔恰克称为用心灵去认识世界的那种东西。[17]不善于用心灵去认识世界的人,别人的不幸和痛苦就引不起他的怜悯、同情和共鸣,他就会发出残酷的笑声;乌克兰民间把这类笑声斥为"残忍的笑"。

不善于带着同情他人的微笑去观察世界,是造成一个人自私、无情和冷酷的重要原因之一。反之,善于带着同情他人的微笑去观察世界的本领(这是一种出自内心的本领),则是一个人在感情上长期锻炼,也可以说是细致磨炼的结果。这就是为什么在教育工作中要如此重视人的善心的原因。一个人如果没有善心，就感受不到喜悦的惊讶。善心是一种精神力量，它使人能够在骤然看来引人发笑的场合中同情别人。集体中每个成员的善心发展得越细腻，每个儿童就越是不必害怕自己会成为被嘲笑的对象，而这在个人和集体的精神生活中并非小事。正是害怕成为嘲笑对象的这种心理，牢牢地束缚了许多儿童，似乎使他们的思想和语言都变得迟钝起来。这种情况如果发生在幼儿期就特别危险，因为儿童在这个时期的心理十分柔顺，极易接受教育影响。正是在这个年龄期，儿童的情感，他们善于惊讶、同情、怜悯、在感情上与他人产生共鸣以及乐于做好事的本领，仍都处于初级阶段。

如果儿童的感情不能够经常得到朝气蓬勃的、充满相互关怀和善意待人的气氛的集体生活的陶冶，就会发生一些不可挽回的事情。例如在集体中就会出现感情麻木、"铁石心肠"的现象，集体成员就会日益养成一种无情而又恶意地嘲笑别人的坏习惯。一个集体，如果不懂得微笑，却懂得嘲笑，这实在是太可怕了！这种冷酷无情的集体会使集体成员的感情变得粗鲁。儿童刚上学时，其心灵是无力自卫的。对一个儿童来说，经常处于30个不很熟悉、暂时仍是外人的目光之下，并不那么简单。我们成年人想给几十个同志做个简要的情况报告时，尚且会感到心跳，而小孩这时的感觉究竟怎样呢？如果一个怀着无力自卫的心灵的儿童，遇到的不是同情，而是冷漠、无情和用嘲笑表现出来的非善意的态度，那么他对教育影响的敏感性就会逐渐丧失殆尽，就会日益成为领悟力很差、难以教育的学生。对学龄初期儿童施加不恰当和特别恶劣的教育手段的次数越多，作为受教育者的儿童，其可受教育的能力就越差，而作为教育者的集体也就越发无能为力。笑，作为一种教育手段，在各种教育手段中占有特殊的地位。笑，可以深深地刺痛别人，但如果是善意的微笑，它也可以医治别人的创伤，给人以支持。幽默是一种非常重要的形式，所以必须花费很长时间才能使学生集体和学生个人在精神上接受使用幽默这种形式所施加的教育影响。

有一件悲痛的事使我终生难忘。学生中有一个笨手笨脚、萎靡不振的男孩叫马尔科。有一天，已经开始上课了，马尔科才到校。他想快点坐到自己的座位上去，于是试图跑过去。不料，挂在肩上的书包掉下来了，撒了一地的馅饼。他看着地上的馅饼直掉泪。这时教室里还没有教师，孩子们跑出教室来到走廊。他们看见泪流满面的马尔科，竟然哄然大笑起来。马尔科窘得缩成一团，他被笑声吓得失去知觉。后来费了很大的气力才使孩子们不再向马尔科提起这桩事，并使这个儿童集体树立起与人为善的风气。

有些事件的结局并不那么顺利。某所学校，一年级有个男生有几个音发得不准（因为他缺了两颗牙），因而孩子们经常取笑他。教师未能分辨出儿童的一般笑声和嘲笑之间的区别。这种不怀好意的嘲笑使男孩非常难受，他竟为此生了一场重病（这场病损伤了男孩的消化器官，他不再开口说话了）。嘲笑这种似乎无害的方式所造成的心灵创伤使这个男孩的生活失去了常态，两年后他才复学，结果成了学习上的落后生。

学生集体认为什么现象令人发笑，其成员对什么发笑，如何发笑，根据这些便可以对集体的道德面貌是否健全及其教育力量做出正确无误的结论。最大的危险是愚蠢的笑，即冷酷无情的人发出的笑（难怪民间对那些情感贫乏、目光短浅的人发出的笑有个明哲的评语：傻笑）。任何为避免傻笑而觅来的专门手段都不能够克服和根除这种丑恶现象。在这方面需要进行坚持不懈、极其认真的长期工作，工作的重点在于提高儿童的情感、道德和审美修养，培养儿童感知他人复杂的内心世界的能力，使儿童能够成为善良的人。只有真正热爱人们的人，才能发出人道的笑声。

儿童的生活不可能没有笑声。如果你们没有教会儿童在笑的同时感到惊喜，产生同情心和乐于助人，如果你们不能诱导学生笑得聪明，在笑声中显露出发笑人善良的心意，那么他们便会笑得可恨，使人感到不怀好意和冷酷无情，这种笑声将是对别人的嘲弄和挖苦。集体和个人的情感修养和道德修养越高，每个学生就能够越发付出更多的精力去助人，形象地说儿童越发能够睁大双眼，注视那些值得为之发笑的情景、状况和生活细节，并发出健康的微笑。这种微笑使发笑人显出对人对事的善感、关切和同情；承受这种微笑的对象，从中感到的不是沮丧，而是精神上的振奋，是自己与集体融为一体的感觉，于是就力图以某种实际行动证明自己确实是集体的志同道合者。笑，似乎是大自然赋予每个儿童，使之身心得以放松的一种手段。培养集体的艺术正在于如何使这种手段充分反映出儿童由于下列因素所引起的喜悦的惊讶,如某人的行为举止偶然出现了最意外的情况,人的精神世界丰富多彩的表现,人们想摆脱但一时又摆脱不了的弱点。

以下是某个班集体中的儿童为之发笑的几个例子。

1. 佩佳的祖母生了个男孩。佩佳兴高采烈地把这件事告诉自己的同学。佩佳问妈妈:"妈妈,你有了个小弟弟是吗?"

"是的,是有了个小弟弟。"

"他也是我的小弟弟吗?"

"不。他是你的小叔叔。等小叔叔稍许长大一些,你就送他上托儿所。"

佩佳惊奇得目瞪口呆。他有两个叔叔,都是爸爸的弟弟,可是这两个叔叔从遥远的太平洋舰队回家度假时,常常抱着他也就是抱着佩佳玩。而现在你瞧:得要把小叔叔抱在自己手上。

佩佳很高兴,他将有一件可以在班上甚至可以在全校夸耀一番的事情了,因为谁也不会有一个吃奶的叔叔。

一年过去了。佩佳把小叔叔放在小推车上送往托儿所,可回到家里却愁眉苦脸,很不高兴。

"发生什么事啦?"妈妈焦急地问道。

"三年级的玛利卡送一对双胞胎的阿姨上幼儿园,可是我只有一个小叔叔。"

同班同学经常看到佩佳推着车子(后来是牵着小叔叔的手)送小叔叔上托儿所,他们对此发出友爱和善的微笑。佩佳的小叔叔成了学校的常客,后来他在新年晚会上朗诵过佩佳写的诗。佩佳的同班同学都骄傲地说:这是佩佳的小叔叔。

2. 教室里一片寂静。三年级学生都在独立演算习题。女教师走近济娜的座位时,觉得很奇怪,为什么济娜不时地朝自己怀里张望,低声地说着,微笑着。女教师停住了脚步,她惊奇地看到:一只温顺的小猫从小女孩的怀里探出头来,朝外看了一眼,很轻很轻地叫了一声,又躲了进去。女教师觉得更奇怪的是,班上谁也没注意到这只小猫。也许,有人已经发现此事,只是不加理睬罢了。

"为什么他们不理睬这件事呢?"女教师心里很奇怪,"要知道这里有多少令人发笑的东西啊！"女教师走到女孩身旁，爱抚地碰一下女孩的肩，以一种同谋者的表情对她眨了一眼。济娜明白女教师已经知道了她的秘密；于是她脸红了，害羞了，垂下了双眼。女教师把手指放在嘴唇上，摇了一下头。这就是说不要作声。济娜更加不好意思，她对教师耳语："大家都知道这只猫……"

第二天，女教师把济娜叫到走廊尽头的一个角落，问道："你为什么把小猫带到学校来？"

"啊！请原谅，我家里没有人，小猫害怕单独留在家里，要知道它这么小啊……"

孩子们在上课前就看见了这只小猫。当然他们欢笑过，开过玩笑，但是他们没有嘲笑，因为大家都很可怜这只小猫，小猫那双受惊的眼睛引起了大家的同情。在演算习题时，孩子们忘记了小猫的事。可是后来他们编出了许多关于这只小猫的童话故事，描述这只小猫如何开始跟随小女孩上学，如何学会了读书和写字，如何帮助女孩做算术，如何在女孩被叫上黑板回答不出提问时向女孩提示答案，等等。关于小猫和小女孩、小猫和算术题、小猫和学校的铃声这类题目的童话故事，他们一共编了17个。健康的、充满生活乐趣的笑声，喜悦的惊讶，是儿童的思维和幻想何等丰富而又取之不尽的源泉啊！……

3. 塔拉斯爷爷的3个孙子——佩特里克、伊瓦西和7岁的塔拉西克来到爷爷的瓜园。孩子们在爷爷的瓜园里玩了一整天。塔拉斯爷爷请孙子们吃西瓜、香瓜、苹果，喝蜂蜜、樱桃汁；孙子们走的时候，爷爷还送给他们每人一个西瓜和一个香瓜。爷爷把孙子们送得很远，一直送到瓜园后面的那片灌木丛。当爷爷返回到自己的窝棚时，忽然听到塔拉西克的喊声，原来小孙子从灌木丛那里跑回来了。

"塔拉斯爷爷！"

塔拉斯爷爷回过身来，惊讶地问道：

"怎么回事，塔拉西克？"

"爷爷，请允许我们偷一个西瓜……"

由于太出乎意料，祖父一时不知所措。他已经张开口，刚想喊："你们真是些淘气鬼！"但是当他瞧见塔拉西克那央求的目光，那晒得脱皮的鼻子，终于咳了一声，然后严肃地说："好吧。你们要留神，只能拿一个，不许多拿。你们就拿那里的，啊不，你们就偷那边上的瓜吧。"

塔拉斯爷爷说完后就进入窝棚，而孙子塔拉西克则连跑带跳地奔向灌木丛去招呼哥哥们。他一只眼睛望着灌木丛，另一只眼睛瞟着瓜地：最大的西瓜究竟在哪里？

集体需要有相当高的情感修养和道德修养，才能使上述行为（请求允许偷一个西瓜）成为善意取笑的对象。孩子们之所以对3个孙子的行为报以宽容和同情的笑声，是因为他们十分懂得孙子们的心理状态：3个孙子十分感谢祖父的殷勤款待，良心不允许他们忘恩负义，但同时他们又和每个乡村小孩一样，觉得最美味的西瓜似乎就是未经允许而私自弄到手的西瓜。于是他们就去请求祖父允许他们偷一个西瓜。

幽默，是生活这条大河深处的潜流，是集体成员的心灵和思想每时每刻相互接触时所闪出的智慧和情感的光芒。幽默能反映集体的智慧修养、人道精神和健全的道德。一个健康的集体总是以宽容的微笑去对待和评价诸如笨拙、吹牛、唠叨、慌张、匆忙，或者动作迟钝、笨手笨脚等现象。在一个健康的集体中不会有懒惰和冷漠。如果个别学生表现出懒惰的迹象，那么这种迹象就会成为特别俏皮的取笑的对象。

在这方面，以下做法具有重大的教育意义，即俏皮的暗示、对懒人可能会陷入的状况的预先提醒。比如，全班同学打算去远足，到树林去露营。教师出声地考虑："米沙怎么办呢？他就是不去远足也来不及完成家庭作业。"在这个富有幽默感的集体中，米沙的同学们马上建议："让我们带张课桌到树林去吧，既然米沙在家里没时间做作业，就让他到树林去做作业吧。"这种暗示迫使小伙子约束自己，使他在同学们面前感到羞愧。

必须记住，只有当一个人的缺点尚未在身上扎根，并能客观地看待自己时，幽默对他才能产生作用。一个人如果没有成熟的、敏感的良心，也就不可能敏锐地领悟幽默。

在儿童集体，特别是在学前期和先少年期的儿童集体中，经常会出现一些有关学生之间关系的笑料，而集体的教育力量正在于不应使这些笑料引起学生的嘲笑。对那些在成人看来是最可笑的事情，教师也应该看作是严肃的事，应该装作似乎没有觉察到其中的可笑之处，应该和幼儿或少年们一起做游戏。这种游戏对你们教师和学生来说，就是生活本身。我想把师生的这种关系称为内心幽默。这种幽默是一种巨大的教育力量。教师对内心幽默的各种细腻的表现，应该采取很有分寸和小心谨慎的态度，要善于用儿童的目光来看待这些问题。教师对待学生如果不知分寸、心情粗暴，就会深深地刺痛学生的心，就会被他们理解为恶意的嘲弄，从而使他们逐渐变成粗鲁和冷漠无情的人。

下面是集体精神生活中内心幽默的一个明显的例子。

教师们称五年级二班为可怕的班级。这个班里有许多不守纪律的学生。就拿米沙来说吧，他一逮住苍蝇，就把苍蝇的脚浸上墨水，然后把它放在邻座的课桌上。苍蝇在课桌上乱爬乱画，把男孩子们都逗笑了。有一天，米沙在自己前额上画了一只公鸡。

有一次在上课的时候，费佳悄悄地跳出窗口，坐到树上去听写。快下课时，他又跳进教室，回到自己的座位上，并交出听写作业。教师惊奇地问道："刚才不见你在教室里，你从哪儿钻出来的？"大家都笑了。

佩佳会学蟋蟀叫。有一次他叫得非常逼真，教师竟至了听得出神，她说："这只蟋蟀在哪儿？晚上我要来听它唱歌。我就喜欢一边听蟋蟀唱歌，一边绣花。"孩子们怎么也弄不清，女教师是在开玩笑，还是真的相信教室里有只蟋蟀在叫。佩佳脸红了，从那天起，他再也不学蟋蟀叫了。

格里沙的衬衫老是沾上墨水。

春天里，五年级二班新来了一位女生娜塔洛奇卡，她长着一双碧蓝的眼珠，拖着一条白色的大辫子。男孩子们从来没见过这么漂亮的小姑娘。娜塔洛奇卡的目光是那样的温柔、善良，男孩子们被看得不好意思，只得垂下眼帘。

在这个可怕的五年级二班里，发生了一些新鲜事！所有无所顾忌、胡作非为的男生全都安静下来了。在此之前，教师一连三个星期对米沙说："你把头剃剃吧。"但是，米沙就是不听。如今他不仅剃了头，而且口袋里还装着一面小镜子，也不在自己的前额上画小公鸡了。费佳为各门课程都准备了新作业本。有一天,在课堂上,有人对佩佳耳语:"你学蟋蟀叫吧。"佩佳回敬他一个耳光。格里沙的衬衫现在总是干干净净的。

看着这种突然的转变,不能不令人发笑。很清楚,一切变化的原因在于美丽的娜塔洛奇卡。这种精神振奋的现象含有许多可笑之处,必须对其倍加关切和爱护。如果把这种情况向集体指出,使其置于众目睽睽之下,这就意味着使这种精神振奋成为嘲笑的对象,那就全完蛋了,男孩子们必定会故意表现出自己的粗鲁和放肆。男孩子们希望在女孩子们面前表现得好些,这是他们道德纯正的明显标志。他们的调皮捣蛋没什么可怕,这是孩子们的淘气行为,很容易消除其危害性。用什么办法消除呢?用幽默,只能用教师的幽默来消除它。为什么顽皮的学生要把苍蝇变为艺术家?为什么要跳出窗口,爬到树上去听写?为什么要学蟋蟀叫?这是为了要引出同学们的笑声。儿童们的生活中不能没有笑声,可是有些教师却忘记了这一点。当孩子们对自己的同学们机智俏皮的言行表现出喜悦的惊讶时,教师往往为此大发雷霆。这是教育工作中最令人痛心的一种错误。当孩子们发笑时,教师绝不可生气。应当用幽默去使发出不必要和不恰当笑声的学生感到羞愧。总的说来,当教师在对付儿童的淘气行为时(不论这些行为多么不恰当和无聊),他永远不应该失去幽默感。如果教师把顽皮的学生当作自己的敌人,并摆出要与他进行决斗的架势,那么这个教师便丧失了做教师的资格。教师是否善于真心实意地深入到儿童的精神世界,就看他能否在破坏纪律的行为中看出可笑之处,并以此使学生感到羞愧。

第四章

教师的人格、教师集体和学生集体

一、教师的人格在集体和学生个人精神生活中的作用

在思考教育过程的实质时，我们必须很好地思考卡尔·马克思的这句话："人起初是以别人来反映自己的。名叫彼得的人把自己当作人，只是由于他把名叫保罗的人看作是和自己相同的。"[①]教育者可以从这一深刻的思想中找到解释教育过程中产生的许多极其复杂现象的原因。在我们的日常工作中，主要但又难以捉摸的方面之一往往是：我们教育学生首先不是靠某种方法或手段，而是靠本人即人格的影响。没有教师的真实思想和热情的鼓舞，方法往往会成为一种死板的公式。因为一个小孩从开始学步起，他便把自己同教育他的人进行比较，向教育者提出种种要求，把自己的精力倾注在教育者身上，并乐意以他为自己的榜样。所以，不深刻阐明教师人格的作用，培养学校集体的方法就像不学字母就可以阅读一样是不可思议的。

马克思关于受教育者在接受教育过程中开始把自己当作人的思想是非常重要的。

把自己当作人，精神生活中的这一特征归根结底说明并决定着教育过程中的技艺水平。只有在教会受教育者如何对待自己的情况下，教育者才能从心理上和道德上为人们平常称为集体影响个人这一教育方法创造前提。

---

① 中共中央马克思恩格斯列宁斯大林著作编译局. 马克思恩格斯全集：第二十三卷[M]. 北京：人民出版社，1972：67.

集体如同一种非常灵敏的乐器，只有在调好音调的情况下，才能奏出影响每个受教育者心灵所必需的、具有教育意义的音乐。调准音调只有依靠教师即教育者的人格，更确切地说，就是要靠受教育者是否把教师当作人看待以及他们在教育者身上所观察和发现到的东西。教育者的人格、思想信念及其精神生活的财富，是一种能激发每个受教育者检点自己、反省自己和控制自己的力量。而真正的教育，实际上就是从这儿开始的。如果我们说，集体是一种强大的教育力量，那么我们还可以形象地把集体比作鲜花盛开、绿叶陪衬的树冠，供给树冠以营养的是许多深埋地下、不为人们所看见的树根。这些树根也就是教育者赋予人类的财富。

教会受教育者把自己当作人看待，就意味着要他们树立起自我教育的愿望，培养道德自立所必需的意志力。

如何教会学生正确地对待自己？如何使他们树立起自我教育的愿望？

下面这件事发生在战后的艰苦岁月。孩子们准备到森林去，天亮前都来到学校集合，每个人都带着一包吃的东西：面包、熟马铃薯、葱等。只有几个孩子带着小块的腌猪肉或煎鸡蛋。孩子们都取出自己的食品，用一张大纸包好，放进一个背囊里。他们想，我们既然是一个集体、一个家庭，干吗每人还藏着自己的那包东西呢？

列昂尼德也把自己的一小块面包和几个马铃薯放进了背囊，而把一小块腌猪肉仍留在自己的口袋里。因为妈妈说过："吃的时候别让人看见。"

孩子们在森林里游玩、看书，在篝火旁讲故事，然后把食品放在一块桌布上，席地野餐。坐在列昂尼德旁边的是一个身材消瘦、头发淡黄的小姑娘。她叫玛伊娅，父亲在伟大的卫国战争结束的前一天在前线牺牲了。

每个人都分到一小块腌猪肉，列昂尼德也分得一块。

"吃吧，廖尼亚①。"老师说，"也许你家没有。"

列昂尼德脸红了。桌布上还剩下一小块碎腌猪肉。

"玛伊娅，你拿去吃吧。"

---

① 廖尼亚是列昂尼德的小名。——译者

"我已经吃够了。"玛伊娅回答说。

"那就给廖尼亚吃……"

玛伊娅把碎肉递给了列昂尼德。列昂尼德手里拿着这块碎肉不敢抬头。顿时,他感到在自己口袋里藏着的不是一小块腌猪肉,而是一块烫手的石头。

当孩子们吃完野餐后,教师说:"同学们,把纸收拾起来,烧掉它。"

当同学们把纸收集好、揉成一团时,列昂尼德偷偷地把自己的一包腌猪肉扔了。

教师善于察觉儿童的心思,也善于利用在具体环境中所出现的各种关系,促使儿童用集体的眼光检点自己……

在集体中,根据对人对己的态度,可以看出一个学生的为人。对教师来说,这样的状况是最理想的,也就是说每个学生都能表现出具有坚定的共产主义信念;对己对人都讲原则;诚实可靠、严于律己;既善于维护好的东西,也善于主动地憎恨邪恶的东西。这种自我表现只有在集体中才有可能得到展示,也只有在这样的条件下才有可能得到展示,即当教师在给每个学生施加影响时,并未忘记学生在集体中过着精神生活,引导学生日益明了自己作为集体一员的意义,并在集体生活的基础上逐渐形成他们的道德观念、信仰和理想等。

教师的人格影响集体,并通过集体影响每个学生的精神生活的复杂过程是怎样实现的呢?教师是怎样以自己的人格塑造学生的人格的呢?学生的精神力量能够积极地表现出来(我们把这种表现称为学生对待自己的态度、自己管理自己的能力)有什么规律呢?为了使自己的每句话能在集体这个复杂的乐器中调成和谐的调式,教师应当成为怎样的人呢?

我们坚信,这是教育过程中最细致、最复杂也是最普通的修养和技艺问题。让我们深思一下教师对集体和个人施加教育影响这类概念的含义吧。我们经常碰到这样的概念:什么是个人影响大家,即影响精神统一体(也就是由个人组成的富有创造性的、劳动和智力方面的友好团体)?如果受教育者对教育者的态度不十分主动,那么这种影响就不可能产生。我作为教育者不仅需要考虑受教育者对我抱什么态度（这是不够的），而且还应当培养受教育者整个集体，使他们对我抱有我们所需要的那种态度。这种态度是实施复杂的教育过程所必需的。只有当我能培养出这种态度时，我的人格才能对集体并通过集体对每个学生产生影响。

让我们琢磨一下这样一个问题：为了使我能够把集体当作一个整体而对它施加影响，集体应该怎样对待我？如何对待呢？我们这些长辈——父母、教师以及所有的成年人都在以自己的一举一动教育孩子。永远不要忘记，刚刚接触世界的儿童是通过教育者来认识人的。他们从你的所作所为，特别是你对他人主要是他们这些受教育者的态度中，从你的自我表现中，得出如下的结论：人大体上是怎样的；有没有善良，善良是什么样的；什么是理想；等等。受教育者是否追求共产主义的道德理想，取决于通过具体的教育者表现出来的美好的伦理道德准则，在受教育者面前能否得到鲜明的展示。

学生对自己教师的人格所抱的态度如何可以这样表述：教师的人格是通过完整的、美好的重要思想见解与高尚的道德准则来吸引、感染并鼓舞学生的。如果你想成为影响集体的巨大力量，按照塔·谢甫琴科的说法，你就应向你的学生传播真理和科学。这实际上就意味着，你应当成为人民的良心和凝结在你的日常生活和言语之中的共产主义理想的体现者。请记住，自从在幼小心灵中刚产生要模仿你并成为像你那样的人的最初愿望时起，在你的学生看来，你的每句话都具有特殊的分量，你的每个思想都会成为他的思想和信念。

人们常说：知识应当成为信念。这是教育智慧中的一个重要的真理。知识如何才能成为信念？需要具备哪些条件？条件只能是学生愿意以你为榜样，愿意成为像你那样的人，你所说的真理使他们心驰神往并受到鼓舞，而你的心又总是为科学不停地、激烈地跳动着。

在教师的人格中是什么东西吸引着儿童、少年和青年呢？是什么东西使他们名副其实地成为你的学生呢？是什么东西使你的学生从精神上联合起来，并使集体成为思想、道德和精神心理的统一体呢？理想、原则、信念、观点、兴致、趣味、好恶、伦理道德等方面的准则在教师的言行中和谐一致地体现出来，就是吸引青少年心灵的火花。这火花正在变成青少年前进道路上的灯塔。同时，非常重要的是要使这种和谐一致的体现成为教师内在的需要，成为他的生活准则。缺少这种准则，他就不能思维，也不能想象个人拥有幸福及丰富的精神生活。

只有当教师的人格包含着上述的和谐一致时，才能显示出知识的教育力量，因为我们传授给学生的一切都是经过我们的心灵过滤过的，其中充满着我们的共产主义信念。

几年前，我有幸同数学教师格·格·阿丽先科共过事。她之所以成为一名优秀教师，是因为她是一名非常出色的教育者。数学是她教育人的工具。人们问她："你是怎样用数学教育人的？要知道，你的教材同共产主义思想是相隔很远的。"她回答说："上数学课首先是一种劳动。因此，我力图使学生首先把我当作劳动者，也让他们产生成为劳动者的愿望。要忘我地工作，要把自己的全部力量献给心爱的工作，要憎恨游手好闲、懒惰和轻率，这就是我教给学生的原则。"

正是体现在这位优秀教师日常工作中的上述原则吸引并鼓舞着学生。当学生们深夜看见阿丽先科屋里亮着灯时，他们便怀着爱戴、敬仰和激动的心情跨进她的门槛。他们来到了一个令人迷恋的思想、劳动和忠于崇高理想的境界。老师跟一些同学一连几小时坐在桌旁演算一些"极其复杂古怪"的习题。于是在集体中便产生了这样的信念：只有通过自己的努力获得知识、懂得比在课堂上所要求的更多的东西，才是一个真正学生的神圣职责；占有他人的劳动、偷看他人的试卷是一种可耻行为，是对人格的侮辱。

阿丽先科测验学生时，可以一连两个小时不在教室里，但是根本不会发生互相抄袭的现象。这就是集体的巨大教育力量，这是一种激发每个学生对欺骗和弄虚作假行为做毫不妥协的斗争的力量。而教师身上拥有的那些美好、诱人、鼓舞人的原则正是这种力量的源泉。在阿丽先科的班上，学生自己把教师的评分写进记分册，没有出现过不老实的做法。

教师的威信是教师的智慧和心灵的结晶，是使集体能够树立起尊重自己的理想、原则和信念的力量。教师只有言行一致，才能树立起具有巨大教育力量的威信。教师的活动（指成为学生榜样的活动）是建立自己威信的基础。

　　为了使集体受到教师在理想、信念、兴致、趣味、好恶等方面的准则和谐一致地体现出来的鼓舞，需要些什么呢？首先需要教师具有高深的学问。用列宁的话说，要具有真正的学问[18]。我们教师必须深刻而又严肃地认识到我们是在用思想和知识教育人的这一真理。我们的活动是一种思想生活，是设法激起学生的求知欲的一种才能。只有当集体生活充满着思想、智力兴趣和各种需求时，它才富有意义。用知识教育学生，并不意味着把知识变成为成品，然后将它们塞进学生的头脑。学校的教育使命在于使青少年在心灵里树立起自觉的学习态度，确定对知识的坚定原则立场和自己的见解。我们教给学生的知识应当成为他们的信念。真正的教育者是带着自己的思想接触学生的。他从内心要求将自己的知识传授给学生，并为自己的信念（给人以鼓舞和歌颂真理的信念）捍卫着最崇高的真理——共产主义思想以及自己的信念正在变为他人的信念而感到莫大的快慰。教师的工作恰恰在于，他必须将知识、真理和法规变成自己的见解，而后使它们成为从思想上团结集体、教育志同道合者的力量。

　　一个教师如不经常置身于书的世界，他能担负使命是不可想象的。教师的藏书每周都应该得到充实，因为它是教师思想和精神力量的源泉。书本知识是教师的财富和智慧。一个真正的教师常常感受到学习知识是个人研究人类创造的精神财富的一件快乐的事情。

　　书本知识经过你的思考会发出光彩。你在智慧上和情感上的收获，即便是点滴的收获也都应当融入你的学生的精神世界，而这种思想就像一条红线，始终贯穿在你的意识之中。你就是怀着这种愿望来到学生身边的。你同他们见面，并不是为了向他们讲述你所读的书籍的内容。你来到他们身边是有自己的想法的，你把他们当作自己的志同道合者，当作和自己平等的人。

　　我坚信，教师对学生的真正的爱，是一种强烈的不可抑制的愿望，是一种要把你认为自己身上最好的东西献给学生（不是献给某个人，而是献给集体）的愿望，是努力使学生从思想上和政治上也达到和我们同一水平的愿望。教师对学生的爱已不是他在走上教育工作岗位时所怀的那种感情。教育是一种孜孜不倦、艰苦而有趣的创造性工作。通过这种工作，整个集体思想和道德的一致才得以形成。哪里有这种爱，哪里的教师本人就是吸引集体和每个学生的巨大力量。

所谓影响学生集体，就是要用志向和愿望鼓舞学生集体。集体的志向就是崇高的道德的统一。哪里的集体向往某种高尚、美好的东西，哪里就会产生集体影响个人的巨大而又不可战胜的教育力量。而这种力量正是每个深思熟虑的教育者所梦寐以求的。

那么用什么来激发集体去追求高尚、美好的东西呢？那就是用教师的人格所表现出的伦理道德准则、他的生活目的和生活蓝图，这些都是儿童，特别是青少年所神往和期望的。学生集体应当坚信，教师会把他们带向崇高的目标。青少年的理想只有通过响应号召才会流露出来。因此，青少年和儿童们响应教师的号召越积极，集体的志向表露得也就越明显。其实，学生按教师的号召行事，也就是集体生活的开始。

这种号召表现为，学生由于看到了教师的崇高生活目标而被教师的志向所吸引，自己也追求崇高的生活目标。教师号召学生奔向高尚、美好的目标是：忘我地为大家、为祖国、为人民服务，为实现人民的理想而奋斗。而这种号召正好反映着教师对自己学生的爱。因为有了这种爱，学生集体才取得思想上的一致。只有在这种情况下，学生才爱戴和信任自己的老师。

教师的人格之所以对学生集体产生影响，其艺术性表现为，当教师谈到某件事情时，仿佛在轻叩学生的心扉，激发他们考虑自己，并为自己焦急，最后把他们领进生气勃勃的教育源泉——志向。比如，一个教师在叙述丹·伊·冯维辛的剧本《纨绔子弟》时，学生们似乎看到了与今天青年的精神生活和兴趣相隔很远的世界。但是，一个教师要想成为真正的教育者，他就应当以自己的见解、自己的人格使知识发出光彩，从而使学生感到教师的话是针对他讲的。集体中应当有人感到羞愧，有人感到骄傲；而总的说来，在同教师交往的此时此刻，集体的精神生活应当受到这样的愿望所鼓舞，那就是要追随教师、像教师教导的那样去生活。

在教育工作中，很重要的一点是要顾及个人接受集体影响的能力。这种能力只有在这样的条件下才能形成,那就是学生时刻都感受到教师在为学生的命运担忧;而学生也必须在集体精神生活的基础上领会教师的忧虑、关怀以及为他们而不安的种种心情,醒悟到自己的每个不正确的、轻率的举动都会使教师感到痛心。这种情况(即教师经常向全班同学说出自己的不安心情)使教师对学生所做的一切真诚努力具有巨大的社会意义。

如果在我的班上有一名难以教育的儿童,那我就要考虑我该如何向全班同学讲这个儿童品德上的缺点,才使他感到并认识到:他的缺点是每个伙伴的最大不幸;讲他的缺点是为了使他人引以为戒。向班集体讲一个学生道德上的缺点应当慎重,要注意分寸。向班集体讲某些个别学生的生活、苦恼和欢乐时,要讲究艺术。这种艺术在于不要用手指点,也不要用谴责的目光看着有过失的儿童。谈话时应当做到,使每个人想的不是某个同学的某一错误行为,而是自己与同学们交往的性质、对同学的态度以及自己的品行等。让每个学生想一想自己的所作所为,使他们在听到教师的号召后,都努力表现得好一些。在有的家庭里,孩子就像野草一样生长着,得不到指教;生活中没有什么东西能引起他的兴趣,他也无所追求。我认为,在这样的家庭里,孩子是不可能成为有教养的人的。在这种"野生野长"的条件下,孩子的行为是自发的、任性的,思想是散漫的,精神是空虚的。这就是我们培养儿童从小追求高尚的道德目标首先要做好父母的教育工作的原因。

教师是否真有学问,要看学生是否把他当作带领他们攀登道德顶峰的向导,是否把他的话当作成为忠于自己的高尚信念、憎恨邪恶和虚假的人的号召。

教师想要用自己的见解去唤醒青少年,使他们激动起来,那就得去给他们讲讲那些使自己感动、产生过喜怒哀乐情感的动人事件。有一条关于保卫苏维埃国土免遭侵略者进犯的苏联边防军的英雄功绩的消息感动着我国每个公民的心。消息说,当边防哨所所长的妻子、两个孩子的母亲利季娅·斯特列利尼科娃得知丈夫牺牲在战斗岗位上的消息时,没有哭泣,没有悲观绝望,而是投入战斗,冒着枪林弹雨冲向战斗最激烈的地方去帮助丈夫的战友。读完这则消息,我被这种伟大的英雄气概和献身精神激动,心绪久久不能平静。良心要求我必须给青年男女讲述这件事，使他们想想自己的生活，看看自己的灵魂。

我看到学生的眼里闪烁着悲痛、骄傲和思想上准备立功的火花。这种谈话是我们精神交往中最幸福的时刻。集体的思想和道德的一致性也是在这种时刻形成和巩固起来的。因为每个人在思考公共即全民事情的同时，也在想着自己。这种公私交融不仅能使学生产生真正的公民精神、磨炼出对集体的责任感，而且能使他们变得更加细腻、更加敏锐。对集体舆论的高度敏感正是一个人对集体负有道德责任感的体现，而这种责任感又正是每个深思熟虑的教师所强烈希望的。教师的个性对集体的影响，还取决于他是怎样巧妙地用思想之光照亮每个青少年的心灵的。

遗憾的是，有时甚至还能听到科学工作者和个别教师说："言语教育"是许多学校教育工作开展不力的原因。这种说法是不正确的。实际上，正是当我们忘记言语是我们拥有的唯一巧妙可靠、万能而有效的教育工具时，教育才变得软弱无力的。"言语教育"这个术语听起来很怪，有人认为它很不完善。一个真正的教育者应当完善地掌握规范语言的各种表达方式。言语中包含着人与人之间的关系，因为语言是表达思想的，而思想是教育的支柱。教师应当使自己的语言、思想、信念和教诲进入儿童的心灵。

集体主义者之间的各种关系，如友谊、相互帮助、共产主义的纪律和严格要求等是在需要细心琢磨各种精神活动（如对自己的看法、自我评价以及在集体舆论面前是否开诚相见等）的基础上形成和发展起来的。开诚相见是非常微妙的东西，对它在集体中的教育作用不能估价过高。只有当你为了影响集体、努力使每个学生开诚相见时，集体才能成为强有力的教育工具。

假如你教的是个四年级班集体，其中有个儿童名叫米沙，他心地粗野、冷漠无情，而又懒惰，听不进别人的规劝、意见和告诫，想干什么就干什么。他的童年早期是在利己、冷酷，甚至残忍的气氛中度过的。多次同他谈话，都无济于事。你应求助于最有效同时也是最微妙的影响手段，即正当全班同学开诚相见、整个集体积极响应教师的号召时，也应使他向崇高、美好的思想敞开胸怀。请不要用与米沙的错误行为有关的事情作为同集体进行教育谈话的内容,请不要生搬硬套。因为孩子们非常敏感,而矫揉造作对他们是不起作用的。请带着曾经引起你心情激动的东西到集体中去。要想到集体是个统一的整体,但与此同时,也要想到米沙,也要打开他的心房。

于是你就来到教室,讲述一件使你十分感动的事情:有个小孩在第聂伯河游泳,看见河中有两个不会游泳的小姑娘被淹没。他救起了这两个小姑娘,但由于筋疲力尽而牺牲了。这不只是一个动人心弦的故事,对这个故事的反应可以反映你的人生观、伦理道德观和你的处世之道。学生们在听你的讲述时,都相信你——他们的教育者也会这样做的。全班同学不仅被这个小孩的高尚品质吸引,而且也被你的热情和兴奋感动。只有当集体亲眼看到教师的高尚思想和人格融合在一起时,他们——你的教育对象才能成为你的志同道合者和你的思想追随者。

在这种时刻,人对人、思想对思想、心灵对心灵是息息相通的。此时,米沙沉浸在共同的激情之中,他注视着其他人,从教师和几十个同伴身上感受到高尚道德情操的鼓舞。他感到集体的目光似乎在凝视着自己,仿佛在问他:你是谁?你是怎样的人?在共同的道德都在升华的此时此刻,即使是淡漠无情的、被家庭不正确的教育伤害了的心灵也会激起对理想的追求。在上述思想和感情的影响下,在米沙的心灵里,正在形成一种复杂的精神状态:他感到他的同学和老师都希望他好,都希望他成为一个精神丰富、道德高尚的人。正是在这种时刻,像米沙这样的学生才会产生要和大家在一起、要得到别人的支持、要有志同道合者等愿望。

"近朱者赤,近墨者黑。"这句谚语包含着一种深刻的、明智的思想:信念产生于信念,志向只能产生于志向,毫不妥协的怒火,只能用毫不妥协的火花点燃。年轻人的道德面貌、行为以及对待善恶的态度是由他们的精神支柱决定的,而这种精神支柱牢固与否,取决于教师的人格、教师的思想是否丰富和他对生活的真理是否忠诚。

我认为集体工作中最重要也是最困难的,是用正确的人生观武装受教育者。为了建立集体的思想和公民精神的基础,我向青少年心灵中灌输的一切都渗透着这样的精神:最幸福的生活是充满着崇高、美好的共产主义思想的生活。如果没有强烈的激情，如果不对邪恶、虚伪、侮辱人格、不讲原则等现象怀着毫不妥协和不能容忍的情感，那么要想在青少年的心灵中建立起正确的人生观是不可能的。我在青少年的心灵中培育起对邪恶的高度敏感，使他们做好这样的精神准备，即不仅不容许种种道德恶习毒害自己的心灵，而且要成为一个反对恶习的战士，使恶习无处藏身。只有在这种时候，善和美、高尚的道德情操和忘我精神才会控制青少年的心灵。我教导青少年要为人民而活着，同时也要痛恨道德上不坚定、不讲原则、利己主义和自私自利的行为。我们力图向学生解释正确的人生观的含义，使他们从小就对趋炎附势、"事不关己"等市侩习气深恶痛绝。对一个真正的人来说，世界上发生的一切都同他有直接关系，都在触动着他的心，都会引起他的兴趣。

当全世界都被希腊法西斯分子杀害希腊人民的民族英雄、共产党员尼科斯·别洛扬尼斯的罪行所激怒时，我对我的学生（四年级学生）讲：英雄的妻子埃利·伊奥安尼杜在希腊的监狱里受苦。她生了一个儿子，而小尼科斯·别洛扬尼斯从出生的第一天起就是一个囚徒。学生们长时间地关注着这个生在资本主义世界中的小孩的悲惨命运，他们悲愤交加。为了拯救小尼科斯，使他得到幸福，我们每个人都准备献出一切。我们侥幸地通过国际红十字会给英雄的小儿子寄去了礼品——一只穿着乌克兰民族服装的洋娃娃。我们收到了埃利·伊奥安尼杜写的一封短信，话虽不多，但它表达了母亲对礼品的热情谢意。在这些难忘的日子里，孩子们的欢乐也就是我们的欢乐。它激励着我们攀登道德的高峰即精神生活幸福的高峰。

只有当感受能控制集体，而且体现在互相关系、积极活动和行为举止之中时，它才会成为滋生道德信念的土壤。为集体的美好感受所鼓舞的集体活动，也就是见之于行动的思想上的志同道合。集体活动是否具有对社会有益的明确目的性，是思想能否成为每个学生个人精神成果的主要条件之一。

在我努力给学生们阐明的正确的人生观中，尽义务的思想起着重大作用。我以许多鲜明的、令人信服的事实揭示这样一种思想：对父母和同志、对集体和社会、对人民和祖国的义务感要像一条红线一样贯穿人的一生。不懂得什么是义务和缺乏义务感，就谈不上人的道德，也谈不上集体。教育的最高目标，就是将每个受教育者的思想提高到把自己当作社会主义祖国的儿子那样的水平。而这一目标能否实现，取决于受教育者在童年和少年时代，是否懂得和感受、履行和尊重自己对大家应尽的义务。非常重要的是，要使儿童明了，并以亲身的经验证实：真正的个人幸福在于履行义务；对社会、政治和思想所尽的义务越多，个人也就越幸福。

我的学生在童年、少年和青年早期就体验到，有意义的事情首先是了解这样一些人的生活，他们的道德美在于对大家、对社会、对人民、对祖国尽义务。

集体的义务劳动和由义务感所产生的各种关系为集体的教育工作打下了基础。多年来，在我们的教育集体中形成了一条非常重要的信念：年轻人在劳动中能否得到道德上的锻炼，在于他们在对大家、社会、祖国尽自己义务的同时，能否感受到一种莫大的幸福和充分的满足。我们通过让每个学生积极参加富有思想性的集体劳动，把他们领进幸福的发源地。

在需要向青少年阐明的正确的人生观中，下列问题占着特殊的位置：干哪一行？掌握什么专业？献身于何种劳动？这就是人们平常所说的职业定向，也是某些职业谈话常常涉及的问题。使学生产生爱好某种职业的思想，亦即确立选择专业的思想，是思想教育的一个重要方面。教师应当把这些任务当作自己的使命，即使每个学生最终都能够充分展示自己的才能，使他们早在中小学时代就知道自己适合干什么，并下定决心选择某个职业。为此，教师首先要熟悉每个学生的特长、条件和能力。但这还不够。一个人只有当他的志向、能力、才智被光辉思想即准备为祖国履行自己义务的那种高尚思想支配时，才能在为人民造福的劳动中展示自己。这种光辉思想实际上使每个受教育者有可能更好地认识自己，理解自己的志向和能力的意义。

志向的培养是同确立人的自尊感和尊重劳动的感情密切联系的。要使青年人不只是下决心干哪一行，同时还应下决心成为怎样的人。我认为在青少年的心灵中确立以下的信念是十分重要的：一个人通过极其普通而平凡的劳动可以登上人类尊严的最高阶梯。集体生活应当充满着尊重普通劳动的精神，而集体成员之间的相互关系，应当建立在劳动和尽义务两者一致的基础上。

每个受教育者能否正确地选择生活道路，最终取决于他们在少年时代和青年早期是否懂得什么是幸福。集体对工人、农民的劳动幸福的体验犹如一扇窗户。通过它，年轻人早在中小学时代就能看到自己的未来。只有在集体中，只有在创造性地致力于普通劳动的环境中，教师才可向每个受教育者打开这扇窗户。

受教育者如果不建立一套自我教育和自我教养的制度，要确立正确的人生观是不可想象的。自我教育是中小学生活中的中心问题之一。教学生自己教育自己，这是教育者对受教育者所要做的最复杂的一项工作。平常所说的培养自己的信念，实际上就是培养不违背自己良心的那种能力。为了使少年和青年男女确立这种极其重要的道德品质，教育者就应悉心地教导学生注意检点自己、观察自己。

下面我来专门谈谈自我意识、自我教育、自我完善和善于扪心自问的问题。我们要求受教育者对自己要忠诚老实、直率、要树立起这样的生活目标，即只有在通往该目标的道路上前进时，才能理解普通劳动的意义，并把它当作达到目标的捷径。

教育青少年的多年经验使我们相信，受教育者能否慎重地、实事求是地、严格地对待自己，能否善于约束自己，能否愧对良心的责备，都取决于劳动在他的精神生活中占着何种地位。只有劳动，只有加强体力劳动和智力劳动，只有在劳动中克服种种困难，只有完成劳动任务后的欢乐，才能使受教育者看清自己。谈自我教育，首先就是谈劳动的欢乐。我们要求学生劳动时做到：全力以赴，思想集中，专心致志，做到不知不觉地让时间流逝掉，并使劳动的欢乐成为自己最大的满足。只有这时你才能对自己的行为和行动做出判断。号召学生参加劳动不能局限于抽象的愿望。我们要求学生认真学习对教学计划中最感兴趣的课程，要他们读书，并逐步充实自己的知识宝库，从而为自己打开窗户，洞察智力生活丰富的幸福世界。对一名把掌握知识当作生活内容的学生来说，独立阅读是自我教育的一个最主要的方面。只有当学生在把自己精神生活的劳动概念同书籍紧密联系在一起时，他才能认识自己，教育自己。

判断自己心灵的能力，追求道德美和伟大抱负的能力只有在集体中才能培养出来，因为这种能力的源泉是集体为人民劳动而得到的欢乐。一个人只有在童年、少年和青年早期时才能体验到这种欢乐，对如下的思想才易于接受：我为大家做了些什么？人们对我的看法如何？一个人的自尊感是在为人们的集体劳动中产生的，也就是在人们能对你的为人提出看法的那种劳动中产生的。一个人只有具备了自尊感，才能培养出分析自己生活的能力。

　　一个人只有通过自己的劳动享有这种自尊感和自豪感，才能对教师关于驾驭自己愿望的谈话产生共鸣和易感性。这也是自我教育的一个重要方面。在集体中如何培养受教育者易于接受教师有关驾驭自己愿望的教导和训诫的能力，提出有关愿望和满足愿望所必需的建议的能力，毫不夸张地说，这还是教育过程中一块没有开垦的处女地。常常有这样的情形：当为学生不合道德的愿望感到不安时，教师便着手根除这种愿望，并为此寻找某种专门的办法。这是在扑灭火灾，而不是在预防火灾。旨在使学生想清楚在所有的教导和训诫中，驾驭自己愿望的教导占着特殊的地位。对愿意接受这种教导的学生，我们常常讲到各种愿望之间有着一种内在的纪律，就像精神和道德文明之间具有不可分割的特征一样。这里尤其重要的是，要以对父母、对社会承担合乎道德的义务作为自己愿望的出发点。集体和个人的义务感发扬得愈完善、学校集体中的相互关系被这种义务感熏陶得愈深透，个人对自己的愿望的信念也就变得愈敏感。

　　多年的经验使我坚信，集体的教育力量正是取决于个人愿望的文明在集体中发扬的程度高。集体支配个人的权力，实际上就是支配个人愿望的权力。这种权力建立得是否牢固、是否循序渐进、是否合理，是培养集体的实质所在。

　　教育和自我教育的一致性，要求十分重视每个学生的劳动制度、重视他们的兴趣和爱好。要教导少年和青年男女进行自我教育，首先就得启发，启发他们热衷于劳动。有经验的班主任不仅关心自我教育，还竭力使年轻人把劳动看作是实现道德上自我完善的途径。学习上的高度积极性是热爱劳动的根源。青少年什么时候把掌握知识、读书和求知欲看成是自己行为的道德问题，什么时候也就是他们自我教育的开始。

二、教师集体和学生集体

关于教师集体的问题还很少有人研究过。在现代教育文库中还没有深刻揭示教师集体在复杂的教学教育过程中的实质、作用及其地位的书籍。然而，教师集体仿佛是学校的轴心。学校作为教育的发源地，作为老一代在道德上、思想上对正在成长中的一代施加影响的一种力量，作为丰富多彩的精神生活的中心，只能存在于教师集体之中。

孩子们一代一代地进入学校学习，毕业离开，而学校的生存则依赖于点滴积累和不断充实起来的精神财富。这些财富的继承者和保存者是与学校共命运的教师集体。学校作为教育的发源地，力量有多大，能否对学生的思想感情产生影响，正取决于学校的这一主体——教师集体逐年得到精心培育和健康成长的程度如何。

教师集体决定着学校的面貌。在教师的信念、观点、传统、习惯和个人特长中、在师生之间的血肉关系中以及在学生之间的关系中均蕴藏着许多永久性的精神财富。如果教师集体能把这些精神财富保存下来，那么，学校就会成为一种巨大的教育力量。

我们把学校集体分为学生集体和教师集体。被教师集体多年积累并倍加保护的精神财富越多，就越能清楚地表明学生集体不仅是教育的对象，而且是一支活跃的、起积极作用的力量，是教育过程的参加者和教育者。学生集体之所以能成为巨大的教育力量，是因为他们受到教师的精神财富和成就的影响。这些财富和成就因教师的实际创造而被学生所理解，并使其增长了才智，其中无不包含着教师的充满崇高精神的知识和思想信念。

为了使教师的个人影响成为一种实际的力量，光有教师的才干、精力、创造性的工作是不够的。这种力量应受到教师集体所创造的精神财富的鼓舞，这些精神财富就是学校几十年来一直存在的教师的观点、信念、传统和思想。

只有在某些教师的经验成为集体财富的条件下，像运用先进的教学和教育经验这样非常重要而又必需的工作才有可能进行。有的学校的教师集体是教师的精神财富的精心保存者。在这种学校里，青年教师就会迅速地、顺利地成为一个有经验的教育和教学能手，就能避免犯在没有上述教师集体的学校里经常犯的许多错误。

没有一个真正的教师集体，教师工作起来就会感到很吃力，因为，实际上每个教师都在摸索，而好的经验如同新生的幼芽，甚至不为在邻近教室上课的教师所察觉。如果没有教师集体，也就没有学生集体。

究竟怎样和依靠什么建立教师集体呢？教师集体是靠集体的智慧、思想和创造建立起来的。校长之所以能成为教师集体的组织者和领导者，只是因为他善于把教师的力量联合起来进行集体思维，善于在创造性工作中寻找并指出发展集体思维的方法，而最主要的一点就是善于跟教师一道年复一年地积累教学和教育过程中的精神财富。为此，校长在一所学校里工作的时间不应是一年，因为在经常更换校长的学校里，是不可能建立起真正的教师集体的。

我们要研究的对象是以下这些问题：在学校积累的精神财富中，究竟哪些应该加以保护和充实？靠什么样的精神财富来建立教师集体？在培养学生集体中、在教师个人的创造中如何发挥这些财富的作用？多年的经验使我有资格对这些问题做出如下的回答。

为了使教师集体成为每个教师的思维、创造和探索的源泉，为了使实际工作受到教育思想的鼓舞和教育理论之光的指引，教师应该在信念、观点、思想、传统等方面取得一致。

首先，必须深信教育的力量。这种信心应该成为每个教师的信念，成为学校的旗帜。相信教育的力量，就是相信自己的工作，相信我能够成为自己学生的思想和感情的主宰，相信我能使最难教育的学生成为一个真正的人。对于一个教师来说，相信教育的力量，如同一个医生相信生命的巨大力量一样。医生的精神准备是要为人的心脏跳动战斗到最后一分钟。如果一所学校相信教育的巨大力量，而且在那里根本听不到"他将是一个无出息的人"这类弃绝的话，那么这个学校的学生集体的精神生活就具有无与伦比的乐观主义色彩。只要到学校里待上3天，就会感到学生集体生活的脉搏如何跳动，就会了解到在教师集体中，有无产生教师智慧的生气勃勃的源泉。如果一所学校的教师集体之所以成为集体的原因，是它相信教育的强大力量，那么这所学校的学生集体的精神生活就具有心心相印的特点。学生们会像聆听慈父的嘱咐一样接受教师的话语、劝告和临别赠言，而对慈祥的父亲来说，世界上再也没有比自己孩子的生命和命运更加宝贵的了。学生不仅倾听教师的每句话，而且还会真心实意地准备把教师所提的合理而善意的劝告付诸行动。学生之所以竭力按照教师的嘱咐行事，首先是因为他们想使教师感到高兴、满意和得到精神上的安慰，而不愿使教师感到难过、悲伤和不愉快。如果一所学校相信教育的巨大力量，那么家长们的合理愿望就会受到学校的重视，当然这不是造成混乱的随心所欲的愿望，而是严肃的无条件的，同时又是合情合理的愿望。

哪个学校的教师集体坚信教育的巨大力量，哪里的教师就享有发号施令的权力，而且这种权力是对学生施加影响的最有力的手段之一。一个教师的心灵之所以对学生的每一成就和挫折十分敏感，是因为他相信教育的力量。只有真正相信教育是一种力量的学校才有真正的严格要求和真正的劳动纪律。教育是一种力量，这种信念会在学校里造成一种智力紧张的气氛，有了这种气氛，无论是学生集体，还是学生家庭都会理解并体验到学习是一种劳动，而每个人对这种劳动，就像对任何义务劳动一样，从小就要承担一个公民应尽的责任。

由于教师集体坚信教育是人类的文明、智慧、意志力的顶峰，所以学生集体精神生活中纤细的幼根才得以生长。这些幼根不仅供学生集体获得教育力量，而且还能使它对个人施加影响。我们所说的这些幼根就是教师集体从道德、精神、智力、创造性和劳动等方面关怀每个学生的成长。这里首先指的是那些很难成为有教养的学生以及难以接受训练、难以接受教育的学生。如果集体眼看着这些学生精神上日益成长起来，那么，集体就会成为一种教育力量。由于教师对教育的力量深信无疑，由于他们付出了劳动，所以许多难以教育的学生在精神上才得以成长，迈出了前进的步伐，而且在教师集体的影响下还会继续成长起来。换句话说，教师集体之所以能成为学生集体的教育力量，是因为它能帮助每个学生揭示自己，使集体能看到他身上的某些好的东西。只有在这种情况下，教师关于自我教育的建议才能为学生所接受。

学校在同个别学生从家里沾染上不良的影响做斗争中取得的胜利，是学校集体教育力量具有真正魅力的源泉。教育往往能成为争夺个别儿童灵魂的一种斗争。有时，上学的儿童中，有的身心受到了家庭的摧残。教师集体就要考虑，如何消除和制止家庭的不良影响，使学校和集体的影响占优势。对这些儿童的命运负责，这种感情使教师、学生特别是高年级学生团结起来。教师集体和学生集体的这种责任感是巨大的精神财富，它年年都因为争取人的心灵，亦即为争取人的幸福所做斗争的胜利而得到充实。一些以前离开学校、早已成人的校友常常带着自己的孩子来看我们教师，并热情感谢学校为他们开辟了通向人类高尚情操的道路。他们特别由衷地感谢教师的家长式的严格要求、感谢学校把教师的话当作不可违背的法规。教师集体深信，我们之所以有权提出家长式的严格要求，是因为我们真正相信教育的力量，相信人，相信我们自己的力量，而这种坚强的信念使教师更加树立起对学生的命运应有的义务感和责任感。

凡是过去在我们学校学习的学生一旦长大成人，做了父母，都像学校的儿女一样来看我们，这是我们学校精神上的无价之宝。由于有了这种无价之宝，其他一切珍品才得以在学校集体中保存。正是这种珍品使每个学生像对待自己的母亲一样对待学校，使他们在心灵和意识中树立起对教师和教师集体应有的义务感。

教育具有强大的力量，这一信念产生于孜孜不倦的劳动和创造。为了检查自己的努力是否有效，需要了解和考虑许多东西。我再次强调集体对教育的信念就像对科学和劳动的信念一样，是一种实际力量，这种力量产生于经常进行集体思考和集体分析的地方。有时我们整个教师集体聚集在一起，专门研究某些个别儿童的情况，如对他们在智力、体力、道德和美感等方面发展情况所做的观察材料进行分析，为他们设计精神上成长的蓝图。关心每个儿童，是使教师集体成为学生集体的教育者最重要的办法之一。

我们坚信，只有当对崇高、伟大的苏维埃祖国和人民及其过去、现在和将来应尽的责任和义务把学生团结起来的时候，他们才能成为一个集体。这就是我们的第二个信念。依靠这种信念，教师集体才能成为每个教师的教育力量和智慧的源泉。如果你们希望学生集体是一个有坚定思想的联合组织，希望它能培养出行动受高尚情操和原则支配的真正的人才，那么就要力争在每个青少年的心灵中树立起无限忠于祖国、无限忠于人民的思想。

每个学生应该首先成为祖国的儿子。这是学生集体精神生活中的主要财富。我们教师集体力求使学校成为每个学生童年和童年幸福的摇篮，并且作为祖国最宝贵的一个组成部分，永远铭刻在学生的记忆和心灵之中。经验使我们相信，在对待全民利益的问题上思想一致是一种强大的力量，这种力量能使教师和学生彼此推心置腹，使我们为了实现一个共同的目标而团结起来。教师和学生之所以成为统一的学校集体的成员，首先是因为我们都怀有对祖国的义务感。每个教师应竭力向学生揭示周围的世界，使他们感到自豪和不安，使他们心地诚实并怀着要把自己培养成为爱国主义者，即祖国的儿子的崇高志向。让学生为我们祖国的荣誉、强大、独立而工作、创造和斗争，并以此来联合他们的精神力量。这是我们的教育使命。由于这种使命，我们——自己学生的年长的同志才能成为他们的老师和志同道合者。

我们的第三个信念是确信智慧的巨大潜力。我们教师集体坚信，只要学校工作组织得当、教学和教育协调一致，学生就能掌握比他现有的多好几倍的知识。为此，必须培养和树立青少年的志向和求知欲。

如果不培养学生的求知欲，如果每个学生缺乏要成为真正有学问的人的强烈愿望、不去体验人的荣誉感和尊严感，又缺少智力财富主宰的感受，那么，任何教学方法都会成为一种死板的公式。我们认为培养儿童的智力需求和兴趣（不管他们打算掌握哪一门专业），是开发学生智慧的巨大潜力的途径。

上述教育工作的内容、方向和效能均取决于教师集体所关注的是什么。如果教师集体本身缺乏求知欲，那么教师的任何话语和教诲都不能唤起学生的求知欲。为了培养学生集体，我们就要培养自己——教师集体。我们对知识的追求、我们的求知欲、我们孜孜不倦的劳动、我们在思想领域和书籍世界中的丰富阅历。只有这些才能使学生集体产生智力上的需求和兴趣，激发他们的智力，发展他们的禀赋和才能。如果一所学校想要成为教育和教养的中心，那么它所关注的最主要的东西应当是精神生活和学生集体中智力财富的经常交流。然而只有渴求知识的教师集体才能使这种最主要的东西得到保障。

我们坚信,教师集体生活中的智力财富,是每个教师拥有自己学生的一种因素。只有教师集体的智力财富,才能使我们实现如下的教育目标(这种教育目标对我们乡村学校教师来说尤为重要),那就是要使学生具有一个真正有教养的人(按列宁对这一深奥概念的理解)的道德情操和自尊感。只是因为我们具有丰富的精神生活,我们的学生才深信,即使在普通的乡村里当一个农民,也能成为一个有教养、讲文明的人。光靠耕地和牧羊,是培养不出一个人对在田间和牧场从事通常所说的普通劳动的感情的。如果现代劳动者的生活仅限于此,如果我们将规定我们的学生仅以此为目标,那么,我们不是在培养对劳动的热爱,而是在培养对劳动的厌恶。一个劳动者需要有完满的幸福,但是,如果他缺乏作为一个真正有教养的人的那种丰富的精神生活,那他眼下就不可能有幸福。

作为主要教育者的校长应当关注的是,如何使一切为了儿童的思想在教师集体的精神生活中永不消失。只有我们关心儿童的健康和精神世界,关心他的需要、兴趣、自我教育所必需的内在毅力和精力,关心他的天赋、才能、志向、生活道路的选择,关心某些儿童智力发展上的超常现象以及其他等等,我们教师集体才能享有家长式的严格要求和受到学生尊敬的权利。

总之,一切为了儿童的思想是一个广泛的概念,它既包含校长在我们教师心理学讲习班所做的报告,又包含根据长期观察做出并经集体讨论的教育心理学的鉴定,还包含对我们学生精神生活的某些方面的分析,如品行、举止、学生集体中的各种关系、才能和理想的形成等。假如我们不阅读教育著作,不好好思考所读的内容,那么,一切为了儿童的思想就可能消失。集体的一切为了儿童的思想是每个教师进行个人思维和个人创造的源泉。我们教师集体特别感兴趣的是心理学。如果把教育比作一座能制造复杂装置的工厂,那么,心理学就是这座工厂里的结构最复杂的机具。如果没有机具,或者机具不精致,那么这座工厂只不过是一个空架子而已。

每个教师应当成为自己学科的出色专家。他应密切注视所授学科的科学"前沿"。对于我们的教师集体来说，学术报告已成为如同需要深刻领会心理学和教育学知识一样需要。

教师集体和高年级学生集体要在精神生活方面融为一个统一的学校集体。学校举行的科学和文艺晚会是教师和青年学生共同的事情。教师和高年级学生一起做报告。学校中丰富多彩的智力生活，虽然在一定程度上与功课无关，但会使课堂教学活跃起来。假如不举办科学和文艺晚会，不做报告，高年级学生不在科学和学科小组里进行研究；学生不阅读科学书籍，也没有自己的藏书，那么，上课只不过是为了履行义务而已。为了在学生集体中燃起智力兴趣的篝火，并保持其旺盛的火力，我们就激发学生的如下愿望：要学习、要掌握知识、要像真正有教养的人那样过着有价值的生活，等等。

教师集体的重要信念是，相信任何一种为集体、社会、人民谋福利的劳动都具有巨大的教育力量。劳动不只是教育的手段，它是教育的实质，是集体和个人生活的内容。"劳动教育"这个词组是不可分割的，因为教育只是在它具有劳动的含义时，才成为教育；如果一个人在童年时代其精神生活中就缺少劳动，那么他就不可能有德育、美育、体育和智育。没有劳动，要形成集体是不可思议的，因为只有在劳动中，即在为人们付出体力和智力、在为人们创造幸福时，才可能产生义务、责任和严格要求等关系。

我们教师集体还要关心如何使我们的学生不要轻松地、无忧无虑地虚度童年、少年（特别是少年）和青年早期的年华。凡是进入学校的学生只有当他在学生时代、在学校集体亲身感受到什么是困难的时候，他才能成为一个受教育者。我们教育者之所以享有家长式的严格要求的权利，只是因为"劳动"和"困难"这两个概念在我们的学生的生活中是紧密交融的，并成了一个人在成长过程中的内在规律。一个人不亲身感受什么是困难，他就可能发展成为一个冷酷无情、没有良心的人。如果说劳动能使人高尚，那么也只是因为劳动中存在着困难才使人高尚起来的。我们力求使每个教师把"不劳动者不得食"的思想灌输给学生集体。这是最公正的社会中的一种最人道、最高尚的思想，不懂得这一点，集体就不可能是志同道合者的统一体。这就是说，每个儿童、每个少年、每个青年男女都应知道，粮食和人民的每一文钱是从哪里来的，都要对为人民创造物质财富的人怀有尊敬的感情。这也就是说，集体的各种关系首先要建立在履行劳动义务的基础上。

教育者都知道，要使一个人在学生时代就追求高尚的道德、渴望成为集体心目中的真正的公民、认真负责的劳动者、忠实诚恳的朋友、善良温柔的儿子，是多么不易。只有当集体的精神生活建立在为人们、为社会而劳动的基础上时，青少年的心灵中才会产生这种愿望和追求。

三、教师对学生个人和集体拥有的合理权力

教师对个人和集体拥有什么样的权力，这是教育的重大问题之一。

我认识一位有30年左右教龄的教师伊凡·科尔涅耶维奇。他在学校里和在区里一向被认为是一位勤奋认真的教师。校长对他的评价是："他努力使孩子们好好学习，不能容忍闲散的现象。最懒的学生在他班上也会变得勤奋。他不允许学生有不礼貌的行为。但是，奇怪得很，孩子们都不喜欢他。为什么？我不明白。是否因为他要求过严呢？"

我曾有机会听过伊凡·科尔涅耶维奇的3节课。我也曾看到他在课余时间与学生随便相处时的情景。

就在听第一节课时，在伊凡·科尔涅耶维奇对待学生的态度中，有某种东西引起了我的注意。但这究竟是什么东西，我怎么也弄不明白。教师对学生讲话所用的语气显得故作大度，可是这种缺点许多教师都有，而且这本身也并不是什么了不起的坏事。我留心听教师讲课，力图弄清每句话的潜台词。然而课堂上发生的一件小事，似乎擦亮了我的眼睛。伊凡·科尔涅耶维奇在检查家庭作业本时，走到佩佳身旁停了下来。

"你打算把这个字，一直写错到什么时候？"教师问。

在教师的问话中，我听到的不是焦急、忧虑，而是威胁。孩子低头站着。

"我拿你怎么办呢？"伊凡·科尔涅耶维奇继续问道。

我惊讶地发现，教师的眼里流露出一种愉快的神情。在那一瞬间，我想起了老渔夫克利姆爷爷在鱼篓里拣鲫鱼的情景：老爷爷久久地欣赏着篓子里的鲫鱼，似乎在考虑把这些鱼从水中取出来呢，还是不取出来？其实老爷爷心中早有打算，他只不过是尽情玩赏一番这个念头而已。嘿，你们这些红鳍鲫鱼，现在可落到我的手里啦……

"要知道这位教师现在正在欣赏着自己的权力，并从中得到快感呢。"这个念头如同火花，照亮了我的心，使我恍然大悟。"他正在得意扬扬地思量着如何惩罚佩佳的疏忽大意。"

"我到底该拿你怎么办呢？"伊凡·科尔涅耶维奇再次问道，"你把这个字还要在练习本上写多少遍才能使你聪明一些，才能使你开动脑筋？"（后来我得悉，"要开动脑筋"是这位教师心爱的口头禅）

"我写10遍。"佩佳叹了一口气说。

"你猜出我的想法啦。"教师说，"就写10遍吧，暂时够了。"

教室里鸦雀无声，这肃静使人产生一种沉重、窒息的感觉。佩佳在写着那个可恨的字，教师则在继续检查作业本。当他在伊利亚的本子上发现一个错误时，又自言自语地问道："我拿你怎么办呢……"

伊利亚的表现与佩佳不一样。他央求地看着伊凡·科尔涅耶维奇，答应再也不写错了。教师说："那好吧，暂时就这样。你好好想想这个字该怎么写，在家里造个句子。如果你这个字再写错，你打算重写几遍？"

"20遍。"伊利亚迅速回答，并低下了头。

"这就对啦！可别忘了。"

事情很明白，孩子们把抄写10遍、20遍单词看作是惩罚。为什么会这样呢？须知多抄写几遍单词往往也是必要的，孩子们也很乐意这样做。那么，这些学生究竟为什么要把该做的事情看作是对自己的惩罚呢？

有个学生把家庭作业本忘在家里，于是伊凡·科尔涅耶维奇便出声地讲出自己的想法：拿安德列伊卡怎么办呢？叫他回家拿本子呢，还是原谅他（安德列伊卡的家离学校有两千米）？这位教师就是这样兴致勃勃地品尝着自己手中的惩罚大权！

在另一堂课上，佐娅的字写得不规矩。伊凡·科尔涅耶维奇出声地自问：该拿佐娅怎么办？接着说道："你到黑板前面来，举起作业本，让大家看看你的字写得怎样。"

当佐娅举起作业本时，伊凡·科尔涅耶维奇问："同学们，佐娅的字写得怎样？"

"不好。"孩子们回答得有点勉强，显出惊慌失措的神色。

在第三节课上，伊凡·科尔涅耶维奇把好动的长着一对黑眼睛的科利亚推到墙角去罚站，原因是科利亚在教师讲课时，把一个同学捅了一下，并且发出了笑声。教师边把科利亚推向墙角，边警告说："你就站在那儿吧，一直站到你考虑好今后该怎么办为止。等你想好了今后要规规矩矩，你就举手告诉我，那时我才让你回到自己的座位上去。"科利亚一直站到下课。他那双快乐而大胆的眼睛富有表情地告诉人们：哪怕我再站上5个钟头，我也绝不屈服！……看到一个人不知为什么要当众受罚时，我心里很不好受，与此同时，我很想走到科利亚跟前对他说："好样的！你千万别屈服！只是真倒霉，为了培养这种不屈不挠的精神，教师没有向你建议干一点别的什么事……"我打心眼里为这个男孩感到高兴，同时遗憾地瞧着伊利亚：这孩子的意志已被摧毁，他精神沮丧，非常胆怯。

对伊凡·科尔涅耶维奇的教育"方法"该说些什么呢？我讲这件事是为了让大家看到这位教师如何笨拙地、简单生硬地使用自己对学生拥有的权力这个敏感而又精致的工具。教师如此滥用自己对学生的权力，将会导致儿童心灵空虚，产生人对人的不信任，甚至相互仇恨。在这种气氛中根本谈不上集体，因为儿童喜爱的学习活动并没有把他们团结起来。凡是教师利用学习作为惩罚手段，因而使学习变成学生痛恨的事情的地方，学生就会怕教师，他们的心地就会变得粗暴、冷酷和无情。

教师的权力、人对人的权力、长辈对小辈的权力，是我们教师职业中极为重要的问题；我们每一个人对此问题都应有所触动。在教师所拥有的全部教育手段中，支配孩子的权力是最普遍、最包罗万象，同时又是最敏锐、最讲究，但又很不可靠、十分危险的手段。这种权力犹如一种器具，可以用来对儿童进行无痛而又不被觉察的手术，但也可以用来切开儿童心房中的软组织，并使儿童感到疼痛难忍。这种器具十分必要，同时又不无危险。一切取决于教师如何使用这种器具，以及他对学生使用这种器具的动机是什么。如何驾驭孩子，这是教师最大的难题之一，也是教育技艺高低的标志之一。

费·米·陀思妥耶夫斯基在自己的作品中写道，如果一个人使用自己手中拥有的权力去侮辱他人，这个人就会变得粗暴和愚钝，就会变成一个暴君[19]。这种思想即使在今天也很重要，它直接关系到学校和教育。如果这种思想不对，如果在长辈和小辈、父母和孩子、教师和学生之间的相互关系中一切都十分顺利，那么学校充满困难的教育工作中也就不会存在种种棘手的问题，也就是说，一切都会非常顺利。可惜在实际工作中往往不是这样。这位伟大思想家和艺术家的富有哲理性的告诫，在今天人的个性得到发展的时代，也具有特殊的意义。当我观察伊凡·科尔涅耶维奇如何欣赏着自己对学生所拥有的权力时，当我看到这种敏感的器具——权力被恶意地使用时（可能这并非教师的本意），我就想起了陀思妥耶夫斯基关于把权力用于侮辱他人和暴行的这段话。当然，像伊凡·科尔涅耶维奇那样对待学生是罕见的。但是，尊敬的同事们，让我们扪心自问，我们就会承认：现在仍然可以常常遇到这样的教师，他们在处理儿童的问题时，不是经过明智的深思熟虑之后做出决定，而是根据瞬间骤然产生的情绪匆忙做出决定。

朋友们，当我们跨进学校大门，决心献身于塑造真正的人这一崇高的事业时，让我们记住我们面前潜伏着一种很大的危险——容易冲动，容易受突然爆发的任性情绪所控制。要想成为一条使热烈的心和冷静的理智汇合在一起的河流，那就不能仓促地、不假思索地对学生做出处理决定，这是教育技能中一条川流不息的支流。这条支流一旦干涸，书本中的所有教育理论知识都将化为乌有。情绪如同闪电，瞬间便起作用，而思维则是在情绪之后缓慢产生的。这就是为什么权力这个复杂的器具经常会脱手而出的原因。如果我们的思维也像闪电般地迅速起作用，我们的情绪便会伴随思维在协调一致的乐队中奏出和声，这样我们就能够合理而谨慎地使用权力这种器具。教育智慧的高低在很大程度上取决于我们能否控制自己的感情。

马克思曾在自己的一封书信中写过关于信任会使人丧失防备之心的问题。如果一个人无限地信任他人，这个人在某种程度上也就会成为无防备之心的人。有经验的教师永远不会忘记这条真理。儿童对优秀教师的信任的确是无限的。当儿童跨进学校大门，成了你的学生之后，他就会无限地信任你，你的每一句话对他来说就是神圣的真理；你的行为在他看来就是智慧的化身和道德的典范。儿童对教师的信任，犹如玫瑰花上的一滴洁净的露珠。请不要把这一滴露珠抖落。要珍惜信任，这也就是说，要珍惜儿童对人不加防备的心。这种教育智慧应该贯穿于我们全部工作之中。哪里的教师不懂得儿童的内心世界，竭力把儿童不加防备的心变为关闭小鸟的樊笼，并把自己认为有益的和必要的东西强加给儿童，哪里就会开始出现教师缺乏修养和愚昧无知的现象。不懂得儿童的心对任何人都是敞开的，不善于将心比心，是造成教师处境不幸，终至于丧失支配儿童的权力的一个原因。须知一个真正的人，正如一只小鸟，在樊笼里是关不住的。

以下守则是我的教育信条之一：只有当我懂得并从内心感到儿童对我无限信任并因此对我敞开心扉时，只有当我把支配儿童的权力建立在这种信任和敞开的心灵的基础上时，我才有权去做他们的导师。孩子们越是信任我，越是满心情愿地跟我走，我对自己和孩子们的一举一动所承担的责任也就越大。

必须认真地深思：无限的信任究竟是怎么一回事？会不会是指儿童由于盲目地信任你这位教师而自觉地放弃一切个人的东西？不，完全不是这样。儿童的信任，哪怕是已达到无限信任的程度，仍然是个人追求丰富、充实的精神生活，即追求与人的多种交往的一种信任。按照圣埃克苏佩里的说法，儿童天性中有一种想被别人驯服的需求[20]。儿童很希望有一位贤明的、具有丰富生活经验的长者，这位长者不仅要关心他们的幸福，为他们承担责任，而且还要使他们的生活充满乐趣和激情。对儿童的这种愿望，必须像对待无价之宝那样倍加爱护。只要儿童心中存在着这种愿望，通向儿童心灵的道路对你们就是畅通的。教育的秘密，如果你想知道的话，就在于珍惜儿童渴望你成为他们的朋友的愿望。但是儿童想要的是一位不寻常的朋友。儿童十分清楚你的岁数比他大，你比他聪明。你在集体面前越是表现得聪明、有才智、感情丰富，具有高尚的道德情操和高雅的审美感，儿童也就会因你是他的朋友而感到格外高兴。既敬重你的才智，又把你当作朋友一样来爱戴。这就是你的学生们对你表现出的感情上的和谐，由于有了这种和谐，集体才会信任你。

儿童出于对教师的信任，心里总是认为一个聪明的长者，无论处境多么困难，都会找到摆脱困境的办法的。我永远不会忘记这样一件事：夏天，七月的一个炎热的日子，我带着小学生们一起去树林里玩。我们坐在一棵枝叶繁茂的橡树下休息。炎热的天气使孩子们精疲力竭，有些孩子一坐到草地上就睡着了。突然我听到了雷声。天渐渐暗了下来，从树林深处刮来一阵凉风。什么东西哗哗作响，越来越近。原来是一股水流沿着我们那棵大橡树下面的小冲沟汹涌而来，因为离我们不远的一个地方刚下过一阵大暴雨，现在雨水已经冲到我们跟前。此刻我不由得想到："这很危险，水会把孩子们围困起来。如果水的来势越来越猛，我们该怎么办？"霎时间我记起了30步开外有一条灌木丛生的古老冲沟，沟坡上有一个宽敞干燥的大洞。想起这个洞，我心里立即觉得轻松多了。

忽然霹雳一声，我们那棵橡树的树梢着火了。在我们下面，大水正在逼近；在我们头顶上，烈火熊熊。孩子们紧紧地挨着坐在地上，一声不吭地望着我。在这困难的时刻，我从孩子们睁得大大的眼睛里看到的不是恐惧，而是对我无限的信任。唯有我，他们的老师，正在恐惧地感到致命的危险。我觉得，如果孩子们在我的眼神中觉察到惊慌失措以及为自己而不是为他们焦虑的心情，那么从此刻起我便将永远丧失担任他们教师的资格。孩子们无力自卫，他们把一切希望都寄托在我的身上。想到这一点，我就增添了力量。孩子们对我的信任，使我克服了恐惧心理，变得勇敢起来。

"一个紧跟着一个，不要分开。"我对孩子们说，"大家跟在我后面爬。"我们往沟坡上爬去，几分钟后就爬到了那个大洞口。

我的眼睛一分钟也不敢离开这些无限信任我的孩子。最后的一个孩子也终于爬进了洞穴。

这次经历是我一生中所上的一堂最好的教育课。我一边倾听着轰隆隆的雷声，一边经受着良心的责备。我为自己与学生之间过去经常发生的冲突而感到羞愧。那时孩子们因淘气而惹出了麻烦之后，用清澈明亮和信任的目光看着我，而我心里却认为他们在装模作样，于是我就发火。那时我对孩子的心灵理解得多么肤浅啊！为了使师生之间友好、亲切和善意的关系经常保持和谐，教师必须十分珍惜儿童对自己的信任，应该成为儿童所爱戴的、聪明的保护人。教师对儿童所拥有的权力应当非常合乎情理！一刻也不能忘记：只有当孩子热爱你时，他才愿意成为你的学生；而只有当他信任你时，他才会热爱你。在这种信任和热爱感情的基础上，儿童产生要在成人那里寻求保护的愿望。当孩子们满怀希望注视着你、十分信任你的时候，你就是他们真正的教师、教导者和生活的导师，你就是权威、真理的化身、朋友和同志。朋友们，请记住，孩子们的这种感情基础十分脆弱，极易遭受破坏。如果你破坏了这种基础，你也就丧失了作为教育者的资格，你将成为学生的监视人，而不是教育者。

如果没有儿童对长者的真正信任，如果儿童不是热诚地希望向自己的教导者寻求保护和承受教导者对自己的关怀，集体也就不可能成为全体成员在思想上和情感上的统一体，因为只有当人们互相信任时，才能做到开诚相见。学生对教师的无限信任，这是集体主义的基石。儿童和青少年的精神生活中有一种十分敏感的东西，这就是集体的意志。只有当学生认为自己对集体心爱的事情漠不关心，对自己来说，是一种耻辱和胆怯的表现时，我们才有权把集体的意志说成是一种实际的力量。比如，每个学生随时都能感觉到同学们和自己一样，十分信任老师，在这种信任感的相互感染下，逐渐形成了整个集体对老师的信任，于是就产生了集体的意志。只有这种信任感才是集体意志的源泉，也就是说，是个人对自己在集体中的行为举止所承担的义务和责任的源泉。

应该怎样去保护儿童的信任？如何使儿童产生要从教师身上寻求保护的愿望？

这是培养集体的奥妙之一。生活使我相信，在这十分敏感的教育领域中，最重要的是深刻理解和满腔热情地去感触儿童的内心世界，去感触儿童时代的特征。我们应该像航海家依据指南针那样，把我们与之打交道的是儿童这个客观事实作为一切工作的依据。儿童时代的世界，是一种特殊的世界。儿童有自己的幼稚的善恶观、好坏观，有自己幼稚的审美标准，甚至有自己衡量时间的尺度。在童年时代，一天好比一年，而一年则长似一辈子。当你断定这是一些幼稚的东西时，绝不能忘记，你的学生明天就不再是儿童了。因此这些幼稚的观念、标准和观点并非像你的学生将要脱落的乳牙那种暂时存在的东西。儿童心目中需要树立起一些幼稚的却是永久性的东西。幼稚的观念、标准、观点和信念，应当成为将来能长成大树的幼小而茁壮的树苗。

但是我们的学生毕竟是儿童，我们的集体毕竟是儿童集体。为了取得进入名为童年的这座奇异宫殿的通行证，我们应该使自己在某种程度上成为儿童，再现儿童的本色。只有在这种情况下，我们才能享有对儿童的合理权力。只有在这种情况下，儿童才不会把我们看作是偶然进入他们宫殿的生物，不会把我们看作是只看守儿童世界的大门，而对奇异的儿童宫殿中发生的一切漠不关心的守门人。

费·米·陀思妥耶夫斯基有这样一句名言："让我们带着自己也有罪的心情走进法院的审判庭吧！"让我们怀着一颗炽热的心走进跳动着儿童生活脉搏的奇异的儿童世界吧。

尊敬的读者们，请不要以为我把儿童世界理想化了。我十分明白，儿童世界是由我们成年人留给自己孩子们的那些东西建立起来的。但是，正因为儿童是娇嫩的幼芽，是未来大树的弱小树苗，所以他们要求我们给予特殊的照料，要求我们特别细心、谨慎地对待他们。

教师的权力的合理性，首先表现为洞察一切的能力。如果你想进入儿童世界这座奇异的宫殿，摸清宫殿里种种独特的规矩，那你就得首先掌握儿童从来不会故意干坏事这条真理。克鲁普斯卡娅曾写道："最大的犯罪是把儿童的行为强加上种种不良的动机。"[①]

---

① 克鲁普斯卡娅.克鲁普斯卡娅教育文集（俄文版）：第3卷［M］.莫斯科：俄罗斯联邦教育科学院出版社，1959：343.

教育上的无知还表现在教师硬说儿童喜欢做坏事，在集体面前把儿童说成是蓄意做坏事的人，并强迫集体接受自己的错误想法。凡是把错误的想法强加给孩子们的地方，永远不可能产生对教师的信任和集体的意志，实质上也就没有集体本身，这也是一条人所共知的真理。如果忽视这条真理，教师就会遭到无情的报应。无中生有地指责儿童故意做坏事，会使儿童感到不公正，从而与教师疏远。儿童失去对教师的信任之后，再也不会到教师那里去寻求保护。这可实在是很危险的事。如果一个班级出现了三四个被教师疏远的"蓄意做坏事的孩子"，那么在这个集体中就不会有统一的信念、统一的思想和整个集体对教师的信任。

不要轻率地把儿童的淘气行为宣布为蓄意破坏秩序的行为，不要把儿童的马虎大意称为懒惰，不要把儿童的健忘称为玩忽职守。要懂得儿童的淘气行为、马虎大意、健忘这些情况过去有，现在有，以后永远都会有。对于这一切要谅解，不要急于求成，要不厌其烦地巧妙地加以纠正和引导。企图骤然改变儿童身上的某种缺点，而且还要借助集体的力量去强行改变，会改变儿童对你的信任。你对儿童疏远之后，儿童便开始为了自卫而变得倔强，故意（而不是恶意！）不听话，任性，故意去做违背你的意见和要求的事。所有这一切均发生在儿童对你的信任出现裂缝的时候。

必须十分明智和谨慎地对待儿童各种并非故意作恶，而是一时淘气而犯下的错误。如果儿童正在努力向教师寻求保护，他本人便能尖锐地感觉到这种错误，或者正在为此感到内疚（如果儿童尚未具备这种能力，那就一定要培养他具有这种能力）。在这种情况下，不要轻率地把儿童的淘气行为交由集体谴责。一般说来，除非万不得已，不要滥用集体的谴责。而这种万不得已的情况（但愿你有幸工作十年也碰不上一次这样的情况）也许永远不会被你遇上。

往往有这样的情况：儿童的某种不体面的行为只需你一人知道就行了。几十年的学校工作使我坚信，通过集体进行教育并非唯一的、万能的教育手段。集体的教育力量正表现在并非每走一步都要求助于这种力量。教师对每个学生心灵的直接影响，如同集体的教育力量一样，也是必需的、重要的教育因素。尤其在日常各种难以预料的事件中，如果教师不能对每个学生直接施加影响，那么他也就不可能拥有对集体的支配权力。如果每位教师都能完美地掌握平行教育学①，即掌握对学生个人施加影响的艺术和技能，那么就可以认为这所学校已取得了巨大的成就。

以下的事发生在战后的第一年。我们要谈及的这个人现在已成了家，是3个孩子的爸爸。这3个孩子现在都是我们学校的学生。而那时，他——萨沙是个五年级学生。他的一个同班同学有几支彩色铅笔（是这个同学的父亲买的），这在当时是全村的贵重物品。这位同学把自己的彩色铅笔放在教室的柜子里，以便课余时每个想画画的同学都能在教室里画一下取乐。萨沙打开画笔盒时心情多么激动啊！他忘乎所以地画着，在他面前展现的不是一张用铅笔涂满彩色的纸，而是栩栩如生的绿色草坪、蔚蓝色的天空、神秘的树林。我至今还记得萨沙全神贯注地在以晚霞为背景的画面上画一只白鹤时的情景。

突然，彩色铅笔不见了。大家为此十分难过。除了本班同学外，谁也不可能拿走铅笔，这是毫无疑问的。我产生一种连我自己也害怕承认的想法，拿走彩色铅笔的正是全班最喜欢画画的萨沙。

"谁也没有偷走彩色铅笔。"我竭力使孩子们相信，"只是出了个差错。有人忘了把铅笔放回柜子，他把笔带回家去了，这是差错。现在铅笔正在他家的桌子上，明天就会放回原处，出差错的人明天会把铅笔带回来的。这件事你们不要多讲了，笔会被送回来的。"

萨沙一听我讲起彩色铅笔便低下了头，他的脸红一阵、白一阵，眼里露出惊慌的神情。没错，铅笔就是他拿的，这没什么可怕，他会带来放回原处的。

清晨，我来到校园读书，突然听到有人翻篱笆进来了。原来是萨沙。我望了一下孩子的眼睛，心里觉得很难受；孩子以极其苦恼的眼神向我哀求着，于是我不由自主地从长凳上站起来向他迎去。

"发生什么事啦，萨沙？"

"铅笔……"

"那就好，放回柜里去吧。"

---

① 即通常所讲的"平行影响原则"。——译者

"教室门关着，该怎么办呢？"孩子绝望地问道。

"给我吧。不要和任何人谈起这件事，也不要对别人讲你犯了错误。我把铅笔拿回家搁一天，使用一下。"

萨沙松了一口气，紧张的心情缓和下来了。我们进入教室时，孩子们几乎已全部到齐。从孩子们的眼神中，我看到了期待与不安。

"铅笔在我家里。"我愉快地对孩子们说，"我自己也弄不清怎么会把这些铅笔放进我的皮包。我要画一棵长在池塘旁的小白桦。明天我就把笔带回来。"

不安转变为欢乐。我感到此时此刻每个学生的内心似乎都在起变化，他们高兴地消除了有人偷窃这个惹人厌烦的不愉快的念头，因为他们习惯于接受这只不过是出了点差错的想法。我和萨沙两人的目光相遇了，他那闪闪发光的眼神流露着对我的感激。我感觉到这孩子此时很想立即走到我的跟前说些什么。这个愿望使他坐立不安。课间休息时，我留在教室里批阅作业。萨沙已经在向我的讲台走来，但这时有人喊他，于是他便走出教室。

放学时，我们两人一路回家。那时我多么害怕萨沙会把对我的感激说出口啊！幸好他没有这样做。萨沙沉默不语。而这种沉默比任何激动人心的话语都更富有表现力。他那温和、信任的眼神使我感到高兴。我觉得很幸福，因为我使这孩子从精神沮丧的状态中解脱出来；这种沮丧的心情会在儿童的心灵里留下伤痕，这伤痕会保留很久，甚至可能终身难愈。我觉得很幸福，因为我保住了儿童对教师的信任，并且满足了儿童想从教师那里寻求保护的真诚愿望。

这件事时刻都在提醒我，不能把成人世界中的观念、原则和各种合乎情理的关系机械地搬到儿童世界中去。指责儿童的偷窃、懒惰、欺骗等行为时要特别慎重。儿童从来不会蓄意做坏事，但是他们会犯错误。如果我们帮助他们正确地理解和承认自己所犯的错误，那么他们就会真正认识到自己错误行为的道德意义，并将努力避免重犯类似的错误，尽管他们并非经常能够做到这点。儿童对待指责，甚至尚未说出口的恶意怀疑十分敏感。成人的心经历过生活的锤炼，已具备自卫能力；但儿童心房的感触神经是赤裸裸、毫无遮掩的，因而童心特别柔弱、敏感，并缺乏自卫能力。不能容许这颗敏感而柔弱的心，承受来自四面八方的触摸和好奇目光的打量。一个人在童年和少年时代越是经常扮演受审者的角色，到成年时，他对成人法庭所持的态度就会越发冷漠。在绝大多数情况下，儿童的错误没有必要作为集体讨论的内容，只需你本人知道就行了，这将比大家都知道要好得多。

如果让集体知道萨沙所犯的错误，如果像通常那样有组织地动用社会舆论来处置这件事，那么会出现什么情况呢？在这种情况下，一般说来，会产生什么后果呢？那就不仅是犯错误的本人，而且连整个集体都会在道德上受到毒化。让过分好奇的同学去触动犯错误儿童的敏感的心，要求犯错误的儿童向集体暴露自己的心灵，这样做极不公平；须知，儿童犯错误一般并非出自恶意，况且本人已经真诚地后悔了。过早地把一个儿童置于受集体指责的地位，会使他变得麻木不仁。这是极大的创伤，这种创伤往往终身都难以愈合。不能把一个儿童置于对坏事和不轨行为表示惊讶的同学们的目光之下。当儿童集体对某个成员的恶意行为（须知，实际上并非恶意行为）表示惊讶时，就会使犯错误的儿童产生痛苦和委屈的感觉。对儿童所犯的错误采取集体措施，通常是不会产生教育者所预期的效果的。由于感到不公正而产生的委屈心情会使犯错误的儿童铭记心头，同学们和教师指责他的每一句话都会使他多年难忘。如果一个孩子感觉到被人看作是蓄意作恶的坏蛋，那他就会变得孤僻，就会竭力回避集体。一个孩子心怀对他人的抱怨情绪，这是教育工作中最不能容忍的现象。怨恨就是出自这种委屈的心情。如果这个孩子反复犯错误，大家没完没了地"狠狠训他"；如果一个人在童年时代没有体验过因自己的道德美、善良、心地纯洁和行为规范为人们赞叹而感到的喜悦，这种怨恨就可能发展为残酷，发展为对人们，包括对教师的不信任，这个人就会对一切善良、真诚的愿望和意愿都失去信心。

学校里有什么现象比出现冷酷儿童更令人不能容忍和不可思议呢？儿童只应该是心地善良、热情、胸怀坦白的人。只有这样，儿童才能具备疾恶如仇的高尚情操。深藏心底的冷酷，是每分钟都可能爆炸的炸弹。也许你们在学校中曾经遇到过这样的情况：似乎没有任何明显的理由足以造成一件看来是恶意的行为，而儿童的举动好像是故意让人们不愉快。这是怎么一回事？为什么儿童做出来的事要违背健全的理智、违背本人的利益？这就是深藏在心底的冷酷感情的爆炸。在触及儿童心灵时，如不小心不谨慎，看来虽然只是轻微一触，却能引起剧痛，这一切都足以引起爆炸。这种爆炸往往并非发生于刚把"炸弹"放进儿童心房之后，而是要经历一段相当长的时间。面对这种情况，教师只是困惑不解地耸耸肩说：发生了什么事？

当教师组织班集体"谴责"儿童的错误时，集体中会出现什么情况呢？孩子们会因此而滋长对他人的轻率态度和冷酷无情。比如，孩子们对萨沙的错误行为会说些什么呢？无非是从成人嘴里搬来一些现成的句子。要知道，孩子们尚未获得生活的智慧，他们不能深刻理解所发生的事情。他们可以把萨沙的错误称为偷窃行为，但心里并不认为这是真正的偷窃，因此他们的批判用语将是虚假的。萨沙可能也会感觉到同学们批判他的话并非出自内心，但是他不可能把这种感觉讲出口。因为对孩子来说，远非一切内心已经领悟的东西都能够用语言表达出来。这就是为什么每当集体批判某种不体面的行为时，挨批者大多沉默不语，教师只得从他嘴巴里硬掏出对错误的"承认"和表示悔过的话。这对集体是一种腐蚀，它会培养出一批信口开河、不负责任地乱做保证的伪君子和饶舌者。

幼小的孩子们还不善于用自己的理智去推究错误行为的动机，他们还缺乏在道德上的共同感受和同情他人的经验，因此他们很容易去指责自己的同学，说得更确切些，他们很容易同意教师所说的谴责他人的话语。不能把集体的信念建立在一致对待孩子们尚未理解的事物的表面现象上。

童年时代的某些行为往往会使人终生难忘，回顾起来令人痛心和遗憾，乃至受到良心的责备。能否使这种良心责备在学生的心底保持纯洁性和不受侵犯，取决于教师如何使用其合理的权力。为了使这种感情作为个人道德成果纳入集体的精神生活，集体就应当十分敏感地对待这种感情。

9岁的安德列伊卡家里只有母亲和外曾祖父。外曾祖父已经97岁了，他在地里干了85年的活，身体已经十分衰弱。"你的祖父什么病也没有。"医生说，"到时候了……"有一天，老爷爷觉得很不舒服。"我感到呼吸很困难。"他对孙女，也就是安德列伊卡的母亲说。母亲便打发安德列伊卡去药房买药。孩子在前往药房的途中，看见小伙伴们正在打球，于是便参加进去和他们一起玩。他玩了一会儿，突然醒悟过来，想起了母亲的吩咐，便手里捏着药方和买药的钱，急忙跑到药房买好了药，直奔回家。

等他跑到家，外曾祖父已经断气了。母亲伏在祖父身上哭泣，她没有责备安德列伊卡。孩子想起打球的事，心里很害怕；有一种思想使他大为不安，就是外曾祖父的死可能是他的轻率行为造成的。想到这里，孩子哭了起来。他把一切经过告诉了母亲，而母亲看着他，似乎什么也没听懂，她说："不要折磨自己吧，儿子。你没有什么错，什么药也帮不了忙。你刚去药房，老爷爷就失去了知觉。"但是安德列伊卡似乎没听见这番话，他一直想着自己的过失，心里很难过。夜晚来临了，小孩坐在外曾祖父亲手栽培的苹果树下的那条长凳上哭着。

半夜里，我听到轻轻的敲窗声。敲窗的是安德列伊卡，他满脸泪痕，稚气的眼睛里流露着深深绝望和急切求助的神情，于是我马上奔出家门。安德列伊卡开始向我诉说自己的轻率举动："如果我当时立即去买药，外曾祖父可能就不会死……"

我们一起去找他母亲。听完他母亲讲的情况，我心里才觉得轻松一些，而安德列伊卡仍是哭个不停。尽管母亲劝说儿子的话令人信服，但过失就像一滴苦药灌进了这孩子的心灵。务必使这滴苦药帮助这孩子一辈子做个高尚的人，这何等重要啊！后来我常同安德列伊卡谈到善与恶，但我并未对他说："你丝毫过失也没有。"让这孩子体验一下良心的责备吧！让这种感情把孩子领进集体吧！使我高兴的是，这个孩子对周围所发生的一切变得更加敏感了。成年人面对因犯错而不安的儿童时只有非常沉着和注意分寸，才能避免在儿童的心灵里撒下惊慌和绝望的种子，才能使儿童感觉不到成年人中会有人把他当成坏人（有时是会发生这种情况的），并使他确实不会成为坏人。因此，教师使用自己的权力时，要有远见，要十分谨慎。数年来，我一直很关心如何利用良心的责备促使安德列伊卡多做好事。要保护孩子，使其摆脱自己的困惑。

读者们也许觉得，我在这里大谈保护儿童有些异常。但愿你们不要产生这样的想法，以为我每走一步都会看到威胁儿童的邪恶和危险。生活中善比恶要多得多。但是，请不要忘记，我们谈的是世界上最柔弱的东西——儿童的心。成人讲的某些话，在我们看来纯属无关紧要，但在儿童看来就可能变成一种危险的信号。我曾观察过许多教师的教育工作，引起我特别重视的是那类如果事先不加以预防，便会像铁锈一样腐蚀整个学校生活的冲突。有一位拥有12年教龄、举止庄重的教师，在课间休息时把一个五年级小学生带进教师休息室进行"审问"："你在课堂上为什么发笑？难道一个少先队员有权做出这样的事吗？"

男孩一声不吭，他确实什么也说不出。一般说来，如果一个五年级学生突然使用教师刚才问他的那种腔调、那种姿态来回答教师的问话，是会使人感到奇怪的。学生往往连自己也不知道为什么发笑，但是教师应该知道。教师无权可以不知道儿童做出这样或那样行为的原因；教师有一种伟大而合理的义务，就是要理解一切，洞察一切。但是常常发生师生相互间的误解，即教师不理解学生，学生不理解教师。有时瞧着他们，心里就会想他们恐怕是各讲各的，使用的不是共同的语言吧？这正是过去有人描绘过的情景：一个成年人偶然进入了儿童世界，这个世界的人有另外一套生活准则，另外一种见解，甚至用的是另外一种语言。这位成年人进去以后，马上就力图在这个自己所不理解的世界中，实施自己已习惯了的那套秩序。儿童世界的居民们不明白这位奇怪的旅游者想要他们干些什么，而这位成年人却气得大发雷霆。当地居民只是耸耸肩说：他需要什么？

对儿童世界的不理解，导致了对儿童行为动机的实质的不理解。教师不理解为什么上课铃响了孩子们还不往教室里跑，却想在绿油油的草地上"再跑一会儿，再玩一分钟"；为什么费佳不听教师讲解演算习题的规则，却屏息注视那只飞进教室的蜜蜂；为什么奥克桑卡不跟着大家一起朗读，而在画一朵小花；为什么到树林去远足时，科利亚、菲利普卡和佩佳故意落在全班同学的后面，躲进灌木丛。他们是故意的，但不是出于恶意。学校里经常会发生许多故意做出的事情，但是在一个道德健全的集体中，永远也不会发生出自恶意的行为。故意的行为不可能预防和制止，但恶意的行为是可以预防和制止的。如果我们任何时候都很了解孩子们之所以这样做而不那样做的原因，那么教育就不仅会成为一门理论科学，而且会成为一门实践科学。

教师与儿童之间、教师与集体之间发生冲突，这是学校的极大不幸。什么时候教师对儿童的问题考虑得不公正，什么时候就最容易发生师生间的冲突。皮罗戈夫写道："为了做到对儿童的问题考虑得公正和合乎实际，我们无须把儿童从他们的领域转入我们的领域，而是要把我们自己置身于儿童的精神世界之中。"[21]请你们公正地考虑儿童的问题吧，这样冲突就不会发生。冲突越少，相互信任就越能深入集体的精神生活中去，个性就能更加鲜明地表现和揭示出来。善于避免冲突的能力，是教师教育智慧的组成部分之一。为了防止冲突，教师不仅要维护，而且还要创造集体的教育力量。

下面的事发生在三年级。我在黑板前讲解语法规则。全班都在听讲、记笔记。米佳似乎也在记，但我对他很不放心。这个长着一双活泼眼珠的男孩正在座位上忙着什么，无心听讲解语法。我悄悄地走到他的身边一看：孩子面前放着一个半开着的火柴盒，里面有个东西在蠕动，米佳正全神贯注地往盒子里张望。我仔细瞧了一下盒子，里面装着一只不寻常的甲虫，它正用一只独角，像锯子似的锯着盒子，但怎么也弄不开这个小监狱的门。当然，在这种情况下，我可以大发雷霆，把甲虫连同盒子一起扔到窗外去；我可以把米佳训得掉眼泪，让他为此感到后悔（而我自己也会为此气得发抖）。但这样做将得出什么结果呢？结果不仅白白地浪费时间，而且甲虫还会成为全班取乐的东西。孩子们会羡慕米佳，也会暗中嘲笑我的愤怒。我不安地想：孩子，你是怎么想的？你为什么不强制自己把甲虫藏起半小时以便弄清这些语法规则？我拿起火柴盒，把它关好后放进自己的口袋，然后把手搁在米佳头上，重新解释一遍语法规则。米佳边听边记录，我发现他对我刚才讲的内容全都听懂了（常有这样的孩子），他可以一面注视着、欣赏着独角甲虫的一举一动，与此同时仍能把教师讲解的内容记住了一部分。

课后，米佳来到我的跟前，低着头一声不吭。他那双黑眼珠躲进长长的睫毛后面，仅仅露出一点闪光，但却藏不住淘气的神情。我把甲虫还给他，请他告诉我：他在哪儿找到这种怪物？今后打算如何处置它？米佳很乐意地叙述着，眼里燃起了求知的火焰。他拉着我的手来到灌木丛。据他说，那样的甲虫就在这灌木地里出没，每3年要飞走一批。我和米佳一起把甲虫放进树丛，甲虫很快就藏起来了。

在叙述这类事件时，当然常常可以听到有的教师明显地暗示说，他是从教育智慧的顶峰故作宽容地降格来到充满儿童平庸兴趣的世界的。这些教师想以此表示自己对儿童的宽厚容忍，可是儿童不能忍受这种宽容。真正的教育并不来自教师从高空降到地面的地方，而是来自教师攀登上寓有深奥真理的儿童世界的地方。是攀登，而不是下降。不要过分地迁就儿童，不要按儿童有局限性的兴趣去定弦（如果我们自己不去限制儿童对世界的认识，就不会有这种局限性）；而要做一个明智的教师，就要拥有对儿童的合理权力，要懂得一切，要善于从某个儿童同其他儿童的紧密精神联系中去观察儿童。

教师合理地使用对儿童的权力，是一个重大的创造过程，它要求教师具有深入儿童的思想感情世界中去的热忱，以及善于理解儿童语言的能力；因此教师要珍惜自己身上童年时代所留下的每一滴洁净的水珠，同时又要使自己高于儿童发展的水平。如果我看到一位教师——一位成年人，本人已做了父亲——把一个五年级的学生领进教师休息室询问："你为什么用纸折飞机在教室里放？"或者，看到这位教师把球从孩子们的手中夺过来，神经质地叫喊着，我会认为这位教师虽然已参加儿童游戏，然而并不明白这就是儿童游戏，因而他把成人那些严格认真的比赛规则运用到儿童游戏中去。

常常有这样的情况：教师把一个屡教不改的顽皮孩子带进教师休息室，罚他站在黑板前示众，或者示威性地在考勤簿里写上要把父母召来学校之类的话。教师希望通过这些手段去警告集体，迫使其他的孩子们去想："不要学米沙那样，否则我也会同样受罚。"但事实上却适得其反，集体往往同情被教师愤怒指责的学生。集体中每个成员越是明白他们自己也有可能遇上这种倒霉的事，他们就越是同情那个受罚的同学。不能让一个受罚的孩子成为集体同情的对象。总的说来，不要把儿童顽皮的行为弄成不幸的遭遇。有一种痛苦，如果不是你们自己有意引起的话，事实上是不存在的。不能用对这种痛苦的共同感受去磨炼儿童的感情。

指出这类情景的另一面也是非常重要的。学生可能由小小的顽皮举动转为做出较为严重的不道德行为。如果孩子们同情在捣蛋时被当场逮住的学生，那么他们以后也就会同情未能隐瞒住自己严重的不道德行为的人。这就会腐蚀集体，会形成一种对友谊、对同志关系的歪曲的概念。如果一个人从小就在包庇同志不道德行为的愿望基础上形成自己的同志感情，那是十分危险的。为了使这种愿望不至于产生和发展，教师就不必小题大做，不要使用大炮去打麻雀。大炮的轰鸣声不会使你的士兵变得勇敢和无畏，它只能使你的士兵成为胆小畏缩的人。

教师要想拥有对个人和集体的合理权力，就必须真正认识到儿童时刻都处在自我认识、自我肯定和自我教育的状态之中。儿童总是希望在某个方面表现自己，首先想表现自己的意志、智慧、机灵和发明才能。一个愿在你的帮助下去认识世界，并努力使自己与客观世界相互影响的学生，会逐渐成长为一个有个性的人。一个人的个性形成相当困难，在个性形成的过程中，教师必须特别小心谨慎地使用自己的权力。长者的意志有时可能会变成对儿童的专横和摧残。儿童在自我肯定的过程中，有时会做出一些初看起来不仅是错误而且是侵犯社会主义社会生活原则的行为（比如萨沙拿彩色铅笔的事）。在这种行为中，儿童健康的、富有生命力的活泼天性往往与他们的轻率和幼稚融合在一起，明白这一点是十分重要的。

几年前，在某个村子里发生了以下的事件。集体农庄的空地上有一辆不能使用的汽车。有一天，汽车上的蓄电池和所有的电气设备都不翼而飞，这辆汽车就彻底报废了。而在不久前，有3个五年级学生，在灌木丛里发现了一个战争年代留下来的掩蔽所。这可真是个奇迹。由圆木堆砌起来的墙还是干的，有桌子、炉子，甚至还有电话、几支卡宾枪和许多子弹。这3个孩子从村里那辆不能使用的汽车上卸下了蓄电池和所有的电气设备，并把它们搬进掩蔽所。孩子们在掩蔽所里安上了电灯，修好了门，挂起了不知从哪儿弄来的地形图，还在炉子里生起了火。秋天的傍晚，他们聚集在这里阅读有关游击队员的书籍，想出一种有趣的军事游戏。他们甚至成功地与苏联官兵在解放本村时和法西斯分子战斗的"前沿阵地"取得了电话联系。

突然，游戏终止了。因为有个成年人发现了冒出来的烟，于是孩子们的秘密被揭露了。传说找到了拆毁汽车（这辆汽车早就已经送去回炉了）的犯罪分子。有些大人把这几个孩子称为盗窃犯。孩子们被带到办事处被迫写出"认罪书"。大人们威胁说要把他们送交法庭审判。只是由于教师的干涉，才取消了这个过分严厉的指控。

这件事只不过是孩子们醉心于英雄事迹而做出来的浪漫行为。在游戏中，孩子们表现了坚韧不拔和严守纪律的精神。在用卡宾枪射击之前，他们首先学习了如何练习使用轻武器、如何擦洗和收藏枪支的条令。教师费了很大的劲，才使村里那些成年人对想象中的危险不再害怕。军事游戏的全部器材装置（武器除外）都被教师成功地保存了下来。

这件事当然也可以按某些成年人所建议的那样去处理，如采取禁止、销毁、警告等措施以及"杜绝这种缺乏理智的游戏"。但是这样做对于儿童的精神世界、对于他们与成人之间的相互关系，将意味着什么呢？首先是当众受辱，这几个孩子会遭到学校集体的取笑。而不公正的取笑是童年时代最大的委屈之一。其次，儿童想要独立发挥主动性的愿望遭到了践踏，儿童的意志、本性都有可能被摧毁。这样很可能会造成儿童最可怕的精神创伤。最后，儿童可能会把成年人看成是自己的敌人，甚至把教师也看作是对自己不怀好意的人。如果教师容许村里人对这几个孩子实行不公正的制裁，那教师的这种不干预的态度就会引起儿童们的愤慨，不仅会引起这3个五年级学生的愤慨，而且会引起整个学生集体的愤慨。学生希望从教师那里寻求保护的良好愿望也就会被践踏。在儿童急需教师保护的困难时刻，如果教师持冷淡和"中立"的态度，就意味着拿自己的权力去冒险。孩子们怨恨教师的"中立"。当一个学生受到指控或审判时，教师只能是他的辩护人和保护人，而不应当充当其他的角色。

对儿童生气勃勃的精力不可摧残，而应该加以发扬和支持。不要使儿童失去个性，要帮助他们树立自尊感。只有这样，教师对儿童所拥有的权力才能发挥作用。如果儿童做了某种不该做的事，你要避免使用强制手段去教育他。对强制手段你要畏之如火，使用这种手段只能说明你对学生已无能为力。如果你想在自己的教育工作中对人道主义进行实验，你就不能以拳击桌和大声呵斥学生。但愿以下情景不会使你感兴趣，即看着一个活泼勇敢、好吵好闹的淘气学生变成一个意志消沉、萎靡不振、成天哭丧着脸、苦恼而不幸的人。这是一种很坏的前景，要像保护最珍贵的东西那样去保护儿童的自豪感以及个人的荣誉感。请记住如果在你的班上有一个对什么都要发表自己的意见，对什么都有自己的看法的淘气学生，这是你的幸福；如果有一个学生像别人的影子似的缺乏自己的意见，其各种想法早已被你的强制教育手段驱走，因而在各方面对你都是唯唯诺诺、俯首帖耳，这则是你的不幸。须知，一个缺乏自制力的淘气孩子、一个爱吵闹的孩子，必要时会表现出他的善良和热忱；而一个优柔寡断、唯命是从的孩子，常常是冷漠的，有时是残酷的，他时刻都在想着如何利用他人的不幸以换取本人的利益。严厉和强制的教育手段，会摧毁儿童的意志，使儿童成为冷酷无情的人。以下是不久前发生在一所学校里的事情。

五年级五班的班主任奥利加·伊万诺夫娜上课时，教室里总是鸦雀无声。但是，到她班上去听过课的人都感到这种寂静令人不快，似乎是某种不祥之兆。33个男孩和女孩两手放在课桌上，纹丝不动地坐着，两眼直望着女教师。只有第34个学生米沙是奥利加·伊万诺夫娜的灾星和魔障（她是这样谈到米沙的）。这个学生老是坐立不安，摇摇晃晃，嬉皮笑脸。奥利加·伊万诺夫娜常常罚他站墙角，有时甚至把他赶出教室。有一次，校长来听奥利加·伊万诺夫娜的课，并在班上说："五年级二班学生较少，你们班的学生太多。我们要从你们班调去5个学生。愿意去的就在课间休息时把书收拾一下，坐到二班去。"课间休息的铃声响了。奥利加·伊万诺夫娜刚说完"再见！"33个男生和女生拿起自己的书包就跑到隔壁的二班去了。奥利加·伊万诺夫娜惊奇得不相信自己的眼睛。教室里只剩下一个米沙。奥利加·伊万诺夫娜脸色惨白，悲痛万分，她走到男孩身边问："你，米沙，为什么不走？""我可怜您。"男孩回答说，他的眼里涌出了泪水……

尊敬的读者们，请不要指责我以这种事例去怂恿儿童不遵守课堂纪律。教室里的秩序和安静必须保持,但不能用奥利加·伊万诺夫娜的办法去达到这一目的。

　　黑眼睛的小季姆卡的命运一直留在我的记忆里。这个小男孩在一年级的时候就已展现出他精神世界的细腻敏感。季姆卡生活在童话世界里,对童话世界十分亲切、十分珍视,那里居住着各种善的和恶的生物。在课前和课间休息时,这个小孩身边经常围着一群像他那样爱好童话的孩子,他们在童话世界里共同度过某段时光。有时,季姆卡来不及在课间休息时把故事讲完,他邻座的小男孩和小女孩们在课堂上仍要求他继续悄悄地讲下去,顾不上听老师讲课了……

　　遗憾的是,这个班级的女教师对季姆卡的童话世界毫无兴趣。她本该对儿童的这种可贵的爱好和真正的才能感到高兴,可是她反而对此宣战:竭力禁止季姆卡在课间休息时把孩子们聚集起来听故事,理由是怕他们上课迟到。这样的禁止并未产生效果,孩子们找到一处女教师连想都想不到的神秘角落,继续在课间听季姆卡讲童话故事。有一次,几个男孩和女孩被季姆卡的故事迷住了,直到快下课时才进教室。于是女教师罚季姆卡停学两天,她对季姆卡说:"你在家待几天吧,这样你也许会和自己的小伙伴们疏远些……"季姆卡怨恨起来了。他停学在家时就去放牛,有两个一年级的小同学来找他玩(季姆卡那时是二年级学生),向他炫耀自己的芦笛,尽管他们还吹不好。季姆卡说:"把芦笛给我吧,我教你们吹。"两个轻信的孩子把笛子交给了季姆卡。接着发生了一件令人奇怪的事:季姆卡把芦笛扔进篝火里烧了。

　　很难想象,这个心地如此善良、如此喜欢小朋友的季姆卡居然会做出这种事来。他内心里究竟发生了什么变化?女教师对他所采取的强制性教育手段,已使季姆卡的心田渐渐结出冷酷的冰块。小孩的自尊心所受到的损害毒化了他的心灵,使他怨恨女教师、同学,乃至一般的人。不公正好比是一些小石子,往往会凝聚成一大块愤怒、委屈和绝望的大石头。儿童因受到不公正的待遇而产生的愤怒是一种危险可怕的东西;在狂怒中儿童甚至会迁怒于那些与自己的不幸毫不相干的人。

　　季姆卡转到平行班去了。那位女教师在我们的帮助下已认识到自己不该引起儿童的怨恨。教师必须进行大量的工作，才能挽回季姆卡对人们的爱心。

使儿童变成娇嫩的花朵，还是变成干硬的树皮，取决于教师。每位善于思索的教师都有这样一个朝思暮想的理想，即使自己的每句话都能触动学生的心，使儿童的心灵如同灵敏的琴弦，对教师用心灵谱出的优美曲调有所反应。我认为自己对儿童心灵是否拥有最高的合理权力应表现于儿童是否能够理解我的片言只语，是否能够从我的话语里看到我的教育理想，在我微弱变化的语气中觉察到我的喜悦和悲哀、兴奋和忧虑、赞同和抱怨，以及在我眼神的明暗中看出我思维的细微活动。如果一个教师不得不把自己的话重复3次，一次比一次提高声调，最后不得不以最高调门、拳击桌面来结束自己的教诲，那么这种做法既算不上是有教育智慧，甚至算不上显示了一定的教育技能。这不是权力的显示，而是时常用以掩饰专横的一种无能的表现。

今天我怀着沉重的心情走进教室。无论我如何掩饰自己内心的痛苦，我的眼神仍把我的心情泄露出来。如果孩子们看不出我的眼神流露着痛苦，如果他们不能透过我的眼神看到我的内心，那么就根本谈不上我对孩子们拥有任何合理的权力。我没有对孩子们说我心里很难过，我没叫他们静悄悄地坐着，但是他们已经明白了一切。教室里鸦雀无声，大家的注意力高度集中，这就显示教师对儿童心灵拥有了真正的权力。从儿童入学的第一天起，我就努力保护和发扬儿童的热情而温和的性格和敏锐的感情。我对儿童拥有的权力有多大，取决于儿童在感情上对待周围世界的敏锐、分寸把握、温和以及敏感的程度。须知，这种权力并非呵斥，亦非惩罚（遗憾的是，有些教师认为，教师权力就是某种惩罚学生的附加权利）。我对儿童拥有的权力，就是儿童对我的话语的反应能力，我的话可能是亲切温和的、关怀备至的，也可能是严厉苛求的，但总应当是正确和善意的。儿童的感情越是温柔细腻，其内心对真、美、人性这些东西的反应越敏感，我那些体现对儿童所拥有的权力的话语就更有力。我坚信可以首先用温情和善心去教育儿童。

为了使人们平常所说的话对儿童产生权威，必须开发儿童细腻的感情。儿童的感情是期待教师的合理权力这一火星来引爆的火药。如果没有火药，别说火星，就是火炬也无济于事。最重要的教育原则之一，就是教育儿童用心灵去捕捉他人精神面貌中的各种细微差异，并对他人的各种思想和感受产生内心的共鸣。我们的学生在童年时代就应该懂得人的心灵美，懂得献身于崇高理想、忠于祖国，对亲人——父亲和母亲尽义务是一个人伟大而高尚的情操。最能够影响儿童心灵的力量，是儿童对他人的道德美和高尚情操表示赞赏和惊叹的能力。

当你在处理儿童思想上、感情上、认识上的差错时，一刻也不能忘记每个孩子都有善良的志向和良好的愿望。任何呵斥、任何威胁、任何想损伤儿童心灵的意图都是不容许的。不能把儿童变成像一只缩在樊笼角落里束手待毙的惊弓之鸟。只有当我求助于儿童发自内心的善良和积极的力量时，我对他们所拥有的权力才是有效而明智的。对待一个对善良、温情、公正、好意都十分敏感的儿童，不仅不必大声呵斥，而且不必提高嗓门。相互尊重、和睦相处、善意、热忱、友爱都是必须加以珍惜的道德财富，我们与儿童之间的关系必须建立在这些道德财富的基础之上。教师的合理权力在于使自己的意志成为儿童的愿望。教师的意志与学生的愿望相互协调是集体精神生活中最必要和最复杂的一种协调。这种协调体现了师生之间相互信任的关系，反映出师生对共同目标——道德完善、精神丰富、献身于为人民谋福利的那种充实而幸福的生活的一致向往。

〔本书一、二、四（一）部分由陈先齐译，三（一）、（二）、（三）、（十），四（十）部分由陈茵梅译，三（四）、（五）、（九）部分由干正译，三（六）、（七）、（八）、四（二）部分由蒋雪琦译。〕

注　　释

《全面发展的人的培养问题》

　　《全面发展的人的培养问题》一书是瓦·亚·苏霍姆林斯基在1969年10月至1970年4月期间用俄语写成的，汇集了作者发表的主要学术论文，作者准备以此为学位论文申请教育科学博士学位。这些论文包括：《培养学生的集体主义精神》（1956年）、《中学的教师集体》（1958年）、《培养共产主义劳动态度》（1959年）、《培养学生的苏维埃爱国主义精神》（1959年）、《我们怎样培养具有英勇精神的年轻一代》（1960年）、《学生的精神世界》（1961年）、《年轻一代共产主义信念的形成》（1961年）、《劳动与道德教育》（1962年）、《培养学生对劳动和公共财产的共产主义态度》（1962年）、《年轻一代的道德理想》（1963年）、《苏联学校中的个性培养》（1965年）、《儿童和青年的道德信条》（1966年）、《帕夫雷什中学》（1969年）、《培养集体的方法》（1969年）。瓦·亚·苏霍姆林斯基在《全面发展的人的培养问题》一书中（按照报告的题目）不只是把他以前发表过的作品的基本内容加以概括，而是前进了一步：他提出了共产主义教育理论和实践中的一系列新问题，并对这些问题做了详尽的解答。

　　本书是按照作者手稿排印的，编者做了少量的删节和文字修改。

1　恩格斯在《反杜林论》旧序《论辩证法》一文中说："在希腊哲学的多种多样的形式中，几乎可以发现以后的所有观点的胚胎、萌芽。因此，如果理论自然科学想要追溯它的今天的各种一般原理形成史和发展史，也不得不回到希腊人那里去。"（中共中央马克思恩格斯列宁斯大林著作编译局.马克思恩格斯选集：第四卷［M］.2版.北京：人民出版社，1995：287.）

——第54页

2　着重指出："那时（文艺复兴时代）的英雄们达·芬奇、阿尔勃莱希特·丢勒等还没有成为分工的奴隶，而分工所具有的限制人的、使人片面化的影响，在他们的后继者那里我们是常常看到的。"（中共中央马克思恩格斯列宁斯大林著作编译局.马克思恩格斯选集：第四卷［M］.2版.北京：人民出版社，1995：262.）

——第56页

3　卢那察尔斯基在1928年社会学教师会议上做了《苏维埃学校的教育任务》的报告，指出："我们希望培养的人，是我们时代的集体主义者，他关注社会生活要比关心个人的利益大得多。……我们需要的就是使人的特点在集体的基础上得到充分的发展。这是社会广泛的劳动分配的保证。只有在表现人的个性的各式各样的社会，才会有那种鲜明表现的个性，才是真正的有文化素养的、丰富的社会。"（卢那察尔斯基.卢那察尔斯基论教育［M］.莫斯科：教育出版社，1976：306.）

——第66页

4　马克思在1871年1月21日致第一国际会员齐格弗里特·迈耶尔的信中写道："俄国目前发生的思想运动，证明底层深处正在发生动荡。有识之士往往通过无形的纽带同人民的机体联系在一起。"（中共中央马克思恩格斯列宁斯大林著作编译局.马克思恩格斯全集：第三十三卷［M］.北京：人民出版社，1973：178.）

——第75页

5　参见高尔基.俄罗斯文学史：第1卷［M］.莫斯科：文艺书籍出版社，1939：1.

——第80页

6　恩格斯于1884年致爱德华·伯恩施坦的一封信中写道："至于无神论只是表示一种否定，这一点我们自己早在40年前驳斥哲学家们的时候就已经说过了，但是我们补充说：无神论只是作为对宗教的否定，它始终要涉及宗教，没有宗教，它本身也不存在，因此它本身还是一种宗教。"（中共中央马克思恩格斯列宁斯大林著作编译局.马克思恩格斯选集：第四卷［M］.2版.北京：人民出版社，1995：665.）

——第85页

7　参见杜勃罗留波夫.杜勃罗留波夫全集：9卷集［M］.莫斯科-列宁格勒：国家文艺书

籍出版社，1961：513-514.）

——第91页

8 谢·拉佐于1915年在致自己兄弟的信中写道："当一个人产生有意识的信念的时候，图书在这里占有很重要的地位，但并非是图书创立信念。信念比知识更重要，意义更重大（我不说是更艰巨）。信念，只有信念，才会使我们的个性独具一格而完整。信念需要经历痛苦……"（谢·拉佐. 笔记与书信集［M］. 符拉迪沃斯托克：滨海图书出版社，1959：94.）

——第98页

9 尤利乌斯·伏契克在他的《绞刑架下的报告》里谈到真理会取得胜利的必然性。（见尤利乌斯·伏契克. 尤利乌斯·伏契克选集［M］. 莫斯科：青年近卫军出版社，1973：340-341.）

——第99页

10 《伦理学文选》全名是《供帕夫雷什中学学生阅读用的伦理学文选》，是苏霍姆林斯基用乌克兰语和俄语写的五卷本故事和童话集。现保存在帕夫雷什中学苏霍姆林斯基纪念馆里。部分作品曾刊载在《学前教育》《穆尔齐尔卡》和《少年列宁主义者》报刊上。

——第104页

11 《人类道德财富文选》收录了苏霍姆林斯基从报刊上收集并整理的大量材料，和《伦理学文选》一样，它广泛用于苏霍姆林斯基同学生进行的政治和道德主题谈话。

——第104页

12 作者援引列昂诺夫长篇小说《俄罗斯森林》中的一句话，并做了发挥。原文是这样的："波林娜的眼睛做了回答：如果生活中需要她去用自己的身体阻挡敌人的枪弹，那么她为此而生在世上就是值得的！"（列昂诺夫. 俄罗斯森林［M］. 莫斯科：国家文艺书籍出版社，1974：515.）

——第129页

13 参见苏霍姆林斯基所著的《儿童和青少年的道德行为准则》（1966年）一书和本选集第2卷里收录的《怎样培养真正的人》（1975年）一书。

——第136页

14 马克思在《1844年经济学哲学手稿》里指出："我们看到，富有的人和富有的人的需要代替了国民经济学上的富有和贫困。富有的人同时就是需要有总体的人的生命表现的人，在这样的人的身上，他自己的实现作为内在的必然性、作为需要而存在。不仅人的富有，而且人的贫困，在社会主义的前提下同样具有人的因而是社会的意义。贫

15 困是被动的纽带,它使人感觉到需要最大的财富即别人。"(中共中央马克思恩格斯列宁斯大林著作编译局.1844年经济学哲学手稿[M].北京:人民出版社,2000:90.)

——第140页

15 关于"亡灵"的提法见马克思的著作《路易·波拿巴的雾月十八日》:"人们自己创造自己的历史,但是他们并不是随心所欲地创造,并不是在他们自己选定的条件下创造,而是在直接碰到的、既定的、从过去承继下来的条件下创造。一切已死的先辈们的传统,像梦魇一样纠缠着活人的头脑。当人们好像刚好在忙于改造自己和周围的事物并创造前所未闻的事物时,恰好在这种革命危机时代,他们战战兢兢地请出亡灵来为他们效劳,借用它们的名字、战斗口号和衣服,以便穿着这种久受崇敬的服装,用这种借来的语言,演出世界历史的新的一幕。"(中共中央马克思恩格斯列宁斯大林著作编译局.马克思恩格斯选集:第一卷[M].2版.北京:人民出版社,1995:585.)

——第158页

16 卢那察尔斯基在1918年全俄第一次教育代表大会上说:"对我们来说,重要的就是要使教师成为国内知识渊博的人、最美的人……"后来,在1925年全苏第一次教师代表大会的报告中,卢那察尔斯基强调苏维埃教师"每天都要成为更崇高、更纯洁、更具共产主义道德的人"。(卢那察尔斯基.卢那察尔斯基论教育[M].莫斯科:教育出版社,1976:31,180-181.)

——第176页

《学生的精神世界》

苏霍姆林斯基的《学生的精神世界》一书于1959~1960年用俄语写成，1961年由俄罗斯联邦教育部教育教学出版社出版。这部著作中的一些思想和原则有一部分已在作者于20世纪50年代末发表在报刊上的一些文章中有所反映。

1 马克思在《黑格尔法哲学批判》（1843-1844年）著作中写道："批判的武器当然不能代替武器的批判，物质力量只能用物质力量来摧毁；但是理论一经掌握群众，也会变成物质力量。"中共中央马克思恩格斯列宁斯大林著作编译局. 马克思恩格斯选集：第一卷［M］.2版. 北京：人民出版社，1995：9.

——第190页

2 见尼·奥斯特洛夫斯基. 尼·奥斯特洛夫斯基选集（3卷本）：第1卷［M］. 莫斯科：青年近卫军出版社，1974：170.

——第192页

3 因为宗教除了对于信仰是独有的、怪诞的和病态的情感和感受以外，本身包括一定的正在寻求的有关超自然的迷信的概念、认识、思想和与之相符的行为。

——第235页

4 1947~1948学年在普通中等学校讲授过逻辑学和心理学（按照1946年12月4日公布的苏共中央委员会决议），但是在50年代至60年代初，学校高年级实施生产教学的时期，将这些科目从教学计划中删除了。现在，在一些学校里把逻辑学和心理学当作选修课。但是报刊上有时又表明在普通学校高年级开设逻辑学和心理学系统教程是合理的。

——第309页

5 从1963年起，给从普通中等学校顺利毕业的学生颁发中等教育证书，以替代中学毕业证书。

——第312页

《培养集体的方法》

《培养集体的方法》一书是瓦·亚·苏霍姆林斯基在去世前的两年里写成的。1969年,该书的某些章节曾以不同的题目(如《论组织和培养学生集体的基本原则》《论集体的思想和公民精神基础》《论教师集体和受教育者集体》《论教师在学生集体和每个学生精神生活中的作用》)发表在基辅的《苏维埃学校》杂志上。1971年(瓦·亚·苏霍姆林斯基逝世的第二年),基辅的苏维埃学校出版社全文出版了本书。

1　意思是,如果一味满足一些不健康的、反常的、无意义的愿望,就会毁掉一个人,只会给人带来不幸。古希腊的唯物主义哲学家伊壁鸠鲁坚持这种看法。后来,让·雅克·卢梭在教育理论方面发展了上述思想。他在《爱弥儿》一书(1762年)中写道:"你知不知道用什么方法准可以使你的孩子受到折磨?这个方法就是:一贯让他要什么东西就得到什么东西。"(卢梭.爱弥儿:上卷[M].北京:商务印书馆,1978:86.)

——第346页

2　马卡连柯着重指出:要从婴儿出生后的"第一年",即"刚出生时"便开始进行教育。在儿童5岁以前就应着手实施教育的基本原则。参见马卡连柯.马卡连柯文集(俄文版):第4卷[M].莫斯科:俄罗斯联邦教育科学院出版社,1958:445,451,461.至于母亲在教育子女的问题上"失去了半年时间"之说,苏霍姆林斯基显然是引自马卡连柯文集中曾提到过的有关内容。

——第381页

3　参见《全面发展的人的培养问题》一书注10。

——第383页

4　马克思于1835年所著《青年在选择职业时的考虑》一文中写道:"历史把那些为共同目标工作因而自己变得高尚的人称为最伟大的人物;经验赞美那些为大多数人带来幸福的人是最幸福的人。"(中共中央马克思恩格斯列宁斯大林著作编译局.马克思恩格斯全集：第一卷［M］.2版.北京：人民出版社，1995：459.）

——第386页

5　"唯一真正的美是人与人交往的美"引自《马尔谢利·马若·圣埃克苏佩里》一书的题词。在《人类的大地》一书中，圣埃克苏佩里讲过内容与此类相似的话。他写道："世界上没有任何东西比那种使人与人之间得以沟通的胶合剂更加美丽。"（见圣埃克苏佩里.圣埃克苏佩里选集［M］.列宁格勒：列宁格勒出版社，1977：166.）

——第386页

6　柯年科夫在《致青年人的话》一书中写道："越来越多的人意识到自己是创造者和造物者。人类创造业绩的天地多么宽广！我们以自由劳动为荣。头脑和双手并用创造了奇迹。不劳动，就没有能工巧匠，就没有经验，就没有志向和最终的目标。生活就是行动！"（柯年科夫.致青年人的话［M］.莫斯科：青年近卫军出版社，1958：3.）

——第408页

7　引自普希金的诗《哀歌》，1830年。（见普希金.普希金全集（10卷集）：第3卷［M］.列宁格勒：科学出版社，1977：169.）

——第413页

8　参见《全面发展的人的培养问题》一书注8。

——第414页

9　在《我的生活的一页》（1926年）这本自传性著作中，费·伊·夏里亚宾写道："我叙述的好像都是一些微不足道的事、琐碎的事和一些小人物的事，但是，这些琐碎小事对我有巨大的意义。我在其中受到教育。须知，我们大家都是从琐碎小事中受到教育的。莎士比亚、托尔斯泰以及世界上的天才人物教给我们的那些东西甚至都不能持久地保存在我们的记忆里，而生活中的琐碎小事却像落在天鹅绒里的灰尘一样会渗入我们的心灵，有时使我们的心灵遭受毒害，而有时又会使它变得高尚起来。"（见夏里亚宾.我的生活的一页［M］.基辅：造型艺术和文艺书籍出版社，1958：121.）

——第457页

10　苏霍姆林斯基在文中借用了查尔斯·狄更斯在《杀人犯的伎俩》一文（1858年）中所说的一段话的意思。英国官方报刊报道了关于危险的刑事犯大闹法庭的耸人听闻的消息，罪犯们在法庭上津津乐道，安然自若，沉着泰然。为此，查尔斯·狄更斯着重指出："引起旁听人反感的那些人，就这样使（即使是无意的）可恨的凶犯产生某种英雄般的荣耀，这对社会是不利的。"（见查尔斯·狄更斯.查尔斯·狄更斯文集（30卷本）：第28卷［M］.莫斯科：国家文艺书籍出版社，1962：307.）

——第470页

11　车尔尼雪夫斯基在《幽会中的俄罗斯人》一书（1858年）中写道："每当我们进入上流社会，在自己周围总能见到一些穿着定制或自制礼服的人；他们身高5.5或6英尺，其中有人高达6英尺以上；他们有的留着鬓发和胡子，有的则把鬓发和胡子剃得光光的，于是我们就认为这些人就是男子汉。这完全是一种错误的认识，是视错觉，是幻觉而已。一个男孩如果没有养成独立参加公民事务的习惯，没有公民感，长大后，也只能成为中年或老年的男性动物而已，至少不会成为品格高尚的男子。"（见车尔尼雪夫斯基. 车尔尼雪夫斯基哲学著作选：第2卷［M］. 莫斯科：国家政治书籍出版社，1950：231-232.）

——第477页

12　列夫·托尔斯泰在短篇小说《十二月的塞瓦斯托波尔》中以这样的文字来揭示克里米亚战争时塞瓦斯托波尔保卫者的镇定自若、自我牺牲、勇敢无畏和英雄主义的根源："由于十字勋章、由于名义、由于危险，人们不能采取这些可怕的办法，还有其他崇高的、能激励人心的动机。而且这种动机是一种很少外露、埋藏在每个俄罗斯人的心灵深处的羞愧感——对祖国的爱。"（见列夫·托尔斯泰. 列夫·托尔斯泰文选（12卷本）：第2卷［M］. 莫斯科：国家文艺书籍出版社，1973：99.）

——第478页

13　莱蒙托夫在《我的心……》（1831年）一诗中曾说过："我全身心地在爱"。（见莱蒙托夫. 莱蒙托夫选集（4卷本）：第1卷［M］. 莫斯科：真理出版社，1969：142.）

——第489页

14　普卢塔赫编著的《赫赫有名的希腊人》一书中写道："斯巴达克妇女参加了竞赛，在竞赛中她们表现了自己的英勇精神，因而名扬四海。于是，斯巴达克女皇戈尔戈在回答一名外国妇人责怪斯巴达克妇女管束自己丈夫的话时说：'要知道，男子也是我们生的'"（见普卢塔赫. 赫赫有名的希腊人［M］. 莫斯科：教育出版社，1968：23.）。

——第491页

15　参见谢·列·鲁宾斯坦. 普通心理学原理［M］. 莫斯科：教育出版社，1946：494-609.

——第497页

16　参见歌德. 同源的天性［M］. 莫斯科-列宁格勒：国家文艺书籍出版社，1952：141-609.

——第497页

17　亚努什·科尔恰克的原意显然不是用心灵去认识一般的世界，而是用心灵去了解人，特别是了解儿童的内心世界（这点从瓦·亚·苏霍姆林斯基后面的几句话中亦可看出）。比如，亚·科尔恰克在《儿童有权受到尊重》（1929年）一书中指出："对待犯罪的儿童采取宽容和故作友好的傲慢态度，足以引起他们的反抗和造成教育上的疏忽；必须以爱去感化他们。他们的愤怒反抗是正当的。应该用心灵去理解犯罪儿童在接受他人施加的不动感情的宽恕时所感到的委屈，应该谅解儿童偶尔一次犯下的抱恨终生的过失。"（见亚·科尔恰克. 亚·科尔恰克教育文选［M］. 莫斯科：教育出版社，1966：290.）

——第497页

18 作者在文中所指的是列宁在《宁肯少些，但要好些》（1923年）一文中所说的关于真正有学问的人们的一段话。列宁在谈到应当使作为改善社会主义苏维埃机关工具的工农检察院成为真正的模范机关时，特别强调："要做到这一点，就要求我们社会制度中所有的优秀分子，即第一要求先进工人，第二真正受过教育而且可以保证决不相信空话、决不说昧心话的分子，不怕承认任何困难，不怕为达到自己郑重提出的目的而进行任何斗争。"（见中共中央马克思恩格斯列宁斯大林著作编译局. 列宁选集：第四卷［M］. 3版. 北京：人民出版社，1995：786.）

——第510页

19 费·米·陀思妥耶夫斯基在《死屋手记》（1861~1862年）一书中写道："凡是尝试过手中的权力，并尽量利用这种权力以最卑鄙恶毒的方式去侮辱他人者，此人必已不由自主地失去了控制自己感觉的权力。残暴是一种习惯，它有向前发展的可能，最后就会发展成为病态。我认为，就是最好的人，由于习惯，也能变得粗暴和呆钝到野兽的地步。"（见费·米·陀思妥耶夫斯基. 费·米·陀思妥耶夫斯基文集：第3卷［M］. 莫斯科：国家文艺书籍出版社，1956：595.）

——第529页

20 瓦·亚·苏霍姆林斯基所指的儿童有想成为"被驯服者"的不可遏止的愿望的思想，是在文中圣埃克苏佩里在童话《小王子》中以独特的形式表达出来的，在这篇童话中有一段论述利斯和小王子关于驯服的谈话，还有一段叙述小王子想起那朵已驯服了自己的玫瑰花时的心情。（见圣埃克苏佩里. 圣埃克苏佩里选集［M］. 列宁格勒：列宁格勒出版社，1977：459-470.）

——第531页

21 参见皮罗戈夫. 皮罗戈夫教育文选［M］. 莫斯科：俄罗斯联邦教育科学院出版社，1953：100-660.

——第541页

ИЗБРАННЫЕ ПРОИЗВЕДЕНИЯ
В ПЯТИ ТОМАХ

后　　记

《苏霍姆林斯基选集（五卷本）》，由乌克兰基辅苏维埃学校出版社于1979—1980年出版。首版印刷高达10万套，是一套在苏联享有极高声望的大型经典教育理论著作，先后被译成十几种语言文字出版，在世界许多国家产生了深远的影响，是20世纪人类重要的文化教育遗产之一。

本套书的出版宗旨在于为我国教育工作者提供一套全面了解苏联著名教育家苏霍姆林斯基教育思想的权威性经典图书。

参加本套书翻译工作的人员绝大多数是长期致力于苏霍姆林斯基教育理论研究的国内一流专家、学者，其中许多人已是六七十岁的老学者。当他们听到教育科学出版社准备出版这套书时，无不表示由衷的敬意。为实施精品战略工程，许多人不顾年迈体弱，本着高度负责的精神，精益求精地对待书稿。经过近两年的努力，在《苏霍姆林斯基选集（五卷本）》即将问世时，我要首先感谢中央教育科学研究所的张渭城研究员、北京师范大学的赵玮译审和毕淑芝教授、华东师范大学的倪家泰教授、安徽大学的陈先齐研究员、天津教育科学研究院的刘伦振研究员，这些德高望重的老专家、学者严谨的治学态度，认真负责的精神令人感动。同时也要特别感谢北京师范大学的王义高教授、肖甦副教授及从始至终与我共同工作近两年、为这套书的出版倾注大量心血的翻译家蔡汀先生。可以说，没有全体编委会成员的精诚合作，就没有《苏霍姆林斯基选集（五卷本）》中文版的问世。

值得指出的是，五卷本中的有些作品在20世纪80年代初已由我社和国内其他几家出版社出版过，出于精益求精的追求，本次收入选集中再次出版时，相关译者依照俄文原版对出版过的原作进行了认真修订。在此要特别向湖南教育出版社、安徽教育出版社、天津人民出版社、上海教育出版社、北京理工大学出版社的同行们致以深深的谢意。

本套书得以顺利出版，与苏霍姆林斯基的女儿——乌克兰教育科学院院士苏霍姆林斯卡娅女士的支持与合作也是密不可分的。当她得知中国教育科学出版社要出版《苏霍姆林斯基选集（五卷本）》时，同样激动万分，鼎力相助，从而大大促进了本套书的尽早问世。

另外，中共中央编译局的胡永钦编审在后期核对引文和注释的工作中，给予了大力帮助，这里也一并予以感谢。

相信，本套书的出版，将会成为我国教育理论图书出版史上的一个重要的里程碑。

祖　晶
2000 年 10 月 26 日

ИЗБРАННЫЕ ПРОИЗВЕДЕНИЯ
В ПЯТИ ТОМАХ

再版后记

《苏霍姆林斯基选集（五卷本）》是享誉世界的苏联大型经典教育理论著作，首版印刷高达10万套，先后被译成十几种文字，对世界教育改革和发展产生过重大影响。2001年，《苏霍姆林斯基选集（五卷本）》中文本得以问世，一经出版，便引发了国内教育工作者的广泛关注，并先后荣获"第六届国家图书奖"提名奖、"第三届全国教育图书奖"一等奖。二十余年来，该套书的影响经久不衰，成为全面、系统介绍苏霍姆林斯基教育思想的最权威之作，也成为我国引进版教育理论图书中一部最亮眼的大型经典之作。

为更好地服务于我国广大教育工作者，提供高品质的教育精品力作，我们在原版本的基础上，对内容进行了进一步精加工，力求精益求精，更完美、更准确地再现苏霍姆林斯基这位伟大教育家的睿智思想，传承这份弥足珍贵的教育遗产，以期给我国广大教育工作者更多精神的激励、智慧的启迪，为推动教育高质量发展、办好人民满意的教育贡献力量。

祖 晶

2022年10月26日

出 版 人　郑豪杰
策　　划　祖　晶
责任编辑　宋崇义　石　静
版式设计　沈晓萌
责任校对　贾静芳
责任印制　叶小峰

图书在版编目（CIP）数据

苏霍姆林斯基选集. 第1卷 / 蔡汀，王义高，祖晶主编. —北京：教育科学出版社，2023.3
　ISBN 978-7-5191-3277-4

Ⅰ.①苏…　Ⅱ.①蔡…②王…③祖…　Ⅲ.①苏霍姆林斯基（Suhomlinskii, Vasilii Aleksanlrovich 1918-1970）—文集　Ⅳ.①G40-095.12

中国国家版本馆CIP数据核字（2023）第057722号

苏霍姆林斯基选集（五卷本）　精装本　第1卷
SUHUOMULINSIJI XUANJI（WU JUAN BEN）　JINGZHUANGBEN·DI 1 JUAN

出版发行	教育科学出版社			
社　　址	北京·朝阳区安慧北里安园甲9号	邮　　编	100101
总编室电话	010-64981290	编辑部电话	010-64989436
出版部电话	010-64989487	市场部电话	010-64989009
传　　真	010-64891796	网　　址	http://www.esph.com.cn
经　　销	各地新华书店		
印　　刷	中印南方印刷有限公司		
制　　作	北京京久科创文化有限公司		
开　　本	720毫米×1020毫米　1/16	版　　次	2023年3月第1版
印　　张	36.25	印　　次	2023年3月第1次印刷
字　　数	512千	定　　价	110.00元

图书出现印装质量问题，本社负责调换。